Die deuteronomistischen Geschichtswerke

Beihefte zur Zeitschrift für die alttestamentliche Wissenschaft

Herausgegeben von
John Barton · Reinhard G. Kratz
Choon-Leong Seow · Markus Witte

Band 365

Walter de Gruyter · Berlin · New York

Die deuteronomistischen Geschichtswerke

Redaktions- und religionsgeschichtliche Perspektiven
zur „Deuteronomismus"-Diskussion in Tora
und Vorderen Propheten

Herausgegeben von
Markus Witte, Konrad Schmid, Doris Prechel
und Jan Christian Gertz

unter Mitarbeit von
Johannes F. Diehl

W
DE
G

Walter de Gruyter · Berlin · New York

9

∞ Gedruckt auf säurefreiem Papier,
das die US-ANSI-Norm über Haltbarkeit erfüllt.

ISBN-13: 978-3-11-018667-3
ISBN-10: 3-11-018667-5

ISSN 0934-2575

Bibliografische Information der Deutschen Nationalbibliothek

Die Deutsche Nationalbibliothek verzeichnet diese Publikation in der Deutschen
Nationalbibliografie; detaillierte bibliografische Daten sind im Internet
über http://dnb.d-nb.de abrufbar.

Vorwort

„Sobald nun die deuteronomischen
Ideen zur Herrschaft gelangt waren,
contrastirte die bisherige Geschichtsdarstellung mit den religiösen Vorstellungen aufs Auffallendste ...“
(Bernhard Stade)

Für die Erhebung der Literaturgeschichte des Alten Testaments und die
Religionsgeschichte des antiken Israel und Juda, aber auch für die
Frage nach dem Wesen und der Funktion der alttestamentlichen „Bundestheologie“ spielt das einst von Martin Noth (1902-1968) einem
Historiker der ersten Hälfte des 6. Jh. v. Chr. zugeschriebene Deuteronomistische Geschichtswerk eine zentrale Rolle. Dreißig Jahre redaktionsgeschichtliche Forschung haben indessen gezeigt, daß das Deuteronomistische Geschichtswerk nicht als literarisch einheitlich beurteilt
werden kann und daß kein Konsens im Blick auf dessen ursprünglichen Beginn und Abschluß besteht. Mit der Problematisierung der literarischen Einheitlichkeit einerseits und des Einsatzes und Endes der
postulierten Komposition andererseits sind aber die Grundpfeiler der
Hypothese *eines* vom Deuterononium bis zu den Königsbüchern reichenden Deuteronomistischen Geschichtswerkes insgesamt erschüttert.
In der gegenwärtigen Forschung begegnen daher, abgesehen von
punktuellen Veränderungen des Noth'schen Modells, zahlreiche re-
daktions- und religionsgeschichtliche Neuansätze. Dabei finden schon
vor und neben Noth vertretene Hypothesen, zumal das Modell eines
Hexateuchs, wieder verstärkt Berücksichtigung. Zugleich wird der
Fragehorizont auf den Bereich des Deuteronomismus in den Büchern
Genesis bis Könige (Enneateuch) erweitert.

Dieser forschungsgeschichtlichen Situation Rechnung tragend, fand
im Juni 2005 an der Universität Heidelberg ein internationales Sympo-
sion unter dem Titel „Die deuteronomistischen Geschichtswerke in
Genesis bis 2. Könige. Neue redaktions- und religionsgeschichtliche
Perspektiven zur jüngsten ‚Deuteronomismus'-Diskussion“ statt. Der
vorliegende Band enthält nun die Mehrzahl der in Heidelberg gehalte-
nen Vorträge. Zusätzlich aufgenommen wurden Beiträge zum Thema
„Vertrag, Treueid und Bund“, die in besonderer Weise die für den

Deuteronomismus charakteristische „Bundestheologie" vor dem Hintergrund der vorderorientalischen Rechtsgeschichte erhellen. Diese gehen auf eine Tagung im Dezember 2004 an der Universität Mainz zurück, die im Rahmen des Sonderforschungsbereiches 295 der DFG „Kulturelle und sprachliche Kontakte – Prozesse des Wandels in historischen Spannungsfeldern Nordostafrikas/Westasiens" stattgefunden hat. So spiegelt der vorliegende Band einerseits an den Beispielen theologisch orientierter Geschichtsschreibung sowie der Rechts- und Religionsgeschichte die inter- und transkulturellen Beziehungen zwischen dem alten Kleinasien, Mesopotamien und Syrien-Palästina. Andererseits dokumentiert die Aufsatzsammlung die gegenwärtige Diskussion, wie sie zwischen den Disziplinen Altes Testament, Altorientalistik, antike Rechtsgeschichte und Religionswissenschaft im Blick auf die Auslegung zentraler das Verhältnis zwischen Gott/Göttern und Volk/Völkern normierender und artikulierender Texte geführt wird.

Der Band wird eröffnet mit einem methodologisch und zwei forschungsgeschichtlich orientierten Aufsätzen zur Entstehung des Deuteronomistischen Geschichtswerks. Zunächst entwickelt *David Carr* (New York) vor dem Hintergrund, daß Texte in antiken Gesellschaften vor allem als memorisierte Lehrtexte im Zusammenhang der familienzentrierten Bildung von Eliten entstanden sind und tradiert wurden, und mittels eines exemplarischen Vergleichs zwischen I Reg 3,2-15 und II Chr 1,1-13 die These, daß textliche Varianten primär auf den Prozeß der Überlieferung und auf die sukzessive Erweiterung des Überlieferten („Trend zur Expansion") zurückgehen. Daher plädiert Carr dafür, bei der redaktionsgeschichtlichen Analyse der alttestamentlichen Literatur stärker empirisch überprüfbare Modelle zur Textgenese zu entwerfen: Keilschriftliteratur, in der mitunter zahlreiche Rezensionen eines Textes vorhanden sind, aber auch die in Qumran und Umgebung gefundenen Manuskripte biblischer und außerbiblischer Texte bieten dafür eine entsprechende Basis. Für die Erhebung der Redaktionsgeschichte der Bücher Samuel bis Könige heißt das nach Carr, den synoptischen Vergleich mit der Chronik zu vertiefen.

Sodann zeichnet *Konrad Schmid* (Zürich) die Position Julius Wellhausens (1844-1918) eines vordeuteronomistischen Königsbuches nach und unterzieht die Ausdifferenzierung der Noth'schen Hypothese durch das sogenannte Göttinger Schichtenmodell und seiner jüngsten Modifikationen einer kritischen Revision. Dabei wird nicht nur die Interdependenz zwischen der Pentateuchkritik und der Deuteronomismus-Forschung von Wellhausen bis zur Gegenwart dargestellt, sondern auch die Frage nach dem literarischen Ende und theologischen Ziel der Königsbücher diskutiert. Im Mittelpunkt steht das an II Reg 17;

22-23 und an den kultischen Beurteilungen der Könige in I-II Reg entfaltete Problem eines spätvorexilisch entstandenen Deuteronomismus,
wodurch an die insbesondere durch Frank M. Cross und seine Schüler
(neu) in die Diskussion gebrachte These einer noch königszeitlichen
Ausgabe eines Deuteronomistischen Geschichtswerkes erinnert wird.

Auch *Thomas Römer* (Lausanne) sichtet kritisch die forschungsgeschichtlichen Linien von Wellhausen bis Noth und bietet dann am Beispiel von drei in Dtn 12 herausgearbeiteten Textschichten, einer noch
im 7. Jh. v. Chr. anzusetzenden Grundschicht, einer in der Zeit des
„Babylonischen Exils" entstandenen Fortschreibung und einer perserzeitlichen Aktualisierung, die sich ebenso in deuteronomistischen Re-
flexionskapiteln wie Jos 23; Jdc 2,11ff.; I Reg 8 oder II Reg 17 nachweisen ließen, einen Kompromiß zwischen den Bestreitern und den Verteidigern von Noths Modell. Damit sind bei Römer aus dem einen
Deuteronomistischen Geschichtswerk *deuteronomistische Geschichtswerke*
geworden.

Die Abschnitte, die sich einzelnen Büchern der Vorderen Propheten
widmen, werden durch eine synchron und literaturtheoretisch ausgerichtete Analyse der kompositionellen Funktion und Position des
Deuteronomiums von *Eckart Otto* (München) eingeleitet. Entscheidendes Interesse Ottos ist die Bestimmung der „Fabel" des Pentateuchs,
die Interpretation der Rechtshermeneutik des Deuteronomiums und
davon ausgehend der Rechtshermeneutik der in die Bücher Genesis bis
Könige integrierten *Torot* überhaupt. Gegenüber dieser raumgreifenden
und für eine Lektüre mit den Augen eines antiken Lesers werbenden
Beschreibung Ottos, die wesentliche Pflöcke ihrer Argumentation in
der Auslegung von Dtn 4 und 34; Ex 34 und Lev 17-26 besitzt, bietet
der Beitrag von *Jan Christian Gertz* (Heidelberg) eine Detailuntersu-
chung der historischen Einleitung des Deuteronomiums. Dtn 1-3 – der
klassische „Anfang des Deuteronomistischen Geschichtswerks" – erscheinen demzufolge als *relecture* von nichtpriesterschriftlichen Erzählungen in den Büchern Exodus bis Josua, die darauf ziele – ebenso wie
Dtn 5,1-6,3 – das ursprünglich selbständige deuteronomische Gesetz in
seinen narrativen Kontext der Pentateucherzählung zu integrieren.
Während Dtn 5,1-6,3 die Verkündigung des Gesetzes am Sinai mit dessen Verkündigung in Moab koordiniere, bemühe sich Dtn 1-3 um eine
historisch-geographische Verortung der Moab-Gesetzesverkündigung,
wodurch das Deuteronomium insgesamt zur Abschiedsrede des Mose
stilisiert werde.

Auch *Juha Pakkala* (Helsinki) konzentriert sich mit der Untersuchung von Dtn 13 auf einen Schlüsseltext der literarhistorischen, religionsgeschichtlichen und theologischen Aspekte der Deuteronomismus-

Diskussion – zugleich verweist Pakkalas Beitrag bereits auf die in Abschnitt V. versammelten Aufsätze zum vorderorientalischen Vertragsrecht. Das für die Ausbildung einer intoleranten Monolatrie im antiken Juda und der deuteronomistischen „Bundestheologie" wichtige Kapitel Dtn 13 ist nach Pakkala in seinem unmittelbaren literarischen Umfeld (Dtn 12 bzw. Dtn 14–16) ein gesetzesorientierter Nachtrag aus der exilischen Zeit, der nicht von einem bestimmten neuassyrischen Vasallenvertrag abhängig sei, wohl aber in der Tradition vorderorientalischer Vertragsideologie stehe und vor Augen führe, wie diese auch nach dem Ende der neuassyrischen Vorherrschaft über Juda im Alten Testament aufgenommen und theologisch verändert wurde.

In der literarhistorischen Diskussion über die Modelle eines Hexateuchs, Deuteronomistischen Geschichtswerkes oder Enneateuchs spielen das Josuabuch insgesamt und dessen Schlußkapitel im besonderen eine entscheidende Rolle. Dementsprechend untersucht *Uwe Becker* (Jena) Jos 23–24 redaktionsgeschichtlich, zeigt die literarische Mehrschichtigkeit der beiden Kapitel und deren Bezüge zu Abschnitten in den Büchern Genesis bis Könige auf und bestreitet auf der Basis der dabei erzielten Ergebnisse die These eines ehemals von Dtn 1 bis II Reg 25 reichenden selbständigen Geschichtswerkes. Dabei bezieht Becker konsequent die sich vom Masoretischen Text unterscheidenden Textformen der Septuaginta und der Qumranfragmente in die redaktionsgeschichtlichen Überlegungen ein und verdeutlicht die fließenden Grenzen zwischen Text- und Literargeschichte, womit er – in methodologischer Hinsicht ähnlich wie David Carr – auf empirisch unmittelbar nachweisbare Textanreicherungen und -profilierungen hinweist. Wenn sich die Anfänge der deuteronomistischen Darstellung der Geschichte Israels aber weder im Josuabuch noch im redaktionsgeschichtlich jüngeren Richterbuch finden, dann stellt sich die Frage, ob und – wenn ja – wie diese im Rahmen der Überlieferung über die Könige Israels und Judas zu finden sind.

Die Beiträge zu den Samuel- und Königsbüchern eröffnet *Alexander A. Fischer* (Jena) mit einer Analyse der Saul-Überlieferung in I Sam 9–10, die ihn zur Annahme vordeuteronomistischer Überlieferungen und einer älteren deuteronomistischen Königsgeschichte, die sich von I Sam 9 bis I Reg 2 erstrecke, führt. Demgegenüber gehe I Sam 8 auf eine jüngere deuteronomistische Schicht zurück und sei eigens für die Verbindung der Samuel-Königsbücher mit dem Richterbuch geschaffen worden. So zeigt auch dieser Aufsatz, daß es sachgemäßer ist, von *deuteronomistischen Geschichtswerken* zu sprechen.

Daß die deuteronomistische Grundschicht in den Büchern Samuel bis Könige vor allem eine Geschichte des Königtums (und nicht einzelner Könige) darstellt, unterstreicht *Klaus-Peter Adam* (Marburg) in seinem sowohl redaktionsgeschichtlich als auch narratologisch ausgerichteten Durchgang durch den Textkomplex II Sam 13-19. Ein Schwerpunkt seiner Darstellung liegt auf der Herausarbeitung des Motivs der Rebellion gegen den König, das bereits als wichtiges kompositionelles Verbindungsstück in der vordeuteronomistischen Königsgeschichte angesehen wird, und in der Nachzeichnung der Veränderungen, die die Figur Absaloms im Laufe ihrer literarischen Überarbeitungen erfährt. In der Absalomfigur wie auch in den Audienzszenen Davids in II Sam 13-19 spiegelten sich in mehrfacher Brechung Etappen der Geschichte Israels und Judas.

Dem Zusammenhang von Geschichte und deren literarischer Darstellung in den Königsbüchern geht auch der epigraphische Beitrag von *Simon B. Parker* (Boston) nach. Königsinschriften schieden zwar als Quelle für die Autoren der alttestamentlichen Könisbücher aus – hier sei vielmehr an mit den neubabylonischen Chroniken vergleichbare Texte zu denken – einzelne umfangreichere nordwestsemitische Inschriften zeigten aber modellhaft ein redaktionsgeschichtliches Wachstum. Die behandelten Inschriften teilen mit den Königsbüchern die Herkunft aus höfischen Kreisen und ergänzen bzw. korrigieren das von den Königsbüchern gelieferte Bild der Geschichte Israels und Juda. Dabei dürfen die Gattungsunterschiede zwischen einer Inschrift und einem literarischen Text aber nicht nivelliert werden.

Die Deuteronomismus-Forschung war seit ihren Anfängen bei Wilhelm Martin Leberecht de Wette (1780-1849) nie nur literargeschichtlich, sondern immer auch wesentlich tendenzkritisch und damit verbunden religionsgeschichtlich orientiert. Die großen Entwürfe zur Komposition der deuteronomistischen Geschichtswerke wurden daher stets – wenn auch in unterschiedlicher Intensität – begleitet von der Frage nach deren Intentionen im Kontext der altorientalischen Religionsgeschichte. So folgen in unserem Sammelband drei Aufsätze, die stärker theologisch orientiert sind.

Am Beispiel der befohlenen Gottesliebe im Deuteronomium verdeutlicht *Udo Rüterswörden* (Bonn) einerseits, wie „Liebe" im Sinn von abverlangter Gefolgschaftstreue ein konventionelles Element altorientalischer Vertragstexte ist, das sich bis in die neuassyrische Zeit nachweisen läßt, und votiert andererseits angesichts der erst in die exilische und nachexilische Zeit zu verortenden Belege im Deuteronomium, zumal in Dtn 6,4, für einen mentalitätsgeschichtlichen Zugang bei der Interpretation kulturgeschichtlich wahrnehmbarer Analogien: So habe das in der befohlenen Gottesliebe angesprochene Problem, nämlich wie in einer Zeit massiver Umbrüche Loyalität zu erwirken sei, einfach

Menschen unterschiedlicher Kulturräume, sei es nun in Vorderasien, in Griechenland oder in Syrien-Palästina, jeweils in der fraglichen Epoche beschäftigt.

Diese „fragliche Epoche" wird für Israel/Juda von *Juha Pakkala* (Helsinki) in seinem Beitrag zur Entwicklung der Gotteskonzeptionen in den deuteronomistischen Redaktionen in doppelter Weise konkretisiert und profiliert: zum einen historisch, insofern die Zerstörung des Jerusalemer Tempels 587 v. Chr. und die Neubegründung einer judäischen/jüdischen Identität in nachstaatlicher Zeit wesentliche Faktoren der deuteronomistischen Gottesvorstellungenen darstellten, zum anderen religionsgeschichtlich, insofern die These einer Entwicklung vom judäischen Polytheismus über die Stufen einer toleranten Monolatrie in spätmonarchischer Zeit und einer intoleranten Monolatrie in exilischer Zeit hin zum nachexilischen Monotheismus entworfen wird. Für letzteren werden im Bereich der Bücher Deuteronomium bis Könige die „Nomisten" verantwortlich gemacht.

Christian Frevel (Bochum) bündelt aus der Perspektive der Kultnotizen in den deuteronomistisch bearbeiteten Geschichtsbüchern nochmals die Forschungslage, bietet eine Übersicht über 30 Jahre Monotheismusdebatte und fordert eine sorgfältige Verknüpfung archäologischer und literargeschichtlicher Befunde sowie differenzierte religionsgeschichtliche und theologische Kategorisierungen. Dann zeige sich, daß es in religionsgeschichtlicher Perspektive in Juda keine bruchlose Kontinuität zwischen exilischer und nachexilischer Zeit gebe. Bei der literargeschichtlichen und damit auch theologischen Einordnung der deuteronomistischen Kultnotizen gelte es jeweils nach der historischen Plausibilität, nach der literarischen Differenziertheit der entsprechenden Texte und nach der Konvergenz mit dem außerbiblischen Befund zu fragen. Zu Recht deutet Frevel an, daß hier nicht die geringsten Aufgaben der künftigen Forschung an den deuteronomistischen Geschichtswerken und ihren Kontexten liegen.

Der letzte Abschnitt des Bandes versammelt Beiträge zum vorderorientalischen Vertragsrecht und damit zur Traditionsgeschichte der „Bundesvorstellungen" im Deuteronomium und in „bundestheologisch" geprägten Abschnitten in den historischen Büchern des Alten Testaments. Geographisch wird dabei der Raum von Kleinasien bis Mesopotamien abgeschritten, das geöffnete Zeitfenster reicht vom dritten bis in die Mitte des ersten Jahrtausends v. Chr.

Gary Beckman (Michigan) verdeutlicht, daß eine Beurteilung der altorientalischen Staatsvertragstradition ohne Berücksichtung der sich verändernden herrschaftspolitischen Bedingungen nicht möglich ist. In Anlehnung an Max Weber (1864-1920) korreliert er die über drei Jahr-

tausende hinweg überlieferten Staatsverträge mit einem „polyadi-
schen" (3. Jt. v. Chr.), einem „Block-imperialen" (2. Jt. v. Chr.) und einem „ökonomisch-imperialen" (1. Jt. v. Chr.) Herrschaftsmodell. Sowohl durch den guten Überlieferungszustand als auch durch ihre nor-
mierte Struktur erhellen die hethitischen Staatsverträge das Bezie-
hungsgeflecht der Großmächte des 2. Jt. v. Chr. zueinander wie auch zu
ihren Vasallen. Durch die Termini Bindung und Eid wurde der Rahmen eines Freund-Feind-Konzeptes gesetzt, der einen Zustand der
Neutralität von vorneherein ausschloß. Die überblickhafte Darstellung
aller bis heute publizierten Staatsverträge führt das größte Problem bei
der Rekonstruktion der Quellen wie auch einer Interpretation inter-
kultureller Abhängigkeiten überhaupt vor Augen: die eklektische
Quellenlage.

Eine von *Lorenzo d'Alfonso* (Konstanz) erarbeitete Analyse der für
die Verbindung zu den alttestamentlichen Quellen wichtigen hethitischen Staatsverträge zeigt zudem, daß selbst bei der bislang als relativ
homogen geltenden Textgruppe von einer disparaten Vertragstradition
auszugehen ist. Wegen ihrer zeitlichen Nähe zu den aramäischen
Nachfolgestaaten kommt den in der Endphase des hethitischen Reiches
entstandenen Subordinationsverträgen mit syrischen Vertragspartnern
dabei eine besondere Bedeutung zu. Denn diese unterscheiden sich
bereits durch Inhalt und Formular von ihren Vorläufern und könnten,
sofern eine kontinuierliche Tradierung des Formulars durch die späthethitischen Staaten gegeben war, modellhaften Charakter in Syrien am
Beginn des 1. Jt besessen haben. Die aus Karkemiš erlassenen Vertrag-
werke am Ende des 2. Jt beweisen zumindest die Kenntnis hethitischer
Vertragstraditionen im geographischen Raum Nordsyrien. Unklarheit
besteht hingegen über mögliche Einflüsse des vormals als Großmacht
über Teile Syriens und Anatoliens agierendenden Mittanni-Reichs,
zumal die überlieferten hethitisch-mittannischen Vertragsfassungen in
der hethitischen Rechtstradition stehen. Somit bleiben auch frühe Verbindungen zu Assyrien, die sich historisch duch eine mittanische Vermittlung am besten erklären ließen, hypothetisch.

Harren die Staatsverträge des 3. und 2. Jt. v. Chr. noch einiger
grundlegender Untersuchungen, so stellt sich durch die Forschungsgeschichte der Quellen des 1. Jt. v. Chr. ein anderer Diskussionstand dar.
Unter den altorientalischen (Staats-)Verträgen spielen die im „Thronraum" des Nabû-Tempels in Kalhu gefundenen Tafeln mit Loyalitätseiden, die Herrscher aus dem Osten im Jahr 672 v. Chr. dem neuassyrischen König Asarhaddon und seinen Thronfolgern zu leisten hatten,
schon wegen ihres außerordentlich guten Erhaltungszustandes eine
besondere Rolle. Die sprachlichen, formalen und inhaltlichen Gemein-

samkeiten zwischen den als *Vassal Treaties of Esarhaddon* (VTE) veröffentlichen Texten und dem Deuteronomium sind unübersehbar. Sie führten vor dem Hintergrund eines durch die neuassyrische Oberherrschaft über Juda im 7. Jh. v. Chr. bedingten Kulturkontaktes zu der Annahme eines literarischen Einflusses der VTE auf das Deuteronomium. Weitergehende, maßgeblich von Eckart Otto entwickelte Thesen erkannten in der im Deuteronomium bezeugten Vorstellung, wonach Jahwe mit Israel einen „Bund"/Vertrag (b^erît) geschlossen hat, eine subversive Übernahme der politischen Institution des im Neuassyrischen als *adê* bezeichneten Loyalitätseides. Doch wie bereits der Aufsatz von Juha Pakkala zu Dtn 13 in diesem Band zeigt, ist diese These umstritten.

Hans Ulrich Steymans (Fribourg) versucht daher die literarische und historische Funktion der VTE zu klären. In den Normadressaten der VTE erkennt er solche Herrscher mit autonomer Gewalt über ein eigenes Territorium, die dem neuassyrischen König zu Tributleistungen verpflichtet waren. Die Adressaten der in Kalḫu gefundenen Exemplare der VTE seien die tributpflichtigen Fürsten im Zagros gewesen, die ihre Leistungen im Nabû-Tempel in Kalḫu abzuleisten hatten. Mit Blick auf die Verbreitung und die Normadressaten der VTE, die nach neuassyrischen Quellen die gleiche Funktion wahrgenommen haben wie König Manasse von Juda (696/5-642/1 v. Chr.) und sich auch in einer vergleichbaren politischen Situation befunden haben, sei die Existenz einer Version dieser *adê* in Jerusalem historisch sehr wahrscheinlich.

Nach *Karen Radner* (London) ist der Begriff *adê* untrennbar mit dem Eid verbunden, der die Knechtschaft des unterlegenen Vertragspartners garantiert. Der Eid (*māmītu*) ist in dieser Funktion bereits unter Tiglatpileser I. (1114-1076 v. Chr.) bezeugt. Wenn auch nicht unter Verwendung des *terminus technicus*, so dürfte damit dieses Instrument assyrischer Herrschaftssicherung doch eine längere Geschichte haben, als es die erste Attestierung des Wortes *adê* vermuten läßt. Ein wesentlicher Unterschied zwischen den als *māmītu* oder *niš ilāni* bezeichneten Eiden liegt darin, daß *adê* als Mittel der eidlichen Bindung auf die herrschende Schicht beschränkt blieb. Die Briefliteratur der Sargoniden zeigt, daß es sich bei den Vertragswerken (*ṭuppi adê*) um mobiles Inventar handelt. Ihr Aufbewahrungsort scheint nicht zwangsläufig mit den Adressaten in Verbindung zu stehen, sondern mit dem Heiligtum des Gottes Nabû, dem Patron der (gesiegelten) Schicksalstafeln. Ungesiegelte *adê*-Exemplare dürften in den Archiven beider Vertragsparteien zu Verfügung gestanden haben. Die lange Tradition des Loyalitätseides und ihre weite Verbreitung muß die Frage nach dem Inhalt eines entsprechenden Vertragstextes in Jerusalem unbeantwortet lassen.

In der Diskussion um den Einfluß altorientalischer Staatsverträge stehen die aramäischen Inschriften von Sfire aus der Mitte des 8. Jh. v. Chr. zuweilen im Schatten der viel behandelten VTE, obgleich sie aufgrund der sprachlichen, geopolitischen und historischen Nähe zum alten Israel und Juda für die Frage nach den Ursprüngen der „Bundestheologie" im Alten Testament eine besondere Rolle spielen.

Christoph Koch (Mainz) untersucht daher diese Inschriften unter traditionsgeschichtlicher Fragestellung. Am Beispiel des Vertragsformulars, der Götterliste sowie zweier Fluchgattungen werden dabei Einflüsse sowohl der hethitischen als auch der neuassyrischen Vertragsrechtstradition aufgezeigt. Für die Vermittlung der Traditionen wird der stark vernetzte altorientalische Stand der Schreiber wahrscheinlich gemacht. Mit der Thematisierung der Schreiber bzw. der Schreiberschulen als Traditionsträger wird so am Ende dieses Bandes nochmals die im Eingangsbeitrag betonte Frage nach den soziokulturellen Kontexten nicht nur der deuteronomistischen Geschichtswerke, sondern vorderorientalischer und antiker Texte überhaupt aufgegriffen.

Mit dem diesem Band vorangestellten Zitat soll an den Giessener Alttestamentler Bernhard Stade erinnert werden, der seine „Geschichte des Volkes Israel" (1887/1888) noch ohne die Hypothese eines Deuteronomistischen Geschichtswerkes schreiben konnte und dem auch schon vor der Entdeckung und Auswertung der Mehrzahl der bis heute bekannten vorderorientalischen und syro-palästinischen Archive bewußt war, daß die biblische Theologie des Alten Testaments als historische Wissenschaft als Quelle der Darstellung „alle Schriften religiös-ethischen Inhaltes" zu benutzen habe, „die den Zeiten entstammen, deren religiöse Entwickelung geschildert werden soll."[1] Sein Todestag jährt sich am 6. Dezember 2006 zum einhundertsten Mal.

Die Durchführung der beiden Symposien wäre ohne die großzügige finanzielle Unterstützung der DFG und die personellen und räumlichen Ressourcen der Universitäten Frankfurt/M., Heidelberg und Mainz nicht möglich gewesen. Den genannten Institutionen sei dafür herzlich gedankt. Ebenso herzlich danken wir den wissenschaftlichen Mitarbeitern und Mitarbeiterinnen sowie den studentischen Hilfskräften in Frankfurt/M., Heidelberg, Mainz und Zürich, die für einen reibungslosen Ablauf der Tagungen und der Drucklegung dieses

---

[1] Ueber die Aufgaben der biblischen Theologie des Alten Testamentes (1892), in: Ausgewählte Reden und Abhandlungen, 1899, 88-91: 81. Zu Stade siehe R. Smend, Deutsche Alttestamentler in drei Jahrhunderten, 1989, 129-142. Das Eingangszitat findet sich in Band I der „Geschichte des Volkes Israel", deren erste Lieferung 1881 erschien, auf S.17.

Bandes gesorgt haben. Für die Herstellung der Druckvorlage gilt unser Dank in besonderer Weise Johannes F. Diehl (Frankfurt/M.). Schließlich danken wir den Autoren und der Autorin der Beiträge dafür, daß sie uns ihre Manuskripte zur Verfügung gestellt haben, sowie den Mitherausgebern der Reihe der *Beihefte zur Zeitschrift für die alttestamentliche Wissenschaft* und dem *Verlag W. de Gruyter* in Gestalt von Frau Monika Müller für die Aufnahme und die verlegerische Betreuung des Bandes.

Frankfurt/M., Zürich, Mainz und Heidelberg im September 2006

Markus Witte
Konrad Schmid
Doris Prechel
Jan Chr. Gertz

Ein Hinweis zur Zitation der Literatur:
In den Anmerkungen der einzelnen Beiträge ist die im betreffenden Aufsatz zitierte Literatur vollständig angegeben. Bei der ersten Nennung erfolgt die volle bibliographische Angabe, danach werden Kurztitel verwendet. Das Literaturverzeichnis am Ende des Bandes bietet eine kleine, exemplarische Auswahl zu den Themen und den spezifischen Fragestellungen dieses Bandes, listet aber nicht alle in den Anmerkungen der Beiträge genannten Titel auf.

Inhaltsverzeichnis

Empirische Perspektiven auf das Deuteronomistische Geschichtswerk

David M. Carr

In diesem Beitrag möchte ich für ein oft vernachlässigtes Vergleichs-
material zur Analyse der Bücher werben, die zumeist dem „Deuteronomistisches Geschichtswerk" zugerechnet werden.[1] Der Ausgangspunkt ist dabei das Modell der Textüberlieferung im Kontext münd-
lich-schriftlicher Bildung, das ich in meinem aktuellen Buch *Writing on
the Tablet of the Heart* vorgestellt habe. Die These des Buches ist: Traditionsliteratur, wie wir sie in der Bibel finden, also Texte, die man von
Generation zu Generation weitergab, wurde vorrangig im Rahmen
einer schrift-gestützten, familien-zentrierten Ausbildung der Eliten –
Priester, königliche Beamte oder andere – überliefert. Derartige Texte
mögen zeitweise einen anderen Sitz im Leben gehabt haben oder Imi-
tationen von Texten gewesen sein, die aus anderen Kontexten stamm-
ten, sobald sie jedoch in den „Strom der Tradition" eintraten, wurden
sie hauptsächlich im Kontext der Bildung überliefert.

1. Indizien für Samuel-Könige (und Chronik) als memorisierte Lehrtexte

Bei dem Modell handelt es sich natürlich um eine relativ weitreichende
Prämisse, die eigentlich eine Reihe von Aufsätzen (oder ein eigenes
Buch!) erfordern würde, daher mag es unfair erscheinen, so zu beginnen. Die Annahme einer Überlieferung im Bildungskontext ist jedoch
aus zwei Gründen für die in diesem Band versammelten Untersuchungen relevant. Erstens: Ein wichtiges Element dieses Modells ist die Vor-

---

[1]   Der vorliegende Artikel entspricht – mit leichten Modifikationen – dem Vortrag, der
       im Jahr 2005 auf der Heidelberger Tagung gehalten wurde. Die mündlichen Ur-
       sprünge zeigen sich noch in den sparsamen Quellenangaben und dem Gebrauch der
       ersten Person, v.a. im letzten Drittel. Der Artikel ist in mehrfacher Hinsicht ein
       Werkstattbericht, er soll kein abschließendes Wort zu diesen Themen darstellen.
       Kristin Weingart und Erhard Blum, Universität Tübingen, ist zu danken für die Hilfe
       bei der Übersetzung dieses Beitrags.

stellung, dass Bildung vorrangig darauf abzielte, die Internalisierung der Tradition mit Hilfe mündlicher und schriftlicher Mittel zu ermöglichen. In der antiken Bildung lag der Schwerpunkt zumeist darauf, die Tradition akkurat wiederzugeben, wobei der Tradition in der Regel ein göttlicher oder ein in der fernen Vergangenheit liegender Ursprung zugeschrieben wurde. Die Altehrwürdigkeit der Tradition zeigte sich an ihrer fremden Sprache oder einem archaischen Dialekt der jeweiligen Muttersprache. Diejenigen, die die höchste Meisterschaft erlangten, konnten die älteren Traditionen nicht nur reproduzieren, sondern waren in der Lage, sie zu modifizieren und zu erweitern. Dabei arbeiteten sie meist aus dem Gedächtnis, weniger mit Abschriften von Texten. Letzteres zeigt sich an der Art der Varianten, die sich in Parallelversionen finden: der Austausch von Wörtern mit gleicher Bedeutung, Veränderungen der Wortreihenfolge, Variationen von syntaktisch äquivalenten Ausdrücken etc. Untersuchungen in Gräzistik, Mediaevistik, Psychologie und Folklore haben gezeigt, dass diese Variationen in der Regel bei aus dem Gedächtnis wiedergegebenen Texten auftreten und auf semantischer Äquivalenz beruhen. Man kann sie als „kognitive Varianten" bezeichnen. Dieses Konzept der kognitiven Varianten wird gleich noch von Bedeutung sein.

Der zweite Grund für die Relevanz des vorgestellten Modells aus *Writing on the Tablet of the Heart* ist, dass wir über außerisraelitische Belege für den Gebrauch von historischem Material im Bildungskontext verfügen, das mit Samuel-Könige (und der Chronik) vergleichbar ist. Das betrifft nicht nur die verbreiteten Königsinschriften (oder nachgeahmte Königsinschriften) in Babylon, sondern auch verschiedene Königserzählungen und Unterweisungen in der ägyptischen und mesopotamischen Bildung, zum Beispiel die Sargon- und Naram-Sin-Literatur, die im Lehrmaterial der altbabylonischen Epoche nachweisbar ist. Darüber hinaus können wir mit Grayson von einem Gebrauch weiter ausgedehnter Geschichtsdarstellungen als Lehrmaterial ausgehen – und das speziell im Mesopotamien des ersten Jahrtausends. Obwohl ausgedehnte Geschichtsdarstellungen wie die Babylonischen Chroniken ihren Ursprung wohl in gelehrten Nachschlagewerken im Dienst der Divination hatten, nehmen Grayson, Tadmor und andere an, dass einige dieser Werke für eine Kombination aus Lehr- und Propagandazwecken geschaffen wurden.[2] Dies sind unter anderen die Kutha-Le-

---

2   Albert Kirk Grayson, History and Historians of the Ancient Near East. Assyria and Babylonia, Or 49 (1980), 189-190; Hayyim Tadmor, Autobiographical Apology in the Royal Assyrian Literature, in: Hayyim Tadmor und Moshe Weinfeld (Hgg.), History, Historiography and Interpretation. Studies in Biblical and Cuneiform Languages, 1984, 54-55.

gende des Naram-Sin, die sogenannte Weidner-Chronik, die Nabonid-Chronik, das Tukulti-Ninurta-Epos und die synchronistische Chronik. Petra Gesche vertritt in ihrer aktuellen Studie zum Schulunterricht im Babylon des ersten Jahrtausends die These, dass königliche Geschichts-texte wie diese eine zentrale Rolle in den Curricula für alle Schüler spielten.[3] Darüber hinaus hat meine eigene Untersuchung von Parallel-versionen eine bemerkenswerte Häufigkeit der oben angesprochenen kognitiven Varianten in der Weitergabe der akkadischen Texte zu Tage gefördert; das bestätigt, dass sie – zumindest zum Teil – in einem Kon-text gebraucht wurden, in dem man sie Wort für Wort auswendig lern-te, das heißt memorierte.[4]

Diese Ergebnisse des Vergleichs mit den Nachbarkulturen stützen eine Hypothese, die Norbert Peters bereits im frühen 20. Jahrhundert vertrat: Israels historiographische Tradition hat ihren Ursprung im Bildungskontext. Peters, dem Dürr, Noth, Lemaire und andere folgten, war fasziniert von der ungewöhnlich didaktischen Form der deutero-nomistischen Geschichtsschreibung sowie der Art und Weise, wie frü-here annalistische und andere Quellen umgeformt und von didakti-schen Reden gerahmt wurden, um die Leser/Hörer über Gottes Ab-sichten und ihre Verantwortung zu belehren.[5]

---

3 Petra Gesche, Schulunterricht in Babylonien im ersten Jahrtausend v. Chr., AOAT 275, 2001, 147-152.
4 Die Studie ist noch nicht veröffentlicht. Vorläufig kann auf einige einschlägige Un-tersuchungen zu nichtbiblischen Texten verwiesen werden wie z.B. Milman Parrys frühe Untersuchung: Studies in the Epic Technique of Oral Verse-Making. I. Homer and Homeric Style, HSCP 41 (1930), 75-76, und spätere Veröffentlichungen in ande-ren Gebieten wie: Helmer Ringgren, Oral and Written Transmission in the Old Testament. Some Observations, StTh 3 (1949), 34-59; Kenneth Sisam, Notes on Old English Poetry. The Authority of Old English Poetical Manuscripts, Review of English Studies (1953), 257-268: 261; Albert C. Baugh, Improvisation in the Middle English Romance, PAPS 103 (1959), 418-454; Albert C. Baugh, The Middle English Romance. Some Questions of Creation, Presentation, and Preservation, Spec. 42 (1967), 1-31; Hendrik van der Werf, The Chansons of the Troubadours and Trou-vères. A Study of the Melodies and their Relation to the Poems, 1972, 26-31; Niek Veldhuis, Elementary Education at Nippur. The Lists of Trees and Wodden Objects, 1997, 131-141; Raymond F. Person, The Ancient Israelite Scribe as Performer, JBL 117 (1998), 601-609; David M. Carr, Writing on the Tablet of the Heart. Origins of Scripture and Literature, 2005, 42-45.
5 Norbert Peters, Unsere Bibel. Die Lebensquellen der Heiligen Schrift, 1929, 208-210; vgl. Hubert Cancik, Grundzüge der hethitischen und alttestamentlichen Geschichts-schreibung, ADPV, 1976, 54-64 und André Lemaire, Towards a Redational History of the Book of Kings, in: G.N. Knoppers und J.G. Mc Conville (Hgg.), Reconsidering Israel and Judah. Recent Studies on the Deuteronomistic History, 2000, 446-461 (inklusive eines Überblicks über ältere Untersuchungen mit einer ähnlichen Perspektive, 459-460).

·Diese früheren Forscher konnten für ihre Hypothesen noch nicht auf die oben diskutierten kognitiven Varianten in der Überlieferung israelitischer Texte zurückgreifen. Ein Beispiel ist die Erzählung von Salomos Traum in Gibeon in I Reg 3 sowie II Chr 1. Beide Versionen beginnen mit ähnlichen Aussagen zu den tausenden von Opfern Salomos in Gibeon, aber sie unterscheiden sich in der Wortreihenfolge: I Reg 3,4b lautet: אלף עלות יעלה שלמה, während es in II Chr 1,6 heißt: ויעל עליו עלות אלף. Wir sehen eine ähnliche Variation der Wortstellung in der Einleitung zu Salomos Traumtheophanie: I Reg 3,5a: נראה יהוה אל־שלמה בחלום הלילה בגבעון im Unterschied zu II Chr 1,7a: בלילה ההוא נראה אלהים לשלמה. Diese Einführungen in I Reg 3,4b/II Chr 1,7a illustrieren einen verbreiteten Typ kognitiver Varianten in der Hebräischen Bibel: den Wechsel zwischen אלהים und יהוה. In vielen Fällen sind die Varianten substantieller, so beschreibt I Reg 3,8 die Volksmasse mit עם רב אשר לא־ימנה ולא יספר מרב während II Chr 1,9 עם רב כעפר הארץ hat – gleiche Vorstellungen, aber ganz unterschiedliche Ausdrucksweisen. Es ließen sich noch weitere Beispiele aus diesem Text (vgl. Tabelle 1) und anderen anführen. Ein vorläufiger Überblick über Paralleltexte in der Bibel, sowohl in den Geschichts- als auch den anderen Büchern, legt nahe, dass die meisten Abweichungen in Paralleltexten eher als diese Art kognitiver Variation zwischen relativ äquivalenten Phrasen zu erklären sind als als graphische Abweichungen, wie sie für die späteren Phasen im Prozess der Textreproduktion typisch sind.

Von „Äquivalenten" oder „relativen Äquivalenten" zu sprechen, bedeutet, sich früheren exegetischen Versuchen entgegen zu stellen, die in all diesen Abweichungen der Chronik gegenüber den Königebüchern exegetische Varianten sehen wollten, die die theologischen und ideologischen Zielsetzungen des Chronisten widerspiegeln. Ich selbst zählte zu den Exegeten, die diesem Zugang folgten. In meinem ersten Buch, *From D to Q. Early Jewish Interpretations of Solomon's Dream at Gibeon*, behandelte ich alle Unterschiede zwischen I Reg 3,1-15 und II Chr 1,1-12.[6] Vor diesem Hintergrund und nach einer Durchsicht anderer Untersuchungen scheint es, dass sich – gibt man nur genug klugen Bibelexegeten genügend Zeit – für jede Abweichung zwischen biblischen Paralleltexten ein theologischer oder exegetischer Grund finden lässt.

M.E. ist jedoch zu bedenken: Bibelexegeten sollten den Kollegen anderer Fachrichtungen zuhören, die gezeigt haben, dass viele derartige Varianten – sogar einige mit ideologischen Implikationen – unbe-

---

6   David M. Carr, From D to Q. Study of Early Jewish Interpretations of Solomon's Dream at Gibeon, SBL.MS 44, 1991, 89-114.

wusst und zufällig passieren können, wenn Tradenten Texte aus dem Gedächtnis reproduzieren.[7] Natürlich wurden Texte auch aus ideologischen und theologischen Gründen modifiziert und/oder erweitert, aber die Bücher Samuel-Könige und die Chronik weisen daneben auch eine Reihe andersartiger Abweichungen auf. Wie Zewi in einem kürzlich erschienenen Aufsatz in der ZAH gezeigt hat, handelt es sich bei einigen Abweichungen um syntaktisch äquivalente Formulierungen.[8] Ian Young wird in einer noch nicht publizierten Monographie die These vertreten, dass die Bücher Samuel-Könige und Chronik ein hohes Maß an sprachlichen Veränderungen aufweisen, und zwar in beide Richtungen, so dass entweder Samuel-Könige oder die Chronik etwa alle 23 Worte eine spätere hebräische Form bieten.[9] Einige dieser Abweichungen sind Substitutionen, die für uns nicht äquivalent sein mögen, es für die Tradenten jedoch waren – zum Beispiel die Variation der Gottesbezeichnungen (vgl. I Reg 3,5a//II Chr 1,7a).[10]

Zusammengefasst: Es gibt aus Israels Nachbarkulturen Belege für den Gebrauch von Geschichtsdarstellungen in der mündlich-schriftlichen Bildung, die – wie Samuel-Könige – mehrere Regenten übergreifen. Es gibt Indizien für eine didaktische Ausrichtung in den Büchern Samuel-Könige selbst; und darüber hinaus dokumentiert das Auftreten kognitiver Varianten, wie sie für memorierte und aus dem Gedächtnis reproduzierte Texte typisch sind, den Gebrauch dieser Werke in einem mündlich-schriftlichen Kontext. Die zentrale Aussage dieses ersten Teils des Aufsatzes ist die folgende: Bibelexegeten sollten in ihren Modellen der Überlieferungsgeschichte biblischer Geschichtstexte mit der Möglichkeit rechnen, dass sukzessive Versionen dieser Texte – teilweise oder im Ganzen – aus dem Gedächtnis reproduziert wurden. Darüber hinaus sollten wir ein stärkeres Augenmerk auf Lehrmaterial in anderen Kulturen richten, wie die oben erwähnten mesopotamischen Geschichtsdarstellungen aus dem ersten Jahrtausend. Daraus lassen sich Informationen im Blick auf die Gattungen vergleichbarer didaktischer Texte aus Israel gewinnen, insbesondere wenn die Gegebenheiten

---

7   Für eine Auswahl einschlägiger Untersuchungen, vgl. Anm. 4.

8   Tama Zewi, Biblical Parallels and Biblical Hebrew Syntax, forthcoming in ZAH 19 (2006).

9   Die Ergebnisse sind vorab veröffentlicht (mit Hinweisen auf einige frühere Studien) in: Ian M. Young, Hebrew Texts Cannot Be Dated Linguistically, forthcoming in HebStud 47 (2006).

10   Eine Studie, die dieses Phänomen zu dem in der Pentateuch-Kritik oft verwendeten Gottesnamen-Kriterium in Beziehung setzt, ist in Arbeit. Tradenten in einem mündlich-schriftlichen kulturellen Kontext konnten, besonders nach dem Aufkommen des Monotheismus, unterschiedliche Gottesbezeichnungen als äquivalent oder nahezu äquivalent ansehen.

in Israel von einer externen Praxis abhängig sein könnten. Dies gilt besonders *in den Anfängen der Verwendung einer gegebenen Gattung als Lehrtexte*. Diese Feststellung wird im Folgenden wichtig werden.

2. Der Beitrag der Chronik zur Überlieferungsgeschichte der Bücher Genesis bis II Regum

2.1 Empirische Studien

Nun zum nächsten Schritt: um zu ergründen, wie sich biblische Geschichtsdarstellungen entwickelt haben, schlage ich vor, empirische Beispiele aus der Überlieferungsgeschichte von Texten zu betrachten, die im Kontext einer schriftlich-mündlichen Bildung benutzt wurden. Das sind Fälle, in denen verschiedene Phasen von Kompositionen dokumentiert sind, wie die altbabylonische und spätere Versionen des Gilgamesch-Epos, Textzeugen für vielfältige Kompositionsstufen biblischer Bücher wie Jeremia oder der Pentateuch oder die Dokumentation verschiedener Redaktionsstufen in der Gemeinderegel aus Qumran.

Hierbei handelt es sich nur um einige der vielen Beispiele dokumentierter Überlieferungsgeschichte. Sie illustrieren einen Haupttrend in der Weitergabe von Traditionsliteratur, der auch in vielen anderen Fällen nachweisbar ist. Ich nenne diese Tendenz „Trend zur Expansion". Sie kann wie folgt ausformuliert werden: Wenn eine spätere Version eines gegebenen Textes ihrer Vorlage im Aufriss und in vielen Details folgt, neigt sie dazu, die Vorlage entweder zu reproduzieren (mit kleineren kognitiven Varianten, ideologischen Revisionen oder Schreibfehlern) *oder* sie durch Zusätze zu erweitern. In der Regel lassen spätere Versionen, *die ihren Vorlagen aufs Ganze gesehen eng folgen*, keine Abschnitte der Vorlage aus.

Der Trend zur Expansion gilt für die späteren Fassungen des Gilgamesch-Epos, die die altbabylonischen Versionen (neben anderen Veränderungen) um einen neuen Prolog, eine Fluterzählung und eine Konklusion erweitern.[11] Sie ist auf die sukzessiven Redaktionen des Pentateuch anwendbar, den prämasoretischen sogenannten protosamaritanischen harmonisierenden Text und 4QRP. Sogar die Tempelrolle erweitert ihre Pentateuch-Vorlage an den Stellen, wo sie sich eng an den Pentateuch anlehnt.[12] Entsprechend scheint der masoretische Text

---

11 Jeffrey Tigay, The Evolution of the Gilgamesh Epic, 1982, bes. 103-105.
12 Für eine Untersuchung der Tempelrolle unter diesem Aspekt und Hinweise auf ältere Literatur, vgl. David M. Carr, Method in Determination of Direction of Dependence. An Empirical Test of Criteria Applied to Exodus 34,11-26 and its Parallels,

des Jeremiabuches eine erweiterte Version der älteren Überlieferung zu sein, die der griechische Text und einige Qumran-Handschriften bezeugen.[13] Für die Gemeinderegel aus Höhle 1 hat Sarianna Metsos Untersuchung gezeigt, dass sie eine erweiterte Version der Textüberlieferung ist, die in Fragmenten aus Höhle 4, zum Beispiel 4QS[e], 4QS[b] und 4QS[d] dokumentiert ist. Sie enthält vier zusätzliche Kolumnen am Anfang, mehr Bibelzitate und Erklärungen in den Kolumnen 5ff. sowie einen anderen Abschluss als die anderen Handschriften.[14] In jedem dieser Fälle – und in vielen anderen – gilt der Trend zur Expansion: spätere Versionen, die ihrer Vorlage eng folgen, reproduzieren beziehungsweise erweitern sie. Um hier nicht die Frage der Zirkularität aufkommen zu lassen: in jedem der genannten Fälle lässt sich auch unabhängig von dem Trend zur Expansion belegen, dass die erweiterte Version später ist (seien es die jüngeren Versionen des Gilgamesch-Epos, die Pentateuchredaktionen oder 1QS); dagegen ist es extrem schwierig, eine umgekehrte Richtung der Abhängigkeit zu behaupten.

Lassen Sie mich klarstellen: es gibt natürlich deutliche Fälle von Kürzungen, bei denen aber jeweils bestimmte Umstände gegeben sind. Studien in Psychologie und Folklore weisen auf eine Tendenz zu Kürzungen in *ausschließlich mündlich weitergegebenen* Traditionen hin, so dass spätere Versionen meist kürzer sind als das Original. Olmstead – und vor kurzem auch Tertel – zeigten, dass in assyrischen Königsinschriften aus der späteren Regierungszeit eines Königs die Taten der frühen Regierungsjahre oft verkürzt dargestellt sind.[15] Und es gibt Fälle, in denen die spätere Tradition recht lose von früheren Traditionen abhängt, so zum Beispiel die freie Adaption einiger sumerischer Gilgameschtraditionen im altbabylonischen Gilgamesch-Epos. Hier ist nicht immer klar, ob die spätere Version länger oder kürzer als die Vorlage ist.[16] Die Entsprechungen sind nicht groß. All diese Beispiele für eine

---

in: Matthias Köckert u. E. Blum (Hgg.), Gottes Volk am Sinai. Untersuchungen zu Ex 32-24 und Dtn 9-10, VGWTh 18, 2001, 118-123.

13   Einen guten Überblick über den Stand der Forschung und die Probleme bietet Emanuel Tov, Textual Criticism of the Hebrew Bible, 2001, 319-327; zu ergänzen ist u.a.: Hermann-Josef Stipp, Das masoretische und alexandrinische Sondergut des Jeremiabuches. Textgeschichtlicher Rang, Eigenarten, Triebkräfte, OBO 136, 1994, und ders., Jeremia, der Tempel und die Aristokratie. Die patrizische (schafanidische) Redaktion des Jeremiabuches, Kleine Arbeiten zum Alten und Neuen Testament 1, 2000.

14   Sarianna Metso, The Textual Development of the Qumran Community Rule, StTDJ 21, 1997.

15   A. T. Olmstead, Assyrian Historiography. A Source Study, 1916, bes. 21, und Hans Jürgen Tertel, Text and Transmission. An Empirical Model for the Literary Development of Old Testament Narrativs, BZAW 221, 1994, 68-155.

16   Tigay, Gilgamesh Epic (s. Anm. 11), 23-54.

Kürzung gegenüber der Vorlage oder einen freien Umgang mit ihr, fallen nicht unter den Trend zur Expansion. Der hier vertretene Vorschlag lautet daher: bei Traditionen, die ihrer Vorlage eng folgen, kann man davon ausgehen, dass die spätere Version ihre Vorlage reproduziert oder erweitert, in der Regel aber nichts auslässt.

All das bestätigt den Status, der diesen Vorlagen in den diskutierten antiken Kulturen zugeschrieben wurde: sie galten als heilig, altertümlich etc. Sowohl in Ägypten als auch in Griechenland, Mesopotamien oder Israel gab es eine Wertschätzung der kanonischen Vergangenheit, die es in der Regel ausschloss, dass man Teile einer alten Tradition einfach wegließ. Es bestand immer die Möglichkeit, eine ganz neue Darstellung zu schreiben, und es scheint besonders dort vielfältige Gelegenheiten für kreative Adaptionen gegeben zu haben, wo die Vorlage von einer Sprache, z.B. Sumerisch, in eine andere, z.B. Akkadisch, übertragen wurde. Stellte man jedoch eine neue Version einer alten Tradition her, die dieser weitgehend entsprach, ist die Tendenz erkennbar, die Tradition in Gänze zu bewahren, selbst wenn man sie überarbeitete oder um verschiedene Zusätze ergänzte.

2.2 Die Chronik als Ausnahme?

Die Ausnahme scheint auch hier die Regel zu bestätigen, sowohl auf der Mikroebene der Einzeltexte als auch auf der Makroebene ganzer Werke. Angesichts der verbreiteten Gültigkeit der Regel lohnt es sich, einige Fälle von vermeintlichen Kürzungen zu betrachten, um zu sehen, ob sie sich als solche bestätigen. Eines der herausragendsten Beispiele ist das der Chronik. Konrad Schmid spricht in diesem Buch von der Langlebigkeit der DtrG-Hypothese.[17] Doch bereits vor 200 Jahren haben Exegeten – beginnend mit De Wette – angenommen, dass die Chronik eine späte tendenziöse Adaption der Bücher Samuel-Könige sei, die Nachrichten über den Norden und große Abschnitte mit für David unvorteilhaften Erzählungen einfach ausließ und anderes Material hinzufügte.

Aber bildet die Chronik wirklich eine Ausnahme von dem Trend zur Expansion? Ein zeitgenössischer Exeget behauptet emphatisch, dass dies nicht zutrifft. Bereits vor 20 Jahren vertrat Graeme Auld in einem Artikel[18] und später in weiteren Publikationen die These, dass die Chronik keineswegs weite Teile von Samuel-Könige ausgelassen habe, sondern dass sowohl die Chronik als auch Samuel-Könige nach-

---

17   S. unten S. 19-43.
18   A. Graeme Auld, Prophets Through the Looking Glass, JSOT 27 (1983), 16.

exilische Erweiterungen einer ebenfalls nachexilischen gemeinsamen Quelle, dem „Buch der zwei Häuser," seien, deren Umfang in etwa dem gemeinsamen Material in Chronik und in Samuel-Könige entspricht. Darüber hinaus versucht Auld im Detail zu zeigen, wie die Autoren der Chronik und der Bücher Samuel-Könige in verschiedener Weise Motive und Vokabular der gemeinsamen Quelle nutzten, um daraus jeweils ganz neue Erzählwerke zu schaffen.[19]

Aulds Vorschlag hat weite Beachtung gefunden und scharfe Kritik, darunter die Rezensionen von Gary Knoppers, Hugh Williamson und Richard Coggins, längere Auseinandersetzungen in Aufsätzen von Zippora Talshir, Christophe Nihan und Thomas Römer sowie Steven McKenzie.[20] Viele haben Probleme mit Aulds Datierung und fragen sich, warum ein nachexilischer Autor so große Mengen an Material über den Norden zu einem „Buch der zwei Häuser" hinzufügen sollte. Eine andere von den Rezensenten aufgeworfene Frage betrifft den Anfang der gemeinsamen Quelle. Das gemeinsame Material beginnt mit dem Ende von Sauls Herrschaft – viele halten das für einen seltsamen Beginn in einem „Buch der zwei Häuser". Schliesslich argumentieren viele Rezensenten, dass in der Chronik – also auch in Aulds „Buch der zwei Häuser" – stellenweise Material vorausgesetzt wird, das sich nur in Samuel-Könige findet; die Chronik muss also in ihrer Vorlage vorhandenes Material ausgelassen haben.

Ich selbst war skeptisch, als Graeme Auld mir seine Thesen auf einem Kongress erläuterte, kurz bevor sein Buch *Kings Without Priviledge* erschien. Aber ich begann meine Position zu überdenken, als ich vor zwei Jahren eine Anfängerübung zur deuteronomistischen und chronistischen Geschichtsschreibung gab. Um meinen Studenten einen Eindruck beider Geschichtsdarstellungen zu geben und um ihnen zu

---

19 Die wichtigste Untersuchung ist: A. Graeme Auld, Kings Without Priviledge. David and Moses in the Story of the Bible's Kings, 1994. Ihr gingen voraus und folgten eine Reihe von Aufsätzen.

20 Gary Knoppers, Rezension zu Auld, Kings Without Privilege, AThJ 27 (1995), 118-21; Richard J. Coggins, Rezension zu Auld, Kings Without Privilege, Theol. 98 (1995), 383; Hugh Williamson, Rezension zu Auld, Kings Without Privilege, VT 46 (1996), 553-55, sowie Thomas C. Römer u. Christophe Nihan, Une source commune aux récits de rois et chroniques? À propos d'un ouvrage récent d'A.G. Auld, ETR 79 (1999), 415-22; Steven McKenzie, The Chronicler as Redactor, in: M. Patrick Grahan u. Steven McKenzie (Hgg.), The Chronicler as Author. Studies in Text and Texture, JSOT.S 263, 1999, 70-90; Zipora Talshir, The Reign of Solomon in the Making. Pseudo Connections Between 3 Kingdoms and Chronicles, VT 50 (2000), 233-249. Besonders relevant ist auch der Überblick über die Stellen, an denen die Chronik möglicherweise Material aus den Königebüchern voraussetzt bei Thomas Willi, Die Chronik als Auslegung. Untersuchungen zur literarischen Gestaltung der historischen Überlieferung Israels, FRLANT 106, 1972, 56-65.

zeigen, was es bedeutet, von einer deuteronomistischen Redaktion zu
sprechen, gab ich dem Kurs ein Handout mit der englischen Überset-
zung der Erzählung von Salomos Traum in Gibeon in zwei Spalten
(Tabelle 1). Die linke Spalte enthielt den Text der Gibeon-Erzählung aus
I Reg, wobei die deuteronomistische Redaktion, wie ich sie in *From D to
Q* ermittelt hatte, fett gedruckt war. In der rechten Spalte stand die
Chronik-Version. Diese Analyse war völlig unabhängig von Aulds
Hypothesen erstellt worden, und die Diskussion des Textes in den Fol-
gekapiteln beruhte auf der verbreiteten Annahme, dass dem Chroni-
sten der komplette Könige-Text vorlag.

In Tabelle 1 zeigt sich: wenn man das in der Könige-Version fett
gedruckte – also redaktionelle Material – auslässt, dann ist der Rest –
die angenommene vordeuteronomistische Vorlage – nahezu identisch
mit dem gemeinsamen Material im Königebuch und der Chronik. 1993,
nur zwei Jahre, nachdem *From D to Q* erschienen war und offensichtlich ohne das Buch zu kennen, veröffentlichte Auld einen Aufsatz zur
Gibeon-Erzählung, in dem er – auf der Basis seiner Hypothese – die
gemeinsame Vorlage von Könige- und der Chronik rekonstruierte.[21]
Wie Braulik einige Jahre später notierte, war Aulds Analyse mit meiner
weitgehend identisch.[22] Der Hauptunterschied war, dass Auld eine
Unvergleichlichkeitsaussage beibehielt, die ich – versuchsweise – aus
redaktionskritischen Gründen herausgenommen hatte; dieser Punkt ist
kritisiert worden.[23] Abgesehen von diesem Detail führten meine
redaktionskritische Analyse und Aulds Suche nach gemeinsamem
Material zu fast identischen Ergebnissen.

Aufgrund dessen begann ich Aulds Thesen und die seiner Kritiker
zu überdenken. Auld schließt sich – wie er sagt – Werner Lemke,
Eugene Ulrich, Hugh Williamson, Steven McKenzie und anderen an,
die davon ausgehen, dass die Chronik einer nicht-masoretischen
Textform von Samuel-Könige viel näher steht, als bisher
angenommen.[24] Wo Exegeten früher annahmen, dass der Chronist

---

21   A. Graeme Auld, Solomon at Gibeon, EI 24 (1993), 1-7.

22   Georg Braulik, Weisheit im Buch Deuteronomium, in: Bernd Janowski (Hg.), Weis-
     heit außerhalb der kanonischen Weisheitsschriften, VWGTh 10, 1996, 39-69: 50
     (Anm. 59).

23   Diese Entscheidung in *From D to Q* wurde von Christa Schäfer-Lichtenberger zu
     Recht kritisiert (Josua und Salomo. Eine Studie zu Autorität und Legitimität des
     Nachfolgers im Alten Testament, VT.S 58, 1995, 266, Anm. 234).

24   W.E. Lemke, Synoptic Studies in the Chronicler's History, Ph.D. diss., Harvard
     University, 1963; W.E. Lemke, The Synoptic Problem in the Chronicler's History,
     HThR 58 (1965), 349-363; Eugene C. Ulrich, The Qumran Text of Samuel and
     Josephus, HSM 19, 1978; Hugh Williamson, The Death of Josiah and the Continuing
     Development of the Deuteronomic History, VT 26 (1982), 351-361; Hugh Williamson,

Material hinzugefügt oder verändert habe, ist es nun klar, dass derartige Veränderungen schon in 4QSam[a] und/oder der alten griechischen Version zu finden sind. An diesen Stellen reproduziert die Chronik lediglich ihre Vorlage. Die oben beschriebene Untersuchung der kognitiven Varianten führte ebenfalls zu diesem Ergebnis. Es gibt viele Stellen, an denen frühere Exegeten zu begründen suchten, warum der Chronist seine Vorlage in Samuel-Könige modifiziert haben könnte, an denen die Abweichung jedoch plausibler als kognitive Variante erklärbar ist.[25]

Je klarer es wird, wie eng die Chronik ihren Vorlagen folgt, umso seltsamer erscheint der herkömmliche Zugang. Warum sollte der Chronist seine Quelle in den meisten parallelen Abschnitten so genau reproduzieren und dann massive Abschnitte über den Norden auslassen? Wahrscheinlich wegen der fehlenden Anerkennung des Nordens, dennoch enthält auch die Chronik eine Reihe von Erzählungen über das unabhängige Nordreich. Warum, fragt Auld, würde der Chronist – der sonst ein so großes Interesse am Tempel hat – große Teile der Salomo-Erzählungen auslassen, die den Tempel betreffen? Warum sollte er auf Traditionen über Salomos Weisheit verzichten, wie die Geschichte von Salomos Urteil? Wäre es im Licht der zunehmenden Belege für die Treue des Chronisten zu seiner Vorlage nicht plausibler, dass viele Abschnitte, von denen man annimmt, er habe sie ausgelassen, in seiner Vorlage fehlten?

Ich neige mehr und mehr dazu, diese Fragen ernst zu nehmen und eine modifizierte Form von Aulds Thesen zu übernehmen, sei es für abgegrenzte Abschnitte – wie Teile der Salomo-Erzählung oder Parallelversionen – oder sei es für das Ganze. Wie anderen Kritikern erscheint auch mir seine Datierung (in die exilische oder nachexilische Zeit) problematisch. Ich bin ebenfalls nicht vollständig überzeugt davon, dass die Autoren der Bücher Samuel-Könige beziehungsweise der Chronik ihr je eigenes Material aus dem Vokabular und den Motiven ihrer Vorlage komponiert hätten. Obwohl Auld einige starke Argumente bringt, dass die gemeinsame Vorlage ein gegebenes Motiv in einer bestimmten Weise bietet und die Zusätze in der Chronik bzw. Samuel-Könige es jeweils in verschiedene Richtungen erweitern, bin ich doch eher als Auld geneigt, von mündlich-schriftlichen Quellen hinter den Ergänzungen in der Chronik bzw. Samuel-Könige auszuge-

---

Reliving the Death of Josiah. A Reply to C. T. Begg, VT 37 (1987), 9-15; Steven McKenzie, The Chronicler's Use of the Deuteronomistic History, HSM 19, 1984.

25 Auch hier stütze ich mich auf meine entstehende Untersuchung, inklusive einer Durchsicht der Varianten zwischen der Chronik und Samuel-Könige insbesondere in den hebräischen Handschriften.

hen; so sehe ich weniger kompositionelle Arbeit aus den Motiven und
sprachlichen Vorgaben der gemeinsamen Vorlage heraus als er. Darüber hinaus mag es mehr Fälle kleinerer Auslassungen auf Seiten des
Chronisten geben als Auld zugesteht. Mit diesen Einschränkungen
jedoch ist sein Modell einer gemeinsamen Quelle hinter Samuel-Könige
sowie Chronik m.E. wert, als Arbeitshypothese an Einzelfällen geprüft
zu werden. Daher sehe ich Samuel-Könige und die Chronik, ob nun in
Einzelabschnitten oder größeren Zusammenhängen als Erweiterungen
verschiedener Versionen einer im Grunde gemeinsamen (wahrscheinlich vorexilischen) Quelle, wobei diese Erweiterungen nebeneinander
existierten und sich teilweise auch gegenseitig kontaminierten.

Gegenüber der – auch von mir selbst bisher geteilten – herkömmlichen Annahme, die Chronik sei durch die Revision und selektive
Adaption von Material aus Samuel-Könige entstanden, bietet Aulds
Zugang eine Reihe von Vorteilen. Erstens: das Modell einer gemeinsamen Vorlage verträgt sich besser mit dem beschriebenen Trend zur
Expansion. Meine Fassung des Trends zur Expansion scheint nur an
jenen Stellen zu greifen, wo Chronik und Samuel-Könige weitgehend
parallele Texte bieten, dennoch schlage ich vor, sie nicht derartig eingeschränkt anzuwenden; beide Werke folgen einer ähnlichen Abfolge
judäischer Könige und erweitern darin eine gemeinsame Vorlage, die
bis zu irgendeinem Zeitpunkt in der vorexilischen Periode reichte – sei
es Josia oder später.[26] Sieht man in der Chronik nicht die große Ausnahme von dieser Regel, dann konvergiert das Modell der gemeinsamen Vorlage mit den übrigen Indizien, die nahelegen, dass sowohl die
Chronik als auch Samuel-Könige – wie so viele andere antike Texte –
Erweiterungen einer älteren Tradition sind – in diesem Falle einer gemeinsamen Quelle, die sich auf unterschiedliche Weise in beiden widerspiegelt.

Der Trend zur Expansion ist vor allem an Stellen besonders plausibel zu machen, wo es im Blick auf die Zusätze in Samuel oder Könige
weitere Indizien für sekundäre Einschreibungen gibt. So scheint das
Material über Jerobeam II. (II Reg 14,23-29) nachträglich in das Material
über Usia in II Reg 14,21-22 eingeschoben zu sein. An einigen Stellen
fallen in Samuel-Könige winzige Ergänzungen auf, die nur schwer als
quasi chirurgische Eingriffe des Chronisten in seine Vorlage zu erklären sind; diese Beobachtung trifft für viele der synchronistischen Notizen in den Königebüchern, eine Reihe einzelner Sätze oder Worte und

26 Für überzeugende Argumente, dass das gemeinsame Material in Samuel-Könige
    und Chronik mit Josia endete, vgl. McKenzie, Chronicler's Use (s. Anm. 24), 181-188,
    190-191, und Baruch Halpern u. David S. Vanderhooft, The Editions of Kings in the
    7th-6th Centuries BCE, HUCA 62 (1991), 237-238.

sogar einige umfangreichere Zusätze in Samuel-Könige zu, die in der Chronik – aus nicht nachvollziehbaren Gründen – fehlen. Natürlich lässt sich in 200 Jahren Bibelexegese für jede einzelne Abweichung der Chronik von Samuel-Könige eine plausible Erklärung finden, dennoch schlage ich vor, dass wir stärker mit der Möglichkeit rechnen, dass – zumindest in einigen Fällen (mehr oder weniger umfangreich) – ein Minus in der Chronik auf ein entsprechendes Minus in der Vorlage des Chronisten hinweisen kann.

Über die Entsprechung zum Trend zur Expansion hinaus lässt sich ein zweiter Vorteil der Annahme einer gemeinsamen Vorlage ausmachen: diese angenommene gemeinsame Vorlage würde vom Aufstieg der davidischen Dynastie nach dem Ende Sauls bis zur spät-vorexilischen Zeit reichen und in dieser Form den mesopotamischen historiographischen Vorläufern eher entsprechen als die Chronik oder die Bücher Samuel-Könige allein: mit ihrem Fokus auf dem Königtum, dem monarchischem Horizont und der sparsamen Darstellung einzelner Könige.

Drittens und letztens gibt es eine Reihe von redaktionskritischen Überlegungen, die – wenn auch nicht zwingend – signifikant für die Frage sind. Das gilt nicht nur für die Konvergenz meiner redaktionskritischen Analyse der Gibeon-Erzählung mit Aulds Ergebnissen. Die Frage ist umfassender: Ist es plausibel, dass ein Chronist systematisch Referenzen auf den Norden eliminiert hat und die Nordkönige aus den zuvor synchronistischen Datierungen chirurgisch entfernte? Meines Erachtens nicht. Im Lichte unserer Kenntnisse über die vorexilische Geschichtsschreibung ist es wahrscheinlicher, dass eine ausschließlich judäische Geschichtsdarstellung (die gemeinsame Vorlage) mit Material über den Norden ergänzt wurde – möglicherweise nach dem Fall des Nordreiches oder angestoßen durch Josias Versuche, die Herrschaft über den Norden zu erneuern.

Der Rahmen eines Aufsatzes erlaubt keine weitere Diskussion dieser These; ich werde sie in einem Buch, an dem ich arbeite, ausführlich darstellen. Ich schließe mit fünf Punkten, die für die breitere Diskussion relevant sind. Erstens: die Entdeckungen in Qumran und die Analyse der kognitiven Varianten haben den älteren Konsens über das Verhältnis zwischen der Chronik und den Büchern Samuel-Könige untergraben. Wir wissen jetzt, dass die Chronik – zumindest in einigen Fällen – Einblicke in die Entwicklungsstadien der Samuel-Könige-Tradition erlaubt.

Zweitens: der Trend zur Expansion bietet Grund zu der Annahme, dass die Chronik uns tiefere Einsichten in die Entwicklung von Samuel-Könige geben kann als bisher angenommen. Sieht man in ihr nicht die bekannte Ausnahme von der Regel, ist es immerhin möglich, dass die Chronik mit einer Vorlage arbeitete, die in ihrem Aufriss dem gemeinsamen Material von Chronik und Samuel-Könige recht ähnlich war. Die Darstellung konzentrierte sich auf das judäische Königtum, setzte mit der Entstehung der davidischen Dynastie nach dem Ende Sauls ein und endete irgendwann in der spät-vorexilischen Zeit, wahrscheinlich mit dem letzten König, der eine solche Geschichte hatte – Zedekia.

Drittens: Die postulierte gemeinsame Vorlage steht vergleichbaren Gattungen nahe und fügt sich in historische Details. Eine derartige auf Juda fokussierte Geschichtsdarstellung ähnelt dem historischen Lehrmaterial, wie es unter den assyrischen und mesopotamischen Lehrtexten im 1. Jahrtausend verbreitet war. Die höchstwahrscheinlich deuteronomistische Anreicherung dieser Quelle schuf mit der Einfügung von Material über das Nordreich eine Geschichte der beiden Reiche, die ihre Analogien in der assyrischen synchronistischen Geschichtsschreibung hat.

Viertens: Die Entwicklung dieser didaktisch ausgerichteten, königlichen Geschichtstradition führte zu einer Literatur, die sich mehr und mehr von den mesopotamischen Analogien entfernte. Die Deuteronomisten verlängerten die Geschichte nach vorn, insbesondere durch die Anfügung einer deuteronomistischen Version der Mose-Tora und einer Darstellung der Regierungszeit Josias, die diese Tora in den Mittelpunkt stellte. Der Chronist baute seine Geschichte ebenfalls aus, nach vorn über genealogische Ergänzungen von der Schöpfung bis zu David und nach hinten bis zum Kyros-Edikt.

Der fünfte Punkt ist methodologischer Natur. Man muss kaum betonen, dass dieser Zugang, wenn er berechtigt ist, signifikante Implikationen für die weitere Arbeit an den Geschichtstraditionen der Bibel hat; und zwar weniger im Blick auf die Chronik, als im Blick auf die Analyse *der* Bücher, die man manchmal als „primary history" (Genesis bis II Regum) bezeichnet. Die grundlegende Zäsur wäre dann nicht mehr mit Noth zwischen Tetrateuch und Deuteronomistischem Geschichtswerk zu suchen, sondern zwischen der königlichen Geschichtsschreibung, insbesondere der gemeinsamen Vorlage und ihrem judäischen Material, und den unterschiedlichen Revisionen und Expansionen dieser Vorlage in der deuteronomistischen und chronistischen Literatur.

Die Chronik als Ganze ist ein spätes Werk, dennoch kann sie m.E. als Hilfsmittel und als Korrektiv für die redaktionskritische Arbeit an den Büchern Samuel und Könige dienen. Ein Ergebnis empirischer Studien zur Überlieferung antiker Texte ist, dass uns viele entscheidende Veränderungen entgehen würden, wenn wir versuchten, das altbabylonische Gilgamesch-Epos allein aus den späteren Standardversionen, das protomasoretische Jeremiabuch allein aus dem MT oder den protosamaritanischen Text allein aus dem Samaritanus zu rekonstruieren. Redaktionskritik ist für sich genommen eine zutiefst spekulative und unzuverlässige Methode. Aber die alttestamentliche Wissenschaft verfügt seit 200 Jahren über ein zusätzliches Hilfsmittel: die Möglichkeit zum synoptischen Vergleich, wie wir ihn aus dem Neuen Testament kennen. Bisher hat sie es kaum genutzt. Ich meine, dass die Zeit gekommen ist, dieses Hilfsmittel zu nutzen.

TABELLE 1
Vergleich von I Reg 3,2-15 mit II Chr 1,1-13

I Reg 3,2-15*	II Chr 1,1-13
	(1) וַיִּתְחַזֵּק שְׁלֹמֹה בֶן־דָּוִיד עַל־מַלְכוּתוֹ וַיהוָה אֱלֹהָיו עִמּוֹ וַיְגַדְּלֵהוּ לְמָעְלָה (2) וַיֹּאמֶר שְׁלֹמֹה לְכָל־יִשְׂרָאֵל לְשָׂרֵי הָאֲלָפִים וְהַמֵּאוֹת וְלַשֹּׁפְטִים וּלְכֹל נָשִׂיא לְכָל־יִשְׂרָאֵל רָאשֵׁי הָאָבוֹת
(2) רַק הָעָם מְזַבְּחִים בַּבָּמוֹת כִּי לֹא־נִבְנָה בַיִת לְשֵׁם יְהוָה עַד הַיָּמִים הָהֵם	
(3) וַיֶּאֱהַב שְׁלֹמֹה אֶת־יְהוָה לָלֶכֶת בְּחֻקּוֹת דָּוִד אָבִיו רַק בַּבָּמוֹת הוּא מְזַבֵּחַ וּמַקְטִיר	
(4) וַיֵּלֶךְ הַמֶּלֶךְ גִּבְעֹנָה לִזְבֹּחַ שָׁם כִּי הִיא הַבָּמָה הַגְּדוֹלָה	(3) וַיֵּלְכוּ שְׁלֹמֹה וְכָל־הַקָּהָל עִמּוֹ לַבָּמָה אֲשֶׁר בְּגִבְעוֹן כִּי־שָׁם הָיָה אֹהֶל מוֹעֵד הָאֱלֹהִים אֲשֶׁר עָשָׂה מֹשֶׁה עֶבֶד־יְהוָה בַּמִּדְבָּר (4) אֲבָל אֲרוֹן הָאֱלֹהִים הֶעֱלָה דָוִיד מִקִּרְיַת יְעָרִים בַּהֵכִין לוֹ דָּוִיד כִּי נָטָה־לוֹ אֹהֶל בִּירוּשָׁלָ͏ִם (5) וּמִזְבַּח הַנְּחֹשֶׁת אֲשֶׁר עָשָׂה בְּצַלְאֵל בֶּן־אוּרִי בֶן־חוּר שָׂם לִפְנֵי מִשְׁכַּן יְהוָה וַיִּדְרְשֵׁהוּ שְׁלֹמֹה וְהַקָּהָל (6) וַיַּעַל שְׁלֹמֹה שָׁם עַל־מִזְבַּח הַנְּחֹשֶׁת לִפְנֵי יְהוָה אֲשֶׁר לְאֹהֶל מוֹעֵד וַיַּעַל עָלָיו עֹלוֹת אָלֶף
(5) בְּגִבְעוֹן נִרְאָה יְהוָה אֶל־שְׁלֹמֹה בַּחֲלוֹם הַלָּיְלָה אֶלֶף עֹלוֹת יַעֲלֶה שְׁלֹמֹה עַל הַמִּזְבֵּחַ הַהוּא	(7) בַּלַּיְלָה הַהוּא נִרְאָה אֱלֹהִים לִשְׁלֹמֹה

וַיֹּאמֶר אֱלֹהִים שְׁאַל מָה אֶתֶּן־לָךְ
(6) וַיֹּאמֶר שְׁלֹמֹה אַתָּה עָשִׂיתָ עִם־עַבְדְּךָ דָוִד אָבִי חֶסֶד גָּדוֹל
כַּאֲשֶׁר הָלַךְ לְפָנֶיךָ בֶּאֱמֶת וּבִצְדָקָה וּבְיִשְׁרַת לֵבָב עִמָּךְ וַתִּשְׁמָר־לוֹ אֶת־הַחֶסֶד הַגָּדוֹל הַזֶּה
וַתִּתֶּן־לוֹ בֵן יֹשֵׁב עַל־כִּסְאוֹ כַּיּוֹם הַזֶּה

(7) וְעַתָּה יְהוָה אֱלֹהָי
אַתָּה הִמְלַכְתָּ אֶת־עַבְדְּךָ תַּחַת דָּוִד אָבִי וְאָנֹכִי נַעַר קָטֹן

לֹא אֵדַע צֵאת וָבֹא
(8) וְעַבְדְּךָ בְּתוֹךְ עַמְּךָ אֲשֶׁר בָּחָרְתָּ עַם־רָב אֲשֶׁר לֹא־יִמָּנֶה וְלֹא יִסָּפֵר מֵרֹב
(9) וְנָתַתָּ לְעַבְדְּךָ לֵב שֹׁמֵעַ לִשְׁפֹּט אֶת־עַמְּךָ לְהָבִין בֵּין־טוֹב לְרָע כִּי מִי יוּכַל לִשְׁפֹּט אֶת־עַמְּךָ הַכָּבֵד הַזֶּה
(10) וַיִּיטַב הַדָּבָר בְּעֵינֵי אֲדֹנָי כִּי שָׁאַל שְׁלֹמֹה אֶת־הַדָּבָר הַזֶּה
(11) וַיֹּאמֶר אֱלֹהִים אֵלָיו
יַעַן אֲשֶׁר שָׁאַלְתָּ אֶת־הַדָּבָר הַזֶּה וְלֹא־שָׁאַלְתָּ לְּךָ יָמִים רַבִּים וְלֹא־שָׁאַלְתָּ לְּךָ עֹשֶׁר וְלֹא שָׁאַלְתָּ נֶפֶשׁ אֹיְבֶיךָ
וְשָׁאַלְתָּ לְּךָ הָבִין לִשְׁמֹעַ מִשְׁפָּט

(12) הִנֵּה עָשִׂיתִי כִּדְבָרֶיךָ
הִנֵּה נָתַתִּי לְךָ לֵב חָכָם וְנָבוֹן אֲשֶׁר כָּמוֹךָ לֹא־הָיָה לְפָנֶיךָ וְאַחֲרֶיךָ לֹא־יָקוּם כָּמוֹךָ
(13) וְגַם אֲשֶׁר לֹא־שָׁאַלְתָּ נָתַתִּי לָךְ גַּם־עֹשֶׁר גַּם־כָּבוֹד אֲשֶׁר לֹא־הָיָה כָמוֹךָ אִישׁ בַּמְּלָכִים כָּל־יָמֶיךָ
(14) וְאִם תֵּלֵךְ בִּדְרָכַי לִשְׁמֹר חֻקַּי וּמִצְוֹתַי כַּאֲשֶׁר הָלַךְ דָּוִיד אָבִיךָ וְהַאֲרַכְתִּי אֶת־יָמֶיךָ
(15) וַיִּקַץ שְׁלֹמֹה וְהִנֵּה חֲלוֹם
וַיָּבוֹא יְרוּשָׁלַם וַיַּעֲמֹד לִפְנֵי אֲרוֹן בְּרִית־אֲדֹנָי וַיַּעַל עֹלוֹת

וַיֹּאמֶר לוֹ שְׁאַל מָה אֶתֶּן־לָךְ
(8) וַיֹּאמֶר שְׁלֹמֹה לָאלֹהִים אַתָּה עָשִׂיתָ עִם־דָּוִיד אָבִי חֶסֶד גָּדוֹל

וְהִמְלַכְתַּנִי תַּחְתָּיו
(9) עַתָּה יְהוָה אֱלֹהִים
יֵאָמֵן דְּבָרְךָ עִם דָּוִיד אָבִי
כִּי אַתָּה הִמְלַכְתַּנִי עַל־עַם רַב כַּעֲפַר הָאָרֶץ
(10) עַתָּה חָכְמָה וּמַדָּע תֶּן־לִי
וְאֵצְאָה לִפְנֵי הָעָם־הַזֶּה וְאָבוֹאָה

[10a עַתָּה חָכְמָה וּמַדָּע תֶּן־לִי]

כִּי־מִי יִשְׁפֹּט אֶת־עַמְּךָ הַזֶּה הַגָּדוֹל

(11) וַיֹּאמֶר־אֱלֹהִים לִשְׁלֹמֹה
יַעַן אֲשֶׁר הָיְתָה זֹאת עִם־לְבָבֶךָ
וְלֹא־שָׁאַלְתָּ עֹשֶׁר נְכָסִים וְכָבוֹד וְאֵת נֶפֶשׁ שֹׂנְאֶיךָ וְגַם־יָמִים רַבִּים לֹא שָׁאָלְתָּ

וַתִּשְׁאַל־לְךָ חָכְמָה וּמַדָּע אֲשֶׁר תִּשְׁפּוֹט אֶת־עַמִּי אֲשֶׁר הִמְלַכְתִּיךָ עָלָיו

(12) הַחָכְמָה וְהַמַּדָּע נָתוּן לָךְ

וְעֹשֶׁר וּנְכָסִים וְכָבוֹד אֶתֶּן־לָךְ
אֲשֶׁר לֹא־הָיָה כֵן לַמְּלָכִים אֲשֶׁר לְפָנֶיךָ וְאַחֲרֶיךָ לֹא יִהְיֶה־כֵּן

(13) וַיָּבֹא שְׁלֹמֹה לַבָּמָה אֲשֶׁר־בְּגִבְעוֹן יְרוּשָׁלַם מִלִּפְנֵי אֹהֶל מוֹעֵד

וַיַּעַשׂ שְׁלָמִים וַיַּעַשׂ מִשְׁתֶּה לְכָל־עֲבָדָיו פ	
[3,16-28 – Reg's "plus" – Erzählung über Salomos weises Urteil im Streit zwischen den Prostituierten.]	[Chr's "minus" – keine Erzählung über Salomos weises Urteil im Streit zwischen den Prostituierten.]
(4,1) וַיְהִי הַמֶּלֶךְ שְׁלֹמֹה מֶלֶךְ עַל־כָּל־יִשְׂרָאֵל	וַיִּמְלֹךְ עַל־יִשְׂרָאֵל:

* Fettgedruckte Elemente kennzeichnen die "vor-deuteronomistische Vorlage", wie sie in D. Carr, From D to Q: A Study of Early Jewish Interpretatons of Solomon's Dream at Gibeon, SBLMS 44, 1991, identifiziert wurde.

Hatte Wellhausen Recht?
Das Problem der literarhistorischen Anfänge
des Deuteronomismus in den Königebüchern

Konrad Schmid

1. Einführung

Es ist kein besonders gewagtes Urteil, wenn man feststellt, dass die alttestamentliche Wissenschaft eine hypothesenreiche Wissenschaft ist. Dass sie nur wenige Hypothesen kennt, die allgemeine Anerkennung gefunden haben, ist die natürliche Kehrseite dieses Befunds. Zu den erfolgreichsten unter ihnen zählt diejenige des „deuteronomistischen Geschichtswerks", die hinter den Bücher Dtn-II Reg ein zusammenhängendes Werk in deuteronomistischer Interpretation aus der Exilszeit erkennt. Sie geht im Wesentlichen auf Martin Noth zurück, der sie 1943 in seinen „Überlieferungsgeschichtlichen Studien" formulierte[1] und die bis in die jüngste Vergangenheit hinein praktisch unbestritten in Geltung stand. Sie ist immerhin etwa 60 Jahre alt geworden; übertroffen wird sie nur durch „Tritojesaja" (1892-1989) sowie „Deuterojesaja" (1775-)[2] und die „Priesterschrift" (1869-[3] bzw. 1876-[4]). Seit einigen Jahren jedoch ist diese Hypothese in die Diskussion geraten.

---

1   Vgl. dazu die forschungsgeschichtlichen Darstellungen von T. Römer/A. de Pury, L'historiographie deutéronomiste (HD): Histoire de la recherche et enjeux du débat, in: A. de Pury/T. Römer/J.-D. Macchi (Hgg.), Israël construit son histoire. L'historiographie deutéronomiste à la lumière des recherches récentes, MoBi 34, 1996, 9-120, 31-39; T. Veijola, Martin Noths „Überlieferungsgeschichtliche Studien" und die Theologie des Alten Testaments, in: ders., Moses Erben. Studien zum Dekalog, zum Deuteronomismus und zum Schriftgelehrtentum, BWANT 149, 2000, 11-28; W. Dietrich, Martin Noth und die Zukunft des deuteronomistischen Geschichtswerkes, in: ders., Von David zu den Deuteronomisten. Studien zu den Geschichtsüberlieferungen des Alten Testaments, BWANT 156, 2002, 181-198; U. Rüterswörden (Hg.), Martin Noth – aus der Sicht der heutigen Forschung, BThSt 58, 2004.

2   Vgl. M. Mulzer, Döderlein und Deuterojesaja, BN 66 (1993), 15-22.

3   T. Nöldeke, Die sog. Grundschrift des Pentateuchs, in: ders., Untersuchungen zur Kritik des Alten Testaments, 1869, 1-144.

Weshalb? Es lassen sich dafür im Wesentlichen ein äußerer und ein
innerer Grund benennen. Der äußere Grund ist in den Neuaufbrüchen
in der Pentateuchforschung der letzten 20 Jahre zu sehen. Sie haben die
Hypothese des deuteronomistischen Geschichtswerks, wie allerdings
erst in letzter Zeit deutlich geworden ist, in ein ganz neues Licht gerückt und jedenfalls eine beträchtliche Mehrheit der Forschung neigt
der Auffassung zu, dass die klassische Nothsche Formulierung der
Hypothese so heute nicht mehr zu halten ist. Sie war von der Annahme
eines älteren vordeuteronomistischen Tetra- oder Hexateuch her entworfen, das ist in der gegenwärtigen Forschungslage nicht mehr ohne
weiteres gegeben. Der innere Grund ergibt sich aus vielen (zum Teil
schon vor geraumer Zeit) von Gerhard von Rad[5], Hans Walter Wolff[6],
Helga Weippert[7], der Cross-Schule[8], Norbert Lohfink[9], Gottfried Vanoni[10], André Lemaire[11], Iain Provan[12], Mark A. O'Brien[13], Baruch
Halpern und David Vanderhooft,[14] Ansgar Moenikes[15], Erik Eynikel[16],

---

4   Vgl. die Vorabdrucke von J. Wellhausen, Die Composition des Hexateuchs und der
     historischen Bücher des Alten Testaments, [3]1899, in JDTh 21 (1876), 392-450.531-602;
     JDTh 22 (1877), 407-479.
5   G. von Rad, Die deuteronomistische Geschichtstheologie in den Königsbüchern
     (1947), in: ders., Gesammelte Studien zum Alten Testament, ThB 8, 1958, 189-204;
     vgl. auch zu Noth etwa W. Rudolph, Der „Elohist" von Exodus bis Josua, BZAW
     68, 1938, 240-244.
6   H.W. Wolff, Das Kerygma des deuteronomistischen Geschichtswerks, ZAW 73
     (1961), 171-186 = ders., Gesammelte Studien zum Alten Testament, TB 22, 1964, 308-
     324.
7   H. Weippert, Die „deuteronomistischen" Beurteilungen der Könige von Israel und
     Juda und das Problem der Redaktion der Königsbücher, Bib. 53 (1972), 301-339.
8   F.M. Cross, The Themes of the Book of Kings and the Structure of the Deuteronomis-
     tic History, in: ders., Canaanite Myth and Hebrew Epic. Essays in the History of
     Religion of Israel, 1973, 274-289, und in der Folge z.B. R.D. Nelson, The Double
     Redaction of the Deuteronomistic History, JSOT.S 18, 1981; G. Knoppers, Two
     Nations Under God. The Deuteronomistic History of Solomon and the Dual
     Monarchies, Vol. I/II, HSM 52/53, 1993/1994, I, 51f.; ausführlicher zur Forschungs-
     geschichte: Römer/de Pury, L'historiographie deutéronomiste (s. Anm. 1), 47-50; M.
     Avioz, The Book of Kings in Recent Research (Part I), CR:BS 4 (2005), 11-55, 14-16.
9   N. Lohfink, Kerygmata des Deuteronomistischen Geschichtswerks, in: J. Jeremias/L.
     Perlitt (Hgg.), Die Botschaft und die Boten. FS H.W. Wolff, 1981, 87-100.
10   G. Vanoni, Beobachtungen zur deuteronomistischen Terminologie in 2Kön 23,25-
     25,30, in: N. Lohfink (Hg.), Das Deuteronomium. Entstehung, Gestalt und Botschaft,
     BEThL 73, 1985, 357-362.
11   A. Lemaire, Vers L'histoire de la Rédaction des Livres des Rois, ZAW 98 (1986), 221-
     236.
12   I.W. Provan, Hezekiah and the Book of Kings, BZAW 172, 1988.
13   M.A. O'Brien, The Deuteronomistic History Hypothesis. A Reassessment, OBO 92,
     1992.
14   B. Halpern u. D.S. Vanderhooft, The Editions of Kings in the 7th–6th Centuries
     B.C.E., HUCA 62 (1991), 179-244.

Marvin Sweeney[17], Thomas Römer[18] und anderen vorgetragenen Beobachtungen zur Notwendigkeit einer doch recht weitgreifenden sachlichen, sprachlichen und theologiegeschichtlichen Differenzierung der Deuteronomismen in Dtn-II Reg (oder Teilzusammenhängen davon wie den Königebüchern), die die These Noths des *einen* Deuteronomisten (s.u. Anm. 24) als ganz unwahrscheinlich, aber auch die im Gefolge von Rudolf Smend[19] vorgenommene, die Theoriegestalt vergleichsweise geringfügig verändernde Partialisierung von Noths „Dtr" in „DtrH", „DtrP" und DtrN" als zu wenig weitgehend erscheinen lassen. Beide Gründe haben dazu geführt, dass heute a) die literarische Reichweite des Nothschen Geschichtswerks und b) dessen innere literarische Schichtung zur Disposition stehen.

Dass man deshalb die Rede vom „deuteronomistischen Geschichtswerk" aufgeben sollte[20], scheint allerdings nicht angezeigt zu sein. Das schulsprachliche Idiom des Deuteronomismus und die innere Verwandtschaft der unter diesem Term subsumierten Theologien sprechen dagegen. Eine Pluralisierung ist deshalb näherliegend: Der Schlüssel zur deuteronomistischen Frage in den Geschichtsbüchern des Alten Testaments liegt vermutlich in der literarischen, redaktionsgeschichtlichen und theologiegeschichtlichen Differenzierung der dem Deuteronomismus zugewiesenen Texte und Textzusammenhänge.

Dabei ist zu beachten, dass die historischen und literarischen Horizonte dieser Differenzierung zunächst möglichst weit offengehalten werden müssen. Historisch gesehen kommt für den Deuteronomismus

---

15   A. Moenikes, Zur Redaktionsgeschichte des sogenannten Deuteronomistischen Geschichtswerks, ZAW 104 (1992), 333-348.

16   E. Eynikel, The Reform of King Josiah and the Composition of the Deuteronomistic History, OTS 33, 1996.

17   M.A. Sweeney, King Josiah of Judah. The Lost Messiah of Israel, 2001.

18   Th. Römer, Une seule maison pour le Dieu unique? La centralation du culte dans le Deutéronome et dans l'historiographie deutéronomiste, in: C. Focant (Hg.), Quelle maison pour Dieu? LeDiv, 2003, 49-80; ders., The So-Called Deuteronomistic History. A Sociological, Historical and Literary Introduction, 2006, vgl. auch seinen Beitrag in diesem Band. Siehe insgesamt die Hinweise bei E. Aurelius, Zukunft jenseits des Gerichts. Eine redaktionsgeschichtliche Studie zum Enneateuch, BZAW 319, 2003, 39 Anm. 67.

19   R. Smend, Das Gesetz und die Völker, in: H.W. Wolff (Hg.), Probleme biblischer Theologie, FS G. von Rad, 1971, 494-509 = ders., Die Mitte des Alten Testaments. Gesammelte Studien Band 1, BEvTh 99, 1986, 124-137; ders., Die Entstehung des Alten Testaments, ThW 1, (1978) ⁴1989, 111-125; hier 113 auch eine kurze Auseinandersetzung mit Wellhausen. Vgl. u. Anm. 50.

20   Vgl. dazu die Diskussion bei T. Veijola, Deuteronomismusforschung zwischen Tradition und Innovation III, ThR 68 (2003), 1-44, 24-41.

grundsätzlich die gesamte Zeitspanne von Asarhaddon[21] bis Matt-
häus[22] und Lukas[23] in Frage und in literarischer Hinsicht kann in Gen-
II Reg kein Buch von vornherein aus der Deuteronomismusdiskussion
ausgeklammert werden.

Blickt man von diesen Differenzierungsdesideraten der Forschung,
die sich aus der These Noths ergeben haben, zurück zu Julius Wellhausen, an dessen Beobachtungen und Urteile in der Deuteronomismus-
frage dieser Beitrag erinnern will, so kann man nur mit einem gewissen
Staunen fragen, weshalb Noths Entwurf so viel Erfolg beschieden war.

An Noths DtrG-Hypothese war zur Zeit ihrer Entstehung und
Hochblüte vermutlich besonders attraktiv, was manche heute eher als
Schwäche an ihr empfinden: Dass nämlich Noth „eine[n] Mann[]"[24] als
Verfasser dieses Werks benennen konnte, also nicht einfach bloß einen
Sammler oder Redaktor, sondern einen Autor, den man dann auch
folgerichtig auf sein Kerygma hin befragen konnte[25]. Damit rückte der
Deuteronomist auf die Stufe von J, E und P auf, den Verfassern der
pentateuchischen Quellenschriften. Noths Hypothese postulierte also
ironischerweise *in ihrem forschungsgeschichtlichen Entstehungskontext*
eine *gleichartige* Vorstellung des literarischen Werdens von Pentateuch
und deuteronomistischem Geschichtswerk – nämlich im wesentlichen
durch *Autoren* – wie man das heute, allerdings *mutatis mutandis*, auch
wieder vertritt: Das literarische Werden von Pentateuch und deutero-

---

21 Der neuassyrische Hintergrund des Deuteronomismus kann als gesichert angesehen
    werden. Vgl. dazu E.A. Knauf, „Wie kann ich singen im fremden Land?" Die „ba-
    bylonische Gefangenschaft" Israels, BiKi55 (2000), 132-139, 136f. (s. die neuassyri-
    schen Texte bei R. Borger, Die Inschriften Asarhaddons, Königs von Assyrien, AfO.B
    9, 1956, 10-29); M. Weinfeld, Deuteronomy and the Deuteronomic School, 1972, 59-
    157; N. Lohfink, Culture Shock and Theology. A Discussion of Theology as a
    Cultural and Sociological Phenomenon Based on the Example of Deuteronomic Law,
    BTB 7 (1977), 12-22; H.U. Steymans, Deuteronomium 28 und die adê zur Thronfolge-
    regelung Asarhaddons. Segen und Fluch im Alten Orient und in Israel, OBO 145,
    1995; vgl. die Diskussion bei Römer/de Pury, L'historiographie deutéronomiste (s.
    Anm. 1), 92f., sowie die Beiträge von H.U. Steymans und K. Radner in diesem Band.
22 Vgl. O.H. Steck, Israel und das gewaltsame Geschick der Propheten, WMANT 23,
    1967, 20-58.290-316.
23 Vgl. Steck, Israel (s. Anm. 22), 20-58.222-239; Th. Römer/J.-D. Macchi, Luke, Disciple
    of the Deuteronomistic School, in: C.M. Tuckett (Hgg.), Luke's Literary Achieve-
    ment. Collected Essays, JSNT.S 116, 1995, 178-187. Zur Langfristigkeit des Deutero-
    nomismus vgl. auch T. Veijola, Die Deuteronomisten als Vorgänger der Schriftge-
    lehrten. Ein Beitrag zur Entstehung des Judentums, in: ders., Moses Erben. Studien
    zum Dekalog, zum Deuteronomismus und zum Schriftgelehrtentum, BWANT 149,
    2000, 192-240.
24 Überlieferungsgeschichtliche Studien, 1943, 110.
25 Vgl. o. Anm. 6.9.

nomistischem Geschichtswerk ist analog zu beschreiben, aber eben nicht mehr über die Annahme von Autoren, sondern von *Redaktoren.*

Diese damals attraktive Deutung Noths bereitete 1943 zwei grundsätzlichen Postulaten der ihm zuvorlaufenden Deuteronomismusdebatte ein jähes Ende: Zum einem bestritt Noth im Zuge seiner monoautoriellen und nicht multiredaktionellen Deutung des Deuteronomisten kategorisch das Vorhandensein von Deuteronomismen in Gen-Num[26] und ließ nur für Texte in Dtn-II Reg die Kategorisierung „deuteronomistisch" zu. Zum anderen setzte er alle Deuteronomismen in diesen Büchern in die Exilszeit an – als direkte Konsequenz seiner Annahme *eines einzigen,* kurz nach der Begnadigung Jojachins wirkenden Autors des „deuteronomistischen Geschichtswerks".

Noth entwickelt seine These nicht im expliziten Gespräch mit einer bestimmten Gegenposition. Aus den „Überlieferungsgeschichtlichen Studien" erfährt man zu seinen Gegnern nur wenig in einer beiläufigen Anmerkung: „Man denkt neuerdings gern an eine doppelte ‚deuteronomistische Redaktion' der Bücher Jos.-Kön. Doch beruht die Annahme einer ersten, noch vorexilischen Redaktion deuteronomistischen Stils auf einer irrigen Zuweisung von allerlei Überlieferungselementen, die in Wirklichkeit zu den Quellen von Dtr gehören, an diesen ersten Redaktor"[27]. Vermutlich standen hier Noth weder Kuenen noch Wellhausen vor Augen[28], es sei denn, man wollte ihm unterstellen, das er mit „neuerdings" auch Beiträge meinen konnte, die damals bereits über ein halbes Jahrhundert alt waren. Wahrscheinlich dachte Noth an O. Eißfeldt, der eine solche doppelte deuteronomistische Redaktion in seiner Bearbeitung der Königebücher in E. Kautzsch, Die Heilige Schrift des Alten Testaments, angenommen hatte[29].

---

26 Vgl. Noth, Überlieferungsgeschichtliche Studien (s. Anm. 24), 13: „[... I]n den Büchern Gen.–Num. fehlt jede Spur einer ‚deuteronomistischen Redaktion', wie allgemein anerkannt ist"; s. ebd. Anm. 1: „Dass es einzelne Stellen gibt, an denen der alte Text im deuteronomistischen Stile erweitert worden ist, wie etwa Ex. 23,20ff. und Ex 34,10ff., hat mit Recht meines Wissens noch niemand für ein Merkmal einer durchgehenden ‚Redaktion' gehalten".

27 Überlieferungsgeschichtliche Studien (s. Anm. 24), 91 Anm. 1; vgl. auch 6 Anm. 2. Siehe weiter auch die Bemerkungen zu Kuenen und Pfeiffer in M. Noth, Zur Geschichtsauffassung des Deuteronomisten, in: Z.D. Togan (Hg.), Twenty-Second Congress of Orientalists. Vol. II. Communications, 1957, 558-566, 564 Anm. 1f.

28 Vgl. die Hinweise bei N. Lohfink, Zur neueren Diskussion über 2Kön 22-23, in: ders. (Hg.), Das Deuteronomium. Entstehung, Gestalt und Botschaft, BEThL 68, 1985, 24-48 = ders., Studien zum Deuteronomium und zur deuteronomistischen Literatur II, SBAB 12, 1991, 179-208, 188 Anm. 41.

29 Bd. I., ⁴1922, 492-585, 494: „Dt der zwischen 621 und 607 schreibende Verfasser des Königbuch I 1-II 23,25a. Dt² der Verfasser der Weiterführung des Königsbuches II 23,25b-25,30, nach 561 schreibend". In seiner Einleitung sympathisiert Eißfeldt nach

Zusammengefasst terminierte Noth 1943 also eine differenzierte Deuteronomismusdiskussion, die in den letzten Jahren durch den Evidenzdruck der Beobachtungen wieder aufgelebt ist. Deshalb befindet sich die gegenwärtige Exegese in der ebenso eigenartigen wie komfortablen Situation, dass sie mit dem Rückblick hinter Noth zurück gleichzeitig auch in die Zukunft schauen kann, wobei selbstredend dieser Blick hinter Noth zurück in *kritischer* Weise zu geschehen hat und keine normative, sondern nur *heuristische* Funktion haben kann.

Forschungsgeschichtlich bemerkenswert ist dabei, dass ein solcher Blick hinter Noth zurück bereits in den siebziger Jahren vorgenommen worden ist, und zwar mit erheblichen Konsequenzen – zwar nicht für die deutsche, aber für die amerikanische Diskussion: F.M. Cross verwies sowohl zu Beginn wie auch am Ende seines Essays „The Themes of the Book of Kings and the Structure of the Deuteronomistic History" (1973)[30] auf Kuenen[31] und Wellhausen als ausschlaggebende Impulsgeber, folgte allerdings gleichzeitig auch Noth in der beinahe totalen Separierung von undeuteronomistischem Tetrateuch und deuteronomistischem Geschichtswerk[32].

2. Wellhausens Deuteronomismus

Der Deuteronomismus war für Wellhausen keine zentrale Deutekategorie, Wellhausen war noch weit vom Pandeuteronomismus des späten 20. Jh. entfernt[33]. Man muss in den Prolegomena immerhin bis S.227 lesen, bis man bei der Beschreibung des Richterschemas aus Jdc 2 erstmals auf das Adjektiv „deuteronomistisch"[34] stößt:

---

wie vor mit dieser Auffassung, nimmt sie aber stark zurück (Einleitung in das Alte Testament, [3]1964, 380f.403).

30 Vgl. bes. 275.289.

31 Vgl. A. Kuenen, Historisch-kritische Einleitung in die Bücher des Alten Testaments hinsichtlich ihrer Entstehung und Sammlung, I/2, 1890, 90-96.

32 Cross, Themes (s. Anm. 8), 289.

33 Vgl. L.S. Schearing/S.L. McKenzie (Hgg.), Those Elusive Deuteronomists. The Phenomenon of Pan-Deuteronomism, JSOT.S 268, 1999, s. dazu Veijola, Deuteronomismusforschung (s. Anm. 20), 26f.

34 Für Vorarbeiten zu den nachfolgenden Abschnitten danke ich meinem Assistenten Felipe Blanco Wißmann. – Zur Nomenklatur bei Wellhausen: „Zwischen deuteronomisch und deuteronomistisch ist ein nicht bloß zeitlicher sondern auch inhaltlicher Unterschied; das Deuteronomium selber sieht im Kultus noch nicht so die Hauptaufgabe Israels und steht noch weit mehr innerhalb des Realismus eines wirklichen Volkslebens" (J. Wellhausen, Prolegomena zur Geschichte Israels, [3]1886, 292 = [6]1927 [repr. 2001], 278).

„Man pflegt diese nachträgliche Bearbeitung deuteronomistisch zu nennen. Das Gesetz, das Jahve den Vätern befohlen und dessen Bruch er schwer zu ahnden gedroht hat (2,15.20), wird zwar seiner Art nach nicht näher bestimmt, man kann jedoch nicht daran zweifeln, daß die Quintessenz davon ist, Jahve allein und keinen anderen Gott zu verehren"[35].

Diese „späte" Belegbarkeit des Adjektivs hat seinen Grund darin, dass Wellhausen den Deuteronomismus im Wesentlichen in den Büchern Richter und Samuel und, besonders ausgeprägt, im Buch der Könige am Werke sah. Der deuteronomistischen Bearbeitung lagen in Richter[36] und Samuel[37] dabei bereits verschiedene übergreifende literarische Zusammenhänge vor. Die Bearbeitung scheint dann „in Richter, David (denn das wäre der passende Name für Samuelis) und Könige abgeteilt" und die drei Bücher mit dem Hexateuch verbunden zu haben.

„Ob sie überall von derselben Hand oder denselben Händen herrührt, ist gleichgiltig; jedoch sind die Berührungen in dem chronologisch-moralischen Schema der Bücher der Richter und Könige so auffällig, dass man dies wol annehmen muss und dann auch das dazwischen liegende Buch Samuelis nicht gut ausnehmen kann."[38]

Dass Samuel weniger deuteronomistisch affiziert ist, hat seinen eigenen Grund:

„Es braucht nicht noch einmal hervorgehoben zu werden, dass von der systematischen und durchgeführten moralisch-chronologischen Bearbeitung des Richter- und des Königsbuchs im Buche Samuelis nicht viel zu bemerken ist. Es ist das wol zu erklären mit der zusammenhängenden Ausführlichkeit des Stoffes, der nicht gut in schematische Fächer zu zerlegen war. Dass kein Anstoß an den Bamoth geäussert wird – was im Buch der Richter auch nicht der Fall ist – muss nach der zu 1. Reg. 3,2 gegebenen Aufklärung beurteilt werden, dass vor dem Tempelbau die Höhen erlaubt gewesen seien."[39]

---

35 Prolegomena[6] (s. Anm. 34), 227.
36 Diese Bearbeitung ist judäisch, das vorgegebene Material in Jdc aber nicht. Dieses Material stellt keine Kontinuität zwischen den Episoden her, überhaupt hat es keine Vorstellung von einer Periode der Richter zwischen Josua und Samuel (vgl. Prolegomena[6] [s. Anm. 34], 228), vielmehr besteht hier ein Nebeneinander statt eines Nacheinanders der einzelnen Richter. Erst die Bearbeitung schafft die Einheit Israels und den Gegensatz zwischen Israel und Jhwh (229).
37 Wellhausen unterscheidet in Sam(-Reg) drei ältere literarische Einheiten: I Sam 1-14; I Sam 14,52-II Sam 8,18; II Sam 9-I Reg 2 (Composition [s. Anm. 4], 263).
38 Wellhausen, Composition (s. Anm. 4), 301.
39 Composition (s. Anm. 4), 262f (vgl. Prolegomena[6] [s. Anm. 34], 242 : „Die umfassende Bearbeitung, die wir in dem Richterbuche wahrgenommen haben, hat auch dem Buche Samuelis ihr Siegel aufgedrückt. Da aber hier die Periode kurz, dagegen ihr Inhalt überaus reich und wirklich zusammenhangend ist, so kann sich das künstliche Fach- und Netzwerk nicht so sehr bemerklich machen").

Was die Königebücher betrifft, so vertrat Wellhausen in der „Composition des Hexateuch" – mit expliziter Referenz auf Ewald[40] – die Auffassung, „dass die eigentliche Abfassung des Buches der Könige noch vor
dem Exil statt gefunden hat und nur nachträglich noch eine exilische
oder (wenn nicht und) nachexilische Überarbeitung hinzugekommen
ist"[41] (die „Prolegomena" schweigen sich hierüber überraschenderwei-
se gänzlich aus). Mit Abfassung meint Wellhausen die Verbindung von
vorliegenden Einzelerzählungen mit dem formelhaften Rahmenwerk,
wobei erstere auf letztere sachlich angewiesen sind:

> „In der israelitischen Reihe versteht man Ahias Strafrede I 14 nicht ohne
> 12,25ss., Elias Auftreten 17,1 nicht ohne 16,29ss., den Aufstand Jehus II 9
> nicht ohne 8,28s.; der Schluss der Epitome setzt bei Ahab direkt an die
> vorhergehende Erzählung an und wird bei Joram ben Ahab geradezu
> durch dieselbe ersetzt. Da nun die ausführlichen Darstellungen nicht ih-
> rerseits von Haus aus die Epitome zur Prämisse haben, so ist der Epito-
> mator als derjenige anzusehen, welcher sie recipirt und darauf von vorn-
> herein seine Excerpte angelegt hat; d.h. mit anderen Worten, er ist der ei-
> gentliche Verfasser des Buches der Könige."[42]

Woraus aber ergab sich für Wellhausen die spätvorexilische Ansetzung
dieses deuteronomistischen Verfassers des Königebuchs? Schon vor der
eigentlichen Argumentation zu dessen historischem Ort hielt Wellhausen zu den Königsbeurteilungen fest:

> „Der Schriftsteller, der dies Skelett des Buchs der Könige gebildet hat, steht
> mit Leib und Seele zu der Reformation Josias."[43]

Der Grund für diese Einschätzung liegt auf der Hand: Die Nordreichskönige werden in den Beurteilungen insgesamt negativ evaluiert, die
Südreichskönige erhalten dann einschränkende Zensuren, wenn sie
den Höhenkult weiter bestehen lassen, den der unvergleichliche Josia
dann aber dauerhaft abschafft (vgl. u. 4.). Dieses sachliche Urteil
bedeutete für Wellhausen allerdings noch nicht *eo ipso* eine zeitgenössische Abfassung. Er diskutierte dann auch zunächst eine exilische Ansetzung des „Skeletts":

> „Nach II 25 (= Hierem. 52) könnte man denken, erst am Ende des babyloni-
> schen Exils, nach dem Tode Jojachins vgl. כל ימי חייו 25,30. Damit schei-
> nen allerlei sonstige Stellen zu stimmen, welche die Zerstörung des Reiches
> Juda voraussetzen, z.B. II 17,19.20. 21,10-15. (22,20?) 23,26.27, um von I,
> 8,46ss. hier zu schweigen. Aber bei näherer Betrachtung sind diese Stellen

---

40 Vgl. den Hinweis in Composition (s. Anm 4), 299 Anm. 1 auf H. Ewald, Geschichte
    des Volkes Israel, Bd. I, [3]1864, 227ff.
41 Composition (s. Anm. 4), 298.
42 Composition (s. Anm. 4), 297.
43 294f.

eher ein Beweis dafür dass die eigentliche Abfassung des Buches der Könige noch vor dem Exil statt gefunden hat und nur nachträglich noch eine exilische oder (wenn nicht und) nachexilische Überarbeitung hinzugekommen ist. Sie sind nämlich allzusammen, man kann nicht sagen interpolirt, aber doch nachträglich in die ältere deuteronomistische Arbeit eingeschaltet."[44]

Weitere Gründe für diese Annahme fand Wellhausen in der inneren Schichtung von II Reg 17, dessen Grundtext „Juda, im Gegensatz zu Israel, noch nicht als exilirt an[sieht]"[45], in II Reg 22f., deren „ursprüngliche Absicht eher die [sei], zu erzählen, wie das drohende Unheil noch in zwölfter Stunde durch Josia abgewandt sei" – mit Verweis auf die historisch unzutreffende und deshalb möglicherweise zeitgenössische Ankündigung eines friedvollen Begräbnisses für Josia in 22,20. Schließlich verwies er – im Anschluss an Kuenen[46] – auf die Stellen, die die Formel „bis zu diesem Tag" verwenden (II Reg 8,22; 14,7; 16,6) und dabei das „Bestehn[] des jüdischen Reichs" noch vorauszusetzen scheinen.

Blickt man auf Richter, Samuel und Könige in Wellhausens Interpretation zurück, so sind nach Wellhausen die wohl wichtigsten deuteronomistischen Schriftstellertätigkeiten zunächst in der josiazeitlichen Abfassung des Königebuchs und dann in dessen exilischer Überarbeitung zu sehen. Ebenfalls sehr prominent sind nach Wellhausen die Deuteronomismen im Richterbuch, während das dazwischenstehende Samuelbuch von der Annahme der Bearbeitung nicht ausgenommen werden kann. Sie hat sich dort aber spärlicher niedergeschlagen.

Selbstredend ist aber bei Wellhausen – bei aller Emphase auf Richter bis Könige – auch der Hexateuch mit dem Deuteronomismus in Verbindung zu bringen:

„Der Deuteronomist, d.h. der Schriftsteller, der das Deuteronomium in das hexateuchische Geschichtsbuch eingesetzt hat, hat zugleich das letztere in deuteronomischem Sinne überarbeitet; von dieser Überarbeitung ist nun aber nicht Q, sondern vielmehr JE betroffen."[47]

Beispiele finden sich zunächst in Gen 26,5, dann „[s]tärker ... im Exodus seit dem Auszug aus Ägypten"[48], in Ex 13; 16; 19-24; 32-34 sowie – wiederum prominent – in Num und Jos. Bei aller Betonung der vorpriesterlichen Ansetzung der Deuteronomismen räumt aber auch Wellhau-

---

44 297f.
45 298.
46 Ebd.: „Kuenen a.O. p.263". Vgl. dazu neuerdings – allerdings wohl mit zuviel Zutrauen in dieses Argument – J.C. Geoghegan, „Until this Day" and the Preexilic Redaction of the Deuteronomistic History, JBL 122 (2003), 201-227.
47 Composition (s. Anm. 4), 205.
48 Ebd.

sen ein, dass sich vereinzelte „Retouchen", etwa in der masoretischen Überarbeitung des Grundtextes von Jos 20, wie ihn die Vorlage der LXX bezeugt, zeigen lassen, die auch im Gefolge von Q „den Ton des Deuteronomisten nachahmen".[49]

Wie ist diese – hier nur kurz umrissene – Deuteronomismus-Interpretation Wellhausens kritisch zu würdigen? In der gegenwärtigen Diskussionslage sind vor allem die folgenden beiden Resultate Wellhausens festzuhalten:

(1) In *literarischer* Hinsicht finden sich Deuteronomismen in Gen-II Reg insgesamt.

(2) In *historischer* Hinsicht verteilen sich die Deuteronomismen von der spätvorexilischen Zeit (Josia) zunächst bis in den Bereich vor der Priesterschrift (bei Wellhausen: „Q"), sie lassen sich aber auch danach bis in die Zeit des Abschlusses des alttestamentlichen Kanons hinein beobachten (Jos 20).

Bedenkt man diese Punkte innerhalb der deutschsprachigen Diskussion, so sind sie weitestgehend diskussionsfähig, ja vielfach sogar zustimmungsfähig. *Nur die Annahme des spätvorexilischen Ursprungs des Deuteronomismus in den Königebüchern,* die im deutschsprachigen Raum bislang weitgehend eine katholische Sonderexistenz fristet, bildet eine gewisse Ausnahme. Weshalb konnte sich Wellhausen diesbezüglich kein Gehör verschaffen?

3. Der Abweis von Wellhausens Deuteronomismusinterpretation in der deutschsprachigen Diskussion

Es ist eine gewisse Ironie der deutschsprachigen alttestamentlichen Forschungsgeographie, dass der größte Widerstand gegen Wellhausens Interpretation des Deuteronomismus in den Königebücher aus seiner ehemaligen Wirkungsstätte Göttingen kam und kommt. Das Urteil Wellhausens: „Der Schriftsteller, der dies Skelett des Buchs der Könige gebildet hat, steht mit Leib und Seele zu der Reformation Josias" ist in Göttingen kaum auf Gehör oder Gefolgschaft gestoßen.

Ein Grund könnte darin zu sehen sein, dass die elementarste Bekräftigung der These Noths – bei gleichzeitiger Differenzierung – auch aus Göttingen stammte: Smends folgeträchtiger Beitrag zur von Rad-Festschrift 1971 „Das Gesetz und die Völker" sowie dessen Entfaltung in seiner „Entstehung des Alten Testament"[50] unterschied zwar neu

---

49   207, vgl. 132f.
50   Vgl. o. Anm. 19.

drei „Deuteronomisten", die aber alle dieselbe literarische Erstreckung (Dtn-II Reg) und denselben historischen Ort (Mitte des 6. Jh. v. Chr.) wie Noths „deuteronomistisches Geschichtswerk" haben und insofern dessen Grundentscheidungen bestätigte. Dadurch ergab sich das Problem eines „double bind", den die Göttinger alttestamentliche Wissenschaft in dieser Frage bislang nach 1971 durchwegs zugunsten von Smend (statt zugunsten von Wellhausen) aufgelöst hat: Der Deuteronomismus ist von vornherein exilisch, literarisch erstreckt er sich von vornherein über die Darstellung der josianischen Reform hinaus bis II Reg 25. Im folgenden sollen vier Göttinger Beispiele aus den letzten fünfundzwanzig Jahren angesprochen werden, die diese These perpetuiert haben, obwohl ihnen die Option Wellhausens von ihren Beobachtungen her eigentlich nahe gelegen haben müsste: Spieckermann 1982, Levin 1984, Kratz 2000 und Aurelius 2003.

Spieckermanns Analyse von II Reg 22f. aus dem Jahr 1982[51] ging von Smends DtrG-Modell als Interpretationsgrundlage aus[52] und eruierte in II Reg 22f. einen Grundbestand, der der deuteronomistischen Erstredaktion DtrH vorgelegen und den Dreischritt von Buchfund (II Reg 22,1.3-5.[6.]7-12.13*.14.15*.16a.17b.18.19*.20*), Bund (23,1.2f.*) und Reform (23,5*.6*.7.8a.10f.12*.29f.) umfasst habe. Nun geht es hier nicht um die Überzeugungskraft oder Richtigkeit dieser Analyse bzw. ihres Resultats, sondern nur um den Umstand, dass diese nach Spieckermann vorexilische Vorlage in II Reg 22f. unter anderem auch folgende Aussagen in II Reg 22,1; 23,29f. enthalten haben soll:

> „Acht Jahre alt war Josia, als er König wurde, und 31 Jahre regierte er zu Jerusalem. Seine Mutter hieß Jedida, die Tochter Adajas aus Bozkath." (22,1)

> „Zu seiner Zeit zog der Pharao Necho, der König von Ägypten, zum König von Assyrien an den Euphratstrom. Da stellte sich ihm der König Josia entgegen; jener aber tötete ihn in Megiddo, sowie er ihn sah. Und seine Diener führten ihn tot von Megiddo weg, brachten ihn nach Jerusalem und begruben ihn in seinem Grab. Das Volk des Landes aber nahm Joahas, den Sohn Josias, und sie salbten ihn und machten ihn zum König an seines Vaters Stelle." (23,29f.)

Diese Passagen mit ihren Angaben zum Alter des Königs bei Regierungsantritt, der Regierungsdauer (für judäische Könige auch der Name der Königinmutter), zur Grablegung und Nachfolge sind deutlich mit dem Formelwerk des Königebuchs vernetzt. Außerdem ist weder 22,1 ein Anfang noch 23,29f. ein Schluss. Gleichwohl scheint Spieckermann bei seiner Vorlage – er spricht von einem „Bericht" (158f.

---

51 H. Spieckermann, Juda unter Assur in der Sargonidenzeit, FRLANT 129, 1982.
52 30.

u.ö.) – an eine eigenständige zeitgenössische Erzählung zu Josias Reform zu denken. Ein möglicher Zusammenhang mit dem weiteren Zusammenhang (oder den „Quellen") der Königebücher, wie er bisweilen angenommen worden ist[53], wird nicht weiter diskutiert. Es handelt sich bei Spieckermanns Quelle in II Reg 22f. um eine *vor*- und deshalb *un*deuteronomistische Vorlage von DtrH. Erst DtrH ist der erste Deuteronomist, der einen „gestaltende[n] Wille[n]" zeigt[54]. Ohne die Grundlegung in Smends Modell wäre Spieckermanns Arbeit wohl auf die Begründung eines vorexilischen Königebuchs hinausgelaufen, von dem immerhin grundsätzlich zu prüfen gewesen wäre, ob es als „deuteronomistisch" hätte klassifiziert werden können. Die altorientalischen Annalen lassen es jedenfalls nicht als unwahrscheinlich erscheinen, dass annalistische Notizen und Frömmigkeitsurteile zusammengehören könnten[55]. Spieckermann trennt dagegen von vornherein literarkri-

---

53 Vgl. zur Diskussion etwa C. Hardmeier, Umrisse eines vordeuteronomistischen Annalenwerks der Zidkijazeit. Zu den Möglichkeiten computergestützter Textanalyse, VT 40 (1990), 165-184; ders., König Joschija in der Klimax des DtrG (2Reg 22f.) und das vordtr Dokument einer Kultreform am Residenzort (23,4-15*), in: R. Lux (Hg.), Erzählte Geschichte. Beiträge zur narrativen Kultur im alten Israel, BThSt 40, 2000, 81-145, 87f. mit Anm. 13f. Weitere Hinweise finden sich bei Avioz, Book of Kings (s. Anm. 8), 16f. – Noth (Überlieferungsgeschichtliche Studien [s. Anm. 24], 18.74.77) rechnete ebenfalls damit, dass Dtr vorgegebene Quellen über die königszeitliche Chronologie für sein Werk verwendet hatte, er ging aber – entsprechend seiner Deutung des Dtr als „Autor" – nicht davon aus, dass diese literarisch als solche rekonstruierbar seien. Vgl. ähnlich E. Würthwein, Die Bücher der Könige 1.Kön 17-2.Kön 25, ATD 11,2, 1984, 489 („von DtrG unter Benützung älterer Quellen geschaffene Rahmenschema"). Ein alternatives Modell formulierte A. Jepsen, Die Quellen des Königsbuches, (1953) ²1956; vgl. dazu C. Hardmeier, Alfred Jepsens Konzeption zu den Annalen der Könige von Israel und Juda und das sogenannte deuteronomistische Geschichtswerk, Greifswalder Universitätsreden N.F. 101 (2001), 33-39.

54 Juda (s. Anm. 51), 30. R.G. Kratz (Die Komposition der erzählenden Bücher des Alten Testaments. Grundwissen der Bibelkritik, UTB 2157, 2000, 173) bestimmt 22,1f. und 23,28-30 als Elemente des „annalistischen Rahmenschema[s] der Grundschrift" DtrG (die DtrH entspricht) und darin eingestellt 22,4-7.9+23,4a.11f. als „Quellenauszüge", für 23,4a.11f offenbar im sachlichen Anschluss an E. Würthwein, Die Josianische Reform und das Deuteronomium, ZThK 73 (1976), 395-423, 417. Dagegen C. Levin, Joschija im deuteronomistischen Geschichtswerk, ZAW 96 (1984), 351-371, 362, Anm. 45: „Die ‚Quelle', die Würthwein ... am Ende übrig behält, ist dürftig genug. ... Die Quellenhaftigkeit von v. 4a ist klar zu widerlegen ... . Für v. 11-12 aber sehe ich nicht, wie man den positiven Beweis führen soll. Allein der inhaltliche Gesichtspunkt, dass hier möglicherweise assyrische Einflüsse auf den judäischen Kult des 7. Jh.s zu erkennen sind, reicht jedenfalls nicht aus". Zu ergänzen wäre allerdings: Diesen Gesichtspunkt vollkommen auszuklammern, reicht auch nicht aus.

55 Vgl. z.B. das Quellenmaterial bei A.K. Grayson, Assyrian and Babylonian Chronicles, TCS 5, 1975, 131-156 (Nr. 16 [BM 86379]: „Akitu Chronicle"; Nr. 17 [BM 35968]: „Religious Chronicle"; Nr. 18 [K 11261 + 11624, K 8532 + 8533 + 8534, 81-7-27, 117]:

tisch im Formelwerk; die chronologischen Angaben über die Regentschaft seien quellenhaft und dem älteren Bericht von Josias Reform zuzurechnen (22,1), während nur das spezifische Frömmigkeitsurteil (22,2) auf DtrH zurückgehe. Weshalb aber die Regentschaftsangaben bei Josia strukturell gleich wie bei den anderen Königen sind, bleibt in dieser Rekonstruktion unerklärt.

Als zweites Beispiel lässt sich Levins Aufsatz zu „Joschija im deuteronomistischen Geschichtswerk" aus dem Jahr 1984 anführen[56]. Hier wird die Smendsche These durch eine umgekehrte Argumentation bestätigt: Es gibt nach Levin – gegen Spieckermann – *keine vordeuteronomistische Quelle* in II Reg 22f. Nahezu alles, was die Bibel von Josia in II Reg 22f., Buchfund, Bund und Reformbericht, zu erzählen weiß, wird in die spätere Literargeschichte des Textes *nach* DtrH angesetzt, der seinerseits bereits exilisch ist. Ohne literarische Darstellung einer josianischen Reform kann in der Folge natürlich auch kein vorexilisches oder exilisches Geschichtswerk *vor* DtrH in ihr gipfeln. Der älteste Textanteil im Reformbericht II Reg 23 ist nach Levin die Höhennotiz V.8a, die „anerkanntermaßen"[57] auf DtrH zurückgehe:

> „Und er ließ alle Priester aus den Städten Judas kommen und entweihte die Höhen, ‚wo' die Priester geopfert hatten, von Geba bis nach Beerscheba."

Dass V.8a „anerkanntermaßen" DtrH zuzuweisen sei, ist aber gerade angesichts von Spieckermanns Arbeit, die Levin damals bekannt war und in demselben Aufsatz auch, allerdings nur an einer Stelle, zitiert wird[58], ein erstaunliches Urteil[59]. Spieckermann machte zu II Reg 23,8a auf den für DtrH nachgerade untypischen Sprachgebrauch der Notiz aufmerksam: (1) Wie eine traditionelle deuteronomistische Höhennotiz aussieht, zeigt bei Hiskia II Reg 18,4: הוּא הֵסִיר אֶת־הַבָּמוֹת „Er entfernte

---

„Dynastic Chronicle", Nr. 19 [Ass 13955 gv, VAT 14515]: „Weidner Chronicle"; Nr. 20 [BM 26472, BM 96152]: „Chronicle of Early Kings", s. dazu den Vergleich mit den Königsbeurteilungen bei M. Liverani, Israel's History and the History of Israel, BibleWorld, 2005, 229f); vgl. auch die Textauswahl bei J.-J. Glassner, Mesopotamian Chronicles, 2004, 212-239.

56   Vgl. o. Anm. 54.

57   358.

58   Joschia (s. Anm. 54), 357f. Anm. 22: „Zuletzt hat H. Spieckermann, Juda unter Assur in der Sargonidenzeit, FRLANT 129, 1982, eine eingehende Analyse von II Reg 22-23 vorgelegt. Er behält Würthweins Drei-Schichten-Modell im wesentlichen bei, vergrößert jedoch den Anteil der Quelle zu Lasten des Deuteronomisten und der nachdeuteronomistischen Bearbeitung [„PD"]. Dabei sind weniger literarkritische als religionsgeschichtliche Gesichtspunkte leitend gewesen. Doch wiegen die in der Tat frappierenden Übereinstimmungen mit der religiösen Terminologie der Assyrer die literarische Beschaffenheit des Reformberichts nicht auf".

59   Würthwein, Könige 2 (s. Anm. 53), 1984, 457, etwa weist 23,8a „DtrN" zu.

die Höhen". (2) Das in II Reg 23,8a verwendete Verb *ṭmʾ* „entweihen"
ist „primär ein Wort der priesterlichen Literaturbereiche"[60], es geht
hier darum, dass die Höhen nicht nur abgeschafft, sondern für immer
profaniert werden. (3) In 23,8a opfern die Priester und nicht das Volk,
wie in den übrigen Höhennotizen. (4) „Von Geba bis Beerscheba" ist
eine nur in II Reg 23,8a belegte Grenzbestimmung, die Spieckermann
für einen Hinweis auf das tatsächlich von Josia beherrschte Territorium
hält.

Nun hat Levin selbst hinreichend klar gesehen, dass II Reg 23,8a
eine Sonderstellung unter den Höhennotizen in den Königebüchern
einnimmt:

> „Die Verunreinigung der Höhen ist weitergehend als ihre Beseitigung ...
> [sie] schließt ... die weitere kultische Nutzung aus. Durch sie ‚sollte der
> Jahwe-Kult auf diesen Höhen für immer unmöglich gemacht werden'."[61]

Es ist wohlgemerkt nicht von vornherein unmöglich, 23,8a im Verbund
der deuteronomistischen Höhennotizen zu interpretieren, doch für eine
Zuschreibung an den *exilischen* DtrH stellt sich dann aber die Frage:
Weshalb sollte DtrH diesen Umstand der *dauerhaften* Abschaffung der
Höhen durch Josia *sachlich so zugespitzt* erzählen, wenn DtrH doch auf
den *Untergang* Judas abzielt? Erschwerend kommt hinzu, dass sich bei
Levin die DtrH-Anteile in der für die Begründung des Gerichts an Juda
und Jerusalem innerhalb des klassischen DtrG-Modells zentralen Ma-
nasse-Passage II Reg 21 auf V.2a.3a.bβγ beschränken[62]. Das ergibt in
II Reg 21,2f. folgenden Text:

> „Er tat das Böse in den Augen Jhwhs (2a). Er baute die Höhen wieder auf,
> die sein Vater Hiskia zerstört hatte, und betete das ganze Heer des Him-
> mels an und diente ihnen (3a.bβγ)."

Rekonstruiert man den DtrH-Text in II Reg 21 so, dann wirkt die Katastrophe in dem von Levin angenommenen Textzusammenhang der
letzten Kapitel der Königebücher eigentümlich unmotiviert: Josia be-
endete ja den Höhenkult *dauerhaft*, und verunmöglichte so Verhaltensweisen wie diejenige von Manasse für immer, die nach dem Grundbestand von DtrH bei Levin ohnehin nicht besonders frevelhaft waren.
Insofern will II Reg 23,8a in einem so reduzierten Zusammenhang nicht
recht zu einem *exilischen* DtrH passen.

Ist schon der Ausgangspunkt bei II Reg 23,8a und der Zuweisung
an DtrH nicht problemfrei, so stellen sich auch für die weiteren

---

60 Juda (s. Anm. 51), 92 Anm. 125.
61 Joschija (s. Anm. 54), 359 Anm. 26 (mit Zitat aus A. Jepsen, Die Reform des Königs
    Josia, in: J. Herrmann (Hg.), Festschrift F. Baumgärtel, ErF A 10, 1959, 97-108, 103).
62 354 Anm. 12.

Schlussfolgerungen Fragen. Levin fährt fort: „Nehmen wir also die
Höhennotiz v.8a als den Textanteil des DtrH zum Ausgangspunkt,
zeigt sich alsbald, dass der Reformbericht eine Quelle gar nicht enthält,
sondern ganz und gar aus den *Fortschreibungen dieser redaktionellen
Notiz* besteht."[63] Das wird nun aber nicht erwiesen, sondern es werden
„einige Beispiele"[64] aufgeführt, da der Ergänzungscharakter von II Reg
23,4-20 aufgrund seiner Eigenschaft als „Cloaca maxima des Alten
Testaments"[65] schon von vornherein   feststeht: „Die Annahme einer
langfristigen und vielschichtigen Ergänzungsgeschichte – die radikale
Ergänzungshypothese – ist angesichts des Zustands von II Reg 23,4-20
von vornherein die einzig sinnvolle Lösung."[66] In der Folge ergibt sich
Levin das Resultat, dass 23,8a den jetzt versprengten, einzigen konkreten Inhalt des Frömmigkeitsurteils im Josia-Rahmen darstellte, direkt
an 22,1f. anschloss und durch 23,25a weitergeführt wurde[67]. „Man
wird sich an den Gedanken gewöhnen müssen, daß für den deuteronomistischen Erstredaktor DtrH, der nur ein halbes Jahrhundert nach
dem Tod des Joschija geschrieben hat, über diesen König tatsächlich
nicht mehr zu sagen war."[68] Die von Würthwein[69] und Spieckermann[70] beigesteuerten religionsgeschichtlichen Beobachtungen zum
assyrischen Hintergrund der josianischen Reform werden von Levin
nicht einfach abgewiesen, aber den literarhistorischen Interpretationen
(die wohlgemerkt keine Befunde sind) subordiniert und in der Folge
doch eliminiert.

Der Preis, den Levin für die Annahme eines DtrH ohne josianische
Reform zahlt, ist also hoch: Man muss die Notiz II Reg 23,8a gegen das
sachliche Gefälle der von vornherein exilischen DtrH-Theologie
gleichwohl DtrH zuweisen (einen Ansatzpunkt braucht es ja für die
spätere literargeschichtliche Entwicklung zu einem ausgestalteten Reformbericht) und die religionsgeschichtlichen Fragen marginalisieren.
Aber dafür ist die Möglichkeit eines vorexilischen deuteronomistischen
Geschichtswerks ausgeräumt.

Das dritte Beispiel findet sich bei Kratz. Auch bei ihm erstaunt im
Grunde genommen, weshalb seine deuteronomistische Grundschrift in
Sam-Reg nicht in II Reg 23 endet. Das von ihm dieser Grundschrift zu-

---

63   359 (Hervorhebung im Original).
64   Ebd.
65   357.
66   357.
67   363.
68   363.
69   362 Anm. 45.
70   357f. Anm. 22.

gewiesene Formelwerk begründet nämlich nicht den Untergang Judas,
sondern läuft auf die Reform Josias zu. Kratz schreibt selbst:

> „Der Standpunkt ist klar judäisch, der Maßstab für die Beurteilungen die
> ‚Sünde Jerobeams', die Aufkündigung der gerade vorher von David und
> Salomo begründeten Reichs- und Kulteinheit (I Reg 12-14), die Israel *per se*
> schuldig macht, aber offenbar auch Juda tangiert. Was die ‚Sünde Jero-
> beams' mit Juda zu tun hat, sagt die bei den Königen mit positiver Zensur
> (außer Hiskija und Joschija) regelmäßig gemachte Einschränkung: ‚Nur die
> Höhen verschwanden nicht, noch immer schlachtete und räucherte das
> Volk auf den Höhen.'"[71]

Unvoreingenommen gelesen müsste das zu Wellhausens Urteil führen:

> „Der Schriftsteller, der dies Skelett des Buchs der Könige gebildet hat, steht
> mit Leib und Seele zu der Reformation Josias."[72]

Dies gilt umso mehr, da Kratz, ähnlich wie Levin, innerhalb der Manas-
sepassage in II Reg 21 nur V.1-2a seinem DtrG=DtrH zuweist und auch
die Aussagen vom Zorn Gottes in 23,26f. und 24,2-4.20a ausklammert.
Die josianische Reform ist bei Kratz, der in der Analyse zu II Reg 22f.
Würthwein, Spieckermann und Levin miteinander versöhnt, immerhin
im Rahmen einer kleinen antiassyrischen „Tempelreform" (23,4a.11f.)
noch präsent. Interessanterweise fehlt aber bei Kratz die Höhennotiz
23,8a innerhalb seines DtrG=H. Das ist zwar inhaltlich problematisch,
denn es ist kaum wahrscheinlich, dass DtrG=H Josia zum einen unein-
geschränkt positiv beurteilt (22,1f., nach Kratz DtrG=H), aber gleichzeitig über die Höhen schweigt und sie so implizit weiter bestehen lässt,
da Manasse sie ja auch nach Kratzens Rekonstruktion wieder eingeführt hatte. Aber die Ausgliederung von V.8a ist für einen *von vornherein exilischen* DtrG=H durchaus konsequent, denn dann ergibt sich ein
unausgesprochener Grund, weshalb Juda und Jerusalem bereits für
DtrG=H untergehen muss – Manasses Höhen wurden nicht abgeschafft
– und es bleibt vertretbar, dass die Darstellung auch von vornherein
auf diesen Untergang abzielt.

Wie gesagt: Problemfrei ist diese Option angesichts der uneinge-
schränkt positiven Bewertung Josias in diesem literarischen Zusammenhang nicht – Josia beseitigt in dieser Rekonstruktion die Höhen

---

71 Komposition (s. Anm. 54), 164f. Unklar ist die Formulierung „Beide [sc. Hiskija und
    Joschija] lehnten sich gegen die assyrische Oberhoheit auf. Auf die – zweifellos
    nachklappenden – Höhennotizen bei den anderen judäischen Königen wird man
    deswegen aber nicht verzichten können. Ohne sie fehlten das Kriterium zur Beur-
    teilung der Könige von Juda und das Zwischenglied, das sie mit den Königen Israel
    verbindet" (165). „Klappen" die Höhennotizen also nur in literarischer Hinsicht
    „nach", sind aber integraler Bestandteil von DtrG?

72 Vgl. o. Anm. 43.

nicht. So drängt sich die Frage auf: Weshalb weist Kratz Wellhausens Konsequenz ab? Ein wichtiger, wenn nicht der entscheidende Grund für die Verlängerung der deuteronomistischen Grundschrift über II Reg 23 hinaus bis II Reg 25 und ihre exilische Ansetzung ergibt sich bei Kratz aus seiner erst exilischen Datierung der Kultzentralisation in Dtn 12 im Gefolge von Hölscher und anderen. Sie sei ein „absonderliche[s] und singuläre[s]" Programm[73], das als theologisches Ideal erst nach dem Verlust des Jerusalemer Tempels, als Antidot zur damaligen Situation kultischer und religiöser Desorientierung, historisch plausibel werde. Doch eben dieses historische Urteil ist wiederum nicht ohne Schwierigkeiten angesichts durchaus vergleichbarer altorientalischer Parallelvorstellungen, namentlich aus dem neuassyrischen Bereich[74]. Außerdem ist zu bedenken, dass in der Hiskiazeit durch die Gebietsverkleinerung Judas *de facto* bereits eine solche Kultzentralisation stattgefunden hat – „singulär" ist sie also auch in Juda nicht. Man kann sich insgesamt des Eindrucks nicht ganz erwehren, dass Wellhausen vor allem deshalb aus dem Weg gegangen wird, damit die eigene literarhistorische Entscheidung zur Datierung der Kultzentralisation durchgehalten werden kann: Der erst exilische Beginn des Deuteronomismus bleibt damit erhalten.

Schließlich zum letzten Beispiel. Auch bei Aurelius' neuerlicher Analyse der letzten 7 Kapitel der Königebücher scheint die Annahme eines erst exilischen Deuteronomismus eine zentrale Rolle gespielt zu haben. Aurelius bestreitet das von Vanoni[75] zur Stützung der These einer doppelten deuteronomistischen Redaktion in den Königebüchern vorgetragene Argument, dass sich die letzten vier Königsbeurteilungen

---

73 Komposition (s. Anm. 54), 137. Zu einer ähnlichen Datierung gelangt auch R.E. Clements, The Deuteronomic law of centralisation and the catastrophe of 587 B.C, in: J. Barton/D.J. Reimer (Hgg.), After the exile. Essays in honour of Rex Mason, 1996, 5-25, Ältere ebd., 7 Anm. 4.

74 Vgl. die Verweise bei K. Schmid, Zurück zu Wellhausen?, ThR 69 (2004), 314-328, hier 322 auf S. Maul, Die altorientalische Hauptstadt – Abbild und Nabel der Welt, in: G. Wilhelm (Hg.), Die orientalische Stadt: Kontinuität, Wandel, Bruch, CDOG 1, 1997, 109-124, 122; E. Otto, Das Deuteronomium. Politische Theologie und Rechtsreform in Juda und Assyrien, BZAW 284, 1999, 350f.; ferner H. Altenmüller, Art. Opfer, LÄ IV, 1982, 579-584, 579. Wenig hilfreich ist P. Pitkänen, Central Sanctuary and Centralization of Worship in Ancient Israel, Gorgias Dissertations Near Eastern Studies 5, 2003.

75 Beobachtungen (s. Anm. 10); vgl. auch E. Zenger u.a., Einleitung in das Alte Testament, [5]2004, 197 (G. Braulik).

(II Reg 23,23.37; 24,9.19) von den vorangehenden absetzen und dass II Reg 23,32.37 als Pauschalurteile zu verstehen seien[76].

> „Er tat das Böse in den Augen Jhwhs, ganz *wie seine Väter getan hatten.*" (II Reg 23,32=37)

Träfe Aurelius' Kritik zu, so wäre Vanonis Konsequenz, dass eine erste deuteronomistische Redaktion nur bis II Reg 23 gereicht habe, die Grundlage entzogen. Aurelius' Interpretation steht jedoch der Konkordanzbefund entgegen. Unter den in Frage kommenden Parallel-Belegen zu II Reg 23,32.37 in den Königebüchern findet sich nur einer, der entsprechend II Reg 23,32.37 mit „Vätern" im Plural formuliert ist, nämlich II Reg 15,9, beim Nordreichskönig Sacharja.

> „Er tat das Böse in den Augen Jhwhs, wie *seine Väter getan hatten;* er ließ nicht von der Sünde Jerobeams, des Sohns Nebats, ab, zu der er Israel verführt hatte."

Eben hier macht diese Formulierung auch im Besonderen Sinn, denn in II Reg 15,9 wird Sacharja *als letzter Vertreter der Jehu-Dynastie* in Blick genommen[77]. Entsprechend thematisieren II Reg 23,32.37 die David-Dynastie insgesamt. Das erklärt wahrscheinlich auch die abweichende Formulierung bei Jojachin („sein Vater" 24,9) und Zedekia („Jojakim" 24,19), die nach dem Antritt der Weltherrschaft durch Nebukadnezar im Jahr 605 v. Chr. nicht mehr als vollgültige Vertreter der David-Dynastie gelten können[78].

Auch bei Aurelius darf man also fragen, ob der Nachweis, dass sich die Königsbeurteilungen nach Josia von den vorangehenden nicht absetzen, wirklich geglückt sei.

---

76 Zukunft (s. Anm. 18), 45-47. Vgl. auch T. Römer, Israels Väter. Untersuchungen zur Väterthematik im Deuteronomium und in der deuteronomistischen Literatur, OBO 99, 1990, 284.

77 Vgl. K. Schmid, Das Deuteronomium innerhalb der „deuteronomistischen Geschichtswerke" in Gen–2Kön, in: E. Otto/R. Achenbach (Hgg.), Das Deuteronomium zwischen Pentateuch und deuteronomistischem Geschichtswerk, FRLANT 206, 2004, 193-211, 203 Anm. 44; 206 Anm. 60. Vgl. auch Aurelius selbst, Zukunft (s. Anm. 18), 46.

78 Vgl. entsprechend den Abbruch der Davidsdynastie im 4. Jahr Jojakims in Jer 36,29-31 und die gleichzeitige Übertragung der Weltherrschaft an Nebukadnezar in Jer 25,1.9 („Nebukadnezar, mein Knecht"), s. dazu K. Schmid, Buchgestalten des Jeremiabuches, WMANT 72, 1996, 226; ders., L'accession de Nabuchodonosor à l'hégémonie mondiale et l'interruption de la dynastie davidique. Exégèse intra-biblique et construction de l'histoire universelle dans le livre de Jérémie, erscheint in: ETR 80 (2006).

4. Hatte Wellhausen doch Recht?

Lenkt man von hierher noch einmal den Blick auf Wellhausen zurück, so scheint sein Urteil, dass das Formelwerk in den Königsbeurteilungen in seiner sachlichen Fokussierung auf die josianische Reform zulaufe, plausibler zu sein, als die von Noth und Smend inspirierten Hypothesen, die erste deuteronomistische Ausgabe der Königebücher von vornherein bis II Reg 25 reichen zu lassen[79].

Man muss sich die Königsbeurteilungen nur einmal getrennt nach Nordreichs- und Südreichskönigen je im Zusammenhang betrachten, dann springt die grundsätzliche Evidenz von Wellhausens Urteil sofort ins Auge: Die Nordreichskönige erhalten alle negative Zensuren, denn sie hängen durchgängig der „Sünde Jerobeams" an.

> (I Reg 15,25f.) „Nadab ... tat das Böse in den Augen Jhwhs und wandelte auf dem Wege seines Vaters und in der Sünde, zu der er Israel verführt hatte."

> (I Reg 15,33f.) „... Baesa ... tat das Böse in den Augen Jhwhs und wandelte auf dem Wege Jerobeams und in der Sünde, zu der er Israel verführt hatte."

> (I Reg 16,18f.) „... Simri ... tat das Böse in den Augen Jhwhs und wandelte auf dem Wege Jerobeams und in der Sünde, die er begangen und zu der er Israel verführt hatte."

> (I Reg 16,25f.) „... Omri tat das Böse in den Augen Jhwhs und trieb es schlimmer als alle, die vor ihm gewesen waren. Er wandelte ganz auf dem Wege Jerobeams, des Sohnes Nebats, und in der Sünde, zu der er Israel verführt hatte, so dass sie Jhwh, den Gott Israels, durch ihre nichtigen Götzen erzürnten."

> (I Reg 16,29f.) „... Ahab ... tat das Böse in den Augen Jhwhs, mehr als alle, die vor ihm gewesen waren. Es war noch das Geringste, dass er in den Sünden Jerobeams, des Sohnes Nebats, wandelte, er nahm sogar Isebel, die Tochter Ethbaals, des Königs der Sidonier, zur Frau und ging hin und diente dem Baal und betete ihn an."

> (I Reg 22,52f.) „... Ahasja... tat das Böse in den Augen Jhwhs und wandelte auf dem Wege seines Vaters und seiner Mutter und auf dem Wege Jerobeams, des Sohnes Nebats, der Israel zur Sünde verführt hatte."

---

79 Vgl. auch die Hinweise bei Schmid, Deuteronomium (s. Anm. 77), 202f. Bei T. Veijola, Deuteronomismusforschung (s. Anm. 20), 7 mit Anm. 193 erscheint – unter Bezugnahme auf Seebaß und Würthwein – eigentümlicherweise die deuteronomistische Theologie der „Buße" als konzeptionelles Hauptargument gegen eine vorexilische Ansetzung des „erste[n] Dtr". Doch dieses Kerygma kann – was schon zu Wolff (s. Anm. 6) anzumerken ist – nicht als deuteronomistisches Urgestein gelten, sondern gehört in die spätere Interpretationsgeschichte.

(II Reg 3,1-3) „... Joram ... tat das Böse in den Augen Jhwhs, doch nicht wie sein Vater und seine Mutter; denn er beseitigte die Mazzebe Baals, die sein Vater hatte machen lassen. Aber an der Sünde, zu der Jerobeam, der Sohn Nebats, Israel verführt hatte, hielt er fest und ließ nicht davon ab."

(II Reg 10,28-31) „So vertilgte Jehu den Baal aus Israel. Nur von den Sünden, zu denen Jerobeam, der Sohn Nebats, Israel verführt hatte, ließ Jehu nicht ab, nämlich von den goldenen Kälbern zu Bethel und zu Dan. ... Aber Jehu war nicht darauf bedacht, von ganzem Herzen im Gesetz Jhwhs, des Gottes Israels, zu wandeln; denn er ließ nicht von der Sünde ab, zu der Jerobeam Israel verführt hatte."

(II Reg 13,1) „... Joahas ... tat das Böse in den Augen Jhwhs und wandelte in der Sünde, zu der Jerobeam, der Sohn Nebats, Israel verführt hatte; er ließ nicht davon ab."

(II Reg 14,23f.) „... Jerobeam ... tat das Böse in den Augen Jhwhs und ließ nicht von all der Sünde ab, zu der Jerobeam, der Sohn Nebats, Israel verführt hatte."

(II Reg 15,8f.) „... Sacharja ... tat das Böse in den Augen Jhwhs, wie seine Väter getan hatten; er ließ nicht von der Sünde ab, zu der Jerobeam, der Sohn Nebats, Israel verführt hatte."

(II Reg 15,23f.) „... Pekahja ... tat das Böse in den Augen Jhwhs; er ließ nicht von der Sünde ab, zu der Jerobeam, der Sohn Nebats, Israel verführt hatte."

(II Reg 15,27f.) „... Pekah ... tat das Böse in den Augen Jhwhs; er ließ nicht von der Sünde, zu der Jerobeam, der Sohn Nebats, Israel verführt hatte."

(II Reg 17,1f.) „... Hosea ... tat das Böse in den Augen Jhwhs, doch nicht wie die Könige von Israel, die vor ihm gewesen waren."

Eine gewisse Ausnahme bildet der letzte König Hosea (II Reg 17,1). Würthwein bemerkt dazu: „Diese Einschränkung des negativen Urteils könnte damit zusammenhängen, daß die Könige, die Widerstand gegen die assyrische Oberherrschaft geleistet haben (in Juda Hiskija und Joschija), von DtrG günstig beurteilt werden. Auffällig ist auch, daß Hoschea nicht der ‚Sünde Jerobeams' bezichtigt wird wie seine Vorgänger."[80] Wahrscheinlich ist diese Variation aber v.a. dadurch motiviert, dass ab V.7ff. Israel als Subjekt der Schuld eingeführt wird, und deshalb Hosea entlastet wird.

---

80   Würthwein, Könige 2 (s. Anm. 53), 393.

Die dreizehn Südreichskönige nach Rehabeam[81] bis Josia erhalten dagegen in der Regel positive Zensuren, die – außer bei Asa, Hiskia und Josia – jeweils mit der Einschränkung versehen sind: „Nur die Höhen wurden nicht abgeschafft, noch immer opferte und räucherte das Volk auf den Höhen". Aus dieser Reihe fallen – im Folgenden durch Kursivdruck kenntlich gemacht – die sechs Gegenbeispiele von Abia (I Reg 15,1-3), Joram und Ahasja (II Reg 18,16-19.22-25), Ahas (II Reg 16,1-4), Manasse und Amon (II Reg 21,1f.19-22), heraus, die negativ bewertet werden. Numerisch betrachtet sind zwar die positiven und die negativen Beurteilungen so nahezu ausgeglichen. Gleichwohl lässt sich, sachlich gesehen, festhalten, dass die Negativbeurteilungen „Ausnahmen" sind, denn sie erfolgen aufgrund von deutlich identifizierbaren, besonderen Tatbeständen: Joram und Ahasja sind mit dem Haus Ahabs aus dem Nordreich verwandt, der seinerseits aufgrund seiner Heirat mit Isebel aus Sidon besonders schlecht bewertet wird. Joram und Ahasja fallen deshalb aufgrund ihrer verwandtschaftlichen Bindungen dem Pauschalverdikt über das Nordreich anheim. (Rehabeam[82] sowie) Abia, Ahas, Manasse und Amon machen sich besonderer kultischer Frevel schuldig und können deshalb nicht positiv evaluiert werden.

(I Reg 15,1-3) „... *Abia(m)*[83] *... wandelte in all den Sünden, die sein Vater vor ihm begangen hatte, und sein Herz gehörte nicht so ungeteilt Jhwh, seinem Gott, wie das Herz seines Ahnherrn David."*

(I Reg 15,11-14) „... Asa tat das Rechte in den Augen Jhwhs, wie sein Ahnherr David ... Die Höhen aber wurden nicht abgetan; doch gehörte das Herz Asas ungeteilt Jhwh sein Leben lang."

(I Reg 22,41-44) „... Josaphat ... wandelte ganz auf dem Wege seines Vaters Asa und wich nicht davon ab, indem er das Rechte tat in den Augen Jhwhs. Nur wurden die Höhen nicht abgeschafft; noch immer opferte und räucherte das Volk auf den Höhen."

(II Reg 8,16-19) „... *Joram ... wandelte auf dem Wege der Könige von Israel, wie das Haus Ahabs tat; denn die Tochter Ahabs war seine Gemahlin; und er tat das Böse in den Augen Jhwhs. Aber Jhwh wollte Juda nicht verderben um seines Knechtes David willen, wie er ihm ja verheißen hatte, dass er ihm immer eine Leuchte vor seinem Angesicht geben wolle."*

---

81 Rehabeam hat nur in der LXX (I Reg 14,22) eine Zensur, die negativ ausfällt. Der hebräische Text bringt in I Reg 14,22 „Juda" als Subjekt ein und verankert so die Volks-Perspektive von II Reg 17,7-20 für das Südreich bereits zu Beginn der nachsalomonischen Königsgeschichte. Zu nennen ist weiterhin die positive Beurteilung Salomos, eingeschränkt durch die Höhennotiz, in I Reg 3,2f.

82 Vgl. die vorangehende Anm.

83 Vgl. E. Würthwein, Die Bücher der Könige. 1. Könige 1-16, ATD 11,1, ²1985, 184 Anm. 1.

(II Reg 8,25-27) „... *Ahasja .... wandelte auf dem Wege des Hauses Ahabs und tat das Böse in den Augen Jhwhs, wie das Haus Ahabs; denn er war mit dem Hause Ahabs verwandt.*"

(II Reg 12,1f.) „... Joas ... tat das Rechte in den Augen Jhwhs, sein ganzes Leben lang, weil ihn der Priester Jojada unterwies. Doch die Höhen wurden nicht abgeschafft; noch immer opferte und räucherte das Volk auf den Höhen."

(II Reg 14,1-4) „... Amazja ... tat das Rechte in den Augen Jhwhs, doch nicht wie sein Ahnherr David, sondern ganz wie sein Vater Joas getan hatte. Nur wurden die Höhen nicht abgeschafft; noch immer opferte und räucherte das Volk auf den Höhen."

(II Reg 15,1-4) „... Asarja.... tat das Rechte in den Augen Jhwhs, ganz wie sein Vater Amazja getan hatte; nur wurden die Höhen nicht abgeschafft; noch immer opferte und räucherte das Volk auf den Höhen."

(II Reg 15,32-35) „... Jotham ... tat das Rechte in den Augen Jhwhs, ganz wie sein Vater Usia getan hatte; nur wurden die Höhen nicht abgeschafft, noch immer opferte und räucherte das Volk auf den Höhen. Er baute das obere Tor am Tempel Jhwhs."

(II Reg 16,1-4) „... *Ahas ... wandelte auf dem Wege der Könige Israels, ja, er ließ seinen Sohn durchs Feuer gehen nach der schrecklichen Sitte der Völker, die Jhwh vor Israel vertrieben hatte; er opferte und räucherte auch auf den Höhen und auf den Hügeln und unter jedem grünen Baum.*"

(II Reg 18,2-5) „... [Hiskia] ... tat das Rechte in den Augen Jhwhs, ganz wie sein Ahnherr David getan hatte. Er ist es, der die Höhen abgeschafft, die Malsteine zertrümmert, die Aschera umgehauen und die eherne Schlange, die Mose gemacht hatte, zerschlagen hat; denn bis zu dieser Zeit hatten die Israeliten ihr geopfert. ... Auf Jhwh, den Gott Israels, vertraute er, so dass unter allen Königen von Juda keiner seinesgleichen war, weder nach ihm noch vor ihm. Er hing Jhwh an und ließ nicht von ihm; er hielt die Gebote, die Jhwh dem Mose gegeben hatte."

(II Reg 21,1-3) „... *Manasse ... tat das Böse in den Augen Jhwhs, nach den abscheulichen Sitten der Völker, die Jhwh vor Israel vertrieben hatte, er baute die Höhen wieder auf, die sein Vater Hiskia zerstört hatte; er errichtete dem Baal Altäre, machte eine Aschera, wie Ahab, der König von Israel, getan, und betete das ganze Heer des Himmels an und diente ihnen.*"

(II Reg 21,19-22) „... *Amon ... tat das Böse in den Augen Jhwhs, wie sein Vater Manasse getan hatte, er wandelte ganz auf dem Wege, den sein Vater gewandelt war, diente den Götzen, denen sein Vater gedient hatte, und betete sie an; er verließ Jhwh, den Gott seiner Väter, und wandelte nicht auf dem Wege Jhwhs.*"

(II Reg 22,1f.) „... *Josia .... tat das Rechte in den Augen Jhwhs, er wandelte ganz auf dem Wege seines Ahnherrn David und wich nicht davon ab, weder zur Rechten noch zur Linken.*"

Schließlich werden die vier letzten Könige Judas nach Josia durchgängig negativ evaluiert – in II Reg 23,32.37 („ganz wie seine Väter getan hatten") unter rezeptionellem Einschluss aller ihrer Vorgänger[84], so dass diese vier letzten Beurteilungen deutlich einer demgegenüber sekundären Redaktionsstufe zuzurechnen sind.

> (II Reg 23,31f.) „... Joahas ... tat das Böse in den Augen Jhwhs, ganz wie seine Väter getan hatten."

> (II Reg 23,36f.) „... Jojakim .... tat das Böse in den Augen Jhwhs, ganz wie seine Väter getan hatten."

> (II Reg 24,8f.) „... Jojachin ... tat das Böse in den Augen Jhwhs, ganz wie sein Vater getan hatte."

> (II Reg 24,18f.) „... Zedekia... tat das Böse in den Augen Jhwhs, ganz wie Jojakim getan hatte."

Dieser übergreifende Befund zu den Königsbeurteilungen zeigt eine sachliche Höhenlinie (die selbst eine weitere literarische Vorgeschichte haben mag[85]), die von der Abschaffung der Höhen unter Hiskia 18,4 über ihre Wiedereinführung unter Manasse 21,2 bis zu ihrer *dauerhaften* Profanierung unter Josia 23,8 läuft. Demgegenüber sind die Versuche, die Verdienste der josianischen Reform in den Manassepassagen II Reg 23,26; 24,3 sowie in den Pauschalverurteilungen aller Könige in den nachjosianischen Königsbeurteilungen 23,32.37 (vgl. 24,9.19) theologisch zu annullieren, deutlich sekundär, wenngleich es sich nach dem Untergang Judas – entsprechend der altorientalischen Königsideologie, die den König für Wohl oder Unheil des Staates verantwortlich sein lässt – natürlich anbot, die Königsbeurteilungen rezeptionell als Begründung der Katastrophe zu lesen.

> Diese durch die Königsbeurteilungen anvisierte Josia-Ausrichtung wird neben der Höhenthematik auch durch die David-Aussagen in den Königebüchern vorbereitet, auf die vor allem Gerhard von Rad[86] aufmerksam gemacht hat, dessen Beitrag aber ähnlich wie derjenige von Wellhausen in der jüngeren Diskussion keine große Beachtung gefunden hat. Von Rad wies auf I Reg 11,13.32.36; I Reg 15,4; II Reg 8,19 hin, die von der Garantie der judäischen Dynastie um Davids willen sprechen[87], wobei namentlich die letzten beiden Belege interessant sind, da sie bei den negativ evaluierten Könige Abia und Joram begegnen. Nun sind diese Stellen in ihrer re-

---

84 Vgl. dazu o. Anm. 76-78.
85 Vgl. o. Anm. 11-15.
86 S. o. Anm. 5.
87 Vgl. dazu auch N. Lohfink, Welches Orakel gab den Davididen Dauer? Ein Textproblem in 2Kön 8,19 und das Funktionieren der dynastischen Orakel im deuteronomistischen Geschichtswerk (1990), in: ders., Studien zum Deuteronomium und zur deuteronomistischen Literatur IV, SBAB 31, 2000, 11-34.

daktionsgeschichtlichen Zugehörigkeit allerdings umstritten. Innerhalb des Smendschen Modells werden sie in der Regel entweder DtrN oder DtrS zugewiesen[88], denn sie fallen sachlich aus der gerichtstheologisch bestimmten Grundschrift heraus. Sie passen deswegen allerdings auch nicht zu deren Ergänzungen, deshalb klassifiziert etwa Würthwein I Reg 15,4 (bei Abia) als „einen jener nicht immer sinnvollen und überlegten DtrN-Zusätze, die von einem Idealbild Davids ausgehen ... und am Bestand der davidischen Dynastie besonderes Interesse zeigen (vgl. 11,13.32.34.36.38 u.ä.)"[89]. Weshalb der Rekurs auf unüberlegte exilische Redaktoren plausibler sein soll als an eine im Rahmen eines Werkes *Sam-II Reg 23 etablierte Inklusion zwischen den idealen Königen David und Josia zu denken, lässt sich immerhin fragen. Die David-Josia-Klammer ist zum einen so deutlich greifbar in Sam-Reg und konterkariert zum anderen ebenso deutlich das Ziel der gerichtsdoxologischen Ausrichtung der weiteren „deuteronomistischen" Textportionen von II Reg 23-25, dass die Zuteilung solcher Stellen an eine nur bis II Reg 23 reichende deuteronomistische Grundschrift keineswegs indiskutabel ist.

Natürlich können diese Überlegungen nicht den Anspruch erheben, exegetisch begründet eine Rückkehr zu Wellhausens Einschätzung des Deuteronomismus in den Königebüchern zu fordern. Dazu wären ausgreifendere Textuntersuchungen notwendig, die wohl mit Gewinn die Fragen der *literarischen Reichweite* der ersten deuteronomistischen Redaktionstätigkeit und ihrer *historischen Ansetzung* zu unterscheiden hätte[90]. Dieser Beitrag möchte lediglich gewisse Verfestigungen, die

---

88 E. Würthwein, Könige. 1 (s. Anm. 83), 185; Kratz, Komposition (s. Anm. 54), 192.

89 Würthwein, Könige. 1 (s. Anm. 83), 185.

90 Die Probleme der Historizität der josianischen Reform und der literarhistorischen Einschätzung ihrer Darstellung in II Reg 22f. sind umstritten, vgl. auf der einen Seite Spieckermann, Juda (s. Anm 51); C. Uehlinger, Gab es eine joschijanische Kultreform?, in: W. Groß (Hg.), Jeremia und die „deuteronomistische Bewegung", BBB 98, 1995, 57-89; W.G. Dever, The Silence of the Text: An Archaeological Commentary on 2Kings 23, in: M.D. Coogan u.a. (Hgg.), Scripture and Other Artifacts. FS P.J. King, 1994, 144-168; M. Arneth, Die antiassyrische Reform Josias von Juda. Überlegungen zur Komposition und Intention von 2Reg 23,4-15, ZAR 7 (2001), 189-216; N. Na'aman, The Abandonment of Cult Places in the Kingdoms of Israel and Judah, UF 34 (2002), 585-602; W.B. Barrick, The King and the Cemeteries. Toward a New Understanding of Josiah's Reform, VT.S 88, 2002; R. Albertz, Why a Reform like Josiah's Must Have Happened, in: L.L. Grabbe (Hg.), Good Kings and Bad Kings. The Kingdom of Judah in the Seventh Century, European Seminar in Historical Methodology, 5; Library of Hebrew Bible/Old Testament Studies 393, 2005, 27-46; vgl. auch o. Anm. 53; auf der anderen Seite L.K. Handy, Historical Probability and the Narrative of Josiah's Reform in 2 Kings, in: S.W. Holloway/ders. (Hgg.), The Pitcher is Broken, FS G. Ahlström, JSOT.S 190, 1995, 252-275; L. Fried, The High Places (Bamot) and the Reforms of Hezekiah and Josiah: An Archaeological Investigation, JAOS 122 (2002), 437-465. Ein Forschungsüberblick bis 1994 findet sich bei B.

nicht die *prima facie*-Evidenz auf ihrer Seite haben, in den jüngeren Deuteronomismusdebatten aufzeigen. Im Rahmen der gegenwärtigen Wellhausen-Renaissance darf man vielleicht hoffen, dass auch seine Deuteronomismusdeutung in den Königebüchern wieder stärkere Beachtung findet. Wenn sich schon die Option der stärkeren Differenzierung *der grundsätzlichen literarischen Reichweite* der „Deuteronomistischen Geschichtswerke" breiteren Zuspruchs erfreut (Sam-Reg, Dtn-Reg, Ex-Reg, Gen-Reg), so liegt es nur nahe, entsprechend die Möglichkeiten zur weiteren Binnendifferenzierung deuteronomistischer Texte in den Königebüchern mit vergleichbarer Intensität zumindest zu prüfen. Die Annahme eines literarisch nur bis II Reg 23 reichenden (und wie auch immer zu datierenden) Deuteronomismus in den Königebüchern – fassbar v.a. über die Königsbeurteilungen – ist in der deutschsprachigen protestantischen Exegese zwar ungewohnt[91], doch ist forschungsgeschichtliche Gewöhnung kein wissenschaftliches Kriterium zur Evaluierung historischer Hypothesen.

Gieselmann, Die sogenannte josianische Reform in der gegenwärtigen Forschung, ZAW 106 (1994), 223-242.

91 Das Gegenteil gilt, wenn man über ihren Rahmen hinausblickt; vgl. – bei aller Divergenz im Einzelnen – nur etwa die o. Anm. 7-17 genannten Beiträge, die sich leicht vermehren ließen.

Entstehungsphasen des „deuteronomistischen Geschichtswerkes"

Thomas Römer

Wer heutzutage noch das Konzept eines „deuteronomistischen Ge-schichtswerkes" (DtrG) benutzt, muss sich vor einem immer größer werdenden Kreis von Skeptikern rechtfertigen. Seit einiger Zeit scheint es zum guten exegetischen Ton zu gehören, die Idee eines von Dtn bis Reg reichenden kompositionellen und redaktionellen Zusammenhangs als antiquiert zu betrachten. Soweit ich sehe, wird das Vorhandensein von deuteronomistischen Texten und Redaktionen in diesen Büchern nicht bestritten; bestritten wird hingegen die Möglichkeit, diese Passa-gen einer oder mehreren übergreifenden und planvollen Redaktionen zuzuschreiben[1]. Diese bereits 1994 von E. Würthwein vertretene Posi-tion wurde in den letzten Jahren mit etwas unterschiedlichen Nuancen von R. Kratz, E. Aurelius und anderen aufgegriffen[2]. Nach diesem Modell liegt der Nukleus des sog. DtrG bzw. der dtr Redaktion in Sam-Reg und breitet sich dann in unzählbaren dtr Bearbeitungen und Ein-schüben nach vorne aus. Damit ist man im Grunde wieder von M. Noth zu J. Wellhausen zurückgekehrt.

---

1   Vgl. insbesondere C. Westermann, Die Geschichtsbücher des Alten Testaments. Gab es ein deuteronomistisches Geschichtswerk?, ThB AT 87, 1994; E.A. Knauf, L'„historiographie deutéronomiste" (DtrG) existe-t-elle ?, in: A. de Pury, T. Römer u. J.-D. Macchi (Hgg.), Israël construit son histoire. L'historiographie deutéronomiste à la lumière des recherches récentes, MoBi 34, 1996, 409-418; H.N. Rösel, Von Josua bis Jojachin. Untersuchungen zu den deuteronomistischen Geschichtsbüchern des Alten Testaments, VT.S 75, 1999.

2   E. Würthwein, Erwägungen zum sog. deuteronomistischen Geschichtswerk. Eine Skizze, in: Studien zum deuteronomistischen Geschichtswerk, BZAW 227, 1994, 1-11; R.G. Kratz, Die Komposition der erzählenden Bücher des Alten Testaments. Grundwissen der Bibelkritik, UTB 2157, 2000, 155-161; E. Aurelius, Zukunft jenseits des Gerichts. Eine redaktionsgeschichtliche Studie zum Enneateuch, BZAW 319, 2003, *passim*. Vgl. weiterhin die Darstellung der gegenwärtigen Forschungssituation bei C. Frevel, Deuteronomistisches Geschichtswerk oder Geschichtswerke? Die These Martin Noths zwischen Tetrateuch, Hexateuch und Enneateuch, in: U. Rüters-wörden (Hg.), Martin Noth – aus der Sicht der heutigen Forschung, BThSt 58, 2004, 60-95.

Zurück zu Wellhausen?[3]

In der Tat hatte Wellhausen, inspiriert von Kuenen[4], den dtr Charakter der historischen Bücher durchaus unterstrichen; dabei unterschied er zwischen einer josianischen und einer exilischen Redaktionsphase. Für Wellhausen verbindet die dtr Bearbeitung in Richter, Samuel und Könige diese Bücher mit dem Hexateuch und kreiert somit einen Enneateuch. Die Frage, ob diese Redaktion „überall von der selben Hand oder von den selben Händen herrührt, ist gleichgiltig"[5]. Dieser Auffassung schließt man sich heutzutage gerne wieder an, wobei oft vergessen wird, dass Wellhausen doch geneigt war, der dtr Redaktion in Jdc, Sam und Reg eine gewisse Kohärenz zuzugestehen[6].

Die Frage nach der Kohärenz der dtr Redaktionen im Deuteronomium und den Vorderen Propheten wird jedoch von Martin Noths Kritikern kaum noch gestellt. Reicht es zum Beispiel zu dekretieren, dass die „zusammenfassenden Geschichtsbetrachtungen" in Redeform (Jos 1; Jos 23; Jdc 2,11ff.; I Sam 12; I Reg 8,14ff.; II Reg 17,7ff.) einfach als „späte und späteste Bildungen"[7] zu charakterisieren seien, um damit die Frage nach der Funktion dieser Kapitel ad acta zu legen?

Mit der teilweisen Rückkehr zu Wellhausen erklärt sich ebenfalls die Auferstehung des Hexateuchs als Gerüst des ersten Teils der hebräischen Bibel. Wenn man dementsprechend einen ursprünglichen Zusammenhang von Gen-Jos* bzw. Ex-Jos* annimmt, ist es verständlich, dass der Frage des Konnexes zwischen deuteronomistischen Texten im Hexateuch und den darauf folgenden Büchern, wie bereits bei Wellhausen, keine größere Aufmerksamkeit geschenkt wird. Allerdings bleiben die meisten deutschsprachigen Kritiker des DtrG in einem Punkte Noth treu, nämlich in der Annahme, dass „deuteronomistische

---

3   Diesen Untertitel entleihe ich dem Rezensionsaufsatz von K. Schmid, Zurück zu Wellhausen?, ThRu 69 (2004), 314-328.

4   A. Kuenen, Historisch-kritische Einleitung in die Bücher des alten Testaments hinsichtlich ihrer Entstehung und Sammlung. Erster Theil. Zweites Stück. Die historischen Bücher des alten Testaments, 1890, bes. 90. 99-103. Zu Vorläufern von Kuenen und Wellhausen siehe T. Römer u. A. de Pury, L'Historiographie Deutéronomiste (HD). Histoire de la recherche et enjeux du débat, in: A. de Pury, T. Römer u. J.-D. Macchi (Hgg.), Israël construit son histoire. L'historiographie deutéronomiste à la lumière des recherches récentes, MoBi 34, 1996, 9-120; 18-28.

5   J. Wellhausen, Die Composition des Hexateuchs und der historischen Bücher des Alten Testaments (1899), ⁴1963, insbesondere 298-301 (Zitat 301). Vgl. auch J. Wellhausen, Prolegomena zur Geschichte Israels, 1927 (Nachdruck 2001), 278 und *passim*.

6   Ebda: „jedoch sind die Berührungen in dem chronologisch-moralischen Schema der Bücher der Richter und Könige so auffällig, dass man dies wohl annehmen muss" (301); ähnlich Wellhausen, Prolegomena (s. Anm. 5), 275.

7   So Kratz, Komposition (s. Anm. 2), 219.

Bearbeitungen" erst mit dem Exil beginnen und im Grunde auf die Exilszeit beschränkt sind. Auf diese Eingrenzung wird noch zurück zu kommen sein. Zunächst soll jedoch kurz der Erkenntnisfortschritt, den m. E. Noths Hypothese mit sich brachte, kritisch gewürdigt werden.

Martin Noths Einsichten und Irrtümer

Selbst wenn M. Noth seine Hypothese des DtrG als „Überlieferungsgeschichtliche Studien" präsentiert[8], ist er mit seiner Konzeption des Deuteronomisten (Dtr) doch in gewisser Weise ein Vorläufer der von Willi Marxsen für die Evangelien entwickelten Redaktionsgeschichte[9]. Noth fragt nämlich nach der Funktion der dtr Texte in den Vorderen Propheten (nach Aufgabe der Hexateuch-Hypothese konnte Josua wieder mit den folgenden Büchern in Zusammenhang gebracht werden) und entdeckt eine inhaltliche und kompositionelle Kohärenz. Das Gros der dtr Texte führt er auf die schriftstellerische Persönlichkeit des aus eigener Initiative redigierenden Deuteronomisten zurück. Dieser Dtr, der während der Exilszeit, wohl in der Gegend von Mizpa und Bethel, eine Ätiologie des Untergangs verfasst, verleiht den Büchern Jos-Reg durch eine „einheitliche Geschichtstheologie" und durch in den Erzählungsverlauf eingefügte deutende Reden und Kommentare eine stilistische, chronologische und inhaltliche Geschlossenheit[10]. Insofern ist Dtr kein Editor, der ein bereits vorliegendes Werk retouchiert und herausgibt, sondern der „Verfasser eines umfassenden Traditionswerkes"[11], der als erster, die in Jos-Reg enthaltenen Überlieferungen als eine zusammenhängende Geschichte konzipiert. Vor Dtr gibt es Noth zufolge keine von der Landnahmezeit bis zum Ende Judas reichende Geschichtsdarstellung[12]. Diese wichtige Erkenntnis tritt bei den Kritikern des DtrG oft in den Hintergrund. Durch deren Annahme einer sich von hinten (Sam-Reg) durch unzählige Redaktionsstufen nach vorne ausbreitenden dtr Bearbeitung haftet der Entstehung der Vorderen Propheten etwas Willkürliches an[13]; und auch die Wiederaufnahme der

---

8   M. Noth, Überlieferungsgeschichtliche Studien. Die sammelnden und bearbeitenden Geschichtswerke im Alten Testament (1943), ³1967.

9   W. Marxsen, Der Evangelist Markus. Studien zur Redaktionsgeschichte des Evangeliums, FRLANT 49, 1956, (²1959).

10 Noth, ÜSt (s. Anm. 8), 5-6 und zur Lokalisierung von Dtr, 110, Anm. 1.

11 Noth, ÜSt (s. Anm. 8), 89.

12 So ausdrücklich Noth, ÜSt (s. Anm. 8), 10.

13 So zB. Würthwein, Erwägungen (s. Anm. 2); vgl. auch A.G. Auld, The Deuteronomists Between History and Theology, in: A. Lemaire u. M. Saebø (Hgg.), Congress Volume Oslo 1998, VT.S 80, 2000, 353-367 = Samuel at the Treshold. Selected Works

alten Idee deuteronomistischer Anhänge an einen Hexateuch[14] lässt
vieles in der Schwebe. Auch das von Noth zu Recht betonte System der
reflektierenden Reden und Kommentare, die bereits durch ihre Stellung im Kontext unterschiedliche Epochen kreieren, wird durch die
Aufteilung dieser auf je unterschiedliche dtr Schichten zu einem reinen
Zufallsprodukt.

Ist es plausibel anzunehmen, dass diese Texte, welche unbestreitbar
die Vorderen Propheten strukturieren, ohne jegliches redaktionelles
Konzept entstanden sind? Die Funktion dieser Texte wäre auch von
den Bestreitern eines DtrG zu erklären.

Dahingegen ist Noths anachronistische Vorstellung des Dtr als eines frei schaffenden Individuums zu Recht überwiegend aufgegeben
worden[15]. Bereits Noth hatte beobachtet, dass viele dtr Texte literarisch
uneinheitlich sind ohne jedoch den „sekundär-dtr" Texten große Aufmerksamkeit zukommen zu lassen. Die redaktionsgeschichtliche Differenzierung des DtrG in mehrere Entstehungsphasen ist somit eine logische Konsequenz.

Die angelsächsische Forschung verband Wellhausens Idee einer
vorexilischen deuteronomischen und exilischen deuteronomistischen
Redaktion der Königsbücher mit Noths DtrG und postulierte eine josianische Erstausgabe des DtrG, welche nach der Zerstörung Jerusalems
revidiert wurde[16]. Die deutschsprachige Forschung verteilte die dtr
Passagen auf zumindest drei, oft aber weit mehrere Redaktionsstufen
und blieb der Annahme des Exils als *terminus a quo* alles dtr Schaffens
treu[17].

---

of Graeme Auld, SOTSMonographs, 2004, 193-203, der im Gegensatz zu Würthwein
das dtr Josuabuch vor Jdc ansetzt.

14 So zB. Kratz, Komposition (s. Anm. 2), 161.

15 Die zwei wichtigen Ausnahmen sind J. Van Seters, In Search of History. History in
the Ancient World and the Origin of Biblical History, 1983, und S.L. McKenzie, The
Divided Kingdom in the Deuteronomistic History and in Scholarship on it, in: T.
Römer (Hg.), The Future of the Deuteronomistic History, BETL 147, 2000, 135-145,
welche beide jedoch das Werk von Dtr erheblich reduzieren.

16 F.M. Cross, The Themes of the Book of Kings and the Structure of the Deuteronomistic History, in: Canaanite Myth and Hebrew Epic. Essays in the History of the Religion of Israel, 1973, 274-289; kürzlich wieder energisch verteidigt von R.D. Nelson,
The Double Redaction of the Deuteronomistic History: The Case is Still Compelling,
JSOT 29 (2005), 319-337.

17 Begründet von R. Smend, Die Entstehung des Alten Testaments, Stuttgart et al.:
1978, 11-125. Vgl. auch die Darstellung von W. Dietrich, Deuteronomistisches Geschichtswerk, RGG[4] II (2000), 688-692; zu einer Ausweitung auf eine Vielfalt von
nomistisch-dtr Schichten sei auf J. Pakkala, Intolerant Monolatry in the Deuteronomistic History, SESJ 76, 1999 verwiesen.

Es ist in der Tat auffallend, dass in der heutigen deutschsprachigen Forschung nach dem Abschied von einem vorexilischen Jahwisten die Exilszeit zu einem beinahe mythischen Einsatzpunkt alles bedeutsamen Schaffens in Judah avanciert ist. Dies scheint mir eine etwas romantische indivi-
dualistische Konzeption zu sein, welche das Gros der alttestamentlichen
Literatur als „Antwort auf das Exil" versteht, ohne die materiellen Gegebenheiten näher ins Auge zu fassen (vgl. auch die in andere Sprachen un-
übersetzbare Terminologie „spätvorexilisch", „frühnachexilisch", usw.).
Ist es z.B. denkbar, dass ein Individuum bzw. eine Schreibergruppe während des Exils ex nihilo ein Buch wie Könige redigiert? M. E. ist eine „na-
tionalistische" Literatur, die sich hinter Jos-Reg leicht erahnen lässt, besser
im Kontext einer funktionierenden königlichen Infrastruktur verständlich.
Damit will ich keineswegs die ideologische Bedeutung des Exils bestreiten;
die theologische Bewältigung desselben war jedoch nur aufgrund einer bereits existierenden literarischen Kultur (zumindest seit dem 7. Jh.) möglich.

Die Multiplikation der dtr Schichten kann natürlich zur Auflösung der
kompositionellen Kohärenz führen, insbesondere dann, wenn diese
nicht mit einander in Beziehung gesetzt werden können[18]. Ich möchte
im Folgenden zeigen, dass es trotz aller Vielfalt genügend Indizien gibt
ein „sinnvolles" DtrG anzunehmen, für welches drei große Entstehungsphasen unterschieden werden sollten.[19] Zunächst ist jedoch kurz
auf das Problem des „Darstellungseinsatzes"[20] des DtrG einzugehen.

Dtn 1-3: Neueinsatz oder Relecture[21]?

Für Martin Noth war bekanntlich die „schwierige" Frage[22] nach dem
Einsatz des Geschichtswerkes nur *via negationis* lösbar. Zunächst stellt
er fest, dass Jos 1 „kein Anfang ist" (S.12) und fährt dann fort: „Nun ist
aber die Meinung, Dtr habe mit dem Buche Gen. begonnen, offenkundig irrig. Denn in den Büchern Gen.-Num. fehlt jede Spur einer "deuteronomistischen Redaktion", wie allgemein anerkannt ist" (S.13). Somit
bleibt für Noth allein das Dtn übrig, und man gewinnt den Eindruck,
dass er sich beinahe etwas resigniert zu dieser Lösung durchringt.

---

18 So z.B. H.N. Rösel, Von Josua bis Jojachin (s. Anm. 1).
19 Vgl. dazu jetzt ausführlich T. Römer, The So-Called Deuteronomistic History. A
    Sociological, Historical and Literary Introduction, 2005.
20 Noth, ÜSt (s. Anm. 8), 12ff.
21 Zu dieser Interpretation vgl. den Beitrag von J.C. Gertz in diesem Band.
22 Vgl. Noth, ÜSt (s. Anm. 8), 12: „Schwieriger scheint es zu sein den Punkt zu bestim-
    men, an dem Dtr mit seiner Darstellung einsetzte".

Heutzutage ist natürlich der Konsens über ein Fehlen jeglicher dtr Redaktion im Tetrateuch weit weniger evident als zu Noths Zeiten. Es ist kaum zu leugnen, dass der Tetrateuch Texte enthält, die vom Sprachgebrauch und der Ideologie her als „dtr" einzustufen sind (z.B. Ex 3*; 23,23-32; 32-33*)[23]. Insofern muss die Frage nach dem Zusammenhang zwischen den dtr Perikopen des Tetrateuch und den Büchern Dtn-Reg gestellt werden. Die Idee eines „Mega - DtrG", das den ganzen Enneateuch umfasst (Gen-Reg), wie es z.B. H.C. Schmitt und ansatzweise auch schon R. Smend angenommen haben[24] ist aufgrund der zutreffenden Bemerkung C. Levins, dass „eine maßgebliche Beteiligung *deuteronomistischer* Theologie ... sich für die Genesis nicht nachweisen" lässt[25], schwerlich aufrecht zuhalten. Somit kommt für ein großes DtrG allenfalls ein von Ex bis II Reg reichender Umfang infrage, wie dies jüngst Konrad Schmid vorgeschlagen hat[26].

Ein unumgängliches Problem für die Annahme einer durchgehenden dtr Redaktion von Ex bis Reg oder auch für die Hypothese eines ursprünglichen Hexateuchs stellt jedoch der in Dtn 1-3 vorliegende Neueinsatz dar.

Die Tatsache, dass die Anfangskapitel des Dtn sich als Rekapitulation früherer Ereignisse zu verstehen geben, ist unbestreitbar. Schwieriger ist jedoch die Frage zu entscheiden, zu welchem Zweck die in Dtn 1-3 vorliegende Moserede geschaffen wurde. Sollte sie dazu dienen das dtn Gesetz in einen bereits vorliegenden von Gen bzw. Ex bis Jos oder Reg reichenden Zusammenhang einzubetten[27], wäre es doch weit logi-

---

23 Vgl. J. Blenkinsopp, Deuteronomic Contribution to the Narrative in Genesis-Numbers: A Test Case, in: L.S. Schearing u. S.L. McKenzie (Hgg.), Those Elusive Deuteronomists, JSOT.S 268, 1999, 84-115.

24 H.-C. Schmitt, Das spätdeuteronomistische Geschichtswerk Gen I-2Regum XXV und seine theologische Intention, in: J.A. Emerton (Hg.), Congress Volume Cambridge 1995, VT.S 66, 1997, 261-279 = Theologie in Prophetie und Pentateuch. Gesammelte Schriften, BZAW 310, 2001, 277-294; R. Smend, Entstehung (s. Anm. 17), 63.

25 C. Levin, Der Jahwist, FRLANT 157, 1993, 436.

26 K. Schmid, Erzväter und Exodus. Untersuchung zur doppelten Begründung der Ursprünge Israels innerhalb der Geschichtsbücher des Alten Testaments, WMANT 81, 1999, bes. 138ff. Für Schmid findet sich der Anfang dieses vorpriesterlichen Werkes in Ex 2*. Allerdings scheint mir ein Einsatz mit der Geburtsgeschichte Moses ohne vorherige Schilderung der Unterdrückungssituation nicht sehr überzeugend. Deswegen sucht J.C. Gertz, Tradition und Redaktion in der Exoduserzählung. Untersuchungen zur Endredaktion des Pentateuch, FRLANT 186, 1999, den Einsatz in der Erwähnung der Fronpflicht Israels in Ex 1,11f., muss aber damit rechnen, „daß der Anfang ... weggebrochen ist" (379).

27 So jetzt auch R. Heckl, Moses Vermächtnis. Kohärenz, literarische Intention und Funktion von Dtn 1-3, ABG 9, 2004, bes. 446-446. Heckl interpretiert Dtn 1-3 als ein „Kompositionselement ..., welches das dtn Gesetz mit dem Deuteronomium koordiniert und die Priorität des Dtn gegenüber dem Bundesbuch begründet" (443). Die

scher und geschickter gewesen, auf die Exodusereignisse zurückzugreifen, um diese noch einmal ausführlich in Erinnerung zu rufen.

Weiterhin stellt sich die Frage, ob der „Rückblick" in Dtn 1-3 die nicht-priesterlichen Texte in Gen, Ex und Num voraussetzt, wie es Noth angenommen hatte. Erzählerische Parallelen gibt es in Dtn 1-3 eigentlich nur zu der Entlastung Moses (Ex 18), zur Verweigerung der Landnahme (Num 13-14) und zu einigen Episoden der Eroberung des Ostjordanlandes. Es fehlen jedoch mit Ausnahme der Kundschaftergeschichte sämtliche Konflikterzählungen des Numeribuches (Num 11-12*; 16-21*; 25*), welche die Wüstenzeit in einem sehr negativen Licht erscheinen lassen. Solch eine negative Sicht, die weder in Hos noch in Jer, und auch nicht in Dtn 8 (vgl. auch Dtn 1,31; 29,4; 32,10-11) vorausgesetzt ist[28], scheint eine späte Entwicklung zu sein, welche mit der nachdtr Entstehung des Numeribuches in Zusammenhang zu bringen ist. Das heißt, dass es ein wie auch immer geartetes „Numeribuch" zur Zeit der Abfassung von Dtn 1-3 wahrscheinlich noch nicht gegeben hat.

Die Version der verweigerten Landnahme in Dtn 1,19-45 kann somit kaum von der nichtpriesterlichen Variante in Num 13-14 abhängen.

E. Aurelius hat überzeugend aufgezeigt, dass insbesondere das Fürbittegebet Moses in Num 14,11-25 „nicht die Vorlage, sondern im ganzen eine angereicherte und vertiefte Weiterbildung von Dtn 1:34-40"[29] ist; nach Otto und Achenbach gehen beide Texte auf eine gemeinsame Vorlage zurück[30]. Im Rahmen des Erzählzusammenhangs Dtn-

---

Kenntnisse „alter Traditionen" in Ex und Num werden zwar behauptet, aber nicht klar aufgezeigt. Einleuchtend sind hingegen die von Heckl heraus gestellten Beziehungen zwischen Dtn 1-3 und bestimmten Gesetzen in Dtn 12-26*. Die literarische Abhängigkeit von Ex- und Num-Texten verteidigt für Dtn 1-3 auch J.E. Harvey, Retelling the Torah. The Deuteronomistic Historian's Use of the Tetrateuchal Narratives, JSOT.S 403, 2004, 7-32.

28 Die Tradition einer Wüstenzeit Israels ist in einigen (schwer datierbaren) Psalmen (z.B. 78,17ff.; 95,7ff.) und Prophetenbüchern (Hos 9,10ff.; 13,5; Jer 2,2.6: Wüstenzeit als Zeit des ungetrübten Verhältnisses zwischen Jhwh und Israel; Am 5,25: Wüstenzeit als Zeit ohne Opfer; Ez 20: Wüstenzeit als Abfall von Jhwhs Gesetzen und Sabbaten) belegt. Sie erscheint in den ältesten Texten, im Gegensatz zum Pentateuch, als eine positive Zeit der Begegnung Jhwhs mit Israel. Demnach kann eine vorexilische Wüstentradition sich durchaus recht verschieden von der jetzigen Version der Thora dargestellt haben. Vgl. auch T.B. Dozeman, Hosea and the Wilderness Wandering Tradition, in: S.L. McKenzie u. T. Römer (Hgg.), Rethinking the Foundations. Historiography in the Ancient World and in the Bible. Essays in Honour of John Van Seters, BZAW 294, 2000, 55-70.

29 E. Aurelius, Der Fürbitter Israels. Eine Studie zum Mosebild im Alten Testament, CB. OT 27, 1988, 134.

30 E. Otto, Das Deuteronomium im Pentateuch und Hexateuch. Studien zur Literaturgeschichte von Pentateuch und Hexateuch im Lichte des Deuteronomiumsrahmens, FAT 30, 2000, 12-109; R. Achenbach, Die Erzählung von der gescheiterten Landnah-

Reg hat Dtn 1,19ff. eine spezifische Funktion. In den Versen 37-38 wird berichtet, warum Moses nicht das verheißene Land betreten darf: „Jhwh entzürnte sich über mich um euretwillen und er sprach: Du sollst nicht dorthin kommen." Diese dtr Erklärung einer Schuldsolidarität Moses, die in 3,26 noch einmal erscheint, hat keinerlei Parallele in Num sondern bereitet das Ende des Dtn vor (vgl. Dtn 31,1ff[31]). Die Rede vom Entzürnen Jhwhs geht aber deutlich über das Dtn hinaus. Das Verb אנף, welches hier verwendet wird, ist im Tetrateuch ungebräuchlich. Zum letzten Mal kommt das Verb in den *Nebiim* dann im letzten Deutekapitel des DtrG in II Reg 17, vor: „Jhwh entzürnte sich über Israel und entfernte sie von seinem Angesicht" (V. 18). Jhwhs Grimm über Moses präludiert also in Dtn 1 den zum Ende Israels führenden Zorn, wie er in den letzten Kapiteln der Königsbücher berichtet wird[32]. Auch der Ungehorsam der Israeliten (לא שמע, 1,43) erscheint gehäuft am Ende der Königsbücher (II Reg 17,14; 18,12; 21,9). Der Anfang des Dtn bereitet so das Ende in Reg vor[33].

Diese Beobachtung wird schließlich auch gattungskritisch unterstützt. Dtn 1-3 sind als eine *rekapitulierende Rede* gestaltet. Vergleichbare Reden finden sich im Tetrateuch nicht[34], sehr wohl hingegen aber im Rahmen des DtrG, in welchem die „Hauptpersonen" Josua (Jos 23),

---

me von Kadesch Barnea (Numeri 13-14) als Schlüsseltext der Redaktionsgeschichte des Pentateuchs, ZAR 9 (2003), 56-123.

31 Die Erwähnung Josuas in Dtn 1,38 ist auf die Landeroberungserzählung des Josuabuches ausgerichtet und hat in dieser Form ebenfalls keine Parallele in Num 14. Der Imperativ zur Amtseinsetzung Josuas bereitet wie V.37 Dtn 31,1ff. vor und die Verben *hzq* und *nḥl* (hif.) verweisen darüber hinaus auf das Heilsorakel in Jos 1 voraus. Ein Paralleltext zu dieser Amtseinsetzung liegt in Num 27,15ff. vor; allerdings ohne die erwähnten typisch dtr Verben. Der Numeritext wird weitgehend als postpriesterschriftlich angesehen vgl. insbesondere L. Perlitt, Priesterschrift im Deuteronomium?, in: Perlitt, Deuteronomium-Studien, FAT 8, 1994, 123-143, und unter neueren Arbeiten C. Frevel, Mit Blick auf das Land die Schöpfung erinnern. Zum Ende der Priestergrundschrift, HBSt 23, 1999, 227ff. und E. Otto, Deuteronomium (s. Anm. 30), 227. R.G. Kratz will hingegen, m.E. wenig überzeugend, den Abschnitt „P" zuschreiben (Komposition [s. Anm. 2], 112).

32 Es ist sicher kein Zufall, dass die Wendung הסיר מעל פניו aus II Reg 17,18 noch einmal in II Reg 24,3 zu Anfang der Schlusskapitel des DtrG wieder aufgenommen wird. Zur kompositionellen und strukturellen Bedeutung des Zorn Jhwhs im Rahmen des DtrG vgl. auch N. Lohfink, Der Zorn Gottes und das Exil. Beobachtungen am deuteronomistischen Geschichtswerk, in: R.G. Kratz u. H. Spieckermann (Hgg.), Liebe und Gebot. Studien zum Deuteronomium. FS Lothar Perlitt, FRLANT 190, 2000, 137-155.

33 Nach Heckl, hat „die Perspektive von Dtn 1-3 (noch?) kein über das Josuabuch hinausgehendes Geschichtswerk im Blick" (Vermächtnis [s. Anm. 27], 446). Die engen Beziehungen zu Jos sind evident; allerdings scheinen mir in Dtn 1-3 genügend Indizien für einen bis Reg reichenden Zusammenhang gegeben.

34 Vgl. dazu auch Noth, ÜSt (s. Anm. 8), 6.

Samuel (I Sam 12), Salomo (I Reg 8) und schließlich die dtr Redaktoren selbst (Jdc 2,11ff.; II Reg 17) Dtn 1-3 vergleichbar zusammenfassende (und vorausblickende) Reden halten.

Diese Argumente sprechen dafür, dass Dtn 1-3 zunächst als Einleitung und nicht als Überleitung konzipiert wurden. Natürlich funktioniert im jetzigen Zusammenhang des Pentateuch Dtn 1-3 auch als Klammer, und es ist durchaus anzunehmen, dass bei der Zusammenfügung des Dtn mit dem Tetrateuch die Rückbezüge auf denselben verstärkt wurden[35], ohne dass dabei immer eine theologische Harmonisierung versucht wurde. Muss z.B. Mose nach Dtn 1,37 und 3,26 vor dem Landeintritt „um des Volkes willen" sterben, so stellt Num 20 (wenn auch etwas unklar) seine und Aarons persönliche Schuld in den Mittelpunkt[36].

Es bleibt natürlich die Frage nach der Herkunft oder nach eventuellen Vorlagen für Dtn 1-3 (und den nicht-priesterlichen Numeritexten) und es ist durchaus nicht auszuschließen, dass einige Num- und Dtn-Texte auf eine gemeinsame Tradition zurückgreifen, welche jedoch kaum den im jetzigen Numeribuch vorliegenden Texten entsprechen würde.

Es sei ein Beispiel aus dem NT erlaubt: in I Kor 15,5-9 resümiert Paulus die Erscheinungen des auferstandenen Christus an verschiedene Personen, die z.B. in Lk 24 und Act 9,1-19; 10,39-43 ausführlich berichtet werden, wobei es unmöglich ist, dass der Paulustext trotz seines zusammenfassenden Charakters vom lukanischen Werk abhängig ist. Dieselbe Möglichkeit kann auch für die Beziehung zwischen Dtn 1-3 und den Wüstentraditionen in Num erwogen werden.

Die kompositionelle Kohärenz
von Dtn 1 – II Reg 25

Im Gefolge Noths hat man oft das Anliegen des DtrG darin gesehen, „die Exilskatastrophe als Gottes gerechte Strafe für die im Lauf der Gesch. sich anhäufende Schuld Israels verstehen und annehmen [zu] lehren"[37]. Die Erklärung des Untergangs Israels und Judas kann in der Tat als ein theologisches Hauptmotiv des DtrG gelten. Es ist in der Tat

---

35 Vgl. dazu die Beobachtungen von Heckl, Vermächtnis (s. Anm. 27), 451-458.

36 Weitere Texte, die mit Num 20 konform gehen, sind Num 27,12ff. und Dtn 32,48ff. Dass zwischen ihnen und Dtn-Texten kein Widerspruch bestünde, wie Otto (Deuteronomium [s. Anm. 30], 72) behauptet, ist mir schwerlich einsichtig.

37 So die Zusammenfassung von Dietrich, Deuteronomistisches Geschichtswerk (s. Anm. 17), 688.

auffallend, dass das Exil und der Verlust des Landes im Tetrateuch mit
Ausnahme einiger weniger und anerkanntermaßen post-dtr und post-
priesterlicher Texten wie Lev 26,27-33 nie offen thematisiert werden[38].
Dies ändert sich mit dem Dtn, dessen Fluchserie in der Ankündigung
des Landverlustes gipfelt (Dtn 28,63-64). Von da an wird regelmäßig
auf das Exil angespielt, insbesondere in den sog. Deutereden des DtrG:
Jos 23,13.16, I Sam 12,15.25, I Reg 8,46-49 und II Reg 17,7ff.[39]. Das Ver-
tilgtwerden Israels aus seinem Land bindet somit die Bücher Dtn-Reg
zusammen. Dazu fügt sich bestens, dass das Verb שׁמד (nif., hif.) in Dtn
bis Reg ca. 50 mal verwendet wird, im Tetrateuch jedoch nur dreimal
belegt ist[40].

Ein weiteres sämtliche Bücher des DtrG durchziehendes Leitmotiv
ist die Warnung vor bzw. die Anprangerung der Verehrung „anderer
Götter". Der Ausdruck אלהים אחרים ist ebenfalls im Tetrateuch so gut
wie abwesend[41]; außerhalb von Dtn-Reg kommt er fast ausschließlich
nur noch im dtr bearbeiteten Jeremiabuch vor[42].

Weiterhin findet sich ein enger Zusammenhang zwischen Mose
und der Tora 15-mal zwischen Dtn 1,5 und II Reg 23,25[43], und höchst
selten im Tetrateuch. Auch die Wendung הלך בדרך findet sich nicht in
Gen - Num, dafür aber umso häufiger in den Büchern Dtn- II Reg (circa
63 % des Gesamtvorkommens[44]). Solche Wortstatistiken, welche noch

---

38 Natürlich setzen Texte wie Ex 32 oder Num 13-14 die Zerstörung Jerusalems und die
    damit verbundenen Deportationen voraus, aber dieses Thema wird nie direkt abge-
    handelt.
39 Die Ankündigungen von Dtn 28,63 und 68: „... ihr werdet herausgerissen werden
    aus dem Land, dahin du ziehen wirst um es zu besetzen ... Jhwh wird dich auf
    Schiffen wieder nach Ägypten führen, auf dem Wege, von dem ich dir gesagt habe:
    ‚du sollst ihn nie mehr sehen'" erfüllen sich am Ende des Königsbuches: „So wurde
    Judah von seinem Land exiliert ... Das ganze Volk brach auf ... und sie zogen nach
    Ägypten" (II Reg 25,21.26). Vgl. dazu auch R.E. Friedman, From Egypt to Egypt:
    Dtr[1] and Dtr[2], in: B. Halpern u. J.D. Levenson (Hgg.), Traditions in Transformation.
    Turning Points in Biblical Faith, 1981, 167-192.
40 Gen 34,30 (nif.); Lev 16,33 und Num 33,52 (hif.).
41 Nur in Ex 20,3 (=Dtn 5,7); 22,13; 34,14 (sg.).
42 Sonst ausser den oben erwähnten Tetrateuchstellen nur in den zum Königsbuch
    parallelen Chroniktexten und in Hos 3,1. Vgl. auch die Tabelle bei T. Römer, Israels
    Väter. Untersuchungen zur Väterthematik im Deuteronomium und in der deutero-
    nomistischen Tradition, OBO 99, 1990, 86f.
43 Im Tetrateuch nur in Ex 24,12; vgl A. Moenikes, Tora ohne Mose. Zur Vorgeschichte
    der Mose-Tora, BBB 149, 2004, 17, Anm. 13.
44 Von 60 Vorkommen finden sich 38 in den Büchern Dtn-Reg (allerdings nicht in Jdc!)
    und 10 in den Parallelstellen in Chr. Man darf also von einer typisch „dtr" Wendung
    sprechen.

erweitert werden könnten[45], sind kaum anders zu interpretieren als im Sinne einer gemeinsamen Bearbeitung des Dtn und der Vorderen Propheten. Dies heißt jedoch nicht, dass diese Bearbeitung in einem Zuge erfolgte.

Dtn 12 und die drei Entstehungsphasen des Deuteronomistischen Geschichtswerkes

Bei der Frage nach der Entstehung des DtrG sollte man beim Dtn ansetzen. Wenn bisweilen behauptet wird, dass die Bücher (Sam-)Reg, das ursprüngliche (bzw. einzige[46]) DtrG bilden[47], und zwar ohne Beziehung zum Dtn, wird die Terminologie sinnlos.

Ein „DtrG" (wie auch immer es zu Anfang ausgesehen haben mag) muss mit dem Dtn korreliert werden. Dabei empfiehlt sich als Ausgangspunkt die Zentralisationsforderung in Dtn 12, welche ein Zentralanliegen des Dtn darstellt[48]. Ein seltener Konsens in der alttestamentlichen Wissenschaft liegt in der Annahme vor, dass sich im Zentralisationsgesetz drei parallel gebaute Einheiten unterscheiden lassen, welche drei Redaktionsschichten entsprechen. Auch über die zeitliche Abfolge besteht weit gehende Übereinstimmung[49]. Der älteste Text

---

45   Die Wendung עשה ישר (והטוב) בעיני יהוה ist außer dem späten Text Ex 15,26 nur im Dtn und in den Königsbüchern belegt. Vgl. dazu auch M. Weinfeld, Deuteronomy and Deuteronomic School, Oxford, 1972, 335. Zu weiteren kompositionnellen Kohärenzsystemen siehe ebenfalls A. Moenikes, Beziehungssysteme zwischen dem Deuteronomium und den Büchern Josua bis Könige, in: G. Braulik (Hg.), Das Deuteronomium, ÖBS 23, 2003, 69-85.

46   So z.B. Knauf, L'historiographie (s. Anm. 1), 417-418, allerdings mit der Bemerkung: „1-2 R s'inscrit davantage dans les livres prophétiques auquels (sic!) il sert d'introduction que dans les livres «historiques» dont il ne saurait être la conclusion" (418).

47   Beispielsweise Kratz, Komposition (s. Anm. 2), 160; Aurelius, Zukunft (s. Anm. 2), 93 mit Anm. 101 (dort weitere Literatur).

48   Zum folgenden siehe auch T. Römer, Cult Centralization in Deuteronomy 12: Between Deuteronomistic History and Pentateuch, in: E. Otto u. R. Achenbach (Hgg.), Das Deuteronomium zwischen Pentateuch und Deuteronomistischem Geschichtswerk, FRLANT 206, 2004, 168-180.

49   Vgl. bes. Smend, Entstehung (s. Anm. 17), 72-73; B.M. Levinson, Deuteronomy and the Hermeneutics of Legal Innovation, 1997, 21-28, und zuletzt T. Veijola, Das 5. Buch Mose. Deuteronomium Kapitel 1,1-16,17, ATD 8,1, 2004, 260-279, mit einer sehr detaillierten Literarkritik, welche aber die prinzipielle Aufteilung in drei Schichten nicht infrage stellt. Uneinigkeit besteht hingegen in der Zuordnung von 12,20-27. Oft wurden diese Verse gleichzeitig oder etwas später als 12,13-18 angesetzt und in die Josiazeit datiert (so z.B. M. Rose, 5. Mose, ZBK.AT 5, 1994, 15-16; 23-24). Allerdings sprechen sprachliche und inhaltliche Argumente für eine späte nach-dtr Redaktion,

liegt in 12,13-18 vor, der zunächst durch die Verse 8-12 (wohl zusammen mit V.28) und danach durch 12,2-7 (wohl zusammen mit V.29-31) nach vorne erweitert wurde[50].

Dtn 12,13-18 und die Ursprünge einer deuteronomistischen Bibliothek

Das ursprüngliche Zentralisationsgesetz in Dtn 12,13-18[51] setzt die Existenz des Jerusalemer Tempels voraus. Die neuerdings wieder vorgeschlagene Datierung in die Exilszeit[52] liefert einen denkbar schlechten historischen Kontext für diese Perikope[53]. Diese Verse gehören zur Erstausgabe des Dtn und folgten womöglich direkt auf dessen Einleitung in 6,4-5[54]. Die assyrischen Einflüsse auf das Dtn sind dermaßen evident, dass die traditionelle Ansetzung des Ur-Deuteronomiums gegen das Ende des 7. Jh., wahrscheinlich zur Regierungszeit Josias, alles für sich hat[55]. Der מקום bezeichnet dann natürlich den Jerusale-

---

die das Zentralisationsgesetz mit Lev 17 harmonisieren will (vgl. Römer, Cult Centralisation [s. Anm. 48], 171; Veijola, 5. Mose, 276-279, welcher zwischen 20-21* und 22-27 differenziert). Die Erwähnungen der Leviten in 12,19 und 12,12bβ gehören zu einer nachexilischen levitischen Bearbeitung des Dtn, vgl. Veijiola, 277-278.

50 Die diachrone Abfolge 12,20-18 – 12,8-12 – 12,2-7 reflektiert sich auch in der Entwicklung der Zentralisationsformel:
V.14: die Stätte (מקום), die Jhwh in einem (אחד) deiner Stämme erwählt (יבחר);
V.11: die Stätte (מקום), die Jhwh, euer Gott erwählt (יבחר), dass er seinen Namen daselbst wohnen lasse (לשכן שמו שם);
V.5: die Stätte (מקום), die Jhwh, euer Gott aus allen (כל) euren Stämmen erwählt (יבחר), dass er seinen Namen daselbst wohnen lasse (לשום את שמו שם לשכנו);
(V.21: die Stätte [מקום], die Jhwh, dein Gott erwählt [יבחר], dass er seinen Namen dahin legt [לשום שמו שם]);
(V.26: die Stätte [מקום], die Jhwh erwählt [יבחר]).

51 Zur Möglichkeit späterer Überarbeitung des ursprünglichen Zentralisationsgesetzes vgl. N. Lohfink, Fortschreibung? Zur Technik von Rechtsrevisionen im deuteronomischen Bereich, erörtert an Deuteronomium 12, Ex 21,2-11 und Dtn 15,12-18, in: T. Veijola (Hg.), Das Deuteronomium und seine Querbeziehungen, SESJ 62, 1996, 127-171.

52 Zum Beispiel Aurelius, Zukunft (s. Anm. 2), 44.

53 So auch zu Recht Veijola, 5. Mose (s. Anm. 49), 270 mit Anm. 873. Wenn man diese Perikope unbedingt „spät" datieren wollte, wäre es viel logischer an den 2. Tempel und die Perserzeit zu denken. Dann käme man aber mit den nachfolgenden Perikopen in zeitliche Engpässe.

54 Vgl. auch E. Otto, Das Deuteronomium. Politische Theologie und Rechtsreform in Juda und Assyrien, BZAW 284, 1999, 362-364; Römer, Cult Centralisation (s. Anm. 48), 170. Der enge Bezug wird insbesondere durch die Ausdrücke אחד und (ב)כל hergestellt.

55 Vgl. dazu besonders Otto, Deuteronomium (s. Anm. 54), passim. Die literarische Abhängigkeit des Abschlusses der Erstausgabe des Dtn (Dtn 28*) von dem Versal-

mer Tempel, und der von Jhwh erwählte „einzige" Stamm bezieht sich eindeutig auf Judah. Diese Erwählungstheologie passt bestens in den Kontext der so genannten josianischen Reform, über deren Historizität an dieser Stelle nicht nochmals debattiert werden soll[56]. Nahe verwandt mit dem ursprünglichen Zentralisationsgebot ist der älteste Teil des Tempelweihgebets Salomons in I Reg 8,14-20*. In dem textkritischen schwierigen Vers 16 geht es ebenfalls um die Erwählung (בחר) einer Stadt aus einem Stamm (שבט)[57] Israels, welche mit der Erwählung Davids parallelisiert wird. In der Tat wird in V.16[58], welcher, wie Šanda es ausdrückt, „nach Dt 12, 11. 14. 18 gefärbt"[59] ist, die Erwählung Davids und Jerusalem als Erfüllung der Zentralisationsforderung in Dtn 12 präsentiert. Selbst wenn zwischen Dtn 12,13ff. und I Reg 8,16ff. auch gewisse sprachliche Unterschiede festzustellen[60] sind, ist dennoch ein enger inhaltlicher Konnex gegeben. Die Beziehung zum Zentralisationsgebot findet sich ebenfalls in den ab I Reg 14 folgenden Königsbeurteilungen, in welchen „ursprünglich das Problem der Kultzentralisation ganz im Vordergrund gestanden zu haben" scheint[61]. Dieses Thema hat einen doppelten Ausgang: den Untergang Israels der in II Reg 17,1-6*.18.21-23aα.b[62] kommentiert wird, bei gleichzeitiger

---

lenvertrag Asarhaddons hat Steymans nachgewiesen, vgl. zuletzt H.U. Steymans, Die neuassyrische Vertragsrhetorik der „Vassal Treaties of Esarhaddon" und das Deuteronomium, in: G. Braulik (Hg.), Das Deuteronomium, ÖBS 23, 2003, 89-152, sowie die Beiträge von H.U. Steymans und K. Radner in diesem Band.

56   Man wird mit Uehlinger der sicher dtr bzw. spätdtr Erzählung in II Reg 22-23 einen historischen Kern zugestehen müssen, vgl. C. Uehlinger, Gibt es eine joschijanische Kultreform? Plädoyer für ein begründetes Minimum, in: W. Groß (Hg.), Jeremia und die „deuteronomistische Bewegung", BBB 98, 1995, 57-90; zur Literarkritik vgl. auch C. Levin, Joschija im deuteronomistischen Geschichtswerk, ZAW 96 (1984), 351-371 = Fortschreibungen. Gesammelte Studien zum Alten Testament, BZAW 316, 2003, 198-216.

57   Nach LXX; der MT hat einen Plural; insgesamt dürfte in I Reg 2-12 LXX oft den besseren Text bieten, siehe dazu A. Schenker, Septante et texte massorétique dans l'histoire la plus ancienne du texte de 1 Rois 2-14, CRB 48, 2000.

58   Möglicherweise liegt in I Reg 8,16 ein Homoioarchon vor, vgl. die Kommentare.

59   A. Šanda, Die Bücher der Könige. I. Halbband. Das erste Buch der Könige, EHAT 9, 1911, 221.

60   So z.B. עיר anstelle von היה שם, מקום.

61   K. Schmid, Das Deuteronomium innerhalb der „deuteronomistischen Geschichtswerke" in Gen - 2Kön, in: E. Otto u. R. Achenbach (Hgg.), Das Deuteronomium zwischen Pentateuch und deuteronomistischem Geschichtswerk, FRLANT 206, 2004, 193-211 (besonders 201); vgl. auch E. Aurelius, Der Ursprung des Ersten Gebots, ZThK 100 (2003), 1-21, (besonders 4).

62   Zu II Reg 17,1-6.21-23* als ältester Text von II Reg 17 vgl. Aurelius, Zukunft (s. Anm. 2), 71-95. Man kann durchaus V.18 zu derselben Schicht rechnen (so auch J. Gray, I & II Kings, OTL, [3]1977), denn die V.19-20 unterbrechen leicht erkennbar den Zusam-

Feststellung, dass nunmehr allein der Stamm (שבט) Judah übrig geblieben ist[63], sowie die Realisierung der Zentralisationsforderung unter
Josia (II Reg 22-23*). So wird man mit Wellhausen, der von Cross ab-
hängigen angelsächsischen Forschung und jetzt auch mit Konrad
Schmid „gegen die klassische deutschsprachige ‚Deuteronomismus'-
Forschung des 20. Jh." mit einer „vorexilischen Ausgabe" von Sam-
Reg*[64] rechnen müssen[65]. Ein enger Bezug zur Erstausgabe des Dtn ist
ebenfalls in der Lobpreisung Josias in II Reg 23,25aα[66] gegeben, welche
wohl die vorexilische Ausgabe der Königsbücher abschloss: „wie er ist
vor ihm kein König gewesen, der umgekehrt ist zu Jhwh mit seinem
ganzen Herzen, mit seiner ganzen Seele und mit seiner ganzen Kraft".
Dies ist die einzige Stelle in der Hebräischen Bibel, die genau der Ein-
gangsforderung des Dtn in 6,4 entspricht[67]. Damit erscheint Josia als
der einzige König, der die Forderungen des Dtn vollständig erfüllt[68].

Diese vielfältigen Beziehungen zwischen den vorexilischen Ausgaben von
Reg und Dtn lassen es nun nicht gerade wahrscheinlich erscheinen, dass
die Erstausgabe des Dtn völlig unabhängig von Sam-Reg entstanden sein
sollte[69]. Das heißt aber nicht zwingend, dass es ein durchgehendes, von
Dtn bis Reg reichendes dtr Geschichtswerk bereits am Ende des 7. Jh. gab.
Man kann vielmehr annehmen, dass Dtn* und Sam-Reg* auf zwei verschiedenen Rollen entstanden; sie wurden wahrscheinlich nicht von den-

---

menhang von V.18.21ff., und V.21 kann schlecht an V.6 anschließen, wie auch
Aurelius bemerkt (75).

63 Mit Ausnahme von II Reg 21,7, wo I Reg 8,16 wieder aufgenommen wird, kommt
damit das Thema des auserwählten Stammes Judah zum Ende.

64 Eine Buchrolle Sam-Reg* ist m.E. wahrscheinlicher als ein unabhängiges Königsbuch, dessen ursprünglicher Anfang völlig unklar wäre. Neuerdings hat A. Fischer
bedenkenswerte Argumente für eine Ansetzung der Erstausgabe von Sam in das 7.
Jh. angeführt; vgl. A.A. Fischer, Von Hebron nach Jerusalem. Eine redaktionsgeschichtliche Studie zur Erzählung von König David in II Sam 1-5, BZAW 355, 2004.
Falls die Erstausgabe dieses Werkes der Glorifizierung Josias als „neuem David"
gedient haben sollte (vgl. z.B. M.A. Sweeney, King Josiah of Judah. The Lost Messiah
of Israel, 2001), ist ein Einsatz mit der Aufstiegsgeschichte Davids gut vorstellbar (so
auch C. Nihan u. D. Nocquet, 1-2 Samuel, in: T. Römer; J.-D. Macchi u. C. Nihan
[Hgg.], Introduction à l'Ancien Testament, MoBi 49, 2004, 277-301).

65 Schmid, Deuteronomium (s. Anm. 61), 202.

66 Zum Problem des Buchschlusses einer josianischen Rolle vgl. auch Schmid, Deuteronomium (s. Anm. 61), 203, Anm. 41; Moenikes, Tora (s. Anm. 43), 27.

67 Nur in Dtn 6,4 und II Reg 23,25 wird מאד als Substantiv verwendet.

68 Interessanterweise wird dieser Bezug weder von Aurelius (Zukunft [s. Anm. 2],
48f.), noch Kratz (Komposition [s. Anm. 2], 157) diskutiert.

69 K. Schmids Behauptung, dass das Dtn später als Sam-Reg* entstanden sein sollte
(Deuteronomium [s. Anm. 61], 205), ist mir schwer nachvollziehbar. Die an der
Zentralisationsforderung orientierten Königsbeurteilungen sind weitaus verständli-
cher, wenn eine Ausformulierung derselben bereits vorliegt.

selben Individuen redigiert[70]; jedoch gehörten die Verfasser beider Werke zu einer sich aus Schreibern und anderen hohen Funktionären zusammen setzenden Gruppe[71], die man in Ermangelung eines besseren Ausdrucks als „deuteronomistische Schule" bezeichnen kann[72]. Diese Hypothese könnte auch zumindest teilweise Variationen des dtr Stils in den unterschiedlichen Büchern bzw. Makroabschnitten des DtrG erklären.

Damit wäre die erste Phase des Deuteronomismus am besten unter Josia anzusetzen. Von einem DtrG *stricto sensu* sollte man hier jedoch noch nicht sprechen, sondern eher von einer dtr Bibliothek, da sich literarische Beziehungen auf dieser Stufe eigentlich nur zwischen dem Ur-Dtn und Reg aufzeigen lassen[73]. Erwägenswert ist auch eine josianische Ausgabe der Landeroberungsgeschichten im Josuabuch, da deren Beziehungen zur assyrischen Kriegsrhetorik klar ersichtlich sind[74]. Wollte man allerdings eine gemeinsame Ausgabe von Dtn und Jos im Sinne von Lohfinks „DtrL" annehmen[75], müsste man den Grundstock der historischen Einleitung in Dtn 1-3 im 7. Jh. ansetzen, wofür es m. E. keine ausreichenden Indizien gibt[76]. Diese Kapitel gehören eher in die exilische Ausgabe des DtrG, welcher wir uns nun zuwenden wollen.

Dtn 12,8-12 und die exilische Erstausgabe des DtrG

Im Gegensatz zu Dtn 12,13-18 setzen die vorangehenden Verse die historische Fiktion des Dtn und die Identifizierung der Adressaten mit

---

70 R.F. Person Jr., The Deuteronomic School. History, Social Setting, and Literature, Studies in Biblical Literature 2, 2002, 84 : „this individualistic thinking about ancient writers is anachronistic, drawing too close an analogy to the enterprises of modern scholarship".

71 R. Albertz, Die Intentionen und Träger des Deuteronomistischen Geschichtswerks, in: R. Albertz, F.W. Golka u. J. Kegler (Hgg.), Schöpfung und Befreiung. FS C. Westermann, 1989, 37-53.

72 Vgl. dazu ausführlich R.F. Person Jr., The Deuteronomic School [s. Anm. 70], bes. 83-101.

73 Man kann jedoch kaum als Argument anführen, dass die Zentralisationsforderung in Jos und Jdc keine Rolle spielt (so Schmid, Deuteronomium [s. Anm. 61], 205); wie sollte sie denn auch, da sie erst mit dem Tempel in Jerusalem in Kraft tritt?

74 J. Van Seters, Joshua's Campaign of Canaan and Near Eastern Historiography, SJOT 2 (1990), 1-12, der sich jedoch für eine exilische Ansetzung ausspricht. K.L. Younger Jr, Ancient Conquest Accounts. A Study in Ancient Near Eastern and Biblical History Writing, JSOT.S 98, 1990.

75 N. Lohfink, Kerygmata des Deuteronomistischen Geschichtswerks, in: J. Jeremias u. L. Perlitt (Hgg.), Die Botschaft und die Boten. FS H.W. Wolff, 1981, 87-100 = Studien zum Deuteronomium und zur deuteronomistischen Literatur II, SBA.AT 12, 1991, 125-142.

76 Insofern ist Ottos Ansetzung von „DtrL" in die späte Exilszeit konsequenter (Deuteronomium [s. Anm. 30], 129-155).

der Landnahmegeneration voraus (vgl. 12,10), welche für eine exilierte Adressatenschaft unmittelbar auf ihre eigene Situation übertragbar ist. Nachdem V.8 die Gegenwart in Bezug auf die Kultzentralisation als eine Zeit der Unordnung beurteilt, stellt V.9 fest, dass die Hörer noch nicht in die Ruhe (מנוחה) eingetreten sind, die Jhwh ihnen als Erbe geben will. Dieser Vers verweist eindeutig auf I Reg 8,56, den Abschluss der exilischen Schicht der Einweihungsrede Salomos: „Gepriesen sei Jhwh, der seinem Volk מנוחה gegeben hat, ganz wie er gesagt hat". Nun wird aber schon in Jos 21,44 festgestellt, dass Jhwh Israel Ruhe vor allen Feinden verschafft hat (וינח). Das Verb נוח (hif. „A", in der Bedeutung „Ruhe verschaffen") leitet von Jos 21,44 über 22,4 zur Abschiedrede Jos 23 über (23,1: „Und nach langer Zeit, als Jhwh Israel · Ruhe verschafft hatte vor all ihren Feinden ringsum")[77]. Danach findet sich dasselbe Thema zweimal in II Sam 7 (V.1.11)[78]. Falls der gesamte Vers 11 bereits zu einer exilischen dtr Bearbeitung gehören sollte läge hier auch eine Verkettung mit der Richterzeit vor. Schließlich findet sich das Thema der Ruhe vor Salomos Gebet noch in dem dtr Vers I Reg 5,18[79]. „Die ... salomonische Ära ... mit dem Tempelbau als ihrem Höhepunkt stellt für DtrH das endgültige Eintreten der in Dtn 12,10 verheißenen Ruhe dar"[80]. Demgegenüber erscheint das Exil als eine Zeit der Unruhe, wie sie bereits in der Fluchandrohung in Dtn 28,65 transparent wird („und unter diesen Völkern wirst du keine Ruhe [מנוח] haben"). Die auf der narrativen Ebene festgestellte Erfüllung der Ruheverheißung in I Reg 8 ist in der vorausgesetzten Kommunikationssituation wieder in Frage gestellt und muss erneut erreicht werden.

---

77   Nach E. Blum, Der kompositionelle Knoten am Übergang von Josua zu Richter. Ein Entflechtungsvorschlag, in: M. Vervenne u. J. Lust (Hgg.), Deuteronomy and Deuteronomic Literature. FS C.H.W. Brekelmans, BETL 133, 1997, 181-212, wäre zwischen 21,43-45 und 23 diachron zu differenzieren. Bei Annahme einer direkten Aufeinanderfolge von 21,43-45 und 23, wäre dieses Nebeneinander schwer als Werk eines einzigen Autors begreiflich, falls aber 22,1-6* (die Rückkehr der transjordanischen Stämme) zum ersten DtrG gehörte, wäre 21,43-45 als vom selben Verfasser stammende vorbereitende Einleitung zur Abschiedsrede durchaus einleuchtend.

78   Die Redaktionsgeschichte von II Sam 7 wird sehr kontrovers diskutiert. „Recht große Einmütigkeit herrscht freilich in der Zuweisung von Vv. 1b.11.13.22-24 an die dtr Redaktion" (W. Dietrich u. T. Naumann, Die Samuelbücher, EdF 287, 1995, 155). Allerdings herrscht Uneinigkeit bei der Zuteilung an diverse dtr Schichten. T. Veijola, Die ewige Dynastie. David und die Entstehung seiner Dynastie nach der deuteronomistischen Darstellung, AASFSerB. 193, 1975, 72ff., schreibt V.1b.11a DtrN zu; J. Vermeylen, La loi du plus fort. Histoire de la rédaction des récits davidiques de 1 Samuel 8 à 1 Rois 2, BETL 154, 2000, 239ff., rechnet Vv. 1b und 11β zu DtrH, und 11aα zu DtrN.

79   Vgl. dazu auch B. Gosse, La rédaction deutéronomiste de Deutéronome 12,10 à 1 Rois 5,18 et la tranquillité devant les ennemis d'alentour, EeT(O) 25 (1994), 323-331.

80   Veijola, 5. Mose (s. Anm. 49), 272.

Damit ergibt sich durch das Thema der „Ruhe" ein kompositioneller und redaktioneller Zusammenhang von Dtn 12,8ff. über Jos 21,43-45; 23*; II Sam 7* zu I Reg 8*. Aber auch anderweitig ist die exilische Fassung von Salomos Tempelweihgebet (in etwa I Reg 8,22-26.28-40.46-51.54-56[81]) mit dem Dtn und den folgenden Büchern vernetzt[82]. So entsprechen die Gebetsanlässe in 8,33-40.46 den Fluchandrohungen von Deut. 28,25-38.64-65[83]. Die abschließende Feststellung, dass alle Worte Jhwhs erfüllt worden sind (V. 56) weist wiederum auf Jos 21,45 und 23,14 zurück. Laut dem ursprünglichen Text von Jos 23 (der ungefähr die Verse 1*.2-3.9.11.14-16a umfasst[84]) ist die Eroberung des Landes vollständig abgeschlossen. Der emphatischen Feststellung „alle guten Worte sind erfüllt" in Jos 23,14 folgt jedoch unmittelbar die Ansage, dass Jhwh auch alle „schlechten Worte" (d.h. die Fluchandrohungen von Dtn 28*) über die Adressaten bringen wird, nämlich im Falle eines Bundesbruches, der hier als der Dienst anderer Götter präzisiert wird (23,15-16a). Eben diese Androhung realisiert sich in der dtr Einleitung in die Richterzeit, in Jdc 2,11-12.14-16.18aα_2-19. Dem in 2,12

---

81 Bezüglich der literarkritischen Analyse von I Reg 8 wird wohl *en detail* nie Übereinkunft erreicht werden (vgl. den Überblick bei H.-P. Mathys, Dichter und Beter. Theologen aus spätalttestamentlicher Zeit, OBO 132, 1994, 52-55). Oft werden die Vv. 44-51 als spätere Einfügung angesehen. Kürzlich hat J. Nentel, Trägerschaft und Intentionen des deuteronomistischen Geschichtswerks. Untersuchungen zu den Reflexionsreden Jos 1; 23; 24; 1Sam 12 und 1Kön 8, BZAW 297, 2000, 229ff., V.30-53 insgesamt einer spätdtr Überarbeitung zugeschrieben. Die Beziehungen zu Dtn 12,8ff. und Dtn 28* sprechen aber gegen eine solche späte Verortung der gesamten Rede. M. E. gibt es deutliche Indizien, dass V.41-45 später hinzugekommen sind: die Idee, dass ein נכרי aus weiter Ferne kommt um Jhwh anzubeten, setzt wohl das Proselytentum der hellenistischen Zeit voraus; und der Auszug in den Krieg (Vv. 44-45) ist nach der in V.33 konstatierten Niederlage nicht sehr logisch. Selbst wenn auch die folgenden Verse zu späterer Überarbeitung zu rechnen wären, änderte dies an dem aufgeführten exilischen Vernetzungssystem kaum etwas.

82 Vgl. auch den Rückverweis von I Reg 8,25 auf I Sam 7,14b-16 auf den W.M. Schniedewind, Society and the Promise to David. The Reception History of 2 Samuel 7:1-17, 1999, 109 aufmerksam macht.

83 Vgl. die Tabelle bei C.F. Burney, Notes on the Hebrew Text of the Book of Kings, 1920, 112-115.

84 Die Begründung für diese Rekonstruktion wird in einem demnächst in der ZAW erscheinenden Aufsatz geliefert. Vgl. auch die Analyse von U. Becker in diesem Band sowie R. Müller, Königstum und Gottesherrschaft. Untersuchungen zur alttestamentlichen Monarchiekritik, FAT II/3, 2004, 232-236, der jedoch nur die Verse 1-2 und 14b-16a zur Erstausgabe zählt. Der Übergang von V.2 zu V.14b ist jedoch sperrig. Die Ermahnung von V.14b benötigt eine vorausgehende Erinnerung an Jhwhs große Taten.

konstatierten Abfall zu den anderen Göttern[85] entspricht die Realisation des angedrohten Schlechten durch Jhwh (vgl. in V.15 כל und רעה wie in Jos 23,15). In den Versen Jdc 2,14f. liegt, wie U. Becker richtig beobachtet hat, eine gewollte Parallelisierung mit Jos 21,43-45[86] und wohl auch mit 23,14-16a vor.

Ob die Abschiedsrede Samuel in I Sam 12 bereits in diesen Zusammenhang gehört, ist schwieriger zu entscheiden.

Insbesondere die gemeinsame Erwähnung von Mose und Aaron in 12,6-8 verbunden mit der Aussage, dass diese Israel in das Land gebracht hätten[87], entspricht nicht dtr Ansichten[88]. Da es keine klaren literarkritischen Anzeichen gibt, diese Verse von einem älteren Text zu unterscheiden, wird die Abschiedrede Samuels oft als spät- bzw. sekundär-dtr eingestuft[89]. Allerdings ist I Sam 12,1-15*[90] parallel zu Jos 23* strukturiert[91], und die Möglichkeit einer späteren Retouchierung eines älteren dtr Textes kann nicht völlig ausgeschlossen werden. Dazu kommt, dass die Rekapitulation der Richterzeit in Jdc 2,11ff.* in I Sam 12,9ff.* ein passendes Pendant hätte[92]. Der spekulative Charakter dieser Annahme spricht jedoch dafür I Sam 12 bei der Rekonstruktion des exilischen DtrG in Klammern zu setzen.

Ein neuer Forschungstrend besteht darin, die Einfügung des Richterbuches zwischen Jos und Sam erst in der nachexilischen Zeit anzu-

---

85   Jdc 2,12 knüpft an Jos 23,15 ist aber vor allem parallel zu der Drohung in Dtn 6,12-15 gestaltet. Zu den Parallelen zwischen Dtn 6,12ff. und Jdc 2,12.14 vgl. Römer, Väter (s. Anm. 42), 300-301.

86   U. Becker, Richterzeit und Königtum. Redaktionsgeschichtliche Studien zum Richterbuch, BZAW 192, 1990, 90. Konsequenterweise schreibt er zu recht den ursprünglichen Text von Jdc 2,11-19* „DtrH" zu.

87   Es kann hier offen bleiben, ob diese Verse eine alternative, z.B. bei Hekataios von Abdera belegte Vorstellung reflektieren, nach welcher Mose Israel in das Land gebracht hätte (vgl. auch G.W. Ahlström, Another Moses Tradition, JNES 39 [1980], 65-69).

88   Nach Aurelius, Zukunft (s. Anm. 2), 181, setzen diese Verse die Priesterschrift voraus.

89   So z.B. T. Veijola, Das Königtum in der Beurteilung der deuteronomistischen Historiographie, AASFSerB. 198, 1977, 83ff.; Nentel, Trägerschaft (s. Anm. 81), 162ff.; Aurelius, Zukunft (s. Anm. 2), 180ff.

90   Nach Aurelius, Zukunft (s. Anm. 2), 180, der ältere Teil des Kapitels.

91   Parallelen bestehen zwischen Jos 23* und I Sam 12 in der Altersangabe (Jos 23,1; I Sam 12,3); Rückblick auf Jhwhs Taten (Jos 23,3; I Sam 12,8-11); Ermahnung zur Alleinverehrung Jhwhs (Jos 23,11; I Sam 12,14); Verheißungen (Jos 23,14; I Sam 12,14) und Drohungen (Jos 23,15-16a; I Sam 12,15), vgl. ähnlich Aurelius, Zukunft (s. Anm. 2), 182.

92   Die etwas obskure Aufzählung der Richtergestalten in V.11 könnte ein Anzeichen dafür sein, dass das Richterbuch zur Zeit der Redaktion von I Sam 12* seine endgültige Gestalt noch nicht erreicht hatte.

setzen; dabei beruft man sich gern auf den Erzählanfang in I Sam 1,1, der die Richterzeit nicht vorauszusetzen scheint, und durch seine Lokalisierung in Ephraim gut an Jos 24 anschließt[93]. In der Tat ist Jdc das wohl am wenigsten dtr bearbeitete Buch und hat sicher eine vom „Deuteronomismus" unabhängige Vorgeschichte. Es fragt sich jedoch, wie spät man die Einfügung dieses Buches ansetzen kann[94]. In einer dtr Ausgabe von Dtn-Reg* (bzw. Ex-Reg*) ohne Jdc, müsste man auch die Präsentation Samuels als Richter als „spät" ausscheiden (z.B. I Sam 7,6.15-17), sowie die Rückbezüge auf die Richterzeit in I Sam 12; II Sam 7,11[95] und II Reg 23,22[96].

Auch die genaue Einordnung des letzten großen dtr Kommentars in II Reg 17 ist umstritten. Gegen eine generelle Spätdatierung[97] ist jedoch zu bedenken, dass in Bezug auf die kultischen Vorwürfe gegen die „Söhne Israels" in 17,9-11 eine enge Parallele zu den Anklagen gegen Judas ersten König Rehabeam in I Reg 14,23-24 vorliegt, ein Text der gewöhnlich zur exilischen Ausgabe des DtrG gerechnet wird[98]. Insofern legt es sich nahe, auch II Reg 17,7-11*[99] und 19 einer exilischen Überarbeitung von 17,1-6*.18.21-23aα.b zuzuschreiben[100]. Bedenkenswert ist in diesem Zusammenhang auch Aurelius' Beobachtung, dass die „Querverbindungen in 2 R 17 ... bis an den Anfang des Deutero-

---

93   Vgl. z.B. Schmid, Erzväter (s. Anm. 26), 31.219f., und radikaler P. Guillaume, Waiting for Josiah. The Judges, JSOT.S 385, 2004.
94   Laut Schmid setzt I Sam 12 Jos 24 voraus (so auch Müller, Königtum [s. Anm. 84], 185). Das ist mir schwer nachvollziehbar, die einzigen Parallelen zu Jos 24 finden sich in I Sam 12,6-8 (vgl. Römer, Väter [s. Anm. 42], 333) und selbst hier scheint der Samuel-Text älter als Jos 24 zu sein (vgl. auch Aurelius, Zukunft [s. Anm. 2], 180: „Vorstufe zum Geschichtsresümee Jos 24:1-13").
95   Interessanterweise begegnet die Wurzel שפט in Dtn-Reg am häufigsten in Jdc (21-mal) und in Sam (19-mal).
96   Der Rückverweis auf die Richterzeit verrät hier die Absicht dieselbe in die dtr Geschichte einzugliedern; interessanterweise spricht II Chr 35,18 von der Zeit des Propheten Samuels.
97   Vgl. den Überblick bei Rösel, Von Josua bis Jojachin (s. Anm. 1), 81-82.
98   Z. B. E. Würthwein, Die Bücher der Könige. 1Könige 1-16, ATD 11.1, 1977, 182-183.
99   V.8b ist bereits aus textkritischen Gründen als Glosse erkennbar. Möglicherweise ist der gesamte V.8 ein Zusatz, denn die nächste Parallele zum seltenen Ausdruck חקות הגוים findet sich in Lev 18,3. Allerdings sollte man einen auf zwei Belege beschränkten Zusammenhang nicht überstrapazieren. Anzumerken ist nämlich auch, dass die in V.8 ausgedrückte Idee einer vollständigen Vertreibung der Völker mit der Konzeption des exilischen DtrG konform geht.
100 Zur diachronen Unterscheidung von 17,7ff.* und 17,12-17.20* vgl. W. Dietrich, Prophetie und Geschichte, FRLANT 108, 1972, 44 (er schreibt die Verse 7-11 DtrG=DtrH zu); vgl. ähnlich, jedoch mit einer späteren Ansetzung beider Schichten, E. Würthwein, Die Bücher der Könige. 1.Kön 17 - 2.Kön. 25, ATD 11.2, 1984, 395-397.

nomiums" reichen[101], und somit den Umfang von Noths DtrG vorauszusetzen scheinen. Die exilische dtr Redaktion hat schließlich den wohl
in II Reg 25,21 vorliegenden Abschluss ihres Werkes[102] (ויגל יהודה
מעל אדמתו) parallel zu II Reg 17,23 (ויגל ישראל מעל אדמתו) gestaltet.
  Somit ergeben sich, ausgehend von Dtn 12,8-12, kompositionelle,
sprachliche und inhaltliche Bezüge zu Texten wie Jos 23*, Jdc 2,11ff.*, II
Sam 7*, I Reg 8*, II Reg 17* und II Reg 25*, d. h. es bestätigt sich für
einen Großteil der Deutekapitel, dass diese, von späteren Bearbeitungen abgesehen, das Gerüst für ein exilisches DtrG abgeben. Diese Texte
haben eine doppelte Ausrichtung: sie insistieren einerseits darauf, dass
Jhwh alle seine Verheißungen erfüllt und Israel definitiv zur Ruhe gebracht hatte, andererseits ist die Drohung des Exils bei Nichtbeachtung
des Ausschließlichkeitsanspruches[103] Jhwhs von Anfang an präsent.
Die Erklärung des Landverlustes und der Deportation ist das Hauptanliegen der exilischen Ausgabe von Dtn-Reg[104], und so wird man
auch weiterhin dieses Werk als Krisensemantik[105] zu verstehen haben.

Dtn 12,2-7 und die nachexilische Redaktion des DtrG

Die letzte Fortschreibung in Dtn 12, zu welcher man wohl auch die
Verse 12,29-31 rechnen darf[106], zeichnet sich durch eine besonders ag-
gressive Haltung gegenüber den „anderen Völkern" aus, welche im
Dtn auch in 7,1-6.22-26 und 9,1-6 zu Tage tritt. Die hier vorliegende
segregationistische Einstellung legt eine mit Esra-Nehemia zeitver-

---

101 Aurelius, Zukunft (s. Anm. 2), 2.
102 Vgl. dazu Dietrich, Prophetie (s. Anm. 100), 141-142.
103 Vgl. dazu M. Rose, Der Ausschließlichkeitsanspruch Jahwes. Deuteronomische
   Schultheologie und die Volksfrömmigkeit in der Späten Königszeit, BWANT 106,
   1975. Da sich die dtr intolerante Monolatrie (Pakkala, Intolerant Monolatry [s. Anm.
   17]) durch die Alleinverehrung Jhwhs an einem einzigen Ort charakterisiert, darf
   man diese beiden Facetten nicht unterschiedlichen dtr Redaktoren zuschreiben.
104 Diese Beobachtung hat als logische Konsequenz, die Verfasser der exilischen Edition
   bei der deportierten Oberschicht in Babylonien zu lokalisieren. In dieser Frage hat
   sich kurioserweise eine Fußnote Noths, in welcher er Dtr in Mizpa anzusetzen vor-
   schlug, weithin durchgesetzt (zur babylonischen Verortung des DtrG vgl. z.B. R.
   Albertz, Die Exilszeit. 6. Jahrhundert v. Chr., Biblische Enzyklopädie 7, 2001, 216-
   217).
105 Zum Ausdruck vgl. A. Steil, Krisensemantik. Wissenssoziologische Untersuchungen
   zu einem Topos moderner Zeiterfahrung, 1993.
106 Levinson, Hermeneutics [s. Anm. 49], 25-26, will diese Verse einem späteren Redaktor zuschreiben, da sie nicht die Kultzentralisation thematisieren. Nun ist dieselbige
   jedoch in den vorangehenden Versen mehr als ausführlich zur Sprache gekommen.
   Wie 12,2ff. sind auch 12,29ff. mehr am Unterschied zwischen „Israel" und den Völkern interessiert.

wandte Abfassung dieser Texte nahe, welche auch durch literarische Beziehungen gestützt wird[107].

Im Gegensatz zur josianischen und zur exilischen Fassung des Zentralisationsgebotes ist das Hauptanliegen nun eine strikte Abtrennung von den Völkern und deren kultischen Praktiken, wohinter man einen Konflikt zwischen der babylonischen Golah und der im Lande verbliebenen Bevölkerung vermuten kann[108].

Die Datierung von Dtn 12,2-7 in die erste Hälfte der Achämenidenzeit[109] bestätigt die Annahme einer nachexilischen dtr Redaktion, da auch Dtn 12,2-7 mannigfaltig mit anderen dtr Schlüsseltexten vernetzt ist. Zunächst ist wie für die beiden älteren Zentralisationstexte ein Zusammenhang mit I Reg 8 zu beobachten, und zwar mit den Versen 8,52-53.57-61, die zu der letzten dtr Redaktion der Tempelweihe zu rechnen sind[110]. Hier tritt wie in Dtn 12,2-7.29-31 der Bezug auf den Tempel zurück, dafür wird nun Israels Unterscheidung von den Völkern (V.53, 59-60) und der Gesetzesgehorsam in den Vordergrund gestellt.

Die dezidierte Feststellung in I Reg 8,60 dass allein Jhwh Gott ist (כי יהוה הוא האלהים אין עוד) markiert den Übergang von der dtr Monolatrie zum Monotheismus (vgl. auch 8,27[111]) und hat in Dtn 4 eine wörtliche Parallele (V.35)[112], ein Kapitel, das anerkanntermaßen zu den spätesten Stücken des Dtn gehört[113].

---

107 Vgl. z.B. die Parallelen zwischen Dtn 7,1 und Esra 9,1; Dtn 7,3 und Esra 9,12.

108 Vielleicht sollte man aber auch mit einer gewissen Ambivalenz bei der Identifizierung der גוים rechnen, welche eine Abgrenzung nach außen und nach innen ermöglicht.

109 Diese Datierung wird auch durch das Vokabular gestützt. So ist die Wendung דרש יהוה (V.5) ein vor allem in der Chronik gebrauchter Ausdruck; מעשר und תרומה erscheinen außer Dtn 12,6 nur noch in Neh 12,44 und Mal 3,8 als ein Wortpaar.

110 I Reg 8,62-66 geht auf das Konto einer nachdtr „priesterlichen" Bearbeitung.

111 Zum Einschubcharakter und Bedeutung diese Verses vgl. auch Mathys, Dichter (s. Anm. 81), 65-66, der auf die Parallele zu Jes 66,1 aufmerksam macht.

112 Diese Wendung setzt wohl den Sprachgebrauch Deuterojesajas voraus (vgl. Jes 42,8; 43,10-13; 44,26; 46,9 und besonders 45,5); somit wird man das Gedicht Dtn 4,32-40 in die erste Hälfte des 5. Jh. ansetzen können (vgl. Veijola, 5. Mose [s. Anm. 49], 115).

113 Die literarische Einheitlichkeit von Dtn 4 ist weiterhin umstritten. E. Otto, Deuteronomium (s. Anm. 30), 157ff. schreibt das gesamte Kapitel der „Pentateuchredaktion" zu, wohingegen Veijola, 5. Mose (s. Anm. 49), 93ff., eine komplexe Redaktionstätigkeit innerhalb der dtr Schule annimmt. Zweifelsohne setzt Dtn 4 in seiner jetzigen Form die priesterschriftlichen Texte des Pentateuchs voraus; damit sind jedoch mögliche dtr Vorstufen des Kapitels nicht ausgeschlossen. Bei einer Ansetzung von Dtn 4 im 5. Jh. sind zudem Beziehungen zwischen dtr und priesterlichen Kreisen gut vorstellbar, vgl. auch A. Rofé, The Monotheistic Argumentation in Deuteronomy 4.32-40: Contents, Composition and Text, VT 35 (1985), 434-445 = Deuteronomy. Issues and Interpretation, OTSt, 2002, 15-24 (besonders 22).

Die in Dtn 7; 9,1-6* und 12,2-7.29-31 vorliegende Warnung vor der von den Völkern ausgehenden Gefahr kommt auch in der Bearbeitungsschicht von Jos 23 (V.4-8.10.12-13) zum Ausdruck. Alle vier Texte teilen das militärische Wortfeld einer Ausrottung der Völker durch Jhwh (Dtn 7,2.17-19; 9,1-4; 12,2a.29; Jos 23,4-5). Wie in Dtn 7,3-4 wird in Jos 23,12 vor Mischehen gewarnt; und wie Dtn 7,5 und 12,2-3.30 untersagt Jos 23,7 jeglichen kultischen Kontakt mit den „Fremdvölkern"[114]. Nun führt die nachexilische dtr Bearbeitungsschicht in Jos 23 ein gegenüber der exilischen Redaktion neues Konzept ein: nicht alle Völker werden aus dem Land vertrieben werden (V.7.13). Diese Vorstellung entspricht der Situation der Provinz Jehud während der Perserzeit; sie taucht ebenfalls in der Neubearbeitung der dtr Einleitung zur Richterzeit in Jdc 2,20-3,6* (zu welcher man vielleicht auch 2,1-5 rechnen sollte)[115] auf, wo in Aufnahme von Jos 23,7.13 festgestellt wird, dass Jhwh wegen des Bundesbruchs der Adressaten andere Völker im Lande belässt (2,21.23; vgl. 2,3); der die dtr Neubearbeitung abschließende Vers Jdc 3,6 stellt in Aufnahme von Dtn 7,5 und Jos 23,8 fest, dass Israel zu Beginn der Richterzeit Mischehen und Verehrung anderer Götter betrieb.

Im letzten dtr Reflektionskapitel II Reg 17 wird man die Verse 12-17.20 (und vielleicht auch V. 8) derselben Bearbeitungsstufe zuschreiben können. II Reg 17,15bβ („sie folgten den Völkern um sie herum, von denen Jhwh ihnen befohlen hatte, nicht wie sie zu handeln") gibt sich als „Zitat" von Dtn 12,4.31 zu erkennen[116]. Die in 17,13 belegte Idee von den Vätern anbefohlenen Geboten ist auch und nur noch in den spätdtr Texten Jdc 3,4 (vgl. 2,20 mit ברית) und I Reg 8,58 anzutreffen[117]. Der im selben Vers vorliegende Verweis auf Jhwhs Propheten bestätigt die Annahme, dass die meisten Prophetenerzählungen in den

---

114 Generell warnen Dtn 12,4 und Jos 23,12 vor der Attraktion dieser Völker.

115 In Jdc 2,20ff. ist vielleicht noch einmal diachron zu unterscheiden, da in 2,22 und 3,1.4 der Verbleib der Fremdvölker als ein Test Israels erklärt wird, wohingegen 3,2 die Völker eine pädagogische Funktion haben, nämlich Israel das Kriegshandwerk zu lehren (bei 3,1-3 kann es sich um einen vereinzelten Einschub handeln, welcher dem Verb נסה eine neue Bedeutung geben will). Schwieriger ist die Zugehörigkeit von 2,1-5 zu entscheiden, welche oft zusammen mit Jdc 1 als nachdtr Einfügung beurteilt werden. Allerdings ist Jdc 2,2-3 eng mit Dtn 12,3 und Jos 23,13 verbunden; damit könnten 2,1-5 und 2,20ff. als dtr Umrahmung der exilischen Einleitung 2,11ff.* verstanden werden. Ungewöhnlich ist das Auftreten des מלאך; auf den Zusammenhang von Jdc 2,1-5 mit anderen Engeltexten im Tetrateuch, in denen es ebenfalls um die Abgrenzung von den Landesbewohnern geht, wird gleich einzugehen sein.

116 II Reg 17,15: אשר צוה יהוה אתם לבלתי עשות כהם ... הגוים; 12,31: לא תעשון כן ליהוה אלהיך; Dtn 12,4: לא תעשה כן ליהוה אלהיכם.

117 Vgl. Römer, Väter (s. Anm. 42), 287.

Königsbüchern erst in der letzten dtr Bearbeitungsstufe der Königsbücher eingefügt wurden[118].

Die in Dtn 12,3 befohlene Zerstörung von Altären führt schließlich zu II Reg 23,15, wo zum letzten Mal die Verbindung von נחץ und מזבח vorliegt[119] (davor bezeichnenderweise in Stellen wie Ex 34,13; Dtn 7,5; Jdc 2,2; 6,30-31; II Reg 23,12). Oft wird für II Reg 23,15-20 eine spätdtr Herkunft bzw. Bearbeitung angenommen[120]. Wenn hinter dem Konnex zwischen Dtn 12,3 und II Reg 23,15 eine kompositionelle Absicht steht, ginge es darum die Kulteinrichtungen Samarias als Fremdkulte *par excellence* darzustellen.

Das Schlusswort dieser Bearbeitung mag in II Reg 25,26 vorliegen: „und sie zogen nach Ägypten, denn sie fürchteten sich vor den Chaldäern"[121]. Israel, das sich von den Nationen hätte trennen sollen, wählt den Rückzug nach Ägypten und macht damit seine Geschichte mit Jhwh, die mit dem Exodus begann, zunichte.

Ist somit auch für die letzte dtr Redaktionsstufe ein kompositioneller Zusammenhang von Dtn (7,1ff.); 12,3ff.29-31; Jos 23,4-8.12-13*; Jdc 2,(1-5.)20ff.*; I Reg 8,52-53;57ff.*, II Reg 17,13ff.* auszumachen, stellt sich nun die Frage nach deren Einsatz. Es ist durchaus möglich, dass diese Redaktion auch in Tetrateuchtexten zu eruieren ist. In der Tat liegen zu Dtn 12,2ff. und verwandten Texten enge sprachliche und inhaltliche Parallelen in Ex 23,20-32; 34,10-16; Num 33,50-56[122] vor. Wie in den oben besprochenen Texten geht es auch hier um eine kultische Abgrenzungspolitik von den Völkern im verheißenen Lande; von diesen Völkern geht eine große Gefahr für Israel aus; die seltene Wur-

---

118 So bereits S.L. McKenzie, The Trouble with Kings. The Composition of the Books of Kings in the Deuteronomistic History, VT.S 42, 1991, 81ff., und jetzt ausführlich S. Otto, Jehu, Elia und Elisa. Die Erzählung von der Jehu-Revolution und die Komposition der Elia-Elisa-Erzählungen, BWANT 152, 2001.

119 In beiden Stellen findet sich dazu in parallele die Verbrennung (שׂרף) der Aschera.

120 Z. B. Pakkala, Monolatry (s. Anm. 17), 176-177. Das Buchauffindungsmotiv (dazu B.-J. Diebner u. C. Nauerth, Die Inventio des ספר התורה in 2 Kön 22: Struktur, Intention und Funktion von Auffindungslegenden, DBAT 18 [1984], 95-118) könnte ebenfalls einer nachexilischen Bearbeitung zuzuschreiben zu sein (so z.B. C. Levin, Joschija [s. Anm. 56]), welche das „Buch" dem Tempel substituieren will.

121 Vgl. dazu auch Friedman, From Egypt to Egypt (s. Anm. 39). II Reg 25,27-30 ist weniger eine historische Notiz als ein von Diasporaromanen beeinflusster golahorientierter Abschluss, der wegen den Anspielungen auf die Josephserzählung vielleicht einen Enneateuch voraussetzt bzw. konstruieren will.

122 Dieser Abschnitt ist wahrscheinlich später anzusetzen als die Exodus-Texte, vgl. G.N. Knoppers, Establishing the Rule of Law? The Composition Num 33,50-56 and the Relationship Among the Pentateuch, the Hexateuch and the Deuteronomistic History, in: E. Otto u. R. Achenbach (Hgg.), Das Deuteronomium zwischen Pentateuch und Deuteronomistischem Geschichtswerk, FRLANT 206, 2004, 135-152.

zel יקש (bzw. die Nebenform נקש), mit welcher jegliche Vermischung als eine „Falle" bezeichnet wird, findet sich in Ex 23,33; 34,12; Dtn 7,16.25; 12,30; Jos 23,13 und Jdc 2,3[123]. Im Umfeld der meisten dieser Texte finden sich sechs- bzw. siebenstellige Völkerlisten (Ex 23,23; 34,11; Dtn 7,1; Jdc 3,10), die zum ersten Mal in Ex 3,8.17 erscheinen[124]. Dieser Zusammenhang legt es nahe für die nachexilische dtr Redaktion einen mit der Exoduserzählung beginnenden Aktionsrahmen anzunehmen[125]. Hier treffen sich unsere Beobachtungen mit H.-Chr. Schmitts Theorie eines „großen" DtrG bzw. E. Blums Annahme einer als Prolog zum exilischen DtrG geschaffenen „D-Komposition". Der Einsatz dieser Redaktion wäre jedoch nicht in der Genesis sondern am Anfang des Exodusbuches (Ex 3?[126]) zu verorten[127].

Die genaue Abgrenzung eines solchen erweiterten DtrG ist jedoch recht schwierig zu bestimmen, da die meisten erzählenden Texte in Numeri kaum als dtr angesehen werden können, und dementsprechend wohl bereits den Beschluss der Publikation eines Penta- bzw. Hexateuchs voraussetzen[128].

---

123 Vergleichbar wäre eventuell Jdc 8,27; die beiden anderen Belege im Tetrateuch, die anderes im Auge haben, sind Ex 10,7 und I Sam 18,21.

124 Zu weiteren Belegen vgl. z.B. J.L. Sicre, Josué, 2002, 146-147. Die zehnstellige Reihe in Gen 15,20-21 ist eine späte „endredaktionelle" Nachbildung.

125 Mancher dieser Texte werden von Blum einer Mal'ak-Berabeitung zugeschrieben (vgl. E. Blum, Studien zur Komposition des Pentateuch, BZAW 189, 1990, 365-377). Diese Bearbeitung setzt laut Blum bereits eine D-Komposition voraus und ist früher als die in Jos 24 endende Hexateuchredaktion anzusetzen. Es sei „damit zu rechnen, dass für diese Bearbeitung der kompositionelle Zusammenhang im Sinne eines großen Geschichtswerkes von der Genesis bis Könige im Vordergrund stand" (E. Blum, Der kompositionelle Knoten [s. Anm. 77], 181-212, besonders 193). Inzwischen würde auch Blum diesen Zusammenhang, mit Exodus beginnen lassen (siehe die übernächste Anmerkung).

126 Immerhin beginnt die Erzählung von Moses Berufung mit einer Erscheinung des מלאך יהוה (v. 2).

127 So jetzt auch E. Blum, Die literarische Verbindung von Erzvätern und Exodus. Ein Gespräch mit neueren Forschungshypothesen, in: J.C. Gertz; K. Schmid u. M. Witte (Hgg.), Abschied vom Jahwisten. Die Komposition des Hexateuch in der jüngsten Diskussion, BZAW 315, 2002, 119-156. Zu einem Ex-Reg umfassenden großen „DtrG" vgl. auch Schmid, Erzväter (s. Anm. 26), 162-165.

128 R. Achenbach, Die Vollendung der Tora: Studien zur Redaktionsgeschichte des Numeribuches im Kontext von Hexateuch und Pentateuch, BZAR 3, 2003.

Das Ende des deuteronomistischen Werkes und die Geburt des Pentateuchs

Das Ende bzw. das Verschwinden eines selbständigen DtrG hängt natürlich mit der Veröffentlichung der Thora zusammen, welcher gegen Ende des 5. oder Anfang des 4. Jh. eine Debatte um deren Umfang (Hexa- oder Pentateuch) vorausgegangen war[129]. Die von Blum, Albertz, Knauf und anderen vertretene Theorie eines Kompromisses zwischen priesterlichen und dtr Kreisen[130], für welchen man nicht unbedingt eine schwer greifbare persische Reichsautorisation zu postulieren braucht[131], scheint mir immer noch das am besten funktionierende Modell. Die beiden Hauptparteien einigten sich darauf die Gründungsschrift des im Entstehen begriffenen Judentums als Thora des Mose zu definieren, und so musste das Deuteronomium (auch gegen die Vertreter eines Hexateuchs) von den folgenden Büchern abgetrennt werden, wie es in Dtn 34,4.7.10-12 geschieht[132]. Damit löste sich das DtrG in verschiedene Bücher auf, welche in dieser Spätphase neue Einleitungen bzw. Abschlüsse enthielten (Jos 24; Jdc 1; 17-21; I Sam 2; II Sam 21-24[133]). Das Verschwinden des DtrG bedeutete jedoch nicht das Ende der dtr Ideen, deren Recycling in Pharisäertum und auch in Texten des NT[134] stattfand.

---

129 Vgl. dazu T.C. Römer u. M.Z. Brettler, Deuteronomy 34 and the Case for a Persian Hexateuch, JBL 119 (2000), 401-419, und Otto, Deuteronomium (s. Anm. 30).

130 Blum, Studien (s. Anm. 125), 333ss.; R. Albertz, Religionsgeschichte Israels in alttestamentlicher Zeit, GAT 8, 1992, 497ff.; E.A. Knauf, Audiatur et altera pars. Zur Logik der Pentateuchredaktion, BiKi 53 (1998), 118-126; vgl. auch B.J. Diebner, Juda und Israel - Zur hermeneutischen Bedeutung der Spannung zwischen Judäa und Samarien für das Verständnis des TNK als Literatur, in: M. Prudky (Hg.), Landgabe. FS Jan Heller, 1995, 86-132.

131 Vgl. zur Diskussion J.W. Watts (Hg.), Persia and Torah. The Theory of the Imperial Authorization of the Pentateuch, SBL Symposium Series 17, 2001.

132 Gegenüber früheren Veröffentlichungen hat mich K. Schmid von der Zugehörigkeit von Dtn 34,7 zur Pentateuchredaktion überzeugt (vgl. vorläufig Erzväter [s. Anm. 26], 293).

133 Vgl. zu dieser „nachdeuteronomistischen Auslegung der Samuelbücher", Mathys, Dichter (s. Anm. 81), 126-164.

134 Hier sei auf die großartige Untersuchung von O.H. Steck, Israel und das gewaltsame Geschick der Propheten. Untersuchungen zur Überlieferung des deuteronomistischen Geschichtsbildes im Alten Testament, Spätjudentum und Urchristentum, WMANT 23, 1967, verwiesen.

Abschluss und Zusammenfassung

Ausgehend von Dtn 12 hat sich ergeben, dass durchaus noch von einem DtrG gesprochen werden kann, welches sich jedoch erheblich von Martin Noths Konzeption unterscheidet. Die mit einem recht großen Konsens unterscheidbaren drei Schichten des Zentralisationsgebotes reflektieren m. E. die drei Hauptphasen der Entstehung des DtrG: das 7. Jh., die so genannte Exilszeit, und die erste Hälfte der Perserzeit. Es hat sich ergeben, dass die meisten dtr Reflektionskapitel ebenfalls diese drei (so I Reg 8; II Reg 17) bzw. die zwei letzten Entstehungsphasen (Jos 23; Jdc 2,11ff.) widerspiegeln; diese Texte bilden darüber hinaus ein Koordinatensystem, das die Anliegen der verschiedenen Redaktoren zum Ausdruck bringt.

Die oft gegen Noth vorgebrachte Erkenntnis einer diachronen Komplexität der dtr Texte, sollte somit nicht einfach als unkontrollierbarer Wildwuchs angesehen werden, sondern als Indiz für durchaus reflektierte Neubearbeitungen, welche durch neue soziale und historische Bedingungen erklärbar sind.

Damit sollen natürlich nicht alle dtr Texte in Dtn-Reg (bzw. Ex-Reg) auf eine dieser drei Schichten zwangsverteilt werden, punktuelle Zusätze sind denkbar und wahrscheinlich. Allerdings scheint mir ein Aufdröseln der dtr Texte in unzählige Schichten wenig erkenntnisfördernd. Das hier vertretene Drei-Schichten-Modell versteht sich als ein Kompromissvorschlag zwischen Bestreitern und Verteidigern von Noths Modell. Gegen Noth muss festgehalten werden, dass es den Deuteronomisten, also eine Art hebräischer Herodot, wohl nie gegeben hat, und dass das DtrG literarisch uneinheitlich ist. Gegen die völlige Aufgabe des DtrG sollte bedacht werden, dass die Unterscheidung innerhalb der dtr Texte durchaus kohärente literarische Strukturen und theologische Konzeptionen erkennen lässt.

Das postdeuteronomistische Deuteronomium als integrierender Schlußstein der Tora

Eckart Otto

Vor dreißig Jahren hielt Horst Dietrich Preuss, dem die Deuteronomiumsforschung wichtige Impulse verdankt, während einer Konsultation mit Alttestamentlern aus der damaligen DDR in Berlin (Ost) ein wichtiges Referat, in dem er das „deuteronomistische Deuteronomium" aus der Taufe hob.[1] Das war ein großer Fortschritt gegenüber dem bis dahin üblichen Verständnis des Deuteronomiums in Dtn 4,44-30,20 als vorexilisch und damit dem exilischen Deuteronomistischen Geschichtswerk vorgegeben, wie es u.a. Gerhard von Rad[2] und Martin Noth[3] vertreten haben. Inzwischen hat sich die von Horst Dietrich Preuss inaugurierte Neuorientierung der Deuteronomiumsforschung durchgesetzt, sei es daß man mit blockweiser dtr Ergänzung eines vorexilischen Deuteronomiums rechnet,[4] oder mit dtr Fortschreibungen nach einem

---

1   Cf. H.D. Preuss, Deuteronomium, EdF 182, 1982, bes. 174-201.
2   Cf. G. von Rad, Das fünfte Buch Mose. Deuteronomium, ATD 8, ²1968; siehe dazu Verf., Gerhard von Rad als Deuteronomiumskommentator. Klärungen aus zeitlichem Abstand, in: B.M. Levinson/E. Otto (Hgg.), Recht und Ethik im Alten Testament. Beiträge des Symposiums „Das Alte Testament und die Kultur der Moderne" anläßlich des 100. Geburtstags Gerhard von Rads (1901-1971) Heidelberg, 18.-21. Oktober 2001, atm 13, 2004, 1-28.
3   Cf. M. Noth, Überlieferungsgeschichtliche Studien. Erster Teil: Die sammelnden und bearbeitenden Geschichtswerke im Alten Testament, 1957, 14ff.; cf. dazu Chr. Frevel, Deuteronomistisches Geschichtswerk oder Geschichtswerke? Die These Martin Noths zwischen Tetrateuch, Hexateuch und Enneateuch, in: U. Rüterswörden (Hg.), Martin Noth aus der Sicht der heutigen Forschung, BThSt 58, 2004, 60-95. Zu den Beiträgen Gerhard von Rads und Martin Noths sowie älteren Beiträgen zur Deuteronomiumsforschung cf. auch bereits S. Loersch, Das Deuteronomium und seine Deutungen. Ein forschungsgeschichtlicher Überblick. Mit einem Vorwort von Alfons Deissler, SBS 22, 1967.
4   Siehe zuletzt G. Braulik, Das Buch Deuteronomium, in: E. Zenger u.a., Einleitung in das Alte Testament, Studienbücher Theologie I/1, ⁵2004, (136-155) 143-147 mit weiterer Literatur.

Schichtenmodell bis hin zur Annahme einer spätdtr „Bundesredaktion"
(DtrB).[5]

Nach dreißig Jahren steht nun ein weiterer Schritt in der Deuteronomiumsforschung an, wenn es gilt, in synchroner Perspektive nach
der Funktion des Deuteronomiums im nachexilisch-postdtr Pentateuch,
der mit dem Deuteronomium abschließt, und in diachroner Perspektive
nach den Anteilen postdtr Autoren am Deuteronomium und also dem
postdtr Deuteronomium zu fragen. Damit verbunden ist auch ein me-
thodischer Neuansatz in der Deuteronomiumsforschung einzufordern.
Jüngste Redaktionshypothesen, die den Nachweis zu führen suchen, es
habe eine für die Theologie des Deuteronomiums zentrale „Bundesredaktion" gegeben,[6] zeigen das Problem, wenn Hypothesen über die
literarische Genese des Deuteronomiums, die strittig sind und bleiben
werden, zum Schlüssel der theologischen Interpretation gemacht werden. Nach drei Jahrhunderten historisch-kritischer Forschung am Pentateuch ist ein Paradigma an sein Ende gekommen, das nach verborgenen Autorenintentionen in den Texten sucht, die erst eine historisch-
kritische Analyse der biblischen Texte freizulegen vermöge. Die Folge
ist eine in den letzten drei Jahrhunderten sich kontinuierlich steigernde
exegetische Hypothesenvielfalt in der literarischen Auflösung der biblischen Texte, die die Gefahr der Isolierung der Bibelwissenschaften
nicht nur in der Theologie, sondern den Kulturwissenschaften insgesamt nach sich zieht.[7] Nun soll die historische Arbeit am Pentateuch
keineswegs durch unhistorische Verfahren literaturwissenschaftlicher
Synchronie, die schon der antiken Textrezeption widersprechen,[8] aber

---

5   Zum Stand der Deuteronomiumsforschung cf. u.a. T. Veijola, Deuteronomiums-
     forschung zwischen Tradition und Innovation (I), ThR 67 (2002), 273-327. Den hohen
     postdtr Anteil am Deuteronomium betont jetzt über Timo Veijolas These zur dtn-dtr
     Schichtung im Deuteronomium hinausgehend auch Thomas Römer, The So-Called
     Deuteronomistic History. A Sociological, Historical and Literary Introduction, 2006,
     170ff.; cf. dazu meine Rezension in ZAR 12 (2006) (im Druck). Für den Nachweis
     postdtr Anteile am Deuteronomium im Detail verweise ich auf meine in Anm. 20
     genannte Studie.

6   Zur durchschlagenden Kritik an der Hypothese einer „deuteronomistischen Bun-
     desredaktion (DtrB)" (T. Veijola) im Deuteronomium, die höchst heterogene Texte
     zu einer Redaktionsschicht zusammenordnen will, siehe H.U. Steymans, Die neuas-
     syrische Vertragsrhetorik der „Vassal Treaties of Esarhaddon" und das Deuterono-
     mium, in: G. Braulik (Hg.), Das Deuteronomium, ÖBS 23, 2003, (89-152) 97-105.

7   Siehe zum folgenden Verf., A Hidden Truth Behind the Text or the Truth of the Text.
     At a Turning Point of Biblical Scholarship Two Hundred Years after De Wette's dis-
     sertatio critico-exegetica, The First Wilhelm Martin Leberecht De Wette Memorial
     Lecture 2005 of the Faculty of Theology of the University of Pretoria (South Africa),
     2006.

8   Cf. Verf., Wie „synchron" wurde in der Antike der Pentateuch gelesen?, in: F.-L.
     Hoßfeld/L. Schwienhorst-Schönberger (Hgg.), „Das Manna fällt auch heute noch".

auch außer acht lassen, daß „der Geist historischer Forschung nach und nach in jede Pore der historischen Theologie eingedrungen ist" (Ernst Troeltsch), ersetzt werden, sondern die historisch-kritische Analyse soll ein Fundament in der antiken Literaturtheorie des Pentateuch selbst erhalten, so daß die Regel gelten soll, daß die literaturhistorische Analyse des Pentateuch dort sicheren Boden unter den Füßen gewinnt, wo die Literaturtheorie der Fabel des Pentateuch und historisch-kritische Exegese zu übereinstimmenden Ergebnissen kommen. Werden so synchrone und diachrone Analyse des Pentateuch zusammengeführt, kann die pentateuchische Literaturtheorie eine regulative Funktion in der ausufernden Hypothesenvielfalt und -willkür auch in der Deuteronomiumsforschung übernehmen.[9]

Fragen wir nach dem Deuteronomium als integrierendem Schlußstein des Pentateuch, so gehen wir von dem einzig Sicheren in der Pentateuchinterpretation aus, und das ist die Abgrenzung des Pentateuch als Tora innerhalb des Kanons ebenso der Hebräischen Bibel wie der Septuaginta. Auch die Exegeten, die mit einem wie auch immer literaturhistorisch einzuordnenden Enneateuch rechnen, erkennen an, daß der kanonische Pentateuch unter Einschluß des Deuteronomiums postdtr ist. So ist die jenseits aller exegetischen Hypothesenbildung mit höchstem Sicherheitsgrad der Antwort ausgestaltete Frage die nach der Funktion eines postdtr Deuteronomiums im Rahmen der Fabel des kanonischen Pentateuch, eine Frage, für die es bislang im deutschsprachigen Raum mit Norbert Lohfink einen Gesprächspartner gibt, der auf der Jahrestagung der Arbeitsgemeinschaft der deutschsprachigen katholischen Alttestamentlerinnen und Alttestamentler im Jahre 2002 in Brixen einen ersten Entwurf zur Beantwortung dieser Frage vorgelegt hat,[10] wobei er seinerseits diesen Entwurf, wie er anmerkt, im kritischen Gespräch mit mir entwickelt.[11] Norbert Lohfink gibt aller-

---

Beiträge zur Geschichte und Theologie des Alten, Ersten Testaments. FS E. Zenger, HBS 44, 2004, 470-485.

9   Siehe Verf. , The Pentateuch Between Synchrony and Diachrony. Perspectives for the Encounter Between Africa and Europe, in: ders./J. Le Roux (Hgg.), A Critical Study of the Pentateuch. An Encounter Between Europe and Africa, atm 20, 2005, (22-49) 24-46. Mein in Vorbereitung befindlicher Deuteronomiumskommentar in der Reihe „Herders Theologischer Kommentar zum Alten Testament" wird von diesen methodischen Grundsätzen geleitet sein.

10 Siehe N. Lohfink, Prolegomena zu einer Rechtshermeneutik des Pentateuch, in: G. Braulik (Hg.), Das Deuteronomium (s. Anm. 6), 11-56. Siehe dazu meine Rezension dieses Bandes in ZAR 9 (2003), 251-257.

11 Siehe N. Lohfink, Prolegomena (s. Anm. 10), 12 Anm. 6. Ich räume meinerseits dankbar ein, daß ohne die jahrelangen Bemühungen Norbert Lohfinks um ein synchrones Verständnis des Deuteronomiums meine eigenen Überlegungen zur Korrelierung von Diachronie und Synchronie in der Deuteronomiumsanalyse nicht denkbar wä-

dings nicht zu erkennen, wie diachrone und synchrone Zugangsweisen
zum Pentateuch zu vermitteln sind. Daraus resultiert, daß er zwischen
der Fabel des synchron von einem „Zweitleser" gelesenen Pentateuch,
der nur von göttlichen Rechtssetzungen *erzähle*, und der Rezeptions-
geschichte des Pentateuch kategorial unterscheidet,[12] in der, so in der
chronistischen „Welt", der Pentateuch als präskriptiv Recht promul-
gierend verstanden worden sei. Norbert Lohfink rekonstruiert als Folge
der nicht vollzogenen Vermittlung von Diachronie und Synchronie
eine „Gegenwelt" des Pentateuch, die sich in dem Augenblick, wo sie
in die historische Situation der nachexilischen Zeit eingezeichnet wird,
der historischen Einpassung widersetzt. Es ist also vielmehr zu fragen,
und diese Frage ist positiv zu beantworten, ob sich die Fabel des
synchron gelesenen nachexilischen Pentateuch unter Einschluß des
Deuteronomiums in die nachexilische Literaturgeschichte und Geschichte einschließlich die der nachexilischen Schriftgelehrsamkeit einfügt.[13] Umgekehrt hat Jean-Pierre Sonnet sehr einleuchtend Gebrauch
von diachronen Einsichten in die Literaturgeschichte für eine synchrone Interpretation des Deuteronomiums gemacht,[14] doch die Analyse auf das Deuteronomium beschränkt – eine Beschränkung, die
Norbert Lohfink mit seinem jüngsten Entwurf zur Rechtshermeneutik
des Pentateuch hinter sich gelassen hat –, und so übersieht Jean-Pierre
Sonnet, daß synchron das Deuteronomium nur als Teil der kanonischen Tora zu lesen ist.[15] Ausgangspunkt einer Antwort auf die Frage

---

ren. Ich schätze mich dankbar, über viele Jahre gemeinsamer Arbeit am Deuteronomium einen so innovativen Gesprächspartner zu haben, der vor den methodischen
Fallstricken einer hypertrophen Literar- und Redaktionskritik bewahrt; siehe auch
unten Anm. 116.

12   Siehe N. Lohfink, Prolegomena (s. Anm. 10), 46f.
13   Siehe dazu Verf., The Pentateuch in Synchronical and Diachronical Perspectives:
     Protorabbinic Scribal Erudition Mediating Between Deuteronomy and the Priestly
     Code, in: ders./R. Achenbach (Hgg.), Das Deuteronomium zwischen Pentateuch und
     Deuteronomistischem Geschichtswerk, FRLANT 206, 2004, 14-35.
14   Siehe J.-P. Sonnet, The Book within the Book: Writing in Deuteronomy, BIS 14, 1997.
     Zur Diskussion mit Norbert Lohfink siehe insbesondere a.a.O., 112-116, sowie pas-
     sim.
15   Siehe Verf. , Mose der Schreiber. Zu „poetics" und „genetics" in der Deutero-
     nomiumsanalyse anhand eines Buches von Jean-Pierre Sonnet, ZAR 6 (2000), 320-
     329. Es ist erstaunlich, daß Karin Finsterbusch (Weisung für Israel. Studien zu reli-
     giösem Lehren und Lernen im Deuteronomium und in seinem Umfeld, FAT 44,
     2005, 115 Anm. 4) ohne jede Begründung die synchrone Analyse auf das Deutero-
     nomium beschränkt, gleichzeitig aber festhält, daß damit die Bezüge zu den anderen
     vier Büchern der Tora nicht bestritten würden. Was aber soll das methodisch mei-
     nen? Wenn sie sich dabei auf Norbert Lohfink berufen will, übersieht sie, daß er
     jüngst diese Engführung im Gegensatz zu Jean-Pierre Sonnet hinter sich gelassen
     hat. So wenig Karin Finsterbusch eine Idee von der Literaturgeschichte des Deutero-

nach der Funktion des Deuteronomiums als Schlußstein des Pentateuch muß Dtn 34 sein, entscheidet sich doch in diesem Kapitel die Frage nach der rechtshermeneutischen Einbindung des Deuteronomiums in die Fabel des Pentateuch. Die sich an dieses Kapitel stellenden diachronen Fragen, die durch Lothar Perlitts überzeugenden Nachweis,[16] daß an Dtn 34 die Priesterschrift keinen Anteil hat,[17] bestimmt sind, lasse ich an dieser Stelle zurück zugunsten einer synchronen Ortsbestimmung des Kapitels, das den gesamten Pentateuch umspannt, indem es mit der Genesis literarisch eng verzahnt ist: Dtn 34,4 ist auf die Landschwursätze in Gen 50,24 und Ex 33,1 bezogen, knüpft an Gen 12,7 invertierend nach Seidls Gesetz an und schlägt damit einen Bogen zurück von dem Abschluß der Mose- zur Eröffnung der Abrahamserzählungen. Durch die Wiederaufnahme von Dtn 34,1 „zeigen" in Verbindung mit dem Land in Dtn 34,4 wird die Landschau in Dtn 34,1bβ-3 mit Dtn 34,4 verknüpft und dabei Bezüge auf die Väterüberlieferung der Genesis eingeflochten. So verweist das Motiv der Jordansenke zurück auf Gen 13,12; 19,17.25.28f. und „Zoar" auf Gen 13,10; 14,2.8; 19,22f.30. Das Zitat von Gen 50,24 ist in die Anknüpfung an Gen 12,7 eingeschaltet. Schließlich ist Dtn 34,4 über Dtn 31,12; 3,27 auf Gen 12,6 zurückbezogen. Diese Beobachtungen zeigen die enge Verzahnung von Dtn 34 mit der Genesis in einem Bogen vom Anfang der Abraham- bis zum Ende der Moseerzählungen.[18] Dtn 34 ist aber nicht nur als Rah-

---

nomiums zu erkennen gibt – sie wird mit einer Anmerkung (a.a.O., 314 Anm. 746) abgehandelt –, so sehr hängen ihre synchronen Analysen literaturhistorisch in der Luft; siehe dazu Verf. , Mose als „Lehrer". Zu einem Buch von Karin Finterbusch, ZAR 12 (2006) (im Druck). Ähnliches gilt auch für die ebenfalls das Deuteronomium synchron analysierende Studie von Nathan McDonald, Deuteronomy and the Meaning of „Monotheism", FAT II/1, 2003; cf. dazu Verf. , Monotheismus im Deuteronomium oder Wieviel Aufklärung es in der alttestamentlichen Wissenschaft geben soll. Zu einem Buch von Nathan McDonald, ZAR 9 (2003), 251-257.

16 Siehe L. Perlitt, Priesterschrift im Deuteronomium?, ZAW 100 (Supplement) 1988, 65-88 (= ders., Deuteronomium-Studien, FAT 8, 1994, 123-143).

17 Der Versuch von Christian Frevel (Mit Blick auf das Land die Schöpfung erinnern. Zum Ende der Priestergrundschrift, HBS 23, 1999, 211ff.) unter Verzicht auf eine Deuteronomiumanalyse auf den von Lothar Perlitt überholten Forschungsstand zurückzulenken, scheitert nicht zuletzt daran, daß es in dieser Monographie nicht gelungen ist, den P- vom nP-Anteil in Dtn 34 zu sondern. Siehe dazu meine Rezension in ThRev 97 (2001), 212-214.

18 Schon hier zeigt sich, daß eine Beschränkung der synchronen Analyse auf das Deuteronomium unter Absehung von seiner Einbettung in den Pentateuch als dessen Schlußstein nicht möglich ist, so daß die synchrone Analyse vor ihrem Hauptproblem steht, Antwort darauf zu geben, wie sich die Gebotspromulgation am Sinai zu der im Lande Moab, die jeweils mit Bundesschlüssen verbunden sind, verhält, ein Problem, das sich mit der Relationierung vom Horeb- und Moabbund schon in diachroner Perspektive im Deuteronomium als selbständiger Literatureinheit stellt.

men um den Pentateuch gestaltet, sondern grenzt auch den Pentateuch gegen die Vorderen Propheten ab, insbesondere das Josuabuch. Dies zeigt nicht nur der Epitaph in Dtn 34,10-12, der mit dem Mosetod die Zeit prophetischer, und das heißt hier mosaischer Offenbarung abgeschlossen sein läßt,[19] sondern auch Dtn 34,9 in Verbindung mit Num 27,15-23.[20] Der Bezugspunkt ist die Theophanieszene in Dtn 31,14f. Einer Mißdeutung dieser Szene vor dem Offenbarungszelt, die Josua gleichberechtigt neben Mose mit dem Argument sehen will, JHWH habe dort, wo er im Deuteronomium erstmals direkt das Wort ergreift, nicht zu Mose, wohl aber zu Josua gesprochen, wird in Dtn 34,9 die eindeutige Unterordnung Josuas unter Mose entgegengesetzt. Das Volk werde auf Josua hören als „Propheten wie Mose", gehorcht also nicht ihm, sondern dem von Mose als Propheten vermittelten und verschrifteten Gesetz. Durch Dtn 34,9 wird das folgende *waw* („und") adversativ konnotiert und Josua gegenüber Mose mit der Konsequenz abgewertet, daß die Josua-Tora in Jos 24,25f. der des Mose nicht ebenbürtig sei, sondern von der mosaischen Tora abhängig diese für das Leben im Lande auslege. Die Logik der synchron gelesenen Fabel des Pentateuch unterstreicht diese durch Dtn 34,9 akzentuierte Sichtweise in der Relationierung der Torot. Mose könne zwar das Verheißene Land noch sehen, aber nicht mehr betreten, damit an seiner Stelle die von ihm an seinem letzten Lebenstag im Land Moab verschriftete Tora mit dem Volk über den Jordan ziehen könne. Entsprechend stellt der Epitaph in

---

Schon hier wird deutlich, wie sehr die Gestaltung des Pentateuch in seiner kanonisch gewordenen Form aus dem Deuteronomium herausgewachsen ist. Siehe dazu im folgenden.

19   Zur synchronen Interpretation siehe Verf., Mose. Geschichte und Legende, Beck'sche Reihe Wissen 2400, 2006, 9-21. Zur diachronen Interpretation siehe a.a.O., 55-64.75-81, sowie ders., Die Tora des Mose. Die Geschichte der literarischen Vermittlung von Recht, Religion und Politik durch die Mosegestalt, Berichte aus den Sitzungen der Joachim Jungius Gesellschaft der Wissenschaften 19/2, 2001, 49-58.

20   Zu Num 27,12-23 in Relation zu Dtn 34,9 in diachroner Perspektive cf. Verf., Das Deuteronomium im Pentateuch und Hexateuch. Studien zur Literaturgeschichte von Pentateuch und Hexateuch im Lichte des Deuteronomiumrahmens, FAT 30, 2000, 226f. Beide Texte sind in diachroner Perspektive einer postpentateuchredaktionellen Ergänzung zuzuweisen, die R. Achenbach (Die Vollendung der Tora. Studien zur Redaktionsgeschichte des Numeribuches im Kontext von Hexateuch und Pentateuch, BZAR 3, 2003, 567-572) seiner „Theokratischen Bearbeitung I" zuordnen will. Diese Kategorisierung der nachpentateuchredaktionellen Zusätze zum Pentateuch und zu den Vorderen Propheten stellt zu Recht die institutionshistorische Entwicklung der perserzeitlichen J^ehud als Schlüssel der Interpretation in den Vordergrund. Dabei aber sollen die literargeschichtlichen Vernetzungen hexateuchischer und pentateuchischer Perspektiven in den postredaktionellen Ergänzungen, die miteinander im kritischen Dialog sind, nicht verloren gehen; cf. Verf., a.a.O., 94-109.262-264.

Dtn 34,10-12 die Ebene des Erzählers in Dtn 34,1-8.9 verlassend die Bedeutung des Erzpropheten Mose als konstitutiv für den Pentateuch heraus und trennt die Tora des Mose, den Pentateuch, durch die Unterbrechung des Erzählflusses auf der Ebene der erzählten Zeit zugunsten des unmittelbaren Einbruchs der Erzählzeit[21] von den Vorderen Propheten unter Einschluß des Josuabuches ab. Die Rahmung des Pentateuch und sein Abschluß durch Dtn 34 ist Ausgangs- und Angelpunkt aller Literaturgeschichte des Pentateuch. Im gesamten Enneateuch der erzählenden Literatur der Hebräischen Bibel ist kein vergleichbarer Einschnitt erkennbar, der den Erzählfluß verläßt, um ihn abzuschließen. Dtn 34 als Abschluß ist damit deutlich auch von Jos 24 unterschieden, dessen Abschlußfunktion in diachroner Perspektive überlagert wird durch seine Scharnierfunktion auf der Ebene der postdtr Konstituierung des Erzählflusses der Vorderen Propheten.[22] Die Aufgabe der Pentateuchforschung ist es vor allem anderen, die

---

21   Zur methodischen Differenzierung von „Erzählzeit" und „erzählter Zeit" in der Synchronie und Diachronie zusammenführenden Analyse des Pentateuch cf. Verf., Pentateuch (s. Anm. 13), 28 Anm. 16 mit weiterer Literatur.

22   In diachroner Perspektive sind die in Jos 24 in die Vorderen Propheten vorausweisenden Textanteile posthexateuchredaktionell eingefügt und überlagern die hexateuchredaktionelle Abschlußfunktion des Kapitels, die nur verdeckt erscheinen. Daß es aber einen Hexateuch als „Buch im Buch" vor oder nach der Pentateuchredaktion gab, ist ebenso unwahrscheinlich wie ein vorpriesterschriftlicher Hexateuch aus Versfragmenten in Ex 15,22a; Num 20,1*; 22,1; 25,1*; Dtn 34,5*; Jos 2,1, der nicht erklärt, wo Josua plötzlich herkommt, in den geographischen Angaben inkonsistent ist und Dtn 34,5* nicht als vordtr reklamieren kann; cf. dazu Verf., Forschungen zum nachpriesterschriftlichen Pentateuch, ThR 67 (2002), (125-155) 152-155. Derartigen Hypothesen (siehe dazu R.G. Kratz, Die Komposition der erzählenden Bücher des Alten Testaments. Grundwissen der Bibelkritik, UTB 2157, 2000, 219-225; ders., Der vor- und nachpriesterschriftliche Hexateuch, in: J.C. Gertz/K. Schmid/M. Witte [Hgg.], Abschied vom Jahwisten. Die Komposition des Hexateuch in der jüngsten Diskussion, BZAW 315, 2002, 295-323) hat zuletzt wieder Reinhard Achenbach (Pentateuch, Hexateuch, Enneateuch. Eine Verhältnisbestimmung, ZAR 11 [2005], 122-155) den Boden entzogen. Zu der Enneateuch-Rekonstruktion von Erik Aurelius (Zukunft jenseits des Gerichts. Eine redaktionsgeschichtliche Studie zum Enneateuch, BZAW 319, 2003) siehe meine Diskussion dieser Hypothese in Verf., Das Deuteronomistische Geschichtswerk im Enneateuch. Zu einem Buch von Erik Aurelius, ZAR 11 (2005), 323-345. Die dort angeführten Argumente in der Diskussion der Diachronie von Pentateuch und Deuteronomistischem Geschichtswerk bedürfen nicht der Wiederholung an dieser Stelle. Ich konzentriere mich daher in diesem Beitrag auf synchrone Aspekte, die in der Deuteronomiums- und Pentateuchdiskussion bislang zu wenig Beachtung gefunden haben. Die synchrone Textinterpretation ist nicht von der diachronen abzukoppeln und liefert wichtige Aspekte für das Verständnis der Literaturgeschichte des Pentateuch.

literarische Entstehung des Pentateuch in der ihn konstituierenden kanonischen Abgrenzung von Gen 1 bis Dtn 34 zu erklären.[23]

Ist das Deuteronomium konstitutiv für die Formierung der Fabel des Pentateuch zur Abgrenzung von den Vorderen Propheten, stellt sich die Frage nach der Funktion des Deuteronomiums innerhalb dieser Fabel. Ausgangspunkt für die Beantwortung dieser Frage ist die Abgrenzung des Deuteronomiums gegen den Tetrateuch in Num 36,13 und Dtn 1,1-5 verbunden mit Dtn 4,1-40[24] als Interpretationsschlüssel

---

23 Für John Van Seters (The Pentateuch. A Social-Science Commentary, Trajectories 1, Sheffield 1999, 16) ist die Klärung des Entstehung des Pentateuch eine jenseits der Literaturgeschichte des Pentateuch liegende Aufgabe, da es für einen Pentateuch keinen Hinweis vor dem ersten Jahrhundert n. Chr. gebe. Dem widerspricht nicht nur die Septuaginta, sondern die Fabel des Pentateuch unter Einschluß von Dtn 34 selbst.

24 Für unseren Zusammenhang ist von geringerer Bedeutung, ob Dtn 4,1-40 in diachroner Perspektive literarisch einheitlich postdtr ist oder dtr Vorstufen inkorporiert hat. Die erste Alternative hat noch immer die größere Wahrscheinlichkeit für sich, nachdem bereits Georg Braulik (Die Mittel deuteronomischer Rhetorik erhoben aus Deuteronomium 4,1-40, AnBib 68, 1978) die Einheitlichkeit des Kapitels begründen und Gegenargumente entkräften konnte; cf. G. Braulik, Literarkritik und die Einrahmung von Gemälden. Zur literarkritischen und redaktionsgeschichtlichen Analyse von Dtn 4,1-6,3 und 29,1-30,10 durch D. Knapp, RB 96 (1989), 260-288. Den Nachweis, daß Dtn 4,1-40 nachdtr Einschub in das Deuteronomium ist, habe ich an anderer Stelle ausführlich geführt; cf. Verf., Deuteronomium 4. Die Pentateuchredaktion im Deuteronomiumsrahmen, in: T. Veijola (Hg.), Das Deuteronomium und seine Querbeziehungen, SESJ 62, 1996, 196-222; ders., Deuteronomium (s. Anm. 20), 157-175. Die Argumente bedürfen an dieser Stelle keiner Wiederholung und sind auch durch den jüngsten Versuch von T. Veijola (Das 5. Buch Mose. Deuteronomium. Kapitel 1,1-16,17, ATD 8/1, 2004, 96-99), erneut das Kapitel Dtn 4,1-40 literarkritisch zu zerlegen und Dtn 4,1a.10-12a.13f.22 einer Grundschicht DtrN zuzuweisen, die in Dtn 4,1b.3f.9.12b.15.16a*.19f.23abα.24-29.31 von einer ersten Redaktion DtrB erweitert worden sei, in die noch Dtn 4,16a*.b.17f.23bβ.30 eingefügt worden sei, nicht in Frage gestellt. Karin Finsterbusch, die erneut gegen Timo Veijola die Einheitlichkeit von Dtn 4,1-40 vertreten hat (Weisung [s. Anm. 15], 128-148), hat in ihrer Rezension von Timo Veijolas Kommentar in ThLZ 130 (2005), (940-942) 942, darauf hingewiesen, daß gegen den Anschluß von Dtn 4,22 als Abschluß an V.14 spreche, daß der Ort der Promulgation in V.14 kein Thema ist, V.22 vielmehr als Begründung in Veijolas Sinn an dieser Stelle ins Leere laufen müßte, während dieser Vers dagegen gut in den Abschnitt Dtn 4,21-24 eingebunden sei. Zweifellos rekurriert Dtn 4,16b-18 auf Gen 1,14-27 (cf. bereits M. Fishbane, Varia Deuteronomica, ZAW 84 [1972], [349-352] 349; ders., Biblical Interpretation in Ancient Israel, 1985, 321f.), doch will die literarkritische Herauslösung nur gelingen, wenn auch *kål saemael* von V. 16a abgetrennt wird und damit die Konstruktusverbindung mit *t͟emûnāh* aufgebrochen wird – ein auch für hartgesottene Literarkritiker methodisch fragwürdiges Unterfangen. Die Auslegung von Gen 1,14-27 in Dtn 4 schließt nun auch V.19a ein. Das Bilderverbot und das Verbot der Gestirnsverehrung sind hier theologisch auf das engste miteinander verbunden; so auch wieder K. Finsterbusch, Weisung (s. Anm. 15), 138. V.19a ist aber nicht aus dem Kontext zu lösen. Dtn 4,23b nimmt V.16b-19a

für die mit Dtn 4,44 beginnende Gesetzespromulgation im Land Moab, die durch den Moab-Bund abgeschlossen wird. Dtn 4,3f. stellt einen interpretierenden Zusammenhang mit dem Numeribuch in Num 25,1-5 her und zeigt auf, daß das Deuteronomium mit Dtn 4,1-40 als Schlüssel für die Gesetzespromulgation im Horizont des vorangehenden Tetrateuch gelesen werden und dieser auf das Deuteronomium zulaufen soll. Der Bundesbruch in Num 25,1-5 als Abschluß der Wüstenwanderung läßt die Gesetzespromulgation im Deuteronomium im Tal gegenüber von Beth Pe'or (Dtn 3,29; 4,46) und den Moabbund in der Fabel des Pentateuch zu einer Bundeserneuerung des Sinaibundes werden. Exodus und Sinaibund erhalten so in der Fabel des Pentateuch in Gestalt eines Diptychon ihr Pendant in Wüstenwanderung und Moabbund als Bundeserneuerung.[25] Dtn 4,1-40 fungiert in der Fabel des Pentateuch als Gelenkstück, das der rechtshermeneutischen Relationierung von Sinai- und Moabtora sowie der damit verbundenen Bundesschlüsse dient und so einer zentralen Aufgabe, die die narrative Fabel des Pentateuch unter Einschluß der Genesis in synchroner Lektüregestalt hat,[26] die Torot theologisch und damit auch rechtlich differenziert

---

auf und faßt das Bilderverbot zusammen. Dtn 4,20 ist mit V.19 durch das Wortspiel *lqh/hlq* verbunden und verknüpft die Anspielung auf die Bundesformel mit dem Verb *lqh*, was sonst nur noch in Ex 6,7 belegt ist, d.h. in einem Zusammenhang, der entweder der Priesterschrift oder eher einer P voraussetzenden postpriesterschriftlichen Redaktion zuzurechnen ist, was unterstreicht, daß Dtn 4,19f. nicht einem dtr Nomisten (DtrN) zugewiesen werden kann. Das gilt auch für Dtn 4,25, einen Vers, der mit *jld* (hif.) einen für P charakteristischen Begriff aufnimmt. Wird der postdtr Charakter von Dtn 4 erkannt, entfällt auch der Grund, V.32-40 als Anhang literarkritisch abzutrennen und damit die kunstvolle palindromische Struktur des Kapitels (siehe auch K. Finsterbusch, Weisung [s. Anm. 15], 145f.) zu zerstören. Schließlich knüpft Dtn 4,3f. an die Baal-Pe'or-Erzählung in Num 25,1-5 an, die ihrerseits postdtr ist; siehe dazu im folgenden. Daß ein dtr Redaktor DtrN hier auf eine nicht mehr bekannte „alte Tradition" zurückgreife, ist eine durch die literarkritische Hypothesenbildung erzwungene Verlegenheitslösung. Es bleibt also dabei: Dtn 4,1-40 ist eine literarisch geschlossene postdtr Einfügung in das Deuteronomium. Zur These einer Redaktion DtrB ist auch die Zurückweisung durch Hans Ulrich Steymans (Deuteronomium [s. Anm. 6], 97-105) zu vergleichen. Mit ihr ist auch der Bestreitung einer spätvorexilisch-dtn Überlieferung in Dtn 13 durch Juha Pakkala (der literar- und religionshistorische Ort von Dtn 13 [in diesem Band]) der Boden entzogen. Mit einer vorexilisch VTE rezipierenden Überlieferung in Dtn 13 rechnet jetzt auch überzeugend Römer, History (s. Anm. 5), 67-81; siehe jetzt auch Verf., Staat – Gemeinde – Sekte. Soziallehren des antiken Judentums, ZAR 12 (2006) (im Druck).

25   Cf. R. Achenbach, Tora (s. Anm. 20), 433.
26   Siehe dazu D. Markl, Narrative Rechtshermeneutik als methodische Herausforderung des Pentateuch, ZAR 11 (2005), 107-121. Zur Genesis siehe M. Millard, Die Genesis als Eröffnung der Tora. Kompositions- und auslegungsgeschichtliche Annäherungen an das erste Buch Mose, WMANT 90, 2001, 92ff., sowie Verf. Das Buch Gene-

zu gewichten. Im Dienste dieser Aufgabe steht die sich in den Verschriftungsnotizen zum Ausdruck bringende Literaturtheorie der Fabel des Pentateuch, in der das Deuteronomium eine Schlüsselfunktion hat, die durch neuere Einsichten in die Diachronie der Literaturgeschichte des Deuteronomiums bestätigt wird, so daß die Pentateuchforschung hier aus der Hypothesenvielfalt, die sie gegenwärtig wie im 19. Jahrhundert kennzeichnet,[27] heraustreten kann.[28] In der Literaturtheorie der Fabel des Pentateuch ist die göttliche Schreibertätigkeit in Ex 24,12;[29] 31,18; 32,16; 34,1(.28); Dtn 4,13; 5,22; 9,10; 10,2.4 auf den Dekalog beschränkt, dem damit seiner Funktion wie bereits im Deuteronomium,[30] so auch in der Fabel des Pentateuch entsprechend unter den Torot des Pentateuch die höchste Autorität zugewiesen wird. Die übrigen Gesetze in Verbindung mit dem Sinaibund werden nach Ex 24,4.7; 34,27(.28) dort von Mose ebenso verschriftet wie nach Dtn 31,9-13 die Belehrung des Volkes im Lande Moab und nach Dtn 31,24 auch das „Moselied".[31] Für die antike Literaturtheorie des Pentateuch ist bedeutsam, daß sich die Verschriftungsthematik nur auf die am Gottesberg von Sinai-Horeb geoffenbarten und im Land Moab von Mose dem Volk ausgelegten Torot[32] bezieht, die Erzählungen des Pentateuch also nicht als von Mose verschriftet galten, wie im gesamten Buch der Genesis

---

sis als Teil der Tora. Zu einem Buch von Matthias Millard, ZAR 10 (2004), 339-342. Siehe auch unten Anm. 83.

27 Zum Diskussionsstand jüngster Entwürfe der Pentateuchforschung siehe den Überblick in E. Zenger, Theorien über die Entstehung des Pentateuch im Wandel der Forschung, in: ders. u.a., Einleitung in das Alte Testament, Studienbücher Theologie I/1, ⁵2004, 60-123; Verf., Pentateuch, RGG⁴ VI (2003), 1089-1102, jeweils mit weiterer Literatur; cf. auch R.E. Friedman, The Bible with Sources Revealed. A New View into the Five Books of Moses, 2003, 1-31.

28 Daß derartige Prozesse des exegetischen Umsteuerns nicht konfliktfrei vor sich gehen können, ist in den heftigen exegetischen Debatten um die damalige Etablierung der Neueren Urkundenhypothese und darin der Formgeschichte präfiguriert; zu Adalbert Merx siehe im folgenden. Daß die heutige Diskussion ihre eigentliche Tiefe und auch Heftigkeit erst dort gewinnt, wo der „Jahwist" bereits verabschiedet ist, liegt in der Natur der Sache, zumal es gegenwärtig um erheblich mehr geht als um die Etablierung eines Modells zur Literaturgeschichte des Pentateuch – schon das ist eine lohnenswerte Aufgabe –, sondern um die Korrektur von Fehlentwicklungen der historisch-kritischen Pentateuchforschung der letzten dreihundert Jahre; siehe dazu im folgenden.

29 Siehe dazu im folgenden.

30 Cf. N. Lohfink, Die ḥuqqîm ûmišpāṭîm und ihre Neubegründung durch Dtn 12,1, in: ders., Studien zum Deuteronomium und zur deuteronomistischen Literatur II, SBAB 12, 1991, 229-256.

31 Zur Diachronie und Synchronie der Verschriftungsnotizen in der Fabel des Pentateuch siehe Verf., Deuteronomium (s. Anm. 20), 124f.154.180-184.195f.207-209.220. 232f.246.249.260.269.

32 Siehe dazu im folgenden.

nicht einmal im Kontext von Bundesschluß in Gen 15; 17 oder Vertragsschluß in Gen 23 geschrieben wurde.[33] Die nachexilischen Autoren des Pentateuch ließen ihre Hörer und Leser nicht im Unklaren darüber, daß die Mosezeit als erzählte Zeit nicht die der Abfassung der Erzählung des Pentateuch als Erzählzeit ist, die vielmehr, so zeigen es u.a. Gen 12,6; 13,7; 32,33; 36,31; 40,15; Dtn 3,14; 34,6, transparent ist für die erzählte Zeit und umgekehrt diese für die Gegenwart der Autoren und ihrer Leser. Daß sich diese Hinweise auf die Genesis, den Rückblick und die Todesnotiz des Mose in der Rahmung des Deuteronomiums konzentrieren, ist kein Zufall, sondern hermeneutische Strategie, die zwar der präskriptiven Applikation des Pentateuch auf die Zeit von Autoren und Leser Raum gibt, doch die Mose-Erzählungen um der präskriptiven Funktion der Torot willen geschlossen halten will.[34] Das gilt auch für die geographischen Notizen in Gen 50,10f.; Num 22,1; Dtn 1,5,[35] die dem Leser verdeutlichen, daß der Standort der Autoren des Pentateuch als des seinigen in der Erzählzeit nicht mit dem der Akteure in der erzählten Zeit identisch ist.[36] Widersprüche und Spannungen im Pentateuch sollten weder synchron fortinterpretiert werden noch der diachronen Analyse nur als Einstieg in die Rekonstruktion von Texten hinter den Texten dienen – was weiterhin ein begrenztes Recht haben soll –, sondern als gezielt für den Leser stehen gelassene oder in der Mehrzahl sogar bewußt eingefügte Marker begriffen werden, die den Leser in die Lage versetzen sollen zu erkennen, daß die Erzählungen nicht in der erzählten Zeit allein ihren Horizont haben, sondern eine

---

33 Cf. Verf., Pentateuch (s. Anm. 13), 16ff. Die Theorie einer vollständigen Verschriftung des Pentateuch durch Mose ist erst postkanonisch und hat eine ihrer wichtigsten Wurzeln in den Altersbeweisen jüdisch-alexandrinischer Apologie und Diskursen mit hellenistischer Philosophie; siehe dazu Verf., Mose. Geschichte und Legende (s. Anm. 19), 81-91, sowie R. Weber, Das Gesetz im hellenistischen Judentum. Studien zum Verständnis und zur Funktion der Thora von Demetrios bis Pseudo-Phokylides, Arbeiten zur Religion und Geschichte des Urchristentums 10, 2000 (cf. dazu meine Rezension in ZAR 6 [2000], 377-379), sowie J.G. Gager, Moses in Greco-Roman Paganism, 1972; P. Schäfer, Judeophobia, 1998; Z. Yaretz, Judenfeindschaft in der Antike, 1996.

34 Auch in diesem System wie auch dem der Verschriftungsnotizen erweist sich das Deuteronomium als fest eingebunden in die durch Dtn 34 abgegrenzte Fabel des Pentateuch. Aus dem System ist das Deuteronomium wie auch aus dem der Verschriftungsnotizen (s. Anm. 31) nicht diachron herauszubrechen, ein Hinweis darauf, daß in diachroner Perspektive das Deuteronomium neben der Priesterschrift, die, wie erneut Hermann-Josef Stipp in seiner Münchener Antrittsvorlesung zu Gen 17 gezeigt hat, bereits auf das Deuteronomium reagiert, die literarische Wiege des Pentateuch ist, den es niemals ohne Deuteronomium gegeben hat; siehe dazu im folgenden.

35 Siehe dazu noch im folgenden.

36 Siehe dazu oben Anm. 21 mit der dort angegebenen Literatur.

hermeneutische Strategie der Applikabilität auf die Erzählzeit als die der Leser verfolgen, also ein *tua res agitur* zum Ausdruck bringen wollen, wenn sie von der Mosezeit erzählen.[37] In diesen Horizont hermeneutischer Applikation gehören nun auch die mit den Verschriftungsnotizen verbundenen Torot im Pentateuch. Der Dekalog wird als von Gott unmittelbar gegebene Tora von den mosaisch verschrifteten Torot abgehoben und soll eine universale Geltung für die Judäer unabhängig von Zeit und Ort haben.[38] Die intendierte Differenzierung von Erzählzeit und erzählter Zeit widerspricht der von Norbert Lohfink vertretenen These, „der Pentateuch *erzählt* nur von göttlichen Rechtssetzungen, er promulgiert sie nicht".[39] Dominik Markl hat zu Recht dagegen eingewandt: „Zielt nicht die rhetorisch-persuasive Anstren-

---

37 Darauf, daß sich viele Probleme wie der Wechsel der Gottesnamen in der Genesis, der ebenfalls dieser hermeneutischen Strategie der Differenzierung von Erzählzeit und erzählter Zeit dient, insofern in der Erzählzeit der JHWH-Name vorauszusetzen ist, in der erzählten Zeit vor Ex 3 aber nicht, als Spannungen erledigen, wenn mit der Literaturtheorie des Pentateuch Mose nicht als Autor der Erzählungen gilt, sondern nur der von Gott ihm übermittelten Torot, ist an dieser Stelle hinzuweisen.

38 Zum Dekalog als „Grundgesetz" cf. unter z.T. auch anderen methodischen Voraussetzungen L. Perlitt, Bundestheologie im Alten Testament, WMANT 36, 1969, 99; M. Weinfeld, The Uniqueness of the Decalogue and Its Place in Jewish Tradition, in: G. Levi (Hg.), The Ten Commandments in History and Tradition, 1990, 1-44; L. Schwienhorst-Schönberger, Die Zehn Gebote – Der Freiheit eine Form geben, WUB 17 (2000), 9-15; Chr. Frevel, Gottes Grundgesetz, a.a.O., 17-23; O. Kaiser, Das Deuteronomium und Platons Nomoi. Einladung zum Vergleich, in: R.G. Kratz/H. Spieckermann (Hgg.), Liebe und Gebot. Studien zum Deuteronomium. FS L. Perlitt, FRLANT 190, 2000, (60-79) 75-79; F.-L. Hoßfeld, Der Dekalog als Grundgesetz – eine Problemanzeige, a.a.O., 46-59; R. Rendtorff, Theologie des Alten Testaments. Ein kanonischer Entwurf, Bd. 2: Thematische Entfaltung, 2001, 62-81; Chr. Dohmen, Exodus 19-40, Herders Theologischer Kommentar zum Alten Testament, 2004, 132f. Zweifel an der Anwendbarkeit des Begriffs „Grundgesetz" auf den Dekalog äußert Michael Konkel (Was hörte Israel am Sinai? Methodische Anmerkungen zur Kontextanalyse des Dekalogs, in: Chr. Frevel/M. Konkel/J. Schnocks [Hgg.], Die Zehn Worte. Der Dekalog als Testfall der Pentateuchkritik, QD 212, 2005, [11-42] 37 Anm. 79) aufgrund des in den Begriff des Grundgesetzes als Verfassung der Bundesrepublik Deutschland eingeflossenen Aspekts des Provisoriums. Doch ist dieser Einwand durch die politische Entwicklung nach 1989 überholt, und der Begriff soll auf den Dekalog gewendet nur als Ausdruck der Vorordnung vor die übrigen Gesetze des Pentateuch Anwendung finden. Zu dieser Vorordnung siehe auch N. Lohfink, Kennt das Alte Testament einen Unterschied von „Gebot" und „Gesetz"? Zur bibeltheologischen Einstufung des Dekalogs, in: ders., Studien zur biblischen Theologie, SBAB 16, 1993, (206-238) 235f.; Verf., Theologische Ethik des Alten Testaments, ThW 3/2, 1994, 208-219; E. Zenger, Wie und wozu die Tora an den Sinai kam. Literarische und theologische Beobachtungen zu Exodus 19-34, in: M. Vervenne (Hg.), Studies in the Book of Exodus. Redaction – Reception – Interpretation, BEThL 126, 1996, (265-288) 288.

39 Siehe N. Lohfink, Prolegomena (s. Anm. 10), 45.

gung auf mehreren Ebenen auf die Einhaltung mindestens bestimmter Gebote auch durch die Adressaten der Erzählung?"[40] Er verweist in diesem Zusammenhang auf den Epitaph in Dtn 34,10-12, der mit Moses „Einmaligkeit als Propheten die ‚Kanonisierung' der durch ihn vermittelten Rechtstexte" beanspruche.[41] Der Pentateuch will, das zeigt die in die narrative Strategie eingebundene Hermeneutik der Differenzierung von erzählter Zeit und Erzählzeit, auf die der Leser durch die narrativen „Stolpersteine", die die bisherige Forschung als diachron aufzulösende Spannungen und Widersprüche gedeutet hat, keine narrative „Gegenwelt" sein,[42] deren Torot erst postpentateuchisch präskriptiven Charakter erhielten, sondern direkte Promulgation der Torot in der „Welt des Lesers", wobei die Verschriftungsnotizen ihm die unmittelbare Präsenz der Tora in seiner Welt verbürgen und ihm gleichzeitig den offenbarungstheologisch differenzierten Status der Torot anzeigen.

---

40 Siehe D. Markl, Rechtshermeneutik (s. Anm. 26), 117. Das rechtshermeneutische Problem, das die Fabel des Pentateuch lösen will, steckt allerdings in der Aussage der präskriptiven Funktion „mindestens bestimmter Gebote". Die Fabel des Pentateuch gibt sehr exakt an, welchen Geboten diese Funktion zukommt.

41 Siehe D. Markl, Rechtshermeneutik (s. Anm 26), 117.

42 Darin haben die Überlegungen von Jean Louis Ska (La scrittura era parola di Dio scolpita sulle tavole [Es 32,16]: Autorità, rivelazione e inspirazione nelle leggi del Pentateuco, in: E. Manicardi/A. Pitta [Hgg.], Spirito di Dio e Sacre Scritture nell' autotestimonianza della Bibbia. XXXV Settimana Biblica Nazionale, RStB 12, 2000, [7-23] 15-18), den synchron gelesenen Pentateuch auf die religionshistorische Situation der Leser in nachexilischer Zeit zu beziehen, was Norbert Lohfink (Prolegomena [s. Anm. 10], 39f. Anm. 122) ungewöhnlich heftig zurückweist, ihre Berechtigung. Die Analogieschlüsse dürfen nur nicht, darin ist Norbert Lohfink Recht zu geben, „im Vagen (fischend) ... sich über Aussagen des Textes selbst hinweg(setzen)". Das aber bedeutet nun keineswegs, daß der Text selbst nicht ausreichend Anlaß zu „Situationsanalogisierungen" gibt, wenn er in den Erzählfluß eingreifend – am deutlichsten in Ex 20 und Dtn 34,10-12, aber auch überall dort, wo der Leser Hinweise auf die Erzählzeit trifft – den Leser anhält, sich als unmittelbar angesprochenen Adressaten in der Erzählzeit zu begreifen. Eine synchrone Analyse geht also in die Irre, wenn sie mittels komplexer narratologischer Strategien, die, wie Norbert Lohfink einräumt, sich nicht einem „Erstleser", sondern erst einem „Zweitleser" erschließen können, eine widerspruchsfreie „Gegenwelt" erzeugen will, in der Spannungen fortargumentiert werden. Im Deuteronomium wird dieses Methodendifferenz im Verhältnis zu Norbert Lohfink insbesondere in der Analyse von Dtn 1-3 deutlich. Aber auch hier gilt, daß eine rein diachrone Schichtenanalyse nichts erklärt, wenn sie die Spannungen nur diachron auflöst. Wohl aber ist Rechenschaft darüber abzulegen, welche Spannungen, Widersprüche etc. nach aller Kunst der Literarkritik und darauf aufbauender Redaktionsgeschichte auf die literaturhistorische Diachronie der Texte zurückzuführen sind und welche gezielt als hermeneutische Marker in den Text eingesetzt wurden, ohne daß sie Relikte der Diachronie der Textgeschichte sind; siehe dazu Verf., Deuteronomium 1-3 in der Diskussion, ZAR 12 (2006) (im Druck).

Die Fabel des Pentateuch läßt aber dieser Differenzierung zwischen göttlich direkt und mosaisch indirekt offenbarten und jeweils verschrifteten Torot zum Trotz noch zwei entscheidende sich in bezug auf das Deuteronomium stellende Fragen offen. Die Verschriftungsnotizen allein geben keinen Hinweis auf den Status der Moab-Torot des Deuteronomiums im Verhältnis zu den von Mose verschrifteten Sinai-Torot, mit anderen Worten des Bundesbuches in Ex 20,22-23,30[43] als den Dekalog in Ex 20,2-17 explizierende Anweisungen für den Sinaibund in Ex 24,3-8 und Ex 34,10-26 als Repetition dieser Anweisungen nach Ex 32,[44] sowie des Gesetzes des Deuteronomiums in Dtn 4,44-28,69 als den Dekalog in Dtn 5,2-21 explizierende Anweisung für den Moabbund[45] in Dtn 29,1-30,20.[46] Wie also verhalten sich diese Torot in ihrer offenbarungstheologisch definierten Gewichtung, die für die Leser auch die juristische der präskriptiven Applikation ist, zueinander?[47] Damit verbindet sich als eine weitere Frage die nach der Erklärung der Textabweichungen dieser Torot, die von Mose verschriftet wurden. Zur Beantwortung dieser Fragen kommt Lev 26,46; 27,34; Num 36,13; Dtn 1,1-5 und Dtn 4,1-40 jeweils in Verbindung mit Ex 24,12 Bedeutung zu. Dtn 4,1-40 ist mit Dtn 31,9-13 durch die Anknüpfung von Dtn 31,12 an

---

43 Die Literaturgeschichte des selbständigen „Bundesbuches" vor Einfügung in die Sinaiperikope kann hier unberücksichtigt bleiben, geht es hier doch um die Aspekte synchroner Lektüre. Zur Literatur- und Rechtsgeschichte des „Bundesbuches" cf. Verf., Wandel der Rechtsbegründungen in der Gesellschaftsgeschichte des antiken Israel. Eine Rechtsgeschichte des „Bundesbuches" Ex XX 22 – XXIII 13, StB 3, 1988; ders., Vom Profanrecht zum Gottesrecht: Das Bundesbuch, ThR 56 (1991), 412-427; ders., Die Kompositionsgeschichte des alttestamentlichen „Bundesbuches" Ex 20,22b-23,33, WZKM 83 (1993), 149-165.

44 Cf. Chr. Dohmen, Exodus 19-40 (s. Anm. 38), 149f.363-365.373, sowie unten Anm. 58.

45 Zur dekalogischen Strukturierung des dtn Gesetzes als Ausfaltung des Dekalogs in Dtn 5,2-17 und ihrem diachronen Hintergrund siehe Verf., Der Dekalog in den deuteronomistischen Redaktionen des Deuteronomiums, in: Chr. Frevel/M. Konkel/J. Schnocks (Hgg.), Die Zehn Worte (s. Anm. 38), 95-108. Zum Versuch von Georg Braulik (Die deuteronomischen Gesetze und der Dekalog. Studien zum Aufbau von Deuteronomium 12-26, SBS 145, 1991), einen anderen Dekalog als den in Dtn 5 der redaktionellen Gliederung von Dtn 12-26 zugrunde zu legen, siehe meine Rezension in ThLZ 119 (1994), 15-17. Daß Timo Veijola (Deuteronomium [s. Anm. 24], 129) eine dekalogische Strukturierung des dtn Gesetzes als Konsequenz seiner These einer späten „Bundesredaktion", der die Einfügung des Dekalogs zugeschrieben wird, in Abrede stellt, ist nicht verwunderlich.

46 Zur diachronen Analyse cf. Verf., Deuteronomium (s. Anm. 20), 138-155 mit weiterer Literatur.

47 Von dem verschrifteten Dekalog und den Mose-Torot abgehoben sind die mündlichen postsinaitischen verfahrensrechtlichen „Rechtsfindungsgeschichten der Tora"; siehe dazu M. Millard, Mündlichkeit nach der Schriftlichkeit. Zur Rechtsfindung innerhalb und nach der Tora, in: Chr. Hardmeier/R. Kessler/A. Ruwe (Hgg.), Freiheit und Recht. FS F. Crüsemann, 2003, 276-291. Siehe dazu auch im folgenden.

Dtn 4,10 und damit mit der Verschriftungsnotiz in Dtn 31,9 verbunden. Was in der mündlichen Verkündigung in Dtn 4 noch ambivalent bleibt, wird durch das schriftliche Medium in Dtn 31 eindeutig: Israel soll hören, um zu lernen und so Gott zu fürchten.[48] Die Verse Dtn 4,1f.5.8.10.14.44 entfalten nun ihrerseits eine komplexe Theorie mosaischer Belehrung des Volkes im Lande Moab,[49] die in der synchron gelesenen Fabel des Pentateuch Ausführung des Gottesauftrags in Ex 24,12 sein will. Dtn 4,1-40 deutet Mose als schriftgelehrten Toralehrer,[50] wobei in dieser Theorie mosaischer Belehrung des Volkes[51] Dtn 4,1 mit *ʾānokî melammed* einerseits Ausführung des rückblickend erzählten Gottesauftrags *telammedem* in Dtn 5,31 sein will. In Dtn 4,5 wird daran angeknüpft und mit *kaʾašaer ṣiwwanî JHWH* ausdrücklich auf einen Gottesbefehl Bezug genommen, der Dtn 5,31 aufnehmend mit *weʾotî ṣiwwāh JHWH bāʿet hahiwʾ lelammed ʾaetekaem* in Dtn 4,14 entfaltet wird. Die Funktion, als Vorzeichen vor Dtn 4,44-30,15 zu dienen, begründet die Position von Dtn 4,1-40 vor dem Rückblick auf die Gottesbergoffenbarung in Dtn 5 und läßt narrativ die in Dtn 4,1.2.5.8.10.14.44 entwickelte Theorie mosaischer Belehrung zur narrativ proleptischen Erfüllung des Gottesauftrags in Dtn 5 werden. Diese narrative Strategie wäre allerdings nur einem „Zweitleser" einsichtig, wenn nicht *andererseits* diese Theorie in Dtn 4 auch an die Sinaiperikope angebunden wäre.[52] Dtn

---

48 Cf. J.-P. Sonnet, Book (s. Anm. 14), 144f. Zu den diachronen Kontexten cf. Verf., Deuteronomium (s. Anm. 20), 180f.

49 Cf. Verf., Deuteronomium (s. Anm. 20), 156-175. Zur Diskussion der Thesen von Karin Finsterbusch cf. Verf., Mose als Lehrer, ZAR 12 (2006) (im Druck).

50 Cf. Verf., Vom biblischen Hebraismus der persischen Zeit zum rabbinischen Judaismus in römischer Zeit. Zur Geschichte der spätbiblischen und frühjüdischen Schriftgelehrsamkeit, ZAR 10 (2004), (1-49) 27-38.

51 In diachroner Perspektive will diese Theorie mosaischer Belehrung in Dtn 4,1.2.5.8.10.14.44 die in Dtn 5 literarisch mehrschichtig entfaltete Offenbarungstheorie korrigieren. Um dieser Funktion als korrigierendes Vorzeichen vor Dtn 4,44 willen wird Dtn 4 zwar nach der Rekapitulation des Wegs vom Sinai in das Land Moab, aber vor den Rückblick auf die Gottesbergoffenbarung in Dtn 5 gesetzt, deren Stellung hinter Dtn 1-3 bereits Folge der diachronen Entwicklung des Deuteronomiumrahmens ist; cf. Verf., Deuteronomium (s. Anm. 20), 110-155.

52 Zur diachronen Analyse der Sinaiperikope siehe jetzt R. Achenbach, Grundlinien redaktioneller Arbeit in der Sinai-Perikope, in: E. Otto/R. Achenbach (Hgg.), Deuteronomium zwischen Pentateuch (s. Anm. 13), 56-80. Er nimmt darin notwendige Differenzierungen meines eigenen Ansatzes postpriesterschriftlicher Redaktion in der Sinaiperikope vor; cf. Verf., Die nachpriesterschriftliche Pentateuchredaktion im Buch Exodus, in: M. Vervenne (Hg.), The Book of Exodus (s. Anm. 38), (61-111) 70-101. Zu den redaktionsgeschichtlichen Thesen zur Sinaiperikope von Wolfgang Oswald (Israel am Gottesberg. Eine Untersuchung zur Literaturgeschichte der vorderen Sinaiperikope Ex 19-24 und deren historischen Hintergrund, OBO 159, 1998, 114ff.) siehe Verf., Nachpriesterschriftlicher Pentateuch (s. Anm. 23), 141-143.

4,1-40 knüpft in der synchron gelesenen Fabel des Pentateuch in komplexer Weise an die Sinaiperikope an. In Ex 24,12 wird Mose von
JHWH am Gottesberg beauftragt, das Volk in der *tôrāh* und in der
miṣwāh, sowie in dem von JHWH verschrifteten Dekalog zu unterrich-
ten.[53] Diese Belehrung geschieht im Deuteronomium, das Auslegung
des Dekaloges sein will. Die von Mose verschriftete Sinaitora ist wie
der von JHWH verschriftete Dekalog die Grundlage der Belehrung.
Dtn 1,1-5 in Verbindung mit Lev 26,46; 27,34; Num 36,13 verdeutlicht
den Status der Belehrung. Num 36,13 hat in synchroner Perspektive des
Pentateuchs die Funktion eines Kolophons für die Offenbarung der
Sinaitora unter Einschluß der mündlich in der Wüste ergangenen
Rechtsfindungsgeschichten in Num 9,6-14; 15,32-36; 27,1-11.[54] Die Zeit
der göttlichen Offenbarung gilt nunmehr als abgeschlossen:[55] Das Ko-
lophon knüpft an Lev 26,46 und Lev 27,34 als Kolophon der Toraoffen-
barung am Sinai an und wird modifiziert in Dtn 1,1-5 aufgenommen.
Dtn 1,5 interpretiert die mosaische Moabrede im Deuteronomium als
Auslegung „dieser Tora",[56] womit der Belehrungsauftrag von Ex 24,12

---

53 Ex 24,12b nimmt mit *tôrāh* und *miṣwāh* eine Terminologie auf, die aus dem Deu-
    teronomium stammt und darauf vorausweist. Das Verschriftungsmotiv bezieht sich
    in Ex 24,12b, wie bereits Benno Jacob (Das Buch Exodus, hg. von S. Mayer, 1997,
    752f.) zu Recht mit Maimonides vertreten hat, auf die Tafeln, während *wᵉhattôrāh
    wᵉhammiṣwāh* als Hyperbaton (cf. G. Braulik, Die Weisung und das Gebot im Ennea-
    teuch, in: F.-L. Hoßfeld/L. Schwienhorst-Schönberger [Hgg.], „Das Manna fällt auch
    heute noch" (s. Anm. 8), [115-140] 119 mit Hinweis auf Dtn 17,18f.) die von Mose
    vermittelten Gesetze bezeichnet; cf. Verf., Schriftgelehrsamkeit (s. Anm. 50), 33 Anm.
    139. Siehe dort auch zur literarischen Diachronie von Ex 24,12 mit weiterer Literatur.
54 Cf. M. Millard, Mündlichkeit (s. Anm. 47), 276ff.
55 Versuche, die Bedeutung des Kolophons Num 36,13 mit dem Argument, es diene
    der Buchabgrenzung, herunterzuspielen, greifen in synchroner Lesung nicht, da es
    sich um ein diachrones Argument handelt. Doch auch diachron ist es nicht schlüssig.
    Wie zuletzt Matthias Millard (Genesis [s. Anm. 26], 43-84) aufgezeigt hat, ist die
    Fünfteilung des Pentateuch Teil seiner Komposition und wie Dtn 34,10-12 konstitu-
    tiver Bestandteil seiner Fabel, geht also keineswegs in der Trennung von Buchrollen
    (cf. M. Haran, Book-Scrolls at the Beginning of the Second Temple Period: The Tran-
    sition from Papyrus to Skins, HUCA 14 [1983], 11-22) auf, sondern ist an der Mittel-
    position von Levitikus als Zentrum des Pentateuch orientiert. Erich Zenger (Das
    Buch Levitikus als Teiltext der Tora/des Pentateuch. Eine synchrone Lektüre mit ka-
    nonischer Perspektive, in: H.-J. Fabry/H.-W. Jüngling [Hgg.], Levitikus als Buch, BBB
    119, 1999, [47-83] 59f.) spricht in diesem Zusammenhang von einer Doppelstruktur
    der „Endkomposition" des Pentateuch, in der eine lineare Struktur durch eine kon-
    zentrische überlagert werde. Siehe auch Verf., Das Ende der Toraoffenbarung. Lev
    26,46 und Num 36,13 in der Fabel des Pentateuch (erscheint als Festschriftbeitrag).
56 Zu *bᵉ'er hattôrāh hazzôt* in der Bedeutung von „diese Tora auslegen" siehe Verf.,
    Mose, der erste Schriftgelehrte. Deuteronomium 1,5 in der Fabel des Pentateuch, in:
    D. Böhler/I. Himbaza/P. Hugo (Hgg.), L'Ecrit et l'Esprit. Etudes d'histoire du texte et
    de théologie biblique en hommage à Adrian Schenker, OBO 214, 2005, 273-284. Zum

aufgenommen wird. Im Gegensatz zu Ex 24,7 wird nicht nur ein Bundesbuch verlesen, sondern gemäß Ex 24,12 über die Sinaitora belehrt, indem sie gemäß Dtn 1,5 ausgelegt wird.[57] Die Verschriftungsnotiz in Dtn 31,9 bezieht sich auf das Deuteronomium als Auslegung der von Mose verschrifteten Sinaitora in Gestalt des Bundesbuches (Ex 24,4) und seiner Erneuerung in Ex 34,10-26 (Ex 34,27) sowie des von JHWH

Deuteronomium als Auslegung der Sinaitora siehe auch J.-L. Ska, La structure du Pentateuque dans sa forme canonique, ZAW 113 (2001), 331-352. Zur diachronen Relationierung von Dtn 1,5 mit Dtn 4,1-40 als postdtr Einschübe der Pentateuchredaktion in das bereits postdtr im Horizont des Josuabuchs überarbeitete Deuteronomium siehe Verf., Deuteronomium (s. Anm. 20), 157-164. Eine kataphorische Interpretation von Dtn 1,5 ist damit auch unter diachroner Perspektive ausgeschlossen. Doch selbst wenn man Dtn 1,5 als dtr interpretieren wollte, wie es jetzt wieder Timo Veijola (Deuteronomium [s. Anm. 24], 9f.) vorschlägt, der Dtn 1,5 einer Redaktion DtrN zuweist, ist Dtn 1,5 in dem Augenblick anaphorisch konnotiert, in dem das dtr Deuteronomium postdtr in pentateuchischen Kontext eingebunden wird. Es sei angemerkt, daß anders als bei Timo Veijola für Norbert Lohfink (Prolegomena [s. Anm. 10], 20 Anm. 37) „Dtn 1,1-5 erst auf der Ebene der Pentateuchredaktion seine jetzige Gestalt erhalten hat." Gegen Georg Braulik und Norbert Lohfink (Deuteronomium 1,5 b'r 't htwrh hz't: „er verlieh dieser Tora Rechtskraft", in: K. Kiesow/Th. Meurer [Hgg.], Textarbeit. Studien zu Texten und ihrer Rezeption aus dem Alten Testament und der Umwelt Israels, AOAT 294, 2003, [35-50] 50 Anm. 49) halte ich mit Lothar Perlitt (Deuteronomium, BK V/1, 1990, 3ff.) an einer komplexen Diachronie des Überschriftensystems in Dtn 1,1-5 einschließlich dtr Anteile fest, stimme mit Georg Braulik und Norbert Lohfink aber darin überein, daß nicht nur in synchroner, sondern auch in diachroner Perspektive durch die pentateuchredaktionelle Bearbeitung sich Dtn 1,1-5 nun auf die Gesetzesverkündigung des vorausgehenden Tetrateuch bezieht. Zur literarischen Schichtung in Dtn 1,1-5 siehe Verf., Deuteronomium (s. Anm. 20), 130f.268 mit weiterer Literatur.

57   Diachron gesprochen wird mit Ex 24,12; Lev 26,46; 27,34; Dtn 1,1-5 in den spätesten Schichten des Pentateuch ein aus Dtn 4,44 als Überschrift in dtr Deuteronomium heraus entwickeltes, die gesamte Gesetzesoffenbarung mit mosaischer Promulgation umfassendes Torakonzept entwickelt, ohne das Dtn 4,8.14 wenig Sinn machen würde. Es ist also nicht, wie Norbert Lohfink (Prolegomena [s. Anm. 10], 30) meint, postpentateuchisch erstmals bei Ben Sira (cf. dazu jetzt F. Reiterer, Der Pentateuch in der spätbiblischen Weisheit Ben Siras, in: E. Otto/J. Le Roux [Hgg.], A Critical Study [s. Anm. 9], 160-183) zu finden, sondern Grundlage der Fabel des Pentateuch selbst. Wenn Karin Finsterbusch (Weisung [s. Anm. 15], 115ff.) einen ausführlichen Abschnitt der mosaischen Belehrung in Dtn 4,1-40 widmet, aber über Ex 24,12 in der gesamten Monographie nichts weiter zu sagen weiß, als daß die Gebotspromulgation des Mose „außerhalb des Deuteroniums nur an einer Stelle mit einem Verb für Lehren bezeichnet" werde (a.a.O., 307 Anm. 740), so ist das Ergebnis ihrer ohne Begründung vollzogenen Beschränkung synchroner Lektüre auf das Deuteronomium. Wird der Zusammenhang zwischen Deuteronomium und Sinaiperikope nicht erkannt, kommt es zum entsprechenden Fehlurteil, es bleibe in Dtn 4,14 offen, „was Satzungen und Rechtsvorschriften genau bedeuten" (a.a.O., 156). Siehe dazu Verf., Mose (s. Anm. 15).

verschrifteten Dekalogs.[58] Ist damit der offenbarungstheologische und darin begründet rechtliche Status der Moabtora im Verhältnis zur Sinaitora geklärt, so verbindet sich damit eine weitere Schlußfolgerung: In der Fabel des Pentateuch hat auch für die Relationierung von Sinaibund und -tora im Verhältnis zu Moabbund und -tora die Kundschaftererzählung in Num 13-14[59] eine Schlüsselfunktion und damit für die Rechtshermeneutik des Pentateuch. Die Moabgeneration hat die Sinaitora nur in Gestalt der sie auslegenden, von Mose in Moab unmittelbar vor seinem Tod verschrifteten Moabtora. Es ist stets in der Pentateuchforschung eine *crux interpretum* gewesen,[60] warum Mose nicht in das Verheißene Land über den Jordan ziehen, sondern das Land nur sehen darf, obwohl sich keine ausreichende Begründung seiner Schuld in der Fabel finden läßt – doch selbst, wenn sie sich finden ließe,[61] wäre damit doch allein der inneren Stimmigkeit der Fabel aufgeholfen, nicht aber die narrative Strategie der Fabel erklärt. Vielmehr wird hier in der Fabel gezielt eine Leerstelle gelassen, die über sie hinausweist und wiederum die „Welt" des Pentateuch mit der des Lesers, also Erzählzeit und erzählte Zeit, verknüpft.[62] Mit dem Tod des Mose als Erzpropheten endet, wie Dtn 34,10-12 nachdrücklich feststellt, die Offenbarungszeit mosaischer Vermittlung. Bereits Dtn 34,9 „qualifiziert die Mosezeit als Zeit der Gebote Gottes oder theologischer gesprochen als *Offenbarungszeit*",[63] und Dtn 34,10-12 nimmt diese Linie als Epitaph auf.[64] Von

---

58 Zu der Gebotsreihe Ex 34,10-26 als Repetition des Bundesbuchs nach Ex 32 siehe Chr. Dohmen, Der Sinaibund als Neuer Bund nach Ex 19-34, in: E. Zenger (Hg.), Der Neue Bund im Alten. Zur Bundestheologie der beiden Testamente, QD 146, 1993, (51-83) 75; ders., Exodus (s. Anm. 38), 365.373.

59 Zur diachronen Analyse von Num 13-14 im Verhältnis zu Dtn 1,19-46 siehe Verf., Deuteronomium (s. Anm. 20), 12-109. Die Einwände von Ludwig Schmidt (Die Kundschaftererzählung in Num 13-14 und Dtn 1,19-46. Eine Kritik neuerer Pentateuchkritik, ZAW 114 [2002], 40-58) weist überzeugend Reinhard Achenbach (Die Erzählung von der gescheiterten Landnahme von Kadesch Barnea [Num 13-14] als Schlüssel der Redaktionsgeschichte des Pentateuchs, ZAR 9 [2003], [56-123] 61) zurück und kommt zu einem weitgehend mit meiner Analyse übereinstimmenden Ergebnis.

60 Siehe Verf., Deuteronomium (s. Anm. 20), 22-24.

61 So noch wieder J.A. Lim, The Sin of Moses and the Staff of God, SSN 35, 1997; ders., A Fresh Perspective on a Familiar Problem, Henoch 19 (1997), 149-159.

62 Wiederum wird deutlich, daß der Pentateuch nicht eine narrative „Gegenwelt" repräsentieren, sondern die Fabel des Pentateuch die Leser unmittelbar einbeziehen will. So ist es eine durch den Text des Pentateuch nicht gedeckte Vermutung, wenn Norbert Lohfink (Der Neue Bund im Buch Deuteronomium?, ZAR 4 [1998], [100-125] 110) die Lücke mit der These schließen will, Mose sei in „eine Art Herrschaftshaftung" genommen.

63 So Chr. Frevel, Ein vielsagender Abschied. Exegetische Blicke auf den Tod des Mose in Dtn 34,10-12, BZ (N.F.) 45 (2001), (209-234) 224. Daß im Gegensatz zu Dtn 34,9

da ab ist die Toraoffenbarung nur noch in der von Mose verschrifteten Gestalt zugänglich. Eine Anpassung an neue Situationen kann es nur noch durch Auslegung der Tora geben, und dafür liefert das Deuteronomium als Moabtora mosaischer Auslegung der Sinaitora das Vorbild. Der Leser aber steht nach der Lektüre der Moabtora in Gestalt des Deuteronomiums vor der Frage, wie es angehen kann, daß die Gesetzespromulgation im Deuteronomium von der des Bundesbuches in der Sinaiperikope abweicht. Die Fabel des Pentateuch gibt ihm die Antwort auf diese Frage: Mose legt die dem Volk am Sinai von ihm mitgeteilte Tora (Ex 24,7) im Land Moab für die neue Situation des Lebens im Verheißenen Land aus, was die Frage nach der Freiheit der Auslegung im Verhältnis zur ausgelegten Tora als von JHWH offenbart nach sich ziehen muß. Auch diese Frage wird subtil anhand der Dekaloge beantwortet. Es bleibt ein Grundproblem der Dekalogexegese, warum der Dekalog in Dtn 5 von dem in Ex 20 abweicht, ein Problem, das keineswegs dadurch gelöst wird, daß im diachronen Angang nach der literaturhistorischen Priorität des einen Dekalogs vor dem anderen gesucht wird – ein Versuch, der in simplen Alternativen sowieso zum Scheitern verurteilt ist,[65] da in dem Dekalog Ex 20 die Quellen des dtr Dekalogs in Dtn 5 postdtr benutzt worden sind.[66] Entscheidender ist die Frage, warum die zwei divergierenden Dekaloge[67] nicht aneinander angepaßt wurden, was für jeden Autor ein leichtes gewesen wäre, so daß der Wortlaut der JHWH-Offenbarung in Ex 20 und ihrer mosaischen Repetition in Dtn 5 übereinstimmen. Innerhalb der erzählten Zeit

---

V.10-12 über die Funktion des Mose als Offenbarungsempfänger und -mittler keine Aussage mache, so Chr. Frevel (a.a.O., 226), ist angesichts dieser richtigen Interpretation von V. 9 wenig schlüssig. Die Korrektur von Dtn 18,15.18 in diachroner oder Spezifikation in synchroner Perspektive dient wie die durch Ex 4,15 keinem anderen Zweck als Aussagen über Mose, den Erzpropheten, als Offenbarungsmittler zu machen. Dem ist nun diachron gesprochen die Korrektur von Dtn 29,1 unter Anwendung von Seidls Gesetz in Dtn 34,11 mit der Übertragung von JHWHs Machttaten auf Mose untergeordnet, wenn Mose als Erzprophet in die Nähe JHWHs gerückt werden soll; cf. Verf., Deuteronomium (s. Anm. 20), 228f. Zu Mose als Prophet im Deuteronomium in diachroner Perspektive cf. auch Verf., „Das Deuteronomium krönt die Arbeit der Propheten". Gesetz und Prophetie im Deuteronomium, in: F. Diederich/B. Willmes (Hgg.), „Ich bewirke das Heil und erschaffe das Unheil" (Jes 45,7). Studien zur Botschaft der Propheten. FS L. Ruppert, fzb 88, 1998, 277-309.

64   Zur Funktion von Dtn 34,10-12 in der Konstituierung des Pentateuch als Tora s. oben.

65   Cf. F.-L. Hoßfeld, Der Dekalog. Seine späten Fassungen, die originale Komposition und seine Vorstufen, OBO 45, 1982, einerseits, A. Graupner, Zum Verhältnis der beiden Dekalogfassungen Ex 20 und Dtn 5, ZAW 99 (1987), 308-329, andererseits.

66   Siehe Verf., Deuteronomium (s. Anm. 20), 156ff.; ders., Dekalog (s. Anm. 45), 104f.

67   Zu den Divergenzen der beiden Dekalogfassungen cf. F.-L. Hoßfeld, Dekalog (s. Anm. 65), 21-162.

der Fabel des Pentateuch ist dieses Problem dadurch gelöst, daß, wie Ex 20,18 zeigt, das Volk den Sinaidekalog nicht verstanden hat, wenn es nur die Begleiterscheinungen der Offenbarung „sah" und in Ex 20,19 sagt, es wolle „hören", wenn Mose mit ihm rede.[68] Erstmals in Dtn 5 hört es den Dekalog aus dem Munde des Mose, während der Dekalog in Ex 20,1 direkt von JHWH verkündet wird,[69] und so zeigt sich dieser Vers Ex 20,1 als unmittelbare Leserinformation, die den Akteuren auf der Ebene der erzählten Zeit nicht zur Verfügung steht.[70] Wiederum zeigt sich, daß die Fabel des Pentateuch nicht eine in sich abgeschlossene „Gegenwelt" sein will, sondern rechtshermeneutisch den Leser direkt bezogen auf seine „Welt" anredet, die Erzählzeit mittels der intendierten Spannung im Text in die erzählte Zeit einbricht. Der Leser begreift, daß er das Bundesbuch als Ausfaltung des Dekalogs verstehen soll,[71] wie später im Land Moab das Volk in der erzählten Zeit das Deuteronomium,[72] doch wird er über die Divergenzen der Dekaloge stolpern. Die Differenz der Dekaloge ist, so begreift der Leser, die der unterschiedlichen Sprecher. In Ex 20,1 spricht Gott selbst, in Dtn 5,1 ergreift Mose das Wort und berichtet zurückblickend von der Dekalogoffenbarung, die für das Volk in der erzählten Zeit Erstmitteilung ist. Der Leser, und das meint hier den „Erstleser" – eines „Zweitlesers" bedarf es hier wie auch sonst nicht in der Fabel des Pentateuch –, aber erkennt, daß Mose im Wortlaut vom dem von JHWH gegebenen, vom Volk aber bislang nicht verstandenen Dekalog abweicht. Diese Diffe-

---

68 Siehe Chr. Dohmen, Exodus (s. Anm. 38), 128ff.

69 Zum Verständnis von Ex 20,1 neben Ex 19,25b siehe M. Konkel, Israel (s. Anm. 38), 24-28 mit einer Aufstellung der traditionellen und in der jüngsten Forschung vertretenen Positionen zu dieser Frage.

70 Siehe Chr. Dohmen, Exodus (s. Anm. 38), 76f.101f.

71 Siehe dazu L. Schwienhorst-Schönberger, Das Verhältnis von Dekalog und Bundesbuch, in: Chr. Frevel/M. Konkel/J. Schnocks (Hgg.), Die Zehn Worte (s. Anm. 38), 57-76. Er zeigt überzeugend gegen R.G. Kratz (Der Dekalog im Exodusbuch, VT 44 [1994], 205-238), daß es ein Fehlschluß ist, wenn man das synchrone Argument auf den Kopf stellen und so in ein diachrones ummünzen will. Zur Literaturgeschichte des Dekalogs siehe dagegen Verf., Der Dekalog als Brennspiegel israelitischer Rechtsgeschichte, in: H.-J. Zobel/J. Hausmann (Hgg.), Alttestamentlicher Glaube und Biblische Theologie. FS H.D. Preuss, 1992, 59-68 (= ders., Kontinuum und Proprium. Studien zur Sozial- und Rechtsgeschichte des Alten Orients und des Alten Testaments, Orientalia Biblica et Christiana 8, 1996, 293-303).

72 Hier zeigt sich einmal mehr, wie durch diachrone Hypothesen im Deuteronomiumskommentar von Timo Veijola für die Fabel des Pentateuch tragende Pfeiler negiert werden, wenn zugunsten literarkritisch synthetisierter Schichten eine dekalogische Strukturierung des Deuteronomiums in Frage gestellt wird. Zum diachron geführten Nachweis der dekalogischen Strukturierung des dtr Deuteronomiums siehe Verf., Dekalog (s. Anm. 45), 95-108, sowie die weitere oben Anm. 45 angeführte Literatur.

renzen der Dekalogfassungen sind von den Pentateuchautoren gezielt
gesetzte Marker, um dem Leser mitzuteilen, daß Mose in der Belehrung
des Volkes gemäß des Auftrags in Ex 24,12 und rückblickend in Dtn
5,31 in Dtn 4,1f.5.10.14 den Dekalog in Ex 20,2-17 in Dtn 5,6-21 gemäß
Dtn 1,5 auslegt. Moses Auslegung der Sinaitora des Bundesbuches mit
seiner Repetition nach Ex 32 in Ex 34,10-12 appliziert die Sinaitora, wie
u.a. Dtn 12,1 in synchroner Lektüre zeigt, – die Perspektive des dtr
Deuteronomiums bewahrend – auf das Leben im Verheißenen Land,
mit anderen Worten auf die Erzählzeit als die der Leser. Das gilt nun
auch für den Dekalog in Dtn 5,6-21. Wie insbesondere die Abweichungen im Sabbatgebot, im Elterngebot sowie im Begehrensverbot zeigen,
die einen diachronen Hintergrund in der Literaturgeschichte der Dekaloge haben,[73] nimmt der Dekalog in Dtn 5,6-21 das Leben im Verheißenen Land in den Blick.[74] Damit ist nun eine in der Antike wie in der
Moderne nach wie vor wichtige Einsicht verbunden. Wird bereits dem
antiken Leser des Pentateuch ein diachrones Textverständnis durch die
Fabel des Pentateuch inauguriert,[75] so wird ihm damit auch die Notwendigkeit und Freiheit der Textauslegung als Aktualisierung in neuer
Situation vor Augen geführt. Diese neue Situation zum Ausdruck zu
bringen, ist in der postdtr Fabel des Pentateuch die Funktion der Verortung der Mose-Tora im Lande Moab. Dies ist wiederum ein Fall, daß
ein Motiv, das in dtr Theologie des Deuteronomiums die Funktion
hatte, bezogen auf die „zweite Generation" im Exil die Rückkehrhoff-

---

73 Zur dtr Fassung von Dtn 5,6-21 als „Pentalog" in Abweichung vom Dekalog in Ex
    20,2-17 siehe N. Lohfink, Zur Dekalogfassung in Dt 5, in: ders., Studien zum Deute-
    ronomium und zur deuteronomistischen Literatur I, SBAB 8, 1990, 193-209.

74 Siehe dazu ausführlicher Verf., Mose als Ausleger des Sinaidekalogs im Deuterono-
    mium (erscheint als Festschriftbeitrag). Zu den unterschiedlichen Textzeugen der
    Dekaloge cf. I. Himbaza, Le Décalogue et l'histoire du texte, OBO 207, 2004, 47ff.; s.
    dazu meine Rezension in ZAR 12 (2006) (im Druck).

75 Auch innerdeuteronomisch wird ein derartiges Verständnis vorausgesetzt, wie sich
    anhand der Widersprüche in Dtn 15 aufzeigen läßt, die ihre Auflösung in synchro-
    ner Lektüre des Abschlusses des Deuteronomiums in Dtn 30-34 gewinnen; siehe
    Verf., Pentateuch (s. Anm. 8), 470-485. Aus der Diachronie der Textentwicklung
    stammend (siehe dazu Verf., Gottes Recht als Menschenrecht. Rechts- und literatur-
    historische Studien zum Deuteronomium, BZAR 2, 2002, 219-230) sind die Spannun-
    gen in Dtn 15 gezielt stehen gelassen worden und sollten gerade nicht um der Ge-
    schlossenheit in der synchronen Lesung willen fortargumentiert werden; anders N.
    Lohfink, Das deuteronomische Gesetz in der Endgestalt – Entwurf einer Gesellschaft
    ohne marginale Gruppen, in: ders., Studien zum Deuteronomium und zur deutero-
    nomistischen Literatur III, SBAB 20, 1995, 205-218. Damit wäre nicht nur dem Text in
    Dtn 15 in synchroner Perspektive seine entscheidende Dimension und Funktion ge-
    nommen, sondern auch der Weg in die diachrone Rekonstruktion der Literaturge-
    schichte dieses Kapitels im Rahmen der literarischen Genese des Deuteronomiums
    verstellt.

nung aus dem Exil zum Ausdruck zu bringen,[76] nun postdtr eine ganz neue Funktion als Baustein der Rechtshermeneutik des Pentateuch erhält. Der Leser mag sich allerdings die Frage stellen, ob Mose als schriftgelehrter Exeget der Sinaitora als JHWH-Tora nicht ein Sakrileg begeht, wenn er in der Auslegung dem Volk einen vom göttlichen Wortlaut, den nur der Leser kennt, abweichende Fassung des Dekalogs vorträgt.[77] Die Autoren des Pentateuch haben diese Frage bedacht und eine Antwort formuliert. Auch JHWH selbst legt seine eigenen Gesetze in gewandelter Situation aus. Da das Volk den Dekalog nicht versteht (Ex 20,18-21), repetiert JHWH das Bilderverbot im Rahmen des Bundesbuches, weicht nun aber konkretisierend auf den Kult bezogen und damit verständlicher in Ex 20,23[78] vom dekalogischen Bilderverbot in

---

76 Siehe Verf., Deuteronomium (s. Anm. 20), 240f.; ders., Gottes Recht (s. Anm. 75), 33f. Jüngst hat David A. Warburton (The Importance of the Archaeology of the Seventh Century, in: L. Grabbe [Hg.], Good Kings and Bad Kings, Library of Hebrew Bible/Old Testament Studies 33, 2005, 317-335) kräftig mit Hypothesen aufgeräumt, die eine „Exilszeit" als Fiktion in Frage stellen; siehe dazu meine Rezension in RBL 2006/4.

77 Christoph Dohmen („Es gilt das gesprochene Wort". Zur normativen Logik der Verschriftung des Dekalogs, in: Chr. Frevel/M. Konkel/J. Schnocks [Hgg.], Die Zehn Worte [s. Anm. 38], 43-56) minimiert das Problem, wenn er die Differenzen als komplementär, nicht aber als Widersprüche interpretiert, um auf „eine narrative Priorität des Dtn-Dekalogs" (a.a.O., 53f.) zu schließen, da dieser Dekalog der erzählten Autorität des Mose unterstehe, hingegen die Ex-Fassung nur der des Erzählers. Dieses durch diachrone Rekonstruktion der Literaturgeschichte des Dekalogs durch Frank-Lothar Hoßfeld (siehe dazu Anm. 65) gelenkte Argument (siehe Chr. Dohmen, a.a.O., 54) übersieht, daß für den Leser, und um den geht es der Fabel des Pentateuch, der Dekalog in Ex 20 direkte Gottesoffenbarung ist, nicht also in der Autorität eines Erzählers steht, der nicht in Erscheinung tritt, sondern JHWHs, der den Leser direkt anspricht und selbst den Dekalog verschriftet. In diesem Sinne sollte eine moderne Narratologie nicht dem Text sein theologisches Selbstverständnis austreiben. Carol Meyers (Exodus, New Cambridge Bible Commentary, 2005, 162f.) hat jüngst zu Recht den Dekalog in Ex 20 als Zentrum im narrativen Aufbau des Exodusbuches sehen gelehrt. Doch ist festzuhalten, daß Christoph Dohmen verdienstvoll das Problem der Doppelüberlieferung der Dekaloge als ein synchrones formuliert hat. Dann ist es nur noch von untergeordneter Bedeutung, daß Frank-Lothar Hoßfelds Rekonstruktion des Gefälles der Literaturgeschichte des Dekalogs von Dtn 5 zu Ex 20 zu einlinig ist, vielmehr der Dekalog in Ex 20 zwar auf den in Dtn 5 zurückgreift, aber die postdtr und postpriesterschriftlichen Redaktionen im Pentateuch hier wie durchgängig sich der Quellen ihrer Quellen bedienen, also auch auf die dem Dekalog in Dtn 5 vorgegebenen Bausteine; siehe Verf., Deuteronomium (s. Anm. 20), 112-122.140-142.166-171.190-192.

78 Zur postdtr Formulierung von Ex 20,23 cf. Verf., Exodus (s. Anm. 52), 70-78. Diese Formulierung des Bilderverbots hat ihre nächste Parallele in Lev 19,4; 26,1 als Teil des ebenfalls postdtr Heiligkeitsgesetzes; siehe dazu Verf., Innerbiblische Exegese im Heiligkeitsgesetz Levitikus 17-26, in: H.-J. Fabry/H.-W. Jüngling (Hgg.), Levitikus als Buch (s. Anm. 55), (125-196) 172ff.; dem folgt jetzt weitgehend Chr. Nihan, The Holi-

Ex 20,4 ab. Nach dem Bruch des Bilderverbots als Kopfgebot der dem Volk von Mose verlesenen Sinaitora in der Episode vom Goldenen Kalb in Ex 32[79] repetiert JHWH mit Ex 34,10-26[80] eine auf den JHWH-Kult konzentrierte und damit auf die kultische Verehrung des Kalbes reagierende Kurzfassung des Bundesbuches,[81] die die Sinaitora des Bundesbuches weder außer Kraft setzen noch nur ergänzen, sondern nach Ex 32 die Sinaitora auf die neue Situation applizieren will. Und schließlich ist das Heiligkeitsgesetz in Lev 17-26 eine derartige Applikation der Sinaitora vom Dekalog und Bundesbuch auf die Situation der Wüstenwanderung,[82] konzentriert es sich doch dem wandernden

---

ness Code between D and P. Some Comments on the Function and Significance of Leviticus 17-26 in the Composition of the Torah, in: E. Otto/R. Achenbach (Hgg.), Das Deuteronomium (s. Anm. 13), 81-122. Wenn Christophe Nihan allerdings einerseits noch eine post-P-Redaktion H im Pentateuch abheben und gleichzeitig an der Hypothese DtrG festhalten will und also die Hypothese eines H vorgegebenen „Tritoteuchs" aus der Taufe hebt, so ist festzustellen, daß ihm eine Einbindung von H in den Pentateuch nicht gelungen ist, wie auch die Bezüge zwischen dem Heiligkeitsgesetz und dem Deuteronomium als Teil des Pentateuch konsequenterweise zu gering gewichtet werden.

79 Zur diachronen postdtr Einordnung cf. Verf., Exodus (s. Anm. 52), 83-91 und daran anknüpfend R. Achenbach, Sinai-Perikope (s. Anm. 52), 69-78.

80 Zur Literaturgeschichte von Ex 34,10-26 siehe Verf., a.a.O., 92-98, sowie J.A. Wagenaar, Origin and Transformation of the Ancient Israelite Festival Calendar, BZAR 6, 2005, 68-73, der Ex 34,18-26* ebenso wie Ex 23,14-19 dem postdtr „Jahwisten" zuschreiben will; siehe dazu Verf., Die alttestamentlichen Festkalender in der Diskussion, ZAR 12 (2006) (im Druck). Zum vordtr Festkalender in Ex 34,18.22f., in den eine Opferordnung in Ex 34,19.20abα.25a.b*.26b durch Ex 34,20bβ.26a eingefügt wurde, siehe Verf., *šaebaʿ/šābûʿôt*, ThWAT VII, 1993, (1000-1027) 1021f. Auch hier gilt, will man das literarische Verhältnis zu Dtn 16 angemessen deuten, daß das Verfahren postdtr Redaktionen im Pentateuch, die Quellen ihrer Quellen zu integrieren, Berücksichtigung finden sollte. Zu Ex 34,1-5 in Relation zu Dtn 10,1-4.10f. siehe auch R. Achenbach, Sinai-Perikope (s. Anm. 52), 78-80.

81 Cf. Chr. Dohmen, Exodus (s. Anm. 38), 363-365.373.

82 Zur Literaturgeschichte des Heiligkeitsgesetzes, das in diachroner Perspektive die Sinaitora in Gestalt des Bundesbuches und des Dekalogs mit der Moabtora des Deuteronomiums verbindet, cf. A. Cholewiński, Heiligkeitsgesetz und Deuteronomium. Eine vergleichende Studie, AnBib 66, 1976; Verf., Heiligkeitsgesetz (s. Anm. 78), 125-196. Diese Bezüge lassen sich nicht erklären, wenn man mit Andreas Ruwe („Heiligkeitsgesetz" und „Priesterschrift". Literaturgeschichtliche und rechtssystematische Untersuchungen zu Leviticus 17,1-26,2, FAT 26, 1999) das Heiligkeitsgesetz in die Priesterschrift einrückt (cf. dagegen Verf., Das Heiligkeitsgesetz zwischen Priesterschrift und Deuteronomium. Zu einem Buch von Andreas Ruwe, ZAR 6 [2000], 330-340) oder wie Klaus Grünwaldt (Das Heiligkeitsgesetz Leviticus 17-26. Ursprüngliche Gestalt, Tradition und Theologie, BZAW 271, 1999) das Heiligkeitsgesetz als ursprünglich selbständig von seinen literarischen Kontexten isoliert, damit eine Grundeinsicht von Karl Elliger (Leviticus, HAT I/4, 1966, 14ff.) mißachtet und schließlich und endlich keine überzeugende Erklärung für die Vernetzung des Heiligkeitsgesetzes mit der nP Überlieferung von Bundesbuch und Dekalog, P und

Gottesvolk entsprechend auf das Lager und formuliert insbesondere in
Lev 17 die Bestimmungen der Sinaitora unter Anknüpfung auch an die
Noah-Tora der Priesterschrift in Gen 9,3f.[83] für diese Wüstenwande-
rungssituation neu.[84] Aus der situationsbezogenen Begrenzung der

---

Deuteronomium anzugeben weiß; siehe dazu meine Rezension der Studie von Klaus
Grünwaldt in Bib. 82 (2001), 418-422, sowie R. Achenbach, Das Heiligkeitsgesetz im
nachpriesterschriftlichen Pentateuch. Zu einem Buch von Klaus Grünwaldt, ZAR 6
(2000), 341-350.

83   Siehe Verf., Heiligkeitsgesetz (s. Anm. 78), 141-146. In Lev 26,9 greift das Heiligkeitsgesetz auf den priesterschriftlichen Schöpfungsbericht in Gen 1,28 und auf den
Zielpunkt der Sinaiperikope in Ex 29,45 zurück; siehe Verf., a.a.O., 177ff. Martin Arneth („Nach Adams Fall ist ganz verderbt...". Studien zur Entstehung der alttestamentlichen Urgeschichte, FRLANT 217, 2006, 187ff.) zeigt die Verbindung von Gen
8,20-22 mit Lev 20,25 auf. Unter diachroner Perspektive ist es höchst bedeutsam, daß
das Heiligkeitsgesetz auf die priesterschriftliche Urgeschichte der Genesis zurückgreift, die nichtpriesterschriftliche Redaktion der Urgeschichte aber auf das Heiligkeitsgesetz. Da Gen 8,20-22 nicht als Zusatz aus der nP-Redaktion herausgebrochen
werden kann, ist dies ein wichtiges Indiz für die Datierung dieser Redaktion post-P.
Zur postpriesterschriftlichen Redaktionsgeschichte von Gen 6-9 siehe jetzt auch die
Monographie von Erich Bosshard-Nepustil (Vor uns die Sintflut. Studien zu Text,
Kontexten und Rezeption der Fluterzählung Genesis 6-9, BWANT 165, 2005, 42ff.),
die wie die Studie von Martin Arneth meine Überlegungen zur Schöpfungsge-
schichte in Gen 2,4-3,24 als postpriesterschriftlich bestätigt; siehe Verf., Die Paradies-
erzählung Gen 2-3: Eine nachpriesterschriftliche Lehrerzählung in ihrem rechtshistorischen Kontext, in: A.A. Diesel/R.G. Lehmann/E. Otto/A. Wagner (Hgg.), „Jedes
Ding hat seine Zeit...". Studien zur israelitischen und altorientalischen Weisheit. FS
D. Michel, BZAW 241, 1996, 167-192. Die hier vorgelegten Überlegungen zur
Rechtshermeneutik der Torot in der synchron gelesenen Fabel des Pentateuch sind
also zukünftig um die der Genesis zu erweitern, was bislang ein Desiderat ist. Erste
wichtige Einsichten dazu hat Matthias Millard (Genesis [s. Anm. 26], 92ff.) formuliert; cf. Verf., Genesis (s. Anm. 26), 339-342. Zur Relationierung der Priesterschrift in
synchroner Lektüre sind die Überlegungen von Georg Fischer (The Need for a New
Vision of the Torah, in: E. Otto/J. Le Roux [Hgg.], A Critical Study [s. Anm. 9], 62-73;
ders., Wege zu einer neuen Sicht der Tora, ZAR 11 [2005], 93-106) hilfreich.

84   Das Heiligkeitsgesetz repräsentiert auch in diachroner Perspektive keineswegs ein
archaisches Stadium der israelitischen Kultgeschichte, wie es jüngst wieder von
Moshe Weinfeld (The Place of the Law in the Religion of Ancient Israel, VT.S 100,
2004, 21ff.) aufgrund der Differenz zwischen Lev 17 und Dtn 12 vertreten wird; siehe
dazu meine Rezension in RBL 2005/1 sowie Verf., Die Stellung des Gesetzes in der
Religionsgeschichte der Hebräischen Bibel. Zu einem Buch von Moshe Weinfeld,
ZAR 10 (2004), 352-364. Aber auch der diachronen These von Georg Braulik (Die dekalogische Redaktion der deuteronomischen Gesetze. Ihre Abhängigkeit von Levitikus 19 am Beispiel von Deuteronomium 22,1-2; 24,10-22; 25,13-16, in: ders. [Hg.],
Bundesdokument und Gesetz. Studien zum Deuteronomium, HBS 4, 1995, 1-25;
ders., Weitere Beobachtungen zur Beziehung zwischen dem Heiligkeitsgesetz und
Deuteronomium 19-25, in: T. Veijola [Hg.], Das Deuteronomium und seine Querbeziehungen [s. Anm. 24], 23-55), eine späte Redaktion des Deuteronomiums sei von
Teilen des Heiligkeitsgesetzes abhängig, stehen nicht nur diachrone Beobachtungen
entgegen (cf. Verf., Deuteronomium und Pentateuch. Aspekte der gegenwärtigen

Gültigkeit des Heiligkeitsgesetzes auf der Ebene der erzählten Zeit auf die Wüstenwanderung vor der Einwanderung in das Verheißene Land resultiert es, daß das Heiligkeitsgesetz im Gegensatz zum Dekalog, dem Bundesbuch und seiner Repetition in Ex 34 sowie des Deuteronomiums keine eigene Verschriftungsnotiz erhält.[85] Der Epitaph in Dtn 34,10-12 rückt Mose als Erzpropheten nahe an JHWH heran, indem heilsgeschichtliche Taten, die im Exodus von JHWH ausgesagt wurden, nun Mose als Subjekt in dem Moment zugeschrieben werden, in dem mit ihm als Erzpropheten die Zeit der mosaisch vermittelten JHWH-Offenbarung für beendet erklärt wird.[86] Die Auslegungskompetenz des Mose, die sich in der Moabtora als Auslegung der Sinaitora von Dekalog, Bundesbuch und dessen Repetition in Ex 34 Ausdruck verschafft, hat ihr Vorbild in der Freiheit JHWHs, seine eigene, Mose offenbarte Tora jeweils neuer Situation anzupassen. Nichts anderes tut Mose durch die Auslegung der Sinaitora in der Moabtora des Deuteronomiums. Wird aber Mose als schriftgelehrter Ausleger so nahe an JHWH herangerückt, der seinerseits nicht nur mit der Verschriftung des Dekalogs zum ersten Schreiber, sondern mit der Auslegung seiner eigenen Torot in je neuer Situation auch zum ersten Schriftgelehrten wird, dem in beiden Funktionen Mose nachfolgt – zweifellos haben sich die protorabbinischen Schriftgelehrten der nachexilischen Zeit hier ein eindrückliches Denkmal gesetzt[87] –, so stellt sich für den antiken Leser

---

Debatte, ZAR 6 [2000], [222-284] 250-253; ders., Gottes Recht [s. Anm. 75], 35-38), sondern auch die jeweilige Stellung von Heiligkeitsgesetz und postdtr Deuteronomium in der postdtr Fabel des Pentateuch als Erklärung der unterschiedlichen Strukturierung der beiden Gesetzeskorpora. Eine eingehende Analyse ihrer Relation in synchroner Perspektive steht noch aus und ist ein dringendes Desiderat.

85 Immerhin knüpft aber Dtn 26,19 im Anschluß an die Bundesformel in Dtn 26,16-18 an Lev 19,2 an; siehe dazu Verf., Deuteronomium (s. Anm. 20), 119 Anm. 53 und a.a.O., 183f. Anm. 133 zur Verbindung mit der pentateuchischen Verschriftungstheorie. Diese bewußt gelassene Lücke in der pentateuchischen Verschriftungstheorie, die in diachroner Perspektive der Pentateuchredaktion durch die Annahme, Dtn 31,9 beziehe sich implizit auch auf das Heiligkeitsgesetz, geschlossen werden kann, was aber keineswegs zwingend zu erweisen ist, konnte der rabbinischen Theorie der mündlichen Sinaitora neben der schriftlichen Anhalt geben. Die synchrone Lesung zeigt nun deutlich, warum gezielt das Heiligkeitsgesetz nicht mit einer Verschriftungsnotiz verbunden wurde.

86 Siehe dazu schon oben Anm. 63 gegen Chr. Frevel, Abschied (s. Anm. 63), 209-234.

87 Cf. dazu Verf., Schriftgelehrsamkeit (s. Anm. 50), 1-49. Daß die Verschriftungstheorie des Pentateuch in nachexilischen Kreisen, die sich auf den Propheten Jeremia zurückgeführt haben, Widerspruch erfuhr, zeigt nicht nur Jer 8,8f. (cf. dazu G. Fischer, Jeremia 1-25, Herders HThK.AT, 2005, 335), sondern vor allem Jer 11,1-14; 31,31-34 in Relation auch zu Dtn 30,1-10; siehe dazu Verf., Deuteronomium (s. Anm. 20), 153f.172.196.207f.232.260; ders., Der Pentateuch im Jeremiabuch. Überlegungen zur Pentateuchrezeption im Jeremiabuch anläßlich einer Studie von Christl Maier, ZAR

des Pentateuch die Frage, ob diese mosaische Kompetenz zur Freiheit
der aktualisierenden Textauslegung mit dem Tod des Mose zu ihrem
Ende gekommen sei oder ob sie auch danach noch legitim wahrgenommen werden kann, wenn anstelle des Mose die von ihm verschriftete Tora das Gottesvolk begleitet. Die Fabel des Pentateuch beantwortet diese Frage positiv. In Dtn 27,1-26 gibt sie Anweisung zu erneuter
Gesetzesverschriftung jenseits des Jordans in Sichem.[88] Hier nun treten
neben Mose wie im Kontext der Verschriftungsnotiz in Dtn 31,9 die
Ältesten[89] auf und geben zusammen die Anweisung zur Gesetzesverschriftung, wobei die damit in Dtn 27,5-7 verbundene Anweisung
zum Altarbau das Altargesetz in Ex 20,24-26 für die Situation der Ge-
botsverschriftung im Kulturland auslegt.[90] Aber damit noch nicht ge-

---

12 (2006) (im Druck); ders.; Die Tora im Jeremiabuch. Die literatur- und rechtshistorischen Relationen zwischen Pentateuch und jeremianischem Prophetenbuch, in:
R. Achenbach; M. Arneth u. E. Otto, Tora in der Hebräischen Bibel. Studien zur Re-
zeptionsgeschichte und zur synchronen Logik diachroner Transformationen, BZAR
6, 2007 (im Druck).

88   Zur postpentateuchredaktionellen Einordnung in Relation zu Jos 8,30-35 siehe Verf.,
      Deuteronomium (s. Anm. 20), 230f. In Dtn 27 wird die postpentateuchredaktionelle
      Diskussion zwischen Autoren, die einer pentateuchischen, und solchen, die einer
      hexateuchischen Perspektive verpflichtet und also Träger sehr unterschiedlicher
      Theologiekonzeptionen sind, sehr deutlich. Die Pentateuchredaktion ist kein
      Abschluß der Literaturgeschichte des Pentateuch, sondern nur der Ausgangspunkt
      weiterer Fortschreibungen, die nun auch die Vorderen Propheten erfassen. Nur in
      diesem eingeschränkten Sinne ist von einem Enneateuch zu sprechen; cf. Verf., En-
      neateuch (s. Anm. 22), 323-345.

89   Zur diachronen Einordnung des Ältestenmotivs siehe Verf., Deuteronomium (s.
      Anm. 20), 175ff.

90   Für das Verständnis der Fabel des Pentateuch ist von Bedeutung, daß Dtn 27,5-7
      nicht auf Dtn 12 als Auslegung des Altargesetzes in der Sinaitora zurückgreift (s.
      unten Anm. 97), sondern auf die Sinaitora selbst. Die mosaische Toraauslegung in
      der Moabtora ist Auslegung der Sinaitora, während es eine Auslegung der mosai-
      schen Toraauslegung in Dtn 12 erst im Verheißenen Land nach dem Tod des Mose
      geben kann. Auch die Ausführung in Jos 8,30-35 folgt der mosaischen Auslegung
      der Sinaitora. Erst die neue über den Horizont des Pentateuch hinausgehende Situa-
      tion der salomonischen Tempelgründung erfordert die Auslegung der mosaischen
      Toraauslegung in Dtn 12,5.11 im postpentateuchisch intensiv überarbeiteten Tem-
      pelweihgebet in I Reg 8, das in I Reg 8,27-29 auch die postdtr Einfügung Dtn 4 vor-
      aussetzt. Eine Studie zur postdtr Literaturgeschichte von I Reg 8 ist ein Desiderat; cf.
      vorläufig Verf., Enneateuch (s.o. Anm. 22), 336ff.; Römer, History (s. Anm. 5), 116-
      123; sowie R. Achenbach, Der Pentateuch, seine theokratischen Bearbeitungen und
      Josua – 2 Könige, in: K. Schmid/Th. Römer (Hgg.), Les dernières rédactions du
      Pentateuqe, de l'Hexateuqe, et de l'Ennéateuque, EThL, 2006 (im Druck), der aller-
      dings mit I Reg 8,1*.4-5*.7-8.10-11.62-65 als Eingriffe seitens der „theokratischen Be-
      arbeitungen" des Pentateuch die postdtr Anteile in I Reg 8 noch gering veranschlagt.
      Das Kapitel ist in der vorliegenden Gestalt ebenso wie Jer 7 und Jer 26 insgesamt

nug: In Dtn 27,15-26 legt Mose den Dekalog aktualisiert für die spezifische, durch die Geographie der beiden Berge von Ebal und Garizim bestimmten kultischen Situation in Sichem nach der Seßhaftwerdung aus.[91] Mit der Freiheit zur Auslegung des Dekalogs korrespondiert, daß die Heiligkeit der von JHWH selbst verschrifteten Dekalogs in der Fabel des Pentateuch dadurch gewahrt und so die Auslegung des Dekalogs von dem JHWH-Dekalog der Sinaitora abgehoben werden, daß nach Ex 25,21f.; Dtn 30,3-5 der JHWH-Dekalog in der Lade der Öffentlichkeit entzogen ist, während die um das Moselied erweiterte und mit der Verschriftung abgeschlossene Mosetora nach Dtn 31,24-26 neben die Lade gelegt werden soll. Dtn 27,1-26 und Dtn 31,9-13 lassen keinen Zweifel daran, daß die mosaischen Funktionen der Gebotspromulgation, -auslegung und -verschriftung auf Älteste,[92] Leviten[93] und Priester[94] übergehen sollen. Der Leser der Erzählzeit aber, der um den ihm

---

postdtr und setzt den Pentateuch in Gestalt der Pentateuchredaktion voraus; s. Verf., Tora (s. Anm. 87).

91 Zur diachronen Einordnung dieser Reihe des Fluchrechts cf. H.-J. Fabry, Noch ein Dekalog! Die Thora des lebendigen Gottes in ihrer Wirkungsgeschichte. Ein Versuch zu Deuteronomium 27, in: M. Böhnke/H. Heinz (Hgg.), „Im Gespräch mit dem dreieinen Gott". Elemente einer trinitarischen Theologie. FS W. Breuning, 1985, 75-96. Wie im Dekalog in Ex 20 die postdtr Autoren der Sinaiperikope sich archaischer praedtr Überlieferungen, die auch Quelle für die dtr Autoren in Dtn 5 waren, bedienten, so wird bei literarisch später Abfassung von Dtn 27,15-26, die das Heiligkeitsgesetz voraussetzt, archaisches Material des Fluchrechts verarbeitet; cf. dazu als nach wie vor gültig W. Schottroff, Der altisraelitische Fluchspruch, WMANT 30, 1969, 74ff.

92 Zur diachronen Einordnung von Dtn 31,24-26 in Relation zu Dtn 31,9-13 siehe Verf., Deuteronomium (s. Anm. 20), 191ff. Zu den Ältesten im Deuteronomium in synchroner Perspektive siehe auch N. Lohfink, Die Ältesten Israels und der Bund. Zum Zusammenhang von Dtn 5,23; 26,17-19; 27,1.9f. und 31,9, in: ders., Studien zum Deuteronomium und zur deuteronomistischen Literatur IV, SBAB 31, 2000, 265-283. Zur Diachronie s. oben Anm. 89.

93 Zur Funktion der Leviten im Deuteronomium in diachroner Perspektive cf. Verf., Deuteronomium (s. Anm. 20), 185ff. Zur postdtr „Levitisierung" des Deuteronomiums cf. auch ders., Die post-deuteronomistische Levitisierung des Deuteronomiums. Zu einem Buch von Ulrich Dahmen, ZAR 5 (1999), 277-284, sowie R. Achenbach, Levitische Priester und Leviten im Deuteronomium. Überlegungen zur sog. „Levitisierung" des Priestertums, ZAR 5 (1999), 285-309. Zu den zu Julius Wellhausen zurücklenkenden Überlegungen von Joachim Schaper (Priester und Leviten im achämenidischen Juda, FAT 31, 2000) cf. Verf., Gab es „historische" und „fiktive" Aaroniden im Alten Testament?, ZAR 7 (2001), 403-414.

94 In diese Funktion werden die Priester bereits in Ex 4,15 (PentRed) eingesetzt. Zur Schriftauslegung als priesterlicher Aufgabe in nachexilischer Zeit cf. Verf., Schriftgelehrsamkeit (s. Anm. 50), 1-49, sowie G. Boccaccini, Roots of Rabbinic Judaism. An Intellectual History from Ezekiel to Daniel, 2002 (cf. dazu meine Rezension in ZAR 10 [2004], 371-378). Anders dagegen T. Veijola, Die Deuteronomisten als Vorgänger der Schriftgelehrten. Ein Beitrag zur Entstehung des Judentums, in: ders., Moses

direkt von JHWH mitgeteilten Dekalog weiß, wird wie jeder Ausleger der Tora auf diesen Dekalog, der von Generation zu Generation in der Erzählzeit weitergegeben wird, als Maßstab aller Gesetzesauslegung auch der verschrifteten Auslegungen des Dekalogs selbst gewiesen. Jeder Veränderung entzogen ist der JHWH-Dekalog als schriftliches Dokument in der Lade unsichtbar nur wie in Dtn 5 im Traditionsprozeß der Belehrung in der jeweiligen Erzählzeit von Generation zu Generation präsent.[95] So enthält die Fabel des Pentateuch eine ausgefeilte Rechtshermeneutik, indem sie einerseits die Tora in Gestalt der Sinaitora schriftlich fixiert und als narrative Ätiologie dieser Tora dient, gleichzeitig aber ihre Auslegung in gewandelter Situation freigibt und als narrative Ätiologie auch der Schriftauslegung der Tora dient – und damit zur Wiege der rabbinischen Schriftgelehrsamkeit wird.

Was die Fabel des synchron gelesenen Pentateuch lehrt, wird durch Grundeinsichten der diachron arbeitenden historisch-kritischen Pentateuchforschung überzeugend bestätigt. Nach der Rechtshermeneutik der Fabel des Pentateuch legt die Moabtora des Deuteronomiums die Sinaitora in Gestalt des Bundesbuches und seiner Repetition in Ex 34 aus. Und genau dies trifft auch die Entstehung des Deuteronomiums als Fortschreibung des Bundesbuches in Ex 20,24-23,12.[96] Das vordtr

---

Erben. Studien zum Deuteronomium, zum Deuteronomismus und zum Schriftgelehrtentum, BWANT 149, 2000, 192-240), der in den Schriftgelehrten einen eigenen Stand, der seinen Ursprung in dtr-nomistischen Kreisen habe, sehen will. Siehe dazu Verf., Schriftgelehrsamkeit (s. Anm. 50), 3-5.

95   Rechtshermeneutisch geht es der Fabel des Pentateuch um die Transparenz der erzählten Welt für die des Lesers, in die JHWH direkt mit dem Dekalog hineinspricht. Der antike Leser ist seinerseits durch die synchron gelesene Fabel der wechselseitig diachron in der Dialektik von auslegendem und ausgelegtem Text aufeinander bezogenen Rechtstexte angehalten, die Textdiachronie zu verstehen. Wie sehr damit auch die Produktionsprozesse der biblischen Texte richtig erfaßt sind, hat nicht zuletzt Michael Fishbane (Biblical Interpretation [s.o. Anm. 24], passim) verdeutlicht. Wie produktiv dieses Modell der biblischen Textentstehung auch jenseits der Rechtstexte ist, hat Michael Fishbane (Biblical Myth and Rabbinic Myth Making, 2003) jüngst auch anhand mythischer Texte in der Hebräischen Bibel verdeutlicht; cf. dazu Verf., Fortschreibung und Redaktion. Methodische Überlegungen anläßlich eines neuen Buches von Michael Fishbane zur biblisch-jüdischen Mythenrezeption, ZAR 11 (2005), 370-374.

96   Siehe dazu Verf., Das Deuteronomium. Politische Theologie und Rechtsreform in Juda und Assyrien, BZAW 284, 1999, 203-378, sowie bereits ders., Vom Bundesbuch zum Deuteronomium. Die deuteronomische Redaktion in Dtn 12-26*, in: G. Braulik/W. Groß/S. McEvenue (Hgg.), Biblische Theologie und gesellschaftlicher Wandel. FS N. Lohfink, 1993, 260-278; ders., The Pre-exilic Deuteronomy as a Revision of the Covenant Code, in: ders., Kontinuum und Proprium. Studien zur Sozial- und Rechtsgeschichte des Alten Orients und des Alten Testaments, Orientalia Biblica et Christiana 8, 1996, 112-122. Die Rezeption des Bundesbuches im Deuteronomium unterscheidet sich methodisch dabei grundlegend von der subversiven Rezeption

Zentralisationsgesetz in Dtn 12,13-27* legt das vordtn Altargesetz des Bundesbuches in Ex 20,24-26[97] unter den mit der Josia-Reform verbundenen Bedingungen der Kultzentralisation aus.[98] Die vordtr Gebotsreihe in Ex 34,18-26*[99] wird in Dtn 15,19; 16,1-17; 26,2*.5*.10-13 ausgelegt.[100] In diachroner Perspektive wird diese Konvergenz von Fabel und literaturhistorischer Relationierung von Bundesbuch in Ex 20,24-23,12, der Gebotsreihe in Ex 34,18-26* und Dtn 12-26* dadurch möglich, daß die postdtr Redaktionen des Pentateuch sich der Quellen ihrer Quellen bedienten und bei der postdtr Gestaltung der Sinaiperikope[101] auf das Bundesbuch als Quelle des Deuteronomiums zurückgriffen. Das bestätigt sich für die Dekaloge in Ex 20 und Dtn 5. Bei der postdtr Einfügung des Dekalogs in Ex 20 hat der Pentateuchredaktor sich der in Dtn 5 vom dtr Redaktor genutzten Bausteine bedient, die dieser in Dtn 5 dtr interpretiert hat.[102] Schließlich deutet die Fabel des Pentateuch das Bundesbuch als Explikation des Dekalogs in Ex 20, die der Leser in der Erzählzeit verfolgen kann, und das Deuteronomium als Explikation der Auslegung des Dekalogs in Dtn 5, die das Gottesvolk auch in der erzählten Zeit nachvollziehen kann. Auch dieser Aspekt der Pentateuchfabel bewährt sich in der diachronen Analyse von Bundesbuch[103] und Deuteronomium.[104] Das gilt schließlich auch für das

---

der neuassyrischen VTE einerseits (cf. Verf., a.a.O., 15-90) und assyrischer Rechtssätze, wie sie sich in KAV 1 niedergeschlagen haben (cf. Verf., a.a.O., 91-202), andererseits. S. dazu auch Verf., Rechtsreformen in Deuteronomium XII-XXVI und im Mittelassyrischen Kodex der Tafel A (KAV 1), in: J.A. Emerton (Hg.), Congress Volume Paris 1992, VT.S 61, 1995, 239-273.

97   Siehe Verf., Deuteronomium (s. Anm. 96), 341-351, sowie B.M. Levinson, Deuteronomy and the Hermeneutics of Legal Innovation, 1997, 23-52 (cf. dazu Verf., Biblische Rechtsgeschichte als Fortschreibungsgeschichte, BiOr 56 [1999], 5-14), sowie bereits N. Lohfink, Zur deuteronomischen Zentralisationsformel, in: ders., Studien zum Deuteronomium und zur deuteronomistischen Literatur II, SBAB 12, 1991, 147-177; ders., Fortschreibung? Zur Technik von Rechtsrevisionen im deuteronomischen Bereich, erörtert an Dtn 12, Ex 21,2-11 und Dtn 15,12-18, in: ders., Studien zum Deuteronomium und zur deuteronomistischen Literatur IV, SBAB 31, 2000, (163-204) 165-177; J. Schaper, Schriftauslegung und Schriftwerdung im alten Israel. Eine vergleichende Exegese von Ex 20,24-26 und Dtn 12,13-19, ZAR 5 (1999), 111-132.

98   Siehe dazu jetzt N. Na'aman, The King Leading Cult Reforms in his Kingdom: Josiah and Other Kings in the Ancient Near East, ZAR 12 (2006) (im Druck).

99   Siehe dazu oben Anm. 80.

100 Siehe dazu den Nachweis in Verf., Deuteronomium (s. Anm. 96), 77f.324-340; ders., Gottes Recht (s. Anm. 75), 24-29 („Exkurs: Ex 23,14-19 oder Ex 34,18-26* als Quelle des dtn Deuteronomiums?"). Zur Analyse von Dtn 16,1-8 im Verhältnis zur vordtn Mazzotfestgesetzgebung siehe auch Verf., Das Mazzotfest in Gilgal, BWANT 105, 1975, 177-182.

101 Siehe dazu oben Anm. 52 mit der dort angegebenen Literatur.

102 Siehe dazu oben Anm. 77 mit der dort angegebenen Literatur.

103 Siehe dazu oben Anm. 71 mit der dort angegebenen Literatur.

Heiligkeitsgesetz in Lev 17-26, das in der Fabel des Pentateuch als göttliche Applikation der Sinaitora von Dekalog, Bundesbuch und seiner Repetition in Ex 34 auf die Lagersituation gilt. Die diachrone Analyse des Heiligkeitsgesetzes bestätigt diese Perspektive der synchron gelesenen Fabel des Pentateuch.[105] Auch dort, wo das Heiligkeitsgesetz auf das Deuteronomium zurückgreift, ist hermeneutischer Schlüssel die Sinaitora.[106] Insgesamt erweisen sich die aufeinander bezogenen Rechtskorpora von Sinai- und Moabtora als verläßliches Fachwerk in der diachronen Analyse des Pentateuch.[107] Diese Entdeckung machte bereits der Heidelberger Alttestamentler Adalbert Merx, der heftige Kritik an Julius Wellhausens Literarkritik übte, nicht an ihren Ergebnissen, insbesondere der Spätdatierung von P, sondern an ihrer Methodik,[108] die Adalbert Merx als Promotor des Genesiskommentars von Friedrich Tuch[109] für nicht ausreichend fundiert hielt. Er hat sich gegen die das Szepter im Geiste Wellhausens übernehmende junge Generation der Alttestamentler seiner Zeit nicht mehr durchsetzen können,[110] obwohl Adalbert Merx als Gelehrtem höchster Respekt seiner Zeitgenossen zuteil wurde.[111] Einhundert Jahre später zeigt sich, daß sein Zugang, von der Diachronie der Rechtskorpora her die Literaturgeschichte des Pentateuch aufzurollen,[112] den klassischen Verfahren von

---

104 Siehe dazu oben Anm. 45 mit der dort angegebenen Literatur; cf. auch oben Anm. 72.

105 Siehe dazu oben Anm. 82 mit der dort angegebenen Literatur.

106 Dies zeigt besonders deutlich die Festordnung in Lev 23; siehe Verf., Heiligkeitsgesetz (s. Anm. 82), 153ff.

107 Siehe nur oben Anm. 83; bereits Verf., Gesetzesfortschreibung und Pentateuchredaktion, ZAW 107 (1995), 373-392.

108 Siehe A. Merx, Die Bücher Moses und Josuas. Eine Einführung für Laien, RV II/3, 1907. Max Weber (Agrarverhältnisse im Altertum, in: ders., Gesammelte Aufsätze zur Sozial- und Wirtschaftsgeschichte, hg. von Marianne Weber, ²1988, [1-288] 283) hat dazu richtig bemerkt: „keineswegs populär".

109 Siehe F. Tuch, Commentar über die Genesis. Zweite Auflage besorgt von A. Arnold nebst einem Nachwort von A. Merx, 1871. Zu Friedrich Tuch siehe auch Verf., Pentateuch (s. Anm. 27), 1093.

110 Siehe dazu die Kritik an Adalbert Merx' Monographie von Carl Steuernagel (Der Hexateuch, ThR 11 [1908], [230-243] 239f.), der, so wird man aus dem Abstand heraus konstatieren müssen, nicht erkannt hat, was Adalbert Merx' Anliegen in der Pentateuchforschung war; siehe dazu Verf., Einleitung, in: M. Weber, Die Wirtschaftsethik der Weltreligionen. Das antike Judentum. Schriften und Reden 1911-1920, hg. von E. Otto, MWG I/21.1-2, Bd. I, 2005, (1-156) 5f. Anm. 19.

111 Cf. dazu H. Treiber, Der „Eranos" – Das Glanzstück im Heidelberger Mythenkreuz?, in: W. Schluchter/F.W. Graf (Hgg.), Asketischer Protestantismus und der „Geist" des modernen Kapitalismus, 2005, (75-154) 81f.

112 Max Weber allerdings hat sich diesen Zugang für sein Antikes Judentum zunutze gemacht und ihn von der Literatur- auch auf die Sozialgeschichte ausgeweitet. Als Jurist hat Max Weber die Bedeutung dieses Ansatzes gespürt, was ihm dadurch si-

Literar- und Redaktionskritik keineswegs unterlegen ist – ganz im Gegenteil.[113] Doch das allein ist für unsere Überlegungen in dieser Studie nicht entscheidend. Ich hatte eingangs um ein neues und besseres Fundament für die literaturhistorische Arbeit am Pentateuch gebeten, das darin bestehen soll, daß die antike Literaturtheorie der synchron gelesenen Fabel des Pentateuch und die Ergebnisse der diachron arbeitenden historisch-kritischen Forschung konvergieren. Sie tun es. Nur dort noch, wo eine derartige Konvergenz erzielt wird, kann eine historisch-kritische Theoriebildung als mehr gelten als ein beliebiges Glasperlenspiel der Meinungen. Diese Studie hat aufgezeigt, daß das Deuteronomium ein rechtshermeneutisch unlösbar integrierter Bestandteil des Pentateuch ist. Dem korrespondiert die historisch-kritische Einsicht, daß das Deuteronomium der Ausgangspunkt der Literaturgeschichte des Pentateuch ist.[114] Die Fabel des Pentateuch schließlich entfaltet, so

---

cherlich erleichtert wurde, daß der ihm nahestehende Theodor Mommsen seine Römische Geschichte ebenfalls auf die Rechtsgeschichte gestützt hat. Siehe dazu Verf., Max Webers Studien des Antiken Judentums. Historische Grundlegung einer Theorie der Moderne, 2002, 2-6.85-88, sowie ders., Einleitung (s. Anm. 110), 12-20.45f.49.98.125.

113 Ich habe den Nachweis in Verf., Deuteronomium (s. Anm. 20), passim, zu führen versucht. Siehe darüber hinaus für die historiographischen Konsequenzen Verf., Max Weber (s. Anm. 112), 276-313 („Der Neubau der rechtshistorischen Fachwerks einer Religionssoziologie des antiken Israels und Judas").

114 Siehe Verf., Deuteronomium (s. Anm. 20), 234-273. Daß am Anfang dieser Entwicklung nun allerdings die Auseinandersetzung um die religiöse Identität Judas mit der assyrischen Hegemonialmacht, die noch in der Kritik indirekt Geburtshilfe geleistet hat, ist für manche Theologen eine Herausforderung, wie der Beitrag zu Dtn 13 von J. Pakkala in diesem Band zeigt; siehe dazu Verf., Deuteronomium (s. Anm. 96), 15-90; ders., Political Theology in Judah and Assyria. The Beginning of the Hebrew Bible as Literature, SEÅ 65 (FS T.N.D. Mettinger) (2000), 59-76. Daß nicht nur die Anfänge des Pentateuch im Deuteronomium, sondern auch die nachexilische Formierung des Pentateuch sich unter dem Aspekt der judäischen Identitätsbegründung vollzog, zeigt E. Theodore Mullen Jr., Ethnic Myths and Pentateuchal Foundations. A New Approach to the Formation of the Pentateuch, Semeia Studies, 1997. Im Fremdenrecht des Pentateuch wird der präskriptive Charakter der pentateuchischen Torot deutlich, war es doch von grundlegender Bedeutung zu definieren, für wen in welchem Kontext diese Torot Rechtskraft haben sollten. Die von Markus Zehnder (Umgang mit Fremden in Israel und Assyrien. Ein Beitrag zur Anthropologie des „Fremden" im Licht antiker Quellen, BWANT 168, 2005, 311-401) erneut notierten Differenzen in den Torot erhalten ihre Systematik (cf. a.a.O., 311 Anm. 1) durch die synchron gelesene Fabel des Pentateuch; cf. dazu Verf., Der Fremde in Assyrien und in der Hebräischen Bibel. Zu einem Buch von Markus Zehnder, ZAR 12 (2006) (im Druck). Die Monographie von Markus Zehnder macht aber erneut deutlich, daß es eine diachrone Arbeit an den pentateuchischen Torot unter Absehung der altorientalischen, in diesem Falle beschränkt auf die assyrische Rechtsgeschichte nicht geben kann. Das herangezogene Material ist von Bedeutung für die

haben wir gesehen, eine Ätiologie der Schriftauslegung, die in JHWHs Freiheit der Textaktualisierung grundgelegt und dann mittels der Mosegestalt entfaltet wird. Dem aber entspricht nun, daß in diachroner Perspektive der Pentateuch selbst Ergebnis schriftgelehrter Arbeit in nachexilischer Zeit ist, die die beiden Großentwürfe der „Ursprungsmythen" Israels, das dtr Deuteronomium und die Priesterschrift durch schriftgelehrte Arbeit vermittelt.[115] Die zukünftige Forschung sollte der Literaturtheorie und Rechtshermeneutik der Fabel des Pentateuch Aufmerksamkeit schenken,[116] wenn sie zwischen pentateuchischen, hexateuchischen und enneateuchischen Hypothesen pendelt.

Deuteronomiumsanalyse. Um so bedauerlicher ist es auch in diachroner Perspektive, daß das iranische Material keine Beachtung gefunden hat.

115 Thesen, der Pentateuch sei Ergebnis einer gar durch die persische Reichsregierung mit einer „Reichsautorisation" ins Werk gesetzten Kompromißbildung, scheitern nicht zuletzt an der Rechtshermeneutik der Fabel des Pentateuch; siehe Verf., Rechtshermeneutik in der Hebräischen Bibel. Die innerbiblischen Ursprünge halachischer Bibelauslegung, ZAR 5 (1999), 75-98. Zu derartigen Thesen des Pentateuch als Kompromißergebnis kommt es notwendigerweise dann, wenn die Auslegung nicht bis zur synchronen Lesung seiner Fabel fortgeführt, sondern mit dem Argument, es habe keinen „Endtext" gegeben (cf. E. Blum, Gibt es eine Endgestalt des Pentateuch?, in: J.A. Emerton [Hg.], Congress Volume Leuven 1989, VT.S 43, 1991, 46-57), mitten in der diachronen Analyse abgebrochen wird.

116 Norbert Lohfink (Prolegomena [s. Anm. 10], 12) hat zu Recht beklagt, daß Fragen der Rechtshermeneutik des Pentateuch „in der exegetischen Literatur fast nur indirekt berührt (werden), nämlich versteckt in diachronen Theorien". Diese hier vorgelegte Studie möchte die Bedeutung der synchronen Fragestellung auch für eine angemessene Handhabung der diachronen unterstreichen. Man mag sich schließlich auch fragen, ob nicht eine zutiefst die Moderne charakterisierende Erfahrung in die antike Welt der biblischen Textproduzenten projiziert wird, wenn der Pentateuch in synchron gelesener Fabel als narrative „Gegenwelt" interpretiert wird, die erst postkanonisch in diese „Welt" integriert wurde und präskriptive Funktion in ihre erhielt, damit aber den Charakter der „Gegenwelt" verlor. Angesichts einer in ihren Systemen von Ökonomie, Verwaltung, Recht und auch der Kultur einer Systemrationalität des Nutzens unterworfenen Lebenswelt des modernen Menschen als in diesen Systemen partikularisierten wird mit der Privatsphäre auch die Religion als „Gegenwelt" erlebt und in Konventikeln und Sekten sogar gezielt als solche inszeniert. Geht der synchronen Lesung des Pentateuch die historische Haftung mit dem Verzicht auf die Autorenintentionen als regulative Idee im kantischen Sinne der exegetischen Arbeit verloren, besteht auch die Gefahr des Verlustes der hermeneutischen Distanz; siehe dazu Verf., Die hebräische Prophetie bei Max Weber, Ernst Troeltsch und Hermann Cohen. Ein Diskurs im Weltkrieg zur christlich-jüdischen Kultursynthese, in: W. Schluchter/F.W. Graf (Hgg.), Asketischer Protestantismus (s. Anm. 111), 201-253; cf. dazu auch die Rezension von Reinhard Laube, die die konfessionelle Konnotation der Gegenweltthese klug herausarbeitet, in H-Soz-u-Kult 29.09.2005, <http://hsozkult.geschichte.hu-berlin.de/rezensionen/2005-3-195>.

Kompositorische Funktion und literarhistorischer Ort von Deuteronomium 1–3

Jan Christian Gertz

Für ein gutes halbes Jahrhundert schien die Frage nach der kompositorischen Funktion und dem literarhistorischen Ort von Dtn 1-3 mit dem Erscheinen von Martin Noths „Überlieferungsgeschichtlichen Studien" im Jahre 1943[1] endgültig geklärt zu sein: Dtn 1-3 galt unbestritten als die ursprüngliche Einleitungsrede eines bis II Reg 25 reichenden deuteronomistischen Geschichtswerks. Waren auch die literarische Schichtung dieses Geschichtswerks und seine ursprüngliche Reichweite unter den Nachfolgern Noths durchaus umstritten, der Befund zu Dtn 1-3 gestattete keinerlei Zweifel und Horst Dietrich Preuß konnte in einem Forschungsbericht aus dem Jahre 1982 den seinerzeit wenigen Kritikern der Nothschen These vorhalten: „Wer heute etwas zu Dtn 1-3 sagt, muß zu dieser These Stellung nehmen bzw. (schlicht ausgedrückt) einleuchtend machen, was Dtn 1-3 sonst noch sein könnten, wenn sie nicht die Einleitungsreden zum DtrG sind."[2]

Die Zeiten haben sich geändert. Ausläufer des Sturmtiefs, das seit geraumer Zeit über die klassischen Erklärungsmodelle zur Entstehung des Pentateuch hinwegfegt, haben inzwischen auch Noths These eines deuteronomistischen Geschichtswerks erreicht. Dabei sind längst vergessene Größen wie der Hexateuch oder der Enneateuch wieder zum Vorschein gekommen, wenn auch in einer gegenüber der Diskussionslage vor Noth deutlich veränderten Gestalt.[3] Der für Noths These

---

1   M. Noth, Überlieferungsgeschichtliche Studien I. Die sammelnden und bearbeitenden Geschichtswerke im Alten Testament, SKG.G 18 (1943), 43-266, im Folgenden nach dem unveränd. Nachdr. 1957 unter dem Kürzel ÜSt zitiert. Für eine Übersicht über die jüngere Diskussion zu Noths These vgl. T. Römer u. A. de Pury, L'historiographie deutéronomiste (HD): Histoire de la recherche et enjeux du débat, in: A. de Pury, T. Römer u. J.-D. Macchi (Hgg.), Israël construit son histoire. L'historiographie deutéronomiste à la lumière des recherches récentes, MoBi 34, 1996, 9-120, 31-39; W. Dietrich, Martin Noth und die Zukunft des deuteronomistischen Geschichtswerkes, in: ders., Von David zu den Deuteronomisten. Studien zu den Geschichtsüberlieferungen des Alten Testaments, BWANT 156, 2002, 181-198; T. Veijola, Deuteronomismusforschung zwischen Tradition und Innovation (III), in: ThR 68 (2003), 1-44, 15-41; U. Rüterswörden (Hg.), Martin Noth – aus der Sicht der heutigen Forschung, BThSt 58, 2004.

2   H.D. Preuß, Deuteronomium, EDF 164, 1982, 77.

3   Vgl. die im einzelnen dann recht unterschiedlichen Neubegründungen eines (vordtr) Hexateuch bzw. Enneateuch bei K. Schmid, Erzväter und Exodus. Untersuchungen

durchaus konstitutive Abschnitt Dtn 1-3 ist von dieser Entwicklung in mehrfacher Weise betroffen. Er steht eben nicht nur prominent am Anfang des in seiner Existenz umstrittenen deuteronomistischen Geschichtswerks. Der Abschnitt ist auch verwoben mit vier großen ineinander gestellten Erzählwerken:

1. dem durch das Kolophon in Num 36,13 und die Buchüberschrift in Dtn 1,1-5 einerseits und den Tod Moses in Dtn 34,1-9 andererseits abgegrenzten Buch Deuteronomium;
2. dem durch den Moseepitaph in Dtn 34,10-12 abgeschlossenen Pentateuch;
3. dem durch den Rückblick in Jos 24 als eigene Größe herausgestellten Hexateuch und schließlich
4. dem durch den Fortlauf der Handlung zusammengehaltenen großen Geschichtswerk in den Büchern Genesis bis Könige.

So ist es an der Zeit, die Frage, „was Dtn 1-3 sonst noch sein könnten, wenn sie nicht die Einleitungsreden zum DtrG sind", erneut aufzunehmen[4]. Die Suche nach einer Antwort setzt mit einem knappen Rückblick auf die Begründung der These sowie einer kritischen Sichtung ihrer Prämissen und grundlegenden Argumente (I-III) ein. Daran anknüpfend werden unter verschiedenen Gesichtspunkten die kommunikative Gestalt und literarische Funktion von Dtn 1-3 im Kontext des Deuteronomiums beschrieben (IV-V). Den Abschluß bilden einige Erwägungen zur Historisierung des deuteronomischen Gesetzes (VI). Die These lautet: Dtn 1-3 läßt sich angemessen als eine *relecture* der

---

zur doppelten Begründung der Ursprünge Israels innerhalb der Geschichtsbücher des Alten Testaments, WMANT 81, 1999, bes. 139-143.162-165; ders., Das Deuteronomium innerhalb der „deuteronomistischen Geschichtswerke", in: E. Otto u. R. Achenbach (Hgg.), Das Deuteronomium zwischen Pentateuch und Deuteronomistischem Geschichtswerk, FRLANT 206, 2004, 193-211, bes. 209f.; R.G. Kratz, Die Komposition der erzählenden Bücher des Alten Testaments. Grundwissen der Bibelkritik, UTB 2157, 2000, 208-210.215 u.ö.; ders., Der vor- und der nachpriesterschriftliche Hexateuch, in: J.C. Gertz, K. Schmid u. M. Witte (Hgg.), Abschied vom Jahwisten, BZAW 315, 2002, 295-323, bes. 316ff.; J.C. Gertz, Mose und die Anfänge der jüdischen Religion, ZThK 99 (2002), 3-20; E. Aurelius, Zukunft jenseits des Gerichts. Eine redaktionsgeschichtliche Studie zum Enneateuch, BZAW 319, 2003; sowie die nochmals deutlich anders akzentuierten Überlegungen zu einer nachdtr Hexateuchredaktion in E. Otto, Das Deuteronomium im Pentateuch und Hexateuch. Studien zur Literaturgeschichte von Pentateuch und Hexateuch im Lichte des Deuteronomiumrahmens, FAT 30, 2000; R. Achenbach, Pentateuch, Hexateuch und Enneateuch. Eine Verhältnisbestimmung, ZAR 11 (2005), 122-130.

4   Erleichtert wird dies durch zwei jüngere Beiträge, die sich dieser Frage angenommen haben: R.G. Kratz, Der literarische Ort des Deuteronomiums, in: ders. u. H. Spieckermann, Liebe und Gebot, FS L. Perlitt, FRLANT 190, 2000, 101-120; R. Heckl, Moses Vermächtnis. Kohärenz, literarische Intention und Funktion von Dtn 1-3, ABG 9, 2004.

vorangehenden Erzählungen von der Wüstenwanderung beschreiben, deren Aufgabe von Anfang an darin bestand, das Dtn fest in einen zumindest vom Exodus bis Josua reichenden, nichtpriesterschriftlichen Erzählablauf zu integrieren[5].

1. Die These Noths

Nach dem Aufweis, daß der Deuteronomist in den Büchern Josua bis Könige die Geschichte des Volkes Israel „unter Verwendung überkommener Überlieferungen ... nach einem einheitlichen Plane und in sachgemäßer Gliederung"[6] darstellt hat, argumentierte Noth bei der Bestimmung des Anfangs dieses Erzählwerks wie folgt[7]: Jos 1 komme wegen seiner engen Rückbindung an die mosaische Geschichte, und hier vor allem der Einsetzung Josuas und der Landnahme einiger Stämme im Ostjordanland, nicht als Anfang in Frage. Die Art der Darstellung in Jos 1 zeige eindeutig, daß von diesen Dingen innerhalb des Geschichtswerks die Rede gewesen sein müsse. Das damit angesprochene Problem des Zusammenhangs der Vorderen Propheten mit dem Pentateuch sei freilich nicht im Anschluß an ältere Vorstellungen eines deuteronomistisch redigierten Enneateuch zu lösen[8]. Gegen derartige Überlegungen spreche das Fehlen jeglicher Spur einer deuteronomistischen Redaktion in den Büchern Genesis bis Numeri. So bleibt nach Noth: „Der Anfang des Werkes von Dtr muß ... im Buche Dtn. gesucht werden."[9] Dazu passe, daß Dtn 31,1-9 und Dtn 34 Elemente einer Erzählung enthielten, an die Jos 1 anknüpfe. Von diesen Erzählelementen wird dann die Brücke zur ersten Einleitungsrede in Dtn 1-3(4) geschlagen, die nach Noth „gar keine spezielle Beziehung zum deuteronomischen Gesetze, wohl aber ein ganz unmittelbares Verhältnis zum deute-

---

5   Für eine Kritik an der hier vorgetragenen These vgl. den Beitrag von Thomas Römer in diesem Band sowie E. Blum, Pentateuch – Hexateuch – Enneateuch? oder: Woran erkennt man ein literarisches Werk in der hebräischen Bibel?, erscheint demnächst in: T. Römer/K. Schmid (Hgg.), Les dernières rédactions du Pentateuque, de l'Hexateuque et de l'Enneateuque. La question des grands ensembles littéraires en Genèse à Rois / Die Frage literarischer Werke in Genesis bis Könige, BEThL, 2006. Herr Kollege Blum hat mir sein Manuskript freundlicherweise vorab zur Verfügung gestellt.

6   Noth, ÜSt (s. Anm. 1), 10.

7   Vgl. Noth, ÜSt (s. Anm. 1), 12-16.

8   Noth, ÜSt (s. Anm. 1), 12 nennt J. Hempel, Die althebräische Literatur und ihr hellenistisch-jüdisches Nachleben, HLW, 1930, 82; E. Sellin, Einleitung in das Alte Testament, [6]1933, 80f.

9   Noth, ÜSt (s. Anm. 1), 13.

ronomistischen Geschichtswerk hat"[10]. Aus alldem ergibt sich die bekannte und hier zu diskutierende These, wonach „wir es in Dtn. 1-3(4) nicht mit einer Einleitungsrede zum deuteronomischen Gesetz, sondern mit dem Eingang des deuteronomistischen Geschichtswerkes zu tun haben, daß dieses letztere also mit Dtn. 1,1 beginnt"[11].

Eine Reihe von Textbeobachtungen zu Dtn 1-3 soll dann die in einer Art „Subtraktionsverfahren"[12] gewonnene These absichern: 1. Dtn 31,1 schließe dem Wortlaut und der Sache nach über das deuteronomische Gesetz und seinen paränetischen Rahmen hinweg an Dtn 3,23-29 an; 2. der Mose in Dtn 1-3 erzähle Geschichte als Historiker und führe sie nicht wie derjenige in Dtn 5-11 als Predigtbeispiele an, was Dtn 1-3 mit den Reden des deuteronomistischen Geschichtswerks verbinde und zugleich vom Kern des Deuteronomiums in Kap. 4-26 abhebe; 3. die in Dtn 1-3 gebotene Auswahl aus der älteren Überlieferung der Wüstenwanderung orientiere sich an den Erzählinteressen des deuteronomistischen Geschichtswerks.

2. Die Prämissen Noths und ihre Kritik

Blicken wir auf den skizzierten Argumentationsgang zurück, so ist es offenkundig, daß in der derzeitigen Forschungssituation die Prämissen der grundlegenden Schlußfolgerung nicht ungefragt übernommen werden können. Die von Noth behauptete Einheitlichkeit des deuteronomistischen Geschichtswerks wird seit langem bestritten, und zwar sowohl hinsichtlich der literarischen als auch der inhaltlichen und konzeptionellen Geschlossenheit[13]. Diskutiert werden bekanntlich das Nach- und Hintereinander verschiedener deuteronomistischer Redaktionen mit je eigenem Profil und unterschiedlicher Reichweite, das Nebeneinander verschiedener deuteronomistischer Redaktionen der einzelnen Bücher innerhalb des Geschichtswerks, die Existenz größerer, zum Teil schon deuteronomistisch edierter Teilsammlungen sowie Kombinationen der genannten Vorschläge. Quer zu den unterschiedlichen Modifikationen der These Noths liegt die zunehmend geteilte Einschätzung, daß die für den Zusammenhang eines einheitlichen, die

---

10   Noth, ÜSt (s. Anm. 1), 14.

11   Ebd. (im Original gesperrt).

12   C. Frevel, Deuteronomistisches Geschichtswerk oder Geschichtswerke?, in: Rüterswörden, Martin Noth (s. Anm. 1), 60-95, 86.

13   Für einen knappen aber instruktiven Überblick über die Diskussion und die im folgenden nur angedeuteten Positionen vgl. Frevel, Geschichtswerk (s. Anm. 12), 70-80 (mit den notwendigen Literaturangaben).

Bücher Deuteronomium bis Könige umgreifenden Geschichtswerks konstitutiven Basistexte, zu denen neben Dtn 1-3 auch Jos 1,1-10; 23; I Sam 12; I Reg 8,14-53 und II Reg 17 gehören, kaum auf ein und dieselbe Hand zurückgehen und eine höchst komplexe Entstehungsgeschichte aufweisen[14]. Die Konsequenz, daß „die Einsicht in das allmähliche Wachstum der deuteronomistischen Redaktion in (Dtn) Jos - Reg ... der Hypothese Noths die Grundlage [entzieht]"[15], wurde zunächst nur vereinzelt gezogen[16]. In Gestalt der Überführung der These des einen deuteronomistischen Geschichtswerks in diejenige mehrerer deuteronomistischer Geschichtswerke im Enneateuch erfreut sie sich jedoch in jüngerer Zeit, wie es scheint, wachsender Zustimmung[17]. Aber auch dort, wo diese Konsequenz (noch) nicht im Blick gewesen ist, hat man gesehen, daß sich mit der Uneinheitlichkeit des deutero-nomistischen Geschichtswerks und seiner vielschichtigen Entstehungs-geschichte die Frage nach den Anfängen anders stellt. Erwähnt sei nur Norbert Lohfinks prominente These einer Dtn 1 - Jos 24 umfassenden deuteronomistischen Landeroberungserzählung aus der Joschijazeit (DtrL)[18].

Noths zweite Prämisse, wonach in den Büchern Genesis bis Numeri jegliche „Spur einer ‚deuteronomistischen Redaktion' [fehlt], wie all-gemein anerkannt ist"[19], hat sich ebenfalls nicht halten lassen. Hatte Noth selbst schon „deuteronomistisch stilisierte Zusätze" namentlich im Exodusbuch konzediert[20], so hat sich der in das sprachliche und

---

14   Vgl. für diese Einschätzung nur Kratz, Komposition (s. Anm. 3), 219; für eine
     gegenteilige Sicht der Dinge jetzt J. Nentel, Trägerschaft und Intention des deutero-
     nomistischen Geschichtswerks. Untersuchungen zu den Reflexionsreden Jos 1; 23;
     24; 1 Sam 12; 1 Kön 8, BZAW 297, 2000.
15   Kratz, Komposition (s. Anm. 3), 219.
16   Vgl. G. Fohrer, Einleitung in das Alte Testament, Heidelberg [12]1979, 209-212.231.248.
17   Wegweisend für die Umformung der These Noths bei Kratz, Komposition (s. Anm.
     3), 219ff.; Schmid, Deuteronomium (s. Anm. 3), 209f.; u.a. ist die knappe Skizze von
     E. Würthwein, Erwägungen zum sog. deuteronomistischen Geschichtswerk, in:
     ders., Studien zum Deuteronomistischen Geschichtswerk, BZAW 227, 1994, 1-11.
18   N. Lohfink, Kerygmata des deuteronomistischen Geschichtswerks, in: J. Jeremias u.
     L. Perlitt (Hgg.), Die Botschaft und die Boten. FS H.W. Wolff, 1981, 87-100 (= ders.,
     Studien zum Deuteronomium und zur deuteronomistischen Literatur II, SBAB 12,
     1991, 125-142). Es kennzeichnet die gegenwärtige Neuorientierung der Forschung,
     daß Lohfink seine These noch im Rahmen eines modifizierten Modells des deutero-
     nomistischen Geschichtswerks formuliert hat, während sie jüngst von Eckart Otto
     unter dem Vorzeichen seiner grundsätzlichen Bestreitung aufgegriffen wurde (vgl.
     Otto, Deuteronomium [s. Anm. 3], 75-86.110-156).
19   Noth, ÜSt (s. Anm. 1), 13.
20   Vgl. M. Noth, Überlieferungsgeschichte des Pentateuch, 1948, [3]1966, 32f. Anm.
     106.108.109.112.113. Noth nennt u.a. Ex 12,24-27a; 13,1-16; 15,25b.26; 16,4bβ.28; 19,3b-
     9a(b); 32,7-17.

geistige Umfeld des Deuteronomismus eingeordnete Textbestand gerade in diesem Textbereich seitdem beträchtlich erweitert – bis hin zu
Erhard Blums These einer deuteronomistischen Komposition mit einem
umfangreichen redaktionellen Eigenanteil[21]. Es ist an dieser Stelle nicht
nötig, die zahlreichen Textabschnitte des Tetrateuch, die seit Noth mit
dem Deuteronomismus in Verbindung gebracht worden sind, einzeln
anzuführen[22]. Deutlich ist jedenfalls, daß sich eine tiefe redaktionsgeschichtliche Zäsur zwischen den Büchern Numeri und Deuteronomium
kaum noch mit dem Hinweis auf einen undeuteronomistischen Tetrateuch begründen läßt[23]. Der Haupteinwand Noths gegen die ältere
These eines deuteronomistisch redigierten Enneateuch dürfte damit
hinfällig geworden sein[24]. Dtn 1-3 tritt damit aber aus seiner gleichsam

---

21 Vgl. E. Blum, Studien zur Komposition des Pentateuch, BZAW 189, 1990, sowie die
    Modifikation der These in ders., Die literarische Verbindung von Erzvätern und
    Exodus. Ein Gespräch mit neueren Endredaktionshypothesen, in: J.C. Gertz, K.
    Schmid u. M. Witte (Hgg.), Abschied (s. Anm. 3), 119-156.
22 Neben den Arbeiten Blums zeigt das schon eine Gegenüberstellung der wenigen dtr
    Passagen, die Noth im Exodusbuch erkannt hatte, und der Analysen zur Moseberu-
    fung, Einsetzung von Passa- und Mazzotfest, Wüstenwanderung und Sinaiperikope
    durch A. Reichert, Der Jehowist und die sogenannten deuteronomistischen Erweite-
    rungen im Buch Exodus, Diss. theol. (masch.), Tübingen 1972; zur Bundestheologie
    in der Sinaiperikope durch L. Perlitt, Bundestheologie im Alten Testament, WMANT
    36, 1969, 156-238; zur Sinaiperikope durch E. Zenger, Die Sinaitheophanie. Untersu-
    chungen zum jahwistischen und elohistischen Geschichtswerk, FzB 3, 1971; zu Mose
    als Fürbitter in Ex 5; 15; 32-34 E. Aurelius, Der Fürbitter Israels. Eine Studie zum
    Mosebild im Alten Testament, CB.OT 27, 1988. Die genannten Arbeiten stehen sämt-
    lich im Rahmen der These Martin Noths. Auf den Kopf (oder – je nach Sichtweise –
    auf die Füße) wird die These bei Martin Rose gestellt, der sich um den Nachweis
    bemüht, daß die nichtpriesterschriftliche Darstellung der Wüstenwanderung die er-
    zählerische Ausgestaltung von Dtn 1-3 ist, womit sich die Möglichkeit eröffnet, die
    nichtpriesterschriftliche Erzählung des Tetrateuch insgesamt als eine rückwärts
    schreitende (nach-dtr) Erweiterung des deuteronomistischen Geschichtswerks zu
    beschreiben. Vgl. M. Rose, Deuteronomist und Jahwist. Untersuchungen zu den Be-
    rührungspunkten beider Literaturwerke, AThANT 67, 1981.
23 Vgl. zu diesem Punkt auch K. Schmid, Deuteronomium (s. Anm. 3), 194f.
24 Nimmt man die Beobachtung auf, daß sich gerade im Exodusbuch breite Spuren
    einer sprachlichen und inhaltlichen Orientierung an dem in sich tief geschichteten
    Deuteronomium aufzeigen lassen, und bedenkt man ferner die Argumente für eine
    weitgehend von der Genesis unabhängige Überlieferung der nichtpriesterschriftli-
    chen Exoduserzählung (vgl. dazu ausführlich K. Schmid, Erzväter und Exodus. Un-
    tersuchungen zur doppelten Begründung der Ursprünge Israels innerhalb der Ge-
    schichtsbücher des Alten Testaments, WMANT 81, 1999, ferner die knappen An-
    deutungen bei J.C. Gertz, Tradition und Redaktion. Untersuchungen zur Endredak-
    tion des Pentateuch, FRLANT 186, 2000, 380-388, sowie die Diskussion in J.C. Gertz,
    K. Schmid u. M. Witte [Hgg.], Abschied [s. Anm. 3]; T.B. Dozeman u. K. Schmid
    [Hgg.], A Farewell to the Yahwist? The Composition of the Pentateuch in Recent Eu-
    ropean Interpretation, SBL Symposium Series 34, 2006), so könnte das deuterono-

natürlichen Anfangsstellung heraus, und es muß ernsthaft erwogen werden, ob es sich wirklich nur um die Einleitungsreden zum deuteronomistischen Geschichtswerk gehandelt haben kann. Die Überprüfung dieses Postulats setzt mit den von Noth zur Stützung seiner These angeführten Textbeobachtungen zu Dtn 1-3 ein.

3. Die Textbeobachtungen Noths und ihre Auswertung

Was die Feststellung anbelangt, Dtn 31,1ff. knüpfe dem Wortlaut und der Sache nach an Dtn 3,23-29 an, so wird man Noth nicht so verstehen dürfen, daß Dtn 1-3; 31-34 und Jos 1 einen ursprünglich zusammenhängenden Textblock dargestellt haben, in den das Dtn erst nachträglich hineingerückt wurde[25]. Ist dies erkannt, dann verliert die notierte Anknüpfung ganz erheblich an argumentativem Gewicht für Noths These – von literarhistorischen Differenzierungen innerhalb der genannten Texte einmal ganz abgesehen.

Im Grunde genommen läßt sich nämlich nur folgendes feststellen: Der Schluß der Rede in Dtn 3,23-29 erinnert daran, daß Jhwh sich trotz inständigen Bittens weigerte, Mose mit ins Land ziehen zu lassen, und statt dessen die Einsetzung Josuas zum Nachfolger befahl. Dies verlangt eine entsprechende Mitteilung darüber, wie Jhwhs Willen genüge getan wird. Die Mitteilung erfolgt in Dtn 31-34 mit der Erzählung von der Einsetzung Josuas durch Mose, dessen Blick ins Land und seinem anschließenden Tode. Daß Dtn 31,1ff. seinerseits die Einleitungsrede in Dtn 1-3 voraussetzt, wird man hingegen nicht mit Bestimmtheit sagen können. Zumindest läßt sich eine deuteronomistische Grundschicht von Dtn 31-34 (31,1.2a.7f.; 34,1-6*)[26] vermuten, die zwar eng mit Jos 1,5f. verbunden ist, jedoch erst in Nachträgen explizit auf den Redeschluß in 3,23-29 Bezug nimmt: Mose weiß, daß er zu alt ist, um das Volk bei der Eroberung des Landes zu führen (31,1.2a). So setzt er Jo-

---

mistische Geschichtswerk resp. eines der deuteronomistischen Geschichtswerke durchaus mit der in das Werk aufgenommenen älteren nichtpriesterschriftlichen Exoduserzählung begonnen haben.

25 So vor allem G. von Rad, Das fünfte Buch Mose. Deuteronomium, ATD 8, 1964, 33, und T. Veijola, Principal Observations on the Basic Story in Deuteronomy 1-3, in: M. Augustin u. K.D. Schunk (Hgg.), „Wünschet Jerusalem Frieden", BEAT 13, 1988, 249-259, 253-255. Vgl. dazu L. Perlitt, Deuteronomium, BK V/1-3, 1990, 33f.; Kratz, Ort (s. Anm. 4), 110.

26 Vgl. dazu und zum folgenden Kratz, Ort (s. Anm. 4), 102ff. Der hier gewählte Ausdruck „deuteronomistische Grundschicht" ist insofern nicht ganz präzise, als ihr für 31,1-6* sehr wahrscheinlich eine vordtr Darstellung von Moses Tod vorgelegen hat. Vgl. Kratz, Komposition, 286ff. (s. Anm. 3); Gertz, Mose (s. Anm. 3), 7-10.

sua zum Nachfolger ein (31,7f) und stirbt, nachdem Jahwe ihm einen
Blick ins Land gewährt hat (34,1-6). Die hierfür notwendigen Informationen – Moses Tod außerhalb des Landes und Josuas Führung bei der
Landnahme – entstammen Dtn 34,5* und den Erzählungen des Josua-
buches. Daß Josua auf Geheiß Jahwes eingesetzt wird, woran Dtn 3,28
schon mal mit Blick auf Jos 1,6 im Lichte von Num 27,12f. „erinnert",
weiß dagegen erst ein späterer Ergänzer und trägt dies in 31,3-6 mit-
samt der Reminiszenz an den Sieg über die Amoriterkönige nach.

Noths zweite Textbeobachtung galt der Diktion von Dtn 1-3, durch
die sich die erste Einleitungsrede ganz erheblich von den paränetischen
Reden in Dtn 5-11 unterscheidet. Das ist unstrittig, auch wenn die Erinnerung als „Paradigma einer Unglaubens- oder Glaubens-, einer Un-
heils- oder Heilsgeschichte"[27] immer auch einen paränetischen Zun-
genschlag hat. Nun wird man die unterschiedliche Diktion vor einer
redaktionsgeschichtlichen Auswertung daraufhin zu befragen haben,
welche Funktion sie in ihrem literarischen Kontext hat. Ich werde darauf zurückkommen. Hier genügt der Hinweis, daß es ungeachtet der
Unterschiede zu den paränetischen Reden in Dtn 5-11 auch nicht recht
gelingen will, Dtn 1-3 aufgrund seiner Diktion den anderen Deutereden
innerhalb des deuteronomistischen Geschichtswerks gleich an gleich an
die Seite zu stellen. Eine Rede, deren Gegenstand eine Nacherzählung
von Begebenheiten ist, die der Redner und seine Hörer gemeinsam
erlebt haben, stellt auch im Deuteronomismus ein „singuläre[s] stilistische[s] Phänomen"[28] dar.

Noths dritte Textbeobachtung bezog sich auf die Auswahl der
Themen in Dtn 1-3. Nach Noth läßt sie eine Orientierung am weiteren
Verlauf des deuteronomistischen Geschichtswerks erkennen. Für Noth
hatte dies, wie mir scheint, von allen an Dtn 1-3 gewonnenen Argumenten den größten Stellenwert, doch schon eine knappe Überprüfung
der wichtigsten Einzelbeobachtungen zeigt die Ambivalenz des Befundes: 1. Nach Noth wird die Landnahme der ostjordanischen Stämme in
Dtn 1-3 mit Blick auf Jos 1,12-18 und ihre Beteiligung an der Eroberung
des Westjordanlandes geschildert. Daß hier ein Verweiszusammen-
hang besteht, ist unstrittig. Zu bedenken ist aber, daß Jos 1,12-18 kaum
mit Notwendigkeit zum Grundbestand dieses Kapitels gehört und damit nicht für das Erzählinteresse der ersten deuteronomistischen Land-
nahmeerzählung in Anspruch genommen werden kann[29]. 2. Die breite
Aufnahme der Kundschafterepisode in Dtn 1,19-46 erklärt sich nach

---

27   Perlitt, Deuteronomium (s. Anm. 25), 31.
28   A.a.O., 27.
29   Vgl. V. Fritz, Das Buch Josua, HAT I/7, 1994, 30f. Anders jedoch M. Noth, Das Buch
      Josua, HAT I/7, 1953, 27.

Noth vor allem damit, daß sie eine Begründung dafür liefert, warum die Landnahme von Osten (statt wie zu erwarten von Süden her) stattgefunden hat. Doch dieses Erzählziel hat bereits in der nichtpriesterschriftlichen Kundschaftererzählung in Num 13-14 ein Vorbild. Es handelt sich mithin um kein genuin deuteronomistisches Erzählinteresse. Mehr noch, eine derartige Erklärung ist eigentlich nur dann notwendig, wenn die Situierung des Deuteronomiums am Vorabend der Landnahme, die späteren Landnahmeerzählungen in Jos 1-12 und die Erzählungen von der Wüstenwanderung im Buch Numeri in Übereinstimmung gebracht werden sollen. 3. Daß die Rede mit dem Aufenthalt der Israeliten am Gottesberg beginnt, verdankt sich nach Noth dem Bedürfnis nach einem markanten Einsatzpunkt für das deuteronomistische Geschichtswerk. Auch hier sind Bedenken angebracht. Die Wahl des markanten Erzähleinsatzes verschärft nämlich die Schwierigkeiten, die daraus entstehen, daß im weiteren Verlauf der „Erzählung des Deuteronomiums" die Gesetzesverkündigung am Sinai bzw. Horeb und in Moab mühsam koordiniert werden müssen. Ganz anders stellt sich der Befund dar, wenn die Notwendigkeit zur Koordination von Gesetzesverkündigung am Sinai bzw. Horeb und in Moab dem Verfasser von Dtn 1-3 durch den vorfindlichen literarischen Kontext vorgegeben ist. In diesem Fall ist die geographische wie literarische Verbindung von Gottesberg und Moab eines der Zentralthemen der Rede.

4. Dtn 1-3 als *relecture*

Bekanntlich finden sich die Erzählungsstoffe von Dtn 1-3 beinahe sämtlich auch in Num 11-32[30]. Eine treffende Charakterisierung der gravierenden Unterschiede zwischen beiden Textbereichen und die zwingende literarhistorische Schlußfolgerung hat Lothar Perlitt vorgelegt: Im Numeribuch sind die Erzählstoffe „verstreut, ungeordnet, mit legislativem Material vermischt, in mehrere nicht-dtr Schichten eingebettet und schließlich priesterschriftlich arrondiert. In Dtn 1-3 dagegen sind sie literarisch komprimiert, geographisch orientiert, in der Redeform aneinander adaptiert und theologisch einheitlich akzentuiert. Wenn literarischer Vergleich überhaupt einen Sinn hat, dann gilt: das

---

30   Die Ausnahme ist – neben den antiquarischen Notizen – der zumeist als Nachtrag bewertete Abschnitt Dtn 2,18-23*. Vgl. (mit leicht abweichenden Abgrenzungen der Redaktion) Perlitt, Deuteronomium (s. Anm. 25), 146ff.; T. Veijola, Das 5. Buch Mose. Deuteronomium. Kapitel 1,1-16,17, ATD 8/1, 2004, 54ff. Anders Heckl, Moses Vermächtnis (s. Anm. 4), 265-269, der in dem Abschnitt lediglich die antiquarischen Notizen in Vv. 10-12.20-23 als redaktionell ansieht.

Ungeordnete geht dem Geordneten voraus, die Vielfalt der Formen deren Vereinheitlichung voraus – etc."[31] In der Tat ist mit der Mehrheit der Forschung mit literarischer Abhängigkeit zwischen beiden Texten zu rechnen, wobei Dtn 1-3 grundsätzlich als der nehmende Teil anzusprechen ist, wenn auch mit einem gegenläufigen Einfluß von Dtn 1-3 auf jüngere Bearbeitungen der Vorlage im Numeribuch[32]. Insofern könnte man Dtn 1-3 als eine die Materialien ordnende, gleichwohl störende Wiederholung im Verlauf der Pentateucherzählung charakterisieren, um dann vor Dtn 1-3 eine tiefe Zäsur, sprich den Neuanfang

---

31 L. Perlitt, Deuteronomium 1-3 im Streit der exegetischen Methoden, in: N. Lohfink (Hg.), Das Deuteronomium. Entstehung, Gestalt und Botschaft, BEThL 68, 1985, 149-163, 160f., wiederabgedruckt in: ders., Deuteronomium-Studien, FAT 8, 1994, 109-122, 120.

32 Die literarischen Verhältnisse in Num 13-14 sind komplex und können weder für sich noch im Verhältnis zu Dtn 1-3 *en passant* gelöst werden. Für unsere Fragestellung ist es hinreichend, die obigen Ausführungen zur wechselseitigen literarischen Beziehung wie folgt zu präzisieren: Num 13-14 vereint nichtpriesterschriftliche und p-artige Anteile, wobei die Existenz der Pentateuchquellen (einschließlich P) für Num 13-14 zumeist und wohl zu recht bestritten wird. Auffälligerweise bezieht sich Dtn 1-3 in seinem Grundbestand nicht auf die p-artigen Passagen. Will man nun nicht unterstellen, der Verfasser von Dtn 1-3 habe Quellenscheidung in Num 13-14 getrieben und mit sicherer Hand die Analysen der späteren Literarkritik vorweggenommen, dann hat er wohl nur den nichtpriesterschriftlichen Teil, in welcher Gestalt auch immer, vorgefunden. Dieser an sich eindeutige Befund wird freilich dadurch verkompliziert, daß die nichtpriesterschriftlichen Passagen in Num 13-14 an die p-artigen Texte anknüpfen. Für eine Klärung dieses Befundes bieten sich Modelle an, die mit einer dritten Textgröße rechnen. So stellt Erhard Blum fest: „Obschon die Grenzen einer diachronen Analyse in Nu 13f. nicht zu übersehen sind, dürfte auch bei der Kundschafterüberlieferung die Annahme einer Art ‚reziproken' Zusammenhangs zwischen Deuteronomium (DtrG) und KD in Numeri dem komplexen Befund am ehesten gerecht werden. Danach greift der DtrG-Text in relativ freier Gestaltung und mit neuen Gewichtungen die ältere Erzählüberlieferung auf, die ihrer Substanz nach Nu 13f. zugrunde liegt, hier aber nun weitergeführt ist durch die D-Komposition, welche ihrerseits (schon) die dtr Rekapitulation kannte" (Blum, Pentateuch [s. Anm. 21], 180f.). Durchaus vergleichbar ist der Lösungsvorschlag von Eckart Otto. Danach beruht Dtn 1,19-46 auf einer älteren Kundschaftererzählung, die auch in Num 13-14 integriert worden ist, wobei die dafür verantwortliche Redaktion zugleich Dtn 1,19-46 überarbeitet hat (vgl. E. Otto, Deuteronomium [s. Anm. 3], 12-109; ferner R. Achenbach, Die Erzählung von der gescheiterten Landnahme von Kadesch Barnea [Numeri 13-14] als Schlüsseltext der Redaktionsgeschichte des Pentateuch, ZAR 9 [2003], 56-123). Ein Blick auf die von Otto (re-)konstruierte ältere Kundschaftererzählung zeigt indes, was ohnehin kaum anders zu erwarten ist: Die Kundschaftererzählung ist sowohl durch ihre Handlungsträger Mose und Kaleb als auch durch die angesprochenen Themen Landnahme und Wüstenaufenthalt „ganz Israels" auf einen größeren, und zwar „hexateuchischen" Erzählzusammenhang bezogen. Letzteres ist für das im folgenden entfaltete Verständnis von Dtn 1-3 als *relecture* entscheidend.

eines Literaturwerkes zu erkennen[33]. Doch der auf den ersten Blick durchaus treffende Eindruck einer Zäsur verdankt sich eher dem Kolophon in Num 36,13 und den nachträglichen Erweiterungen von Dtn 1,1-5 zur Buchüberschrift[34], die jeweils im Kontext der Büchertrennung innerhalb des Pentateuch stehen. Sieht man hiervon einmal ab, dann wird der Eindruck einer störenden Wiederholung des Erzählverlaufs durch Dtn 1-3 allein schon durch die Stilisierung der Kapitel als erinnernde Rede des Mose innerhalb der Erzählung des Buches durchbrochen[35]: Im Verlauf der Pentateucherzählung stellt der anonyme Erzähler im Numeribuch zunächst die Ereignisse auf der Wüstenwanderung dar, um dann in Dtn 1-3 von einer Rede des Mose zu berichten, in der dieser auf eben diese Ereignisse deutend zu sprechen kommt. So erinnert innerhalb der Buchwelt der zitierte Mose seine Zuhörer an Dinge, die er mit ihnen gemeinsam erlebt hat. Auf diese Weise deutet Mose, so der Bucherzähler, seinen Zuhörern ihre Geschichte. Der anonyme Erzähler des Buches wendet sich dagegen an seine Leser. Und wie der zitierte Mose bei seinen Zuhörern die Erinnerung an gemeinsam Erlebtes voraussetzen kann, so kann der Bucherzähler bei seinen Lesern offenkundig auf Textkenntnis rekurrieren[36].

Somit bricht sich die Charakterisierung von Dtn 1-3 als Dublette, Wiederholung oder dergleichen schon an der gewählten eigenwilligen Kommunikationsform des Abschnitts[37]. Mit einer Formulierung von Jean-Pierre Sonnet kann man das Deuteronomium im allgemeinen und Dtn 1-3 im besonderen bezeichnen als „an act of communication about

---

33   So die bekannte Einschätzung Julius Wellhausens: „Denn Kap. 1-4 hat offenbar nicht den Zweck, an die vorhergehende Erzählung anzuknüpfen, vielmehr sie ausführlich zu recapituliren, d. h. zu ersetzen" (J. Wellhausen, Composition des Hexateuchs und der historischen Bücher des Alten Testaments, [3]1899 [unveränd. Nachdr. [4]1963], 193).

34   Zur literarischen Schichtung in Dtn 1,1-5 (und zu ihren Schwierigkeiten) vgl. Perlitt, Deuteronomium (s. Anm. 25), 1-24.

35   Vgl. hierzu J.P. Sonnet, The Book within the Book. Writing in Deuteronomy, Biblical Interpretation Series 14, 1997, 9ff.; ferner die Überlegungen zu den verschiedenen „Stimmen" und Kommunikationsebenen im Deuteronomium in N. Lohfink, Die Stimmen in Deuteronomium 2, BZ 37 (1993), 209-235; ders., Narrative Analyse von Dtn 1,6-3,29, in: E. Blum (Hg.), Mincha, FS R. Rendtorff, 2000, 121-176, bes. 123ff. Allerdings würde ich den Blick auf die Pentateucherzählung gegenüber der abschließenden Büchertrennung stärker betonen und von einer ausführlichen Exposition eines Buches im Buch sprechen.

36   Vgl. dazu auch N. Lohfink, Darstellungskunst und Theologie in Dtn 1,6-3,29, Bibl 41 (1960), 105-134, 107ff., wiederabgedruckt in: ders., Studien zum Deuteronomium und zur deuteronomistischen Literatur I, SBAB 8, 1990, 15-44, 16ff.

37   So schon richtig erkannt von A. Dillmann, Die Bücher Numeri, Deuteronomium und Josua, KeH 13, [2]1886, 228ff., woran jüngst Kratz, Ort (s. Anm. 4), 109, erinnert hat.

an act of communication"[38]. Sinnvoller und mit Hinblick auf die literar-historische Bewertung weniger präjudizierend erscheint es daher, das Verhältnis des Rezeptionstextes Dtn 1-3 zu seinem Bezugstext im Numeribuch als *relecture* zu beschreiben. Dabei orientiere ich mich für das Modell der *relecture* an Präzisierungen, die Andreas Dettwiler am Beispiel der johanneischen Abschiedsreden aufgestellt hat[39]: *Relecture* ist ein intertextuelles Phänomen, in dem ein Rezeptionstext einem Bezugstext so zugeordnet ist, daß der Rezeptionstext auf den Bezugstext aufbaut, ihn weiterentwickelt und dabei neues Licht auf den Bezugstext wirft. So entsteht ein neues Gesamtverständnis, das eine diachrone Geschichte der Textentwicklung voraussetzt und zugleich ein neues synchron-kopräsentes Verhältnis darstellt. Dabei setzt der Rezeptionstext das im Bezugstext Entwickelte als grundsätzlich weiterhin gültig voraus. Der Rezeptionstext ist dementsprechend von vornherein als ein solcher konzipiert worden.

Die Anwendung des skizzierten Modells auf Dtn 1-3 gelingt problemlos. Im Kontext des Pentateuch ist die Erzählung von der Wüstenwanderung in der erinnernden Rede des Mose ko-präsent, so daß wir hier gut von einem Fall von Intertextualität sprechen können. Dabei läßt sich das Verhältnis von Bezugs- und Rezeptionstext aus synchroner wie diachroner Perspektive betrachten: Als Teil der Pentateucherzählung können und sollen beide Texte in synchroner Lesart zusammengeschaut werden, eben als ein Ereignis und seine Deutung. Unverkennbar stehen dabei die Aussagegehalte der beiden Texte in einem Verhältnis gegenseitiger Beeinflussung und Bedingung. Der Rezeptionstext setzt den Bezugstext eindeutig voraus, und sei es nur, weil er sich explizit als Erinnerung an das im Bezugstext geschilderte Geschehen ausgibt. Darin wirft der Rezeptionstext aber zugleich ein Licht zurück auf das Verständnis seines Bezugstextes. Es ist eben ein Unterschied, ob die Erzählung von der Wüstenwanderung im Numeribuch allein auf die Einnahme des Ostjordanlandes und den Tod des Mose

---

38 Sonnet, Book (s. Anm. 35), 1.
39 Vgl. A. Dettwiler, Die Gegenwart des Erhöhten. Eine exegetische Studie zu den johanneischen Abschiedsreden (Joh 13,31 - 16,33) unter besonderer Berücksichtigung ihres Relecture-Charakters, FRLANT 169, 1995, 46-52. Dettwiler, der seinerseits stark von O.H. Steck, „Prophetische Prophetenauslegung" (1993), in: ders., Die Prophetenbücher und ihr theologisches Zeugnis, 1996, 127-204, beeinflusst ist, weist ferner darauf hin, daß die Frage nach dem „Autor" zweitrangig ist, insofern die *relecture* „autograph" oder „allograph" sein kann. Dieses Merkmal von *relecture* ist bei Dettwiler stark auf die Frage nach einer johanneischen Schule gemünzt und kann hier unberücksichtigt bleiben. Immerhin wird man angesichts des literarischen Befundes sagen können, daß die *relecture* in Dtn 1-3 gegenüber den Erzählungen im Numeribuch im Kern „allograph" ist.

hinausläuft oder ob sich in ihr Mose, die Israeliten und die Leser Schritt für Schritt dem Ort der vollständigen Bekanntgabe von Jhwhs Rechtswillen nähern. Zugleich ist das Verhältnis von Bezugstext und Rezeptionstext diachron zu betrachten, wie die einschlägigen Bemerkungen Perlitts deutlich gemacht haben und wie sich aus dem Umstand erhellt, daß der Bezugstext Erweiterungen aufweist, die das Bemühen um eine bessere Abstimmung mit dem Rezeptionstext zu erkennen geben. Sodann setzt der Rezeptionstext das im Bezugstext Entwickelte eindeutig als weiterhin gültig voraus. Hierfür spricht, daß Dtn 1-3 von der Erzählung des anonymen Erzählers in eine von diesem zitierte Rede wechselt. Der Perspektivenwechsel stellt innerhalb der Pentateucherzählung klar, daß es sich um keine Dublette und auch um keinen Ersatz handelt. Auch hat der Verfasser von Dtn 1-3 seine Anliegen nicht in den Text des Numeribuches eingeschrieben oder – sofern Dtn 1-3 ein neues Literaturwerk eröffnen sollte – den Inhalt der älteren Erzählung einfach ausgelassen. Schließlich zeigt schon die gewählte Form einer vom Bucherzähler zitierten Erinnerungsrede des Mose, daß der Rezeptionstext von Anfang an als ein solcher konzipiert worden ist.

Daß mit dem Modell der *relecture* die Rede in Dtn 1,6ff. textgemäß beschrieben ist, läßt sich darüber hinaus vielleicht sogar aus der Redeeinleitung erheben. Hier heißt es in der ganz überwiegend als Nachtrag bewerteten Notiz Dtn 1,5[40]: „Jenseits des Jordans, im Lande Moab, begann Mose, diese Tora zu erklären (באר pi.)". Für unseren Zusammenhang gleichermaßen wichtig wie philologisch schwierig zu erheben ist die Bedeutung von באר[41]. Bevorzugt man im Anschluß an Qumran (1QDM 2,8) und die antiken Versionen die traditionelle Übersetzung von באר mit

---

40   Vgl. statt vieler Perlitt, Deuteronomium (s. Anm. 25), 20. Die Bestreitung dieser Einschätzung durch Heckl, Moses Vermächtnis (s. Anm. 4), 68ff., hängt wesentlich an seiner These, mit את־התורה הזאת in V. 5 sei das im folgenden zitierte Wort Jahwes in Vv. 6-8 gemeint, das es zu erklären gelte. Dieser Vorschlag vermag jedoch nicht zu überzeugen. Weder bedarf der eindeutige Aufbruchsbefehl einer Erklärung (die im übrigen auch nicht erfolgt), noch wird תורה im AT sonst für eine situationsbezogene Aufforderung gebraucht und schließlich bezeichnet את־התורה הזאת im Deuteronomium stets das Ganze der Gebote und Gesetze. So mit E. Blum, Pentateuch – Hexateuch – Enneateuch (s. Anm. 5), MS Anm. 54.

41   Zur Diskussion vgl. Perlitt, Deuteronomium (s. Anm. 25), 22f. (mit der Übersetzung „deutlich lehren", „[rechtswirksam] bezeugen" sowie einer ausführlichen Zurückweisung des zuletzt von S. Mittmann, Deuteronomium 1,1-6,3 literarkritisch und traditionskritisch untersucht, BZAW 139, 1975, 14f., vorgeschlagenen Übersetzung mit „schreiben, aufzeichnen"); Sonnet, Book (s. Anm. 35), 29-32 („make explicit, expound"); G. Braulik/N. Lohfink, Deuteronomium 1,5 באר את־התורה הזאת: „er verlieh dieser Tora Rechtskraft", in: K. Kiesow u. T. Meurer (Hgg.), Textarbeit. Studien zu Texten und ihrer Rezeption aus dem Alten Testament und der Umwelt Israels, FS P. Weimar, AOAT 294, 2003, 35-51 (mit dem im Aufsatztitel genannten Übersetzungsvorschlag).

„erklären, auslegen", so wird man in Dtn 1,5 einen Rückbezug auf einen
vorausgehenden Zusammenhang erkennen wollen: Der Bucherzähler
definiert Moses im Fortgang zitierte Rede (לאמר), also „das paränetisch
und historisch gerahmte ‚Gesetz'"[42], als Auslegung[43]. Bezeichnet der
Kommentar des Bucherzählers in Dtn 1,5 folglich auch die historische
Erinnerung in Dtn 1,6-3,29 als Auslegung, so kommt das in Verbindung
mit der gewählten Kommunikationsform unserem Begriff von *relecture*
doch recht nahe[44]. Freilich ist dieses Verständnis von Dtn 1,5 nicht
unumstritten. Wird mit Blick auf die weitere Erwähnung der Tora oder des
Buches der Tora im Deuteronomium der autoreferentielle Charakter der
Wendung את־התורה הזאת betont, dann legt sich im Rückgriff auf die
beiden übrigen Belege von באר in Dtn 27,8; Hab 2,2 und auf das akkadische *bâru* eine explikative Funktion des Verbs mit der Grundbedeutung
„etwas deutlich tun" nahe[45]. Das nachbiblisch eindeutig belegte Verständnis von באר im Sinne von „auslegen" wird hingegen auf eine Lesung von
Dtn 1,5 im kanonischen Torakontext zurückgeführt[46]. Mit der Übersetzung
„Mose begann diese Tora deutlich darzulegen" bietet Dtn 1,(1-)5 dann „so
etwas wie einen ‚integrierten Titel' für das den Lesern vorliegende Buch,
und gibt damit zugleich an, um welche Art von Buch es sich handelt: um
eine ‚Tora', d.h. ‚Lehre'"[47]. Diese Sicht hat immerhin für sich, daß Dtn 1,5
durchaus im Rahmen der Ausgestaltung von Dtn 1,1-5 zur Buchüberschrift
des Deuteronomiums (nicht eines deuteronomistischen Geschichtswerks!)
hinzugefügt worden sein könnte. Doch auch in diesem Fall erweist sich das
Verständnis von Dtn 1-3 als *relecture* durchaus als textgemäß, insofern es
ausweislich des nachbiblischen Verständnisses von באר selbst die Büchertrennung innerhalb des Pentateuch „überlebt" hätte.

Nun setzt das Modell der *relecture* nicht notwendig voraus, daß es sich
um einen Rezeptionsvorgang innerhalb ein und desselben „Buches"
handelt. Denkbar sind auch Rezeptionsvorgänge, die zur Abfassung

---

42 Perlitt, Deuteronomium (s. Anm. 25), 24.

43 Zu dieser Bedeutung von Dtn 1,5 für das (Selbst-)Verständnis des Deuteronomiums
    vgl. auch E. Otto, Deuteronomium (s. Anm. 3), 173f.; K. Schmid, Deuteronomium (s.
    Anm. 3), 199f.

44 Hiergegen läßt sich nicht einwenden, daß die vorangehende Gesetzgebung (vgl.
    aber Ex 24,12), insbesondere die Verbindung von „Geschichte" und „Gesetz" in
    (Gen) Ex - Num, erst spät und dann ausschließlich in Verbindung mit dem Deutero-
    nomium unter den Begriff תורה subsumiert worden ist. Entscheidend für das Ver-
    ständnis von Dtn 1,5 ist, daß sich der vorliegende Textzusammenhang von Deutero-
    nomium und Pentateuch alle Mühe gibt, (1.) die sachliche Übereinstimmung des
    deuteronomischen Gesetzes mit der Sinaigesetzgebung zu betonen und (2.) das
    Deuteronomium zur Auslegung der in der Leserichtung des Pentateuch vorange-
    henden Offenbarung zu erklären.

45 So Blum, Pentateuch – Hexateuch – Enneateuch (s. Anm. 5), Abschnitt III (mit Hin-
    weis auf Perlitt, Deuteronomium [s. Anm. 25], 22f.).

46 Vgl. Blum, a.a.O.

47 Ebd.

einer neuen Schrift führen, so etwa im Fall des Chronistischen Geschichtswerks (aus Gen-II Reg), des Jubiläenbuchs (aus Gen-Ex) oder
der Tempelrolle (aus Dtn). Freilich ist bei diesen Rezeptionsvorgängen
nicht immer ganz klar, inwieweit sich der Rezeptionstext seinerseits so
auf das Verständnis des Bezugstextes auswirkt, daß von einer neuen
„Sinntotalität"[48] im Sinne des geschilderten Modells von *relecture*
gesprochen werden kann[49]. Immerhin wird deutlich, daß für ein
angemessenes Verständnis eines Rezeptionstextes die Frage, ob es sich
um eine buchinterne oder buchexterne Fortschreibung handelt, von
eher untergeordneter Bedeutung ist. Ich möchte die weiterhin offene
Frage für Dtn 1-3 trotzdem stellen und frage in entstehungsge-
schichtlicher Perspektive nach der Funktion der Einleitungsrede.

5. Der literarhistorische Ort der *relecture* in Dtn 1-3

Dtn 1-3 ist eine mit großer Sorgfalt komponierte Rede, in der Darstellungskunst und geschichtstheologisches Interesse aufs schönste vereint
sind[50]. Kontur gewinnen Theologie und kompositorische Idee nicht
zuletzt im Vergleich mit den erinnerten Texten des Numeribuches. Für
die entstehungsgeschichtliche Frage ist indes allein maßgeblich, ob sich
für Dtn 1-3 plausibel machen läßt, daß die Kapitel von vornherein der
Einbindung des Deuteronomiums gedient haben. Einen ersten Hinweis
darauf ergab sich für uns schon aus der kritischen Sichtung der von
Noth beigebrachten Argumente für die Alternative des literarischen
Neueinsatzes in Dtn 1-3: Noths These vom recht unvermittelten Einsatz
eines eigenständigen Geschichtswerkes mit einer Moserede im Ostjordanland bei gleichzeitig vorausgesetzter Textkenntnis der Erzählungen
von der Wüstenwanderung im Numeribuch steht die Beobachtung entgegen, daß sich Dtn 1-3 völlig nahtlos in den vorangehenden Erzählverlauf einfügt. Auffällig ist ferner, daß die Textbezüge von Dtn 1-3 zum
Josuabuch stets als Einbindung des Dtn in den Erzählverlauf gewertet
wurden. Mit Blick auf die vorangehende Erzählung wird genau dies
aber verneint, wobei man gerne übersieht, daß die Textbezüge von Dtn

---

48   Dettwiler, Gegenwart (s. Anm. 39), 47.
49   Vgl. für das Chronistische Geschichtswerk R.G. Kratz, Die Suche nach der Identität
     in der nachexilischen Theologiegeschichte. Zur Hermeneutik des chronistischen Ge-
     schichtswerkes und ihrer Bedeutung für das Verständnis des Alten Testaments, in: J.
     Mehlhausen (Hg.), Pluralismus und Identität, VWGTh 8, 1995, 279-303.
50   Vgl. dazu besonders Lohfink, Darstellungskunst (s. Anm. 36), 105-134 (= SBAB 8, 15-
     44); Perlitt, Deuteronomium (s. Anm. 25), 26ff. Ferner für den Einzelaspekt der
     „Wüste" R. Gomes de Araújo, Theologie der Wüste im Deuteronomium, ÖBS 17,
     1999.

1-3 nach vorn und nach hinten gleich intensiv sind. Eine unterschiedliche Bewertung der Textbezüge – Verbindung mit dem Josuabuch und zugleich Zäsur gegenüber dem Numeribuch – ist aber nur schwer zu begründen. Sie ist auch deswegen nur schwer zu begründen, weil die immer im Zusammenhang mit Dtn 1-3 gesehene Darstellung von Moses Tod in Dtn 34 aus naheliegenden inhaltlichen Erwägungen häufig mit dem Erzählfaden des Numeribuches in eine literarhistorische Verbindung gestellt wird.

Wichtiger ist indes folgende Überlegung zu den redaktionellen Notwendigkeiten der Einbindung eines ehedem selbständigen Deuteronomiums in den vorliegenden Erzählverlauf. Das grundlegende Problem der Redaktion dürfte doch die sachliche, historische und geographische Koordination des deuteronomischen Gesetzes und seines Rahmens mit der Sinaigesetzgebung und deren szenischer Einbindung gewesen sein. Die sachliche Koordination erfolgt durch die nachträgliche Erweiterung der ursprünglichen Eröffnung des Deuteronomiums (Dtn 4,45*; 5,1aα1; 6,4) um den Dekalog samt Rahmen in Dtn 5,1-6,3[51] – einem Abschnitt, der viele Strukturparallelen zu Dtn 1-3 aufweist: Wieder handelt es sich um eine vom Bucherzähler zitierte Erinnerungsrede des Mose; wieder redet Mose Israel in der 2. Pers. Plur. an und gebraucht dort, wo es sich anbietet, die 1. Pers. Plur.; wieder ruft Mose Ereignisse in Erinnerung, die er gemeinsam mit Israel erlebt hat und die in der vorangehenden Pentateucherzählung geschildert werden, nur daß es diesmal um die Verkündigung des Dekalogs am Horeb geht.

Der Dekalog wird in Dtn 5,1-6,3 also als ein Zitat (genauer als ein Zitat innerhalb der zitierten Rede) eingeführt[52]. Dadurch und mittels

---

51   Die Argumente für die Aussonderung von Dtn 5,1aα2-6,3 sind bekannt (vgl. zuletzt
     Veijola, Deuteronomium [s. Anm. 30], 129 und die dort Anm. 37 genannte Literatur):
     Neben der Anrede Israels im Plural statt der älteren singularischen Anrede ist vor
     allem die Beobachtung zu nennen, daß Dtn 5,1 den Höraufruf שמע ישראל „Höre Is-
     rael" aus Dtn 6,4 vorwegnimmt. Dies und die modifizierte Wiederaufnahme des
     Höraufrufs in 6,3 (ושמעת ישראל), d.h. unmittelbar vor dem שמע ישראל „Höre Is-
     rael" in Dtn 6,4 sprechen recht eindeutig dafür, daß das dazwischenliegende Stück
     Dtn 5,1a* (ab שמע ישראל „Höre Israel") bis einschließlich 6,3 mittels der redaktio-
     nellen Technik der Ringkomposition und der Wiederaufnahme eingeschoben
     wurde. Die gegenüber der Erweiterung um den Dekalog ursprüngliche Redeeinlei-
     tung in Dtn 5,1aα1 „Da rief Mose ganz Israel zusammen und er sprach zu ihnen"
     dürfte also ursprünglich vor Dtn 6,4 gestanden haben. Sehr wahrscheinlich ging ihr
     Dtn 4,45* (ohne ו העדת; vgl. Dtn 26,16) als Buchüberschrift voraus, wobei 4,45*
     später in V.46.47-49 sukzessive fortgeschrieben wurde.

52   Die Frage, ob der Dekalog erst im Zusammenhang mit der Formulierung in Dtn 5
     nach Ex 20 gekommen ist oder ob er bereits vorher in Ex 20 beheimatet gewesen ist,
     kann hier auf sich beruhen.

der Rückschau stellt sich der Abschnitt in ein Verhältnis zu dem literarischen Ort der Erstverkündigung[53]. Dabei scheint die Pointe darin zu liegen, daß der Mose von Dtn 5 Teile des Gesetzes unterscheidet. Das ist zum einen der zitierte Dekalog. Er kann deswegen wie eine bekannte Größe zitiert werden, weil er nach Auskunft des Textes den Hörern der Moserede bereits bekannt ist. Das stellt V.4 heraus und das ist auch die Aussage der V.22ff. Der andere Teil sind diejenigen Ordnungen und Rechtsbestimmungen, die Mose den Israeliten, wie es heißt, heute (Dtn 5,1) angesichts des bevorstehenden Einzugs in das Land (Dtn 6,1) vorlegt. Mit Blick auf den Kontext kann nun kein Zweifel daran bestehen, daß es sich bei diesen Bestimmungen etc. um das eigentliche Gesetzeskorpus, also Dtn 12-26 handelt. Im Unterschied zum Dekalog ist dieser Teil des Gesetzes bislang nur Mose bekannt, nicht jedoch dem Volk. Dies wird in Dtn 5,22-31, und zwar im erinnernden Rückgriff auf die Sinaiperikope klar herausgestellt. Das Volk kennt also den Dekalog, aber noch nicht das Mose allein offenbarte Gesetz[54]. Folgen wir der Diktion der Rede, dann bedeutet diese Unterscheidung, daß Mose im Anschluß an die Mitteilung des Dekalogs noch weitere Gesetze mitgeteilt bekommen hat, ohne diese bislang dem Volk weitergegeben zu haben. Somit sind die folgenden Bestimmungen, deren Mitteilung jetzt angekündigt wird und die ab Dtn 12 dann auch tatsächlich erfolgt, diejenigen Bestimmungen, die Mose bereits empfangen hat. Um welche Bestimmungen es sich dabei handelt, kann nach den Anspielungen des Rahmens auf die vordere Sinaiperikope eigentlich nicht fraglich sein: Es sind die Bestimmungen des Bundesbuches, die bekanntlich auf den Dekalog folgen. Faktisch bedeutet dies, daß das Bundesbuch und seine jüngere Reformulierung, sprich das dtn Gesetz, identifiziert werden. Unterschiede zwischen beiden Texten, die natürlich auch antiken Lesern nicht verborgen geblieben sind, werden dadurch entschärft, daß die erläuternde Bekanntgabe des Bundesbuches erst im Dtn erfolgt. Eine derartige Identifikation von Bundesbuch und Dtn bei Beibehaltung der tatsächlichen Unterschiede und gleichzeitiger Qualifikation beider Gesetze als göttliche Willenskundgebung ist freilich nur dort notwendig, wo beide Rechtskorpora nachträglich in ein und demselben literarischen Kontext zu stehen kommen. Die Erinnerung an die Bekanntgabe des Dekalogs in 5,1-6,3 steht also im Kontext der Einbindung des Dtn in den vorliegenden Erzählfaden.

---

53 Vgl. hierzu die in die gleiche Richtung gehenden Überlegungen bei Kratz, Ort (s. Anm. 4), 115f.

54 Aus dieser Vorstellung fallen lediglich Dtn 5,5* (außer לֵאמֹר) und wohl auch 5,32f. heraus. Weitere Nachträge liegen in 5,24b.26 vor. Zu 5,3 s.u. Anm. 58.

Die in Dtn 5,1-6,3 vorausgesetzte und für die Einbindung des Deuteronomiums in den vorliegenden Erzählverlauf schlicht notwendige
historisch-geographische Koordination von Sinaigesetzgebung und
deren Bekanntgabe „jenseits des Jordan im Tal, Bet-Peor gegenüber"
erfolgt hingegen in Dtn 1-3. Der Bucherzähler lokalisiert Moses Rede
und damit die Bekanntgabe der Tora exakt dort, wo die in Dtn 1-3 erinnerten Geschehnisse der Wüstenwanderung enden. Die Rede selbst
setzt mit dem Aufbruch vom Horeb ein. Sie führt dann ihrerseits zum
Endpunkt der Erzählungen von der Wüstenwanderung und der Lokalisierung der Rede durch den Bucherzähler, wobei die Angabe „jenseits
des Jordan, im Lande Moab" (Dtn 1,1*) jetzt präzisiert wird durch die
Angabe „im Tal, Bet-Peor gegenüber" (Dtn 3,29). Der Bucherzähler
greift in Dtn 4,46 wiederum explizit auf diese Lokalisierung zurück, um
dann eine zweite Moserede einzuleiten, die auf die Ereignisse am Horeb rekurriert: „jenseits des Jordan im Tal, Bet-Peor gegenüber". Daß
Mose in Dtn 5 exakt dort steht, wo er vor dem Rückblick auf die Wüstenwanderung bereits in Dtn 1,1 gestanden hat, ist nach alldem kein
Zeichen für die fehlende Kohärenz des Textes: Einerseits verbindet die
erinnerte Wanderung den Gottesberg als Ort des Gesetzes und die Ge-
filde Moabs als Ort seiner auslegenden Bekanntgabe. In dieser Funktion ist die Erinnerung an die Wüstenwanderung unverzichtbar. Andererseits verlangt die Rücksicht auf die Erzähllogik des Deuteronomiums, wonach das dtn Gesetz bereits vom Horeb stammt, daß das Gesetz in Dtn 12-26 unmittelbar auf die Erinnerung an die Bekanntgabe
des Dekalogs folgt. Chronologisch „richtig", d.h. hinter den Horeb eingeordnet, würde die Erinnerung an die Wüstenwanderung diesen Zusammenhang auseinanderreißen und so die wohldurchdachte Koordination von Sinai und Horeb zerstören[55].

Eine Besonderheit der geographischen Angaben in Dtn 1-3, auf die
Raik Heckl aufmerksam gemacht hat, unterstreicht das beschriebene
Darstellungsinteresse[56]. Dtn 1-3 nennt eine Reihe von Stationen, erwähnt insgesamt jedoch nur drei Aufenthaltsorte der Israeliten, und
zwar den Horeb, Kadesch Barnea und das Tal gegenüber von Bet-Peor.
Alle drei Orte sind des näheren als Orte eines Zwischenaufenthalts
beschrieben. Für den Horeb zeigt sich dies an den Rückverweisen auf

---

55   Schon die verschiedenen paränetischen Auffüllungen in Dtn 6ff. und die Erinnerung
      an die hintere Sinaiperikope in Dtn 9-10 verunklaren die Konzeption. Literarhisto-
      risch geurteilt, dürften Dtn 6,5-11,30 gegenüber der Erweiterung des ursprünglichen
      Buchanfangs in Dtn 4,45*; 5,1aα1; 6,4 (mit Fortsetzung in 12,13ff.) um Dtn 1-3*; 5,1-
      6,3* (mit Fortsetzung in 11,31-12,1.8-12*) weitgehend sekundär sein.
56   Vgl. Heckl, Moses Vermächtnis (s. Anm. 4), 354-358, mit Verweis auf P.D. Miller,
      The Wilderness Journey in Deuteronomy. Style, Structure, and Theology in Deutero-
      nomy 1-3, in: B.J. Bergfalk (Hg.), To Hear and Obey, FS F.C. Holmgren, 1997, 50-68.

den Exodus (Dtn 1,27.30) und in der Aufforderung, wieder zum Schilfmeer zurückzugehen (Dtn 1,40). Der Horeb ist somit ein Ort auf dem Weg der Israeliten aus Ägypten, er ist aber ebenso wenig wie Kadesch Barnea oder Bet-Peor das Ziel der Wanderung. Die beiden Außenpositionen, Horeb und das Tal gegenüber von Bet-Peor, sind jeweils die Orte, von denen aus der Aufbruch ins Land erfolgen soll. Doch bekanntlich scheitert der erste Aufbruch ins Land am Ungehorsam Israels in Kadesch Barnea (Dtn 1,19-46), was zunächst die Rückkehr in Richtung Wüste und Schilfmeer zur Folge hat. Von nun an sind die Israeliten 38 Jahre in ständiger Bewegung, bis nach der Verteilung des Ostjordanlandes der Aufenthalt jenseits des Jordan im Tal gegenüber von Bet-Peor beginnt. So „steht der Aufenthalt im Ostjordanland dem Aufenthalt am Horeb als eine Art Neuauflage gegenüber. Das Ostjordanland stellt damit den Zwischenaufenthalt vor der Landnahme dar, wie der Horeb es hätte sein sollen" [57].

Aus alldem folgt nicht nur, daß die *relecture* der Erzählungen von der Wüstenwanderung in Dtn 1-3 zur Einbindung des Deuteronomiums in den vorliegenden Erzählverlauf konzipiert worden ist. Vielmehr wird man den Nachtrag in Dtn 5,1-6,3 und die Grundschicht der Eröffnungsrede in Dtn 1-3 entstehungsgeschichtlich nicht allzu weit voneinander abrücken dürfen, wenn sie nicht sogar ein und derselben Hand zugewiesen werden können[58]. Der breit rezipierte Einwand von Timo Veijola, daß in diesem Fall unerklärlich bliebe, warum der Verfasser erst in Dtn 5, „Jahrzehnte nach dem Aufbruch vom Horeb (1,6.19), plötzlich in einer Rückschau zu den Ereignissen am Horeb zurückkehrte"[59] dürfte sich jedenfalls mit den vorgetragenen Beobachtungen zu Dtn 1-3 ebenso erledigt haben wie die Annahme, daß Dtn 1-3

---

57   Heckl, Moses Vermächtnis (s. Anm. 4), 356.
58   Die Positionierung von Dtn 1-3 und Dtn 5,1-6,3 vor und nach dem ausführlichen Konglomerat von Überschriften in 4,44-5,1 wird man nicht als Argument gegen diese literarhistorische Zuordnung geltend machen können (so Kratz, Ort [s. Anm. 4], 111). Dem Verfasser von Dtn 1-3*; 5,1-6,3* waren lediglich Dtn 4,45* (ohne העדת ו) und die Redeeinleitung in Dtn 5,1aα1 vorgegeben. Dtn 4,46 dient zur Einbindung der Eröffnungsrede (vgl. die Wiederaufnahme von ממצרים בצאתם aus V.45 in V.46), der Rest des Konglomerats ist jüngerer Herkunft. Dtn 4,45f. und 5,1 formulieren innerhalb der Einbindung des Deuteronomiums den erzählerisch notwendigen Einschnitt zwischen dem Rückblick auf die Wüstenwanderung und der Bekanntgabe des Gesetzes. Der Ergänzer von Dtn 4,1-44 hat dies übrigens erkannt und seinen Nachtrag mit einer entsprechenden Notiz vom vorangehenden Teil der Rede abgegrenzt (vgl. Dtn 4,1). Gegen Kratz, a.a.O., 112.115 mit Anm. 63, liegen die Überlegungen zur Generationenfolge in Dtn 1,34ff.; 2,14f.16 und Dtn 5,2f. auf ein und derselben Linie.
59   Veijola, Deuteronomium (s. Anm. 30), 129.

nichts anderes sein kann als die Einleitung eines deuteronomistischen
Geschichtswerks[60].

6. Ausblick: Die Historisierung des Deuteronomiums und des deuteronomischen Gesetzes

Ich schließe mit einer Anmerkung zur Historisierung des Deuteronomiums und des deuteronomischen Gesetzes. In Dtn 1-3* und 5,1-6,3*
wird ein ungeheurer Aufwand betrieben, um das Deuteronomium in
seinen vorfindlichen Erzählzusammenhang einzubinden. Das Ergebnis
ist eine komplexe, gleichwohl weitgehend stimmige Erzählung, in der
in Form von zitierten Erinnerungsreden die Gesetzgebung am Sinai /
Horeb und die erklärende Bekanntgabe des Gesetzes in Moab so koordiniert werden, daß sie in einem literarischen Zusammenhang zu stehen kommen können. Der betriebene Aufwand legt die Vermutung
nahe, daß es sich um den ersten derartigen Versuch einer Koordination
gehandelt hat. Mehr noch, er zeigt deutlich, daß das Deuteronomium,
das sich auch sonst gegenüber seinem jetzigen Kontext sehr sperrig
verhält, kein reiner Fortschreibungstext innerhalb des Pentateuch ist.

Das Deuteronomium ist also mit einiger Sicherheit zunächst für
sich entstanden, und nicht, wie dies jüngst Reinhard G. Kratz erwogen
hat[61], als Fortschreibung seines Kontextes. Mit Dtn 1-3* und 5,1-6,3*
liegt demnach die erste Historisierung des Deuteronomiums und seines
Gesetzes im Sinne der Fiktion einer Gesetzesverkündigung am Vorabend der Landnahme vor. Es handelt sich aber nicht um die erste
Historisierung des deuteronomischen Gesetzes überhaupt: Die Frage,
ob sich hinter dem Gesetzeskorpus in Dtn 12-26* ein ursprünglich reiner Gesetzestext ohne Situierung und Angabe des Sprechers oder ein
anderer Sprecher als Mose verbirgt, mag an dieser Stelle auf sich beruhen[62]. Das mit Dtn 4,45*; 5,1aα1; 6,4 eingeleitete Gesetz hat jedenfalls
eindeutig Mose zum Sprecher und hat die Inbesitznahme des Landes
ebenso eindeutig noch vor sich. Gleichwohl ist der vorfindliche historische Kontext des Deuteronomiums noch nicht vorausgesetzt. Dtn 4,45*

---

60 Entsprechendes gilt auch für die These, wonach Dtn 1-3 die Funktion gehabt hat,
    eine Buchgrenze zu markieren, die eine Zitation des Deuteronomiums als „Tora"
    ermöglicht. Dieser Gedanke kommt erst durch (das Kolophon in Num 36,16 und) die
    Ausgestaltung von Dtn 1,1-5 zur Buchüberschrift im allgemeinen und den nachge-
    tragenen V. 5 im besonderen ins Spiel. Anders Kratz, Ort (s. Anm. 4), 113.

61 Kratz, Komposition (s. Anm. 3), 128f.; ders., Ort (s. Anm. 4), 116ff.

62 Ein knapper Überblick (mit weiterführender Literatur) bei F.-L. Hossfeld, Der Deka-
    log als Grundgesetz. Eine Problemanzeige, in: Kratz u. Spieckermann (Hgg.), FS
    Perlitt (s. Anm. 4), 46-59, 51ff.

spricht lediglich von den Satzungen und Rechten, die Mose den Israeliten bei ihrem Auszug aus Ägypten bekanntgegeben hat. Die Situierung des vorfindlichen Erzählzusammenhangs kommt erst in dem
Nachtrag Dtn 4,46 zur Sprache. Der Vers wird durch die Wiederaufnahme des בצאתם ממצרים aus V.45 eingebunden und trägt die geographischen Vorstellungen von Dtn 1-3 ein (vgl. Dtn 3,29). Er dürfte
folglich im Zusammenhang mit der Vorschaltung von Dtn 1-3 und der
Einbindung des Deuteronomiums in seinen jetzigen Kontext stehen.
Spätere Redaktoren haben dann in V.47-49 die geographischen Vorstellungen von Dtn 1-3 und 4,46 kräftig ausgestaltet.

Nehmen wir die ursprüngliche Überschrift in Dtn 4,45* wörtlich,
dann handelt es sich zunächst nur um eine ganz lockere historische
und geographische Lokalisierung, die auch Zeit und Ort der Sinaigesetzgebung umgreift. Das ehedem selbständige Deuteronomium gibt
sich damit in seiner ursprünglichen Situierung als ziemlich genau das
zu erkennen, was es auch in rechtshistorischer Hinsicht gewesen ist,
und zwar als eine Reformulierung des älteren Bundesbuches[63]. Zur
Abschiedsrede Moses jenseits des Jordan im Tal, gegenüber von Bet-
Peor wird das Deuteronomium erst durch die Erinnerungsrede in Dtn
1-3 und die damit zusammenhängenden Texte.

---

63 Vgl. dazu J.C. Gertz, Die Gerichtsorganisation Israels im deuteronomischen Gesetz,
    FRLANT 165, 1994; B.M. Levinson, Deuteronomy and the Hermeneutics of Legal In-
    novation, 1997; E. Otto, Das Deuteronomium. Politische Theologie und Rechtsreform
    in Juda und Assyrien, BZAW 284, 1999.

Der literar- und religionsgeschichtliche Ort von Deuteronomium 13

Juha Pakkala

Dtn 13 besteht aus drei Geboten, die sich gegen die Verehrung anderer Götter richten. In den letzten Jahren hat das Kapitel besondere Aufmerksamkeit erfahren; und zwar aus drei Gründen:

1. Dtn 13 hat große Bedeutung für die Frage nach dem Ursprung und nach der Datierung des Ausschließlichkeitsanspruchs Jahwes (= der intoleranten Monolatrie[1]) und damit auch des Monotheismus. Viele Exegeten vertreten die Auffassung, Dtn 13 sei einer der ältesten alttestamentlichen Belege, die die Verehrung anderer Götter ausdrücklich verbieten.
2. Die eindeutigen Ähnlichkeiten oder Parallelen mit politischen Verträgen, besonders mit Vasallenverträgen und Loyalitätseiden, sind potenziell wichtig für die Datierung des Kapitels und damit auch für die Datierung von weiteren Teilen des Deuteronomiums.
3. Dtn 13 ist auch für die Frage der Entstehung der Bundestheologie im Alten Testament von Bedeutung. Wegen seiner zentralen Position und Thematik hat das Kapitel eine Schlüsselposition in der Suche nach der Herkunft und Natur der Bundestheologie.[2]

Im Folgenden frage ich nach dem ursprünglichen Ort und Hintergrund von Dtn 13. Im Mittelpunkt steht die Frage nach dem literarischen Ort des Kapitels innerhalb des Deuteronomiums und damit auch innerhalb des Alten Testaments. Darüber hinaus werde ich versuchen, den religionsgeschichtlichen und geschichtlichen Hintergrund dieses Kapitels darzulegen.

---

[1] S. J. Pakkala, Intolerant Monolatry in the Deuteronomistic History, SESJ 76, 1999, 18-19.

[2] In der Bundestheologie hat man die Beziehung zwischen Jahwe und Israel als einen Bund konzipiert. S. z.B. Chr. Levin, Die Verheißung des neuen Bundes in ihrem theologiegeschichtlichen Zusammenhang ausgelegt, FRLANT 137, 1985, 61-131; ders., Die Entstehung der Bundestheologie im Alten Testament, NAWG I. Philologisch-historische Klasse 2004/4, 2004, 89-104; T. Veijola, Bundestheologische Redaktion im Deuteronomium, in: ders. (Hg.), Das Deuteronomium und seine Querbeziehungen, SESJ 62, 1996, 242-276.

In der Forschung wird zunehmend anerkannt, dass Dtn 13 ein Fremdkörper zwischen Dtn 12 und 14-16 ist.[3] Kapitel 12 und 14-16 sind thematisch miteinander verbunden. Obwohl auch diese Kapitel nachträgliche Ergänzungen erfuhren, bleibt der Tempel und besonders die Zentralisation des Kultes ihr roter Faden. Dtn 12 verbietet das Schlachtopfer außerhalb Jerusalems (oder außerhalb der Stätte, die Jahwe erwählen wird) und gibt folgerichtig die profane Schlachtung frei. Daraufhin bietet Dtn 14,3-21 eine Liste jener Tiere, die man essen bzw. schlachten darf. Dtn 14,22-29 besteht aus Bestimmungen über den Zehnten, den man auch nach Jerusalem, zum einzigen Kultort, bringen muss. Nach einem Exkurs über die Schulden und Sklaven in Dtn 15,1-18 folgt in Dtn 15,21-23 ein Abschnitt über die erstgeborenen Tiere, die man am Zentralheiligtum schlachten muss. Das Hauptthema in Dtn 16 ist die Zentralisation der wichtigsten Feste und deren Opfer in Jerusalem. In diesen Kapiteln wiederholt sich regelmäßig das Motiv, dass Jahwe seinen Namen an der Stätte seiner Wahl (= Jerusalem) wohnen lässt. Der Satz המקום אשר־יבחר יהוה erscheint mehrfach. So entsteht ein enger thematischer Zusammenhang. Von dieser Regel ist Dtn 13 eine eindeutige Ausnahme. Die Stätte, die Jahwe erwählen wird, sucht man in diesem Kapitel vergeblich, und ebenso wenig wird auf die Zentralisation eingegangen. Tatsächlich hat Dtn 13 nichts mit dem Tempel und dessen Kult zu tun. Sein Interesse liegt woanders.

Die Frage, vor der die Exegese steht, ist deshalb nicht, ob Dtn 13 eine spätere Ergänzung ist, sondern, wann das Kapitel ergänzt wurde. Was ist die Position dieses Kapitels in der Entwicklung des Buches? Es gibt mehrere Anzeichen dafür, dass das Kapitel erst in der spätdeuteronomistischen Phase eingefügt wurde.

Kapitel 12 und 14-16 haben eine komplizierte Literargeschichte hinter sich. Obwohl in diesen Kapiteln mehrere Ergänzungen und Erweiterungen aufeinander folgen, versuchen nur einige späte Zusätze in Dtn 12, nämlich V.1-7 und V.28-31, Kapitel 13 auf seinen Kontext zu beziehen. Für Dtn 14-16 wiederum gilt, dass es sich auch in der Endfassung thematisch von Dtn 13 unterscheidet. Wäre Dtn 13 eine frühe

---

3   Chr. Levin, Der Sturz der Königin Atalja. Ein Kapitel zur Geschichte Judas im 9. Jahrhundert v. Chr., SBS 105, 1982, 72; ders., Josia im Deuteronomistischen Geschichtswerk, ZAW 96 (1984), 351; ders., Fortschreibungen. Gesammelte Studien zum Alten Testament, BZAW 316, 2003, 199; P.E. Dion, Deuteronomy 13: The Suppression of Alien Religious Propaganda in Israel during the Late Monarchical Era, in: B. Halpern/D.W. Hobson (Hgg.), Law and Ideology in Monarchic Israel, JSOT.S 124, 1991, 156-158; T. Veijola, Intoleranz und Wahrheit nach Deuteronomium 13, ZThK 92/3 (1995), 289-290; ders., Das 5. Buch Mose. Deuteronomium, ATD 8,1, 2004, 281.

Ergänzung, könnte man nicht erklären, wieso in Dtn 14-16 nirgends auf Dtn 13 Bezug genommen wird.

Dtn 14,3-21 ist offensichtlich eine späte Ergänzung zu Dtn 12, besonders zu den Speisevorschriften in V.15-27, wie Timo Veijola gezeigt hat.[4] Der Abschnitt ergänzt Dtn 12 dahin, dass er die Tiere auflistet, die man essen bzw. schlachten darf, sowie diejenigen, die verboten sind. In der heutigen Textfolge steht dieser Abschnitt isoliert. Er wird durch Dtn 13 von Dtn 12 getrennt. Sein einziger und eindeutiger Sinn ist die spezifizierende Ergänzung von Dtn 12. Weil darüber hinaus Dtn 14,3-21 selber inhaltlich und sprachlich zu den jüngeren Ergänzungen des Deuteronomiums gehört,[5] muss der noch später eingeschobene Text Dtn 12,28-14,2 auf die späten Bearbeitungen des Deuteronomiums zurückgehen.

Diese Beobachtungen werden durch Inhalt, Vokabular und Terminologie von Dtn 13 bestätigt. Der Grundtext zeigt deutliche spätdeuteronomistische Züge, die nur in einem Kontext nach 587 v. Chr. zu verstehen sind. Besonders eindeutig sind sie in V.5. Schon die Häufung deuteronomistischer Redewendungen in diesem Vers deutet auf eine spätere literarische Phase hin. Im Brennpunkt steht das Gesetz Jahwes, das heißt seine Gebote (אֶת־מִצְוֹתָיו תִּשְׁמֹרוּ). Dem Autor ist das Gesetz zur Mitte der Religion geworden. Für ihn geht der Weg zu Gott über den Gehorsam gegen die Gebote: Man muss auf Jahwes Stimme hören (בְּקֹלוֹ תִשְׁמָעוּ) und ihm anhangen (דָּבַק בְּיהוה). Der Gegensatz zu Dtn 12 und Dtn 14-16 ist eindeutig. Dort gilt, dass man Gott im Tempel mit Opfern erreichen kann. Der Autor von Dtn 13,5 verlangt nicht: „ihm sollt ihr opfern", was man nach Dtn 12 erwarten würde, sondern: „seine Gebote sollt ihr halten und auf seine Stimme hören". Solche Vorstellungen sind erst entstanden, seit der Tempel in Trümmern lag. Innerhalb von Dtn 12 sind es nur die spätesten Ergänzungen, nämlich V.1-7 und V.28-31, die in dieser Weise den Schwerpunkt vom Tempel zum Gesetz verschieben, und es ist kein Zufall, dass diese Verse auch sonst mit Dtn 13 verwandt sind.[6]

Einige Exegeten sind der Meinung, dass Dtn 13,5 zur gleichen Ergänzung wie V.4b gehört.[7] Dies ist unwahrscheinlich, weil V.5 aus-

---

4   Veijola, Intoleranz (s. Anm. 3), 289-290.308; ders., Buch (s. Anm. 3), 295-302.

5   Nach Veijola (Buch [s. Anm. 3], 273.295) wurde Dtn 14,3-21 von einem exilischen Verfasser eingefügt, der nach DtrH und vor DtrB aktiv gewesen ist.

6   Es gibt auch eine Reihe von priesterlichen Ergänzungen, in denen das Interesse am Tempel wieder vorhanden ist; aber ihre Herkunft ist in der nachexilischen Zeit zu suchen.

7   P. Buis u. J. Leclercq, Le Deutéronome, SBi, 1963, 111; R.P. Merendino, Das Deuteronomische Gesetz, BBB 31, 1969, 63-64; G. Seitz, Redaktionsgeschichtliche Studien zum Deuteronomium, BWANT 93, 1971, 151; E. Nielsen, Deuteronomium,

drücklich als Antithese zu V.3b gemeint ist („du sollst nicht ..., sondern ...“). Darüber hinaus bilden die Verse 3b und 5 einen Chiasmus, um den Kontrast zwischen dem, was die Anstifter sagen, und dem, was Gott sagt, hervorzuheben.[8] Vers 4b, der thematisch abweicht, unterbricht und verwässert diese Antithese und zerstört den Chiasmus. Die Verse 4b und 5 können nicht vom gleichen Autor stammen. Es liegt auf der Hand, dass es für die Vermutung, V.5 sei eine spätere Ergänzung, andere als literarkritische Gründe gibt: Die Aussage ist offensichtlich spät und würde, ließe man sie stehen, den späten Ursprung des ganzen Kapitels belegen. Doch ohne V.5 gelesen, entsteht ein vermeintlicher Grundtext, der das Subjekt sehr ungeschickt wiederholt.[9] Daraus folgt: Man kann V.5 nicht aus dem Grundtext des Kapitels herausnehmen.

Es ist an dieser Stelle nicht möglich, alle späteren Züge und Charakteristika von Dtn 13 zu diskutieren.[10] Der Hinweis mag genügen, dass man den Wandel von einer tempel- zu einer gesetzesorientierten Religion auch in anderen Teilen des Kapitels, wie zum Beispiel V.6 und V.11, sehen kann. Die Verbindung von Dtn 13 mit den späteren Phasen des Deuteronomiums geht auch daraus hervor, dass die Terminologie des Kapitels eng verwandt ist mit dem paränetischen Rahmen des Buches, besonders mit den Kapiteln 4-11 und 29-30.

Man hat freilich die Spätdatierung von Dtn 13 aus anderer Perspektive in Zweifel gezogen. In der Forschung wird kaum mehr bestritten, dass Dtn 13 von einem politischen Dokument, sei es ein Vasallenvertrag oder ein Loyalitätseid, entscheidend beeinflusst worden ist.[11] Eckart Otto geht noch einen Schritt weiter und behauptet, Dtn 13 sei von einem ganz bestimmten Vertrag abhängig, nämlich dem Vasallenvertrag Asarhaddons (künftig VTE).[12] Nach Otto sind die thematischen und sprachlichen Gemeinsamkeiten zwischen den beiden Texten so umfassend, dass nur eine „direkte Übertragung" in Frage kommt. Er vermutet, dass Dtn 13 in Teilen eine regelrechte Übersetzung von VTE

HAT I/6, 1995, 144-145; E. Otto, Treueid und Gesetz. Die Ursprünge des Deuteronomiums im Horizont neuassyrischen Vertragsrechts, ZAR 2 (1996), 12-13.

8   נלכה אחרי אלהים אחרים ... אחרי יהוה אלהיכם תלכו.

9   S. z.B. der Basistext von Otto (E. Otto, Das Deuteronomium. Politische Theologie und Rechtsreform in Juda und Assyrien, BZAW 284, 1999, 64), der direkt von V.4a zu V.6a springt: לא תשמע אל־דברי הנביא ההוא או אל־חולם החלום ההוא והנביא ההוא או חלם החלום ההוא יומת ...

10 Für Einzelheiten s. Pakkala: Monolatry (s. Anm. 1), 20-50.

11 Dion, Deuteronomy (s. Anm. 3), 204ff.; Veijola, Redaktion (s. Anm. 2), 247; Otto, Treueid (s. Anm. 7), 32-47; ders., Deuteronomium (s. Anm. 9), 57-90; U. Rüterswörden, Dtn 13 in der neueren Deuteronomiumforschung, in: A. Lemaire, Congress Volume Basel 2001, 2002, 190-203; Levin, Entstehung (s. Anm. 2), 94-95.

12 S. Parpola u. K. Watanabe, Neo-Assyrian Treaties and Loyalty Oaths, SAA 2, 1988, 28-58.

§10 ist. Das würde bedeuten, dass man den Grundtext von Dtn 13 und mit ihm auch viele andere Teile des Deuteronomiums ins 7. Jh. v. Chr. zu datieren hätte.[13] Damit wäre die Regierungszeit König Josias (639-609 v. Chr.) die wahrscheinlichste Entstehungszeit des Kapitels. Nach Otto hat die alttestamentliche Exegese endlich „external evidence", um das Deuteronomium zu datieren und um es in seinem ursprünglichen Zusammenhang zu verstehen. Weil das Deuteronomium in einer Schlüsselposition im Alten Testament steht, hätte diese Schlussfolgerung weit reichende Folgen für die alttestamentliche Exegese. Aus folgenden Gründen ist die literarische Abhängigkeit zwischen Dtn 13 und VTE unwahrscheinlich und damit die Theorie von Otto unhaltbar:

1) Es gibt andere Vertragstexte, die weit schlechter erhalten sind als die VTE, aber ebenfalls auffallende Parallelen mit Dtn 13 aufweisen. Diese Texte werden nicht (oder nicht mehr) als mögliche Vorlage vorgeschlagen, auch wenn die Ähnlichkeiten mit Dtn 13 in den erhaltenen Teilen sogar größer sein können als bei den VTE. So entspricht einer der aramäischen Verträge aus Sefire aus dem 8. Jh. v. Chr. Dtn 13,16 fast Wort für Wort:

Sefire III/Z. 12-13[14]	Dtn 13,16
בחרב והן קריה הא נכה תכנה	לפי־חרב הכה תכה את־ישבי העיר ההוא

Beide Stellen beschreiben, was man mit einer aufständischen Stadt machen muss. Niemand in der heutigen Forschung würde behaupten, dass dieser Vertrag den Text von Dtn 13 direkt oder indirekt beeinflusst hätte. Allein dieses Beispiel zeigt, dass die Verträge im Alten Orient über die Jahrhunderte ziemlich konstant geblieben sind.[15] Daraus folgt, dass man sich vorsehen muss, aus Ähnlichkeiten und angeblichen Parallelen vorschnelle Schlussfolgerungen zu ziehen.[16]

2) Dtn 13,13-19 befiehlt, eine ketzerische bzw. aufständische Stadt zu zerstören. Das Motiv, dass eine aufständische Stadt zerstört werden

---

13   Otto, Treueid (s. Anm. 7), 32-47; ders., Deuteronomium (s. Anm. 9), 57-90; ders., Gerhard von Rad als Deuteronomiumskommentator. Klärungen aus zeitlichem Abstand, in: B. Levinson u. E. Otto (Hgg.), Recht und Ethik im Alten Testament, Altes Testament und Moderne 13, 2004, 19-20. Auch Dion (Deuteronomy [s. Anm. 3], 196-205) vermutet eine enge Verwandtschaft mit den VTE. S. Seite 204f.: „the closer to 672 BC one places the composition of Deuteronomy, the easier to understand are its precise contacts with the vassal treaties of Esarhaddon."

14   A. Lemaire u. J.-M. Durand, Les inscriptions araméennes de Sefiré et l'Assyrie de Shamshi-ilu, HEO 20, 1984, 119.

15   S. z.B. Parpola/Watanabe (Treaties [s. Anm. 12], xxxvii.xxx) über die Ähnlichkeiten zwischen den Sefire- und neuassyrischen Verträgen. S. auch Seite xxxv-xxxvi.

16   Vgl. Dion, Deuteronomy (s. Anm. 3), 198-204.

soll, ist in einigen bekannten Verträgen belegt (Sefire und Ishmeriga).[17] Es ist daher wahrscheinlich, dass auch der Grundtext von Dtn 13,13-19 von einem solchen Vertrag beeinflusst wurde. Gerade dieser Passus fehlt jedoch in den VTE, so dass angenommen werden kann, dass dem Autor von Dtn 13 ein anderer Vertrag als Grundlage diente.

Es erstaunt nicht, dass Otto gezwungen ist, Dtn 13,13-19 als spätere Ergänzung zu betrachten. Dafür gibt es jedoch keine literarkritische Grundlage.[18] Wer diesen Teil herausnimmt, muss folgerichtig annehmen, dass zwei aufeinanderfolgende Redaktoren zwei verschiedene Verträge für Dtn 13 benutzt haben. Das widerspricht der Wahrscheinlichkeit (*Occam's razor*).

3) Die in Dtn 13 genannten Anstifter entsprechen nicht denen von VTE §10:

VTE §10	Dtn 13
	Prophet
	Traumseher[19]
Sein [sc. des Königs] Gegner	
Sein Verbündeter	
Seine Brüder	
Seine Onkel	
Seine Cousins	
Seine Familie	
Verwandte von Seiten des Vaters	
Eure Brüder	Dein Bruder
Eure Söhne	Dein Sohn
Eure Töchter	Deine Tochter
	Deine Frau
	Dein Freund
Prophet	
Ekstatiker	
Sohn eines Befragers des	
Gotteswortes	

Dass der Autor von Dtn 13 die Familie, Freunde und Gegner des Königs übergeht, kann man noch nachvollziehen (besonders nach dem Exil), aber dass er den Ekstatiker und Befrager des Gotteswortes igno-

---

17   Zum Ishmeriga-Vertrag s. A. Kempinski u. S. Košak, Der Išmeriga-Vertrag, WO 5 (1970), 194-195; zu Sefire s. Lemaire/Durand, inscriptions (s. Anm. 14), 119 (III, Z. 11-14).

18   Für Einzelheiten s. Pakkala, Monolatry (s. Anm. 1), 30-32.

19   S. unten über den Unterschied zwischen dem šā'ilu amāt ili und חולם החלום.

rieren würde, ist unvorstellbar, vor allem wenn ein Traumseher erwähnt wird (in Dtn 13,2.4.6), der sonst im Alten Testament nicht belegt ist (s. unten). Auch dass die Frau und der Freund in Dtn 13,7 hinzugefügt sind, würde sich nicht erklären lassen. Schließlich weicht dort, wo Dtn 13 tatsächlich mit den VTE übereinstimmt, die Reihenfolge ab: Der Prophet wird in Dtn 13 vor der Familie genannt. Man sollte auch nicht übersehen, dass die VTE die Mehrzahl, Dtn 13 aber die Einzahl benutzt. Was von den angeblichen Parallelen übrig bleibt, ist die Abfolge von Bruder, Sohn und Tochter. Aber das ist im Alten Orient eine ziemlich verbreitete Reihe gewesen. Nur insgesamt vier der potenziellen Anstifter sind identisch, das heißt, vier von dreizehn in VTE und von sieben in Dtn 13. Aus diesen Gründen ist es nicht nachvollziehbar, wie man Dtn 13,2-10* als eine „direkte Quelle" oder sogar als eine „Übersetzung" von VTE §10 betrachten kann.[20]

4) In VTE §10 finden sich die Propheten zusammen mit den Familienmitgliedern in ein und derselben Liste. In Dtn 13,2-12 verteilen sie sich auf zwei separate Fälle. Diese Unterteilung betrifft nicht nur den Unterschied zwischen religiösen Experten und Laien. Dtn 13,2-12 besteht vielmehr aus zwei „Gesetzen". Das eine in V.2-6 betrifft die öffentliche Anstiftung oder den Aufruf (כי־יקום בקרבך ... לאמר) zur Ketzerei oder zu einem Aufstand; das andere in V.7-12 richtet sich gegen geheime Anstiftung (בסתר לאמר). Es ist wahrscheinlich, dass dem Autor von Dtn 13 eine Quelle vorlag, die ebenfalls diese zwei Arten von Anstiftung unterscheidet. VTE §10 macht den Unterschied nicht. Hier geht es in erster Linie um geheime Anstiftung.[21] Auch religiöse Experten handeln in VTE §10 geheim. Es scheint, dass Dtn 13 von einem Vertrag beeinflusst worden ist, der sich auch in seinem Aufbau von VTE deutlich unterscheidet.

5) In VTE §10 wird nicht befohlen, die Anstifter hinzurichten. Man soll sie lediglich verraten und bekannt machen. Hinrichtungen werden zwar in anderen Paragraphen der VTE angeordnet, nicht aber in §10, der die direkte Quelle von Dtn 13 gewesen sein soll. Die sofortige Hinrichtung ohne Prüfung von Umständen und Schuld, die in Dtn 13,6.10 befohlen wird, ist eine riskante Vorschrift, die leicht zu Eigenmächtigkeit und Willkür bis hin zur Anarchie führen kann.[22] Hingegen ist eine

---

20 So Otto, Treueid (s. Anm. 7), 68.

21 S. VTE §10 Z. 119-120 tu-pa-za-ra-a-ni la ta-lak-a-ni-ni.

22 Die Lesart von LXX in Dtn 13,10 (ἀναγγέλλων ἀναγγελεῖς περὶ αὐτοῦ ⇨ הגד תגידנו statt הרג תהרגנו) ist wahrscheinlich ein späterer Versuch, das Problem zu vermeiden. S. B.M. Levinson, "But You Shall Surely Kill Him" The Text-Critical and Neo-Assyrian evidence for MT Deuteronomy 13:10, in: G. Braulik (Hg.), Bundesdokument und Gesetz. Studien zum Deuteronomium, HBS 4, 1995, 37-63. Aejmelaeus (A. Aejmelaeus, Die Septuaginta des Deuteronomiums, in: T. Veijola [Hg.], Das

sofortige Hinrichtung ohne Prozess in vielen Gesellschaften legitim, wenn es um Staatsverrat und Loyalitätsbruch geht.[23] Es ist deshalb wahrscheinlich, dass der Autor von Dtn 13 diese rücksichtslose Vorgehensweise nicht selber erfunden hat, sondern aus einem politischen Kontext wie zum Beispiel einem Vasallenvertrag übernommen hat. Das aber kann nicht VTE §10 gewesen sein, der keine sofortige Hinrichtung befiehlt. Wieder muss man annehmen, dass der Autor von Dtn 13 eine andere Quelle benutzt hat. Wenn Dtn 13 auf VTE §10 beruhen würde, müsste der Autor die sofortige Hinrichtung bewusst eingefügt haben, obwohl sie als ordentliche Vollstreckung eines Gesetzes gar nicht passt. Es ist deshalb anzunehmen, dass dem Autor ein Vertrag oder Loyalitätseid zur Verfügung stand, der die sofortige Hinrichtung befohlen hat.

6) Die Anstifter von Dtn 13,2-6 sind Propheten und Traumseher (חולם חלום). Letztere spielen aber keine Rolle im übrigen Deuteronomium und werden auch sonst im Alten Testament nie erwähnt. Obwohl das Motiv gelegentlich vorkommt, dass Gott im Traum seinen Willen erkennen lässt,[24] gibt es keine Indizien, dass es im alten Israel besondere Traum*seher* gab. Die חולם החלום sind ein Fremdkörper im Alten Testament, und deswegen ist es wahrscheinlich, dass sie aus der Quelle stammen. Die VTE aber erwähnen keine Traumseher. Neben Propheten werden in §10 nur Ekstatiker (mahhû) und Befrager des Gotteswortes (šā'ilu amāt ili) erwähnt. Obwohl der šā'ilu amāt ili häufig als Traumdeuter und gelegentlich auch als Traumseher fungieren kann, ist seine Tätigkeit viel weiter gefasst.[25] Verglichen mit dem šā'ilu amāt ili ist der חולום החלום viel spezifischer. Wenn der akkadische Begriff aber vieldeutig war und wenn es in Israel keine besonderen Traumseher

Deuteronomium und seine Querbeziehungen, SESJ 62, 1996, 20-21; dies., Licence to Kill? Deut 13:10 and the Prerequisites of Textual Criticism, in: H. Juusola; J. Laulainen u. H. Palva [Hgg.], Verbum et Calamus. Semitic and Related Studies in Honour of the Sixtieth Birthday of Professor Tapani Harviainen, Studia Orientalia 99, 2004, 1-22) hat für die Ursprünglichkeit der Lesart der LXX-Vorlage plädiert. Vgl. Dtn 13,7a, wo der MT wahrscheinlich die ursprüngliche Lesart bewahrt hat, s. B.M. Levinson, Textual Criticism, Assyriology, and the History of Interpretation: Deuteronomy 13:7a as a Test Case in Method, JBL 120/2 (2001), 211-243.

23 In vielen Gesellschaften gelten immer noch andere Gesetze während eines Krieges.

24 Z.B. Gen 28,12; 35,2-11; 40,5-41: 45.

25 S. z.B. L.A. Oppenheim, The Interpretation of Dreams in the Ancient Near East, TAPhS New Series vol. 46, part 3. The American Philosophical Society, 1956, 221-225; CAD Š part I, šā'ilu, p. 110-112; J. Tropper, Nekromantie. Totenbefragung im Alten Orient und im Alten Testament, AOAT 223, 1989, 74; M. Nissinen, References to Prophecy in Neo-Assyrian Sources, The State Archives of Assyria Studies Vol. VII, 1998, 160-161; B. Pongratz-Leisten, Herrschaftswissen in Mesopotamien, The State Archives of Assyria Studies Vol. X, 1999, 106-107.

gab, ist nicht nachvollziehbar, warum der Autor šā'ilu amāt ili als Traumseher übertragen haben soll. Andere hebräische Begriffe, vor allem קֹסֵם (Wahrsager, Hellseher), der auch im Deuteronomium vorkommt (Dtn 18,10.14), würden šā'ilu amāt ili viel besser entsprechen: Wie šā'ilu amāt ili bezeichnet קֹסֵם einen weiten Tätigkeitsbereich.[26] Selbst die direkte Übersetzung von šā'ilu amāt ili ins Hebräische wäre möglich und sinnvoll gewesen: בדבר שאל האלהים (vgl. II Sam 16,23). Berücksichtigt man, dass Dtn 13 wahrscheinlich von Dtn 18,9-22 beeinflusst ist,[27] wäre שאל אוב eine bessere Übersetzung von šā'ilu amāt ili gewesen als חולם החלום. Aus all dem folgt, dass hinter dem Traumseher חולם החלום etwas anderes liegt als šā'ilu amāt ili; der Begriff muss aus einer anderen Quelle stammen als den VTE.

7) Es wäre ein unglaublicher Zufall, wenn aus den hunderten oder sogar tausenden[28] von Verträgen und Loyalitätseiden im Nahen Osten ausgerechnet der am besten erhaltene die Quelle von Dtn 13 wäre. Näher liegt es, zu vermuten, dass man den VTE als Quelle annimmt, weil sich der am besten erhaltene Vertrag auch am besten zur Argumentation eignet, während andere Quellen zu fragmentarisch erhalten oder verloren gegangen sind.[29] Ein weiterer Grund ist, dass man auf diese Weise Dtn 13 in die neuassyrische Zeit datieren kann.[30] Gegen all das spricht aber, dass zufällige archäologische Funde unser Urteil nicht verzerren dürfen.[31]

---

26 S.L. Ruppert, Art. קֶסֶם, ThWAT VII (1993), 79-80. Wie šā'ilu amāt ili ist der קסם auch im Bereich der Träume tätig gewesen (z.B. Jer 27,9; 29,8; Sach 10,2).

27 M. Köckert, Zum literargeschichtlichen Ort des Prophetengesetzes Dtn 18 zwischen dem Jeremiabuch und Dtn 13, in: R.G. Kratz u. H. Spieckermann (Hgg.), Liebe und Gebot, Studien zum Deuteronomium, 2000, 80-85. Vgl. U. Rüterswörden, Das Böse in der deuteronomischen Schultheologie, in: T. Veijola (Hg.), Das Deuteronomium und seine Querbeziehungen, SESJ 62, 1996, 225.

28 Es ist wahrscheinlich, dass ein Vertrag oder Loyalitätseid zwischen den meisten Vasallen und Regenten gemacht wurde. Vgl. Parpola/Watanabe, Treaties (s. Anm. 12), xiii.

29 Z.B. die neuassyrischen Verträge in Parpola/Watanabe, Treaties (s. Anm. 12).

30 Dion, Deuteronomy (s. Anm. 3), 196-205; Otto, Treueid (s. Anm. 7), 32-47; ders., Deuteronomium (s. Anm. 9), 57-90; ders., Gerhard von Rad (s. Anm. 13), 19-20. Vgl. auch H.U. Steymans, Deuteronomium 28 und die adê zur Thronfolgeregelung Asarhaddons. Segen und Fluch im Alten Orient und in Israel, OBO 145, 1995, 377-383 (über Deut 28; s. unten) und Chr. Frevel, Rezension von J. Pakkala, Intolerant Monolatry in the Deuteronomistic History, SESJ 76, 1999, ThRv 100 (2004), 289.

31 Z.B. Frevel (Frevel, Rezension [s. Anm. 30], 289) fragt nach den konkreten Textbeispielen in der Zeit nach dem Zusammenbruch der neuassyrischen Zeit. Leider sind sie nicht erhalten geblieben. Trotzdem kann man davon ausgehen, dass nach der neuassyrischen Zeit politische Verträge und Loyalitätseide gemacht worden sind. Wenn die Verträge von der hethitischen bis in die neuassyrische Zeit relativ konstant geblieben sind (s. D.J. McCarthy, SJ, Treaty and Covenant, AnBib 21, 1963,

Es gibt nicht nur zu wenige Argumente für die Hypothese, dass der Autor von Dtn 13 die VTE als direkte Quelle benutzt hat, sondern es gibt darüber hinaus sogar Indizien, dass er auf einen anderen, uns unbekannten Vertrag oder Loyalitätseid zurückgegriffen hat. Angesichts der verfügbaren Beweislage kommt man nicht über die Feststellung hinaus, dass ein unbekanntes, politisches Dokument hinter Dtn 13 steht.[32] Die vielen Ähnlichkeiten, die Dtn 13 mit den VTE aufweist, deuten auf eine enge Verwandtschaft mit den Vertragstexten im Allgemeinen hin.[33] Dies ist freilich wichtig, um Dtn 13 und die Bundestheologie im Alten Testament zu verstehen.

Dtn 13 ist ein ausgezeichnetes Beispiel dafür, wie die altorientalische Vertragsideologie in das Alte Testament übertragen wurde. In modifizierter Form wurde ein politisches Dokument für eine theologische Aussage benutzt. Die religiöse Beziehung zwischen Gott und Israel wurde analog zu dem Schema politischer Verträge erfasst.

Vertragsideologie	*Dtn 13*
König	Jahwe
Vasall	ʼ Israel
andere Könige	andere Götter
Vertrag	Bund ⇨ Gesetz
Loyalität dem König gegenüber	Loyalität Jahwe gegenüber
⇨ exklusive Loyalität	⇨ Alleinverehrung Jahwes
Verletzung des Vertrags	Verletzung des Vertrags
⇨ verheerende Strafen	⇨ verheerende Strafen und Annullierung des Bundes

---

80-95; M. Weinfeld, The Loyalty Oath in the Ancient Near East, UF 8 [1976], 379-414; Dion, Deuteronomy [s. Anm. 3], 196-205; Veijola, Intoleranz [s. Anm. 3], 310), ist es nicht abwegig zu vermuten, dass die gleiche Tradition in der neubabylonischen und persischen Zeit weitergeführt worden ist. Aus Israel und Juda sind keine Verträge erhalten geblieben; was aber nicht bedeutet, dass die israelitischen oder judäischen Könige keine Verträge gemacht haben! Siehe dazu auch die Beiträge in Abschnitt V. dieses Bandes.

32 Dies kann ein neuassyrisches Dokument (Vertrag oder Loyalitätseid) gewesen sein, was die bundestheologischen Nomisten in einer späteren Zeit benutzt haben (zur Datierung s. unten), es kann aber auch ein neubabylonisches oder anderes Dokument gewesen sein. Wir wissen es einfach nicht. Leider kennen wir – um Beispiele nennen zu können – die politischen Verträge und Loyalitätseide aus der babylonischen und persischen Zeit zu schlecht. Vgl. die Kritik an meiner These von Frevel, Rezension (s. Anm. 30), 289.

33 Vgl. Dion, Deuteronomy (s. Anm. 3), 196-205; Veijola, Intoleranz (s. Anm. 3), 291-296; M. Nissinen, The Dubious Image of Prophecy. Prophets, Prophecy and Prophetic Texts in Second Temple Judaism, in: M.H. Floyd u. R.D. Haak, (in Vorb.).

Der Einfluss der Verträge beschränkt sich nicht auf Belege, die direkt von einem Vertrag beeinflusst wurden wie Dtn 13 und 28, sondern er ist im ganzen Deuteronomium zu spüren. Obwohl an vielen Stellen nur Bruchstücke des Vertragsschemas erkennbar werden, ist die Spur der Vertragsideologie in der Endfassung des Deuteronomiums bedeutend. Tatsächlich handelt es sich um eine breite Bearbeitung des ganzen Buches, die auf einen oder mehrere bundestheologische Redaktoren (DtrB) zurückgeht, wie Timo Veijola gezeigt hat.[34] Die Ergänzungen dieser Bearbeitung sind so umfassend, dass man von einer regelrechten Umgestaltung des Buches nach der Vertragsideologie sprechen kann. Das Gesetz wurde zum Bundesdokument umgestaltet.

Obwohl die bundestheologische Bearbeitung im Deuteronomium am besten zu sehen ist, sind dieselben theologischen Kreise auch in anderen Teilen des Alten Testaments tätig gewesen, besonders in den Büchern der Könige und im Jeremiabuch.[35] Auch wenn sich das relative Alter der bundestheolgischen Bearbeitungen in den verschiedenen Büchern nicht festlegen lässt,[36] kann man davon ausgehen, dass sie zu den späteren redaktionellen Schichten dieser Bücher gehören.[37] Im Deuteronomium und in den Königebüchern sind sie eng mit den nomistischen Bearbeitungen verwandt.

Zwei wichtige Aspekte sind eng mit den bundestheologischen Texten verbunden. Erstens: Die Forderung nach der Alleinverehrung Jahwes steht im Mittelpunkt der Bundestheologie. Die theologische Anwendung der Vertragsideologie diente dazu, die intolerante Monolatrie (= den Anspruch Jahwes auf ausschließliche Verehrung) durchzusetzen. Es waren aber nicht die bundestheologischen Redaktoren, die die intolerante Monolatrie in das Alte Testament eingeführt haben. Sie war schon in einer früheren Form vorhanden. Schon die vorbundestheologischen nomistischen Texte im Deuteronomium sowie im deuteronomistischen Geschichtswerk kritisieren die Verehrung anderer Götter (z.B. in Dtn 7,1-3*.6.17ff.).[38] Was die bundestheologischen Redaktoren zur intoleranten Monolatrie beitragen, ist, dass sie sie auf

---

34   Veijola, Buch (s. Anm. 3), 4-5. S. auch Levin, Verheißung (s. Anm. 2), 105-109.
35   S. Levin, Sturz (s. Anm. 3), 59-77; ders., Verheißung (s. Anm. 2), 61-146; ders., Entstehung (s. Anm. 2), 3-18.
36   Anders Levin, Verheißung (s. Anm. 2), 61-89.
37   Das heißt aber nicht, dass jede Theologie, die den Begriff Bund im AT benutzt, einheitlich ist und aus der gleichen Zeit oder von den gleichen Kreisen stammt. S. z.B. H.-D. Neef, Aspekte alttestamentlicher Bundestheologie, in: F. Avemarie u. H. Lichtenberger (Hgg.), Bund und Tora: Zur theologischen Begriffsgeschichte in alttestamentlicher, frühjüdischer und urchristlicher Tradition, 1996, 1-23.
38   Die vorbundestheologische, aber intolerante Version von Dtn 7 wurde später von einem bundestheologischen Redaktor ergänzt (in Vv. 4-5).

Grund der Vertragsideologie weiterentwickeln. Ein Beispiel dafür ist die Alternativpredigt,[39] die Israel vor die Wahl zwischen Jahwe und den anderen Götter stellt. Genau wie in den Verträgen hat die Wahl den Segen oder den Fluch zur Folge. Damit wird die Aufforderung, allein Jahwe zu verehren, verbindlicher. Israel wird vor Augen geführt, was die verheerenden Folgen einer falschen Wahl sein können.

Der zweite Aspekt der bundestheologischen Bearbeitungen ist das Gesetz. In den meisten Texten, wie auch in Dtn 13, wird die Verbindung zum Gesetz ausdrücklich hergestellt; es ist ein Teil des Vertrags- bzw. Bundesschemas. Man kann die meisten bundestheologischen Bearbeitungen gar nicht ohne das Gesetz verstehen. In der Tat wird der Bund selber zunehmend mit dem Gesetz identifiziert. Wie Christoph Levin bemerkt hat, wurde „der Maßstab ... das alttestamentliche Gesetz, bis am Ende ‚Bund' (bᵉrît) und ‚Gesetz' (tôrāh) so gut wie deckungsgleich waren".[40]

Im Gegensatz dazu wird der Tempel oft gar nicht oder nur beiläufig erwähnt; er ist auf keinen Fall ein wesentlicher Teil der bundestheologischen Texte. Der Unterschied zwischen der tempelorientierten und der gesetzesorientierten Religion ist besonders in Dtn 13 eindeutig. Das bundestheologische Kapitel 13 ist gesetzesorientiert, aber der ältere Kontext in Dtn 12 und 14-16 ist tempelorientiert. Die paradigmatische Wende vom Tempel zum Gesetz ist nur mit der Zerstörung des Tempels zu erklären.[41] Nach 587 v. Chr. musste man auch die Grundlagen der Religion prüfen. Es ist unvorstellbar, dass man in der Zeit des ersten Tempels die Gottesbeziehung ohne den Tempel definiert hätte.[42]

Dass es sich bei den in Dtn 13 beschriebenen Vorschriften gar nicht um realisierbare Gesetze handelt, spricht ebenfalls für die exilische Situation der bundestheologischen Autoren. Die Vorschriften in Dtn 13 passen vielleicht zu einem politischen Kontext oder zu einem politischen Dokument, würden aber als Gesetze leicht zu Eigenmächtigkeit und Willkür führen (s. oben). Man muss daher annehmen, dass Dtn 13 unter Bedingungen geschrieben worden ist, die nicht dazu zwangen, die Gesetze an einer realen Situation zu messen.[43] Viel eher handelt es sich um ein ideales Programm, das erst in der Zukunft Realität werden

---

39   S. Veijola, Redaktion (s. Anm. 2), 264-265.

40   Levin, Entstehung (s. Anm. 2), 103.

41   Dies bedeutet aber nicht, dass der ganze Text von Deut 12; 14-16 in der Zeit vor 587 v. Chr. geschrieben wurde.

42   Gegen Dion, Deuteronomy (s. Anm. 3), 204-205 und Otto, Deuteronomium (s. Anm. 9), 57-90. Dies gilt auch für die Datierung von Dtn 28, wo der Tempel nie erwähnt wird. Vgl. Steymans, Deuteronomium (s. Anm. 30), 377-383.

43   Vgl. Veijola, Intoleranz (s. Anm. 3), 297.

soll. Daraus folgt, dass die Zeit Josias oder das 7. Jh. nicht als Entstehungszeit für Dtn 13 in Frage kommt.

Die Forderung nach einer homogenen Jahwe-allein-Gesellschaft in Juda war nicht mehr als ein theologisches Programm. Die bundestheologisch bearbeitete Version des Deuteronomiums sollte die Grundlage von Religion und Gesellschaft bilden. Dazu gehörte, keine Verehrer anderer Götter zu tolerieren. Das Gesetz und die Alleinverehrung Jahwes sollten die Grundlage der Gottesbeziehung sein.

Dass man nach außen strenge Grenzen aufrichtet, ist in einer Situation wie dem Exil verständlich, in der die Identität (der Gesellschaft oder Religion) bedroht ist. In einer stabilen Situation ist das Bedürfnis nach Abgrenzung weniger groß. Die Autoren lebten im babylonischen Exil, wo sie den Aufbau und die Gestaltung der Gesellschaft nach der Heimkehr planen. Was sie schrieben, war eine Vision für die Zukunft.

Endredaktionelle Kontextvernetzungen des Josua-Buches

Uwe Becker

1. Gab es *die* Endredaktion des Josua-Buches?

Der Titel „Endredaktionelle Kontextvernetzungen" möchte die redaktionellen Verknüpfungen und literarischen Reichweiten in den letzten Phasen der Entstehung des Josua-Buches in den Blick fassen. Dabei darf man den Begriff „Endredaktion" freilich nicht in striktem Sinne verstehen, so als habe es eine *planvolle* oder gar *die* Endredaktion des Josua-Buches gegeben. Diese einfache Sicht der Dinge wird dem alttestamentlichen Befund anscheinend nicht gerecht. Auch unter dem Begriff „Kontextvernetzungen" kann man vieles, vielleicht *zu* vieles verstehen. Der Begriff ist modern geworden, weil man die Redaktionsgeschichte nicht selten für zu kompliziert hält und sich stattdessen lieber auf die Inventarisierung von Querbezügen oder das Aufweisen kompositioneller Bögen beschränkt, über die man sich rasch verständigen zu können meint. Der Reiz, aber auch die exegetische Notwendigkeit liegt indes darin, der *Herkunft* dieser Querbezüge und Kompositionsbögen nachzugehen, also nach der redaktionsgeschichtlichen Genese von „Kontextvernetzungen" zu fragen. Diese Aufgabe erscheint umso dringlicher, je deutlicher man die historische Problematik des geläufigen Kanon-Verständnisses – und eben auch der überkommenen Vorstellung einer „Endredaktion" – erkennt: Ein *canonical approach*, der sich ausschließlich an der allein maßgebenden Endgestalt der alttestamentlichen Bücher oder des Alten Testaments als Ganzes orientiert, übersieht, daß die „Kanonbildung", wenn man diesen problematischen Begriff doch einmal verwenden will, kein einmaliger, abschließender Akt war, sondern eher das gleichsam natürliche Ergebnis des langsamen Auslaufens der Fortschreibungsprozesse. Die Freilegung immer umfangreicherer, teils noch einmal vielfach geschichteter „nachendredaktioneller" Anteile im Pentateuch zeigt zudem, daß man sich dort faktisch längst von der Vorstellung einer klar profilierten „Endredaktion" verabschiedet hat. Was man für den Pentateuch bereits erkannt hat,[1] liegt auch für das übrige Alte Testament nahe.[2]

Im Jos-Buch wird die hier skizzierte Problematik besonders anschaulich. Auf der einen Seite widersetzt sich das Buch mit wachsendem Erfolg einer allzu einfachen redaktionsgeschichtlichen Zuordnung, wie sie noch bei M. Noth anzutreffen war. Es scheint – nicht erst heute – mehr Argumente *gegen* als *für* eine ursprüngliche Zugehörigkeit des Buches zu einem DtrG zu geben.[3] Selbst der Jos-Kommentar M. Noths ist ein beredtes Zeugnis für die Schwierigkeit einer eindeutigen literargeschichtlichen Zuordnung; man braucht nur an seine Behandlung der beiden Kapitel Jos 23 und 24 zu erinnern. Auf der anderen Seite zeigt das Jos-Buch aufgrund seiner komplizierten Textüberlieferung, wie zurückhaltend man mit dem Begriff „Endredaktion" umgehen sollte. Denn neben der masoretischen Textform gibt es nicht nur die Septuaginta, bei der wir auf signifikante *pluses* und *minuses*, höchst interessante Varianten und auch andere Textfolgen stoßen – darüber hinaus übrigens auch auf markante Unterschiede zwischen den großen Kodizes.[4] Vielmehr sind uns auch Josua-Fragmente aus Höhle 4 von Qumran überliefert, die einen eigenen, gewissermaßen dritten Text bieten, der weder mit der masoretischen Fassung noch mit den griechischen Kodizes zusammengeht.[5] Und es scheint keineswegs so zu sein, daß die

---

1   Vgl. E. Blum, Gibt es die Endgestalt des Pentateuch?, in: J.A. Emerton (Hg.), Congress Volume Leuven 1989, VT.S 43, 1991, 46-57.

2   Vgl. z.B. das Jer-Buch, für das es keine exakt festlegbare „kanonische" Endgestalt gibt, wie die unterschiedlichen Fassungen des masoretischen Textes, der Septuaginta und der Qumran-Fragmente belegen.

3   Vgl. die Forschungsüberblicke von Th.C. Römer, Pentateuque, Hexateuque et historiographie deutéronomiste. Le problème du début et de la fin du livre de *Josué*, Transeuphratène 16 (Mélanges Jacques Briend III) (1998), 71-86; Ders., La fin de l'historiographie deutéronomiste et le retour de l'Hexateuque, ThZ 57 / 2 (Alttestamentliche Forschung in der Schweiz) (2001), 269-280.

4   Neuere Literatur: K. Bieberstein, Lukian und Theodotion im Josuabuch. Mit einem Beitrag zu den Josuarollen von Hirbet Qumrān, BN.B 7, 1994; C.G. den Hertog, Studien zur griechischen Übersetzung des Buches Josua, Diss. phil. Gießen 1996; La Bible d'Alexandrie 6. Jésus (Josué). Traduction du texte grec de la Septante, Introduction et notes par J. Moatti-Fine, 1996; M. Rösel, Die Septuaginta-Version des Josua-Buches, in: H.-J. Fabry u. U. Offerhaus (Hgg.), Im Brennpunkt: Die Septuaginta. Studien zur Entstehung der Griechischen Bibel, BWANT 153, 2001, 197-211; M.N. van der Meer, Formation and Reformulation: The Redaction of the Book of Joshua in the Light of the Oldest Textual Witnesses, VT.S 102, 2004; A.G. Auld, Joshua. Jesus Son of Nauē in Codex Vaticanus, Septuagint Commentary Series 1, 2005.

5   Vgl. die Übersicht von K. Bieberstein (s. Anm. 4), 75-93, und die Edition in: E. Ulrich u.a., Qumran Cave 4. IX: Deuteronomy, Joshua, Judges, Kings, DJD XIV, 1995; E.

masoretische Fassung in allen Fällen den mutmaßlich älteren oder
ältesten Text widerspiegelt. Die Differenzen zwischen den verschiedenen Texten führen noch einmal die Problematik einer allzu
scharfen Trennung von Text- und Literarkritik vor Augen und sind
deshalb auch für die Frage nach „endredaktionellen Kontextvernetzungen" nicht ganz unwichtig. Wenn sich herausstellen sollte, daß die LXX
oder gar 4QJosh[a] hier und da tatsächlich eine ältere Textfassung enthalten, aus der sich eine „vormasoretische" Textform entwickelt hat,
hätten wir es nicht mehr mit textkritischen, sondern genuin literarkritischen Phänomenen zu tun, und wir kämen den redaktionellen Prozessen in der Endphase der Buchwerdung – wenn man so will: den redaktionellen Abschlußprozessen im Vorfeld der Kanonbildung – schon
recht nahe.

Bevor einige wenige Andeutungen zu diesen letzten Abschlußprozessen zusammengestellt werden, soll ein Kapitel ausführlicher zur
Sprache kommen, das in der gegenwärtigen Diskussion um den wieder
zum Leben erweckten Hexateuch eine Schlüsselrolle Rolle spielt: das
Abschlußkapitel Jos 24.

2. Jos 24 zwischen Hexateuch und Enneateuch

Am Anfang soll eine bibelkundliche Binsenweisheit aus der Feder
Lothar Perlitts stehen: „Weder das Josuabuch im ganzen noch die darin
enthaltene ältere Landnahmeüberlieferung bereiten die große
Abschlußszene ausgerechnet in Sichem vor."[6] Insofern ist das Kapitel,
vom Zentrum und von der Thematik des Buches her gesehen, ein
Fremdkörper. Es geht in ihm nur am Rande um die Landnahme. Sie
wird zwar vorausgesetzt, aber nicht mehr eigens thematisiert. Stattdessen wird weit über die Buchgrenzen hinausgeblickt. Die Bezüge
reichen von der Väterüberlieferung, die im ersten Teil von Jos 24
rekapituliert wird, bis hin zur Geschichte vom gescheiterten Königtum
Abimelechs in Sichem (Jdc 9) und zur Abschiedsrede Samuels (I Sam
12). Ja, wenn man sich die zugespitzte und insofern rhetorische
Entscheidungssituation, vor die „alle Stämme Israels" nach Jos 24,1
gestellt werden, nämlich zwischen JHWH und den „anderen Göttern"

Tov, The Rewritten Book of Joshua as Found at Qumran and Masada, in: M.E. Stone
u. E.G. Chazon (Hgg.), Biblical Perspectives: Early Use and Interpretation of the
Bible in Light of the Dead Sea Scrolls, StTDJ 28, 1998, 233-256; E. Noort, 4QJosh[a] and
the history of tradition in the book of Joshua, JNWSL 24 (1998), 127-144; N.M. van
der Meer (s. Anm. 4).

6   L. Perlitt, Bundestheologie im Alten Testament, WMANT 36, 1969, 247.

zu wählen, vor Augen führt, mag man unwillkürlich an die Lehrerzählung vom Gottesurteil auf dem Karmel I Reg 18,20-40 denken; man vergleiche nur Jos 24,15 mit I Reg 18,21.

Das Kapitel reißt also einen weiten Horizont auf; es steht – wie das Jos-Buch ingesamt – zwischen dem Pentateuch einerseits und den nachfolgenden Geschichtsbüchern andererseits. Mit den Worten K. Schmids: „Jos 24 ist … nicht bloß der Endpunkt von Gen – Jos, sondern zugleich der Übergang zu Ri – Kön."[7] Durch Jos 24 werde, so Schmid, eine redaktionelle Zäsur gesetzt, die scharf zwischen der *Heils*geschichte Gen-Jos und der *Unheils*geschichte Jdc-II Reg scheide.[8] Zugleich scheine mit Jos 24 das hexateuchische Geschichtsbild nicht nur *vorausgesetzt*, sondern sogar *hergestellt* worden zu sein. Der Grund: Josua argumentiere in Jos 24 so, als wolle er dem Volk, das sich auf den Auszug aus Ägypten beruft, die (noch eigenständig gedachte) Patriarchenüberlieferung bekanntmachen bzw. sie dem drohenden Vergessen entreißen. So würden die Erzväter offenbar erstmals in die Heilsgeschichte einbezogen;[9] eine vergleichbare Funktion komme – nur in umgekehrter Richtung – auch Gen 15 zu. Folgte man diesem Modell, hätten wir in Jos 24 einen, wenn nicht *den* redaktionellen Schlüsseltext des Enneateuchs vor uns.

Dieser *enneateuchischen* Perspektive steht in der gegenwärtigen Diskussion eine weitere gegenüber, die Jos 24 vornehmlich als Abschluß des *Hexateuchs* betrachtet. So erstreckt sich etwa der Münsteraner Hexateuch Erich Zengers, sein „Jerusalemer Geschichtswerk", von Gen 2 bis eben Jos 24.[10] Erhard Blum spricht von einer „Jos 24-Bearbeitung", zu der u.a. die Geschichte vom Altarbau Jakobs in Bet-El (Gen 35,1-7) zu rechnen sei.[11] Auch die Exodus-Landnahme-Geschichte, die Klaus Bieberstein rekonstruiert, reicht von Ex bis Jos 24.[12] Schließlich greift auch die von Eckart Otto rekonstruierte „Hexateuchredaktion" bis Jos 24 aus.[13] In der Tat scheint sich dieses Kapitel als feierlicher Abschluß

---

7   K. Schmid, Erzväter und Exodus. Untersuchungen zur doppelten Begründung der Ursprünge Israels innerhalb der Geschichtsbücher des Alten Testaments, WMANT 81, 1999, 23.
8   Vgl. K. Schmid, Erzväter (s. Anm. 7), 209-212.
9   Vgl. K. Schmid, Erzväter (s. Anm. 7), 210.
10   Vgl. E. Zenger, Einleitung in das Alte Testament, KStTh 1/1, ⁵2004, 101-103.
11   Vgl. E. Blum, Die Komposition der Vätergeschichte, WMANT 57, 1984, 39-61; Ders., Studien zur Komposition des Pentateuch, BZAW 189, 1990, 363-365.
12   Vgl. K. Bieberstein, Josua – Jordan – Jericho. Archäologie, Geschichte und Theologie der Landnahmeerzählungen Jos 1-6, OBO 143, 1995, 339-343.
13   Vgl. E. Otto, Das Deuteronomium im Pentateuch und Hexateuch. Studien zur Literaturgeschichte von Pentateuch und Hexateuch im Lichte des Deuteronomiumrahmens, FAT 30, 2000, 230f.244-247.

einer heilsgeschichtlichen Großerzählung – beginne sie nun bei der Schöpfung oder erst mit dem Exodus – geradezu anzubieten oder gar aufzudrängen.

Das Unbehagen, das sich mit diesen großen Hypothesen verbindet, besteht indes darin, daß alle irgendwie recht haben. Auf dieses „irgendwie" kommt es allerdings an. Denn das Kapitel Jos 24 ist – und das klingt sicherlich in Zeiten ganzheitlicher Textlektüre einigermaßen unmodern – alles andere als eine literarische Einheit. Gewiß *kann* man es in seiner jetzigen Gestalt als eine Einheit höherer Ordnung lesen, muß dann allerdings zahlreiche Merkwürdigkeiten, Spannungen und Widersprüche in Kauf nehmen. Solche Spannungen sind übrigens nicht erst den modernen Lesern und Exegeten aufgefallen. Schon die Alten, und an erster Stelle sind hier die Übersetzer der Septuaginta zu nennen, haben manche Schwierigkeit im hebräischen Text sehr wohl wahrgenommen und nicht selten zu kaschieren gewußt. Zu den auffälligsten Änderungen gehört die Dislozierung des sogenannten Landtages von „Sichem" nach „Schilo", die offenkundig in Angleichung an Jos 18-22 erfolgte, wo mehrfach von einer Versammlung der „Gemeinde Israels" in Schilo die Rede ist.[14] Mit dieser Veränderung wird immerhin eine bessere geographische und damit auch literarische Integration des Kapitels in das Jos-Buch erreicht. Weitere Akzentverschiebungen, von denen später noch kurz die Rede sein soll, kommen hinzu.

Tatsächlich bietet Jos 24 eine Fülle von Leseschwierigkeiten, Spannungen und Wiederholungen, ja auch theologisch unterschiedliche Konzepte, die nicht anders denn literarhistorisch erklärt werden können. So sollen im folgenden zunächst in aller Kürze die wesentlichen literarkritischen Entscheidungen benannt werden. Sie sind allesamt nicht neu, aber manchmal besteht das Neue ja auch darin, das Alte in einem neuen Kontext zu wiederholen. Ein solcher neuer Kontext dürfte mit der gegenwärtigen Neuorientierung der Forschung sowohl im Bereich des Pentateuchs respektive Hexateuchs als auch in den Büchern des sogenannten Deuteronomistischen Geschichtswerkes gegeben sein. Die Aufgabe, vor der die gegenwärtige Forschung am gesamten Enneateuch steht, ist primär eine literarhistorische. Denn ohne Unterscheidung der Textstrata wird es auch im Blick auf die Einordnung von Jos 24 keine differenzierte Sicht geben, die allerdings notwendig ist, wenn man den literarischen Horizont – oder besser: die *literarischen Horizonte* – des Kapitels in den Blick fassen möchte.

---

14 Jos 18,1.8-10; 19,51; 21,2; 22,9.12. Es handelt sich hier um durchweg späte Stücke; M. Noth spricht von Zusätzen „im Stile und im Sinne von P" (Das Buch Josua, HAT I/7, ³1971, 11).

Das Kapitel Jos 24 läßt sich grob in drei Teile gliedern: (1) die
JHWH-Rede mit einem heilsgeschichtlichen Rückblick von der Väterzeit bis zur Landgabe in V.-13; (2) die Verpflichtung auf JHWH in V.14-
28; (3) und am Ende die zum Richter-Buch überleitenden Schlußnotizen
über den Tod Josuas und sein Begräbnis V.29-33. Für die zuletzt
genannten Notizen soll vorab und pauschal auf die eindringliche
Analyse von Erhard Blum verwiesen werden, der sich des „kompositionellen Knotens am Übergang von Josua zu Richter" angenommen
hat und ihn in ebenso differenzierter wie überzeugender Weise redaktionsgeschichtlich entflochten hat.[15]

Die neuere Forschung ist sich, sofern sie sich der literarkritischen
Analyse in Jos 24 stellt, darin weitgehend einig, daß der Kern des Kapitels und damit sein ältestes Stratum in der Verpflichtungsszene V.14-28
zu finden ist.[16] Die einleitende JHWH-Rede V.2b-13 hingegen ist dieser
Szene erst später vorangestellt worden. Sie hat wiederum Anlaß zu
mancherlei Erweiterungen im älteren Bestand des Kapitels ab V.14 gegeben, so daß sich ein verwickelter Entstehungsprozeß ergibt. Während
sich die spätere JHWH-Rede in rückblickender Perspektive als eine
pointierte Exegese von Gen bis Dtn zu erkennen gibt, richtet sich der
Blick des Grundbestandes eher nach vorn auf die Bücher Jdc bis Reg.

Der Grundbestand läßt sich relativ mühelos rekonstruieren: Auf die
einleitende Redeeröffnung in 24,1-2a schließt sich nahtlos – hier mit
ועתה eingeleitet – die eigentliche Verpflichtungsszene an. Es ist durchaus möglich, daß dieses ועתה von demjenigen stammt, der die lange
JHWH-Rede vorgeschaltet hat, um einen halbwegs passenden Über-

---

15 E. Blum, Der kompositionelle Knoten am Übergang von Josua zu Richter, in: M.
    Vervenne u. J. Lust (Hgg.), Deuteronomy and Deuteronomic Literature. FS C.H.W.
    Brekelmans, BEThL 133, 1997, 181-212. Vgl. auch – nicht völlig unähnlich, aber noch
    ohne hexateuchischen bzw. enneateuchischen „Weitblick" – U. Becker, Richterzeit
    und Königtum. Redaktionsgeschichtliche Studien zum Richterbuch, BZAW 192,
    1990, 63-72.

16 Vgl. den Forschungs- und Literaturbericht von E. Noort, Das Buch Josua.
    Forschungsgeschichte und Problemfelder, EdF 292, 1998, 205-226.253. Seither sind –
    neben der bereits erwähnten Studie von K. Schmid (s. Anm. 7) – erschienen: E.
    Noort, Zu Stand und Perspektiven: Der Glaube Israels zwischen Religionsgeschichte
    und Theologie. Der Fall Josua 24, in: F. García Martínez u. E. Noort (Hgg.),
    Perspectives in the Study of the Old Testament and Early Judaism, VT.S 73, 1998, 82-
    108; J. Nentel, Trägerschaft und Intentionen des deuteronomistischen Geschichts-
    werks. Untersuchungen zu den Reflexionsreden Jos 1; 23; 24; 1 Sam 12 und 1 Kön 8,
    BZAW 297, 2000 (97-139); R.G. Kratz, Die Komposition der erzählenden Bücher des
    Alten Testaments. Grundwissen der Bibelkritik, UTB 2157, 2000 (204-208); E.
    Aurelius, Zukunft jenseits des Gerichts. Eine redaktionsgeschichtliche Studie zum
    Enneateuch, BZAW 319, 2003 (172-190); R. Müller, Königtum und Gottesherrschaft.
    Untersuchungen zur alttestamentlichen Monarchiekritik, FAT II/3, 2004 (214-236).

gang zu ermöglichen. Zu dieser Verpflichtungsszene gehören des weiteren die V.15*.16.18a.22 und als Abschluß V.28. Man erkennt den Grundbestand an seinen Nachträgen.[17]

V.23f. weisen sich schon durch den abrupten und reichlich unvermittelten Einsatz mit ועתה als Erweiterung aus: Eben noch sprach das Volk, nun plötzlich Josua. Zudem wirkt V.24 wie eine verstärkende Wiederaufnahme von V.22. Inhaltlich verschiebt der Nachtrag die Aussagerichtung der Verpflichtungsszene: Ging es im Grundtext um die Alternative JHWH – andere Götter (und hier dürfte längst, wie die generalisierende Sprache nahelegt, an eine religions*interne* Grenzziehung gedacht sein), trägt der Ergänzer die „fremden Götter" (אלהי הנכר) ein und denkt offenbar an die Versuchungen, denen die Väter (V.2-13) ausgesetzt waren. Und was noch schwerer wiegt: V.23f. setzen den Abfall bereits voraus, vor dem die Verpflichtungsszene eigentlich warnen will:[18] „Nun aber, entfernt die fremden Götter, *die unter euch sind*".

In ähnlicher Weise präzisieren (oder besser: veranschaulichen) die *V.14b* und *15* (ab אם) nachträglich die grundsätzliche Wahlalternative mit einem Verweis auf die *fremden* Götter. „Die Mahnung 14b . . . beraubt die in 15 folgende Aufforderung zur Entscheidung der Pointe und schließt mit einer Wiederaufnahme von 14a."[19]

Mit *V.19-21* betritt man wiederum neues Terrain. Formal durch die Wiederaufnahme von V.18 in V.21 erkennbar, werden auch hier die fremden Götter eingeführt. Darüber hinaus wird – in einem weiteren Nachtrag – die prinzipielle Unmöglichkeit hervorgehoben, JHWH überhaupt dienen zu können. Damit aber wird die Entscheidungssituation, vor die die Stämme Israels gestellt sind, eingeschränkt und um ihre Pointe gebracht. Diese stilistische Unfreundlichkeit erkauft sich der Redaktor mit einem Hinweis auf die nachfolgende Königszeit: Er „weiß", daß alles einmal böse enden wird, und betreibt sozusagen proleptische Vergangenheitsbewältigung. Dieser Ausblick auf das unheilvolle Ende aber lag dem Grundbestand noch ganz fern. Ja, im Anschluß an V.19-21 gelesen, wirkt das abschließende Bekenntnis des Volkes in V.22 geradezu banal und wie ein uneinlösbares Versprechen.

Auch die *V.17-18a* bringen – in syntaktisch etwas umständlicher Weise – die Heilsgeschichte aus der einleitenden JHWH-Rede ein. Das Stück nimmt V.18b („denn er ist unser Gott") unpassend vorweg, will aber das allgemeine, ja geradezu abstrakte Bekenntnis des Volkes durch einen Verweis auf die Heilsgeschichte mit Leben füllen.

---

17 Vgl. die Übersetzung in Anhang 1.
18 Vgl. C. Levin, Die Verheißung des neuen Bundes in ihrem theologiegeschichtlichen Zusammenhang ausgelegt, FRLANT 137, 1985, 114.
19 E. Aurelius, Zukunft (s. Anm. 16), 174.

Die Schlußszene *V.25-27*, wie am Anfang in Sichem lokalisiert, endet wiederum mit der Anrufung eines Zeugen. Diesmal ist es indes nicht das Volk, das – merkwürdig genug – als Zeuge gegen sich selbst auftritt, sondern der große Stein. Technisch gesehen wird damit V.22 wiederaufgenommen, wodurch sich die V.25-27 (und dann auch V.23f.) als Nachträge erweisen. Sachlich bringen Bundesschluß, Gesetzgebung und Kodifizierung (V.25f.) ein neues Moment ein: Die Verpflichtungsszene steht in Kontinuität und in Ergänzung zur Sinai- bzw. Horeboffenbarung. „Diese Worte" beziehen sich am ehesten auf das gesamte Kapitel, vor allem aber auf die JHWH-Rede an seinem Beginn. Es ist übrigens bemerkenswert, daß hier ein hörender Stein eingeführt wird, der die אָמְרֵי יהוה (V.27) – offenbar eine *ad hoc*-Bildung – vernommen haben soll. Es ist vielleicht nicht ganz abwegig, bei diesem Stein an Gen 28,11 oder die Steine, die bei der Jordanüberquerung aufgestellt wurden, zu denken.[20] Ob Dtn 27,2-3.8 als Gebertext in Frage kommt, ist unsicher;[21] jedenfalls hat dieser Text auf die sehr junge Episode von der Altaraufstellung Jos 8,30-35 eingewirkt.

Insofern nun aber die JHWH-Rede V.2b-13 den Pentateuch in den Blick faßt und auslegt, kann man in Jos 24,25-27 durchaus eine hexateuchische Perspektive erkennen: „Ergebnis des Schreibens des Josua ist der Hexateuch, der nun als Grundgesetz des Gottesvolkes eingeführt wird."[22] Dies bedeutet freilich nicht, daß damit ein selbständiger Hexateuch konstituiert worden wäre.[23] Im Gegenteil: Denn gerade der Verweis auf „das Buch des Gesetzes Gottes" ist nichts anderes als ein Verweis auf den Pentateuch, der bereits als eine Größe *sui generis* gilt, die sich nicht einfach erweitern läßt. Auf diese Größe wird literarisch Bezug genommen. Immerhin finden sich die Worte, die in das Gesetz geschrieben werden sollen, bereits im Pentateuch; dessen Heilsgeschichte wird (in V.2b-13) *ausgelegt*, nicht *fortgeschrieben*. So gesehen könnten 24,25-27 gerade auf einen Autoritäts*unterschied* zwischen dem Pentateuch als der abgeschlossenen Tora Moses und dem Josuabuch als ihrer „Auslegung" hinweisen. Ein ähnlicher Vorgang kommt – redaktionsgeschichtlich gesehen etwas später – auch in Jos 8,30-35 zum Ausdruck. Denn in Jos 8,32 ist die „Abschrift der Tora Moses" nichts anderes als der vorliegende, mit dem Buch Dtn endende Pentateuch.

Nach der Ausscheidung der Nachträge nun wieder ein Blick auf den Grundbestand. Er umfaßt die V.1-2a.14a.15a*b.16.18b.22.28 und hat

---

20 Vgl. aber auch Jos 22,34.
21 Nach C. Levin, Verheißung (s. Anm. 18), 111, ist Dtn 27 der *nehmende* Text.
22 E. Aurelius, Zukunft (s. Anm. 16), 176f.
23 Gegen E. Blum, Knoten (s. Anm. 15), 203f.; K. Schmid, Erzväter (s. Anm. 7), 223f.; E. Otto, Deuteronomium (s. Anm. 13), 220 Anm. 274.

weder einen Bundesschluß noch eine Gesetzesproklamation enthalten.[24] Sein zentrales Thema ist das Gottesverhältnis. Das Bekenntnis zu JHWH wird dabei als eine *Gotteswahl* dargestellt, die sich offenkundig als Gegenentwurf zur *Königswahl* versteht.[25] Es spricht einiges dafür, daß Jos 24* auf die Erwählung des ersten Königs vorausblickt (I Sam 8,18; 10,19b-20). Vor allem das gescheiterte Königtum Abimelechs (Jdc 9) dürfte im Hintergrund stehen, woraus sich nicht zuletzt der Ort der Zusammenkunft, Sichem, zwanglos erklären läßt: „Sichem ist der Ort, wo Könige gemacht werden."[26] Die LXX ändert hier bekanntlich in Schilo und zieht damit eine andere Linie *zurück* in das Josuabuch. Mit dieser Beziehung auf Jdc 9 und I Sam 8ff., aber auch auf den Gideonspruch Jdc 8,22f. ist zugleich eine scharfe Alternative JHWH – König formuliert, noch bevor das Königtum den geschichtlichen Boden betreten hat. So läßt sich der Grundbestand von Jos 24 als ein theologisches Präludium zu den Büchern Jdc-II Reg lesen, das die Entwicklung des Königtums ins rechte Licht rückt: Es war eine prinzipiell widergöttliche Einrichtung, weil es nur *ein* wahres Königtum, das Königtum JHWHs selbst, geben konnte.

Es ist zu überlegen, ob das Motiv von der Königswahl JHWHs nicht noch eine weitere Nuance hat: So wie JHWH nach Dtn 7,6 sein Volk auserwählt hat (בחר), so wählt sich das Volk seinerseits nun JHWH als seinen Gott.[27] Die Bundesformel wird hier als gegenseitige Erwählung gefaßt, wobei selbstverständlich die Wahl *durch* JHWH der Wahl JHWHs vorausgeht.

Die Ergebnisse zu Jos 24 lassen sich in einigen Punkten zusammenfassen und auf die Ausgangsfrage beziehen:
1. Eine rein synchrone Lesung und Interpretation von Jos 24 trägt für die redaktionsgeschichtliche Frage nach der Entstehung des Jos-Buches in seinen letzten Editionsphasen und damit auch für die Frage nach der Konstituierung des Hexateuchs nicht viel bei. Notwendig

---

24 Der auf den ersten Blick bestechende Vorschlag von R.G. Kratz, die ursprüngliche Einleitung von Jos 24 in 23,1b-3 zu sehen (vgl. Komposition [s. Anm. 16], 306f.; Der vor- und der nachpriesterschriftliche Hexateuch, in: J.C. Gertz u.a. [Hgg.], Abschied vom Jahwisten. Die Komposition des Hexateuch in der jüngsten Diskussion, BZAW 315, 2002, 295-323 [306]), bleibt schwierig, weil 23,1b-3 eine *Abschieds*rede einleiten und den Tod Josuas als unmittelbar bevorstehend erwarten (vgl. vor allem 23,15f.). Die Szene Jos 24* aber ist ganz frei von Abschiedsklängen, sondern zielt auf eine idealtypische Entscheidungssituation (vgl. 24,15). Vgl. auch die Argumente bei R. Müller, Königtum (s. Anm. 16), 220f.

25 Vgl. C. Levin, Verheißung (s. Anm. 18), 114-119; dann insbesondere R. Müller, Königtum (s. Anm. 16), 224-231.

26 C. Levin, Verheißung (s. Anm. 18), 117.

27 Vgl. E. Aurelius, Zukunft (s. Anm. 16), 175 Anm. 159.

ist eine literarkritische Differenzierung, denn das Kapitel enthält sehr unterschiedliche literarische Reichweiten und Horizonte.

2. Bereits der Grundbestand des Kapitels, die Königswahl JHWHs in Sichem, ist „zwischeneingekommen". Die Szene stellt keinen Zusammenhang her, sondern setzt ihn voraus.[28] Sie richtet den Blick schon im Kernbestand primär *nach vorn* auf das Königtum, etwas verhaltener aber auch *nach hinten* auf die Grundlegung des Gottesverhältnisses am Sinai/Horeb (ohne daß diese Namen genannt wären). Zudem kann man sich den Grundbestand *ohne* den Dekalog und *ohne* das Erste Gebot nur schwer vorstellen. Dies setzt zwar eine literarische Verbindung nicht zwingend voraus, jedoch liegt sie nahe.[29]

3. Eine *explizite* Verbindung zur Vätergeschichte stellt die später vorangestellte JHWH-Rede 24,2b-13 her. Sie richtet den Blick primär *zurück* und konstruiert eine durchgehende heilsgeschichtliche Linie von der Väterzeit bis zur Landgabe, wie man sie im Grundbestand des Kapitels *so* noch nicht finden konnte.

4. Somit erweist sich Jos 24 *auf allen literarischen Ebenen* als ein Text, der einen *vorgegebenen* Übergang von Jos zu Jdc neu gestaltete und damit zugleich eine markante Zäsur zwischen Hexateuch und nachfolgenden Geschichtsbüchern setzte.[30] Der Grundbestand öffnet den Blick für die unheilvolle Geschichte des Königtums, die spätere JHWH-Rede hat erkennbar abschließende Funktion. Insoweit bildet Jos 24 zwar eine Art Abschluß des „Hexateuchs", jedoch eher auf der Ebene der späteren JHWH-Rede sowie der noch späteren Gesetzesproklamation in 24,25-27. Eine *literarische* Zäsur, die Aufschluß über die Redaktion des Hexateuchs als eines eigenständigen literarischen Werkes geben könnte, läßt sich aber nicht entdecken, weil die Bezüge nach vorn unverändert präsent bleiben. Jos 24 ist also weder gebildet worden, um den Hexateuch *abzuschließen,* noch ihn aus einem größeren literarischen Zusammenhang *herauszulösen.* Einen Hexateuch als separates Werk – jedenfalls wenn man unter „Hexateuch" die Bücher Gen-Jos versteht – hat es allem Anschein nach nie gegeben.

5. Mit der Einstellung von Jos 24 gewinnt der Übergang von Jos zu Jdc (auf allen literarischen Ebenen) an theologischem Profil. Aus einem „bloß" narrativen Übergang von der Zeit Josuas auf die Zeit der Richter wird ein theologisch gewichtiges Scharnier zwischen Heils-

---

28 Vgl. R.G. Kratz, Hexateuch (s. Anm. 24), 304-307; R. Müller, Königtum (s. Anm. 16), 231.

29 Vgl. R.G. Kratz, Hexateuch (s. Anm. 24), 302f.

30 Vgl. R.G. Kratz, Hexateuch (s. Anm. 24), 306.

und Unheilsgeschichte.[31] Jos 24 liefert ein weiteres Beispiel für die vielfältig anzutreffende Tendenz, die Epochenwechsel immer stärker literarisch auszugestalten und theologisch aufzuladen.

6. Mit den traditionellen Kategorien des Deuteronomismus läßt sich das Kapitel nicht in den literarhistorischen Griff bekommen. Man stößt bereits im Grundbestand auf Formulierungen und Wendungen, die für die – nur noch schwer exakte faßbare – spät-dtr Sprach- und Gedankenwelt kennzeichnend sind. Zu nennen ist vor allem der Topos von der Wahl (בחר) JHWHs (vgl. Dtn 7,6), die Wahl-Alternative „JHWH – die fremden Götter" sowie die Formulierung „JHWH" bzw. „den fremden Göttern dienen" (24,16.18). Überhaupt ist die Profilierung des Gottesverhältnisses *ohne* das Erste Gebot nur schlecht denkbar. Man mag von einem DtrN oder einem DtrS sprechen, muß dann freilich hinzufügen, daß sich hinter diesen Sigla eher vielfältige Fortschreibungs- und Rezeptionsprozesse verbergen, die nicht auf einzelne durchlaufende Schichten zu beschränken sind.[32] Auch hier ist die Forschung über M. Noth und seine vergleichsweise einfache Sicht des Deuteronomismus weit hinausgegangen.

Jos 24* setzt mithin den literarischen und narrativen Zusammenhang von der Landnahme- auf die Richter- und Königszeit bereits voraus. Wie aber war der Übergang beschaffen, *bevor* Jos 24* eingeschoben wurde?

3. Was lag Jos 24 voraus?

An dieser Stelle ist zunächst kurz auf das Problem des Verhältnisses von Jos 23 und 24 einzugehen, das die Forschung – an besonders prominenter Stelle M. Noth – immer wieder beschäftigt hat. Eine eindeutige, evidente und allseits akzeptierte Lösung scheint nicht in Sicht zu sein. Dennoch seien hier einige Überlegungen angeschlossen, in denen die Frage nach einer möglichen deuteronomistischen Provenienz zunächst ganz ausgeklammert wird. An erster Stelle steht die Einsicht, daß auch Jos 23 alles andere als eine literarische Einheit ist und also

---

31 Vgl. sachlich ähnlich K. Schmid, Erzväter (s. Anm. 7), 211f.
32 Auf diese Rezeptionsvorgänge hat eindringlich T. Veijola in einer grundlegenden Studie hingewiesen: Die Deuteronomisten als Vorgänger der Schriftgelehrten. Ein Beitrag zur Entstehung des Judentums, in: Ders., Moses Erben. Studien zum Dekalog, zum Deuteronomismus und zum Schriftgelehrtentum, BWANT 149, 2000, 192-240.

auch nicht vorschnell einem (einzigen) DtrN zugewiesen werden sollte.[33] Achtet man auf die literarischen Verbindungen und Klammern, legt sich folgende Entstehungsgeschichte nahe:[34]

1. Der Kernbestand von Jos 23 – er liegt vor in V.1-3 und setzt sich fort in V.14b-16a – ist als Abschiedsrede Josuas gestaltet, die auf die abgeschlossene Landgabe zurückblickt, die Zuverlässigkeit des göttlichen Wortes hervorhebt und „ganz Israel" vor dem Abfall zu anderen Göttern warnt.

2. Dieser Grundbestand ist entstanden als (neue) Einleitung zu der älteren Verpflichtungsszene Jos 24. Die Intention läßt sich leicht beschreiben: Durch Vorschaltung von Jos 23* erhält die Verpflichtungsszene den Charakter eines Vermächtnisses, einer Abschiedsrede, die die dürre Notiz über den Tod Josuas in 24,29f. // Jdc 2,8f. erzählerisch ausgestaltet (vgl. auch Moses Abschiedsrede Dtn 31,1ff.). Josua ruft „ganz Israel" zusammen, um ihm die Beziehung von Gehorsam und Erfolg, Ungehorsam und Strafe einzuschärfen: Die Landgabe JHWHs kann, so der Tenor, durch Übertreten des Bundes verspielt werden. In diesem Licht erscheint die sich anschließende (ältere) Verpflichtungsszene als feierlicher Abschluß der Mahnung, den Bund einzuhalten. Erst später ist das Stichwort „Bund" von hier aus auch in 24,19-21 eingetragen worden.

3. Der Grundbestand von Jos 23 knüpft, wie man leicht sehen kann, an das Resümee Jos 21,43-45 an (vgl. 23,1.14b), das einmal direkt vor Jos 24 gestanden haben dürfte. Somit wird die in 21,43-45 gemachte Feststellung einerseits bestätigt und bekräftigt, andererseits aber auch mit einem warnenden Unterton versehen: Die Vergangenheit bietet keine Garantie für die Zukunft. Am Ende von Jos 23 (V.15-16a) ist eine glatte Überleitung zum älteren Kapitel Jos 24* gegeben, wie der Hinweis auf die „anderen Götter" (vgl. auch das Stichwort „dienen") nahelegt.

4. Erst in einer Erweiterungsschicht (die noch einmal zu differenzieren wäre) wird die Thematik der übriggebliebenen Völker eingebracht. Während der ältere Bestand noch von einer vollständigen Landgabe ausging, setzen die Nachträge die Existenz fremder Völker im Lande voraus (V.4.12f.). Auch hier gilt die Zusage JHWHs, diese Völker zu vertreiben, aber die Situation wird dadurch verschärft,

---

33 So z.B. J. Nentel, Trägerschaft (s. Anm. 16), 53-58. Eine *mehrphasige* Entstehungsgeschichte wird – mit je unterschiedlichen Akzenten – vorgeschlagen von K. Latvus, God, Anger and Ideology. The Anger of God in Joshua and Judges in Relation to Deuteronomy and the Priestly Writings, JSOT.S 279, 1998, 28-36; E. Aurelius, Zukunft (s. Anm. 16); R. Müller, Königtum (s. Anm. 16).

34 Vgl. Anhang 2.

daß sich das Volk angesichts der präsenten Gefahr *schon jetzt* – und nicht erst in Zukunft – entscheiden muß, wem es dienen will. Die Landgabe selbst steht auf dem Spiel, nicht erst das künftige Schicksal unter dem Königtum. Gesagt wird nun auch, worin konkret die Übertretung des Bundes besteht: in der Vermischung mit den Landesbewohnern, wie V.11-13 in Auslegung von V.15f. bemerken. Vielleicht wurde der Ergänzer, der die fremden Völker einbrachte, durch Jos 24 inspiriert: Aus der Gefährdung durch die „fremden Götter" im Land (vgl. 24,15.20) wurde die Präsenz der fremden Völker im Land. So dürfte die Erweiterungsschicht von Jos 23 die Erweiterung in Jos 24 bereits voraussetzen.[35] Es ergibt sich hinsichtlich der Reihenfolge von Jos 23 und 24 also eine differenzierte Sicht.

Im Blick auf die Ausgangsfrage kann man folgendes festhalten: Jos 23 setzt bereits im Grundbestand Jos 24* voraus. Dabei sind Bezüge sowohl nach vorn (Geschichtsbücher) als auch nach hinten (Pentateuch) gegeben (vgl. etwa 23,14b mit Dtn 6,5). Somit kommt Jos 23 als *älterer* Übergang nicht in Betracht. Deshalb also nochmals die Frage: Was lag Jos 24 voraus?

Es gibt zwei Möglichkeiten: Entweder wurde Jos 24* direkt an 21,43-45 angeschlossen, oder die Verpflichtungsszene erhielt ihren Platz unmittelbar hinter 11,16-23*. Beide Möglichkeiten wären denkbar. Eine Entscheidung hängt davon ab, ob der Landverteilungskomplex c.12-21*, der offenbar mittels der Wiederaufnahme von 11,16-23* in 21,43-45 eingesetzt wurde,[36] bereits im Jos-Buch stand oder nicht. Die Frage muß an dieser Stelle offenbleiben.

Es ist indes wahrscheinlich, daß es sich bei dem kleinen Resümee 21,43-45, gern als Schlüsseltext der Landnahmekonzeption des dtr Historikers betrachtet, um eine spätere Wiederaufnahme handelt, die dezidiert worttheologisch geprägt ist: „kein *Wort* ist hingefallen von all dem guten *Wort*, das JHWH zu dem Haus Israel *geredet* hatte" (21,45). Sie ist darin mit der spät-dtr worttheologischen Redaktion in den Könige-Büchern verwandt.[37]

Wir fragen weiter zurück: Was lag dieser Verbindung voraus? Ein älterer Übergang – ja wohl der *älteste* – von Jos zu Jdc liegt offensichtlich in Jos 11,23* und Jdc 2,8f. vor (respektive Jos 24,29f.).[38] Ob zwi-

---

35 Vgl. in ähnlichem Sinne R. Müller, Königtum (s. Anm. 16), 235.
36 Vgl. R.G. Kratz, Komposition (s. Anm. 16), 199-204.
37 Es möge an dieser Stelle der Hinweis auf C. Levin, Erkenntnis Gottes durch Elia [1992], in: Ders., Fortschreibungen. Gesammelte Studien zum Alten Testament, BZAW 316, 2003, 158-168, genügen.
38 Vgl. R.G. Kratz, Komposition (s. Anm. 16), 198f.

schen 11,23 und Jdc 2,8f. noch ein Überleitungsvers gestanden hat –
etwa 24,28[39] – ist nicht sicher, aber möglich. Diese redaktionelle Hand –
man hätte sie früher DtrH genannt – schafft offenkundig eine Verbindung zwischen der Landnahmeüberlieferung und dem Richter-Buch.
Sie blickt auf die Geschichte der Könige voraus, ja sie richtet die Geschichte vom Exodus und der sich anschließenden Landnahme auf die
Königszeit aus. Man könnte auch sagen: Sie verbindet – offenbar erstmals – die *Volksgeschichte* mit der *Königsgeschichte*.[40] Es dürfte sich um
denselben Redaktor handeln, der für den redaktionellen (und wohl bereits spät-dtr) Grundbestand des Richter-Buches verantwortlich war. Er
konnte offenbar auf eine Exodus-Landnahme-Geschichte, die sich von
Ex 2 über Num bis hin zu Jos 2-6* erstreckte, zurückgreifen.[41]

Zum Schluß soll der Blick wieder auf die finalen Prozesse der
Buchwerdung gelenkt werden. Welchen Beitrag leistet die Analyse der
LXX und der Qumran-Fragmente zur redaktionsgeschichtlichen Frage
nach der Schlußformierung des Jos-Buches? Hier müssen einige wenige
Andeutungen genügen.

4. Die Beitrag der Jos-LXX und der Qumran-Fragmente

Für die Rekonstruktion der Entstehungsgeschichte des Jos-Buches in
seinen letzten Phasen ist die Septuaginta von außerordentlicher Bedeutung. Früher nicht selten ganz ausgeblendet,[42] wird ihr Beitrag zur
Redaktionsgeschichte des Buches noch immer unterschätzt. Der Befund
ist schwierig und kompliziert; selbst die großen Kodizes stimmen nicht
immer überein. Ein einliges Urteil hinsichtlich der Priorität erscheint
nicht möglich. So gibt es zahlreiche Fälle, in denen die LXX den hebräischen Text offenkundig erleichtert bzw. eigenen theologischen und
geographischen Konzepten anpaßt.

So läßt sich beobachten, daß die Übersetzer des Jos-Buches an einigen markanten Stellen das Jos-Buch stärker mit den übrigen Geschichtsbüchern (v.a. Jdc und Reg) verzahnt haben. Umgekehrt grenz-
ten sie die Josua-Zeit deutlich von der Pentateuchtradition ab.[43] Letzteres ist daran ablesbar, daß in der LXX nicht Mose, sondern *Josua* als

---

39   So z.B. R. Müller, Königtum (s. Anm. 16), 251.
40   Vgl. R.G. Kratz, Komposition (s. Anm. 16), 204; ausführlich E. Blum, Knoten (s.
      Anm. 15).
41   Vgl. zusammenfassend R.G. Kratz, Komposition (s. Anm. 16), 286-304.
42   So etwa in dem Kommentar von V. Fritz, Das Buch Josua, HAT I/7, 1996, 1f.
43   So M. Rösel, Septuaginta-Version (s. Anm. 4), 207f. (vgl. die Beispiele 203-207). Vgl.
      auch die ausführliche Diskussion der wichtigen Abweichungen bei M.N. van der
      Meer, Formation (s. Anm. 4).

Führer oder doch wesentlich Mitverantwortlicher des Auszugs gilt. Das ergibt sich einerseits aus einem Vergleich von 24,31 LXX mit 24,30 MT, andererseits aus dem auffälligen Fehlen von Mose und Aaron in 24,5, das sich nur als Auslassung erklären läßt (es fehlt: „ich sandte Mose und Aaron"). Zudem setzt die LXX, wie sich an 5,4f. ablesen läßt, voraus, daß nicht die gesamte Wüstengeneration umgekommen ist, wie es nach dem MT der Fall ist. Aus diesen leichten Korrekturen ergibt sich – mit M. Rösel – ein bewußter gestalterischer Wille des Übersetzers, der „letztlich zu einer größeren Geschlossenheit des Buches führte".[44] In der LXX setzt sich also eine Tendenz fort, die sich bereits in den Spätphasen der Redaktionsgeschichte – und hier wäre vor allem der späte Einschub Jos 8,30-35 zu nennen – widerspiegelte: eine zunehmende Absetzung vom Pentateuch und eine Orientierung auf die Geschichtsbücher hin. Oder anders gesagt: Die Gestalt Josuas gewinnt gegenüber Mose an Profil und Selbständigkeit, und der Pentateuch erscheint immer mehr als eine abgeschlossene Größe.

Aber es gibt auch Fälle, in denen der griechische Text auf eine ältere hebräische Vorlage zurückgehen könnte. Für diese These hat kürzlich wieder mit beachtlichen Argumenten Kristin de Troyer votiert. Ein Beispiel soll genügen. So fehlt in Jos 10 in der LXX an zwei markanten Stellen der Hinweis auf Josuas Rückkehr in das Lager nach *Gilgal* (10,15.43). Im Sinne de Troyers muß man sagen: der Hinweis fehlt *noch*, denn nach ihrer Ansicht spiegelt die LXX ein redaktionell früheres Stadium – ohne Gilgal – wider.[45] Warum wurde der Ort so spät gleichsam eingesetzt? Weil er – und darüber ließe sich sicherlich streiten – nach Ansicht de Troyers eine Chiffre für Modeïn sein könnte. In durchaus vergleichbarer Weise wird – auch hier schon in den letzten Phasen der Buchentstehung – der Ort *Schilo* als Versammlungsort der Stämme Israels eingeführt: so bereits im hebräischen Text in Jos 18,1.8-10; 19,51; 22,9-12[46] sowie in Jdc 21,12.19-21. Hier spiegelt sich ein spätes

---

44 M. Rösel, Septuaginta-Version (s. Anm. 4), 208. Rösel vermutet, daß diese „Akzentverschiebungen" damit zu tun hätten, daß das Jos-Buch wohl als erstes der Geschichtsbücher übersetzt worden sei, also – anders als die hebräischen Geschichtsbücher – eine gewisse Zeit separat überliefert wurde und deshalb einer *expliziten* Vernetzung bedurfte, die sich bei der Leseabfolge der hebräischen Bücher von selbst ergab. Freilich gilt dies kaum für die inhaltlichen Korrekturen im Blick auf die Gestalt des Josua als Führer des Exodus.

45 Vgl. K. de Troyer, Rewriting the Sacred Text. What the Old Greek Texts Tell us about the Literary Growth of the Bible, SBL Text-Critical Studies 4, 2003, 56f. = Die Septuaginta und die Endgestalt des Alten Testaments. Studien zur Entstehungsgeschichte alttestamentlicher Texte, UTB 2599, 2005, 80f.

46 Nach M. Noth handelt es sich hier um Ergänzungen im Sinne und im Stile von P. Vgl. auch H.-J. Fabry, Spuren des Pentateuchredaktors in Jos 4,21ff. Anmerkungen zur Deuteronomismus-Rezeption, in: N. Lohfink (Hg.), Das Deuteronomium. Ent-

Konzept wider, nach dem Schilo als Zentralort des Stämmeverbandes und Kultzentrum *vor* Errichung des Jerusalemer Tempels galt (vgl. Ps 78,60). Zu diesem Zentralisierungskonzept gehört auch die Dislozierung des Landtages von Sichem nach Schilo in der LXX, die hier die Tendenzen in den späten Redaktionsphasen des hebräischen Josua gleichsam nahtlos fortschreibt. In den Endphasen der Entstehung des Jos-Buches wird man also mit mancherlei konzeptionellen Umgestaltungen zu rechnen haben, die mit den Versammlungs- und Kultorten zu tun haben. Sie dienen in aller Regel dem Ausgleich der durch vielfältige Fortschreibungsprozesse entstandenen Unklarheiten und Spannungen, aber auch der Anpassung an neue theologische Erfordernisse und Konzepte.

Mit einem Kultort hat auch die interessanteste Abweichung zu tun, die in 4QJosh[a] erhalten ist und die ebenfalls wieder in die Endphasen der Entstehung des Jos-Buches führt. Bekanntlich steht die kleine Episode vom Altarbau auf dem Ebal und der Verlesung des Gesetzes (Jos 8,30-35) in 4Q – dort ist freilich genaugenommen nur ein Teil, nämlich die Verlesung des Gesetzes 8,34b-35, erhalten[47] – an anderer Stelle, und zwar gleich hinter dem Jordandurchzug Jos 5. Die LXX stimmt weder mit dem MT noch mit 4Q überein, denn in ihr steht die Episode hinter 9,1-2, folgt also den Kriegsvorbereitungen der Transjordanier. Diese Umstellung in der LXX – und um eine solche dürfte es sich handeln – sucht der Schwierigkeit zu entrinnen, daß sich der Altarbau auf dem *Ebal* aus geographischen Gründen kaum zu der eben abgeschlossenen Landnahme im Gebiet *Benjamins* fügt. Aber wie steht es mit der Anordnung in 4QJosh[a]? Tatsächlich ist die Plazierung des kleinen Stückes im hebräischen Text nicht sehr glücklich; 4Q scheint einen glatteren Erzählablauf zu bieten, weil der Altarbau unmittelbar nach der gut überstandenen Jordandurchquerung erfolgt. Ob damit aber schon die literargeschichtliche Priorität von 4Q gegenüber dem masoretischen Text erwiesen ist, wie etwa H.-J. Fabry u.a. meinen, erscheint doch fraglich:[48] Daß 4Q einen glatteren Erzählablauf, die *lectio facilior*, bietet,

---

stehung, Gestalt und Botschaft, BEThL 68, 1985, 351-356. Ferner U. Becker, Richterzeit (s. Anm. 15), 247-250; R.G. Kratz, Komposition (s. Anm. 16), 209.

47 Es stellt sich ohnehin die Frage, ob der ganze Passus Jos 8,30-35 in 4Q vorhanden war. Vgl. die Diskussion bei E. Noort, 4QJosh[a] (s. Anm. 5), 131-134.

48 Vgl. H.-J. Fabry, Der Altarbau der Samaritaner – ein Produkt der Text- und Literargeschichte?, in: U. Dahmen u.a. (Hgg.), Die Textfunde vom Toten Meer und der Text der Hebräischen Bibel, 2000, 35-52 (43); E. Ulrich, 4QJoshua[a] and Joshua's First Altar in the Promised Land, in: ebd., 89-104; A.G. Auld, Reading Joshua after Kings [1995], in: Ders., Joshua Retold. Synoptic Perspectives, 1998, 102-112 (111f.). Etwas anders A. Rofé, The Editing of the Book of Joshua in the Light of 4QJosh[a], in: G.J.

spricht eher für den sekundären Charakter. Offenbar hat bereits der Schreiber von 4QJosh^a die Plazierung des Altarbaus, wie sie im jetzigen MT vorliegt, als unpassend empfunden und daraufhin einen „besseren" Platz gesucht. Daß mit dieser Umstellung die Schwierigkeit, wie ein Altarbau auf dem Ebal mit den Geschehnissen um Gilgal herum zu vereinbaren ist, nicht gelöst wurde, zeigt die Variante der LXX.

Wie immer man sich hinsichtlich der Priorität auch entscheidet: In den letzten Stadien der Entstehung des Jos-Buches ist ein auffälliges Interesse an heilsgeschichtlichen Periodisierungen und Kultorten zu beobachten, die zu nicht geringen Änderungen, sogar Umstellungen des Textes geführt haben.

5. Konsequenzen

Die literargeschichtlichen Beobachtungen zu Jos 23-24 sowie ein flüchtiger Blick auf einige Abweichungen in der Septuaginta und in den Qumran-Fragmenten haben hinsichtlich der Ausgangsfrage nach den finalen Prozessen der Buchentstehung und den Kontextvernetzungen kein einfaches und einliniges Ergebnis erbracht. Um ein solches zu erreichen, bedürfte es einer flächendeckenden redaktionsgeschichtlichen Neuuntersuchung des Jos-Buches unter Heranziehung vor allem der LXX-Handschriften, aber auch der Qumran-Fragmente. Deshalb seien abschließend nur einige allgemeine Tendenzen, aber auch Desiderata zusammengestellt, die die Stellung des Jos-Buches im sogenannten Deuteronomistischen Geschichtswerk betreffen.

1. Die Nothsche Hypothese eines die Bücher Dtn bis II Reg umfassenden Deuteronomistischen Geschichtswerkes erweist sich in ihrer herkömmlichen Gestalt als nicht mehr tragfähig. Die „Merkmale der planvollen Geschlossenheit", die Noth für seine Hypothese beibrachte, haben sich allesamt als literarisch spätere Elemente herausgestellt. Auch ein Schichtenmodell, das ja nach wie vor mit einer dtr Erstausgabe im Umfang von Dtn bis II Reg rechnet, wird dem komplexen Befund zumal im Jos-Buch nicht gerecht.

2. Daß sich das Jos-Buch – und zwar nicht nur rein bibelkundlich, sondern auch redaktionsgeschichtlich gesehen – als gleichsam natürliche Fortsetzung der Landnahmeüberlieferung in Num anbietet, ist im Gefolge der alles dominierenden Nothschen Hypothese vom DtrG zu Unrecht in den Hintergrund getreten. Am Anfang war das Jos-Buch nicht Teil des „DtrG", sondern Teil des „Hexa-

---

Brooke u. F. García Martínez (Hgg.), New Qumran Texts and Studies, StTDJ 15, 1994, 73-80.

teuchs" – eines Hexateuchs freilich, der noch kein Hexateuch war, weil ihm das Buch Dtn und möglicherweise auch das Buch Gen noch fehlte. Das Jos-Buch ist dann rasch zu einem Bestandteil des Enneateuchs geworden.

3. Was das Jos-Buch angeht, kehrt die Forschung in gewisser Weise in die Zeit *vor* M. Noth und A. Alt zurück.[49] Sie hat freilich durch die redaktionsgeschichtliche Perspektive einen neuen methodischen Horizont erhalten.

4. Auf diesem methodischen Wege kann und muß man sich verstärkt den Endphasen der Entstehung des Buches zuwenden und die Befunde der LXX und der Qumran-Fragmente konsequent redaktionsgeschichtlich auswerten. Dabei dürfte sich zeigen, daß der überkommene Kanonbegriff – wie auch eine strenge Trennung von Text- und Literarkritik – dem komplexen Befund nicht mehr gerecht wird.

---

49   Vgl. E. Noort, Josua (s. Anm. 16), 59-91.

Anhang 1: Jos 24

24,1 Und Josua versammelte alle Stämme Israels nach Sichem [G: Schilo]. Und er berief die Ältesten Israels *und seine Häupter, seine Richter und seine Aufseher.* **Und sie traten vor Gott. 2 Und Josua sprach zu dem ganzen Volk:**

„So spricht JHWH, der Gott Israels:
Jenseits des Stroms lebten eure Väter von Urzeiten an, *Terach, der Vater Abrahams und der Vater Nahors,* und sie dienten anderen Göttern. 3 Und ich nahm euren Vater, den Abraham, von jenseits des Stroms und ließ ihn das ganze Land Kanaan durchziehen, und ich mehrte seine Nachkommen und gab ihm den Isaak. 4 Und ich gab dem Isaak Jakob und Esau, und ich gab dem Esau das Gebirge Seïr, damit er es in Besitz nahm. Jakob aber und seine Söhne zogen nach Ägypten hinab.

5 Und ich sandte Mose und Aaron und schlug Ägypten, so wie ich es in ihrer Mitte getan habe. Und danach führte ich euch heraus. 6 Und ich führte eure Väter aus Ägypten, und ihr kamt ans Meer. Die Ägypter aber jagten euren Vätern mit Wagen und mit Reitern bis ans Schilfmeer nach.

[G: 5 Und die Ägypter bedrückten sie, und der Herr schlug Ägypten mit denen [A: den Wundern], die er unter ihnen tat. Und danach führte er euch heraus 6 aus Ägypten, und ihr kamt an das rote Meer. Die Ägypter aber jagten euren Vätern mit Wagen und mit Reitern bis ans rote Meer nach.]

7 Und sie schrien zu JHWH, und er setzte eine Finsternis zwischen euch und die Ägypter und ließ das Meer über sie kommen, so daß es sie bedeckte. Und eure Augen haben gesehen, was ich an Ägypten getan habe. Dann wohntet ihr in der Wüste viele Tage. 8 Und ich brachte euch in das Land der Amoriter, die jenseits des Jordan wohnten, und sie kämpften gegen euch. Und ich gab sie in eure Hand, und ihr nahmt ihr Land in Besitz, und ich beseitigte sie vor euch. 9 Da erhob sich Balak, der Sohn Zippors, der König von Moab, und kämpfte gegen Israel. *Und er sandte hin und rief Bileam, den Sohn Beors, damit er euch verflucht. 10 Aber ich wollte nicht auf Bileam hören, und er mußte euch segnen.* Und ich errettete euch aus seiner Hand.

11 Ihr habt den Jordan überschritten und seid nach Jericho gekommen. Aber es kämpften gegen euch die Bürger von Jericho, *die Amoriter, die Perisiter, die Kanaaniter, die Hetiter, die Girgaschiter, die Hiwiter und die Jebusiter,* und ich gab sie in eure Hand. 12 Und ich schickte Panik vor euch her, und sie (die Panik) vertrieb sie vor euch, *die beiden Könige der Amoriter,* nicht durch dein Schwert und nicht durch deinen Bogen.

13 Und ich gab euch ein Land, um das du dich nicht gemüht hattest, und
Städte, die ihr nicht gebaut hattet und in denen ihr [doch] wohnt. Wein-
berge und Ölbäume, die ihr nicht gepflanzt habt, eßt ihr.

**14 Und nun, fürchtet JHWH und dient ihm in Aufrichtigkeit und
Treue!**
Und entfernt die Götter, denen eure Väter jenseits des Stroms gedient ha-
ben *und in Ägypten*, und dient JHWH!

**15 Wenn es aber euch aber nicht gefällt, JHWH zu dienen: Erwählt
euch heute, wem ihr dienen wollt,**
entweder den Göttern, denen eure Väter gedient haben, die jenseits des
Stromes waren, oder den Göttern der Amoriter, in deren Land ihr wohnt!

Ich aber und mein Haus, wir wollen JHWH dienen!"

**16 Da antwortete das Volk und sagte: „Fern von uns sei es, JHWH zu
verlassen, um anderen Göttern zu dienen!**
17 Denn JHWH, unser Gott, er ist es, der uns *und unsere Väter* herauf-
geführt hat aus dem Land Ägypten, [– G: aus dem Sklavenhaus, und der
vor unseren Augen diese großen Zeichen getan hat,] und der uns
bewahrt hat auf dem ganzen Weg, den wir gingen, und unter allen Völkern, durch deren Mitte wir gezogen sind. 18 Und JHWH hat alle Völker
und die Amoriter, die im Lande wohnten, vor uns vertrieben.

Auch wir wollen JHWH dienen, denn er ist unser Gott!"
19 Da sprach Josua zum Volk: *„Ihr könnt JHWH nicht dienen, denn ein
heiliger Gott ist er, ein eifersüchtiger Gott ist er. Er wird euer Vergehen
und eure Sünden nicht vergeben.* 20 Wenn ihr JHWH verlaßt und fremden Göttern dient, dann wird er sich wenden und euch Böses antun und
euch vernichten, nachdem er euch Gutes getan hat." 21 Und das Volk
antwortete Josua: „Nein, sondern JHWH wollen wir dienen!"

**22 Da sprach Josua zum Volk: „Ihr seid Zeugen gegen euch selbst,
daß ihr selbst euch JHWH erwählt habt, um ihm zu dienen." Und sie
sprachen: „Wir sind Zeugen!"**
23 „Nun aber, entfernt die fremden Götter, die unter euch sind, und neigt
euer Herz JHWH zu, dem Gott Israels!" 24 Und das Volk sprach zu Josua: „JHWH, unserem Gott, wollen wir dienen, und auf seine Stimme
wollen wir hören!"
25 Und Josua schloß einen Bund für das Volk an jenem Tag und setzte
ihm Ordnung und Recht in Sichem fest. 26 Und Josua schrieb diese Worte
in das Buch des Gesetzes Gottes. Und er nahm einen großen Stein und
richtete ihn dort auf unter der Terebinthe, die bei dem Heiligtum JHWHs
steht. 27 Und Josua sprach zum ganzen Volk: „Siehe, dieser Stein soll
Zeuge gegen uns sein; denn er hat alle Worte JHWHs gehört, die er mit
uns geredet hat. *Und er soll Zeuge gegen euch sein, damit ihr euren Gott
nicht verleugnet."*

28 Und Josua entließ das Volk, jeden in sein Erbteil.

29 Und es geschah nach diesen Ereignissen, da starb Josua, der Sohn Nuns, der Knecht JHWHs, im Alter von hundertzehn Jahren. 30 Und man begrub ihn im Gebiet seines Erbteils in Timnat-Serach, das auf dem Gebirge Ephraim [liegt], nördlich vom Berg Gaasch.

> [+ G: Und dort legten sie mit ihm in das Grab, in dem sie ihn bestattet hatten, die Steinmesser nieder, mit denen er die Israeliten in Gilgal beschnitten hatte, als er sie aus Ägypten ausziehen ließ, wie der Herr es ihm befohlen hatte. Und dort sind sie noch bis auf den heutigen Tag.]

31 Und Israel diente JHWH alle Tage Josuas und alle Tage der Ältesten, die Josua überlebten und die das ganze Werk JHWHs kannten, das er für Israel getan hatte.

> 32 Und die Gebeine Josefs, die die Söhne Israels aus Ägypten heraufgebracht hatten, begruben sie in Sichem auf dem Feldstück, das Jakob von den Söhnen Hamors, des Vaters von Sichem, für hundert Kesita gekauft hatte; und es wurde den Söhnen Josef zum Erbteil. 33 Und Eleasar, der Sohn Aarons, starb. Und sie begruben ihn auf dem Hügel (Gibea) des Pinhas, seines Sohnes, der ihm auf dem Gebirge Ephraim gegeben worden war.

G = Septuaginta, A = Alexandrinus

(1) **Kernbestand (24,1-2*.14a.15*.16.18b.22.28)**

(2) Geschichtsrückblick (24,2b-13) und damit zusammenhängende Erweiterungen in Vv. 14-27

(3) *24,29-31 (bzw. Jdc 2,8f.): Übergang zu Jdc vor Einschaltung von Jos 24**

Anhang 2: Jos 23

**23,1 Und es geschah nach vielen Tagen, nachdem JHWH Israel Ruhe
verschafft hatte vor seinen Feinden ringsum – und Josua war alt und
betagt geworden –, 2 da rief Josua ganz Israel,** seine Ältesten und
seine Häupter und seine Richter und seine Aufseher, **und sprach zu
ihnen: „Ich bin nun alt und betagt geworden. 3 Ihr habt selbst alles
gesehen, was JHWH, euer Gott, allen diesen Völkern vor euch getan
hat, denn JHWH, euer Gott war es, der für euch gekämpft hat.**

4 Seht, ich habe euch diese übriggebliebenen Völker durchs Los als Erb-
besitz zugeteilt nach euren Stämmen, vom Jordan an, sowie alle Völker,
die ich ausgerottet habe, und [bis an] das große Meer gegen Sonnenun-
tergang. 5 Und JHWH, euer Gott, er selbst wird sie vor euch ausstoßen
und sie vor euch vertreiben. Und ihr werdet ihr Land in Besitz nehmen, wie
JHWH, euer Gott, zu euch geredet hat.

6 So haltet fest daran, alles zu befolgen und zu tun, was im Buch des
Gesetzes Moses geschrieben ist, damit ihr nicht davon abweicht, we-
der zur Rechten noch zur Linken, 7 damit ihr nicht kommt unter diese
Völker, diese, die bei euch übriggeblieben sind. Und den Namen ihrer
Götter sollt ihr nicht nennen, und nicht sollt ihr schwören, und nicht
sollt ihr ihnen dienen, und nicht sollt ihr sie anbeten! 8 Sondern
JHWH, eurem Gott, sollt ihr anhängen, so wie ihr es getan habt bis
zum heutigen Tag!

9 Und JHWH hat vor euch her vertrieben große und starke Völker. Ihr
aber – niemand hat vor euch standgehalten bis zum heutigen Tag: 10
Ein Mann von euch jagt tausend. Denn JHWH, euer Gott, er ist es, der
für euch kämpft, wie er zu euch geredet hat.

11 So achtet um eures Lebens willen genau darauf, JHWH, euren Gott, zu
lieben! 12 Denn wenn ihr euch abwendet und euch hängt an den Rest dieser Völker, an die, die bei euch übriggeblieben sind, und euch mit ihnen
verschwägert und in ihnen aufgeht und sie in euch, 13 so wisset wohl, daß
JHWH, euer Gott, diese Völker nicht mehr vor euch vertreiben wird. Und
sie werden euch zum Fangnetz und zur Falle werden, zur Geißel an euren
Seiten und zu Dornen in euren Augen, bis ihr aus diesem guten Land
weggerafft seid, das JHWH, euer Gott, euch gegeben hat.

14 Und siehe, ich gehe heute den Weg aller Welt.

**Und ihr sollt erkennen mit eurem ganzen Herzen und mit eurer gan-
zen Seele, daß nicht ein Wort hingefallen ist von all den guten Worten, die JHWH, euer Gott, über euch geredet hat: alle sind sie eingetroffen für euch; kein einziges Wort davon ist hingefallen. 15 Und
wie nun jedes gute Wort über euch eingetroffen ist, das JHWH, euer**

Gott, zu euch geredet hat, ebenso wird JHWH jedes böse Wort über euch kommen lassen, bis er euch aus diesem guten Land ausgerottet hat, das JHWH, euer Gott, euch gegeben hat, 16 wenn ihr den Bund JHWHs, eures Gottes, den er euch geboten hat, übertretet und hingeht und anderen Göttern dient und sie anbetet. Und der Zorn JHWHs wird über euch entbrennen, und ihr werdet schnell weggerafft aus dem guten Land, das er euch gegeben hat."

---

(1) **Kernbestand (23,1-3.14b-16a): knüpft direkt an Jos 21,43-45 an und wurde unmittelbar vor Jos 24,1 (und damit die Grundfassung von Jos 24) gestellt;** einzelne Erweiterungen

(2) Erweiterung (23,4-14a, in mehreren Stufen): Warnung vor der Vermengung mit fremden Völkern; die Erweiterung geht erstmals von der Existenz fremder Völker, also einer unvollständigen Landnahme aus

Die Saul-Überlieferung
im deuteronomistischen Samuelbuch
(am Beispiel von I Samuel 9–10)

Alexander A. Fischer

Wer ein redaktionsgeschichtliches Gesamtbild der biblischen Geschichtsbücher zu skizzieren unternimmt, steht vor der Aufgabe,
Tradition und Redaktion zu unterscheiden und ins Verhältnis zu
setzen. Die Aufgabe ist komplex. Daß Martin Noth dafür lediglich 110
Druckseiten benötigte, ist noch heute beeindruckend.[1] Geradlinig und
schnörkellos begründete er im ersten Kapitel seiner *Überlieferungsgeschichtlichen Studien* nicht nur die Existenz eines deuteronomistischen
Geschichtswerkes, sondern auch ein Paradigma, das der sammelnden
und ordnenden Hand einen bislang unvermuteten Gestaltungsspiel-
raum einräumte: Der deuteronomistische Verfasser, der seiner Geschichtserzählung den Charakter eines Traditionswerkes gab, ist Sammler, Redaktor und Autor zugleich gewesen.[2] Er hat nicht nur die
überkommenen, überaus verschiedenartigen Überlieferungsstoffe nach
einem durchdachten Plan aneinandergereiht, sondern auch eine Auswahl getroffen und die einzelnen Stücke durch *ad hoc* formulierte Texte
miteinander verbunden. Damit hat Martin Noth das Verständnis der
Redaktion weit über die ältere Anschauung hinausgeführt, als hätten
die deuteronomistischen Redaktoren den überkommenen Stoffen nur
hier und dort ein paar theologische Lichter aufgesetzt. Hinter diese
Einsicht führt heute kein Weg zurück. Daß dadurch die Unterscheidung zwischen vordeuteronomistischer Überlieferung und deute-

---

1 Vgl. M. Noth, Überlieferungsgeschichtliche Studien (1943), ²1957, 3-110 (§§ 2-13). Die
   Wirkung, die von den Studien ausgegangen ist, verdankt sich nicht zuletzt ihrer
   Konzentration auf die deuteronomistische Linienführung. Sie behalten auch dann
   ihren Wert, wenn man der Kritik zugeben mag, Martin Noth habe sein einheitliches
   deuteronomistisches Geschichtswerk nur dadurch definieren können, daß er viele
   Probleme in die Fußnoten schob; vgl. N. Lohfink, Deuteronomium und Pentateuch.
   Zum Stand der Forschung, in: ders., Studien zum Deuteronomium und zur
   deuteronomistischen Literatur III, SBAB 20, 1995, 16.

2 Vgl. Noth, Studien (s. Anm. 1), 11.

ronomistischer Gestaltung problematischer geworden ist, wird man zugeben müssen. In Textbereichen nämlich, in denen deuteronomistische Redaktoren einen Text selbst organisieren und in ihn hineinschreiben, können sie nicht durchgängig formelhaft formulieren. Die Forschung hat denn auch den ersten deuteronomistischen Autoren eine stellenweise undeuteronomistische Diktion zugestanden und dadurch mindestens dem Vorwurf des Pan-Deuteronomismus eine Tür geöffnet.[3] Im Falle der biblischen Geschichtsbücher läßt sich das Problem freilich noch beherrschen: Was man der Ebene deuteronomistischer Textkonstitution zuweisen möchte, läßt sich durch kompositionskritische Beobachtungen zusätzlich kontrollieren.

Gleichwohl bleibt der Sprachbeweis das wichtigste literarkritische Kriterium. Von Fall zu Fall wird es durch die Tendenzkritik ergänzt. Im Bereich der Saul-Überlieferung scheint sie eine nicht unwesentliche Rolle zu spielen, zumal Martin Noth hier den ungewöhnlichen Fall diagnostizierte, daß der deuteronomistische Verfasser gegen die Darstellung seiner Quelle umdeutend Position bezieht.[4] Die literarische Analyse hat er freilich von Julius Wellhausen übernommen und dessen königsfeindliche Reihe I Sam 8,1-22; 10,17-24a; 12,1-25 für deuteronomistisch erklärt.[5] Tendenzkritisch bescheinigt er damit seinem deuteronomistischen Verfasser eine im wesentlichen negative Gesamtauffassung des Königtums. Vor diesem Hintergrund ist denn auch der jüngste Aufruf verständlich: „Saving Saul from the Deuteronomist!"[6] Freilich hat das Göttinger Schichtenmodell in dieser Frage unvermeidlich schärfer differenziert und unterschiedliche deuteronomistische Einstellungen zum Königtum erhoben. Die Positionen königsfreundlich, königskritisch und königsfeindlich ließen sich den einzelnen Schichten zuweisen und entsprechend auf DtrH, DtrP und DtrN verteilen.[7] In der Haltung gegenüber dem Königtum schien eine gewisse Klärung erreicht. Man hatte aber auch die Grenzen des Schichtenmo-

---

3   Vgl. den Sammelband von L.S. Schearing u. St.L. McKenzie (Hgg.), Those Elusive Deuteronomists. The Phenomenon of Pan-Deuteronomism, JSOT.S 268, 1999; und dazu kritisch T. Veijola, Deuteronomismusforschung zwischen Tradition und Innovation (III), ThR 68 (2003), 26f.

4   Vgl. Noth, Studien (s. Anm. 1), 99f.

5   Vgl. Noth, Studien (s. Anm. 1), 54f., mit Bezug auf J. Wellhausen, Die Composition des Hexateuch und der historischen Bücher des Alten Testaments, Berlin 1885 (⁴1963), 242f.

6   So der gleichlautende Titel eines Beitrags von E. Scheffler im Sammelband von J.C. de Moor u. H.F. van Rooy (Hgg.), Past, Present, Future. The Deuteronomistic History and the Prophets, OTS 44, 2000, 263-271.

7   Vgl. zusammenfassend A.A. Fischer, Das deuteronomistische Geschichtswerk. Ein forschungsgeschichtlicher Rückblick und Ausblick, DtPfrBl 98 (1998), 400.

dells erreicht. Etwa im Falle der Redaktionsschicht DtrN ließ sich nämlich kaum eine konsistente königsfeindliche Linie ausziehen und zugleich eine Idealisierung Davids als dem unerreichten Vorbild aller späteren Könige behaupten.[8] Der Einwand ist berechtigt: Die Einstellungen zum Königtum könnten auch und primär von den verschiedenen deuteronomistischen Konzeptionen der einzelnen Geschichtsbücher abhängig sein.

In diese Richtung weisen Überlegungen, die Ernst Würthwein in einer knappen Skizze zum deuteronomistischen Geschichtswerk vorgetragen hat. Darin entwickelt er die These, daß das Geschichtswerk schubweise von hinten nach vorne gewachsen sei.[9] Dem Königebuch wurden zunächst Traditionen über Saul und David vorangestellt, sodann das deuteronomistische Richterbuch vorgebaut und schließlich die spätdeuteronomistische Komposition der Landnahme zugefügt. Das Verständnis eines einheitlichen Geschichtswerks, wie es noch Martin Noth vertreten hat, wird dadurch entscheidend modifiziert. Es steht nicht mehr geschlossen am Anfang, sondern am Ende und erweist sich als Ergebnis eines komplexen und andauernden Wachstumsprozesses. In der Konsequenz bedeutet dies, daß man das von Martin Noth verwendete Sigel „Dtr" bzw. die von der Göttinger Schule eingeführten deuteronomistischen Schichten noch einmal nach Textbereichen und Wachstumsstufen wird differenzieren müssen. Gegen diese Konzeption eines in Schüben rückwärts wachsenden Geschichtswerkes wurde vor allem ins Feld geführt, daß in ihr die Rolle des Deuteronomiums völlig offen bleibt.[10] Die Kritik ist trotzdem nicht durchschlagend; denn die Stellung des Deuteronomiums bildet ja überhaupt ein Problem. Es scheint nämlich zwischen den beiden großen Literaturwerken, dem Tetrateuch/Hexateuch und dem deuteronomistischen Geschichtswerk zu changieren, und zwar nicht nur in der jüngeren Forschung, sondern bereits in den Prozessen der alttestamentlichen Literaturbildung.[11]

---

8   Vgl. T. Veijola, Die ewige Dynastie. David und die Entstehung seiner Dynastie nach der deuteronomistischen Darstellung, AASF.B 193, 1975, 141f.; ferner ders., Das Königtum in der Beurteilung der deuteronomistischen Historiographie. Eine redaktionsgeschichtliche Untersuchung, AASF.B 198, 1977, 119f., mit der Einschränkung, daß David als diese eine Ausnahme das negative Gesamturteil über das Königtum nicht aufhebe.

9   Vgl. E. Würthwein, Erwägungen zum sog. deuteronomistischen Geschichtswerk. Eine Skizze, in: ders., Studien zum Deuteronomistischen Geschichtswerk, BZAW 227, 1994, 1-11.

10 Vgl. Veijola, Deuteronomismusforschung (III) (s. Anm. 3), 31.

11 Zum literarischen Ort des Deuteronomiums vgl. die Positionen von N. Lohfink, Kerygmata des deuteronomistischen Geschichtswerks, in: ders., Studien zum Deuteronomium und zur deuteronomistischen Literatur II, SBA 12, 1991, 125-142; R.G. Kratz, Der literarische Ort des Deuteronomiums, in: ders. u. H. Spieckermann

Vor dem soeben umrissenen Problemhintergrund lassen sich nunmehr drei Aufgaben formulieren, die in den folgenden Abschnitten bearbeitet werden sollen. Zunächst zur Tradition: Läßt sich in I Sam 9-10 eine vordeuteronomistische Saul-Überlieferung erheben? Sodann zur Redaktion: In welcher Weise wurde die ältere Tradition aus- und umgestaltet, als man sie ins deuteronomistische Samuelbuch hineinschrieb? Schließlich zum Geschichtswerk: Ergeben sich redaktionsgeschichtliche Anhaltspunkte, die zumindest partiell Einblicke in die Entstehungsgeschichte des deuteronomistischen Traditionswerkes eröffnen?

1. Zur vordeuteronomistischen Saul-Überlieferung

Einen sicheren Ausgangspunkt für unsere Untersuchung der Saul-Geschichte bietet ihr völliger Neueinsatz in I Sam 9,1f. Unter dem Vorzeichen seines Vaters wird Saul verdeckt in die Erzählung eingeführt.[12] Genauer: Er wird als ein künftiger Kriegsheld in die Erzählung eingeführt. Dieser richtungsweisende Aspekt läßt sich freilich nur dem hebräischen Text entnehmen; denn die beiden Ausdrücke, die Vater und Sohn näher charakterisieren, werden hier für gewöhnlich neutral übersetzt: Der Vater wird als ein „vermögender Mann" und Saul als ein „junger Erwachsener" vorgestellt. Im Hebräischen sind beide Ausdrücke jedoch militärisch konnotiert: גבור חיל kann einen kriegstüchtigen Mann und בחור einen jungen Elitesoldaten bezeichnen.[13]

Die Erzählung selbst bietet hinreichenden Grund zur Literarkritik. Nur drei der allgemein bekannten und grundlegenden Textbeobachtungen seien hier erwähnt: Erstens ist in der Erzählung zunächst von einem anonymen Gottesmann die Rede, später namentlich von Samuel. Zweitens wohnt der Gottesmann in der Stadt. Saul kann daher nach seinem Haus fragen (9,18). Nach Auskunft der wasserschöpfenden Mädchen ist Samuel dagegen nur zufällig in der Stadt, und zwar in priesterlicher Funktion, um ein Opferfest des Volkes zu leiten (9,12).

(Hgg.), Liebe und Gebot. Studien zum Deuteronomium, FS L. Perlitt, FRLANT 190, 2000, 101-120; sowie die Beiträge von Thomas Römer, Eckhart Otto und Jan Christian Gertz im vorliegenden Sammelband.

12   W. Caspari, Die Samuelbücher, KAT VII, 1926, 97, bezeichnet diese Eigenart der narrativen Einführung als einen sogenannten Truganfang. Vgl. auch I Sam 1,1f.; 25,2f.; und zur Sache H.J. Stoebe, Das erste Buch Samuelis, KAT[2] VIII/1, 1973, 200; St. Isser, The Sword of Goliath. David in Heroic Literature, SBL 6, 2003,116.

13   Vgl. L. Schmidt, Menschlicher Erfolg und Jahwes Initiative. Studien zu Tradition, Interpretation und Historie in Überlieferungen von Gideon, Saul und David, WMANT 38, 1970, 78.

Drittens empfängt der Gottesmann sein göttliches Orakel (nicht anders als Bileam) durch Inkubation über Nacht.[14] Deshalb beherbergt er Saul, um ihm am nächsten Morgen über den Verbleib der Eselinnen Auskunft zu erteilen (10,2-4). Samuel dagegen verkündet ihm unmittelbar bei ihrem ersten Zusammentreffen, daß die Eselinnen bereits gefunden sind (9,20). Im übrigen kommuniziert Jahwe mit Samuel direkt und auch am Tage (9,15-17).

Die ältere Forschung erklärte den Befund durch die Annahme zweier Quellen oder zweier selbständiger Erzählungen, die miteinander verschmolzen wurden: nämlich eine Erzählung vom anonymen Gottesmann und eine Erzählung vom Besuch Sauls bei Samuel.[15] Diese Lösung funktioniert jedoch nicht, weil nur die Gottesmann-Erzählung einen durchgängigen Erzählfaden besitzt, den man auch weitgehend rekonstruieren kann. Darum rechnet man heutzutage mit einer Grunderzählung, die nachträglich bearbeitet worden sei. Prinzipiell kann man dieser Lösung zustimmen. Man muß jedoch ihre Wertigkeit umkehren: Die Gottesmann-Geschichte ist nämlich weniger Grunderzählung als Textvorlage. Sie besitzt ausschließlich dienende Funktion und wird nur deshalb verwendet und fortentwickelt, um vor ihrem Hintergrund den Weg Sauls zum König darzustellen. Erst ihre redaktionelle Bearbeitung macht sie zum Grundbestand der biblischen Saul-Geschichte.

Man darf sich diesen Vorgang übrigens ganz konkret vorstellen: Er gehört in den Bereich der Traditionsbildung und Literaturpflege und damit in einen beschränkten Bibliotheks- und Schulzusammenhang.[16] In ihm wurde die literarische Vorlage der Gottesmann-Erzählung abgeschrieben und an geeigneten Stellen ausgeschrieben. Dabei bringen die Einfügungen, die das Darstellungsziel der Königssalbung Sauls verfolgen, keinen tatsächlichen Handlungsfortschritt in die Erzählung hinein. Was vielmehr für den Erzählfaden wesentlich ist, liefert die Textvorlage, aus der einzelne Sätze zwischen den Einschüben stehen bleiben.[17] Ist aber das Entscheidende gesagt, darf die literarische Quelle wieder ausführlicher erzählen. Demgemäß läßt sich die Redaktion als

---

14 Vgl. Num 22,8-13.19-21; und Schmidt, Erfolg (s. Anm. 13), 68; A. F. Campbell, 1 Samuel, FOTL VII, 2003, 107.

15 Vgl. z.B. Caspari, Samuelbücher (s. Anm. 12), 95; H.W. Hertzberg, Die Samuelbücher, ATD 10, 1956 ([7]1986), 59; A. Weiser, Samuel. Seine geschichtliche Aufgabe und religiöse Bedeutung, FRLANT 81, 1962, 49; und zuletzt H. Seebaß, Die Vorgeschichte der Königserhebung Sauls, ZAW 79 (1967), 155-171.

16 Vgl. dazu N. Lohfink, Gab es eine deuteronomistische Bewegung?, in: ders., Studien zum Deuteronomium und zur deuteronomistischen Literatur III, SBA 20, 1995, 105-107.

17 Zum Erzählfaden der Quelle: 9,1.2aα.3-8.10.14a.18.19aαγb.22aα.24b.25b-27; 10,2-4.5abα(bis נביאים).6αβb.7.

ein Vorgang der Traditionsbildung beschreiben. Eine Reihe von kompositionskritischen Beobachtungen, von denen noch zu handeln ist, untermauern das Bild. Bevor wir uns der redaktionellen Gestaltung zuwenden können, müssen wir wenigstens das Darstellungsziel der Gottesmann-Erzählung resp. der Textvorlage knapp skizzieren:

Der Spannungsbogen der Gottesmann-Erzählung läßt sich in einem Satz zusammenfassen: Eselinnen werden gesucht – ein Held wird gefunden. Für das Genre der Heldengeschichte ist das im übrigen eine typische Konstellation. In unserem Fall rückt das Gotteswort in den Zielpunkt, das dem Saul am folgenden Morgen eröffnet wird (10,2ff.). Drei Zeichen verkündet ihm der Gottesmann, von dem der Knecht Sauls zuvor gesprochen hat: „Alles, was er sagt, trifft ganz bestimmt ein" (9,6aβ figura etymologica). Die Ankündigung der drei Zeichen sind unseres Erachtens allesamt in der Gottesmann-Erzählung verankert. Für die ersten beiden Zeichen ist das unstrittig: Die Eröffnung des ersten Zeichens, nämlich daß die Eselinnen gefunden wurden und sich nunmehr der Vater um den Sohn sorgt, beantwortet das Anliegen Sauls. Es ist für die Erzählung konstitutiv (vgl. 9,5; 9,19*). Die zweite Ankündigung, daß der Held auf seinem Weg durch Proviant gestärkt wird, erklärt sich nicht nur aus dem Umstand, daß Saul und seinem Gefährten das Brot ausgegangen ist (vgl 9,7), sondern auch durch die Erwartung, daß er am Ziel seines Weges etwas Großes vollbringen wird. Das dritte Zeichen steht damit im Zusammenhang; denn es führt Saul an seinen „Bestimmungsort" nach Gibeat-Elohim. Der Text ist hier eindeutig; denn er kennzeichnet Gibea nicht als den Heimatort Sauls,[18] sondern als Standort eines Militärpostens der Philister (10,5). Auch der Skopos der Gottesmann-Erzählung läßt nichts anderes erwarten. Denn sie möchte ja nicht berichten, daß Saul nach einer erfolglosen Eselinnensuche glücklich in das Haus seines Vaters heimgekehrt sei. Vielmehr möchte sie erzählen, daß ein Held gefunden wurde und daß dieser zu seinem ersten Heldenstück unterwegs ist. Ohne die Kennzeichnung Gibeas als Bestimmungsort und die dort vollzogene Wandlung Sauls hinge die Aufforderung zu einer kriegerischen Tat[19] und die damit verbundene Zusicherung göttlichen Beistands in der Luft (10,7).

---

18   Die Gottesmann-Erzählung gibt nicht zu erkennen, daß es sich bei Gibea um den Heimatort Sauls handeln soll. Man darf deshalb auch nicht mit J. Wellhausen, Der Text der Bücher Samuelis, 1871, 70, ein „Gibeat-Benjamin" in den Erzählanfang I Sam 9,1 eintragen.

19   Vgl. Jdc 9,33 und dazu D. Wagner, Geist und Tora. Studien zur göttlichen Legitimation und Delegitimation von Herrschaft im Alten Testament anhand der Erzählungen über König Saul, ABG 15, 2005, 54 mit Anm. 117.

Deshalb läßt sich in der Klimax der Ankündigungen das dritte Zeichen nicht herausnehmen.

Damit läßt sich nun das Darstellungsziel der Gottesmann-Erzählung zusammenfassen:[20] Sie befähigt und ermächtigt Saul zu einer Heldentat und führt ihn dazu an seinen Bestimmungsort, nämlich dorthin, wo der Philistervogt residiert. Zwei Folgerungen lassen sich daraus ziehen. Erstens ist die Gottesmann-Erzählung mit 10,7 keineswegs abgeschlossen; denn eine Heldengeschichte begnügt sich nicht mit einer bloßen Aufforderung zur kriegerischen Tat, sondern schildert sie auch.[21] Sie findet darum ihre Fortsetzung in Kapitel 13, in dem der Philistervogt tatsächlich erschlagen wird (13,4a). Bereits die ältere Forschung hat das vermutet und wohl mit Recht, auch wenn dort in I Sam 13 die literarischen Verhältnisse verwickelter sind und sich nur noch Spuren eines älteren Erzählfadens ermitteln lassen.[22] Zweitens hat die ältere Saul-Geschichte nichts mit der Einrichtung des Königtums in Israel und nichts mit einer Königssalbung Sauls zu tun. Dafür ist allein die redaktionelle Gestaltung verantwortlich, die wir jetzt in den Blick nehmen.

2. Die deuteronomistische Gestaltung der Saul-Überlieferung

Die Redaktion hat die soeben skizzierte Textvorlage zerteilt. Den ersten Teil der Gottesmann-Erzählung in I Sam 9,1-10,7* hat sie zur Vorgeschichte der Königserhebung Sauls umgestaltet und damit dessen Salbung ähnlich wie bei David in seine Jugendzeit zurückverlegt.[23] Dagegen hat sie die Ermordung des Philistervogts in I Sam 13 als Auftakt eines militärischen Unternehmens in Sauls Regierungszeit eingeordnet.

Bei der Umgestaltung der Gottesmann-Erzählung liegt nun das Darstellungsziel der Redaktion auf der Hand: Jahwe bestimmt Saul zum Nagid, zum königlichen Hirten über sein Volk Israel, und Samuel

---

20 Vgl. auch Campbell, I Samuel (s. Anm. 14), 106: „The older story concerns Saul's (chance) meeting with an anonymous man of God and his being commissioning for something special."

21 Anders P. Mommer, Samuel. Geschichte und Überlieferung, WMANT 65, 1991, 92 Anm. 205.

22 K. Budde, Die Bücher Samuel, KHC VIII, 1902, 82, ermittelte folgenden Erzählfaden: 13,4-7a.16-18.23. Vgl. auch R.G. Kratz, Die Komposition der erzählenden Bücher des Alten Testaments. Grundwissen der Bibelkritik, 2000, 176f. mit Anm. 81.

23 Vgl. V. Fritz, Die Deutungen des Königtums Sauls in den Überlieferungen von seiner Entstehung I Sam 9-11, ZAW 88 (1976), 353.

vollzieht die göttliche Setzung durch den Akt der Salbung. Das Darstellungsziel wird wesentlich in den Versen 9,16 und 10,1 verwirklicht.[24] Beide Verse sind erkennbar deuteronomistisch formuliert. Mit der Konsequenz, daß man wohl die gesamte Umgestaltung einer deuteronomistischen Hand wird zuschreiben müssen. Man kann dieser Konsequenz nur entgehen, wenn man aus den beiden Versen deuteronomistische Formulierungen herausschneidet. Und das wurde auch versucht: Im Falle von 9,16 wollte man den Satz „Du sollst ihn zum Nagid über mein Volk Israel salben!" der älteren Erzählung zuweisen und seine Fortsetzung „Und er wird mein Volk aus der Gewalt der Philister erretten ..." als deuteronomistische Zutat abtrennen.[25] Der literarkritische Schnitt ist jedoch zweifelhaft. Besser stehen die Chancen bei 10,1, weil man sich hier mindestens auf den masoretischen Kurztext zurückziehen könnte. Seine Priorität gegenüber der Septuaginta-Fassung ist durchaus möglich, aber nicht erwiesen und eine Auslassung durch Homoioteleuton ebenfalls in Betracht zu ziehen.[26] Trotzdem hängt daran nicht viel. Entscheidend ist nämlich, daß man in beiden Fällen 9,16 und 10,1 meint, eine alte Retterformel festhalten zu können.[27]

Gewöhnlich verbindet man nämlich den Nagid-Titel mit einem vorköniglichen Retteramt und behauptet seine Herkunft aus dem Bereich der Nordstämme Israels. Die Annahme eines solchen militärischen Amtes muß man jedoch als einen Irrweg der Forschung betrachten, zumal sich der Nagid-Titel in keiner einzigen nordisraelitischen Tradition wiederfindet.[28] Auch der geniale Vorschlag von Albrecht Alt, daß sich die Verleihung des Nagid-Titels mit dem sakralen Akt der Königsweihe verbinden lasse,[29] ist längst hinfällig geworden. Er stützt sich auf die bekannte, aber verfehlte Ableitung des Titels von dem Verb נגד „künden" im Sinne eines von Jahwe „Kundgegebenen". Die korrekte philologische Erklärung von Nagid wurde vielmehr schon in

---

24 Vgl. z.B. Schmidt, Erfolg (s. Anm. 13), 82.

25 Vgl. J. Vermeylen, La loi du plus fort, BEThL 154, 2000, 31-33 bzw. 626f.; ferner Veijola, Königtum (s. Anm. 8), 73-76, 118, der freilich noch V. 16aβ zur alten Formel hinzunehmen möchte, ohne dafür sprachliche Gründe angeben zu können.

26 Zurückhaltend äußert sich R. Kallai, Samuel in Qumran, RB 103-104 (1996), 587.

27 Bezeichnenderweise beurteilt Veijola, Dynastie (s. Anm. 8), 52, sämtliche Nagid-Stellen als deuteronomistische Einschübe. Lediglich bei Saul möchte er den Nagid-Titel in einer alten Überlieferung verankert wissen (I Sam 9,16a; 10,1).

28 Zu den Belegen im deuteronomistischen Geschichtswerk: I Sam 9,16; 10,1; 13,14; 25,30; II Sam 5,2; 6,21; 7,8; I Reg 1,35; 14,7; 16,2; II Reg 20,5.

29 Vgl. A. Alt, Die Staatenbildung der Israeliten in Palästina (1930), in: Kleine Schriften zur Geschichte des Volkes Israel II, 1953, 23 mit Anm. 2.

den 1960er Jahren erkannt, ist aber nicht akzeptiert worden.[30] Eduard Lipiński hat sie neuerdings nochmals eingehend begründet: Danach steht hebräisch *nagid* mit dem akkadischen *naqidu / noqed* zusammen.[31] Das Nomen bedeutet „Hirte" und wird als königlicher Ehrentitel verwendet. Entsprechend nennt sich der assyrische Großkönig Asarhaddon denn auch *taklum naqid salmat qaqqadi* „vertrauenswürdiger Hirte, Hüter der Menschheit".[32] Besonders klar kommt der mit dem Hirtenbild verbundene königsideologische Bedeutungsaspekt in II Sam 7,8 zum Ausdruck: „So sollst du zu meinem Knecht David sprechen: So spricht Jahwe Zebaoth: Ich habe dich von der Weide hinter der Herde weggeholt, damit du zum Nagid (zum königlichen Hirten) über mein Volk Israel wirst." Im Ergebnis bedeutet das: Der Nagid-Titel verbindet sich keineswegs mit einem alten Retteramt, sondern bezeichnet einen königlichen Ehrentitel. Er wird von den Deuteronomisten aufgegriffen und vornehmlich den ersten Königen Israels vorbehalten (vgl. noch Hiskija in II Reg 20,5). Durch ihn werden die ersten Herrscher, resp. Saul, David und Salomo, ausgezeichnet und von den übrigen Königen Israels und Judas abgesetzt.

Erweisen sich damit sämtliche Nagid-Stellen im Geschichtswerk einschließlich I Sam 9,16 und 10,1 als deuteronomistisch und hängt an diesen beiden Versen zugleich und wesentlich das redaktionelle Darstellungsziel der Königssalbung, dann ist die Schlußfolgerung zwingend: Die Umgestaltung der Saul-Überlieferung ist insgesamt von einer deuteronomistischen Redaktion ins Werk gesetzt worden. Die fragliche Bearbeitung hat freilich nicht nur diese beiden Verse beigesteuert. Vielmehr hat sie ihre literarische Vorlage substantiell ausgestaltet. Sie ist zweifellos eine Kompositionsschicht und organisiert ihren Text. Dafür lassen sich eine Reihe kompositionskritischer Beobachtungen anführen, die sich der Textkonstitution und ihrem Leitthema ein- und unterordnen. Es handelt sich um folgende Gestaltungselemente:

1) In der Erzähleinleitung gibt sich der Versteil 9,2aβb als Überschuß zu erkennen: „Keiner unter den Israeliten war schöner als er, von seinen Schultern aufwärts überragte er das ganze Volk." Durch dieses Sätzchen werden die Akzente verschoben: Zum einen wird die Israel-

---

30 Zur Sache vgl. ausführlich A.A. Fischer, Von Hebron nach Jerusalem. Eine redaktionsgeschichtliche Studie zur Erzählung von König David in II Sam 1-5, BZAW 335, 2004, 217-221.

31 Vgl. E. Lipiński, „Leadership". The Roots *DBR* and *NGD* in Aramaic, in: „Und Mose schrieb dieses Lied auf", FS O. Loretz, AOAT 250, 1998, 509-514. Dabei entsprechen sich der emphatische Velar (Qof) und der stimmhafte Velar (Gimel).

32 Vgl. R. Borger, Die Inschriften Asarhaddons. Königs von Assyrien, AfO.B 9, 1956, 80. Im Ausdruck *salmat qaqqadi* sind die „Schwarzköpfigen" poetische Umschreibung der Menschheit; vgl. CAD S 75b.

Perspektive eingetragen, die der älteren Erzählung fehlt, und zum anderen wird auf die Schilderung der Königswahl in 10,23 bzw. 10,24a voraus verwiesen, in der das Sätzchen wörtlich wiederkehrt.[33]

2) Die Begegnungsszene mit den wasserholenden Mädchen 9,11-13 dient dazu, den Auftritt Samuels und seine Identifizierung mit dem Gottesmann vorzubereiten. Äußerer Anlaß für sein Kommen ist ein Opferfest des Volkes, ähnlich wie bei David in I Sam 16,1-5.[34] Freilich wird die weitere Bearbeitung zeigen, daß dieser äußere Anlaß, nämlich das Opferfest, in einer inneren Beziehung zur Königssalbung steht. Entfaltet wird der Gedanke im anschließenden Opfermahl der eingeladenen Gästen, das hier bereits angekündigt wird. Darüber hinaus erfährt Saul von den Mädchen, daß das Volk solange nicht mit dem Opferfest beginnt, bis Samuel die Schlachtopfer gesegnet hat. Damit weist 9,13 offenbar auf das Vergehen Sauls voraus, der nämlich in 13,7ff. das Kommen Samuels nicht abwartet, sondern selbst die Schlachtopfer darbringt. Man könnte natürlich 9,13* als einen späten Zusatz von DtrN ausscheiden. Jedoch läßt sich das unseres Erachtens nicht hinreichend begründen, weil in 9,13 und im Gegensatz zu 13,13-14 eben nicht von einem Gebot Jahwes die Rede ist.[35]

3) Durch die Einfügung von 9,11-13 kommt eine kleine Ungereimtheit in die Erzählung. Nach Auskunft der Mädchen befindet sich Samuel nämlich bereits in der Stadt und ist gerade im Begriff, zur Kulthöhe hinaufzusteigen. Saul und sein Knecht können ihn also nur mitten in der Stadt treffen und dorthin wird denn auch die folgende Begegnungsszene zwischen Saul und Samuel verlegt. Die ältere Erzählung schildert dagegen ein Zusammentreffen im Tor, also am Eingang der Stadt (9,18 mit Anschluß an 9,14a).[36] Gleichwohl ist die redaktionelle Vorordnung der Begegnungsszene 9,14b-17 sachlich begründet. Zwei Beobachtungen lassen sich dafür anführen: Zum einen schildert die ältere Gottesmann-Erzählung ein zufälliges Zusammentreffen: Saul tritt an jemanden heran (נגשׁ), um die Frage zu stellen: „Wo ist das Haus des

---

33 Zur Textbeziehung vgl. auch Wagner, Geist (s. Anm. 19), 77f. Sein Versuch, das Nomen בחור als Part. pass. im Sinne von „auserlesen, erwählt" zu deuten und dadurch eine zusätzliche Textbeziehung zwischen 9,2 und der Erwählungsaussage in 10,24 aufzuzeigen, überzeugt jedoch nicht. (Ähnlich bereits M. Buber, Die Erzählung von Sauls Königswahl, VT 6 [1956], 123).

34 Das Opferfest in Betlehem I Sam 16,1-13 ist allerdings nicht nur Anlaß, sondern zugleich Vorwand für Samuels Kommen.

35 Vgl. jedoch Vermeylen, loi (s. Anm. 25), 31 bzw. 642, mit Zuweisung von 9,13 (und 13,13b.14bβ) an DtrP(!). Literarkritisch könnte man sich lediglich auf die Doppelung von 9,13aα „wenn ihr in die Stadt kommt, werdet ihr ihn treffen" und 9,13bβ „denn ihn – gerade heute – könnt ihr ihn treffen" beziehen.

36 Der Septuaginta-Text von 9,18 harmonisiert.

Sehers?". Doch der Leser weiß inzwischen, daß diese Begegnung ganz und gar nicht zufällig ist. Vielmehr hat es Jahwe so eingerichtet und seinen Propheten darüber unterrichtet (9,15-17). Zum andern ist Saul in der älteren Gottesmann-Erzählung das handelnde Subjekt. Er tritt im Tor an Samuel heran. Doch der Leser ist wiederum besser informiert. Saul ist nur dem Anschein nach das handelnde Subjekt. Die aktiven Rollen sind statt dessen vertauscht. Nach der redaktionellen Darstellung geht nämlich Samuel dem Saul entgegen (9,14b). Samuel ist es auch, der Saul zuerst erblickt, noch bevor dieser an ihn herantritt (9,17a).

4) Die nächste Einfügung 9,20-21 erklärt vorwegnehmend und abkürzend, daß die Eselinnen gefunden sind. Dadurch werden die Gewichte in der Erzählung nochmals verschoben. Denn die Ausschau nach den Eselinnen ist vollkommen bedeutungslos angesichts der Erwartung Israels, die sich auf Saul und das Haus seines Vaters richtet. Wiederum wird die Israel-Perspektive in die Erzählung eingetragen. Das mit ihr verbundene Nomen חמדה, das die Erwartung Israels zum Ausdruck bringt, ist vorexilisch nicht belegt.[37] Die folgende Entgegnung Sauls „Bin ich denn nicht ein Benjaminit aus dem geringsten der Stämme Israels?" wollte man im Rahmen eines vorprophetischen Berufungsschemas als Einwand des Berufenen erklären, ähnlich wie bei Gideon in Jdc 6,15.[38] Der Versuch kann jedoch nicht überzeugen, weil bei Saul dem Einwand kein Sendungsauftrag vorausgeht und weil man sich die einzelnen Elemente des Berufungsschemas überhaupt erst aus dem Text zusammensuchen muß. Deutet man den Vers nicht als einen Einwand Sauls, sondern als Ausdruck seiner Verwunderung über das Verlangen Israels, gibt er seine kompositionelle Funktion zu erkennen: 9,21 verweist auf die Königswahl in 10,20f. voraus, in der dieses Verlangen erfüllt wird.[39] Durch Losentscheid wird aus allen Stämmen Israels Benjamin und aus allen Sippen Saul und sein Vaterhaus erwählt.

5) In der älteren Erzählung wird Saul zum Essen und Übernachten in das Haus das Sehers eingeladen (9,19aγb). Nach der redaktionellen Erweiterung wird das Essen jedoch auf die Kulthöhe verlegt und als ein offizielles Opfermahl inszeniert, wie es für gewöhnlich einer Königserhebung vorausgeht (9,22aβb-24a). Ein solches Opfermahl wird beispielsweise von Abschalom berichtet, als er sich in Hebron zum

---

37   Das Nomen ist 16mal belegt: I Sam 9,20; Jes 2,16; Jer 3,19; 12,10; 25,34; Ez 26,12; Hos 13,5; Nah 2,10; Hag 2,7; Sach 7,4; Ps 106,24; Dan 11,8.37; II Chr 21,20; 32,27; 36,10.

38   Vgl. dazu H.-Chr. Schmitt, Das sogenannte vorprophetische Berufungsschema. Zur „geistigen Heimat" des Berufungsformulars von Ex 3,9-12; Jdc 6,11-24 und I Sam 9,1-10,16, ZAW 104 (1992), 208-210.

39   Vgl. dazu R.W. Klein, 1 Samuel, WBC 10, 1983, 89.

König ausrufen ließ (II Sam 15,12f.), und von Adonja, als er seine Anhänger zum Opferfest an der Rogel-Quelle einlud (I Reg 1,9). Samuel führt Saul hingegen in eine Art Banketthalle. Der hebräische Ausdruck לשכה bezeichnet allgemein ein Nebengebäude für das Opfermahl im Tempelbezirk und ist wiederum vorexilisch nicht belegt. Ein Zusammenhang zwischen hebräisch לשכה und griechisch λέσχη ist übrigens wahrscheinlich, weil das griechische Wort ebenfalls ein Gebäude zum Essen und Trinken innerhalb eines Temenos bezeichnet. Falls darum beide Lexeme zusammenhängen sollten, käme freilich nur ein Einfluß von West nach Ost und damit eine Entlehnung aus dem Griechischen in Betracht. Während man nämlich für die hebräische לשכה keine semitische Etymologie angeben kann, ist für λέσχη die innergriechische Ableitung vom Stamm λεχ- „liegen" allgemein anerkannt.[40] Der überhaupt älteste Beleg für לשכה findet sich wiederum im deuteronomistischen Geschichtswerk. Er steht dort im Reformbericht II Reg 23,11 und läßt sich dem deuteronomistischen Historiker zuweisen. Das angekündigte Opfermahl, zu dem Saul eingeladen ist, findet also in einer solchen Banketthalle statt. Obwohl seine Schilderung im hebräischen Text einige Schwierigkeiten bietet,[41] ist soviel klar: Dem Saul wird ein Ehrenplatz an der Spitze der Tafel zugewiesen. Das Opferfleisch, das ihm vorgesetzt wird, ist nicht ein übrig gebliebener Rest, sondern ein eigens für ihn ausgewähltes und zurückgelegtes Stück. Die Auszeichnung Sauls vor allen anderen Gästen bedeutet darum nichts anderes, als daß Samuel durch die Zuteilung des Opferfleischs den künftigen König designiert. In gewisser Weise kann man mit Ludwig Schmidt von einem vorweggenommenen Krönungsmahl sprechen.[42]

6) Das dritte Zeichen in 10,5-6*, das der Gottesmann in der älteren Erzählung ankündigt, ist ebenfalls redaktionell bearbeitet. Die Musikantengruppe nämlich, die der Prophetenschar vorangestellt wird, hat mit den Propheten eigentlich nichts zu tun. Vielmehr begrüßen sie den künftigen König (vgl. I Reg 1,40). Ergänzt ist ebenfalls der folgende Satz: „Während sie [die Propheten] in Verzückung sind, wird über dich der Geist Jahwes kommen." Damit wehrt die Redaktion dem Mißverständnis, als habe sich Saul durch prophetische Ekstase in einen

---

40   Vgl. W. Burkert, Lescha-Liškah, in: B. Janowski u. a. (Hg.), Religionsgeschichtliche Beziehungen zwischen Kleinasien, Nordsyrien und dem Alten Testament, OBO 129, 1993, 20. Eine ähnliche Frage stellt sich vermutlich auch bei במה „Kulthöhe" und βωμός „Altar".

41   Vor allem in V. 24aβ scheint der Text durch das Zusammenfließen zweier Varianten verderbt. Vgl. insgesamt die Erläuterungen von Stoebe, Samuelis (s. Anm. 12), 196f., sowie BHS z. St.

42   Vgl. Schmidt, Erfolg (s. Anm. 13), 85.

anderen Menschen verwandelt. Vielmehr verhält es sich so: Während die Prophetenschar von einem prophetischen Geist ergriffen wird, erhält Saul von Jahwe einen Geist, der ihn zur Ausübung seines Königtums befähigt. Dieser Geist Jahwes unterscheidet sich von der zeitweisen prophetischen Verzückung und bleibt solange beim König, bis er nach der Saul-David-Geschichte von ihm weicht und ein böser Geist von ihm Besitz ergreift (I Sam 16,14).

7) Daß 10,8 die ältere Erzählung mit der Verwerfungsszene in 13,7ff. verzahnt, ist seit langem erkannt.[43] Die Redaktion schickt Saul weiter nach Gilgal und verfügt durch Samuel eine Sieben-Tage-Frist, die er dort bis zu dessen Eintreffen zu warten habe. Ihr Sinn entschlüsselt sich erst durch das in 13,7ff. angesprochene Fehlverhalten des Königs, wobei man gerne wüßte, worin es eigentlich besteht.[44] Gleichwohl ist die Beziehung zwischen beiden Textstellen durch die entsprechende Wartefrist zweifelsfrei. Anders verhält es sich jedoch mit der literarhistorischen Einordnung von 10,8. Sie ist höchst umstritten, weil der Vers nämlich den Zeitrahmen der redaktionellen Komposition sprengt: Die Nahasch-Episode 11,1-15* läßt sich nicht in der Sieben-Tage-Frist unterbringen. (Dabei sollte man jedoch berücksichtigen, daß die Redaktion schon durch die Aufteilung der älteren Textvorlage einen konsistenten Zeitrahmen ausgesetzt hat!) Die Verweisfunktion von 10,8 kann man jedenfalls nur dann für die hier beschriebene Kompositionsschicht festhalten, wenn man den Verwerfungstext in seinem Grundbestand 13,7b-12.15a derselben deuteronomistischen Redaktion zuweist[45] und dem Textsignal in 10,8 eine sachliche Priorität vor dem zeitlichen Gefüge einräumt. Beurteilt man hingegen 10,8 zusammen mit 13,7b-15a als sekundären Einschub eines spätdeuteronomistischen Bearbeiters,[46] muß man 10,8 aus der Reihe kompositionskritischer Beobachtungen herausnehmen, die hier für die Kompositionsschicht in Anspruch genommen werden.

8) Eine weitere kompositionelle Funktion besitzt auch das Gespräch zwischen Saul und seinem Onkel in 10,14-16. Die Geheimhaltung der

---

43 Vgl. z.B. Wellhausen, Composition (s. Anm. 5), 246, der den Vers in seinem vorliegenden Zusammenhang als absolut unverständlich beurteilt, sofern man von seiner Verweisfunktion absieht.

44 Zur Sache vgl. H. Donner, Die Verwerfung des Königs Saul, in: ders., Aufsätze zum Alten Testament aus vier Jahrzehnten, BZAW 224, 1994, 156f.

45 Vgl. Kratz, Komposition (s. Anm. 22), 176f.

46 Vgl. z.B. K.-D. Schunck, Benjamin. Untersuchungen zur Entstehung und Geschichte eines israelitischen Stammes, BZAW 86, 1963, 91f., im Anschluß an Noth, Studien (s. Anm. 1), 63, der noch offen ließ, ob das in seinem Zusammenhang sekundäre Stück vor oder nach Dtr eingestellt worden ist.

Designation Sauls zum König bereitet notwendig die Königswahl in
10,17ff. vor und damit verbunden die Akklamation durch das Volk.[47]

9) Die Königswahl in 10,17-25* ist insgesamt von der Redaktion
gestaltet. Sie hat den Losentscheid eingebracht und damit das Königs-
gesetz Dtn 17,14f. sachgerecht umgesetzt: Der König stammt aus der
Mitte der Stämme Israels und er ist von Jahwe auserwählt (בחר vgl.
Dtn 17,15 mit I Sam 10,24). Auch die Volksversammlung in Mizpa hat
die Redaktion beigesteuert. Dabei erklärt sich die Wahl von Mizpa als
Versammlungsort hinreichend durch die deuteronomistische Provenienz. Sie ist nicht aus I Sam 7,5f. entlehnt, eher verhält es sich umgekehrt: Die Einberufung nach Mizpa durch den Richter Samuel orientiert sich an der Volksversammlung Israels in 10,17. Darüber hinaus
läßt sich festhalten: Die Königswahl Sauls ist in ihrem Grundbestand
10,17.18aα.19b-24.25b durch und durch königsfreundlich geschildert.[48]
Der Jubelruf des Volkes wird zudem durch das Verb רוע zum Ausdruck gebracht, das auch „Kriegsgeschrei erheben" bedeuten kann.
Man darf diesen Beiklang als Ankündigung einer kriegerischen
Bewährung Sauls interpretieren, die denn auch anschließend geschildert wird. Die einzige königtumsfeindliche Aussage dieser Passage
steht in 10,18aβγb.19a (zuzüglich 10,25a) und läßt sich als spätdeutero-
nomistischer Eintrag abheben.[49]

Die Reihe kompositioneller Beobachtungen ließe sich wohl noch
über 10,25 hinaus weiterführen. Doch möchten wir an dieser Stelle
abbrechen; denn soviel dürfte inzwischen deutlich geworden sein: Die
Redaktion überblickt und gestaltet einen Textbereich, der die Saul-
Erzählung mit dessen Weg zum König beginnen läßt und sie bis an die
ältere Saul-David-Geschichte heranführt. Vor diesem Hintergrund läßt
sich eine Zwischenbilanz ziehen: Die ältere Saul-Überlieferung wird
durch eine erste deuteronomistische Hand zur Geschichte von König
Saul umgestaltet und als eine gebotene Vorgeschichte der Saul-David-
Erzählung vorangestellt. Die beschriebene Redaktion, die dem DtrH
der Samuelbücher entspricht, verantwortet eine von I Sam 9 bis I Reg 2

---

47 Darüber hinaus vermutet J. Vette, Samuel und Saul. Ein Beitrag zur narrativen
    Poetik des Samuelbuches, Beiträge zum Verstehen der Bibel 13, 2005, 157f., daß mit
    dem Erscheinen des Onkels anstelle des Vaters die väterliche Autorität des Kisch
    durch den Führungsanspruch Samuels abgelöst werde.

48 Zu den monarchiefreundlichen Zügen vgl. zuletzt R. Müller, Königtum und Gottes-
    herrschaft. Untersuchungen zur alttestamentlichen Monarchiekritik, FAT II/3, 2004,
    162-169. Seine Ansicht, daß 10,17.20.21a.23b-25 als literarische Fortsetzung einer
    Erstfassung von 8,1ff. zu verstehen sei, konnte uns nicht überzeugen.

49 Zur Zuweisung an DtrN vgl. Veijola, Königtum (s. Anm. 8), 54; Vermeylen, loi (s.
    Anm. 25), 33f., 37f.; W. Dietrich, Von David zu den Deuteronomisten. Studien zu
    den Geschichtsüberlieferungen des Alten Testaments, BWANT 156, 2002, 226f.

durchlaufende Grunderzählung (zuzüglich einer Vorgeschichte Samuels in I Sam 1-3*, die auf seine Anerkennung als Propheten Jahwes in Israel hinausläuft: 3,19bβ-20). Diese Grunderzählung setzt jedoch I Sam 8 noch nicht voraus. Im Gegenteil: Alle Beobachtungen zur Komposition weisen nach vorn, keine einzige weist zurück, etwa auf eine Richtertätigkeit Samuels oder auf eine königtumslose Zeit.[50] Die Geschichte Sauls gibt jedenfalls nicht zu erkennen, daß mit seiner Königsherrschaft etwas völlig Neues und etwas Unerhörtes in Israel beginnen soll. Auch ist Saul kein Paradigma für alle, die ihm auf dem Königsthron folgen werden.[51] Was nämlich das sogenannte „Königsrecht" in I Sam 8 formuliert, hat mit dem Königtum Sauls schlechthin nichts zu tun.[52] Statt dessen ist I Sam 8 nur lose und über zwei späte redaktionelle Brücken mit der Königswahl Sauls verknüpft: Zum einen wird in 10,18.19a durch das betonte היום „Heute aber habt ihr euren Gott verworfen" die Forderung Israels nach einem König rekontextualisiert und zum anderen wird durch 10,25a das in 8,11ff. erklärte „Königsrecht" gewissermaßen als Ausrufezeichen hinter die Königswahl gesetzt und als Zeugnis gegen das Volk aufgezeichnet und deponiert (ähnlich wie etwa das Gesetzbuch in Jos 24,26!).

3. Die deuteronomistische Verknüpfung der Samuel-Königebücher mit dem Richterbuch

Wenn man erst einmal die seit Wellhausen geltende königsfeindliche Reihe I Sam 8,1-22; 10,17-24a; 12,1-25 als redaktionsgeschichtliche Leitlinie aufgegeben hat, dann lassen sich auch andere Erklärungen denken. Sie münden in die Vermutung, daß manche der königsfeindlichen Texte stärker in das Richterbuch hinüberweisen. Bei I Sam 8 scheint das der Fall zu sein. Die Annahme läßt sich in eine These fassen, die wir abschließend ins Gespräch bringen möchten: I Sam 8, nämlich Israels Forderung nach einem König und Samuels Kritik, wurde eigens dazu konzipiert, die Samuel-Königebücher und das Richterbuch zusammenzufügen. Das Kapitel bildet eine Brücke nach vorne zum Richterbuch und ist von dessen theologischer Konzeption bestimmt. Seine deuteronomistische Diktion ist eine deutlich andere als in der Grundschicht von I Sam 9 bis I Reg 2.

---

50 Vielleicht abgesehen von dem Anklang an das deuteronomistische Richterschema in 9,16b. Diese ist aber anders formuliert, vgl. dazu Müller, Königtum (s. Anm. 48), 74f.

51 Gegen U. Berges, Die Verwerfung Sauls. Eine thematische Untersuchung, FzB 61, 1989, 57.

52 Vgl. dazu auch Vette, Samuel (s. Anm. 47), 192f.

Eine Reihe von Argumenten soll unsere These unterfüttern: In der Forschung ist schon immer beobachtet worden, daß in I Sam 8 eine gewisse Ambivalenz in der Haltung gegenüber dem Königtum zum Ausdruck kommt. Einerseits wird die Forderung eines menschlichen Königtums als Verwerfung Jahwes grundsätzlich abgelehnt, andererseits wird die Einsetzung eben dieses Königtums ausdrücklich von Jahwe gebilligt und seinem Volk Israel gestattet. Zunächst versuchte man, diese Ambivalenz literarkritisch zu erklären, indem man sie auf einen Widerstreit deuteronomistischer Meinungen zurückführte.[53] Die unterschiedlichen Positionen wurden auf DtrH und DtrN verteilt.[54] Daß dadurch das Sachproblem jedoch nicht behoben wird, hat Uwe Becker dargelegt und bereits bei DtrH einen am Königtum haftenden inneren Widerspruch festgestellt.[55] Unseres Erachtens läßt sich das Sachproblem noch einfacher und naheliegender lösen. Die Ambivalenz erklärt sich primär durch die kompositionelle Funktion des Kapitels: Sein deuteronomistischer Verfasser ist zwar grundsätzlich der Meinung, daß Israel durch das Königtum Jahwes aus dem Kreis der Völker herausgehoben ist; eben deshalb bedeutet Israels Königsbegehren nichts anderes als eine Verwerfung Gottes. Die Zusammenfügung von Richterbuch und Samuel-Königebücher stellte ihn trotzdem vor die Aufgabe, die Einrichtung des Königtums zu vermitteln. Wie anders hätte er sonst die Saul-Überlieferung anschließen lassen können? Dabei entnahm er den folgenden Erzählungen, daß Saul und David ausdrücklich durch Jahwes Initiative zum König gesalbt wurden (I Sam 9,15-17; 10,1; 16,1-13), was bedeutet: Ihre Königserhebung geschah

---

53 Stellvertretend für andere Positionen sei auf Walter Dietrich hingewiesen, der noch eine weitere Stimme ins Spiel bringt: Er rechnet mit einer vordeuteronomistischen, dezidiert königsfreundlichen Grundschicht (8,1-5.20b-22a), einer exilischen, königskritischen Redaktion (8,6.9f.18-20a.22b) und einer nachexilischen, königsfeindlichen Bearbeitung (8,7f); vgl. David (s. Anm. 49), 227 mit Anm. 53.

54 Vgl. ausführlich Veijola, Königtum (s. Anm. 8), 53-72 (DtrH: 8,1.3-5.22b; DtrN: 8,6-10.[11-17].18-22a); sowie ders., Moses Erben. Studien zum Dekalog, zum Deuteronomismus und zum Schriftgelehrtentum, BWANT 149, 2000, 201f. mit Anm. 52. Hier korrigiert Veijola seine frühere Analyse, indem er noch V. 6b und 22a zur Grundschicht hinzunimmt. Offenbar reagiert er damit auf die kritischen Anfragen von Uwe Becker (vgl. die folgende Anm., 250). Vgl. zuletzt Müller, Königtum (s. Anm. 48), 120-137 (Grundtext wiederum: 8,1.3-5.22b). Die einzige Funktion, die der Grundschicht demnach bleibt, nämlich zum ersten König überzuleiten, erfüllt sie freilich nur unzureichend. Denn die Forderung nach einem König als Richter des Volkes in 8,5 erfährt durch die Herrschaft Sauls keinen Anschauungsgrund. (Vgl. dagegen die Reformulierung der Forderung in 8,20, die nunmehr zu Saul und David überleitet!)

55 Vgl. U. Becker, Der innere Widerspruch der deuteronomistischen Beurteilung des Königtums (am Beispiel von 1Sam 8), in: M. Oeming u. A. Graupner (Hgg.), Altes Testament und christliche Verkündigung, FS A.H.J. Gunneweg, 1987, 267f.

nicht gegen Jahwe, sondern mit Jahwe. Um dennoch einen sachlichen Übergang zu erreichen, blieb dem deuteronomistischen Verfasser von I Sam 8 also nichts anderes übrig, als zu konzedieren: Obwohl sich Israel durch die Forderung nach einem König von seinem Gott abwandte, stellt sich Jahwe trotzdem hinter die künftige Institution des Königtums.

Eine zweite Ambivalenz zeigt sich in der Beurteilung der Richterzeit bzw. des richterlichen Amts. Einerseits spielt nämlich die vorkönigliche Institution der Richter eine zweifellos positive Rolle und wird als theokratische Herrschaftsform dem menschlichen Königtum entgegengesetzt (vgl. auch den Gideonspruch Jdc 8,22f).[56] Andererseits ergibt sich aus der Stellung des Kapitels, daß Samuel der letzte Richter sein soll und daß künftig kein Richter mehr, sondern nur noch ein König über Israel herrschen wird. Der deuteronomistische Verfasser mußte also wiederum seinen Lesern vermitteln, daß die Richterzeit mit Samuel zu Ende geht. Dazu verwendet er zwei naheliegende Erzählmomente: zum einen die Notiz über das Alter Samuels und zum andern das aus I Sam 2 entlehnte Degenerationsmotiv „seine Söhne wandelten nicht auf seinen Wegen". Die mißratenen Söhne Samuels sind gleichwohl nur ein Erzählmotiv und werden postwendend wieder aus der Erzählung entlassen. Ihrer Funktion beschränkt sich allein darauf, die Forderung nach einem König vor den Hintergrund des Richteramts zu stellen und Israel selbst in die Verantwortung zu ziehen.[57] Im Übergang von der Richterzeit zur Königszeit möchte es der deuteronomistische Verfasser nicht versäumen, dem Volk die Einrichtung des Königtums als eine Fehlentwicklung vor Augen zu stellen.

Diesem Zweck dient schließlich auch das sogenannte „Königsrecht" in 8,11-18. Dabei handelt es sich weder um eine gesuchte alte Tradition, noch um eine Verfassung, eine Grundordnung, eine Wahlkapitulation oder überhaupt um einen Rechtstext.[58] Sprachlich braucht

---

56 Nach Müller, Königtum (s. Anm. 48), 67f., ist der Gideonspruch jünger als das Rahmenwerk des Richterbuches. Obwohl sich keine direkten literarischen Beziehungen zu den königtumskritischen Aussagen in I Sam 8,7; 10,18f.; 12,12 nachweisen lassen, darf dennoch ein gemeinsamer geistesgeschichtlicher Hintergrund angenommen werden.

57 Aus diesem Grund lassen sich aus der Beobachtung, daß ab V. 6 die Söhne Samuels und das Thema der Korruption aus dem Text verschwinden, keine literarkritischen Schlüsse ziehen; gegen Müller, Königtum (s. Anm. 48), 120.

58 Vgl. dazu auch F. Crüsemann, Der Widerstand gegen das Königtum. Die antiköniglichen Texte des Alten Testamentes und der Kampf um den frühen israelitischen Staat, WMANT 49, 1978, 69. Seine zutreffenden Beobachtungen münden

man dazu nur die Formulierungen der Rechtsbestimmungen für die
Priester in Dtn 18,3ff. zu vergleichen, die ja ebenfalls als מ_שפט bezeichnet werden. Was demgegenüber Samuel als „Königsrecht" verkündet,
erscheint vielmehr als eine prophetische Unheilsankündigung in deuteronomistischem Zuschnitt. Vor allem zwei Gründe untermauern diese
Annahme: Zum einen spricht dafür der Zielvers in 8,18 (capstone)[59]:
„An jenem Tag werdet ihr um Hilfe rufen wegen eures Königs, den ihr
euch erwählt habt. Aber Jahwe wird euch nicht antworten an jenem
Tag." Der Vers ist unstrittig deuteronomistisch formuliert[60] und läßt
sich als deuteronomistische „Umkehrbotschaft" verstehen: Wenn Israel
von seinem Königsbegehren nicht umkehrt, wird es nämlich durch seine Könige in solche Bedrängnis kommen, daß es Jahwe um seine Hilfe
anfleht. Doch dann wird Jahwe nicht mehr eingreifen, wie er es noch
zur Richterzeit getan hat. Dabei liegt die Pointe darin, daß die Israeliten
nun nicht mehr wie in der Richterzeit vor den fremden Königen zu
Jahwe schreien, sondern vor ihrem eigenen König.[61] Zum anderen läßt
sich die Weigerung Israels in 8,19 anführen, die Botschaft Samuels zu
hören. Denn eben dieses Motiv des Nicht-Hören-Wollens gilt als typische Reaktion des Volkes auf die prophetische Verkündigung (vgl. Jdc
6,7-10) und begegnet denn auch in den deuteronomistischen Schichten
des Jeremiabuches.[62] Im Übergang von der Richterzeit zur Königszeit
steht damit ein pointiertes Nicht-Hören-Wollen des Volkes (vgl. dazu II
Reg 17,13f.).

Rückblickend lassen sich die Unterschiede zwischen I Sam 8 und
der deuteronomistischen Grundschicht in I Sam 9-10 nochmals an der
Figur des Samuel verdeutlichen. Während er hier als Prophet und
Königsmacher agiert, erscheint er dort als Richter und Warner vor dem
Königtum. Daß Samuel dennoch in eine vermittelnde Position einrückt,

---

freilich in die These, daß es sich bei I Sam 8,11-17 um eine politische Kampfschrift
handeln soll.

59 Vgl. St.L. McKenzie, The Trouble with Kingship, in: A. de Pury; Th. Römer u. J.-D.
Macchi (Hgg.), Israel Constructs its History, JSOT.S 306, 2000, 303: „v. 18, which is
Deuteronomistic, is the capstone to vv. 11-17, so that there is no good reason to posit
an older document behind these verses or to deny their authorship to Dtr."

60 Vgl. z.B. Stoebe, Samuelis (s. Anm. 12), 189, der ansonsten dafür bekannt ist, daß er
sich bei Zuweisungen an deuteronomistische Redaktoren sehr zurückhält.

61 So zutreffend Müller, Königtum (s. Anm. 48), 135. Ebenfalls zutreffend ist seine
literarkritische Analyse, die 8,12.13.15.16(ואת המוריכם).17 als Nachträge zum
„Königsrecht" erweist. Für die Entstehung der Grundschicht rückt die erste Hälfte
der Perserzeit in den Blick; vgl. 144f.

62 Zu מאן pi. + לשמע vgl. I Sam 8,19; Jer 11,10; 13,10; Neh 9,17; dazu H.-J. Stipp,
Deuterojeremianische Konkordanz, ATS 63, 1998, 139f. Und zum Motiv des „Nicht-
Hörens" sowie seiner Verwendung in deuteronomistischen Kreisen vgl. Veijola, Kö-
nigtum (s. Anm. 8), 59f.

folgt hinreichend klar aus dem Auftrag Jahwes in 8,9: Samuel soll dem Königswunsch des Volkes nachkommen und gleichzeitig gegen[63] das Volk zeugen, daß das Königtum eine unheilvolle Entwicklung bedeutet und eine dem Richteramt entgegengesetzte Institution ist. Dieser negative Aspekt wird freilich durch die Abschiedsrede in I Sam 12 nochmals aufgenommen und verstärkt, indem Samuel einen letzten Blick auf die heilvolle vorkönigliche Geschichtsperiode zurückwirft.[64]

Wenn die vorgetragenen Überlegungen zutreffen, dann dürfte in der Tat mit I Sam 8 ein erster Knotenpunkt im komplexen Zusammenwachsen des Richterbuches und der Samuel-Königebücher zu greifen sein. Die Aufgabe ist damit lediglich benannt und es bleibt künftig in den Blick zu nehmen, wie sich die Ladeerzählung in I Sam 4-6 und das Richteramt Samuels in I Sam 7 in diesen literarischen Vorgang einordnen lassen.

---

63 Zu עוד hif. + בֿ vgl. E. Jenni, Die hebräischen Präpositionen. Bd. 1: Die Präposition Beth, 1992, 263f. (Rubrik 2635). Das Objekt in dieser Rubrik ist durch die Präposition immer mehr oder weniger negativ betroffen.

64 Vgl. Becker, Widerspruch (s. Anm. 55), 269.

Motivik, Figuren und Konzeption der Erzählung vom Absalomaufstand

Klaus-Peter Adam

1. Die Deutung einer Gesamtkönigsgeschichte

Nach M. Noth wollte der Deuteronomist in den Königebüchern „gar nicht die Geschichte der einzelnen Könige darstellen, sondern die Geschichte der Gesamtkönigszeit",[1] deren „katastrophaler Ausgang"[2] ihm mit dem Ende der Daviddynastie vor Augen stand. Im Vergleich zu den späteren Königen porträtieren die Samuelbücher Saul und David zwar ausführlich als Einzelne, unbestritten verstand der Dtr auch David als Ahnherr der dynastischen Folge und damit als Gestalt der Gesamtkönigszeit. Dementsprechend gehörten auch Erzählungen von den frühen Königen zum literarischen Bestand der deuteronomistischen Gesamtkönigsgeschichte. Weniger gesichert als der historiographische Zusammenhang auf dieser literarischen Ebene sind mögliche Verbindungen bereits der nicht-deuteronomistischen Überlieferung der Königebücher mit Erzählungen der Samuelbücher. Abweichend von Noths Theorie werden gegenwärtig häufig vor-dtr Stufen der erzählenden Überlieferung der Samuel- und Königebücher erwogen.[3] Nimmt man sukzessive Ergänzungen eines vor- oder nicht-deuteronomistischen Geschichtswerkes an, fragt sich, ob auch diese (noch präzise literarisch zu bestimmende) Stufe bereits eine Gesamtkönigsgeschichte voraussetzte. Die vordeuteronomistischen „Rahmenformulierungen" der Königebücher betonen immerhin die dynastische Folge judäischer Könige als geschichtlichen Zusammenhang. Wenn man auch mit einer sukzessiven Ergänzung einer vordeuteronomistischen Ge-

---

1 M. Noth, Überlieferungsgeschichtliche Studien. Die sammelnden und bearbeitenden Geschichtswerke im Alten Testament, (1943) ³1967, 73, im Original hervorgehoben.
2 M. Noth, Überlieferungsgeschichtliche Studien (s. Anm. 1), 73.
3 Nicht-deuteronomistische Verbindungen zwischen der Erzählüberlieferung der Könige- und der Samuelbücher erschienen bei einem Wachstum der Überlieferung der frühen Königszeit aus einzelnen Dokumenten oder vorgegebenen Erzählfäden wenig bedeutsam. Das galt auch für die Saul-David-Erzählungen, vgl. bei W. Dietrich u. T. Naumann, Die Samuelbücher, EdF 287, 1995, 47-119.

schichtsschreibung zu rechnen hat, die das Ende der Davididen noch nicht kannte, hatte auch eine vor-dtr Geschichtsschreibung doch vermutlich den Beginn der dynastischen Sukzession in den beiden Reichen mit den frühen Königen bereits im Blick.[4] Abgesehen von der literarischen Abgrenzung eines vordeuteronomistischen judäischen Geschichtswerkes wäre vor allem dessen Intention zu ermitteln. Dabei könnte von Bedeutung sein, dass die dynastische Sukzession als Zusammenhang zwischen früher und später Königszeit möglicherweise weit mehr als ein formales Verbindungsglied der Erzählüberlieferung und dem vordeuteronomistischen Material der Königebücher bildet. Sie könnte schon auf der vordeuteronomistischen Ebene ein Aspekt eines konzeptionellen Zusammenhangs und Ausgangspunkt zahlreicher thematischer Verbindungen zwischen den Überlieferungsbereichen sein. Denn ebenso wie für die Rahmenformulierungen der Königebücher bildet die dynastische Sukzession auch einen zentralen Reflexionsgegenstand einiger Erzählüberlieferungen, wie sich besonders im Fall der Thronfolge Davids zeigt.[5] Die folgenden Überlegungen fragen

---

4   Das Verhältnis zwischen möglichen Vorstufen der Samuel- und der Königebücher ist dann für die Konzeption des Deuteronomistischen Geschichtswerkes insgesamt bedeutsam. Vor-dtr Bezüge vermuten unter anderem I. Provan, Hezekiah and the Book of Kings, A Contribution to the Debate about the Composition of the Deuteronomistic History, BZAW 172, 1988, 155-170; E. Würthwein, Erwägungen zum sog. deuteronomistischen Geschichtswerk. Eine Skizze, in: ders., Studien zum deuteronomistischen Geschichtswerk, BZAW 227, 1994, 1-11, hier 3-7.11; vgl. den Überblick bei T. Veijola, Deuteronomismusforschung zwischen Tradition und Innovation, ThR 67 (2002) 273-424, und ThR 68 (2003) 2-44, hier 31-41.43.

5   Vgl. L. Rost, Die Überlieferung von der Thronnachfolge Davids, BWANT 6, 1926. Die thematisch und stilistisch geschlossene, den Samuelbüchern eingefügte quellenhafte Einheit einer Thronfolgegeschichte wurde hinterfragt. Häufig tritt an deren Stelle eine literarisch heterogene, redaktionell bearbeitete Hofgeschichte Davids. Bereits O. Eißfeldt hatte gegen die literarische Abgrenzung der Thronfolgegeschichte eingewandt, dass weder ein besonderer Stil noch ein thematischer Bezug zur Thronfolge als Kriterium zur literarischen Abgrenzung dienen könne, die er für „alles andere als gesichert" hielt, O. Eißfeldt, Einleitung in das Alte Testament, [3]1964, 183. Damit benannte er ein grundsätzliches methodisches Problem literarischer Abgrenzung erzählender Geschichtsschreibung. Neben formalen Kriterien wie Stoffanordnung und Gestaltung der Erzählungen durch Figurenkonstellationen und Lokalisierungen bildet auch eine aus dem Erzählstoff selbst ermittelte Thematik die Grundlage literarischer und redaktionsgeschichtlicher Urteile. Damit ist stets auch die Konzeption und die Thematik der Einzelüberlieferung und des gesamten Geschichtswerkes berührt. Vgl. zu redaktionsgeschichtlichen Modellen der Thronfolgeerzählung W. Dietrich / T. Naumann, Die Samuelbücher (s. Anm. 3), 198-207 und im Einzelnen S.A. Cook, Notes on the Composition of 2 Samuel, AJSL 16 (1899/1900) 145-177; E. Würthwein, Die Erzählung von der Thronfolge Davids – theologische oder politische Geschichtsschreibung?, ThSt (B) 115, 1974 (wieder abgedruckt in: ders., Studien zum deuteronomistischen Geschichtswerk, BZAW 227, 1994, 7-79); F.

nach der Motivik, den Figuren und der Intention eines nicht-deuteronomistischen Geschichtszusammenhanges. Ausgehend von II Sam 9-20
und I Reg 1-2, die thematisch als Erzählungen über die dynastische
Sukzession miteinander zusammenhängen, werden thematische Verbindungslinien mit der übrigen vordeuteronomistischen Geschichtsdarstellung gesucht. Gegen die thematische Bestimmung der Erzählüberlieferungen in II Sam 9-20 und 1 Kön 1-2 als Thronfolgegeschichte
wurde eingewandt, dass deren Erzählstoff nicht durchgehend von der
Thronfolge handle. Dennoch könnte diese Themabestimmung auf den
umfassenderen Sachzusammenhang der Königsüberlieferungen zutreffend hinweisen, sofern man die dynastische Folge und ihre Absicherung gegen Aufstände als Beispiel für die Sicherung königlicher Macht
überhaupt versteht.[6] Im Folgenden soll überprüft werden, ob das
Thema in dieser allgemeineren Fassung als Sicherung königlicher
Macht die sachliche Verbindungslinie zwischen der Geschichtsdarstel-

---

Langlamet, Pour ou contre Salomon? La rédaction prosalomonienne de 1 Rois I-II,
RB 83 (1976), 321-379, und 481-526; ders. Ahitofel et Houshaï. Rédaction prosalomonienne en 2 S 15-18? In: Y. Avishur u. J. Blau (Hgg.), Studies in Bible and the Ancient
Near East, FS S. E. Loewenstamm, 1978, 57-90; T. Veijola, Die ewige Dynastie. David
und die Entstehung seiner Dynastie nach der deuteronomistischen Darstellung,
AASF.B 193, 1975, und ders., David und Meribbaal, RB 85 (1985), 338-361; ders., Salomo, der Erstgeborene Bathsebas, in: ders., David. Gesammelte Studien zu den Davidüberlieferungen des Alten Testaments, SESJ 52, 1990, 58-83; H. Schulte, Die Entstehung der Geschichtsschreibung im Alten Israel, BZAW 128, 1972, 138-180, hier
bes. 180 zum Umfang der Bearbeitung; O. Kaiser, Beobachtungen zur sogenannten
Thronnachfolgeerzählung Davids, ETHL 64 (1988), 5-20; vgl. zur Literatur 5-7 (wieder abgedruckt in: ders., Studien zur Literaturgeschichte des Alten Testamentes, FzB
90, 2000, 165-182), und ders., Das Verhältnis der Erzählung vom König David zum
sogenannten Deuteronomistischen Geschichtswerk. Am Beispiel von 1 Kön 1-2 untersucht. Ein Gespräch mit John VanSeters, in: T. Römer u. A. de Pury (Hgg.), Die sogenannte Thronfolgegeschichte. Neue Einsichten und Anfragen, OBO 176, 2000, 94-
122, (wieder abgedruckt in O. Kaiser, Studien, 134-164) vgl. bes. 100-101; A.A. Fischer, Flucht und Heimkehr Davids als integraler Rahmen der Abschalomerzählung,
in: R. Lux (Hg.), Ideales Königtum. Studien zu David und Salomo, ABG 16, 2005, 43-
69; und ders., Von Hebron nach Jerusalem. Eine redaktionsgeschichtliche Studie zur
Erzählung von König David in II Sam 1-5, BZAW 335, Berlin 2004, mit der Erwägung einer David-Redaktion im 7. Jh., die im Wesentlichen die Abschnitte II Sam 1-5
zusammenfügte; E. Aurelius, Davids Unschuld. Die Hofgeschichte und Psalm 7, in:
M. Witte (Hg.), Gott und Mensch im Dialog. Festschrift für Otto Kaiser zum 80. Ge-
burtstag, BZAW 345/I, 2004, 391-412. – Allerdings wies man auch Spannungen einer
Quelle zu, vgl. K. Budde, Die Bücher Samuel, HKAT 8, 1902, 277, zu II Sam 16,16-
17,29, gegen Cook mit Verweis auf die methodischen Grenzen literarischer
Differenzierung innerhalb der Erzählung.
6   Vgl. diese thematische Bestimmung durch J. Conrad, Der Gegenstand und die Intention der Geschichte von der Thronfolge Davids, ThLZ 108 (1983), 161-176, 166. Zur
Diskussion um Thema bzw. Themen der Thronfolgegeschichte vgl. Dietrich/Nau-
mann, Die Samuelbücher (s. Anm. 3), 182-186.

lung der Könige- und der Samuelbücher bildet,[7] unbeschadet der Tatsache, dass es weder die literarische Einheit von II Sam 9-20 und I Reg 1-2 zu belegen vermag, noch dass man ihm alle redaktionellen Bearbeitungen unmittelbar wird zuordnen können. Die Sicherung der königlichen Macht in Juda scheint zunächst für die vordeuteronomistische Geschichtsschreibung mit der Betonung der dynastischen Sukzession ein zentrales Anliegen zu sein, so dass zu fragen ist, ob und inwiefern die Erzählungen von David diese Thematik aufnehmen und wie sich ihr Geschichtsbild von der frühen Königszeit zu dem der folgenden Königszeit im vordeuteronomistischen Material der Königebücher verhält. Entsprechend der Zielsetzung, einen thematischen Bezug zwischen der nicht-deuteronomistischen Erzählüberlieferung und dem Quellenmaterial der Geschichtsschreibung der Königebücher zu ermitteln, stehen motivlich-traditionsgeschichtliche Analysen im Vordergrund, während die literarische Schichtung nur angedeutet wird.

2. Die Sicherung königlicher Macht als motivlich-thematische Linie

Die Erzählung von Absalom[8] beschreibt Davids Sicherung seiner königlichen Macht gegen einen aufständischen Untertanen. Diese

---

7   Verbindungen zwischen der Thronfolgegeschichte und der weiteren Königsgeschichte Israels und Judas sah man in der grundsätzlich königtumsfeindlichen bzw. einer david- oder salomokritischen Haltung; vgl. zur dezidiert königtumskritischen Abzweckung L. Delekat, Tendenz und Theologie der David-Salomo-Erzählung, in: F. Maass (Hg.), Das ferne und das nahe Wort, Festschrift L. Rost, BZAW 105, 1967, 26-36; vgl. zur david- und salomokritischen Tendenz bei Dietrich/Naumann, Die Samuelbücher (s. Anm. 3), 191-198. Verbindungen erkannte man auch in einer aus redaktionellen Querverweisen erschlossenen Tendenz, vgl. exemplarisch E. Würthweins davidfreundliche und joabfeindliche Überarbeitung in II Sam 14,2-22; 15,24-26.29; 16,5-8.9-12.13; 18,2b-4a. 10-14; 20,4-5.8-13 (und 17,25; 19,14); ders., Thronfolge (s. Anm. 5), 43-47, oder in Elementen einer weisheitlich-höfischen Welt in der Erzählung, vgl. R.N. Whybray, The Succession Narrative. A Study of II Samuel 9-20; I Kings 1 and 2, SBT II/9, 1968.

8   Die folgenden Ausführungen beschränken sich auf die Absalomüberlieferung und lassen die Verbindungslinien zu I Reg 1-2 durch die Figuren Joab, Barsillai, Scheba, usw. unberücksichtigt. Zur Begründung der Eigenständigkeit der isolierten Aufstandserzählung durch die weitgehend unterschiedlichen Figurenkonstellation in I Reg 1-2 und II Sam 15-20 vgl. C. Conroy, Absalom! Absalom!, AB 81, 1978, 102-105; J. Vermeylen, La Loi du plus Fort. Histoire de la rédaction des récits davidiques de 1 Samuel 8 à 1 Rois 2, 2000, 500, und viele andere. Als eigenständige Überlieferung versteht ihn schon S.A. Cook, Notes (s. Anm. 5), 158; vgl. ferner Conroy, Absalom! Absalom!, 1-6; Langlamet, Pour ou contre Salomon? (s. Anm. 5), 519; A.A. Fischer, Flucht und Heimkehr (s. Anm. 5), 65f.

Thematik steht in diesen Erzählungen keineswegs isoliert. In II Sam 13-20 wird sie durch die epilogartige Schebarevolte in II Sam 20[9] aufgenommen. Schebas einleitender Sezessionsruf (II Sam 20,1b) bildet wiederum eine enge Parallele zum Ruf der Israeliten in I Reg 12,16,[10] wobei die Aufstandsschilderung von II Sam 20 die israelitisch-judäische Zweistaatlichkeit voraussetzt. Wie bereits der Erzähleinsatz zeigt, wird vom Aufstand des „nichtswürdigen Benjaminiten" Scheba aus judäischer Sicht wertend erzählt.[11] Schebas Aufstand entspricht durch den Gegensatz zwischen Israel und Juda auch konstellativ dem Aufstand der Israeliten unter Jerobeam. Die Einschreibung dieser israelitisch angeführten und von Juda niedergeschlagenen Revolte in die Davidzeit[12] vergleicht den idealisierten Dynastiegründer implizit mit seinem Nachfolger Rehabeam, wie der Bezug zwischen II Sam 20,1b und I Reg 12,16 nahe legt: Während jener den Aufstand niederschlägt, scheitert dieser daran. Blickt man ausgehend von der Makrostruktur in II Sam 13-20 auf II Sam 15-19, so lässt bereits deren konzentrischer Aufbau Davids Machtsicherung im Absalomaufstand als bestimmendes Thema erkennen.[13] Die Beschreibung der Struktur legt einen inhaltlichen Bezug der Elemente der Aufstandserzählung nahe. „Ausbruch" und Beendigung des Aufstandes (A / A'), sowie Flucht und Heimkehr des Königs (B / B') entsprechen einander. Ausgehend von diesen rahmenden Elementen ergeben sich zwei aufeinander bezogene Mittelteile, die einen Streit um die Berater bzw. den Kampf der Truppen schildern:

---

9   Deren Grundfassung besteht aus II Sam 20,1-2.6f.14-22; vgl. R.G. Kratz, Die Komposition der erzählenden Bücher des Alten Testaments, 2000, 181. Die Liste der Diener Davids II Sam 20,23-26 ist von der Aufstandserzählung zu trennen.

10   Cook, Notes (s. Anm. 5), 167, nimmt eine Abhängigkeit von I Reg 12,16 an.

11   Später wird die Verbindung des „Bichriten" mit Saul und den Benjaminiten verstärkt. Bichri (Bichro) wird unter den Nachkommen Sauls nachgetragen, vgl. I Chr 8,38; 9,44. Vgl. zur Deutung des Aufstandes als letztem Versuch des Stammes Benjamin, das Königtum wieder zu erlangen, Budde, Samuel (s. Anm. 5), 296. – Bei der Belagerung eines israelitischen Ortes durch Davids Heerführer Joab II Sam 20,14-26, wird die Problematik der möglichen Tötung von Israeliten (20,19 להמית עיר ואם בישראל) in einer israelitischen Stadt mit der Polemik gegen Israel bzw. besonders gegen Ephraim (20,21) verbunden.

12   Vgl. II Sam 20,21a: ein Aufstand gegen David. Welche konkreten geschichtlichen Zusammenhänge der Schebaaufstand in Erinnerung ruft, ist damit noch nicht geklärt.

13   Vgl. zur Übersicht Conroy, Absalom! Absalom! (s. Anm. 8), 89; und vgl. K.K. Sacon, A Study of the Literary Structure of 'The Succession Narrative', in: T. Ishida (Hg.), Studies in the Period of David and Solomon and other Essays, 1982, 27-54, hier 31ff.; sowie J.W. Flanagan, Court History or Succession Document? A Study of 2 Samuel 9-20 and I Kings 1-2, JBL 91 (1972) 172-181, hier 177-180; D.M. Gunn, From Jerusalem to the Jordan and Back: Symmetry in 2 Samuel XV-XX, VT 30, (1980) 109-113; vgl. auch die Übersicht bei A.A. Fischer, Flucht und Heimkehr (s. Anm. 5), 44-47.

A	Ausbruch des Aufstandes	15,1-12
B	Flucht des Königs: Abschiedsszenen	15,13-16,14
C	Streit um die Berater	16,15-17,23
C'	Streit der Truppen	17,24-19,9
B'	Rückkehr des Königs: Begrüßungsszenen	19,9-41
A'	Rückkehr des Königs nach Jerusalem und Beendigung letzter Aufstände	19,42-20,22

Alternativ zu den Mittelteilen können das Kriegsgeschehen und die Bildung der Kriegsfront, sowie die Einsetzung Amasas (17,24-29) als Entsprechung zum Streit zwischen Israel und Juda und Amasa als Befehlshaber (19,10-16a) gesehen werden. Der Abschnitt über Davids Regierung im Exil (18,1-19,9) bildet dann das Zentrum der Gesamtkomposition.[14] In diesem Bereich vermuten jüngere Untersuchungen den literarischen Kern der Absalomaufstandserzählung mit 18,1-2a.4b.6-9.15b-18,[15] während sich die Abschieds- und Begrüßungsszenen als sekundär erkennen lassen und die Überlieferung in II Sam 13-14 eine Vorgeschichte bildet. Bereits dieser mutmaßliche Kern der Absalomerzählung zeichnet den Konflikt in die israelitisch-judäische Geschichte der Königszeit ein. Die Israeliten ziehen gegen den judäischen König in den Krieg und die Schilderung spielt auf spätere Kriege zwischen Israel und Juda an: Die Niederlage der Israeliten durch die Truppen der Judäer (נגף II Sam 18,7) erinnert an Joabs Sieg in II Sam 2,17. Diese judäische Siegesgeschichte kehrt die späteren judäisch-israelitischen Machtverhältnisse, wie sie z.B. im Krieg unter Joasch gegen die Judäer unter Amazja von Juda II Reg 14,12[16] deutlich werden, um. Mit dieser signifikanten Verhältnisbestimmung zwischen Israel und Juda als Kriegsgegner spielt die Erzählung vom Aufstand Absaloms gegen den Judäer David damit auf Geschehnisse der Zweistaatlichkeit aus vordeuteronomistischen Quellen an. Unabhängig davon, welche Erinnerung an Geschehnisse man der Absalomüberlieferung im Ein-

---

14 Vgl. K.K. Sacon, Study (s. Anm. 13), 34. Die Verhältnisbestimmung von 16,15-17,23 und 17,24-19,9 unter dem Etikett „Streit" erscheint vergleichsweise vage.

15 Vgl. Aurelius, Davids Unschuld (s. Anm. 5), 402. Zu dieser Grundschicht kommen II Sam 13,1-29.34a.37aβ.38b.39; 14,33aβb; 15,1-6.13. Skeptisch stimmt dies für die Abschnitte aus II Sam 13 und 14, die auch spätere Voranstellungen sein können. Denkbar ist, dass II Sam 15,1-6.13 zu einer Grundfassung gehörten, wie Kratz, Komposition, 181, neben 15,1-6.13 vermutet (s. Anm. 9), vgl. Fischer, Flucht und Heimkehr (s. Anm. 5), 48-55 mit 18,1-19,9a als Grundfassung; vgl. ferner unten zur Entwicklung der Absalomüberlieferung.

16 Vgl. noch נגף I Reg 8,33 (dtr) und in den Aramäerkriegen II Sam 10,15.19.

zelnen zubilligt,[17] bereits ihr vermuteter literarischer Kern enthält die Vorstellung eines überlegenen Juda und erweist sich so als projudäische Geschichtsschreibung.

Ebenso wie der vermutete Kern der Aufstandserzählung das israelitisch-judäische Verhältnis interpretiert, so lassen auch spätere Wachstumsstufen von II Sam 15-19 die judäische Herkunft erkennen, wenn sie Juda als einen durch Absaloms Aufstand „mit dem ganzen Volk der Männer Israels"[18] bedrohten Staat beschreiben.[19] Der konzeptionelle Bezug des Absalomaufstandes auf analoge Vorgänge der späteren israelitisch-judäischen Königszeit zeigt sich in der Sicherung der königlichen Macht. Die vermutete Ergänzung der Grundschicht verweist auf paradigmatische Geschehnisse, indem sie den Absalomaufstand als קֶשֶׁר (II Sam 15,12, vgl. 15,31) gegen den König bezeichnet und damit auf entsprechende Geschehnisse in der Geschichte Israels verweist. Erfolgreiche Aufstände gingen der Errichtung von Dynastien voraus und unterbrachen eine bisherige dynastische Folge.[20] Thronfol-

---

17 Aufgrund dieser Umkehrung der israelitisch-judäischen Verhältnisse der Königszeit des neunten und achten Jahrhunderts vermute ich, dass die Aufstandserzählung eine ideale judäische Vorzeit abbildet.

18 Vgl. II Sam 16,15 וְכָל־הָעָם אִישׁ יִשְׂרָאֵל (Ergänzung von אִישׁ יִשְׂרָאֵל bzw. יִשְׂ?). Vgl. besonders A. Alt, Die Staatenbildung der Israeliten in Palästina, Reformationsprogramm der Universität 1930, hier nach ders., Kleine Schriften 2, 1953, 56-58. Ihm folgen unter anderem J.A. Soggin, Das Königtum in Israel. Ursprünge, Spannungen und Entwicklung, BZAW 104, 1967, 75; J.W. Flanagan, Court History (s. Anm. 13), 108-109. Hingegen sehen andere Israel und Juda im Aufruhr, vgl. T.N.D. Mettinger, King and Messiah. The Civil and Sacral Legitimation of the Israelite Kings. CBOT 8, 1976, 122-123, P.K. McCarter, II Samuel. A New Translation with Introduction and' Notes, AncB, 1984, 358-359.

19 Vgl. Juda und Israel in der Erzählung: יהודה 19,16; 20,2.4.5; יִשְׂרָאֵל 17,26; 19,9; 20,20; אנשׁי 18,7 עבדי דוד 16,21.22; 19,12; 17,10.11; בית ישׂראל 16,3; כל־ישׂראל 18,7; עם ישׂראל (V 44 2x); אתּ־אישׁ יהודה 19,12.43 כל אישׁ־יהודה 16,5; 19,18; בית שׁאול 20,7 und יואב 16,18; 19,42; [והעם הזה] וכל־אישׁ ישׂראל 16,15; וכל־אישׁ ישׂראל 19, 43.44(2x); כל־שׁבטי 20,1; אישׁ לאהליו ישׂראל 20, 41b; חצי עם ישׂראל 17,14.24; 20,2; וכל־אישׁ ישׂראל 19,41; וכל־העם יהודה 19,10; 20,14; עם 18,8 העם 19,4; לכל־העם 19,9 (2x); 19,10; ישׂראל 15,30; 16,14; כל־העם אשׁר־אתו 19,17 עם־אישׁ יהודה 16,18; והעם הזה [וכל־אישׁ ישׂראל] זקני 18,8 (mit Bezug auf Juda); כל־הארץ 19,10 האָרֶץ 19,18; מבנימן 19,17 בן־הימיני 20,23; כל־הצבא ישׂראל 17,25; יתרא הישׂראלי 17,15; 17,4; כל־זקני ישׂראל 19,12; אישׁ מהר 19,4; בעיר 15,34; הָעִיר 20,7.22; 17,20; 19,26. 34.35; 16,3.15; 15,29.37; ירושׁלם אפרים 20,21.

20 Vgl. Baesa, der Nadab, den Sohn Jerobeams tötet (I Reg 15,27 קֶשֶׁר). Baesas Sohn Elah wird nach zweijähriger Herrschaft Opfer des Aufstandes von Simri (I Reg 16,9.16.20 קֶשֶׁר). Ihm folgt die Herrschaft der Omriden. Die nächste von Thronwirren geprägte Epoche ist die Dynastie des Jehu ben Nimschi (II Reg 9,14 קֶשֶׁר [hitp]; 10,9), der ein Aufstand gegen die Regierung des Sacharja folgt, der von Schallum, dem Sohn des Jabes erschlagen wird (II Reg 15,10.15 קֶשֶׁר). Wie bei der Thronfolgeunterbrechung unter Baesa, Elah und Simri schließt sich eine Verschwörungsfolge an: Menahem,

gewirren kennzeichnen besonders den Beginn des israelitischen Staates unter dem Jerobeamsohn Nadab und die Folge Baesa-Elah-Simri vor der Omridendynastie. Entsprechend der raschen Folge von Usurpatoren am Ende der israelitischen Königsreihe mit Menahem, Pekach, Pekachja, Hosea ben Elah halten die vor-dtr Annalen der Könige auch für die Anfangszeit des israelitischen Staates eine paradigmatische Situation des Aufstands fest. Der summarisch als קשׁר bezeichnete Absalomaufstand fügt sich so betrachtet in eine Geschichtsdarstellung von Aufständen im Nordreich Israel.

Das Begriffsspektrum der Aufstandsmotivik, die Anfang und Ende der Königszeit Israels prägt, wird in auffälliger Weise ausgeweitet. Mit dem letzten König von Israel verbindet die (vor-dtr) Überlieferung קשׁר in einem weiteren Sinn. Hosea war selbst als Usurpator auf den Thron gelangt und begehrte gegen die Assyrer auf (קשׁר II Reg 17,4), wodurch er den Untergang des israelitischen Staates besiegelte. Die Geschichtsdarstellung verbindet das Ende der israelitisch-judäischen Zweistaatlichkeit mit der Rebellion gegen die Großmacht Assur. Die mit קשׁר begrifflich verdichtete Motivik von Aufstand und Sicherung der königlichen Macht findet sich der Sache nach auch im Zusammenhang mit dem syrisch-ephraimitischen Krieg II Reg 16,5.7-9.[21] Der Loyalitätsbruch des israelitischen Königs gegenüber Juda und die judäische Re-

---

der Sohn des Gad (ohne die Bezeichnung קשׁר II Reg 15,14); Pekach, der Pekachja erschlägt (נכה II Reg 15,25), Hosea ben Elah (קשׁר II Reg 15,30). Entsprechende Vorgänge werden zwar auch aus Juda berichtet II Reg 12,21 (Joasch); 14,19 (Amazja); 2Chr 25,27; (vgl. auch II Reg 21,23.24 unter Amon), sie unterscheiden sich aber in mehrerer Hinsicht von dem aus Israel Berichteten. Das Subjekt des Aufstandes ist dort pluralisch; das Ziel des Aufstandes, ob nur der jeweilige Davidide durch einen anderen ersetzt oder ob die Dynastie abgesetzt werden soll, bleibt offen. Aufstände, die in der Thronfolge der israelitischen Könige stattfinden, auf die auch die Quellenverweise anspielen (I Reg 16,20; II Reg 15,15), mögen der judäischen Perspektive der vordeuteronomistischen Nachrichten aus dem Reich Israel geschuldet sein. Vgl. zur Semantik von קשׁר J. Conrad, קשׁר, ThWAT 7, 1993, 211-217. Vgl. für Aufstände der judäischen Herrscher מרד II Reg 18,7.20 (vgl. Jes 36,5); 24,1.20.

21 Dieser Erzählung am Ende der Epoche der Zweistaatlichkeit entspricht die paradigmatische Aufstandsschilderung in I Reg 15,16-22, die die israelitisch-judäische Geschichte mit einem Krieg zwischen beiden Reichen einleitet. Asas Bündnisangebot (ברית 15,19 2x) ist alternativ zum Bund mit Baesa von Israel. Der klug und effizient durchgeführte Wechsel des Bündnispartners bewahrt das kleine Königreich Juda vor dem israelitischen Aggressor. Vgl. dazu vom Verfasser, Saul und David in der judäischen Geschichtsschreibung, Kap. 5 (erscheint demnächst in FAT). Weil die Darstellung der judäischen Geschichtsschreibung entstammt und Quellen über die Ereignisse aus israelitischer Sicht fehlen, lässt sich der judäische Einfluss auf die Darstellung nur vorsichtig und näherungsweise bestimmen. Projudäisch ist die Begründung des Bundesbruchs als Reaktion auf eine Aggression des israelitischen Königs.

aktion führen letztlich zu Judas Unterordnung unter die Assyrer.[22] Mit Hosea ben Elahs Aufstand gegen die assyrische Oberherrschaft bzw. Israels Bündnis mit Aram gegen Juda[23] schließt bereits in den vor-dtr Quellen der Königebücher Israels Geschichte als Periode interner und externer politischer Wirren durch Aufstände. In die darin erkennbare Tendenz, Thronwirren als Eigenart der israelitischen Geschichte im Unterschied zur Stabilität der judäischen Dynastie zu beschreiben, fügt sich die Schilderung des Absalomaufstandes. Wie unter Pekach zieht Israel gegen Juda in den Krieg.[24] Der Konstellation des Absalomaufstands als Rebellion am judäischen Hof mit einem offenen Kampf der Israeliten gegen den judäischen König entspricht das Bild eines instabilen, von schwachen Monarchen geführten Israel, das eine Rebellion in Juda anzettelt.[25] Aufstände setzen Loyalität in hierarchischen Beziehungen voraus. Der Geschichtsverlauf zwischen Israel und Juda ist von Loyalitäts- oder Bundesbrüchen geprägt.[26] Der Absalomaufstand erzählt vom Usurpator, der den judäischen König vom Thron stürzen will, als einem paradigmatischen Übergriff eines Nordreichsherrschers auf den judäischen König zum Beginn der Geschichte des Reiches Israel. Im Hintergrund steht dabei stets Israels Untergang als zentrales geschichtliches Ereignis. Sicherung königlicher Macht gegen Aufstände prägt auch weitere Ausgestaltungen dieser Erzählung: II Sam 18,32 verweist auf einen Aufstand, wobei die gewählte Terminologie קוּם עַל möglicherweise auf Ahas' kurze Botschaft nach II Reg 16,7 anspielt, in dem dieser den Großkönig um Hilfe bittet. Trifft dies zu, steht die

---

22 Vgl. im selben geschichtlichen Zusammenhang קשׁר in Jes 8,12 (und vgl. 8,14 מקשׁיר statt מקדשׁ?).

23 Vgl. zur Konzeption der vor-dtr Quellen unter Aufnahme einer synchronistischen, vor-dtr Chronik A. Jepsen, Die Quellen des Königebuches, 1953.1956. Die einseitig judäische Perspektive dieses Dokuments entspricht der Tendenz vergleichbarer synchronistischer altorientalischer Chroniken; vgl. A.K. Grayson, Assyrian and Babylonian Chronicles, 1975 (= 2000), 50-59 zu Chronicle Nr. 21 (Synchronistic Chronicle) und Nr. 22 (Chronicle P).

24 Vgl. zu Absaloms Verhältnis zu Aram unten.

25 Vgl. zur Darstellungstechnik synchronistischer altorientalischer Chroniken und der synchronistischen judäischen Chronik vom Verfasser, Saul und David in der judäischen Geschichtsschreibung (s. Anm. 21), Kap. 1 und 5.

26 קשׁר als Aufstand des Usurpators bzw. Illoyalität im Bundesverhältnis weist über das engere Geschehen bei der Thronfolge hinaus, das Rost, Thronfolgegeschichte (s. Anm. 5), 104 als Zentrum der Erzählungen erkannte mit der abschließenden Thronbesteigung Salomos I Reg 1-2 und II Sam 10-12 als „Vorgeschichte des Thronfolgers", sowie II Sam 9 und 13,1-20,22 als „Vorgeschichte der Thronfolge". Der Motivzusammenhang von Aufstand und Illoyalität ist ein zentrales Motiv der Geschichtsdarstellung mesopotamischer Chroniken aus dem ersten Jahrtausend; vgl. akkad. nabalkutu (Verb) / nabalkattu (Substantiv) und A.K. Grayson, Assyrian and Babylonian Chronicles, 1975 (= 2000), 73f., Anm. zu I 35.

Nachricht über Judas Bedrohung aufgrund der Erhebung Arams und Israels, d.h. einer außenpolitischen Bedrohung, im Hintergrund der Schilderung des Aufstands gegen David, den Absalom nach Juda hineinträgt. Die Aufstandserzählung spielt dann auf sachlich entsprechende Vorgänge an und wählt als Bezugspunkt Judas Verhalten aufgrund der aramäisch-israelitischen Bedrohung im sogenannten syrisch-ephraimitischen Krieg.[27]

Die Absalomerzählung ist thematisch durch das Aufstandsgeschehen[28] mit Judas paradigmatischer Situation im syrisch-ephraimitischen Krieg verbunden. Dass die Sicherung der königlichen Macht das inhaltliche Zentrum der Erzählung bildet, durch das diese sich als integraler Bestandteil einer Gesamtkönigsgeschichte erweist, zeigen auch die literarischen Erweiterungen der vermuteten Grunderzählung in der Figurenbeschreibung des Absalom sowie die Audienzszenen.

3. Handeln und Herkunft Absaloms

Neben den obigen Erwägungen legt auch die Heuristik der Untersuchung Rosts nahe, dass das Motiv der Sicherung der königlichen Macht auch das Wachstum der Erzählüberlieferung prägte, in dessen Verlauf es in den Anfangsbereich der Überlieferung gelangte. Rost verfolgte die Erzählzusammenhänge der Überlieferung ausgehend von deren vermutetem Ende in I Reg 1-2 in eine Vorgeschichte hinein. Im jetzigen Text voranstehende Überlieferungen erkannte er als Vorverweise auf Späteres. Aus der Verbindung dieser „Vorgeschichten"[29] mit dem Korpus der Erzählung rekonstruierte Rost den Erzählfaden mit der Thronfolge als thematischem Fokus. Demnach gestaltete die jeweils voranstehende Überlieferung die Figuren weiter aus. Dass diese voranstehenden Einheiten sukzessive literarische Erweiterungen mit eigenen

---

27 Wobei nach II Reg 17,3-4 das Verhalten des israelitischen Königs ausschlaggebend für den Eingriff Assurs war.

28 Diesem lassen sich weitere Wortfelder zuordnen, vgl. „Rat" bzw. den Ratgeber im Aufstandsgeschehen (vgl. II Sam 15,31); vgl. zu עצה/יעץ und seinem Bedeutungsfeld besonders Whybray, Succession (s. Anm. 7), 57-60. Vgl. ferner den „Freund" des Königs; vgl. Huschai 15,32.34.37; 16; vgl. 15,37; 16,16-17 und dazu unten. 19,6-8 weist Joab David auf seine Loyalitätspflichten gegenüber seinen Untergebenen hin. Die Unterscheidung zwischen loyalem Ratgeber und Aufständischen prägt die Erzählung von Absalom selbst. Illoyalität wird auch als Schuld bezeichnet, vgl. חטאתי II Reg 18,14; vgl. von Schimi in II Sam 19,20 עון .

29 Vgl. den Begriff bei L. Rost, Thronfolgegeschichte (s. Anm. 5), 99.102.103.104 u.ö., und vgl. seinen Versuch, den Anfang jeweils „rückwärts", d.h. in der vorausgehenden Überlieferung zu suchen, ebda. 104.

Modifikationen des Themas der Sicherung der königlichen Macht darstellen dürften, lässt sich an der Figur des Absalom erkennen. Deutlich wird dieses literarische Wachstum bei der Betrachtung der größeren Erzähleinheiten. Ausgehend von einer vermuteten Grundfassung der Aufstandserzählung in 18,1-2a.4b.6-9.15b-18 und möglicherweise 15,1-6.13, erscheinen II Sam 13-14 als Vorgeschichte, die prologartig auf das Folgende vorbereiten, indem sie die Amnon-Tamar-Geschichte im Blick auf Absaloms Rolle erzählen.[30] Von der anfänglichen Betonung des Vergehens des Amnon an Tamar rückt das Interesse nämlich ganz auf die Rehabilitierung des Mörders Absalom und auf seinen gewaltsam erzwungenen Zugang zum Hof Davids. Aus der Vorgeschichte Absaloms im Fall Tamars wiederum lässt sich die spätere Entwicklung erklären,[31] bzw. die Vorgeschichte nimmt die weitere Entwicklung vorweg und steht als programmatische Erzählung voran, während Absaloms Verhalten in II Sam 13-14 in den folgenden Überlieferungen nicht mehr erwähnt wird. In ihrer Ausgestaltung betonen die Erzählungen die Auswirkungen von Absaloms Handeln auf Davids Herrschaft. Absaloms Reaktion auf Tamars Schändung richtet sich gegen den König – daher zürnt dieser (13,21). Der Mord an Amnon (13,28-29) ist von einer rekonstruierten Grundfassung 18,1-2a.4b.6-9.15b-18 und möglicherweise 15,1-6.13 her gesehen ebenso ein aufrührerischer Akt Absaloms gegen den König, wie die durch Erpressung Joabs erzwungene Audienz beim König; die erfolgte Versöhnung demonstriert der abschließende Kuss (14,28-33). Die Vorereignisse bilden die folgende Aufstandserzählung paradigmatisch ab: „Denn schon hier bahnt sich der Gegensatz [scil. Absaloms] zu seinem Vater David an, der in der Folge zum Aufstand führt."[32] Dass die Figuren sukzessiv weiter ausgestaltet wurden, legt auch die Gliederung der Handlungsstruktur in abgetrennte Episoden nahe. Diese sind nur selten verschränkt, so dass der Erzählaufbau nahe legt, II Sam 13-14 seien zur Kennzeichnung der Figur des Absalom vorangestellt worden. Diesen Eindruck der Ausgestaltung im Anfangsbereich verstärken die Einleitungsformulierungen „es geschah aber danach"[33] ebenso wie der Erzählanfang „zwei Jahre später" II Sam 13,23 (vgl. 14,28) und der Verweis auf Absaloms drei Jahre bei Talmai in Geschur 13,38. Sie geben zwar den Abstand der

---

30 Vgl. L. Rost, Thronfolgegeschichte (s. Anm. 5), 103, und weiter exemplarisch C. Conroy, Absalom! (s. Anm. 8), 92-93; P.K. McCarter, II Samuel (s. Anm. 18) , 327-328, J. Vermeylen, Loi (s. Anm. 5), 324.

31 Vgl. L. Rost, Thronfolgegeschichte (s. Anm. 5), 103.

32 L. Rost, Thronfolgegeschichte (s. Anm. 5), 103.

33 ויהי (מ)אחרי כן vgl. II Sam 13,1 und 15,1 (und II Sam 2,1; 8,1; 10,1; 21,18), vgl. Dietrich/Naumann, Samuelbücher (s. Anm. 3), 257.

Episoden zu den vorangehenden Ereignissen an, sie sind jedoch im Blick auf das Weitere bzw. auf den Gesamtverlauf verfasst. Die Vorgeschichten um Amnon, Tamar und Absalom wären dann literarisch sukzessive mit Blick auf den Hauptteil der Erzählung eingefügt worden, bzw. entstanden.[34] Die Amnon-Tamar-Erzählung gestaltet die Auflehnung Absaloms gegen den judäischen König David unter Fortführung des Aufstandsmotives aus.[35] Bereits Rosts Verständnis einer thematisch um die Thronfolge angeordneten Erzählung deutet auf ein Wachstum durch Voranstellung von Episoden hin, was noch zwei weitere Überlegungen nahe legen. II Sam 13-14 ergänzen einen Sonderfall in einer bestimmten Rechtsfrage, während sich Absalom in der Aufstandserzählung grundsätzlich zum Richter im Land aufschwingen will (15,1-6). Die Vorgeschichte spezifiziert die allgemeiner beschriebene Aufstandsabsicht Absaloms im besonderen Fall Tamars. In entsprechender Weise wird auch die Figur Absaloms in II Sam 13-14 präziser beschrieben durch die in der folgenden Erzählung nicht vorausgesetzten genealogischen Verbindung Absaloms mit David. Die Amnon-Tamar-Erzählung präzisiert verglichen mit II Sam 15,1-6, indem sie einen konkreten Fall nennt; die genauere Herkunftsbezeichnung Absaloms geht ebenso auf ein literarisches Wachstum zurück. In II Sam 13-20 erklären sich vorangestellte Präzisierungen zur Figur Absaloms auf der Grundlage allgemeinerer Aussagen und als Wandlungen des Geschichtsdenkens.

1. II Sam 15,7 betont Absaloms Verbindung mit dem judäischen Hebron durch das dort abgelegte Gelübde und den Ort der Proklamation seines Königtums (15,9-10). Er nimmt Männer von Jerusalem nach Hebron (15,11).
2. Während nach 18,1-2a.4b.6-9.15b-18 die Israeliten gegen die Judäer kämpfen, schildern 15,1-6.13, wie Absalom Israeliten aufwiegelt, die zum judäischen König kommen wollen.[36] Diese Vorstellung

---

34 Dies scheint mir naheliegender, als diese Erzählungen einer Grundschicht der Absalomaufstandserzählung zuzuordnen; anders E. Aurelius, Davids Unschuld (s. Anm. 5), 400-402. Über das Alter und in II Sam 13-14 möglicherweise verwendeter Quellen ist damit nichts gesagt. Die Paradigmatik einer Vorgeschichte und ihre darin implizierte Bedeutung ergibt sich aus dem altorientalischen Geschichtsverständnis, nach dem im Folgenden erzählte Begebenheiten bereits durch frühere angekündigt und vorweggenommen sind, vgl. J.J. Finkelstein, Mesopotamian Historiography, Proceedings of the American Philosophical Society 107 (1963) 461-472.

35 Bei Amnon und Tamar könnte als Quelle eine Fallgeschichte zugrunde liegen, die aus juridischen Gründen von Bedeutung war. Zum juridischen Hintergrund der Erzählungen I Sam 24-27* vgl. dazu Verf., Saul und David in der judäischen Historiographie (s. Anm. 21), bes. Kap 1 und Kap. 3.

36 Vgl. II Sam 15,2.6.13 u.ö.

einer judäisch-israelitischen Konstellation zur Zeit Davids setzt voraus, dass Absalom am judäischen Hof die Herrschaft als Richter „im Land"[37] an sich ziehen und König werden will, wie die Torszene ausführt (15,1-2). Die Verbindung des Absalomaufstandes mit Israel und mit der Königskrönung in Hebron (15,10; vgl. 15,7.9), sowie der Verweis auf die mit Davids Aufstieg verbundene Stadt (vgl. II Sam 2,1-4) haben andere Voraussetzungen als der Krieg in II Sam 18,1-2a.4b.6-9.15b-18 vermuten lässt. Später ergänzt wurde die verwunderliche Verbindung Absaloms mit Hebron und andererseits mit Israel, wohin er Boten sendet (15,10a), damit sie dort, wenn sie das Schofar hören, den Ruf erklingen lassen „Absalom ist König in Hebron!"[38] und Absaloms Triumph in Israel bekannt machen. Das legt nahe, dass der vermutete Beginn einer Grundschicht der Absalomerzählung II Sam 15,1-6.13 erst aus 18,1-2a.4b.6-9.15b-18 entstand.

3. Das Schillern der staatlichen Zugehörigkeit der Figur Absaloms in der Endfassung weist auf eine sukzessive Ergänzung der Aufstandserzählung hin. So deutlich Absaloms Interesse dem judäischen Thron gilt, wo er am Königshof dient, so wenig wird er ausdrücklich als Judäer bezeichnet.[39] Zwar wird er als בן דוד vorgestellt (II Sam 13,1). Die weiteren Erzählkontexte der Aufstandserzählung schildern Absalom jedoch als Höfling am Palast Davids und damit im Spannungsfeld zwischen Israel und Juda. Noch exakter bestimmt die genealogische Notiz über Absalom in II Sam 3,3 in der Aufzählung der Davidsöhne aus Hebron Absalom als dritten Sohn Davids mit „Maacha, der Tochter Talmais, des Königs von Geschur". II Sam 13-19* verschweigen hingegen die Geschwisterreihung von II Sam 3,3 und die Mutter Absaloms. Dass Maacha in der Erzälung selbst ungenannt bleibt, fällt nicht zuletzt angesichts der Prominenz der Königinmutter Bath-Seba in der Salomoüberlieferung auf. Während die genealogische Notiz Absalom als leiblichen

---

37   בארץ II Sam 15,4, d.h. in Juda, nicht in Israel.

38   Absalom kann auch Judäer für seine Sache gewinnen. Es wird erwähnt, dass 200 Mann aus Jerusalem Absalom nachfolgen. Sie sind mit geladen, wissen aber nicht, was Absalom eigentlich treibt (ולא ידעו כל־דבר 15,11). Diese Äußerung rechtfertigt, dass überhaupt Judäer an dem Aufstand beteiligt waren, indem sie die teilnehmenden Judäer als von Absalom missbrauchte „politische Claqueure" im Aufstand gegen Juda darstellt und zum anderen deren Zahl auf 200 beschränkt. Für seinen Aufstand kann Absalom Ahitophel, den Berater Davids (יועץ דוד) aus Giloh, auf seine Seite ziehen.

39   105 Erwähnungen Absaloms finden sich, vor allem in den Samuel- und Königebüchern, mehrheitlich innerhalb der Aufstandserzählung, vgl. ferner I Reg 15,2(?); I Chr. 3,2; II Chr 11,20.21; Ps 3,1 und II Sam 20,6.

Davidsohn versteht, betonen die mutmaßlichen Kernszenen der Aufstandserzählung lediglich das hierarchische Verhältnis zwischen Absalom und David.[40] Die in der Erzählung II Sam 13-19* gemachten Voraussetzungen sind weniger genau als II Sam 3,3[41] und die genealogische Einordnung der Davidsöhne und die Erzählung vom Absalomaufstand in II Sam 13-19* lassen auf verschiedene Intentionen schließen.[42]

Die Erzählung hebt neben Absaloms Bezügen zu Juda an Davids Königshof nahe, dass Absalom nicht nur judäischer Höfling sei. Absalom wird nirgends als Israelit bezeichnet, kann aber die Männer aus Israel hinter sich versammeln (vgl. z.B. 15,2bß) und hat überdies Bezüge nach Geschur, das die Absalomüberlieferung vier Mal erwähnt, in II Sam 13,37.38; 14,23 und 15,8. Nach seiner Verwerfung durch David ging Absalom „zu Talmai, dem Sohn Amihurs, des Königs von Geschur.

40   Der Bericht von der Tötung des Absalom geht von anderen Voraussetzungen aus. David nennt den Knaben lediglich noch gegenüber Schimi „Sohn von meinem Leib" in II Sam 16,11. II Sam 18,5b nennt David ihn „den Knaben" und nicht ausdrücklich „seinen Sohn". Als Sohn Davids wird er in der Anfangsnotiz bei seinem ersten Auftreten in II Sam 13,1 bezeichnet. Aber die Bezeichnung „Sohn" verweist lediglich auf eine Position am Hof, nicht auf leibliche Abstammung, vgl. G. Brin, The Title בן (ה)מלך and its Parallels. The Significance and Evaluation of an Official Title, Ann. Ist. Orient. Nap. 19 (1969), 433-465. Ein Zusatz II Sam 13,21 in LXX und Qumran (4QSam^a) präzisiert die genealogische Verbindung zu Amnon: 13,21b καὶ οὐκ ἐλύπησεν τὸ πνεῦμα Αμνων τοῦ υἱοῦ αὐτοῦ ὅτι ἠγάπα αὐτόν ὅτι πρωτότοκος αὐτοῦ ἦν.

41   Die Erweiterung mit der Genealogie wirkte sich dann auf die leiblich verstandene Sohnschaft Absaloms in der Trauerszene II Sam 19,1-8 aus. Nur diese Szene deutet im Erzählverlauf die spätere genealogische Verbindung nach II Sam 3,3 aus. Erzählerisch tritt in der Reaktion Davids auf die Trauer um Absalom ein Motiv hervor, das auch die übrigen vorsätzlichen Tötungen des Joab kennzeichnet, von denen David als Kontrastfigur zu Joab jeweils freigesprochen wird, was die Erzählung durch die Schilderung der Totenklagen Davids hervorhebt. Vermutlich weist lediglich Davids Trauer um ihn eindeutig auf eine leibliche Abstammung hin. Vgl. II Sam 19,1 in der Klage 5x בני; 19,5 3x; 19,6 2x dein Sohn; 19,3 Joab: „sein Sohn" בנו; vgl. II Sam 18,20 der Sohn des Königs בן המלך; vgl. hingegen נער für Absalom in II Sam 18,5.12.29.32 (2x).

42   Ein genealogisches Interesse liegt auch I Reg 15,2 zugrunde, das Maacha als Tochter des Absalom erwähnt und diese der Genealogie des Abiam und des Asa zuordnet: I Reg 15,2 und 10 fügt Absalom damit vor den in 15,17-22 geschilderten israelitisch-judäischen Streitigkeiten gleich zwei Mal ein. Damit erklärt die Genealogie (sekundär) den Kontakt des Asa zu Aram, indem sie ihn genealogisch begründet und so das Hilfegesuch des Asa an die Aramäer als Reaktion auf die israelitische Bedrohung plausibilisiert. Auch diese Genealogie thematisiert das Verhältnis zwischen Juda und Aram über die Figur des Absalom. Vgl. dazu die Eroberung der israelitischen Stadt Abel beth Maacha durch die Aramäer (15,22). Eine nachträgliche genealogische Notiz stellt wohl auch die Erwähnung von Absaloms Tochter Tamar in II Sam 14,27 mit der auffälligen Namensgleichheit dar.

Und er vollzog nun die ganze Zeit Trauerriten[43] um seinen Sohn"[44]. Absalom wird mit Geschur identifiziert und je nach Interpretation des folgenden Satzes kann man schließen, hier werde Talmai, der Sohn Amihurs als Absaloms Vater bezeichnet, der um seinen Sohn traure. Nur II Sam 15,8 präzisiert, dass „Geschur in Aram" liegt, während 15,7.9-10 Hebron erwähnen. Die konkurrierenden Lokalisierungen in 15,7.9-10 und 15,8 spiegeln zwei unterschiedliche Sichtweisen Absaloms wider.[45] Absaloms Verbindung mit Geschur, die die folgenden Erzählabschnitte übergehen, beschränkt sich neben dem späteren II Sam 15,8 auf die Vorgeschichte in II Sam 13-14 bzw. II Sam 3,3 und Geschur deutet hier vor allem auf einen nicht eroberten Teil Israels hin.[46] Auf den Geschur gegenüber verpflichteten Absalom fällt damit ein Schatten,[47] der sich aus der Perspektive von II Sam 3,3 auf die Erzählungen von II Sam 15-19 niederschlagen soll, in denen Israeliten von einem Sohn Davids mit einer geschuritischen Königstochter angeführt werden. Die vorangestellte Interpretation als geschuritisch-israelitische Verschwörung gegen den judäischen David wertet Absalom äußerst kritisch und verdeutlicht die Brisanz dieser Erzählung in der judäischen Geschichtsschreibung: Der mit Geschur verbundene Absalom lässt sich im Stammsitz der judäischen Könige in Hebron zum König ausrufen. Vertritt Absalom in der Endform der Erzählung aufgrund seiner Herkunft aus Geschur in Aram und aufgrund seines Bündnisses mit den Israeliten grundsätzlich fremde Interessen in Juda,

---

43 אבל (hitp.) kann den äußeren Vollzug der Trauerriten meinen (vgl. Esra 10,6; Neh 1,4), bis zur Bedeutung „vorgeben, zu trauern"/„so tun, als trauerte man", vgl. II Sam 14,2; 19,2; Jes 66,10.

44 Vgl. II Sam 13,37. Vgl. als weitere Figur Talmai, der Sohn Anaks Num 13,22; Jos 15,14; Jdc 1,10.

45 Auf die Spannung zwischen II Sam 15,8 und II Sam 15,7.9 weist erneut Fischer hin, Jerusalem (s. Anm. 5), 133-139.

46 Vgl. Jos 13,13 und vgl. Jos 13,2 mit den textlichen Unsicherheiten, siehe dazu V. Fritz; Das Buch Josua, HAT I/7, 1994, z. St. Die Bezeichnung des Gebietes „Maacha" in Jos 13,13 bildete möglicherweise den Ausgangspunkt für „Maacha" als Mutter Absaloms II Sam 3,3; vgl. als Eponymenname Dtn 3,14; Jos 12,5 Geschuriter und Maachatiter, vgl. Jos 13,11. Beide Volksgruppen sind mit ihren Eponymen genannt, die in einer bestimmten Gegend (im Ostjordanland?) siedelten. Die Notiz ordnet das erzählte Geschehen in eine genealogische Konzeption ein, während die Erzählung Absaloms Fremdheit in Juda hervorhebt (vgl. Jos 13,13 und I Sam 27,8). Zur umstrittenen Lokalisierung Geschurs, einerseits als kleines aramäisches Fürstentum am Nordostrand des bewaldeten Golan, vgl. Noth, Die Nachbarn der israelitischen Stämme im Ostjordanlande, ZDPV 68 (1946-1951) 1-50; hier nach ABLAK 1, 1971, 434-475, 458, andererseits als südlich gelegenen Staat (vgl. besonders Jos 13,2 und I Sam 27,8; die Noth als unsichere Belege nicht für die Lokalisierung heranziehen will), vgl. Fischer, Jerusalem (s. Anm. 5), 133-139.

47 Vgl. Geschur in II Sam 13,37-38; 14,23.32.

so deuten frühere Überlieferungsstufen der Erzählung diese Verbindung mit Geschur nicht oder vorsichtiger an. Anders als in der mutmaßlichen Grundschicht in II Sam 18 wird Absalom zum Höfling Davids, der die Herrschaft zu erlangen versuchte, und die Aufstandserzählung wird vom israelitisch-judäischen zu einem israelitisch-aramä-
isch-judäischen Konflikt, der dann durch die genealogische Notiz II
Sam 2,3-5 vorgebildet scheint.[48] Man muss daher im vor- bzw. nicht-
deuteronomistischen Bestand mit einer sukzessiven geschichtstheologi-
schen Ausgestaltung der Figuren rechnen, häufig durch literarische
Voranstellungen, wie bei Absalom, dessen Aufstandsbemühungen
gegen David man in immer frühere Stadien seines Lebens verlegte.[49]

4. Die Aufstandsmotivik und die Audienzszenen

Ebenso wie die Absalomerzählungen erzählen auch die Abschieds- und
Begrüßungsszenen von der Sicherung der königlichen Macht. Sie sind
durch ihre Konstellation aufs Engste untereinander verbunden: Sie alle
thematisieren die Beziehung der jeweiligen Untertanen zum König
während dessen Exil, und sie vertiefen damit ebenso wie die Ausgestaltung der Absalomüberlieferung die Thematik von Aufstand und
Rebellion. Die Episoden reihen sich als zwei konzentrisch angeordnete
Szenenfolgen aneinander, die für die Handlungsabfolge des Aufstandes in den einander entsprechenden Teilen A/A' und C/C' (fast) keine
Bedeutung haben. Im Ablauf des Aufstands retardieren die gereihten
Abschieds- und Begrüßungsszenen das Geschehen vor und nach dem
Jordanübertritt des Königs. Ihre erzählerische Breite mit direkter Rede
und die Szenenreihung mit Entsprechung der Einzelabschnitte II Sam
15,13-16,14; bzw. 19,9-41 (B und B') innerhalb der Aufstandserzählung
weisen auf ihre Bedeutung innerhalb des Geschichtswerkes und für das

---

48 Vgl. zur Genealogie Absaloms nach II Sam 3,3 die Genealogie der Verschwörer
    gegen Joasch von Juda in 2Chr 24,26 als Ammoniter bzw. Moabiter; noch ohne Her-
    kunftsangabe „seine Diener" II Reg 12,22. – Dass man Absalom zunehmend mit der
    Fremdmacht Aram identifizierte, könnte in der Betonung eines aramäisch-judäi-
    schen Gegensatzes anstelle eines israelitisch-judäischen Gegensatzes begründet sein;
    vgl. die Verhältnisbestimmung zwischen Israel und Juda als Brüder in der Ergän-
    zung I Reg 12,22-24.
49 In Werken moderner Prosaliteratur steuern Autoren die Gesamtwahrnehmung einer
    Figur durch den Leser bei deren erster Erwähnung besonders wirksam, vgl. H. Gra-
    bes, Wie aus Sätzen Personen werden … Über die Erforschung literarischer Figuren,
    Poetica 10 (1978), 405-428, bes. 418-420. Aufgrund dieses „primacy effects" ergänzte
    man Figurenüberlieferungen in der Erzählüberlieferung bei der Ersterwähnung, z.B.
    durch vorangestellte Genealogien.

kollektive Gedächtnis in Juda hin. Allein die Tatsache, dass Sauliden und Benjaminiten den König verabschieden bzw. begrüßen, deutet die geschichtliche Tragweite der Szenen an. Die Begegnungen verweisen auf die in der Erzählung vorausgesetzte Lebenswelt und sind zugleich Teile eines größeren (kulturell vorgegebenen) Plots der judäischen Königsgeschichte. Die Intention dieser kleinen Erzähleinheiten deckt sich nicht einfach mit der des Gesamtplots der Aufstandserzählung. Ihr Verhältnis zum größeren Erzählzusammenhang und die Absicht der Verfasser der Einzelszenen zeigt sich in der Handlungsfolge und der spezifischen Figurengestaltung. Als einzelne gehören die Begrüßungs- und Abschiedsszenen dieser Ebene der Lebenswelt der Erzählung zu. Sie erfassen die kollektive und symbolische Dimension einer vorgängigen außertextuellen Wirklichkeit, in der jede Handlungsfolge verwurzelt ist.[50] Die Hierarchie zwischen König und Untergebenen als pränarrativer Struktur[51] führen die Audienzszenen auf bestimmte geschichtliche Größen hin aus.

Aufstandsmotivik und die Struktur der Audienzszenen

Die Audienzszenen sind gestaffelt so angeordnet, dass Abschieds- und Begrüßungsszenen einander entsprechen. Bei drei Figuren bzw. Figurengruppen korrespondieren die Szenen einander: bei den Nebenfrauen (15,16-17; 20,3-4);[52] bei Ziba und Mephiboschet (16,1-4; 19,25-31) und beim Benjaminiten Schimi aus Bahurim (16,5-13; 19,17-24). Zwei einander korrespondierende Szenen nennen unterschiedliche Beteiligte: Der Audienz auf der Flucht mit Ittai von Gat korrespondiert in der Komposition der Konflikt zwischen Israeliten und Judäern, der in den Scheba-Aufstand mündet (15,18-22; 19,42-20,2). 19,42-20,2 ist keine Audienzszene und variiert das Schema insofern signifikant. Der Abschiedsszene mit Huschai korrespondiert die Empfangsszene mit dem Gileaditer Barsillai (15,32-37; 19,32-41) in der Komposition.[53] Die Kon-

---

50 Vgl. P. Ricœur, Zeit und Erzählung, I, 1988 (frz. Temps et récit, 1985), 90.

51 Innerhalb der komplexen, symbolisch vermittelten Welt des Handelns machen wir Erfahrungen, die an sich pränarrativ sind, vgl. Ricœur, Zeit und Erzählung, I (s. Anm. 50), 118.

52 Die Erwähnung der Nebenfrauen unterscheidet sich von den ausgeführten Audienzszenen formal dadurch, dass keine Audienz beim König stattfindet.

53 Vgl. D.M. Gunn, Jerusalem (s. Anm. 13), 111. Die Entsprechung zwischen Einzelszenen auf synchroner Ebene schließt kein Urteil über die literargeschichtliche Einordnung ein. 19,42-20,2 liegen literarisch kaum auf der gleichen Ebene wie 15,18-22, vgl. Gunn, Jerusalem, 110. Vollkommene Symmetrie lag auch nicht im Interesse der Späteren, die 15,24-29 einfügten.

zeption einander entsprechender Szenen ist damit nicht in allen Einzelheiten durchgehalten.[54]

Literarisch erkennt man in den Audienzszenen häufig Erweiterungen einer Grunderzählung,[55] die die Handlung einer hypothetischen
Grundfassung der Erzählung nicht vorantreiben.[56] Der Grund für die
Erweiterung der Darstellung um die Audienzszenen dürfte in deren
sachlichem Zusammenhang mit der Aufstandserzählung liegen. Sie
verdichten die Sicherung der königlichen Macht im hierarchischen
System in je einer Abschieds- und Begrüßungssituation. Nach D.M.
Gunn[57] werden die Untergebenen in den vier Abschiedsszenen nach
abnehmender Loyalität angeordnet: Ittai ist auffällig loyal gegenüber
David, Huschai als Freund des Königs ist diesem ganz zugewandt und
führt seinen Auftrag aus; Ziba scheint ein loyaler Untertan zu sein,
während Mephiboschet illoyal ist und auf seine Königsmacht hofft.
Schimi schließlich tritt David offen feindlich gegenüber. Ein entsprechendes Bild ergeben die Begrüßungsszenen: Der Benjaminit Schimi
will dem heimkehrenden König gegenüber Loyalität vortäuschen,
Mephiboschet kompromittiert zwar seinen Knecht Ziba, den er für sein
illoyales Verhalten beim Abschied verantwortlich machen will, was
aber auf ihn zurückfällt; Barsillais Verhalten als loyaler Freund des
Königs weicht von dem des Huschai darin ab, als er David nicht an den
Königshof folgen will und statt dessen als Juda loyaler Gileaditer an
seinen Ort zurückkehrt, nachdem der König ihn gesegnet hat. Alle
Szenen führen anhand der Figuren Loyalität bzw. Rebellion als grundlegende Verhaltensmuster am Königshof vor. Anhand der einzelnen
Figuren wird erzählt, wie Nachbarvölker sich gegenüber Juda verhalten.

---

54 Die Entsprechungen sind im Einzelnen variiert. In II Sam 19,18b-19a erwähnt neben
    Scheba Zibas Hilfe bei Davids Jordanübergang.
55 Vgl. erstmals S.A. Cook, Notes (s. Anm. 5), 145-177, für 16,1-4; 19,25-31; Schimi 16,5-
    14; Barsillai II Sam 17,27 vgl. 169-171. Vgl. ferner F. Langlamet, David et la maison
    de Saül. Les épisodes «benjaminites» de II Sam., IX; XVI,1-14; XIX, 17-31; 1Rois, II,36-
    46, RB 86 (1979) 194-213; 385-436; 481-513; RB 87 (1980), 161-210, hier 86 (1979) 481-
    482; A.A. Fischer, Flucht und Heimkehr (s. Anm. 5), 49-55; E. Aurelius, Davids
    Unschuld (s. Anm. 5), 402.
56 Schimi (*16,5-13; *19,16-18a.19b-24; beide Male ist die Frage der Blutschuld ergänzt,
    16,9-12; 19,22-24) wird nicht mehr erwähnt, ebensowenig Ziba und Mephiboschet
    (16,1-4; 19,18a.19a.25-31) und die Nebenfrauen 15,16b-17; 20,3. Außerhalb der Au-
    dienzszenen erwähnt die Erzählung jedoch Barsillai wegen seiner Gastgeberschaft II
    Sam 17,27-29 und Ittai als Heerführer eines Drittels des Heeres Davids (II Sam 18,2).
57 Vgl. D.M. Gunn, Jerusalem (s. Anm. 13), 112-113.

David und Ittai von Gat 15,18-22

Form und Inhalt des Dialogs

Einführende Handlungsschilderung	[58]Und alle seine Knechte zogen an seiner Seite vorüber, und alle Kreter und alle Plether und alle aus Gat, 600 Mann, die kamen zu Fuß aus Gat, und sie zogen vor dem König vorüber.	18
Dialog		
(1) David	Und der König [von Gat] sprach zu Ittai, dem Gatiter: „Warum gehst auch du mit uns?	19
1. Aufforderung zur Umkehr *Begründung* *a) fremd* *b) exiliert*	Geh zurück und bleib beim König, denn du bist ein Fremder, und du selbst bist auch von deinem Ort vertrieben.[59]	
Rückblick: Loyalitätsverhältnis	Du bist (erst) gestern gekommen:	20
Begründung: *Der König zieht umher*	Soll ich dich heute hin- und herziehen lassen[60] mit uns, wo ich unstet herumziehe?	
2. Aufforderung zur Umkehr	Kehr um und nimm deine Brüder mit dir. Bundestreue und Festigkeit seien mit dir!"	
(2) Ittai *Loyalität, Segenswunsch*	Ittai aber antwortete dem König: „So wahr JHWH lebt, und so wahr der König lebt, an dem Ort, an dem mein Herr ist, sei es tot oder lebendig, dort wird auch dein Knecht sein."	21
(3) David *3. Aufforderung*	David sagte zu Ittai: „Geh, zieh vorüber!"	22
Abschließende Handlungsschilderung	Da zogen Ittai, der Gatiter, und alle seine Männer und alle Kinder, die mit ihm waren, vorüber.	

---

58 Der Text der LXX in II Sam 15,17b-18 ist länger. J. Wellhausen, Der Text der Bücher Samuelis, 1871, 195-196, folgt weitgehend LXX. P.K. McCarter, II Samuel (s. Anm. 18), 363-364, nimmt eine Haplographie in M an; anders Stoebe, Das zweite Buch Samuel, KAT VIII / 2, 1994, 363, der LXX unberücksichtigt lässt.

59 Statt למקומד ist ממקומך zu lesen, vgl. LXX μετῴκηκας σὺ ἐκ τοῦ τόπου σου.

60 Lies q אניעך.

Handlungsschilderungen, die darauf anspielen, wie verschiedene Gruppen an David vorüber ziehen (עבר), führen in die Szene ein, schließen sie ab und rahmen so den Dialog. V 18 nennt summarisch alle Knechte Davids, die Kreter und Plether und schließlich 600 zu Fuß aus Gat Übergelaufene. Ein Abschlusssatz V 22b konstatiert, Ittai sei vorüber gezogen. Das Lexem verweist auf die Gesamtbewegung der Flucht Davids über den Jordan.[61] Zwischen den beiden Rahmensätzen entfaltet der Dialog die Begegnung zwischen David und Achisch in drei Äußerungen der Beteiligten. Dem hierarchischen Verhältnis entsprechend äußert sich zunächst der König (15,19aβ-20) in Frageform („Warum...?") und erwähnt Davids Nachfolge (אתנו ... הלך 15,19aβ); vgl. die dritte Aufforderung des Königs (הלך vgl. ... לך 15,22aβ).[62] Seine Rede beginnt und endet mit einer fast wortgleichen Aufforderung zur Umkehr (15,19bα und 15,20bα). Die doppelte Begründung weist auf Ittais nichtjudäische Herkunft und auf seine Geschichte als gewaltsam vertriebener Bewohner von Gat hin (גלה 15,19bβ; vgl. מקום 15,19bβ.21bα). Die Aufforderung zur Rückkehr wird mit der Familie als Heimat Ittais aus Gat begründet („Brüder" 15,20). Ittais folgendes Loyalitätsbekenntnis zum König gibt die von ihm durch sein Handeln in II Sam 15,18b implizierte Haltung wieder: Ittai aus Gat wird dem König im Tod und im Leben folgen und „dort" sein, wo der König ist. שם היה / היה שם verdeutlichen Ittais Bindung an die Person des fliehenden Königs. Der Bezug des Imperativs in der abschließenden dritten Äußerung Davids in 15,22 entspricht semantisch der einleitenden Frage in 15,19aβ, wird aber durch die anschließende Aufforderung, „Geht hinüber!" in seiner Bewegungsrichtung entscheidend präzisiert. Insofern liegt in dieser Äußerung am Schluss eine Steigerung (לך ועבר / למה תלך), die der Erzähler in 15,22 aufgreift (ויעבר).

Ein vorbildlicher fremder Knecht

Das Thema Loyalität prägt den Dialog von Anfang an. In der Audienzszene spricht David Ittais Loyalität als einem in Juda Fremden (נכר) und (gewaltsam) von seinem Ort Vertriebenen[63] an. Ittais Loyalitätsbekenntnis (15,21) ist transparent auf das Verhältnis zwischen Gat und

---

61 Vgl. עבר II Sam 17,22.24; 19,19; 19,32.34.37.38.39.40.41.42.
62 Vgl. zum Loyalitätsbekenntnis mit הלך auch Rut 1,16b.
63 II Sam 15,19b למקומך ... גלה; vgl. 15,21b שם ... במקום.

Juda.[64] Die Audienzszene reflektiert narrativ Gats Verhältnis zu „dem König"[65] von Juda. Diese geschichtliche Aussage über Gat lässt nach der Bedeutung des Ortes fragen, den die Samuelbücher den Philistern zuordnen. Während nach II Sam 5,17-21 (und später 22-25); II Sam 8,12 David die Philister besiegte, setzen II Sam 15,18-22 weder Davids Sieg über die Philister voraus, noch Gats Verhältnis zu den Philistern. Ittais Männer sind „zu Fuß" aus Gat geflohen (II Sam 15,18); Ittai aus Gat wird in dieser Szene nicht mit Davids Philistersieg in Verbindung gebracht, erwähnt wird statt dessen eine offenbar nicht durch David verursachte Exilierung des Ittai. Die Quellennotiz II Reg 12,18 erwähnt Gat im Rahmen eines aramäischen Feldzuges des Hasael. Joasch von Juda vermochte die Bedrohung des Aramäerherrschers durch Aufbieten des Tempel- und Palastschatzes von Juda abzuwenden, indem er „alle Weihegaben, die Joschafat, Joram und Ahasja, seine Vorfahren, die Könige von Juda, geweiht hatten, und seine (eigenen) Weihegaben, sowie[66] alles Gold, das sich in den Schatzkammern des Tempels JHWHs und des Königspalastes befand" an Hasael, den König von Aram schickte, so dass dieser von Jerusalem abließ. Jerusalems Bewahrung unter Joasch weist innerhalb der Königsgeschichte des vordeuteronomistischen Quellenwerkes durch Form, Erzählduktus und vor allem die Handlungsabfolge von Bedrohung, Tribut- bzw. Unterwerfungsgeschenk (שלח V.19) aus dem Tempel- und Palastschatz an den Aggressor auf entsprechende Vorgänge der judäischen Geschichte hin, namentlich die Rettung Jerusalems durch die Initiative Asas in I Reg 15,16-22 und die ihr korrespondierende Episode in der kurzen Erzählung II Reg 16,5.7-9[67], die Ahas' verhängnisvolle Hinwendung zu Assur beschreibt. Gat[68] erwähnen die Königebücher an einem geschichtli-

---

64   Barsillai ist in 17,27f. „Vertreter der Bewohnerschaft", K. Budde, Samuel (s. Anm. 5), 281.

65   Vgl. „der König" II Sam 15,16 (2x); 15,17.19.(2x); 15,21 (2x).

66   Möglicherweise ein Zusatz, vgl. E. Würthwein, Die Bücher der Könige 1.Kön. 17-2.Kön. 25, ATD 11/2, 1984, 358.

67   Vgl. dazu vom Verfasser, Saul und David in der judäischen Geschichtsschreibung (s. Anm. 21), Kap. 5. Den Bezug von II Reg 12,19 auf I Reg 15,16-22 (und II Reg 16,5.7-9) legt unter anderem die Ergänzung des Tempelschatzes in II Reg 12,19 in Analogie zu I Reg 15,18 nahe.

68   Der Ort wird erwähnt in Jos 11,22; Jdc 6,11; I Sam 5,8; 6,17; 7,14. I Sam 17,4.23.52 und deren Vorlage II Sam 21,19 (vgl. 21,20.22); im Zusammenhang mit Achisch von Gat I Sam 27,2.3.4.11, vgl. daraus entstanden I Sam 21,11.13. Vgl. ferner in II Sam 1,20; I Reg 2,39 (2x).40 (2x).41; Jes 63,2; Joel 4,13; Am 6,2; Ps 56,1; Thr 1,15; Neh 13,15; I Chr 7,21; 8,13; 18,1; 20,6.8; II Chr 11,8; 26,6. Vgl. als Herkunftsbezeichnung in Jos 13,3; II Sam 6,10.11; II Sam 18,2; II Sam 21,19; I Chr 13,13; 20,5. Inwiefern und ab wann die Überlieferung Gat mit den Philistern verbindet, kann hier nicht geklärt werden. Muss man für die ausdrückliche Zuordnung Gats zu den Philistern in der Lade-

chen Wendepunkt im Verlauf eines Eroberungsfeldzuges, der sich schließlich gegen Juda richtet. Diese Geschichtsdarstellung dürfte die kurze Erzählsequenz der Audienzszene in Erinnerung rufen. Die rätselhafte, von David ohne Begründung eingeleitete Tatsache, der fremde Ittai sei ein exilierter, zu den Judäern übergelaufener Gatiter, dürfte vermutlich aufgrund der Vertreibung Ittais aus seiner Stadt wegen einer fremden Belagerung zu erklären sein, wie sie II Reg 12,18-19 erwähnen. Dies ist für das Verständnis der kurzen Audienzszene II Sam 15,18-22 entscheidend: Als Vertriebener kann er dem fliehenden David an jeden Ort, auch ins Ostjordanland, nachfolgen. Dieser Zug, der in Spannung zur Überlieferung von Gat als vom judäischen König eroberten Philisterstadt steht, erweist die Audienzszene auf einen in der späteren Königszeit geschilderten Vorfall bezogen. Ittais Verhältnis zu David wird auf dem Hintergrund von II Reg 12,18 beschrieben.

Ittais vollkomme Loyalität als Knecht gegenüber David nach II Sam 15,18-22 erklärt, warum David ihm ein Drittel seines Heeres anvertrauen kann (II Sam 18,2).[69] Dies weist auf den Streitpunkt zwischen Judäern und Israeliten um die Loyalität zu David in II Sam 19,42-44 hin, die in den Aufstand des Israeliten Scheba gegen David mündet (20,1ff). Ittais vollkommener Loyalität zum König steht der Aufstand der Israeliten gegen Juda entgegen, wie ihn II Reg 12,18-19 voraussetzen und wie er sich in der Davidzeit aktualisiert. II Sam 15,18-22 reflektieren insofern Rebellion und Loyalität als Handlungsmuster. Die Audienzszene, die Ittai von Gat nicht ausdrücklich den Philistern zuordnet, setzt einen von dort geflohenen unabhängigen Nichtjudäer voraus, der sich als Fremder mit Juda verbündet und Heerführer des judäischen Heeres wird.[70]

überlieferung und in der Chronik von einem späteren Stadium der Überlieferung als II Reg 12,18 ausgehen? Die Befestigung der Stadt unter Rehabeam nach 2Chr 11,8 zeigt die gestiegene Bedeutung der Stadt in späterer Zeit. Vgl. zu Gat und seiner Identifikation ferner J.D. Seger, Art. Gath, AncB.D II (1992), 908-909.

69   Wenn II Sam 18,2 die Audienzszene aus sich heraus gesetzt hat, belegt diese Ittais Loyalität erzählerisch.

70   Das Verhältnis der Audienzszene zur Davidüberlieferung in I Sam kann nicht im Einzelnen behandelt werden; zur Vermutung, dass die als Gatiter bezeichneten 600 Männer in II Sam 15,18b die Männer Davids sein könnten, vgl. I Sam 23,13; 27,2 und 30,9, vgl. für viele P.K. McCarter, AB II Samuel (s. Anm. 18), 364. Die als Rechtfertigung eines assurhörigen Davididen verfasste Erzählung über Achisch von Gat in I Sam 27,2.3.4.11 ist gut im 7. Jahrhundert denkbar. Die Amalekitererzählung I Sam 30,9 ist nachexilisch.

Der Konflikt zwischen Ziba, Mephiboschet und David

In der Komposition der Audienzszenen stehen II Sam 16,1-4 nach Davids Unterredung mit dem loyalen Huschai (15,32-37a) und vor der offenen Ablehnung des Schimi (16,5-14). II Sam 19,25-31 folgt der Begrüßungsszene des Schimi (19,16-19,18aα.19b-24). Bereits bei Schimis Audienz bei David wird Ziba mit seinem Gefolge erwähnt (19,18aβb-19,19a), der beim Übertritt des Königs über den Jordan hilft. Der Audienzszene 19,25-31 folgt der Abschied Davids von Barsillai 19,32-39.

Form und Inhalt des Dialoges

16,1	Erzähler	David auf dem Ölberg	Erläuterung der Szene
		Ziba und seine Geschenke	Personeneinführung

Redegang 1

16,2	König	„Was willst du mit diesen?"	Frage
	Knecht	Esel – König /	Antwort (Erläuterung)
		Brot, Sommerobst – Hungernde /	
		Wein – in der Wüste Ermüdete	

Redegang 2

16,3	König	Sohn deines Herrn?	Frage
	Knecht	Verweilen in Jerusalem	Antwort
		Zitat Mephiboschet: „Das Haus Israel	(Zitat)
		stellt die väterliche Königsherrschaft	
		wieder her"	

Redegang 3

16,4	König	Besitz für Ziba	Anweisung
	Knecht	„Ich habe mich verbeugt,	Anerkennung der
		ich möge Gnade finden..."	königlichen Autorität

Einer einführenden Erzählernotiz (16,1) folgen drei kurze Redegänge zwischen David und Sauls Knecht Ziba. Ausgangspunkt der Handlungsfolge ist Davids Aufstieg auf den Ölberg (15,30). Nachdem David den Gipfel des Ölbergs gerade überschritten hat, führt der Erzähler Ziba, den Knecht des Mephiboschet, ein und erwähnt Esel, Speisen und Getränke, die dieser mitführt. Der Dialog zwischen König und Untergebenem folgt höfischen Kommunikationsregeln: Der König eröffnet die Unterredung, der Knecht gibt eine Erläuterung, auf die zweite Frage des Königs erteilt er eine (für ihn vorteilhafte) Antwort. Auf die Anweisung des Königs im dritten Redegang spricht er seine Anerkennung aus. Durch die gewählten Inhalte der Kommunikation, wie z.B. das Geschenk des Dieners für den König, behandelt die Szene ebenfalls das Thema der Loyalität innerhalb der Hierarchie. Dazu verweist sie auf gestaffelte Hierarchieebenen, in denen die Figuren agieren: David als König, Ziba als Knecht des Saulsohnes, der ein Knecht Davids ist. Für das Ergehen der Figuren sind Loyalität oder Rebellion in der jeweiligen hierarchischen Position entscheidend. Der König, der erwarten kann, dass man ihm Huldigungsgeschenke bringt, fragt nach deren Sinn und nach dem Verhalten der eigenen Untergebenen. Er ordnet die Hierarchie nach Loyalitätsgraden: Der anwesende Knecht des Knechts wird über seinen Herrn, den abtrünnigen Mephiboschet, gestellt, um sein loyales Verhalten zu belohnen. Ziba, der sich von seinem bisherigen Herrn abwendet, um sich David unterzuordnen, weiß diesen Wechsel geschickt zu begründen, indem er auf die restaurativen Hoffnungen des Sauliden in Jerusalem verweist. Zibas Verhalten als Knecht gegenüber seinem neuen Herrn hat dessen Wohlwollen zur Folge (16,4b). Der Dialog führt den Loyalitätsbruch gegenüber dem eigenen Herrn und das Geschick bei der Überleitung zur neuen Herrschaft vor: Ziba kommt durch seinen geschickt eingefädelten Wechsel zu David zum Besitz seines Herrn und kann damit die hierarchischen Verhältnisse ganz in seinem Sinne lösen. Zugleich ist sein Loyalitätsbruch mit dem Sauliden deshalb äußerst klug, weil er in Kenntnis der Aussichtslosigkeit saulidischer restaurativer Hoffnungen erfolgt. Die Stellung der Episode innerhalb des Geschichtswerks erweist sich insofern als zentral für das Figurenverständnis.

Neben der Handlungsrolle des klugen illoyalen Knechts führt Mephiboschet die Rolle des unklugen, illoyalen Knechts vor, dem der König die Gnade entzieht, indem er seinen Besitz einem loyaleren Untergebenen zuspricht. Indem die Erzählung zugleich über Zibas Verhältnis zu seinem Herrn Mephiboschet und über das Verhältnis Zibas als ehemaligem Knecht des Sauliden zu David erzählt, reflektiert sie eine weitere Ebene des hierarchischen Verhaltens.

Die Dialogfolge überzeichnet die Figuren idealtypisch. Dem entspricht in der Darstellung die Doppelung von vorausgesetzter oder implizit vollzogener Handlung und ausdrücklicher Explikation der Durchführung und der Funktion der Handlungen.[71]

Alle Elemente des Dialoges spielen auf das israelitisch-judäische Verhältnis an.[72] In paradigmatischen Situationen zwischen beiden Nationen stellten sich Loyalitätsfragen aufgrund von Bündnisoptionen mit dritten Partnern. Die Geschichtserzählung verkehrt, ähnlich wie der Sieg Davids über den israelitisch gesteuerten Aufstand Absaloms, die

---

71 Am ausführlichsten wird Zibas Geschenk expliziert: Ziba wird durch eine unbestimmte Frage aufgefordert, die geschilderten Gegenstände zu erklären.
72 Vgl. neben den Figuren „Jerusalem" und „Haus Israel" in II Sam 16,3.

Verhältnisse zwischen Israel und Juda, indem sie die israelitischen Sauliden als dem judäischen König untergeordnet schildert.[73]

Die der Abschiedsszene 16,1-4 entsprechende Begrüßungsszene zwischen Mephiboschet und David in II Sam 19,25-31 variiert Loyalität und Aufstand in leicht veränderter Konstellation. Der Saulide ist der Idealtyp eines Knechtes, der sich nach dem misslungenen Aufstandsversuch, bei dem der König fliehen musste (הלך 19,25b.26b), diesem wieder nähern will, als er heimkehrt (בוא 19,25b.26a). Auch hier reflektiert die Erzählung mehrere Ebenen hierarchischer Verhältnisse: Mephiboschets Verweis auf die Unwilligkeit seines eigenen Knechts (19,27) weist nur auf seine Unfähigkeit als Herr, mit seinem Knecht umzugehen, und ist ebenso wenig geeignet, seine Abwesenheit zu seinen Gunsten zu erklären, wie die Verfluchung der eigenen Dynastie (19,29), die David schroff unterbricht (19,30). Die gesamte Szene will kein historisches Detail einer Begegnung zwischen David und dem Sauliden malen, sondern vielmehr idealtypische Verhaltensweisen eines Knechts angesichts einer Illoyalität veranschaulichen.[74] Auch II Sam 19,18-19a hebt die Unterwerfung des Knechts unter den König hervor. Ziba hilft dem König beim Übersetzen[75] und handelt als Diener, der Davids Willen erfüllt.[76] Die Beschreibung Zibas als eines loyalen Knechtes beim Übertritt Davids knüpft insofern sprachlich an die Szene zwischen David und Mephiboschet an. Bei Davids Jordanübertritt thematisiert sie das Verhältnis des Königs zu seinen Untergebenen.[77]

---

73 Die zeitliche Einordnung hängt von der sprachlichen Ausgestaltung ab. Die kurze Geschichtserzählung wird kaum in vorexilischer Zeit entstanden sein, in der sie spielt. Neben den vermutlich vorexilischen Belegen für בית ישראל in Jes 5,7; 8,14; 14,2; Hos 5,1; 12,1; Am 5,1.3.4.25; 6,1.14; 9,9; Mi 1,5; 3,1.9 findet sich die Verbindung häufig in exilisch-nachexilischen Texten. ממלכות (vgl. Jos 13,12.21.27.30.31; I Sam 15,28; 16,3; Jer 26,1) wird abgesehen von Hos 1,4 kaum früh verwendet. צמוקים 16,1 vgl. noch in der weisheitlichen Erzählung I Sam 25,18, in der späten Erzählung I Sam 30,12 und in 1Chr 12,41.

74 Einige Erzählzüge reichen ins Groteske: Wenn etwa Mephiboschet die zweite Hälfte seines Besitzes aus eigenen Stücken Ziba überträgt (II Sam 19,31). Deutlich übertrieben wirkt die in ihrer Wirkabsicht leicht durchschaubare Schmeichelrede des illoyalen Knechts, besonders 19,28b, in der dieser seine eigene Königsdynastie verflucht.

75 Der masoretische Text II Sam 19,19 reiht drei Mal עבר, LXX liest zwei Mal עבר (Glättung?): καὶ ἐλειτούργησαν τὴν λειτουργίαν τοῦ διαβιβάσαι τὸν βασιλέα. In II Sam 19,18b ist die Ausdrucksweise für die Überquerung mit צלח in der Bedeutung „durchdringen/vorwärts schreiten" singulär.

76 עשה הטוב בעין II Sam 19,19a drückt die völlige Unterwerfung des Dieners unter den Willen des Königs aus, vgl. Gen 16,6; Dtn 12,28; I Sam 1,23; II Sam 10,12; 19,28.39 und II Chr 31,20. Vgl auch עשה הרעה Gen 39,9; II Sam 3,39; Jer 3,5; 18,10.

77 Die Häufung des Terminus עבר innerhalb der Erzählung vom Aufstand kann der literarischen Weiterentwicklung geschuldet sein.

Für die relative Datierung der Szenen ist von Bedeutung, dass innerhalb der Audienzszenen II Sam 16,1-4; 19,18-19a.25-31 sich am stärksten von spezifischen historisch-geographischen Bezügen lösen. In ihrer Allgemeinheit betrachten die Szenen das israelitisch-judäische Verhältnis aus einigem Abstand. Dies und die übersteigerte Idealtypik der Figuren bis ins Groteske hinein lässt vermuten, dass die Audienzszenen 16,1-4; 19,25-31 vergleichsweise spät in die Komposition gekommen seien.[78]

Barsillai (II Sam 17,24-29 und 19,32-41)

In der Form einer Empfangsszene Davids in Mahanaim beschreibt II Sam 17,24-29 das Verhältnis des fliehenden David zu den umliegenden Mächten und deren Loyalität.[79] Drei Männer nehmen David gastfreundlich auf: Schobi, der Sohn des Nahasch aus Rabbat Ammon, Machir, der Sohn des „Amiel" aus „Lo Debar", und Barsillai, der Gileaditer aus Rogelim. Mahanaim als Asylort des judäischen Königs im Ostjordanland legt eine Verbindung des davidischen Reiches zu dieser Region nahe. Mit dem Ammoniter Schobi aus der Hauptstadt des verfeindeten Reiches unterstützt ein Sohn des dort regierenden Königs David.[80] Machir aus Lo-Debar nahm als Knecht Sauls einen seiner Nachkommen auf (II Sam 9,4-5). Unabhängig vom literarischen Verhältnis von II Sam 9,1-13 und II Sam 17,27 lässt sich erkennen, wie der Kontrast zwischen Saul und David die Figurenausgestaltung prägte: Auch der einst Saul loyale Machir aus dem Ostjordanland weiß sich jetzt David gegenüber verpflichtet. Einstmalige Verbündete Israels ordnen sich als loyale Diener dem Judäer David unter.[81] An Davids drittem Gastgeber, Barsillai aus Rogelim in Gilead, verdeutlicht die Erzählung eine besondere Möglichkeit der Verhältnisbestimmung zu David, wie aus 19,32-41a hervorgeht.[82] Während Barsil-

---

78 Vgl. bereits die Vermutung von S.A. Cook, Notes (s. Anm. 5), 169-170, die Szenen über Mephiboschet und Ziba seien erst später zugefügt worden.

79 Zur Einfügung von 17,25 Amasa, vgl. E. Würthwein, Thronfolge (s. Anm. 5), 46, und F. Langlamet, Pour ou contre Salomon? (s. Anm. 5), 354.

80 Die sachliche Spannung des Verses zu den vormals von David besiegten Ammonitern notiert schon S.A. Cook, Notes (s. Anm. 5), 164.

81 Machir verbindet die spätere Überlieferung als „Sohn des Manasse" ebenfalls mit dem Ostjordanland, vgl. Gen 50,23; Num 26,29 (2x); vgl. die Verbindung der Figur mit Gilead Num 32,39.40; 36,1; Dtn 3,15; Jos 13,31; 17,1.3; I Chr 2,21.23; abschätzig in genealogischer Verbindung mit einer aramäischen Nebenfrau I Chr 7,14; vgl. I Chr 7,15.16.17.

82 Vgl. dazu F. Langlamet, David et Barzillaï. 2Sam 19:32-41a: Le récit primitif et sa «forme», in A. Rofé u. Y. Zakovitch (Hgg.), I.L. Seeligmann Volume. Essays on the Bible and the Ancient World III, 1983, 2-25.

lais Hilfe ihm bei der Rückkehr dadurch vergolten werden soll, dass der König ihn einlädt, mit nach Jerusalem zu kommen (19,34), lehnt dieser mit Hinweis auf sein Alter (19,36) und die Begräbnisstätte am Ort ab (19,37-38) und erreicht, dass einer seiner Knechte in den Genuss seiner Vorrechte kommt.[83] Davids Auseinandersetzung mit Barsillai spiegelt eine differenzierte Verhältnisbestimmung zu einem ostjordanischen Nachbarn wider, der zwar mit Juda verbündet bleibt, dessen Stellung beim König aber durch einen anderen Knecht stellvertretend wahrgenommen wird. Das weitgehende Zugeständnis des Königs gegenüber den Wünschen dieses Untergebenen begründet die Erzählung mit der Gastfreundschaft für den fliehenden König im Ostjordanland.

Die gesamte Anlage der Szene von Davids freundlichem Empfang durch Verbündete im Ostjordanland prägt der Kontrast zwischen der David gegenüber erwiesenen Gastfreundschaft und der geschichtlich besonders mit Mahanaim verbundenen Niederlage der Saulidendynastie.[84]

Huschai (II Sam 15,32-37; 16,19)

In Davids Begegnung mit Huschai in 15,32-37 weist bereits die Bezeichnung des Arkiters[85] als „Freund Davids"[86] auf dessen besonderes Vertrauensverhältnis zum König hin. Huschai soll sich während des Aufstandes als Diener Absaloms ausgeben.[87] Den Loyalitätsbruch des „Freundes Davids" durchschaut Absalom, als er Huschai am Hof in Jerusalem vorfindet und dieser ihn mit dem Huldigungsruf „Der König möge leben!" empfängt. Auf Absaloms kritische Frage nach seinem Loyalitätsverständnis (חסד) zu einem Freund (II Sam 16,17) beruft Huschai sich auf seine übergeordnete Loyalität gegenüber JHWH, wenn er darauf verweist, dass er stets dem von JHWH ausgewählten König diene und insofern David gegenüber nicht persönlich verpflichtet sei.

Mit der Figur des Huschai thematisiert die Erzählung darüber hinaus die Sonderfunktion eines Dieners, die besondere Loyalität verlangt. Huschais wörtlich erzählte Beauftragung verdeutlicht die völlige Un-

---

83   Vgl. II Sam 19,38b-39.
84   Vgl. besonders II Sam 4. Die Verbindung des Aufstands mit Davids Flucht nach Mahanaim in II Sam 17,24.27; 19,33 (I Reg 2,8) wird als sekundäre Verlagerung eines ursprünglich zwischen Juda und Ephraim verlaufenden Krieges verstanden, während mit „der Stadt" in 18,1-19,9 Jerusalem gemeint sei, vgl. A.A. Fischer, Flucht und Heimkehr (s. Anm. 5), 49-55.
85   Vgl. das Territorium der Arkiter jenseits Bethels in Atarot, Jos 16,2.
86   רעה דוד 15,37; wiederholt in der Szene mit Huschai in 16,16.17 zweimal.
87   עבד in 15,34 drei Mal.

terordnung als Bote unter seinen Herrn. Huschai wiederholt den Rede-
auftrag des Herrn zu seinem Diener wörtlich, als Absalom ihn fragt (II
Sam 16,19).[88] Die detailliert geschilderte Übereinstimmung weist auf
die Bedeutung des Boten an sich für das Gelingen eines politischen
Vorhabens und auf seine kriegsentscheidende Bedeutung[89] bei der
Aushandlung von Bündnissen hin; entsprechend zitieren auch die
knappen vordeuteronomistischen Quellen in I Reg 15,19 und II Reg
16,7 Botenaufträge mit zwischenstaatlicher Bedeutung wörtlich.

5. Aufstände und die Sicherung königlicher Macht

Die Audienzszenen verdichten thematisch die Sicherung königlicher
Macht im Spannungsfeld zwischen Loyalität und Rebellion der Untertanen und spiegeln in ihrer Anlage das Verhältnis Judas zu den umliegenden Nationen. Die Komposition der Audienzszenen und die Ausgestaltung der Figur Absaloms reflektieren Zusammenhänge der judäischen Geschichte. In allen untersuchten Erzählabschnitten lässt sich
eine projudäische Tendenz nachweisen; besonders deutlich in den Episoden von Ziba und Mephiboschet und in den Benjaminiter-Episoden
über Schimi.[90] Die Intention der gewachsenen Erzählung[91] ist jedoch

---

88 Vgl. II Sam 15,34 „Du sollst zu Absalom sagen: ,Dein Knecht, König, werde ich sein;
    der Knecht deines Vaters war ich von früher her und jetzt bin ich dein Knecht.'" mit
    II Sam 16,19 „Wem werde ich denn dienen? Denn etwa nicht seinem Sohn? So wie
    ich deinem Vater gedient habe, so werde ich vor dir sein."
89 Die Botenrolle thematisieren auch andere Abschnitte der Davidüberlieferung, vgl. II
    Sam 17,15-22.
90 II Sam 16,5-13; 19,17-24. Deren Datierung hängt von der Einordnung der weiteren
    Benjaminitenepisoden ab, wobei die Thematik sich auffälligerweise nicht in den Kö-
    nigebüchern, sondern vor allem in der Erzählüberlieferung der Samuelbücher fin-
    det.
91 Innerhalb der Audienzszenen könnten die Episoden um Gilead möglicherweise die
    ältesten Bestandteile der Überlieferung sein, da sie den Verlust des Ostjordanlandes
    reflektieren und sich auf Geschehnisse während der Aramäerkriege beziehen. Ittai
    von Gat und die 600 Mann II Sam 15,18-22 könnten eine Parallele in der Erzählung
    von David in Gat nach I Sam 27,1-28,2 (und 29,1-11) finden, die das positive Verhält-
    nis eines Davididen zu den feindlichen Philistern rechtfertigen und die daher ver-
    mutlich aus der Manasse-Zeit stammen dürfte, vgl. die Erwähnung von Ziklag in I
    Sam 27,6 und Jos 15,31. Von den Benjaminiterepisoden von Schimi (bzw. Scheba ben
    Bichri) lässt sich nicht sagen, ob sie diesen folgen oder vorausgegangen sind. Als Be-
    arbeitungen der Geschichte des nördlichen Nachbarn Israel reflektieren sie 733/722
    v. Chr. Aufgrund der Überzeichnung der Figuren sind die Ziba/Saulidenepisoden
    erst spät in die Komposition gekommen.

vielfältig und reicht über diese Tendenz hinaus.[92] Die Handlungsfolge der Gesamterzählung vom Aufstand Absaloms ist als Reihung einander entsprechender Erzähleinheiten aufgebaut, die sich auf verschiedene Stadien der israelitisch-judäischen Zweistaatlichkeit beziehen und sich als Teil einer Gesamtkönigsgeschichte erweisen, indem sie zentrale Begriffe erwähnen,[93] bzw. Handlungen zur Sicherung königlicher Macht gegen Aufstände schildern. Die Darstellungen sind transparent auf paradigmatische Bundesbrüche, die das motivlich-thematische Zentrum der vordeuteronomistischen Überlieferung der Königebücher bilden. Die erzählende Überlieferung über die frühen Könige knüpft insofern an die der folgenden Königszeit in Israel und Juda an. Dass die Sicherung königlicher Macht in der dynastischen Sukzession ein wichtiges Thema der vordeuteronomistischen Überlieferung in den Quellen der Königebücher darstellt, wird darin deutlich, dass bereits Vorstufen des Geschichtswerkes im Bereich der Könige- und Samuelbücher sich als Reflexion des Niedergangs Israels herausbildeten.[94] Unabhängig von der deuteronomistischen Redaktion, die dieselbe Thematik von Bund, Loyalität und Bundesbruch in der ihr eigenen Terminologie reflektiert, erweiterte man diese durch thematisch an der Aufstandserzählung orientierte Erzählabschnitte.[95]

---

92 Inhaltlich geht diese Bestimmung über eine prodynastische Tendenz hinaus. Die Erzählungen dienen auch kaum der Bestimmung des Charakters Davids. Anders Kaiser, Verhältnis (s. Anm. 5), 121-122: David werde in der Grunderzählung „in seiner ganzen komplexen und unausgeglichenen Persönlichkeit" dargestellt, die nach und nach prodynastisch überarbeitet werde, um schließlich einem idealen König nach Dtn 17,14ff. zu genügen.

93 Vgl. קוֹל עַל / קשׁר.

94 Zu Recht hebt C. Hardmeier, Umrisse eines vordeuteronomistischen Annalenwerkes der Zidkijazeit. Zu den Möglichkeiten computergestützer Textanalyse, VT 40 (1990), 165-184, diese Motivik im vordeuteronomistischen Quellenwerk hervor.

95 Die Davidsüberlieferungen in II Sam sind daher keine Fiktion; gegen J. Van Seters, The Court History and DtrH: Conflicting Perspectives on the House of David, in: T. Römer u. A. de Pury (Hgg.), Die sogenannte Thronfolgegeschichte. Neue Einsichten und Anfragen, OBO 176, 2000, 70-93, hier 71.

Ancient Northwest Semitic Epigraphy and the "Deuteronomistic" Tradition in Kings

Simon B. Parker

The characteristically "Deuteronomistic" tradition in Kings, as in other books, is recognizable by the typical phraseology and theology of the book of Deuteronomy.[1] No Hebrew inscriptions recovered thus far from the areas and periods of the Israelite and Judean monarchies have manifested that peculiar phraseology and ideology. Nevertheless, analysis of the relations between features of Kings and inscriptions may contribute to our appreciation of certain aspects of Kings, especially if we extend our vision to include royal inscriptions from elsewhere in Syria-Palestine. Unfortunately, there is so far little comparative work on the literary forms, styles, and interests of these inscriptions in relation to the literature in Kings, even though the social settings of the inscriptions are usually more easily and directly inferred than those of the biblical literature. What follows is primarily a report on various studies that have been undertaken in the last couple of decades.

It is important to recognize from the start that there are different kinds of literary material both in Kings and in the Hebrew epigraphic material. It is unnecessary to say much about the former in the present context. Certainly readers of this volume will be aware of distinct literary types of material, such as simple data about royal successions and lengths of reigns; synchronisms between the two monarchies; brief notices of building, military or diplomatic activity, mostly at the ends of accounts of reigns; longer accounts of temple repairs, irregular successions to the throne and military engagements; short miracle stories and longer stories of the words and deeds of prophets; as well as typically Deuteronomistic speeches and reflections. Among this array of different materials, scholars see different sources used by the authors and/or different supplements later incorporated into the book. Others again see a single creative mind at work producing almost all this material –

---

1   S.R. Driver, An Introduction to the Literature of the Old Testament, 1956, 200-203 (orig. 1891; 9th ed. 1913); M. Weinfeld, Deuteronomy and the Deuteronomic School, 1972, 320-359.

so that it is all in some sense "Deuteronomistic." Along with these different scholarly judgments about sources and supplements go different datings both of the whole and of its alleged component parts.[2]

Hebrew inscriptions also may be, and for comparative purposes should be classified according to type. For the present endeavour, many types consisting of individual words, phrases, or lists are of little value. The more useful inscriptions, those that can be characterized as prose with a sequence of complete sentences, are relatively few in number and can be briefly characterized as follows. Most are letters from the late seventh and early sixth centuries and include those written by a local military officer reporting to his senior officer in Lachish from a town in the neighborhood of that city; and those written by officers mostly associated with the care and feeding of troops on the southern frontier in the area around Arad. The Siloam Tunnel inscription from the late eighth century is probably composed by a civil official, although, inscribed in the dark inside the tunnel, it is scarcely an official, public document. Also atypical is the Mesad Hashavyahu inscription from around 600 BCE, the appeal of a field worker to the officer in charge of a local fort for return of a confiscated garment. Unfortunately, fragments of what may have been more public, even royal inscriptions are too damaged to be of value in this context.[3]

Beyond Judah and Israel, we have from neighboring societies a number of especially royal inscriptions written in various Canaanite and Aramaic dialects and dating from the ninth century to the Persian period.[4] These provide more extensive prose accounts of the activities of kings from the royal court's point of view. Notably close to Israel are the long-known Moabite inscription of Mesha and the much more fragmentary, recently discovered Aramaic inscription from Tel Dan,

---

2   A valuable survey of the history of research on the Deuteronomistic History as a whole appears in A. de Pury, T. Römer, and J.-D. Macchi (eds.), Israel Constructs its History, JSOT.S 306, 2000, 24-141, with special attention to Kings on p.128-134 (original publication: Israël construit son histoire. L'historiographie deutéronomiste á la lumière des recherches récentes, MoBi 34 [1996]).

3   For a detailed review of the various genres of Hebrew inscriptions, see J. Renz and W. Röllig, Handbuch der althebräischen Epigraphik II/1, 1995, 1-33. For an assessment of the historical value of each type of text, see the excellent essay by J. Renz, Der Beitrag der althebräischen Epigraphik zur Exegese des Alten Testaments und zur Profan- und Religionsgeschichte Palästinas: Leistung und Grenzen, aufgezeigt am Beispiel der Inschriften des ausgehenden 7. Jahrhunderts vor Christus, in: Chr. Hardmeier (Hg.), Steine, Bilde, Texte, Arbeiten zur Bibel und ihrer Geschichte, 2001, 123-158. References to Hebrew inscriptions in the rest of this article are according to the system of Renz and Röllig.

4   References to Syro-Palestinian inscriptions other than Hebrew are to the numbers in H. Donner and W. Röllig, KAI I, [5]2002.

both dating to the latter half of the eighth century. Other Transjor-
danian inscriptions (Ammonite and Moabite) are few and brief or fragmentary, but there are many royal inscriptions (especially Phoenician,
Aramaic, and Samalian) from farther afield in Phoenicia and Syria.
Such texts are evidence of the writing styles and interests of Syro-
Palestinian royal courts that we might expect to have much in common
with texts emanating from the courts of Israel and Judah. Comparison
of these with some of the literature in Kings indeed suggests the latter's
association with court circles, but also a differentiation between formal
records, such as chronicles, and more propagandist stories about the
monarch. On the other hand, contrasts between Syro-Palestinian royal
inscriptions and other kinds of material in Kings suggest origins
outside official court activities.

The following survey will include a brief discussion of relations
between 1. Kings and Hebrew inscriptions and 2. Kings and Syro-
Palestinian royal inscriptions. Each section will address relations in
terms of (a) language and (b) content and style. A brief final section will
consider the possible contribution of analysis of the literary composition of some Syro-Palestinian inscriptions to a historically grounded
approach to literary composition in Kings.

1. Hebrew Inscriptions and Kings

A. Language

I turn first to comparisons that have been made between the language
of the inscriptions and of Kings. Foresti collected a number of phrases
in the Arad inscriptions with counterparts in identical or similar
phrases and usages in the Bible.[5] He concluded that most of the
expressions common to the two corpora were found in Deuteronomy to
Kings, i.e. in what has been called the Deuteronomistic History. However, only four passages in Kings appear in his list, one in the brief historical notice about Shishak's despoiling of Jerusalem: הפקד על יד (I
Reg 14,27 and Arad [6]:24,14-15); one in the account of Solomon's
succession: בנפש/בנ + personal suffix (I Reg 2,23 [and also in several
other parts of the Bible] and Arad [6]:24,18); one both in the account of
Jehu's revolt (II Reg 9,28) and in the notice of the fate of Josiah (II Reg
23,30): הרכב (Arad [6]:1,6-7). The four occurrences in Kings come from
chronicle-like material (I Reg 14,27 and II Reg 23,30) or from more

---

5   F. Foresti, Characteristic Literary Expressions in the Arad Inscriptions Compared
     with the Language of the Hebrew Bible, ECarm 32 (1981), 327-341.

elaborate stories about a disputed or irregular succession (I Reg 2,23 and II Reg 9,28).

More recently, Anbar has presented an undifferentiated list of thirty-one expressions occurring in Hebrew inscriptions and in the Bible, which he believes proves that the inscriptions are written in "a classical biblical language."[6] He draws on the inscriptions from Arad and Lachish, the Yavneh-Yam letter, and two ill-gotten royal bullae. (This is an odd assortment, the first two groups being official correspondence from the provinces, the ostracon from Yavneh-Yam being the language of a field worker as transcribed by a scribe,[7] and the last two being formal titles.) Almost all of the correspondences are found in Genesis (J and E), Deuteronomy to Kings, and Jeremiah. Anbar concludes that this distribution reflects the fact that these texts are all pre-exilic.

However, not all the correspondences are compelling. Of the eight examples that Anbar finds in Kings, one is a questionable correspondence (מי אתי מי [II Reg 9,32] surely does not have the same syntax as עבדך היה קצר עבדך (MHas[7]:1, 2-3]) and two are simply formal titles with the pattern: "RN son of RN king of GN," by no means peculiar to classical or biblical Hebrew, but used throughout ancient Syria-Palestine before, during and after the Iron Age. Furthermore, granting the validity of the rest of Anbar's comparisons, these are scarcely sufficient to prove anything except that a few expressions current in late seventh and early sixth centuries inscriptions are also found in biblical prose that is not written in Late Biblical Hebrew, the first literary appearance of which at least is a couple of centuries later. The quantity and chronological distribution of presently available epigraphic evidence does not allow us to show whether the expressions listed by Anbar were used in the following centuries, over many centuries including much earlier ones, or at no other time. Specifically, we simply lack substantial prose inscriptions from the sixth and fifth centuries which might give strong evidence that the language characteristic of the inscriptions used by Anbar was not used in the following centuries. At present the inscriptions we have do not themselves help us to date material in Kings more precisely than the range of dates now seriously considered. Since all the inscriptions used by Anbar, except the bullae and the Siloam Tunnel inscription, come

---

6   M. Anbar, Les inscriptions hébraïques et la science biblique, ZAR 9 (2003), 124-128. Anbar was apparently unaware of Foresti's article and does not list the last two expressions just quoted.

7   See S.B. Parker, Stories in Scripture and Inscriptions: Comparative Studies on Narratives in Northwest Semitic Inscriptions and the Hebrew Bible, 1997, 15-17.

from the late seventh to the early sixth century, the most we can claim on the basis solely of his evidence is that the biblical texts could have come from that period.

One significant comparison that Anbar makes is of the use of the expression יה דבר ה with a following noun, "This is an account of the …," found in Dtn 15,2; 19,4; and I Reg 9,15 and, in the form יה היה דבר ה, in the first line of the Siloam tunnel inscription (Jer[8]:3, 1). Anbar notes that this is found nowhere else in the Bible or post-biblical literature. But here we can say more. In my earlier comparison of these texts I noted that in the biblical passages the phrase introduces respectively two laws to be administered in the future and the administration of a particular institution in the past. But the initial verbless clause introduces them by an account that is given in the present ("this is an account of what shall be done/of what used to be done"). As such it reads like a standard formal introduction of a custom or legal practice. The phrase in the Siloam inscription, however, is distinguished by its use of the verb היה after זו, producing the sense: "This was the account of the (breakthrough)," which is to say that the following written account depends on an earlier account.[8] This is a more derivative claim. By contrast, the biblical passages seem to be using a more standard, bureaucratic language than that found in the tunnel inscription.

The proportion of expressions common to the inscriptions (specifically to those from Arad and Lachish) and the Bible (specifically to Kings) according to the listings of Foresti and Anbar is suggestive, conforming to what we might expect, given the now traditional dating of much of Kings and the roughly comparable social classes of the officers dictating the former and of the scribes presumed to be composing the latter. But since the inscriptions in prose that have been recovered so far are relatively short and few in number and mostly come from a period of a few decades, they constitute a very limited base on which to build significant claims.

B. Content

I turn, second, to the relations between information given in the Hebrew inscriptions and in Kings.

The letters from Lachish and Arad, written during the last years of the Judean state, have little in common with the literature in Kings,

---

8   See Stories in Scripture and Inscriptions (see n. 7), 37.

though both come from a time which would have been critical in the experience of those who contributed significantly to the composition of the present book of Kings during the sixth century. The letters disclose the interests and activities of officials in the provinces – a subject beneath the notice of the authors of Kings. Most of the letters were written by middle-ranking or junior officers in the royal administration. We learn from the Lachish letters, written by a junior officer in a small posting in the vicinity of Lachish reporting to his superior in Lachish, of communications from the capital, but mostly of local concerns among military personnel in the Shephelah facing the prospect of a Babylonian invasion. Prophecies are more important in this correspondence than they are to the authors of the last chapters of Kings dealing with the same period. The most famous letter speaks of a Judean general taking a group of men to Egypt, presumably to sue for aid against the anticipated invasion. But even this is a detail beyond the interest of the author of Kings.

The Arad letters, the large majority from the late seventh to early sixth century, are mostly the words of officers concerned with the care and feeding of troops in the area around Arad. They disclose the use of Kittite and in one case Kerosite groups (both probably originating in Cyprus) engaged in the southern defenses of Judah against Edom; record-keeping of foodstuffs taken in taxes and disbursed to the troops; and the king's direct, critical interest in the movement of small groups of soldiers from one fort to another in anticipation of Edomite attacks (Arad[6]: 24). Here the inscriptions give a picture of some of the details of local defense and provisioning and even of the king's interest in some of these, displaying information quite different from that pertinent to the interests of the authors of Kings.

The inscription in the Siloam Tunnel (Jer[8]:3, dating from the later eighth century, is a unique account of a construction project to bring an adequate supply of water into the capital of Judah. Unlike references to such projects in royal inscriptions elsewhere, it describes the moments when the two teams of excavators reached each other and then gives the dimensions of the project. It expresses a personal interest in the closing moments of the project's completion and in the technical measurements of the achievement. There is no reference to the king. This contrasts with the notice in Kings, which attributes the project to Hezekiah "who made the pool and the watercourse and brought the water into the city" (2 Reg 20,20a). The royal focus of such notices in Kings displaces any interest in the various parties – planners, laborers, or overseers – actually involved in the project. In this respect, the reference in Kings is closer to the typical royal building inscription, in which similar kinds of statements are made, transposed into the first person. Thus, for example, in Mesha's inscription: "It was I who made the retaining walls of the shaf[t to the spr]ing insi[de] the city" (KAI 181, 23-24). Such notices in Kings, unlike the inscription in the Siloam tunnel, clearly reflect the interests of the court and are consistent with the authors' use of some kind of chronicle.[9]

The inscription on a potsherd from Mesad Hashavyahu (MHas[7]:1) presents us with the simple, rather awkward, repetitive petition of a field worker who wants his confiscated garment returned. It may be fairly understood as the work of a scribe at the gate of the fort reflecting something of the worker's actual speech. It is not only unlike the composition of all the preceding inscriptions as well as Deuteronomistic literature in its stylistic ineptitude, but also unlike petitions in literary texts in its lack of effective substance. In Kings four petitions are addressed to the king: I Reg 3,16-27; 20,38-42; II Reg 6,24-30; and 8,1-6 (in which the petition itself is not quoted). The rhetorical sophistication and control exhibited in the three quoted petitions stand in contrast with the awkwardness and desperation of the field worker's petition and distinguish them not only from the world of the peasant and provincial scribe, but also from the pragmatic interests of the court (although the first is certainly interested in the idealistic portrayal of the legendary Solomon).[10]

2. Syro Palestinian Royal Inscritions and Kings

A. Language

There is no general study of the language of the Northwest Semitic royal inscriptions in relation to Kings or even the Deuteronomistic History as a whole, which is understandable, given the divergent languages and dialects represented in these inscriptions. Two examples of very similar expressions will suggest the limited value of such linguistic comparisons.

The first of the Sefire tablets calls upon all the gods to witness the treaty with the (Aramaic) words פקחו עיניכם לחזיה (KAI 222, 13), and when Yahweh is called upon to witness Sennacherib's behavior in II

---

9   See Stories in Scripture and Inscriptions (see n. 7), 36-41.
10   See Stories in Scripture and Inscriptions (see n. 7), 13-31.

Reg 19,16 (and in its parallel in Jes 37,17), the almost identical Hebrew phrase פקח יהוה עיניך וראה is used. But the same expression recurs much later in Daniel's prayer to God in Dan 9,18 (פקח[ה] עיניך וראה). While the Sefire treaty is probably written either by the royal scribes of the Aramaean vassal, Mati'el, or by Aramaic-speaking Assyrian officers, the biblical uses of the expression suggest that it is not peculiar to court style. The final story of the siege of Jerusalem (II Reg 19,9b-35) does not read like a court document, chronicle or otherwise, but uses that event to put didactic theological speeches in the mouths of the idealized characters Hezekiah and Isaiah. These speeches reveal the work of scribes composing, like the authors of much of Jeremiah, in the Deuteronomistic tradition.[11] Daniel's prayer is even further removed from the scribal world of Iron Age royal courts.

The assertion of Tabnit, "priest of Ashtart and king of the Sidonians" (KAI 13, 1), in his tomb inscription that disturbance of his remains is "an abomination to Ashtart" (KAI 13, 6) may be compared with the vilification of the practices of other religions as תועבות in I Reg 14,24 and II Reg 16,3; 21,2.11 (and of Milkom as a תועבה in II Reg 23,13). But this term is found in many genres in different parts of the Bible, so that no significance may be ascribed to its occurrence in Kings on the basis of one occurrence in a Phoenician inscription from the Persian period.

B. Content and Style

Especially Assyrian inscriptions, but also those from Moab and Tel Dan mentioned above, confirm the existence of particular monarchs mentioned in Kings, their approximate date, and in some cases events in which they were involved. Assyrian sources have yielded many names, approximate dates, and therefore the sequence of several Israelite and Judean kings, thus confirming the general reliability of Kings in its presentation of the sequence and chronology of the rulers of the two monarchies, at least from the mid-ninth century. I have argued elsewhere that the authors of Kings did not use Israelite or Judean royal inscriptions as a source for this information, even though it is likely that there were such in Samaria and Jerusalem. The skeleton would have been provided, I argued, building on the work of Bin-Nun,

---

11 See Stories in Scripture and Inscriptions (see n. 7), 118-120.

by a king list in each state.[12] The best hypothesis to explain the brief references to events in which the kings were involved is still some kind of chronicle produced in the respective courts. (It is noteworthy that the earliest king referred to in the preserved Neo-Babylonian chronicles reigned in the mid eight century.) The references in Kings would then be based on such palatine records, as claimed in the repeated references to the דברי הימים of the kings of Judah/Israel.

Even though we have no substantial royal inscriptions from Jerusalem or Samaria, comparison of certain reports in Kings with royal inscriptions from outside Judah and Israel sharpens our perception of the basic point of view and interests of the respective authors. The relations between, on the one hand, specific events and persons mentioned in Kings and, on the other, references to those same events and persons in the inscription of Mesha (KAI 181) and in that found at Tel Dan (KAI 310) illustrate well such differences in interests and points of view.

Mesha's inscription and II Reg 1,1; 3,4-5 seem to refer to the same event, the rising of Mesha against the Israelite occupation of some of what he regards as his territory. Mesha's stele, set up on the completion of his building of a sanctuary for Chemosh, gives summaries of the several successful campaigns with which he drove Israel out of his northwest territory. Mesha's interests here are his own achievements and reputation, but also those of Chemosh, whose direction and support in these campaigns are fully acknowledged. II Reg 1,1 and 3,4-5 report the essential fact of Moab's rebellion, manifest in Mesha's ceasing to pay tribute. The interest here is in the significant loss of income to the Israelite palace and also suggests a palatine source. II Reg 3,6-27 recounts at much greater length one Israelite campaign against Horonaim following Mesha's "rebellion." This account describes the Israelite campaign as very destructive of Moabite territory in that region, but unsuccessful in taking Horonayim, where Mesha survives. II Reg 3,6-27 is a more dramatic narrative (even without the prophetic passage in the middle – V.9b-19), paying surprising attention to the point of view and the successful resistance (religious as well as military!) of the enemy. It reflects the interests of neither king, and in telling the story of the futile campaign of Israel and its allies against Horonaim, even tacitly acknowledges the power of Mesha's sacrifice and deity. With or without the prophetic passage in the middle, this is

---

12   S.B. Parker, Did the Authors of the Books of Kings Make Use of Royal Inscriptions?
     VT 50 (2000), 357-378; S.R. Bin-Nun, Formulas from Royal Records of Israel and
     Judah, VT 18 (1986), 414-432.

far from the interests of the Israelite court, and indeed challenges our
abilities to name a social context for its authors.

There are more striking discrepancies between the Tel Dan
inscription and II Reg 9, especially in their versions of the deaths of a
king of Israel and a king of Judah (בית דוד): in the inscription, the
Aramaean king is responsible, in Kings Jehu. However these discrepancies are resolved, the Tel Dan narrative (much less well
preserved than Mesha's), is a very summary account expressing the
point of view of the Aramaean king, while the account in II Reg 9 is
again a more dramatic and elaborate story, using various narrative
devices and expressing an intra-Israelite religious and political theme.

Thus the narrative complexity and distinctive religious interests of
the two biblical stories in II Reg 3,6-27 and II Reg 9 stand in contrast to
the much shorter palatine accounts in the two inscriptions. Detailed
analysis and comparison of such texts helps to clarify the individual
character of each, and so may give us some assistance in coming to
balanced judgments on the possible course of the actual historical
developments to which the sources refer.

Other than these two, Syro-Palestinian inscriptions do not refer to
specific events mentioned in Kings. Often, however, narratives both in
Kings and inscriptions tell the same story or use the same plot, and
comparison of the specific discourse, the verbal realization of the story
or plot, in each case again aids our perception of the particular
character, style, point of view, and interests of each version.

Two inscriptions from Zinjirli (those of Kilamuwa [KAI 24] and of
Bir-Rākib for his father, Panamuwa [KAI 215]), near the present
Turkish-Syrian border, recount a king's successful appeal to the king of
Assyria to intervene against a neighboring king who was threatening
or oppressing him. Both of these, one very short and one much longer,
are skillfully told stories that extol the accomplishments of the kings
who recount the events and the economic benefits to their people. Their
choice of language and imagery shows clearly that they are royal
propaganda, defending and vindicating the monarch's submission to
the Assyrians for protection. Accounts of similar events in Kings, Asa's
appeal to Ben-Hadad to attack Baasha (I Reg 15,17-22) and Ahaz's
appeal to Tiglath-Pileser to attack Israel and Aram (I Reg 16,5.7-9), are
more matter-of-fact, with no trace of royal rhetoric. They cannot be
characterized as propaganda. Both are similar in structure and, unlike
the inscriptions, quote the message and refer to the nature and source
of the donations sent. Both Judean kings are also shown to be successful. However, the historian's negative judgment of their reigns belittles
their achievement. The inconsistency between that explicitly Deutero-

nomistic judgment and the objective style of the accounts of the kings' successful disposal of an invader suggests that they are incorporated into the history from another source, most likely official records in the palace. The contrast with both the historian's theological judgment and the propaganda of the royal inscriptions argues against their being either composed by Deuteronomists or based on a royal inscription. Again, the hypothesis of a palatine chronicle is attractive, although the aesthetic form of I Reg 15,17-22 suggests some caution at least for this account.

The account of the coup that killed Panamuwa's father and his "seventy brothers," though brief and badly damaged, is clearly written in favor of the son who survived, thanks to the support of Hadad, and who eventually became king, thanks to Assyrian support (KAI 215). II Reg 11, recounting the coup that killed all of Ahaziah's family except one, is also told in favor of the one who was preserved and later installed as king. Judging by their form and style, neither of these accounts is based on formal palace records, though the first certainly expresses the interests of Panamuwa (and earlier his father's court) and the second the interest of those who benefited sooner or later from the displacement of Athaliah by Joash. What they share is the folk motif of the lone survivor's restoration to his rightful place (cf. the truncated version of the same in Jdc 9)[13] and a more extended narrative form than is characteristic of northwest Semitic royal inscriptions.[14] The story of the usurper Jehu's disposal not only of Joram but of his "seventy" brothers (II Reg 10,1-11) plays on similar conventions, though here the narrator is interested not in a survivor and his future legitimacy as ruler, but in the killer and his political cunning: Jehu contrives to get the officials in the court in Samaria to do the killing, so that he can distance himself from it V. 9-10. This is reminiscent of similar stories about David and Solomon.

An account of a besieged king's deliverance by his god in answer to an appeal to the god appears in the Aramaic inscription of Zakkur from Afis in north Syria (KAI 202). It lists the individual members of the coalition that is besieging the town, and then turns immediately to the climactic moment when the town seems about to fall. At that point, the king appeals to the Lord of the Heavens and the inscription then quotes the god's replies promising deliverance to the king. (The following account of the actual deliverance is lost.) The four stories treating a similar sequence of events in Kings (II Reg 3,24-27; 6,24-7,20; and two in

---

13   For the propagandistic nature of such narratives, see M. Liverani, L'histoire de Joas, VT 24 (1974), 438-453.

14   But compare the Late Bronze inscription of Idrimi of Alalakh.

18,13-19,37) are diverse in their treatment of the occasion, displaying, in
the case of II Reg 6,24-7,20, unusual narrative complexity and subtlety;
in the case of II Reg 3,24-27, a reversal of the usual relationships—the
delivered king is the enemy of the protagonist (and of the narrator);
and, in the case of II Reg 18,13-19,37, a primary interest in political and
theological argument.[15] These resemble neither royal inscriptions nor
palatine records and are clearly composed by people with a high level
of literary competence and theological subtlety (in the first two
instances) or knowledge (in the last example). Again, Zakkur's account
of the siege of Hadrach by Ben-Hadad, focusing on the members of his
coalition of sixteen kings and on the divine speeches responding to his
raised hands, does not compare with the colorful story of Ben-Hadad
and his coalition of thirty-two kings besieging Samaria in I Reg 20,1-21
with its long preamble, extended dialogues, and multiple speakers.

As inscriptions and biblical narratives may share folk motifs, they
also often share the political theology of the ancient Near East.
References to a king's recovery of territory from the successor of the
king who had occupied it ("oppressed" it) find similar expression in
Mesha's inscription (KAI 181) ll. 4-7, the Tel Dan inscription (KAI 310),
and II Reg 13,22.24-25 (13,23 was originally located after 13,7, as in the
Lucianic recension of the LXX). The broader theological version of such
a sequence of events, attributing the oppression to divine anger against
the occupied land and the deliverance to the favor of the same deity,
also appears in Mesha ll. 5 and 8-9 and II Reg 13,3-5a. The first part of II
Reg 13,3, "then Yahweh became angry with Israel and he handed them
over to . . .," is found also in Jdc 2,14a, and, with the verb מכר instead
of נתן, in Jdc 3,8a and 10,7 – all passages in recognizably Deuteronomistic contexts. This demonstrates Deuteronomistic acceptance of
this particular set of beliefs. In this case, the texts in the inscriptions and
in Kings reflect a commonplace in ancient Near Eastern political
theology.

It is also notable that Kings often uses a perfect verb form to
describe a king's building activities, as is consistently done in the royal
memorial inscriptions, where, in contrast, accounts of military activities
use the narrative tense. But unlike the inscriptions, Kings is not
consistent. Sometimes the narrative tense is used of building activities
and sometimes the perfect is used for military activities, the reverse of
normal usage in the royal memorial inscriptions. Here it seems that the
style of Kings is freer than the drafters of memorial inscriptions would
allow. I concluded in a more extensive discussion in 2000 that this

---

15 The role of prophets in the first two is unnecessary to the essential story and has
    been attributed to later editors with prophetic interests.

argues against the claim that the authors of the book of Kings quoted from royal inscriptions for such references to royal building projects. On the other hand, it must be admitted that brief statements that a king "built" or fortified such and such a city correspond in substance to the lists of such royal activities in the inscriptions. If we admit that brief references to completed royal construction projects in Kings and in Syro-Palestinian royal inscriptions of the Assyrian period are substantively, if not formally, alike, we may also admit that such passages in Kings would have had their origins in court circles, which again suggests the likelihood of royal chronicles.[16] Again, the royal perspective of such references both in Kings and in the royal inscriptions is made the more manifest by contrast with the inscription recording the building of the Siloam tunnel, with its manifestly non-royal perspective.

The royal inscriptions referring to kings' building of temples say little about the temples themselves, only that they were built for the god. So the Ekron inscription (KAI 286) simply records that the king built the temple for his lady, פתגיה. We have to come down to the fifth century and the Yehawmilk inscription from Byblos (KAI 10) to read any references to architecture or furniture, and even this cannot compare with the detailed account in I Reg 5,27-7,51. Elsewhere in Kings (II Reg 12,5-16; 22,3-7.9), a focus on financing and administration and the probity of the workers, while suggesting the interests of royal administrators, is unlike anything in epigraphic accounts of royal building activity. Thus royal inscriptions cannot be the source of either the extensive account of the building of a temple in I Reg 5,27-7,51 or the briefer accounts of further work on it in II Reg 12,5-16 and 22,3-7.9. Indeed, the different form and interests of I Reg 5,27-7,51 on the one hand and II Reg 12,5-16 and 22,3-7.9 on the other makes it likely that they each derive from different contexts.

In I Reg 3,5-14 God expected Solomon to request a long life (i.e. rule), wealth, and victory over enemies. These are common aspirations of kings, as is evident not only from other biblical texts, but also (with the exception of personal wealth) from Syro-Palestinian royal inscriptions. King Ikausu/Achish of Ekron ends his inscription (KAI 286) recording the dedication of the temple he had built with prayers for the goddess to bless and keep him and grant him a long life, and to bless his land. King Azatiwadda (in his inscriptions found at Karatepe [KAI 26]) similarly prays for long life, power greater than any other king,

---

16   As noted above, there must have been court records (e.g. chronicles) other than royal inscriptions. We should also allow for the possibility that accounts of the last years of Judah might have been written from memories of those years.

and the welfare of his land and people. Hadad-Yis'i (in the Tell Fekheriye inscription [KAI 309]) prays for longevity, the prosperity of his dynasty and people, and the efficacy of his prayers. The ubiquity of such hopes does not permit any specific conclusions to be drawn from their appearance in Solomon's dream – except that the author (hence Yahweh) is quite familiar with the customary prayers of kings and, as was obvious in any case, Solomon's request for good judgment stands out against these.

The installation of a permanent record of the dedication of a temple to a deity in the form of a dedicatory inscription, as in Achish/Ikausu's to פתגיה in Ekron (KAI 286), may have had its counterpart in the installation of a similar inscription in the Jerusalem temple on the occasion of its dedication. Likewise the association of rituals and prayer with the dedication of Solomon's temple in Jerusalem in I Reg 8 may well have had its counterpart in the actual dedication of temples elsewhere in Syria-Palestine. Unfortunately there is no epigraphic testimony to such, so that we cannot say whether, despite the Deuteronomistic character of much of Solomon's prayer in I Reg 8, it also in some respects resembled actual prayers more widely used on such occasions.

Kings refers several times to Israel's and Judah's submission to Assyria and the latter's to Babylon, as also to the two nations' subsequent withdrawal from their status as vassals. The Sefire inscriptions (KAI 222-24) give us the one West Semitic example of the kind of vassal treaty to which such kings would have submitted. Unfortunately, nowhere in Kings (or elsewhere in the Bible) is any part of such a treaty directly quoted, and only the most obvious requirement of faithfulness to the great king is presupposed. Consequently, there is no evidence to justify the claim that the authors knew the text or indeed the larger content of such treaties.

Virtually no West Semitic literary texts (as distinct from texts with a more pragmatic purpose) have been recovered from Palestine. Fragments of texts on lime plaster fallen from walls have been recovered at Kuntillet Ajrūd (including an apparently mythological text and a blessing [KAgr(9):7 and 6]) and Tell Deir Alla (gods come to Balaam at night and he sees a vision which they assure him will be fulfilled [KAI 312]). Fragments of another possibly literary text appear on an ostracon from Horvat Uza.[17] As interesting – and tantalizing – as

---

17 Not included in their volume by Renz and Röllig; Uza 2 in: F.W. Dobbs-Allsopp, J.J.M. Roberts, C.L. Seow, and R.E. Whitaker, Hebrew Inscriptions: Texts form the Biblical Period of the Monarchy with Concordance, 2005.

these are, they do not provide a basis for comparison with the literature of Kings.

C. Literary History

I turn finally to the subject of literary history. I have argued that several of the longer royal inscriptions from Judah's nearer and remoter neighbors give clear signs of incorporating earlier inscriptions, now reused in and adapted to new contexts. This seems to be true of the inscriptions of Hadad-Yis'i (KAI 309), Mesha (KAI 181), Zakkur (KAI 202), and Eshmunazor (KAI 14).[18] The first two, a dedicatory and a memorial inscription respectively, have incorporated and extended an earlier inscription of the same genre to take account of historical developments since the first version, that is, they have been updated. In a dedicatory inscription to Ilu-Wer of Apish, Zakkur incorporates and adapts an earlier memorial inscription recording a critical event in his reign: its threatened end in a siege of the city of Hadrach and his deliverance by the Lord of the Heavens, whom he wishes still to honor for his support. That is, he feels obliged to commemorate and publicize that god's deliverance even in the context of an inscription dedicated to, and in the sanctuary of another god (Ilu-Wer). Finally, in the Eshmunazor inscription an epitaph for the young king has been extended by the incorporation of a quasi-memorial inscription recounting the achievements of the king and his mother, now the queen mother. Presumably this is the latter's only opportunity to get due recognition of what she and her young son had accomplished. In this case, the peculiar circumstances of the king's early death have prompted this singular and, in traditional terms, somewhat awkward juxtaposition of two quite different genres.

If the observations and arguments which led to these here rather summary conclusions are valid, they may provide a model for some of the copying, updating, and combining of comparable records in the palaces of Samaria and Jerusalem – and ultimately in the literary adoption of some of the sources used by the Deuteronomists.[19]

---

18 In the case of the inscription of Bir-Rākib about Panamuwa it may be better to think of an orally transmitted narrative rather than an actual previous inscription.

19 See S.B. Parker, The Composition and Sources of Some Northwest Semitic Royal Inscriptions, SEL 16 (1999), 49-62.

Die Liebe zu Gott im Deuteronomium

Udo Rüterswörden

Auf das Bekenntnis in Dtn 6,4 folgt die Aufforderung: „Und du sollst den Herrn, deinen Gott, lieben von ganzem Herzen, von ganzer Seele und mit aller deiner Kraft."[1] Lieben in auffordernder Rede, auf Befehl, wie haben wir uns das vorzustellen? Das würde sich auch ein damaliger Leser gefragt haben, ist doch die Liebe ein tief empfundenes Gefühl: „Denn stark wie der Tod ist die Liebe, Leidenschaft hart wie die Unterwelt; ihre Gluten sind Feuersgluten, ihre Flammen wie Flammen des Herrn. Grosse Wasser können die Liebe nicht löschen, Ströme sie nicht überfluten." So steht es in Cant 8,6f. Hervorzuheben ist aber nicht nur die Tiefe der Empfindung, sondern auch ihre wesenhafte Kontingenz: „Drei Dinge sind mir zu hoch, ja viere sind's, die ich nicht verstehe: der Weg des Adlers am Himmel, der Weg der Schlange auf dem Felsen, der Weg des Schiffes mitten im Meer und der Weg des Mannes zur jungen Frau." (Prov 30,18f.).

Wie kann eine Emotion, deren Wesen rätselhaft ist, anbefohlen werden? In einem magistralen Essay hat William L. Moran dieser Frage eine Lösung zugewandt: „Love in Deuteronomy is a love that can be commanded. It is also a love intimately related to fear and reverence. Above all, it is a love which must be expressed in loyalty, in service, and in unqualified obedience to the demands of the Law."[2] Und nach einem Hinweis auf die Bibelstellen aus dem Deuteronomium, die genau dies belegen, resümiert er: „It is, in brief, a love defined by and pledged in the covenant – a covenantal love."[3]

Dass Derivate von אהב im Zusammenhang mit dem Bundes- oder Vertragswesen auftreten, wird innerhalb des Alten Testaments untersucht; dabei richtet sich der Blick auch auf den Alten Orient, von Zeugnissen aus Mari über die Amarnabriefe bis hin zu den VTE. Die „Liebe" eines Vertragspartners ist ein konventionelles Element, das sich bis in die neuassyrische Zeit erhalten hat. Hier vermutet Moran auch einen

---

1 Als Referenzübersetzung ist durchgängig die Zürcher Bibel gebraucht.
2 W.L. Moran, The Ancient Near Eastern Background of the Love of God in Deuteronomy, CBQ 25 (1963), 78.
3 Ebd.

Kulturkontakt: „[...] we may be virtually certain that deuteronomic circles were familiar with the Assyrian practice of demanding an oath of allegiance from their vassals expressed in terms of love."[4] Dabei ist der Kontakt noch eher allgemein gedacht, einen konkreten Bezug auf die VTE hat Moran nicht erwogen; daher wird § 24 dieses Textes zwar genannt, tritt aber nicht mit besonderer Betonung hervor.

In der Übersetzung von Rykle Borger lautet der Passus:

„(266) Wenn ihr Assurbanipal, den Kronprinzen vom 'Nachfolgehaus', (267) den Sohn Asarhaddons, Königs von Assyrien, eures Herrn, (268) nicht wie eure Seelen liebt, (269) [...]"[5]

„Liebe" ist hier Gefolgschaftstreue; und so wäre auch die in Dtn 6,5 geforderte Liebe zu verstehen. Für diese Interpretation tritt als anschauliches Beispiel Dtn 10,12f. in den Blick: „Und nun, Israel, was fordert der Herr, dein Gott, von dir, als dass du den Herrn, deinen Gott, fürchtest, indem du in allen seinen Wegen wandelst, ihn liebst und dem Herrn, deinem Gott, dienst von ganzem Herzen und von ganzer Seele, indem du die Gebote und Satzungen des Herrn, die ich dir heute gebe, hältst, auf dass es dir wohl ergehe?"

Furcht und Liebe führen zur Einhaltung der Gebote, der Blick richtet sich auf die Innenseite des Menschen, hervorgehoben durch לב und נפשׁ. Eine solche Perspektive liegt auch in Dtn 10,12; 11,1.13.22; 13,4; 19,9; 30,6.16.20 vor. Für alle diese Stellen kann Konstantin Zobel konstatieren: „Die Liebe zu Jahwe meint *Gesetzesobservanz* und äußert sich in der *Gesetzespraxis*. Eine so verstandene Liebe kann man ohne weiteres befehlen und anordnen."[6] Kaum einer der Belege gehört zum vorexilischen Bestand des Deuteronomiums. Das allerdings macht den Bezug zum assyrischen Vertragswesen fraglich.

Fragwürdig ist diese Art Liebe in theologischer Hinsicht: Was sich auf den ersten Blick als tief innerliche Gottesbeziehung ausnimmt, wird beim zweiten Blick zum Gesetzesgehorsam. Natürlich hat es hier nicht an Widerspruch gefehlt; auf zwei Beispiele aus neuerer Zeit sei hingewiesen.

Eine argumentative Bestreitung hat Nathan MacDonald in seiner Studie: Deuteronomy and the Meaning of „Monotheism" versucht.[7]

---

4   Moran, Background (s. Anm. 2), 84.
5   R. Borger, TUAT I, 166.
6   K. Zobel, Prophetie und Deuteronomium, BZAW 199, 1992, 54.
7   N. MacDonald, Deuteronomy and the Meaning of „Monotheism", FAT II/1, 2003. „An objection to the treaty parallel to love, however, has been made that it 'is likely to focus maximally on conduct and minimally on intention or motivation ... Deuteronomy, by contrast, insists on the thoroughgoing internalization and appropriation of obedience so that action and intention are in full harmony'. This should not lead to the rejection of ancient treaties as suitable parallels, but suggests a limit to all the

Doch von erheblichem Gewicht scheinen mir die Bemerkungen von Hermann Spieckermann in der Perlitt-Festschrift: „Die Liebe zu Jhwh ist nicht wortloser Überschwang, sondern ausdrucksfähige Liebe, Liebe in Worten, die wiederholbar sind, nicht gebetsmühlenhaft, sondern als inniger Ausdruck erwiderter Liebe. Deshalb sollen die Worte, nämlich die folgenden Gebote und Verbote, 'auf deinem Herzen sein' (6,7), an dem Ort im Menschen, an dem sich Gott zuvörderst mitteilt. Gottes Worte sind 'Herzenssache', Sache der Einsicht und der Liebe und folglich des leichten Gehorsams."[8] Mit der Anmerkung zu Georg Braulik: „Allerdings scheint die aus der altorientalischen Vertragstradition stammende juristische Komponente für die Gestaltung von Dtn 6 überbewertet zu sein."[9]

Mit dem Terminus „überbewertet" ist zugestanden, dass der Blick auf das altorientalische Vertragswesen wenigstens in Maßen sinnvoll ist – das Problem der Liebe auf Kommando tritt bei Spieckermann nur sehr am Rande auf. Überhaupt scheint niemand diesem Problem weiter nachgegangen zu sein – bis auf eine knappe Bemerkung von Ernst Jenni.[10] Tatsächlich kommt אהב im Imperativ vor. Dies ist an 5 Stellen der Fall:

Am 5,15 וְאֶהֱבוּ טוֹב Liebet das Gute
Sach 8,19 וְהָאֱמֶת וְהַשָּׁלוֹם אֱהָבוּ Liebt die Wahrheit und den Frieden
Ps 31,24 אֶהֱבוּ אֶת־יְהוָה כָּל־חֲסִידָיו Liebet den Herrn, all seine Frommen
Prov 4,6 אֱהָבֶהָ וְתִצְּרֶךָ Behalte sie (die Weisheit) lieb, so behütet sie dich
Hos 3,1 אֱהַב־אִשָּׁה אֲהֻבַת רֵעַ Liebe ein Weib, das einen anderen liebt

Der letzte Beleg ist bemerkenswert, weil er – wenn auch in einem Bilde – einen Befehl gibt, eine zukünftige Ehefrau zu lieben. Neben diese Formen im Imperativ tritt eine Anzahl von Stellen, die als Befehl/Aufforderung aufzufassen sind:

---

possible backgrounds of אהב when abstracted from the specific relationship of YHWH and Israel, a danger most acute with this parallel. To indicate what this means it is worth turning to a Deuteronomic use of אהב which offers an important parallel, but one that, to my knowledge, has not been discussed in this context." S. 102 mit einem Verweis auf R.W.L. Moberly, Toward an Interpretation of the Shema, in: C.R. Seitz u. K. Greene-McCreight (Hgg.), Theological Exegesis. Essays in Honor of B.S. Childs, 1999, 134 Anm. 19. Mit seiner letzten Bemerkung leitet MacDonald über zu der Liebe eines Sklaven zu seinem Herrn nach Dtn 15,12-18.

8   H. Spieckermann, Mit der Liebe im Wort. Ein Beitrag zur Theologie des Deuteronomiums, in: R.G. Kratz u. H. Spieckermann (Hgg.), Liebe und Gebot. Studien zum Deuteronomium (FS L. Perlitt), FRLANT 190, 2000, 193.

9   Spieckermann, Liebe (s. Anm. 8), 193 Anm. 8. Bezugspunkt ist G. Braulik, Deuteronomium 1-16,17, NEB.AT 15, 1986, 55-61.

10   E. Jenni, Art. אהב 'hb lieben, THAT I, 71.

Lev 19,18 כָּמוֹךָ לְרֵעֲךָ וְאָהַבְתָּ Du sollst deinen Nächsten lieben wie dich selbst

Lev 19,34 כָּמוֹךָ לוֹ וְאָהַבְתָּ Du sollst ihn (den Fremden) lieben wie dich selbst

Dtn 10,19 אֶת־הַגֵּר וַאֲהַבְתֶּם Ihr sollt den Fremdling lieben

Mi 6,8 Es ist dir gesagt, o Mensch, was gut ist und was der Herr von dir fordert: nichts als Recht üben und die Güte lieben (וְאַהֲבַת חֶסֶד) und demütig wandeln vor deinem Gott

Auch von einem willentlichen Entschluss zur Liebe kann das Alte Testament reden:

Hos 14,5 נְדָבָה אֹהֲבֵם In freier Gnade will ich sie lieben

Hos 9,15 אֲהֲבָתָם אוֹסֵף לֹא Ich will sie fortan nicht mehr lieben

Manches lässt sich unter die von Zobel genannte, wenn dann auch erweiterte, Kategorie subsumieren, so das Gute, die Wahrheit, den Frieden, die Weisheit, alles Abstrakta, aber die Anordnung, den Nächsten oder Fremdling oder gar eine Frau zu lieben, weist auf eine emotionale Komponente; אהב ist hierbei mit personalem Objekt konstruiert, und in diese Kategorie würde man die Liebe zu Gott einordnen.

Eine so befohlene Liebe, wie auch ein willentlicher Entschluss zur Liebe will nicht so recht zu den anfangs genannten Stellen aus dem Hohelied und den Proverbien passen. Dahinter steckt wohl das Problem, dass Liebe und Hass in der Antike anders erlebt wurden als in der Gegenwart; anthropologische Konstanten scheint es selbst bei diesen elementaren Emotionen nicht zu geben. Weiterführend ist hier der unlängst erschienene Aufsatz von Jacqueline E. Lapsley.[11] Um ein Beispiel zu nennen: Zwar wird Lea gehasst (Gen 29,31.33), das hindert sie aber keineswegs daran, zusammen mit Jakob die Söhne Ruben, Simon, Levi und Juda zu haben.[12]

---

11   J.E. Lapsley, Feeling Our Way: Love for God in Deuteronomy, CBQ 65 (2003), 350-369.

12   J.E. Lapsley hat in diesem Zusammenhang auf die Debatte über שׂנא im Eherecht des Deuteronomiums und in Elephantine hingewiesen: Weist das Verb (auch in performativer Rede) auf die Scheidung oder eine Emotion, die zur Scheidung führt? Geht es um eine Handlung (Vollzug der Scheidung) oder ein Gefühl? Ein Dokument über seine sog. „Ehe in der Schwebe" aus altbabylonischer Zeit (CT XLV, Plate XXXIX, Nr. 86) zeigt ein hohes Maß an Emotionalität: „(16-19) In Gegenwart von diesen Zeugen fragten sie Aḫam-nirši: ʼIst diese Frau deine Ehefrau?ʼ (20-22) Er antwortete: ʼHängt mich an einen Pflock, trennt (mir) meine Gliedmaßen ab; – ich werde (sie) nicht (zur Frau) nehmen!ʼ" (Übersetzt nach R. Pientka-Hinz, TUAT.NF I, 29).

Was wir als Emotionen lesen, hat in dieser Lebenswelt eine pragmatische, auf ein Handeln hin ausgerichtete Komponente; Lapsley beruft sich hier[13] auf den Artikel von Gerhard Wallis im ThWAT, der zusammenfassend feststellt: „Liebe setzt nicht nur eine konkrete innere Disposition voraus, die durch Erfahrungen oder Erlebnisse aufgebaut wird, sondern sie schließt von sich aus ein bewußtes Handeln um des geliebten Menschen oder der bevorzugten Sache willen ein. In diesem Sinne ist Liebe schließlich soziologisch, ja sogar sozial-ethisch bestimmt."[14] Hinter einer solchen Definition steht ein zivilisatorischer Prozess, bei dem anfangs die Handlungsorientierung im Inneren verfolgt wird, bis schließlich die Innerlichkeit immer stärkeres Gewicht erhält; die beiden eingangs genannten Belege aus dem Hohelied und den Proverbien stehen dann am Endpunkt einer mentalitätsgeschichtlichen Entwicklungsreihe.

Hier lohnt ein Blick auf das antike Griechenland. Das Verhalten der Akteure in der Ilias ist geprägt durch einen heroischen Verhaltenskodex.

„Kurz vor dem Ende der Ilias formulierte Achilleus ausdrücklich die Lehre: 'Denn zwei Fässer stehen auf Zeus' Schwelle mit Gaben, die er gibt, das eine mit schlimmen, das andere mit guten. Und wem Zeus, der donnerfrohe, einen gemischten Anteil gibt, den befällt bald Schlimmes, bald Gutes, aber wem er Schädliches gibt, den stürzt er in Schande und bittre Not, jagt ihn über die heilige Erde, und der irrt umher, weder von den Göttern geachtet noch von den Menschen.' Zufall, nicht Verdienst bestimmte, wie die Gaben auf einen Menschen fielen. Da es nicht in seiner Macht stand, ihre Wahl zu beeinflussen, konnte der Mensch weder sündigen noch büßen [...] Ohne Sünde konnte es aber auch nicht die Idee des Gewissens geben, kein Gefühl moralischer Schuld. Die Übel, von denen Achilleus sprach, waren Unfälle, nicht Übel im Sinn der zehn Gebote."[15] Die Idee göttlicher Gerechtigkeit klingt nach Moses I. Finley in der Odyssee an, deutlich in der Vergeltung an den Freiern. Aber die Reaktion auf ihren Tod ist nicht mehr die heroische: „Als Eurykleia in die große Halle des Hauses zurückgekehrt war und das Blutbad unter den Freiern gesehen hatte, »war sie dabei, in Frohlocken aufzuschreien, weil sie eine so große Tat erblickte. Aber Odysseus hielt sie zurück... 'Freue dich in deinem Herzen, Alte, und halte dich zurück und schreie nicht laut auf! Es ist eine unheilige Sache, über erschlagene Männer sich zu freuen. Diese Männer hat die Schickung der Götter überwältigt und ihr [eigenes] schreckliches Tun.'« Dieses Gefühl war nicht nur unheroisch, denn die Helden übten gewöhnlich ihr Vorrecht, öffentlich über ihre Opfer zu frohlocken, aus; es war in gewissem Sinn auch ungriechisch [...] Es ist, als ob der Dichter tastend da-

---

13 Lapsley, Way (s. Anm. 11), 366.
14 G. Wallis, Art. אהב, ThWAT I, 112.
15 M.I. Finley, Die Welt des Odysseus, 1979, 145.

nach suchte, eine neue Vision vom Menschen und seinem Schicksal zu gewinnen, und dabei etwas ganz Profundes erkannte, das aber so weit über
den Horizont seiner Welt hinausging, daß er ihm nur in ein paar kurzen
Versen Ausdruck verlieh, um sich sofort wieder davon zurückzuziehen."[16]

Die innere Instanz, von Finley mit „Gewissen" und „Schuldgefühl"
umschrieben, weist im Alten Vorderasien auf ein verwandtes Problem:
Bündnistreue ist keine Frage eines heroischen Ehrgefühls, sondern die
Folge einer Verpflichtung, in die man einmal eingetreten ist. Ein wesentliches Moment, in der Forschung oft verhandelt,[17] das die Einhaltung der Verträge gewährleistet, sind die Flüche an deren Ende. Ein
anderes Element ist die Steuerung des Verhaltens von innen.

Der Zusammenhang zwischen innerem Antrieb und äußerer Sanktion im Vertragswesen ist bemerkenswert. Im Deuteronomium rahmen
diese Aspekte das Gesetzeskorpus. Auf den inneren Antrieb rekurrieren die Kapitel 6-11 – hier hat auch die Liebesthematik bei Spieckermann ihren Schwerpunkt – die Sanktion kommt in den hinteren Rahmenstücken, Dtn 27; 28; 32 zur Sprache. Die knappen Hinweise auf
Fluch und Segen in dem vorderen Rahmenteil (8,19f. und Ende von
Kapitel 11) haben in dem uns jetzt vorliegenden Text die Funktion eines Vorverweises auf den hinteren Rahmen; sie zeigen, dass diese Kapitelgruppen, 6-11 und 27-32, nicht je für sich stehen, sondern aufeinander bezogen sind. Umgekehrt wird die in Liebe begründete Beziehung
zu Gott in 30,6.16.20 genannt; damit greift der hintere Rahmenteil das
bestimmende Thema des vorderen Rahmenteils auf.

Dass der inneren Haltung großes Gewicht beigemessen wird, zeigen die inneren Monologe, in 7,17; 8,17; 9,4. Formuliert wird hier:
„Wenn du in deinem Herzen sprichst..." Der Text richtet sich an die
innere Stimme, die auf Abwege gerät. Um diese zu vermeiden, ergeht
in allen drei Fällen die Ermahnung: זכר – erinnere dich. Die Vergegenwärtigung der Vergangenheit hält Israel in der Spur – es ist folgerichtig, dass in Dtn 6 über die modi der Traditionsvermittlung nachgedacht

---

16 Finley, Welt (s. Anm. 15), 147f. Innerhalb Griechenlands haben wir es mit einer
    Neuerung zu tun, die in den Enzyklopädien unter dem Stichwort „Gewissen" verortet wird: „Hinter dieser Veränderung steht eine allg. Verinnerlichung der moralischen Urteile der Gesellschaft, d.h. von einer 'Ergebnis- und Erfolgsethik' zu einer
    'Gesinnungsethik', die erst einen Begriff von G[ewissen] sinnvoll macht: Nur wo die
    Absicht und nicht das Ergebnis zählt, ist das G[ewissen] als moralische Instanz gefragt." L. Käppel, Art. Gewissen II. Griechisch-römische Antike, RGG⁴ III, 901. Interessanterweise fehlt bei den entsprechenden Artikeln sowohl in der neuen RGG als
    auch in der Neuauflage des LThK ein alttestamentlicher Teil; ein solches Defizit
    vermeidet R. Hoppe, Art. Gewissen, NBL 1, 836-839.

17 Exemplarisch sei hingewiesen auf H.U. Steymans, Deuteronomium 28 und die *adê*
    zur Thronfolgeregelung Asarhaddons, OBO 145, 1995.

wird. Der Kampf um die wahre Verehrung Jahwes wird im Inneren des Menschen ausgetragen, es ist hier keine Frage äußerlichen Drucks, etwa mit angekündigten Strafen.

Die Liebe, die Israel Gott entgegenbringt, hat ihr Gegenstück in der Liebe, die Gott Israel entgegenbringt, Dtn 7,8. Die Beachtung der Gebote, ausgedrückt mit שׁמר, hat in diesem Vers ihr Gegenstück in Gottes Beachtung, שׁמר, des Väterbundes.

Die Liebe ist ein Topos im Vertragswesen; neben dem genannten § 24 aus den VTE ist auch auf die Verträge aus Sfire hinzuweisen (KAI 224,7-9):

„(7) Und alle Könige meines Um(8)kreises oder jeder, der mir wohlgesonnen ist (רחם) und d[e]m ich meinen Boten sende [...] Offe(9)n sei der Weg für mich!"

Das Verbum אהב kommt – vielleicht mit Ausnahme des Ugaritischen – in den nordwestsemitischen Sprachen nicht so recht vor; statt dessen sind רחם und die Derivate dieser Wurzel in Gebrauch.[18] Wie auch immer hier die Form zu bestimmen ist[19], es ist deutlich, dass ein Derivat dieser Wurzel eine Bundesgenossenschaft bezeichnet – der Liebende ist ein politischer Partner.

Für das, was hier versuchsweise mit „innere Haltung" umschrieben ist, deckt die „Liebe" im Deuteronomium nur einen Teilaspekt ab; hier ist nicht nur auf die genannten inneren Monologe zu verweisen, sondern auch auf den Begriffsapparat von Dtn 6,5 mit לבב, נפשׁ und מאד.

Das gibt es so auch in der Vertragstradition; die Frage, ob jemand vertragstreu bleibt, spielt sich im Herzen ab; so heißt es in den Sfire-Inschriften (KAI 224,14-17):

„(14) Und wenn es über dein Herz kommt und du den Plan äu(15)ßerst, mich umzubringen, <und (wenn) es über das Herz deines Sohnes kommt und er den Plan äußert, meinen Sohn umzubringen>, und (wenn) es über das Herz deines Enkels kommt und er den Plan äußert, meinen Enkel umzubringen, oder wenn es über das Herz deiner Nachkommenschaft kommt (16) und sie den Plan äußert, meine Nachkommenschaft umzubringen, und wenn es über das [H]erz der Könige von Arpad kommt <und sie den Plan äußern, mich umzubringen> – in jedem Falle, in dem ein Mensch stirbt, bist

---

18 J. Hoftijzer u. K. Jongeling, Dictionary of the North-West Semitic Inscriptions, HdO I,21, 1995, 20; 1068ff.

19 R. Degen, Altaramäische Grammatik der Inschriften des 10.-8. Jh. v. Chr., AKM XXXVIII,3, 1969, 69 Anm. 56; J.A. Fitzmyer, The Aramaic Inscriptions of Sefire. Revised Edition, BibOr 19/A, 1995, 150.

du vertragsbrüchig geworden gegenüber al(17)len Vertragsgöttern, die in dieser Inschrift sind."[20]

Wie im Deuteronomium ist die Instanz, in der über Abfall oder Treue entschieden wird, das Herz. Interessanterweise gerät hier wie in Dtn 7,17; 8,17; 9,4 das Herz auf Abwege; dafür treten aber sofort die Vertragsgötter auf den Plan, das heißt, innere Motivation und Sanktion sind hier zusammen gedacht.

In einem anderen Passus der Verträge (KAI 223B, 4-6) sind die Dinge positiv gewendet:

> „(4) Und] (5) wenn du sprichst in deinem Sinn (נבש) und denkst in [deinem] Herzen (לבב): ['Ein Vertragsmann bin ich, *und ich will dem Barga'jā gehorchen*] (6) und seinen Söhnen und seiner Nachkommenschaft', dann werde ich die Ha[nd] nicht [gegen dich] erheben können [...]"[21]

Mit נבש bzw. נפש tritt ein weiterer Terminus auf den Plan, der uns in Dtn 6,5 begegnet; er ist auch sonst in nordwestsemitischen Inschriften in charakteristischer Weise gebraucht. So heißt es in der Barrākib-Inschrift nach der Lesung und Rekonstruktion von Josef Tropper:[22]

> „(S235) Lo[yal bin ich gegenüber] meinem [H]errn und gegenüber den Beamten des Hauses [meines Herrn, des Königs von Assur]. (S236) Und ich bin [ihm] gegenüber loyaler [als alle (anderen)]. (S237) [Und meine Söhne sind loyaler] als die Söhne al[ler (anderen) großen Könige]. (S238) [Und] ihr Sinn [hat sich meinem Herrn] zu[gewandt]."

Für „loyal" steht in der Inschrift צדק. Zur Bedeutung bemerken Hoftijzer, Jongeling: „correct, justifiable conduct".[23] Das ist der Blick von außen auf das korrekte Verhalten. Andererseits haben wir mit נבש, hier mit „Sinn" übersetzt, den Blick nach innen.[24] Dies wirkt so, als kündige sich hier der Übergang von einer Außen- zu einer Innenperspektive an.

Auch die Verteilung dieser Perspektiven auf den Eingang und den Ausgang eines Textes hat einen Anhalt in der Welt der Verträge:

> So heißt es am Anfang der VTE, in § 4: „(49) (Wenn) ihr nicht auf dem Felde oder innerhalb der Stadt (50) ihn schützt, zu seinen Gunsten nicht zu fallen (51) oder zu sterben bereit seid, nicht in Treue eures Herzens (52) mit

---

20 Die Ergänzung mit der Erwähnung des Sohnes wird in KAI II, S. 269 mit Haplographie begründet; sie findet bei Fitzmyer, Inscriptions (s. Anm. 19), 138f. keine Berücksichtigung.
21 S.a. Fitzmyer, Inscriptions (s. Anm. 19), 122f.
22 J. Tropper, Die Inschriften von Zincirli, ALASP 6, 1993, 163.
23 Hoftijzer/Jongeling, Dictionary (s. Anm. 18), 962.
24 Vgl. in der Kilamuwa-Inschrift 1, Z. 13: „und sie erwiesen (mir) eine Zuneigung (נבש) entsprechend der Zuneigung eines vaterlosen Kindes zur Mutter." (Tropper, Inschriften [s. Anm. 22], 154; s.a. S. 43f.)

ihm sprecht, (53) ihm nicht aus eurem ganzen Herzen guten Rat erteilt
[...]"[25]

Das ganze (*gammurtu*) Herz (*libbu*) gemahnt natürlich an Dtn 6,5, genau
wie der Hinweis auf die innere Instanz am Anfang und der Fluch am
Ende dem Deuteronomium entspricht; nimmt man noch das oben genannte Liebesgebot in §24 hinzu, hat man hier eine Verbindungslinie
zwischen den VTE und dem Deuteronomium.

Das kann aber nicht sein, und wir stoßen hier auf ein methodisches
Problem: Der Querbezug zwischen innerer Motivation und äußerer
Strafe funktioniert erst auf einer relativ späten redaktionellen Stufe des
Deuteronomiums, aus einer Zeit, in der die Assyrer mit ihrem Vertragswesen schon längst politisch erledigt waren. Das Alter von Dtn 6,5
ist ein heikler Punkt; das Gebot der Gottesliebe stand möglicherweise
nicht in einer assyrerzeitlichen Version des Deuteronomiums; Timo
Veijola hat dafür beachtenswerte Gründe beigebracht.[26] Über diese
lässt sich füglich streiten[27], doch bleibt das Problem, ob die exilisch/
nachexilischen Verfasser, die diese beiden Aspekte so verteilt haben,
das assyrische Vertragswesen noch kannten. Wenn dies vorauszusetzen wäre, könnte man jedoch nicht aus der Parallelität zwischen Passagen aus dem Deuteronomium und den VTE schlussfolgern, dass sie
zeitgleich anzusetzen sind – die Texte aus dem Deuteronomium können wesentlich jünger sein. Auf dieses Problem hat Timo Veijola im
Zusammenhang mit seiner späten Ansetzung von Dtn 13 hingewiesen:

> „Die engen Berührungen mit der altorientalischen Vertragsterminologie
> sprechen nicht gegen diese Ansetzung, denn so wenig man aus den hethi-
> tischen Vertragsparallelen die mosaische Herkunft bestimmter alttesta-
> mentlicher Texte ableiten kann, so wenig läßt sich aus ihren neuassyrischen
> Varianten auf die joschijanische Abstammung der betreffenden Teile des
> Deuteronomiums schließen. Die Tradition der Vertragskonventionen ist
> bekanntlich zählebig, wie ihr Weiterleben in dem diplomatischen Sprach-
> gebrauch der griechisch-römischen Antike augenfällig beweist."[28]

Dieser Ansicht vermag ich nicht unbedingt zu folgen: Mit den Assyrern
war auch deren Vertragswesen abgetan; für unsere Fragestellung bedeutet dies: Eine literarische Abhängigkeit wird man nicht zweifelsfrei
nachweisen können, und es handelt sich wahrscheinlich um zufällige
Parallelen.

---

25   R. Borger, TUAT I, 161.
26   T. Veijola, Moses Erben, BWANT 149, 2000, 80f.
27   W. Herrmann, Jahwe und des Menschen Liebe zu ihm. Zu Dtn. vi 4, VT 50 (2000),
      47-54.
28   Veijola, Moses (s. Anm. 26), 127.

So steht das Liebesgebot der VTE unter den Einzelregelungen, nicht in einer Anfangsstellung wie im Deuteronomium. Ein anderes Moment tritt hinzu: Die Innensteuerung des Verhaltens ist in den assyrischen Verträgen in einer gewissen Streuung belegt und damit zu unspezifisch, als dass sich die Abhängigkeit ausschließlich von den VTE nahelegen würde. So kommt das Herz als innere Instanz auch in dem Vertrag der Zakūtu vor.[29] Und ein schönes Seitenstück zu Dtn 6,4f. findet sich in einem Vertrag Assurbanipals:[30]

> „We will love [Assurbanipal], king of Assyria, and [hate his enemy]. [From] this [day] on for as long as we live, Assurbanipal, [king of Assyria], shall be [our king and lord. We will not install] nor seek another king or another lord for [ourselves]."

Geht man das Problem traditionsgeschichtlich an, treten auch die bisher etwas vernachlässigten nordwestsemitischen Texte in das Blickfeld. Bemerkenswert sind die lexikalischen Anklänge bei den o.g. Beispielen: אהב Dtn 6,5 // רחם in Sfire; לב Dtn 6,5 // לבב in Sfire; נפש Dtn 6,5 // נבש in Sfire und Zincirli.[31]

Das Problem der Traditionsgeschichte ist ihre Verlängerbarkeit in die exilisch/nachexilische Zeit; damit ist sie als Instrument zur Datierung nicht recht tauglich. Ein anderer Zugang, methodisch in der Geschichtswissenschaft etabliert, aber in unserem Fach weitgehend unerprobt, ist der über die Mentalitätsgeschichte. Es geht um die Frage, wie in einer Zeit gewaltiger Umbrüche Loyalität zu erwirken ist. Die Steuerung des Verhaltens von innen ist ein Gesichtspunkt, der die Menschen in der fraglichen Ära beschäftigt hat, wahrscheinlich auch zuvor – siehe die bei Moran genannten Belege –, aber neben den Deuteronomikern geht es auch den Assyrern und Griechen um ein ähnlich gelagertes Problem. Dass manche Lösungen sich gleichen, ist vielleicht auch ein Zeugnis intellektuellen Austausches und muss nicht in jedem Fall bedeuten, dass man Formulare voneinander abgeschrieben hat.

---

29 SAA 2, 8,16ff.
30 SAA 2, 9,32ff.
31 S. dazu indes die Bemerkung bei Tropper, Inschriften (s. Anm. 22), 43f.

Die Entwicklung der Gotteskonzeptionen in den deuteronomistischen Redaktionen von polytheistischen zu monotheistischen Vorstellungen

Juha Pakkala

Der Endtext vieler Bücher im Alten Testament macht den Eindruck, dass die Religion des alten Israels monotheistisch gewesen sei, aber man braucht nicht lange nach anderen, abweichenden Gottesvorstellungen zu suchen. In der Tat bietet das Alte Testament kein einheitliches Bild in dieser Hinsicht, sondern es gibt Vorstellungen aus verschiedenen Zeiten und Phasen der Religionsgeschichte Israels wider, die teilweise stark von einander abweichen oder die sogar einander widersprüchlich sind. Die aufeinander folgenden Autoren und Redaktoren des ATs haben ihre eigenen Vorstellungen hinterlassen, so dass das AT Gotteskonzeptionen verschiedener Zeiten und Phasen der Religion Israels enthält. In diesem Beitrag versuche ich, die Entwicklung der Gotteskonzeptionen in den Büchern Deuteronomium bis II Reg zu erhellen. Als Basis dient eine literar- und redaktionsgeschichtliche Methodik, ohne die man die Vorstellungen verschiedener Autoren nicht differenzieren kann.[1] Um die Entwicklung der Gottesvorstellungen der Hauptautoren und Redaktoren zu verstehen, ist es nötig, auch die Vorgeschichte, die in diesen Büchern leider nur spärlich erhalten ist, im Überblick vorzustellen.

Die vorexilische Religion Judas war, wie die anderen Religionen des Alten Nahen Osten, polytheistisch, aber mit einer monolatrischen Färbung, wo einem Gott in der Religion eine besondere Rolle zukam. Die monolatrische Färbung ist deutlich in Juda, gilt aber möglicherweise auch für die übrigen Kleinstaaten der Levante, z.B. Ammon, Moab, Edom, obwohl nur sehr geringe Hinweise auf die Religionen dieser Völker erhalten geblieben sind.

---

1   Zu methodischen Überlegungen zur Forschung der alttestamentlichen Texte s. J. Pakkala, Ezra the Scribe. The Development of Ezra 7-10 und Neh 8, BZAW 347, 2004, 6-13.

Nach seiner Verschmelzung mit dem alten kananäischen Gott El in der frühmonarchischen Zeit[2] ist Jahve zum Gott der Nation, des Volkes und der Dynastie aufgestiegen. In der vorexilischen Religion Israels, die leider nur schlecht bekannt ist, hat Jahve oder Jahve-El die Führungsrolle innegehabt. Die anderen Götter wurden toleriert, sogar eine Gemahlin Aschera, solange sie die Führungsposition Jahves nicht herausgefordert oder bedroht haben.[3] Es gibt im AT keine Hinweise darauf, dass die anderen Götter in der vorexilischen Zeit angegriffen wurden. Wahrscheinlich haben sie die Führungsposition Jahves, wenigstens in Juda, nicht bedroht.[4]

Man kann in der vorexilischen Religion eine Entwicklung spüren, bei der die anderen Götter mehr und mehr an Bedeutung verloren haben. Die Kulmination dieser Entwicklung ist die Zentralisation der Religion um Jahve und der vollständige Verzicht auf andere Gottheiten. In der spätmonarchischen Zeit wurden andere Götter in der offiziellen Theologie gar nicht mehr gebraucht. Jahve hat nicht nur die Führungsrolle innegehabt, sondern er hat allmählich auch die Funktionen vieler anderer Götter geerbt oder adoptiert. Man kann die Gottesvorstellung der spätmonarchischen Zeit als tolerante Monolatrie bezeichnen.

Der Autor des Grundtextes der Bücher Josua bis II Reg sowie auch die deuteronomischen Autoren und Redaktoren des Deuteronomiums sind Vertreter der toleranten Monolatrie. Sie behalten noch vorexilische Gotteskonzeptionen bei und gehen von polytheistischen Vorstellungen aus (z.B. in Dtn 32,8-9; I Sam 26,19; II Reg 3,27), aber die anderen Götter werden kaum noch erwähnt. Die vornomistischen Versionen der Bücher Deuteronomium bis II Reg beschreiben die Grundlage (Dtn) und die Geschichte (Josua bis II Reg) der Beziehung zwischen Jahve und Israel. In dieser Geschichte sind die anderen Götter kein Thema mehr. Sie werden weder kritisiert noch gebraucht.

Für diese Autoren hat das Hauptproblem nicht darin gelegen, welchen Gott man verehren darf, sondern wo man Jahve mit Opfern dienen darf. Die Zentralisation des Kultes in Jerusalem ist das Hauptthema und die Kulthöhen (במות) bilden das Hauptziel der Kritik in den vornomistischen Versionen von Deuteronomium und Büchern der Könige. Die Einstellung Israels zu diesen Punkten ist entscheidend in

---

2   Das AT enthält noch Spuren aus der Zeit, als El und Jahve noch nicht miteinander identifiziert wurden. Z.B. in Dtn 32,8-9 scheint 'Elyon (= El 'Elyon; vgl. Gen 14,18.19. 20.22) noch über Jahve zu handeln. S. auch M.S. Smith, The Early History of God. Yahweh and the Other Deities in Ancient Israel, [2]2002, 32-43.

3   Für Einzelheiten s. J. Pakkala, Intolerant Monolatry in the Deuteronomistic History, SESJ 76, 1999, 224-231.

4   Es ist aber möglich, dass I Reg 16,30-34 ein Konflikt zwischen Baal und Jahve in der Zeit König Ahabs im Nordreich widerspiegelt.

seiner Beurteilung. Im Endtext wird diese Thematik wegen späterer, zum großen Teil nomistischer, Ergänzungen unübersichtlicher, aber eine literar- und redaktionskritische Untersuchung kann zeigen, dass in den vornomistischen Versionen von Deuteronomium und Bücher der Könige diese Thematik im Vordergrund steht.[5]

Die Übereinstimmung zwischen dem Deuteronomium und den Büchern der Könige wird noch deutlicher, wenn man diese Texte samt den nomistischen Ergänzungen mit ihrer stark abweichenden Theologie vergleicht. Die vornomistischen Autoren und Redaktoren vertreten noch vorexilische Gottesvorstellungen – was aber nicht unbedingt heißt, dass sie in die Zeit vor 587 v. Chr. zu datieren sind –, aber die Theologie der Nomisten ist nur in einem Kontext nach 587 v. Chr. zu verstehen, wo das Gesetz den Tempel als Zentrum der Religion ersetzt hat.[6]

Die Zerstörung des Tempels und das Exil hat eine neue Entwicklung ausgelöst. Jahve blieb *der* Gott, wie er es schon vor dem Exil gewesen war, aber die Verehrung anderer Götter wurde nun den Israeliten streng verboten. Die Verehrung anderer Götter würde Abfall von Jahve bedeuten und zur Ausschließung aus Israel führen. Im Gegensatz zu vorexilischer toleranter Monolatrie, kann man die neue Position *intolerante* Monolatrie nennen. Bezeichnend für diese Position ist, dass trotz der Kritik an anderen Göttern ihre Existenz nicht abgestritten wurde. Im Gegenteil, viele Texte aus der Blütezeit der intoleranten Monolatrie im späten 6. Jahrhundert oder frühen 5. Jahrhundert zeigen eindeutig, dass man von der Existenz anderer Götter ausgegangen ist. Die anderen Götter hatten nämlich eine wichtige Funktion in der intoleranten Monolatrie.[7]

Der Hauptgrund für die neue Position, die neue Intoleranz, war das Bedürfnis, die Identität der israelitischen Gottesgemeinde zu schützen. Ohne einen eigenen Staat und mit Zerstreuung der Bevölkerung in verschiedenen Teilen des Nahen Ostens war es nötig, neue Grundsteine der Identität zu schaffen. Vor dem Exil wurde die Identität von politischen, geographischen, religiösen und kulturellen Faktoren zusam-

---

5   Das geringe Interesse an der Kultzentralisation in den Büchern Josua bis II Sam lässt sich noch nicht voll erklären. Teilweise liegt es vielleicht daran, dass der Geschichtsschreiber viele Quellen benutzt hat; teilweise liegt es aber auch daran, dass er den Kult nicht zentralisieren konnte, bevor Salomo den Tempel gebaut hat. Er hatte wahrscheinlich keine andere Möglichkeit, als zuzulassen, dass z.B. Samuel an dem Kult der במות teilnimmt (s. I Sam 9).

6   Über die Theologie der Nomisten s. T. Veijola, Bundestheologische Redaktion im Deuteronomium, in: T. Veijola (Hg.), Das Deuteronomium und seine Querbeziehungen, SESJ 62, 1996, 242-276; J. Pakkala, Intolerant Monolatry (s. Anm. 3), 233-238.

7   Für Einzelheiten s. J. Pakkala, Intolerant Monolatry (s. Anm. 3), 218-222, 233-238.

mengehalten. Die eigene Identität war eine Selbstverständlichkeit, und deswegen hat man keine besonderen Maßnahmen gebraucht, sie zu schützen.[8]

Nach der Zerstörung Judas als einer politischen Einheit und wegen des darauf folgenden Exils waren die zusammenhaltenden Faktoren deutlich schwächer. Die Zerstörung des Tempels hat die Krise noch vertieft, weil auch der Jahveglaube seinen Grundstein verloren hat. Eine wahrscheinliche Folge schien der Verlust der Identität zu sein.

Das ist aber nicht passiert, sondern die Religion hat sich erneuern können und in einer umgestalteten Form die Führungsrolle bei der Bewahrung der Identität übernommen. Sie wurde *der* Grundstein der Identität. Dies ist auch die Geburtsstunde des neuen Israel, des Israel als einer religiösen Gemeinde.[9]

Statt anhand von politischen, kulturellen oder geographischen Kriterien hat man nun die Identitätsgrenzen nach außen, zu den anderen Völkern, in der Religion gezogen. Die Jahveverehrung wurde ein entscheidender Faktor in der Identitätsfrage. Die Verehrung Jahves war das Zeichen dafür, dass man zu Israel gehörte, die Verehrung anderer Götter war wiederum ein Zeichen dafür, dass man kein Israelit war. Die Verehrung anderer Götter hätte die Identität, den Unterschied zwischen Israel und den anderen Völkern, gefährdet. Daher ist es verständlich, dass man die Existenz anderer Götter nicht abgestritten hat. Diese hatten eine wichtige Funktion in der neuen Theologie; sie waren die Götter anderer Völker. Israel hatte Jahve, und die anderen Völker hatten ihre Götter (Dtn 4,19-20; 29,25). Diese Trennung war das Fundament der neuen Identität.

Die intolerante Monolatrie hat sich im Alten Testament sehr stark ausgeprägt, weil die nomistischen Redaktoren viele Bücher des Alten Testaments umfassend bearbeitet haben. Sie sind für die meisten intoleranten Texte im Alten Testament verantwortlich. Dies ist besonders der Fall in den Büchern Deuteronomium bis II Reg, wo die Intoleranz gegen andere Götter die Grundhaltung geworden ist. Die Schlüsselstellen der Komposition, wie II Reg 22-23, sind überwiegend nomistischer Herkunft.[10] Damit bekommt der Leser den Eindruck, dass der Nomis-

---

8   Vgl. T.H. Eriksen, Small Places, Large Issues. An Introduction to Social and Cultural Anthropology, [2]2001, 289-291: "Ethnic identity becomes important the moment its carriers feel that it is threatened."

9   S. auch D.L. Smith-Christopher, A Biblical Theology of Exile, 2002, 157-162; D. Janzen, Witch-hunts, Purity and Social Boundaries. The Expulsion of the Foreign Women in Ezra 9-10, JSOT.S 350, 2002, 19-27, 43-49; Pakkala, Ezra the Scribe (s. Anm. 1), 234-235.

10   S. z.B. Chr. Levin, Joshija im Deuteronomistischen Geschichtswerk, ZAW 96 (1984), 351-371; J. Pakkala, Intolerant Monolatry (s. Anm. 3), 170-180.

mus die Grundtheologie der Bücher Deuteronomium bis II Reg ist. Ähnliches gilt auch für andere Bücher des Alten Testaments. Zum Beispiel waren die Nomisten sehr aktiv in den zentralen Texten von Exodus (Ex 20-24 und 32-34).[11]

Obwohl der Unterschied zwischen den Nomisten und den späteren Autoren der Bücher Deuteronomium bis II Reg häufig eine schwierige Frage ist, unterscheiden sich einige Texte eindeutig in ihren Gotteskonzeptionen von den Nomisten. Redaktionskritisch gesehen gehören sie zu den spätesten Ergänzungen dieser Bücher. Die ausführlichsten und damit aufschlussreichsten für unser Thema sind Dtn 4,32-40; 7,7-11; II Sam 7,22-29; I Reg 8,54-66 und 18,21-40.[12]

Während die Nomisten davon ausgehen, dass man keine anderen Götter verehren darf, behaupten unsere späteren Texte, dass andere Götter gar nicht existierten. Jahve sei der einzige existierende Gott überhaupt.

Obwohl die erwähnten monotheistischen Texte nur relativ kurze Belege sind, enthalten sie einheitliche Vorstellungen, so dass man sie als eine homogene Gruppe ansehen kann. Auch wenn man es nicht feststellen kann, ob sie von demselben Autor oder von mehreren Autoren stammen, spiegeln sie eine Phase in der Religionsgeschichte Israels wider – wahrscheinlich das 5. Jh. v. Chr. Das heißt, diese Texte sind ein wichtiges Zeugnis bei der Suche nach der Entwicklung der israelitischen Gotteskonzeptionen nach dem Exil.

Ein sehr wichtiger Faktor dieser Texte ist ihre starke Abhängigkeit von den nomistischen Texten. Dies sieht man nicht nur in ihrer Abhängigkeit von der nomistischen Terminologie und Phraseologie, sondern auch in ihren theologischen Vorstellungen. So wird zum Beispiel die Gesetzesorientierung der Nomisten in diesen Texten weitergeführt. In der Tat, die monotheistischen Texte der Bücher Deuteronomium bis II Reg erwachsen organisch aus den nomistischen Texten, so dass man sie als eine spätere Stufe der gleichen Tradition betrachten kann. Man könnte sie als spät- oder nachnomistisch ansehen.

Am deutlichsten sieht man ihre Abhängigkeit von den Nomisten im „Nationalismus" der Gottesvorstellungen.[13] Ähnlich wie die nomistische intolerante Monolatrie sind die monotheistischen Texte stark Israel-zentriert. Von allen Völkern der Welt hat Jahve Israel, „das

---

11 S. J. Pakkala, Intolerant Monolatry (s. Anm. 3), 112-139.
12 Diese Stellen werden häufig als spätere Ergänzungen betrachtet, s. z.B. die Anmerkungen in J. Pakkala, Intolerant Monolatry (s. Anm. 3), 85-93, 105, 153, 161f.
13 In diesem Zusammenhang weise ich auf den Nationalismus nicht in seinem neuzeitlichen Sinn, sondern auf die stark Israel-zentrierten Züge der Theologie.

kleinste unter allen Völkern", ausgewählt (Dtn 4,37; 7,8). Nur Israel ist
Jahves Volk; andere Völker haben keine besondere Beziehung zu Gott.

Im Gegenteil, sogar die Zerstörung anderer Völker ist für diese
Autoren ein Beweis dafür, dass Jahve der einzige Gott sei, und dass
andere Götter gar nicht existierten; so z.B. in Dtn 4,38. Der Autor oder
die Autoren von Dtn 4,32-40 und 7,7-9 implizieren, dass Jahves Macht
anderen Völkern gegenüber die Ohnmacht anderer Götter zeige; die
anderen Götter waren nicht in der Lage, sich Jahve zu widersetzen, und
deshalb sind sie gar keine Götter. Nur Jahve ist Gott und hat die Macht
überall in der Welt. Zum Beispiel nach Dtn 4,34 kann Jahve alles machen, was er will, sogar in Ägypten. Er kann die Ägypter züchtigen
und bestrafen; ägyptische Götter haben keine Gewalt, weil sie ohn-
mächtig sind, weil sie gar nicht existieren.

Die Geschichte Israels, besonders Israels Erfahrungen in Ägypten
und in der Wüste, wird als ein wesentlicher Bestandteil der monotheistischen Argumentation gebraucht. Für den Autor von Dtn 7,8-9 ist die
Tatsache, dass Jahve Israel aus Ägypten geführt hat, ein Beweis dafür,
dass Jahve der einzige Gott ist. Hier wird eine monotheistische
Formulierung gebraucht (כי יהוה אלהיך הוא האלהים). Die Einzigkeit
und Macht Jahves wird in seinen Taten, die er in der Geschichte Israels
vollbracht hat, demonstriert.

Mit anderen Worten: Die monotheistischen Texte erben den Nationalismus von den Nomisten, aber die anderen Götter werden nun abgeschafft. Das Problem ist offensichtlich. Man hat den anderen Völkern
ihre Götter entzogen, aber man hat nichts geboten, sie zu ersetzen, weil
der Nationalismus der monotheistischen Texte die Möglichkeit aus-
schließt, dass auch die anderen Völker Jahve verehren könnten. Eine
Argumentation, bei der Jahves Macht durch die Zerstörung anderer
Völker bewiesen wird, würde keinen Ägypter oder Babylonier überzeugen, und das ist auch nicht gemeint oder gewollt. Daher muss man
davon ausgehen, dass die Autoren kein Interesse daran hatten, andere
Völker zur Jahveverehrung einzuladen. In diesen Texten ist auch der
monotheistische Jahve nur für Israel gemeint. Den anderen Völkern
bietet man keine Lösung. Die Verehrung ihrer eigenen Götter ist
sinnlos, weil sie keine Götter sind, bei Jahve sind die anderen Völker
aber auch nicht willkommen.

Man muss nun fragen, woher diese Idee kommt oder warum man
überhaupt die Existenz anderer Götter abgestritten hat, wenn dies eine
Unlogik oder einen Störfaktor ins System eingebracht hat? Es ist
wahrscheinlich, dass die nomistische Theologie allein nicht zur Abstreitung der anderen Götter geführt hätte. Die nomistische Intoleranz
ist logischer mit den anderen Göttern, die den anderen Völkern gehö-

ren. Das heißt, man muss eine neue und andere Entwicklung in der Religionsgeschichte Israels annehmen, die einen Faktor von außen in die nomistische Theologie eingeführt hat.

Obwohl man auch andere Impulse oder Faktoren nicht ausschließen sollte, scheint es mir wahrscheinlich, dass die Polemik gegen die Götterbilder in der Entwicklung der Gottesvorstellungen von der intoleranten Monolatrie zum Monotheismus eine wichtige Rolle gespielt hat.

Wie die intolerante Monolatrie hat die Polemik gegen die Götterbilder ihre Wurzeln in der Zerstörung des Jerusalemer Tempels. Es ist wahrscheinlich, dass Jahve eine physische Darstellung, ein Gottesbild, im Tempel gehabt hat. Es gibt keinen Grund anzunehmen, dass Jahves Kult sich von den anderen Religionen des Nahen Ostens in dieser Hinsicht unterschieden hat.[14] Dass Jahve überhaupt einen physischen Tempel gehabt hat, deutet auf einen physischen Wohnort hin.[15] Sonst lässt sich die im Deuteronomium wiederholte Idee, dass Jahve in seinem Tempel wohnt, nicht erklären. Natürlich hat man später die Idee uminterpretiert: Jahve hat nur seinen Namen im Tempel wohnen lassen, aber das ist wohl nicht die ursprüngliche Idee gewesen.[16]

Mit der Zerstörung des Tempels wurde sehr wahrscheinlich auch Jahves physische Darstellung zerstört. Ohne Wohnort und physische Darstellung musste man völlig neue Konzeptionen von Jahves Anwesenheit schaffen. Wenn man nicht davon ausgegangen ist, dass Jahve ohne einen Tempel und Gottesbild endgültig zerstört wurde – was auch eine mögliche Schlussfolgerung hätte sein können –, musste man seine ganze Natur völlig umdenken.

Obwohl die weitere Entwicklung nicht unkompliziert verlaufen ist, kann man sagen, dass die Zerstörung des Tempels dazu geführt hat, dass Jahve in den Himmel „einzieht". Mit anderen Worten: Man hat begonnen zu glauben, dass Jahve statt im Tempel nur im Himmel anwesend sei. Obwohl das AT nur Spuren dieser Entwicklung enthält, fällt es auf, dass Texte aus dem 5. Jh. explizit betonen, dass Gott im Himmel wohnt – oder dass er aus dem Himmel spricht oder agiert. Diese Betonung findet man zum Beispiel in Dtn 4,36 und I Reg 8,54.

---

14 Vgl. z.B. O. Loretz, Semitischer Anikonismus und biblisches Bilderverbot, UF 26 (1994), 218-219.

15 Vgl. z.B. die Funktionen mesopotamischer Gottesbilder und Tempel. M. Hutter, Religionen in der Umwelt des Alten Testaments I. Babylonier, Syrer, Perser, KStTh 4,1, 1996, 86.

16 Dass man die Bundeslade mit den Zehn Geboten im Tempel aufbewahrt hat, ist auch eine spätere Idee, die erst nach der Zerstörung des Tempels und der Geburt der gesetzesorientierten Religion entstanden ist.

Der Kontrast zu den deuteronomischen Texten, wo Jahve, oder sein Name, im Tempel wohnt, ist eindeutig (vgl. Dtn 12).

Diese Entwicklung hat der Idolen- oder Bilderkritik die Tore geöffnet. Da Jahve nicht mehr von einer physischen Darstellung abhängig war, stieg er auf eine ganz neue und andere Ebene auf als die anderen Gottheiten, und man konnte die anderen Gottheiten, die von einer physischen Darstellung vertreten waren, kritisieren und nur als Materie bezeichnen. Obwohl man keine Gottheit in der Levante auf eine physische Darstellung reduzieren kann, hat man nun in der Polemik gegen die Götterbilder die anderen Götter als nur Materie ohne Substanz bezeichnet und damit ihre ganze göttliche Existenz außerhalb ihrer materiellen Darstellung, wie Holz oder Stein, in Frage gestellt (I Reg 14,9b; 14,22-24; 21,26). Und dies war natürlich erst möglich, nachdem Jahve selber keine physische Darstellung mehr hatte.

Obwohl die Polemik gegen die Götterbilder nicht unbedingt direkt zu monotheistischen Vorstellungen geführt hat, scheint diese Polemik zeitlich ein wenig älter als die monotheistischen Texte zu sein. Zum Beispiel in Dtn 4,28 ist die Bilderpolemik älter als die monotheistische Ergänzung in den Versen 32-40. Anders gesagt: Nach der allgemeinen Intoleranz gegen andere Götter wurden auch die Darstellungen, die Götterbilder zum Objekt der Polemik, was dann später zu einer allgemeinen Abstreitung der anderen Götter geführt hat.

Die Besonderheiten und Charakteristika dieser Entwicklung werden besser sichtbar, wenn man sie mit dem Monotheismus in Deuterojesaja vergleicht. Weil die Tradition von Deuterojesaja[17] in keiner engen Verbindung zur nomistischen Tradition entstanden ist, ist der Monotheismus von Deuterojesaja teilweise eine separate Entwicklung gewesen. Sicherlich ist es kein Zufall, dass beide Traditionen zu ähnlichen Schlussfolgerungen kamen, dass die anderen Götter gar nicht existieren; daher muss man eine allgemeine Entwicklung in der Religionsgeschichte Israels annehmen, die durch die Zerstörung des Tempels in Gang gebracht wurde. Man kann gegenseitigen Einfluss nicht ausschließen, aber die Besonderheiten und Unterschiede implizieren zwei unterschiedliche Kontexte.

Was am deutlichsten auffällt, ist der universalistische Monotheismus von Deuterojesaja. Obwohl Deuterojesaja auch deutlich Israelzentriert argumentiert,[18] eröffnet er den anderen Völkern die Möglichkeit, Jahve zu verehren (z.B. Jes 45,18-23). In unseren monotheistischen

---

17 Im Folgenden werde ich auf die Tradition hinweisen, die bestimmt in mehreren literarischen Stufen entstanden ist.

18 Auch in dieser Tradition bleibt Israel das erwählte Volk.

Texten in den Büchern von Deuteronomium bis II Reg wäre diese Vorstellung undenkbar.

Ein anderer Unterschied liegt in der Verbindung zwischen der Polemik gegen die Götterbilder und der Abstreitung der Existenz anderer Götter. In der nomistischen Tradition bleibt die Verbindung nur vage oder implizit, oder die zwei Phänomene werden in unterschiedlichen Texten behandelt. In den deuterojesajanischen Texten wird die Verbindung aber explizit. Z.B. ist für den Autor von Jes 44,9-20 die Tatsache, dass die Götterbilder von Menschen gemacht sind, ein Beweis dafür, dass die dargestellten Götter gar keine Götter sind.

Die Trennung dieser zwei Motive in den nomistischen Redaktionen der Büchern Deuteronomium bis II Reg zeigt den Gang der Entwicklung besser; zuerst hat man begonnen, die Bilder zu kritisieren, und später hat man die logischen Konsequenzen der Bilderkritik gezogen. Die Blütezeit der Bilderkritik ist in den spätnomistischen Texten, im späten 6. oder frühen 5. Jahrhundert; die monotheistischen Texte stammen wahrscheinlich aus dem 5. Jahrhundert. Anders als in Deuterojesaja wird die Bilderkritik der nomistischen Tradition nicht mit monotheistischen Formulierungen verbunden.

Beide Monotheismen, der der nomistischen Tradition wie auch der in Deuterojesaja, sind Zeugen einer Umbruchszeit, wo der neue Monotheismus sich noch nicht etabliert hat. Dies sieht man in der Betonung und Wiederholung der Idee, dass Jahve tatsächlich der einzige Gott sei. Wenn man die Einzigkeit Jahves allgemein anerkannt hätte, hätte man nicht das Bedürfnis gehabt, sie so stark zu betonen und ständig zu wiederholen, wie es in unseren monotheistischen Texten gemacht wird (z.B. Dtn 4,35.38).

Im Vergleich dazu wird in den jüngeren Büchern des Alten Testaments (z.B. in der Chronik, Esra, Nehemia) die Einzigkeit Jahves angenommen, ohne dass man sie verteidigen oder begründen müsste. Der Unterschied wird deutlich, wenn man die zwei parallelen Tempelwidmungsgebete, die von DtrG und die von II Chr vergleicht. Der Autor von I Reg 8,60 muss noch betonen, dass nur Jahve Gott sei (כי יהוה הוא האלהים), aber der chronistische Autor, der I Reg 8 sicher als Vorlage für sein Tempelwidmungsgebet in II Chr 6 gehabt hat, hat die Stelle mit den monotheistischen Formulierungen gar nicht mehr gebraucht. Für ihn war die Alleinexistenz Jahves schon eine Selbstverständlichkeit.

Dass es sich um eine Zwischenstufe handelt, wird auch aus der unlogischen oder unvollständigen Natur des Monotheismus der nomistischen Tradition ersichtlich. Wie wir schon gesehen haben, passt der Nationalismus sehr schlecht zu einer Theologie, die die Existenz anderer Götter abstreitet. Man muss daher davon ausgehen, dass sich die Autoren teilweise noch auf einer rhetorischen Ebene bewegten. Der Nationalismus wurde noch angenommen, so dass man in diesem Bereich keine Kompromisse gemacht hat, obwohl der neue Monotheismus die nationalistischen Züge untergraben hat. Mit anderen Worten: Man hat die Konsequenzen des Monotheismus an den nationalistischen Zügen nicht vollzogen.

Die deuteronomistische Tradition ist ein wichtiges Zeugnis in der Suche nach den altisraelitischen Gotteskonzeptionen. Vor der deuteronomischen/deuteronomistischen Tradition ist die Religion polytheistisch gewesen, mit einer monolatrischen Färbung. Die monolatrischen Züge werden noch deutlicher in der spätmonarchischen Zeit, vertreten von den vornomistischen Versionen der Bücher Deuteronomium bis II Reg. Der Ausgangspunkt ist die Alleinverehrung Jahves, jedoch werden die anderen Götter nicht kritisiert (= tolerante Monolatrie). Auch wenn diese Texte vorexilische Vorstellungen enthalten, muss man sie nicht unbedingt in die vorexilische Zeit datieren.

Die Zerstörung des Tempels und das Exil haben die Gotteskonzeptionen stark beeinflusst. In der Theologie der Nomisten wird den Israeliten die Verehrung anderer Götter verboten, aber ihre Existenz bleibt vorerst unbestritten. Die intolerante Monolatrie, wie man diese Position bezeichnen kann, ist eng mit der Bewahrung und Neudefinierung der Identität verbunden.

Zuletzt hat die nomistische Tradition monotheistische Gotteskonzeptionen entwickelt. Als Anstoß diente wahrscheinlich die Bilderkritik, die die anderen Götter auf bloße Materie reduziert hat. Der Monotheismus der nomistischen Tradition bleibt stark nationalistisch und bietet anderen Völkern wenig. Als Erbe der Nomisten bleibt auch das spätere Judentum nationalistisch gefärbt.

Wovon reden die Deuteronomisten? Anmerkungen zu religionsgeschichtlichem Gehalt, Fiktionalität und literarischen Funktionen deuteronomistischer Kultnotizen

Christian Frevel

In den Texten des sog. deuteronomistischen Geschichtswerks (DtrG) ist viel von Kultgegenständen, Kultorten und fremden Göttern die Rede. Doch wissen die Deuteronomisten eigentlich, wovon sie reden? Dass sie übertreiben, wenn sie „auf jedem hohen Hügel und unter jedem grünen Baum" eine fremde Kultpraxis verorten, ist unbestritten in der Forschung. Dass sie trotzdem aber im Kern auf konkrete Kultpraktiken in der Königszeit abzielen, war lange Zeit in der Forschung mehr oder weniger unausgesprochener Konsens. Solange der „Deuteronomist" in Mizpa sitzt und in großer Nähe zu den Ereignissen seine „Ätiologie des Nullpunkts" verfasst, die als Kardinalfehler die mangelnde Ausschließlichkeit in der Jahweverehrung in der Richter- und Königszeit beklagt, ist das eine plausible Annahme. Doch wenn die Tradentenkreise, die hinter den Texten stehen, mehrere Generationen nach dem Untergang des Staates schreiben und keine direkte Anschauung der religiösen Praxis mehr haben, wird die Annahme eines glaubwürdigen Zeugnisses der Religionsgeschichte der Königszeit fragwürdiger. Ist die Rede von „Baal, Aschera und Himmelsheer" dann nur eine Fiktion ohne Rückhalt in der spätvorexilischen Zeit? Oder bezieht sich die Polemik letztlich auf etwas ganz anderes als das mit Worten Bezeichnete? Stehen also hinter den deuteronomistischen Kultnotizen nicht die Verhältnisse der vorexilischen Zeit, sondern nachexilische Zustände, die verschleiert angesprochen werden? Wovon reden also die Deuteronomisten? Hinter der Frage verbirgt sich ein sachliches und methodisches Problem. Wie verlässlich können Fiktion oder übertreibende Konstruktion von religionsgeschichtlichen Sachverhalten erkannt werden? Kann man überhaupt aufgrund der deuteronomistischen Texte eine Religionsgeschichte schreiben oder sind die Aussagen im Deuteronomistischen Geschichtswerk letztlich wertlos? Die angezeigte Problematik hat sich in den letzten Jahren durch eine zunehmende Spätda-

tierung von deuteronomistischen Texten, die den Ausschließlichkeitsanspruch YHWHs bzw. das Erste Gebot vertreten, verschärft. Daher
soll es im Folgenden weniger um Lösungsangebote als um eine Problemanzeige gehen. Nach einem Blick in die Forschungslage soll nach
dem Referenzrahmen deuteronomistischer Kultnotizen gefragt werden
und schließlich werden in einigen methodischen Anmerkungen kritische Rückfragen an eine jüngere Tendenz der Forschung gestellt.

1. Eine knappe Skizze der aktuellen Diskussionslage

Ich will in einem ersten Schritt versuchen, die in den vergangenen drei-
einhalb Jahrzehnten unter dem Stichwort „Monotheismusforschung"
geführte Rekonstruktion der Religionsgeschichte Israels[1] sehr knapp in
Grundzügen zu skizzieren und dabei je einen kurzen Seitenblick auf
die Deuteronomismusforschung bzw. die Rolle der deuteronomistischen Literatur in der Debatte zu benennen. Dabei beschränke ich mich
nahezu ausschließlich auf den deutschsprachigen Bereich und lege ein
sehr grobes Raster an. Ich bin mir der mangelnden Differenzierung
bewusst und beschreibe das, was ich subjektiv als *mainstream* wahr-
nehme, um die Veränderung in der aktuellen Diskussion besonders
deutlich machen zu können. Dabei kommt es nicht so sehr auf die (wenig exakte) zeitliche Periodisierung in Dekaden an, sondern vielmehr
auf die darin sichtbare Linie.

1. Die späten siebziger und achtziger Jahre waren von der Emanzipa-
    tion von der Urmonotheismusdebatte dominiert[2]. Die relative
    Frühdatierung des ersten Gebotes war dabei unbestritten[3]. Gra-
    vitationskraft hatten vor allem die Frühdatierung des Dekalogs und
    die Anciennität der frühen Rechtsüberlieferung in Bundesbuch (Ex
    20,24-23,12) und Privilegrecht (Ex 34). Besonderes Gewicht erhiel-

---

1   Vgl. neben anderen die Überblicke bei F. Stolz, Einführung in den biblischen Mono-
    theismus, 1996, M. Köckert, Von einem zum einzigen Gott. Zur Diskussion der Reli-
    gionsgeschichte Israels, BThZ 15 (1998), 137-175; ders., Wandlungen Gottes im anti-
    ken Israel, BThZ 22 (2005), 3-36 und E. Zenger, Der Monotheismus Israels. Entste-
    hung – Profil – Relevanz, in: T. Söding (Hg.), Ist der Glaube Feind der Freiheit? Die
    neue Debatte um den Monotheismus, QD 196, 2003, 9-52; B. Becking (Hg.), Only One
    God? Monotheism in Ancient Israel and the Veneration of the Goddess Asherah,
    2001 und M. Oeming u. K. Schmid (Hgg.), Der eine Gott und die Götter. Poly-
    theismus und Monotheismus im antiken Israel, AThANT 52, 2003.
2   Vgl. dazu den Überblick von F. Stolz, Einführung (s. Anm. 1).
3   Vgl. z.B. das in verschiedenen Auflagen erschienene Lehrbuch „Alttestamentlicher
    Glaube in seiner Geschichte" von W.H. Schmidt, zuletzt als „Alttestamentlicher
    Glaube", 9 2004.

ten in der Diskussion die von Bernhard Lang auf der Grundlage von Morton Smith lancierten Ideen zur YHWH-Allein-Bewegung[4]. Primärquellen spielten in der Diskussion nahezu keine Rolle; wenn, dann werden sie – wie etwa in der Frage der in großem Umfang historisch eingeschätzten Kultreform und ihrer archäologischen Nachweisbarkeit in Arad und Beerscheba – als Bestätigung des biblischen Befundes gewertet. Hosea und Elija sind die kaum hinterfragten Exponenten einer Frühdatierung des Ausschließlichkeitsanspruchs. Der Gegensatz Kanaan-Israel oder YHWH-Baal war erkenntnisleitend[5]. Das deuteronomistische Geschichtswerk stand fest auf der Grundlage des ersten Gebots und war im Duktus der These Martin Noths unbestritten mehr oder weniger frühexilisch[6]. Dabei dehnte sich die Datierung aufgrund des zunehmenden Dissenses zwischen Block- und Schichtenmodell zu den Rändern hin aus. Beides hatte aber kaum Auswirkungen auf die Annahme, dass das DtrG wie auch schon das Deuteronomium den formulierten Alleinverehrungsanspruch YHWHs voraussetze.

2. Die späten achtziger und frühen neunziger Jahre waren vor allem durch die Entdeckung der „external evidence" bestimmt. Insbesondere angeregt durch die Funde von *Kuntilet ʿAǧrūd* und *Ḥirbet el-Kōm* wurde die Paredros-Diskussion geführt[7]. Die Religionsge-

---

4 Vgl. B. Lang, Vor einer Wende im Verständnis des israelitischen Gottesglaubens?, ThQ 160 (1980), 53-60; ders., Die Jahwe-allein-Bewegung, in: ders., Der einzige Gott, 1981, 47-83; ders., Neue Probleme in der Erforschung des biblischen Monotheismus, in: K.A. Deurloo u. B.J. Diebner (Hgg.), FS R. Zuurmond 1996, 29-41 und jetzt erneuert ders., Die Jahwe-allein-Bewegung. Neue Erwägungen über die Anfänge des biblischen Monotheismus, in: M. Oeming u. K. Schmid (Hgg.), Gott (s. Anm. 1), 97-110.

5 Vgl. z.B. W.H. Schmidt, Glaube (s. Anm. 3), 197f. mit einem Zitat W. Rölligs: „Einen vollkommenen Bruch mit dem Herkömmlichen und eine einzigartige Neuerung stellt allein die Religion des Alten Bundes der Stämme Israels dar". Der Gegensatz zwischen YHWH und Baal wird „zum religionsgeschichtlich bedeutendsten Ereignis" (ebd. 200).

6 Zum Siegeszug der These vom Deuteronomistischen Geschichtswerk vgl. die Beiträge in diesem Band; ferner S.L. McKenzie u. M. Patrick (Hgg.), The History of Israel's Traditions. The Heritage of Martin Noth, JSOT.S 182, 1994, 101-127; A. de Pury; T. Römer u. J.-D. Macchi (Hgg.) Israel constructs its history. Deuteronomistic historiography in recent research, JSOT.S 306, 2000, sowie die Verweise auf die Fülle weiterer Literatur in C. Frevel, Deuteronomistisches Geschichtswerk oder Geschichtswerke? Die These Martin Noths zwischen Tetrateuch, Hexateuch und Enneateuch, in: U. Rüterswörden (Hg.), Martin Noth – aus der Sicht der heutigen Forschung, BThSt 58, 2004, 60-95.

7 Vgl. mit Hinweisen auf den Gang der Diskussion M.T. Wacker u. E. Zenger (Hgg.), Der eine Gott und die Göttin, QD 135, 1991. Für den Aschera-Boom vor allem die englischsprachigen Monographien und die dort dokumentierte Literatur von S.M.

schichte Israels als Disziplin und die Debatte um das Verhältnis
von „Religionsgeschichte und Theologie" brach neu auf[8]. Dabei
wuchs – unterstützt durch die neuere Landnahmediskussion, die
Israel zu großen Teilen im Land entstanden sein ließ – die Einsicht,
dass Israels Religion sich nicht wesentlich von den westsemitischen
Nachbarreligionen unterschied, sondern als „subset", als Lokalaus-
prägung der nordwestsemitischen Religionen zu betrachten sei[9].

Olyan, Ashera and the cult of Yahweh in Israel, SBL.MS 34, 1988; S.A. Wiggins, A
reassessment of ‚Asherah'. A study according to the textual sources of the first two
millennia B.C.E., AOAT 235, 1993; T. Binger, Asherah. Goddesses in Ugarit, Israel
and the Old Testament, JSOT.S 232, 1997; O. Loretz u. M. Dietrich, Jahwe und seine
Aschera. Anthropomorphes Kultbild in Mesopotamien, Ugarit und Israel, UBL 9,
1992; C. Frevel, Aschera und der Ausschließlichkeitsanspruch YHWHs. Beiträge zu
literarischen, religionsgeschichtlichen und ikonographischen Aspekten der
Ascheradiskussion, BBB 94, 1995; P. Merlot, La dea Asratum – Atiratu – Asera. Un
contributo allastoria della religione semitica del Nord, 1998; J. Jeremias u. F.
Hartenstein, „JHWH und seine Aschera". „Offizielle Religion" und „Volksreligion"
zur Zeit der klassischen Propheten, in: B. Janowski u. M. Köckert (Hgg.),
Religionsgeschichte Israels. Formale und materiale Aspekte, VWGTh 15, 1999,
79-138; J.M. Hadley, The cult of Asherah in Ancient Israel and Judah. Evidence for a
Hebrew Goddess, UCOP 57, 2000. Zur Einordnung in den feministisch-
theologischen Diskussionsfaden jüngst mit Hinweisen zur Literatur, M.T. Wacker,
Von Göttinnen, Müttern und dem einzigen Gott. Zum Stand der feministisch-
exegetischen Diskussion um die Göttin/nen im Alten Israel, in: A. Hölscher u. R.
Kampling (Hgg.), Die Tochter Gottes ist die Weisheit. Bibelauslegungen durch
Frauen, Theologische Frauenforschung in Europa 10, 2003, 7-33.

8   Vgl. die Ausläufer dieser Debatte und deren Dokumentation in: R. Albertz u.a.,
     Religionsgeschichte Israels oder Theologie des Alten Testaments, JBTh 10, 1995.

9   Vgl. M.D. Coogan, Canaanite Origins and Lineage. Reflections on the Religion of
     Ancient Israel, in: P.D. Miller (Hg.), Ancient Israelite Religion, FS F.M. Cross, 1987,
     115-124.115, im deutschen Sprachraum schon früh und betont in dieser Linie H.
     Niehr, z.B. in: The Rise of YHWH in Judahite and Israelite Religion: Methodological
     and Religio-Historical Aspects, in: D.V. Edelman (Hg.), The Triumph of Elohim.
     From Yahwisms to Judaisms, Contributions to Biblical Exegesis and Theology 13,
     1995, 45-72, oder E.A. Knauf, z.B. in: Die Umwelt des Alten Testaments, NSK.AT 29,
     1994. Sehr einflussreich im deutschsprachigen Raum wurde der Aufsatz von M.
     Weippert, Synkretismus und Monotheismus. Religionsinterne Konfliktbewältigung
     im alten Israel, in: J. Assmann u. D. Harth (Hgg.), Kultur und Konflikt, Edition
     Suhrkamp 1612 = N.F., Bd. 612, 1990, 143-179.
     Dass damit YHWH nicht zum kanaanäischen Gott wird und es trotz aller Analogien
     gewichtige Unterschiede wie z.B. die Herkunft aus der Wüsten-Region südöstlich
     der Araba (vgl. dazu zuletzt zusammenfassend E. Zenger, Monotheismus [s. Anm.
     1], 17-22) oder die Bildlosigkeit (vgl. dazu C. Frevel, Du sollst dir kein Bildnis ma-
     chen – und wenn doch? Überlegungen zur Kultbildlosigkeit der Religion Israels, in:
     B. Janowski u. N. Zchomelidse [Hgg.], Die Sichtbarkeit des Unsichtbaren. Zur Korre-
     lation von Text und Bild im Wirkungskreis der Bibel, Arbeiten zur Geschichte und
     Wirkung der Bibel 3, 2003, 23-49.243-246, sowie O. Keel, Warum im Jerusalemer
     Tempel kein anthropomorphes Kultbild gestanden haben dürfte, in: G. Boehm [Hg.],

Der Gegensatz Israel-Kanaan begann zu bröckeln, zumindest setzte sich durch, ihn nicht als hermeneutisches Grundprinzip der Religionsgeschichte zu belassen[10]. Die Rückfragen nach den Anfängen des YHWH-Glaubens und seiner Durchsetzung nehmen stärker religions- als literargeschichtliche Gestalt an. Während sich die Einbeziehung außerbiblischer Evidenz langsam durchsetzte, verschob sich der textliche Fokus vor allem auf die Diskussion der Belege, die einen spätvorexilischen Polytheismus plausibilisieren konnten. Dabei traten die Stellen des deuteronomistischen Geschichtswerkes, insbesondere die Reformberichte der Königsbücher stärker in das Interesse der Forschung. Schwankend zwischen historischer Evidenz und exilischer Rückprojektion wurden die Stellen doch als Beleg für einen langsamen Prozess der Durchsetzung des Alleinverehrungsanspruches gesehen. Die vorexilische Frühdatierung des ersten Gebots und die Stellung des Deuteronomiums wurden dabei nicht grundsätzlich hinterfragt. Am Ende der staatlichen Epoche Israels war die YHWH-Religion weitestgehend unhinterfragt monolatrisch.

Es war das Jahrzehnt der Sammelbände[11]. Das Interesse am Monotheismus war neu erwacht. Am Abschluss dieser Phase stehen im deutschsprachigen Raum die Synthesen von Rainer Albertz und Othmar Keel und Christoph Uehlinger Anfang der 90 Jahre[12].

3. Die 90er Jahre waren durch eine zunehmende Erosion bestimmt, deren Wurzeln allerdings bereits deutlich früher liegen. Ohne diese vertiefen zu können, nenne ich drei Felder, in denen geradezu mehr oder weniger ein Paradigmenwechsel stattgefunden hat.

a. Das Wegbrechen der frühen Prophetie: Eine Frühdatierung der Auseinandersetzung zwischen Baal und YHWH, ein Plädoyer für den Ausschließlichkeitsanspruch YHWHs im 9.-7. Jh. wird zunehmend in Frage gestellt. Galt zuvor gerade die Zeit Ahabs

---

Homo Pictor, Collquium Rauricum 7, 2001, 244-282) gibt, darf allerdings dabei nicht unbeachtet bleiben.

10 Vgl. D.R. Hillers, Analyzing the Abominable: Our understanding of Canaanite Religion, JQR 75 (1985), 253-269; C. Frevel, Aschera (s. Anm. 7), 558-560; E.A. Knauf, Mythos Kanaan. Oder: Sex, Lügen und Propheten-Schriften, Welt und Umwelt der Bibel 21 (2001), 41-44.

11 In Auswahl: O. Keel (Hg.), Monotheismus im Alten Israel und in seiner Umwelt, 1980; Lang, Gott (s. Anm. 4); E. Haag (Hg.), Gott, der einzige, QD 104, 1985; M.T. Wacker u. E. Zenger (Hgg.), Der eine Gott und die Göttin, QD 135, 1991 und als später Ausläufer noch W. Dietrich (Hg.), Ein Gott allein?, OBO 139, 1994.

12 R. Albertz, Religionsgeschichte Israels in alttestamentlicher Zeit. 1. Von den Anfängen bis zum Ende der Königszeit, GAT 8, 1992; O. Keel u. C. Uehlinger, Göttinnen, Götter und Gottessymbole, QD 134, 1992, ⁵2001 (GGG).

und das Nordreich als Angelpunkt für die Ausschließlichkeits-
forderung, wird jetzt die Elijaüberlieferung spätdatiert, insb. I
Reg 18 zählt als monotheistischer Text[13]. Es herrscht große Unsicherheit bezüglich möglicher vorexilischer Haftpunkte für das
Erste Gebot. Nur wenige bleiben von diesem Druck der Spätdatierungen unbeeindruckt und halten an den traditionellen
Datierungen unverändert fest. Vermeintliche Sicherheit bietet
etwa noch der „Alttestamentliche Glaube" von W.H. Schmidt
und seine unermüdlichen Versuche, für eine Frühdatierung des
ersten Gebotes zu kämpfen[14]. Doch werden diese Versuche zunehmend als aussichtsloses Festhalten an überkommenen Theo-
riemodellen gebrandmarkt. Es wird still um die Frühdatierung
des Ausschließlichkeitsanspruchs YHWHs.

b. Durch die Krise des Quellenmodells brechen die alten Pentateuchquellen und mit ihnen die vormals alte Rechtsüberlieferung weg. Die Bezeichnung des Privilegrechtes als späte „Epi-
tome" durch Erhard Blum markiert diesen Bruch[15]. Da der Jahwist entweder spätdatiert oder insgesamt in Frage gestellt wird,
kommt ihm weder im 10. noch im 8. Jh. eine monolatrische

---

13 Vgl. u.a. C. Levin, Erkenntnis Gottes durch Elija, ThZ 48 (1992), 329-342; S.
    Ackerman, The prayer of Nabonidus, Elijah on Mount Carmel, and the development
    of monotheism in Israel, in: W.G. Dever u. E.J. Wright (Hgg.), The echoes of many
    texts, FS L.H. Silberman, 1997, 51-65; E. Blum, Der Prophet und das Verderben
    Israels: Eine ganzheitliche, historisch-kritische Lektüre von 1 Regum XVII-XIX, VT
    47 (1997), 277-292; M. Beck, Elia und die Monolatrie. Ein Beitrag zur
    religionsgeschichtlichen Rückfrage nach dem vorschriftprophetischen Jahwe-
    Glauben, BZAW 281, 1999; M. Köckert, Elia. Literarische und religionsgeschichtliche
    Probleme in 1Kön 17-18, in: Der eine Gott (s. Anm. 4), 111-144.

14 Vgl. in Auswahl: Schmidt, Glaube (s. Anm. 3); ders., „Jahwe und ..." Anmerkungen
    zur sog. Monotheismus-Debatte, in: E. Blum (Hg.), Die hebräische Bibel und ihre
    zweifache Nachgeschichte, FS R. Rendtorff, 1990, 435-447; ders. , Die Zehn Gebote
    im Rahmen alttestamentlicher Ethik, 1993, 39-59; ders. , Monotheismus und
    Ausschließlichkeit des Glaubens, Glaube und Lernen 11 (1996), 28-37; ders. ,
    „Monotheismus" und Erstes Gebot, ThLZ 122 (1997), 1081-1092; ders. , Das Erste
    Gebot als prägende Kraft, in: J. Denker u.a. (Hgg.), Hören und Lernen in der Schule
    des Namens, FS B. Klappert, 1999, 26-40.

15 Vgl. E. Blum, Das sog. „Privilegrecht" in Exodus 34,11-26: Ein Fixpunkt der Kom-
    position des Exodusbuches?, in: M. Vervenne (Hg.), Studies in the book of Exodus.
    Redaction – Reception – Interpretation, BEThL 126, 1996, 347-366 und E. Blum u. M.
    Köckert (Hgg.), Gottes Volk am Sinai. Untersuchungen zu Ex 32-34 und Dtn 9-10,
    VWGTh 18, 2001. Zur Diskussion vgl. F.L. Hossfeld, Das Privilegrecht Ex 34,11-26 in
    der Diskussion, in: S. Beyerle; G. Mayer u. H. Strauß (Hgg.), Recht und Ethos im
    Alten Testament – Gestalt und Wirkung, FS H. Seebaß, 1999, 39-59; ders., Vom
    Horeb zum Sinai. Der Dekalog als Echo auf Ex 32-34, in: C. Frevel; M. Konkel u. J.
    Schnocks (Hgg.), Die Zehn Worte. Der Dekalog als Testfall der Pentateuchkritik, QD
    212, Freiburg 2005, 87-93.

Spitzenposition zu[16]. Als Alternative avanciert bei einigen Vertretern des Quellenmodells der Jehowist unter Manasse zum
zeitlich nahezu parallelen Vorreiter des Deuteronomiums[17]. In
beiden spielt der Ausschließlichkeitsanspruch YHWHs eine
zentrale Rolle[18]. Gerade das Deuteronomium erhält durch die
Debatte um die Einflüsse des neuassyrischen Vasallitätseides
besonderes Gewicht. Im antiassyrischen Impuls sei die Engfüh-
rung auf YHWH als Nationalgott verwurzelt[19]. Der Untergang
des Nordreichs, der Widerstand gegen den assyrischen Vasallen Manasse, das Deuteronomium und der Reformer Joschija
sind die historischen Haftpunkte dieser Phase. Entsprechende
Aufmerksamkeit wird gerade dem Deuteronomium zuteil, bei
dem Kulteinheit und Kultreinheit als zwei Seiten derselben
Medaille geführt werden.

c. Doch auch dieser Haftpunkt gerät in den Strudel der Infrage-
stellungen und wird vom Zusammenbruch der These von
Noths Deuteronomistischem Geschichtswerk mitgerissen. Hatte
das erste Gebot die These vom DtrG als Ätiologie des Null-
punktes wesentlich bestimmt, so rutscht dieses Paradigma zunächst mit der Herabdatierung einer Vielzahl polemischer
Texte den Hang herunter und taugt – bei Aufgabe eines kompositorischen Zusammenhangs des DtrG (Dtn-II Reg) – gar
nichts mehr. Die kultpolemischen Texte geraten zunehmend
unter das Siglum DtrN oder „spätdeuteronomistisch" und wer-

---

16 Vgl. J.C. Gertz; K. Schmid u. M. Witte (Hgg.), Abschied vom Jahwisten. Die
Komposition des Hexateuch in der jüngsten Diskussion, BZAW 315, 2002.

17 Vgl. z.B. E. Zenger, Monotheismus (s. Anm. 1) 38 sowie die Übersicht unter dem
Stichwort »Jerusalemer Geschichtswerk« in: ders., Einleitung in das Alte Testament,
[5]2004.

18 Zum Dtn und seiner Rolle in der Herausbildung des Ausschließlichkeitsanspruches
vgl. die beiden Brennpunkte, das Šᵉmaᶜ in Dtn 6,4-6 und die Debatte um die
Einordnung von Dtn 13. Vgl. in Auswahl: E. Aurelius, Die fremden Götter im
Deuteronomium, in: Der eine Gott (s. Anm. 4), 145-169; R.G. Kratz, „Höre Israel"
und Dekalog, in: Die Zehn Worte (s. Anm. 15), 77-86; E. Otto, Das Deuteronomium.
Politische Theologie und Rechtsreform in Juda und Assyrien, BZAW 284, 1999; U.
Rüterswörden, Dtn 13 in der neueren Deuteronomiumforschung, VTS 92 (2002), 185-
203; T. Veijola, Wahrheit und Intoleranz nach Deuteronomium 13, ZThK 92 (1995),
287-314; ders., Das Bekenntnis Israels. Beobachtungen zur Geschichte und Theologie
von Dtn 6,4-9, ThZ 48 (1992), 369-381; ders., Das fünfte Buch Mose, Deuteronomium.
Kap. 1,1 - 16,17, ATD 8,1, 2004. Für den Monotheismus und Dtn 4 zuletzt G. Braulik,
Monotheismus im Deuteronomium, ZAOR 10 (2004), 169-194.

19 Vgl. dazu die vielfältigen Veröffentlichungen von Eckart Otto, insbesondere zusammenfassend: Das Deuteronomium (s. Anm. 18), dazu Verf., ThRev 99 (2003) 196-199.

den somit mindestens spätexilisch, oft sogar nachexilisch datiert.
Erstaunlich ist in dieser Phase das Auseinandertreten von literarischem Diskurs und religionsgeschichtlicher Evidenz. Die archäologischen, ikonographischen und epigraphischen Quellen werden in
Einzelstudien untersucht, spielen aber in der literargeschichtlichen
Diskussion immer weniger eine Rolle. Lediglich die drei Basisan-
nahmen – (a) YHWH hatte kurzzeitig in der Königszeit eine Pa-
redra, (b) Israels Anfänge waren in begrenztem Maße polytheistisch
und noch nicht streng monolatrisch und (c) die Religion Israels
unterscheidet sich nicht wesentlich von den Nachbarreligionen –
werden variierend perpetuiert. Eine Vernetzung zwischen literarischer Debatte und einer an externen Quellen orientierten Religi-
onsgeschichtsschreibung findet aber *de facto* kaum statt.

4. Die letzten fünf Jahre akzelerieren den Zusammenbruch der vor-
maligen Säulen der Argumentation und holen die Ernte der sich
verstärkenden Spätdatierungen wesentlicher Traditionsstränge ein.
Sie sind gekennzeichnet durch ein erneutes intensives Aufleben der
Diskussion um das Alter des Ersten Gebotes, allerdings unter vollkommen neuen Vorzeichen. Scheinbar ist die Zeit für den Paradigmenwechsel reif, der durch eine größere Anzahl von Publikationen forciert wird[20]: Die Forderung zur Alleinverehrung wird jetzt
als *Rückprojektion* aufgefasst und das Erste Gebot z.T. exilisch, z.T.
frühnachexilisch datiert. Dabei wird immer wieder auf die grundlegenden Arbeiten von C. Levin, E. Würthwein, H.D. Hoffmann
und anderen zurückgegriffen[21]. Den religionsgeschichtlichen Notizen des Deuteronomistischen Geschichtswerks kommt als Referenz
für die Religion der vorexilischen Zeit keine oder kaum eine Bedeutung mehr zu. Diese zielen vielmehr entweder auf einen inhalt-

---

20 Vgl. J. Pakkala, Intolerant monolatry in the deuteronomistic history, SESJ 76, 1999; K.
    Schmid, Differenzierungen und Konzeptualisierungen der Einheit Gottes in der
    Religions- und Literaturgeschichte Israels, in: Der eine Gott (s. Anm. 1), 11-38; E.
    Aurelius, Götter, in: Der eine Gott (s. Anm. 1), 145-169; ders., Der Ursprung des
    Ersten Gebots, ZThK 100 (2003), 1-21; ders., Zukunft jenseits des Gerichts. Eine
    redaktionsgeschichtliche Studie zum Enneateuch, BZAW 319, 2003; U. Becker, Von
    der   Staatsreligion   zum   Monotheismus,   Ein   Kapitel   israelitisch-jüdischer
    Religionsgeschichte, ZThK 102 (2005), 1-16, vgl. auch R.G. Kratz, Die Komposition
    der erzählenden Bücher des Alten Testaments. Grundwissen der Bibelkritik, UTB
    2157, 2000
21 H.D. Hoffmann, Reform und Reformen – Untersuchungen zu einem Grundthema
    der deuteronomistischen Geschichtsschreibung, AThANT 66, 1980; E. Würthwein,
    Die Bücher der Könige, ATD 11, ²1985 u. 1984; C. Levin, Die Verheissung des Neuen
    Bundes in ihrem theologiegeschichtlichen Zusammenhang ausgelegt, FRLANT 139,
    1985.

lich entleerten fiktiven Referenzrahmen oder auf die frühnachexilische Zeit der Restauration und Identitätskonstitution. Die vorexilischen Propheten bzw. deren Konnex mit der Forderung nach Alleinverehrung gelten diachron bereits als „entsorgt", ebenso die Rechtsüberlieferung im Bundesbuch (Ex 22,18), die Dekaloge (Ex 20,2-6; Dtn 5,6-10) und erst recht das Privilegrecht (Ex 34,14). Elija ist nicht einmal mehr – wie noch Wellhausen formulierte – ein „Vogel, der vor dem Morgen singt"[22], sondern seine zarte Singstimme verstummt im Gekrächze nachexilischer Krähen, die sich an den Überresten des „Ersten Gebots" weiden. Das Deuteronomium als Wurzel der Monolatriebewegung und einer theologischen Durchdringung des Ausschließlichkeitsanspruchs fällt vollständig aus, da es selbst frühestens exilisch datiert wird[23]. Voraussetzung dieser Spätdatierung ist die randscharfe Trennung zwischen zugestanden früher Kulteinheit und aufgesetzt später(er) Kultreinheit[24]. Der Monotheismus ist nicht exilisches Ergebnis einer längeren und schon vorexilisch einsetzenden Entwicklung, die ihre Basis im Ausschließlichkeitsanspruch YHWHs und in religionspolitischen Richtungsentscheidungen der späten Königszeit hat, sondern er ist ein plötzlicher Gast, ein – wie Becker aufgrund der kritischen Anfragen Assmanns durchaus missverständlich formuliert – *„Produkt des Judentums"*[25]. Die Rolle des Deuteronomistischen Geschichtswerkes in dieser Entwicklung ist ambivalent – zum einen fallen die Texte für die Diskussion aus, weil sie unter Projektionsverdacht stehen, zum anderen bedingen sich die Argumentation zum Fremdgötterverbot und die Auflösung der einheitlichen Geschichtstypologie des DtrG gegenseitig[26]. Allerdings ist deutlich feststellbar, dass intensive Analysen einzelner Texte, vor allem der zusammenhängenden narrativen Stücke, ebenso zurücktreten wie die Analyse des Formelgutes. Man diskutiert *mit der*

---

22 So ein treffendes Zitat von J. Wellhausen, Geschichte der israelitischen Religion (1905); in ders., Grundrisse zum Alten Testament, TB 27, 1964, 65-109, 90.
23 Vgl. dazu etwa R.G. Kratz, Komposition (s. Anm. 20), 136-138; E. Aurelius, Zukunft (s. Anm. 20), 39-44; U. Becker, Staatsreligion (s. Anm. 20), 13f.
24 Vgl. vor allem E. Aurelius, Ursprung (s. Anm. 20), 4; R.G. Kratz, Der literarische Ort des Deuteronomiums, in: ders. (Hg.), Liebe und Gebot. Studien zum Deuteronomium, FS L. Perlitt, FRLANT 190, 2000, 101-120; ders., Art.: Kult, in: A. Berlejung u. C. Frevel (Hgg.), Handbuch theologischer Grundbegriffe im Alten und Neuen Testament, 2006, 32-34.
25 U. Becker, Von der Staatsreligion zum Monotheismus (s. Anm. 20), 14.
26 Vgl. dazu J. Pakkala, Monolatry (s. Anm. 20) und die Kritik bei Verf., ThRev 100 (2004), 287-293.

deuteronomistischen Kultpolemik, aber nicht mehr *die* deuteronomistische Kultpolemik.

Die Stimmen dieses Konzerts sind laut, aber nicht besser begründet als das vielstimmige Orchester der Jahrzehnte zuvor. Vor
allem ist auffallend, dass nur ein Auszug der Partitur vorgetragen
wird. Die archäologisch-ikonographische Evidenz fehlt nahezu
vollständig oder wird tendenziell marginalisiert. Die Redaktionsgeschichte hingegen hat Hochkonjunktur. In den jüngeren Ansätzen
zur späten nomistischen Datierung des Fremdgötterverbotes taucht
jedenfalls die außerbiblische Evidenz als kritisches Korrektiv nicht
mehr auf.

Zwei Beispiele sollen das zuvor Gesagte kurz illustrieren,
wobei eine detaillierte Auseinandersetzung hier unterbleiben muss.
Bei beiden handelt es sich um gewichtige und weiterführende
Untersuchungen zur Geschichte der Monolatrie in der israelitisch-
judäischen Religion aus dem Jahr 1999. Die Monographie von
Martin Beck zur Untersuchung der Elijaüberlieferung und ihres
Zusammenhangs mit der Monolatrieforderung geht von einer erst
nachexilischen monotheistischen Überformung der Elijaüberlieferung aus[27]. Obwohl der außerbiblischen Evidenz ein eigenes Kapitel gewidmet ist und der Befund in die Untersuchung einbezogen
ist, leugnet Beck einen verbreiteten vorexilischen Polytheismus
bzw. den Polytheismus als Referenzrahmen der Entwicklung des
YHWH-Glaubens weitestgehend und rechnet mit einer moderaten
Monolatrieforderung in YHWH-Kreisen. Es gehe methodisch nicht
an, aus der Fremdgötterpolemik auf einen Synkretismus oder gar
Polytheismus zu schließen: Aus der „sicher übertreibenden Pro-
phetenpolemik (geht) nicht hervor, in welchem Umfang mit diesem
‚Abfall' oder – neutraler ausgedrückt – mit der Verehrung weiterer
Gottheiten neben Jahwe zu rechnen ist"[28]. Im Gegenteil „wird man
sich in jahwistisch ausgerichteten Gruppen wohl weitgehend an
Jahwe allein gehalten haben. Freilich dürfte dieser Jahwe-Glaube
nicht die Gestalt gehabt haben, die der theologisch reflektierten An-
schauung der Schriftpropheten, der dtn/dtr. Kreise oder P entspricht … Weiter ist mit lokal unterschiedlichen Ausprägungen des
Jahwe-Glaubens zu rechnen (‚Polyjahwismus'). Außerdem ist nicht
auszuschließen, daß im volksreligiösen Kontext sich polytheistische
Vorstellungen mit dem Jahwe-Glauben verbunden haben. Aber wie
Lang, Weippert oder Knauf ein generelles polytheistisches Refe-

---

27 M. Beck, Elia (s. Anm. 13), vgl. zur kritischen Auseinandersetzung die Rezension des
    Verf. in: ThRev 99 (2003), 196-199.
28 M. Beck, Elia (s. Anm. 13), 18.

renzsystem anzunehmen, muß als unwahrscheinlich angesehen werden. Eine – abgesehen von einer durch die Jahwe-allein-Bewegung beeinflußte Minderheit – rein polytheistische Religion ist ... für das vorexilische Israel nicht zwingend nachzuweisen"[29]. Dabei wird allerdings der außerbiblische und biblische Befund marginalisiert, die Aschera-Frage als „leidig" abgetan und auf den Bereich der „Volksreligiosität" eng geführt[30]. Der ikonographische Befund beschreibt „Ausnahmen", die als „Mächte und Gewalten" nur Größen geminderter Existenz, nicht aber die Verehrung anderer göttlicher Größen bezeugen[31]. Nach Beck hat man sich in „jahwistisch ausgerichteten Gruppen wohl weitgehend an Jahwe allein gehalten", wenn es auch immerhin wenige „polytheistisch orientierte Kreise gegeben hat"[32]. Dabei bemüht Beck sich, das Fremdgötterverbot literargeschichtlich erst nachexilisch als kontinuitätsstiftendes Moment der Elijaüberlieferung zu erweisen, gleichzeitig aber trotzdem marginale Wurzeln der Monolatrie als de facto Alleinverehrung YHWHs bei dem historischen Elija festzuhalten. Die redaktionsgeschichtlich weit gefächerte Elijaüberlieferung wird so zur „exemplarischen Entfaltung der Bedeutung des Fremdgötterverbotes"[33]. Wie auch immer man zu den Ergebnissen im Einzelnen steht – und es ist positiv herauszuheben, dass Beck an vorexilischen Momenten eines Ausschließlichkeitsanspruchs festhält und die Evidenz für einen generellen Polytheismus durchaus kritisch hinterfragt –, es ist erkennbar, dass sich der Bezugsrahmen der deuteronomistischen Polemik von der vorexilischen Religion auf die exilisch-nachexilische Religion und deren Probleme verschiebt. Die Reflexionstätigkeit der Deuteronomisten – so Beck – geht „von aktuellen Gefahren und Missverständnissen" aus[34]. Welche das sind, wird nicht weiter ausgeführt, und so verläuft sich der religionsgeschichtliche Bezug der deuteronomistischen Polemik im vagen Labyrinth des exilischen Deuteronomismus.

Unterschiedlicher „Schulherkunft", aber ähnlich gelagert, in Datierungen extremer und damit deutlicher ist die Monographie von Juha Pakkala zur Frage der Intoleranz der Monolatrieforde-

---

29 M. Beck, Elia (s. Anm. 13), 29.
30 M. Beck, Elia (s. Anm. 13), 18f. Vgl. zu dieser Tendenz die Kritik bei E. Zenger, Monotheismus (s. Anm. 1), 9: „Die Verehrung von Göttinnen im biblischen Israel kann man nicht mehr wie früher als Phänomen ‚primitiver' Volksfrömmigkeit abtun".
31 Vgl. M. Beck, Elia (s. Anm. 13), 27.
32 M. Beck, Elia (s. Anm. 13), 28f.
33 M. Beck, Elia (s. Anm. 13), 283f.
34 M. Beck, Elia (s. Anm. 13), 285.

rung. Jegliche Intoleranz der YHWH-Religion, jede Auseinandersetzung mit Fremdgöttern und synkretistischer Praxis ist erst nomistisch. „Not only did the nomists demand the rejection of other gods, but several religious practices and conceptions had to go as well. They are described as abominations of other nations"[35].

Anders als etwa M. Weippert, H. Niehr oder E.A. Knauf plädiert Pakkala auch methodisch dafür, der Redaktionsgeschichte (wieder) den Vorrang gegenüber den nicht-biblischen Quellen einzuräumen. Durch eine zunehmende Bedeutung der Deuteronomisten in der Literaturgeschichte Israels nimmt entsprechend die Bedeutung der vorexilischen Zeit für die Formation der Religion Israels deutlich ab. Natürlich ist sich Pakkala dabei bewusst, dass die Annahme eines bereits in spätvorexilischer Zeit gegebenen Rückgangs eines wie auch immer gearteten Polytheismus seine These einer erst nachexilischen Datierung der Fremdgötterverehrung und ihrer Bekämpfung konterkariert. Deshalb fährt er in seinem religionsgeschichtlichen Kapitel die Evidenz für einen begrenzten Polytheismus in vorexilischer Zeit zurück und grenzt die Religion Israels von seiner Umwelt deutlicher ab: „Israel's religion was possibly more conservative than most other religions of the area"[36] oder „Israel's religion was more centred on her main God than other religions of the area"[37]. Die Personennamen werden – hoch problematisch aber aufwandsminimiert und effektiv – mit Tigay als monolatrisches Zeugnis gewertet, die Inschriften aus *Kuntilet ʿAǧrūd* und *Ḥirbet el-Kōm* als regional und mehrdeutig eingestuft, und am Beispiel Ascheras wird eine Entwicklung hin zur Marginalisierung der Fremdgötterkulte im 7. Jh. v. Chr. entworfen. Die ikonographische Evidenz, die mit Hilfe von O. Keel/C. Uehlinger zusammengefasst wird, wertet Pakkala in die gleiche Richtung aus: YHWHs „dominance and sole position in Israel's religion is further substantiated"[38]. Gilt das schon für die Eisen IIA-Zeit, wird für die assyrische Zeit besonders auf das *Fehlen* anthropomorpher Darstellungen abgehoben. So richtig die gezeichnete Tendenz ist, sie dient lediglich dazu, die Diskrepanz zwischen dem Bild, das die nomistischen Texte zeichnen, und der archäologischen „Wirklichkeit" zu betonen. „One receives the general impression, that the writers of the DH are not aware of the religious situation of pre-

---

35   J. Pakkala, Intolerant monolatry (s. Anm. 20), 219.
36   J. Pakkala, Intolerant monolatry (s. Anm. 20), 225.
37   J. Pakkala, Intolerant monolatry (s. Anm. 20), 226.
38   J. Pakkala, Intolerant monolatry (s. Anm. 20), 199.

exilic Judah and Israel"[39]. Damit ist die spätvorexilische Zeit zu einem rein fiktiven Referenzrahmen der deuteronomistischen Kultnotizen geworden. Literarischer Befund und religionsgeschichtliche Wirklichkeit sind vollständig entkoppelt. Wovon reden dann eigentlich die Deuteronomisten?

2. Referenzrahmen deuteronomistischer Kultnotizen

Die Skizze der Diskussionslage zeigt, dass sich sehr viel in der jüngsten Zeit verschoben hat. Das wird besonders deutlich, wenn man auf den Referenzrahmen der deuteronomistischen Kultpolemik schaut. Für diese gibt es je nach Entstehungszeit unterschiedliche Möglichkeiten des Realitätsbezuges und diese stehen in Interdependenz mit den literarhistorischen Theorien zur Entstehung des Deuteronomistischen Geschichtswerks bzw. der Texte, die Martin Noth ursprünglich dazu rechnete. Es macht verständlicherweise einen erheblichen Unterschied, ob Grundzüge der Beurteilung der Könige nach ihrer religiösen Praxis bereits in einem joschijanischen Geschichtswerk angelegt sind, einer exilischen Rückschau entstammen oder sich erst nachexilischer Reflexion verdanken. Dabei lassen sich die Koordinaten der Einordnung auf zwei Achsen anlegen: Die eine ist die diachrone Achse der Entstehungszeit, die von der Zeit Hiskijas bis in spätnachexilische Zeit reicht, die andere die des religionsgeschichtlichen Bezuges, die von vollständiger Historizität bis zu gänzlicher Fiktionalität reicht. Steht also eine konkrete Kultpraxis hinter den dtr Polemiken – und wenn ja, welche – oder sind diese rein fiktiv? Hat man einmal beide Achsen bestimmt, so lassen sich relativ leicht alle Positionen im Koordinatensystem beschreiben und mit Forschungspositionen in Deckung bringen. Einige knappe Beispiele sollen genügen: In dem Entwurf Martin Noths, der im Göttinger Schichtenmodell aufgenommen wird, ist DtrH frühexilisch entstanden und von den religiösen Verhältnissen der spätvorexilischen Zeit geprägt. „Die Gottesverehrung wird weniger unter dem Gesichtspunkt der Entfaltung ihrer verschiedenen Möglichkeiten als vielmehr unter dem der verschiedenen Möglichkeiten und *in der Geschichte wirklich gewordenen Abwege* gesehen, die einen Abfall bedeuten"[40]. Sofern er nicht bereits ältere Traditionen aufnimmt, die ihren klaren Bezug in der vorstaatlichen oder staatlichen Zeit haben, hat der Deuteronomist die religiöse Praxis der Königszeit im Blick. So geht z.B. Horst Dietrich Preuß in seiner Untersuchung zur „Verspottung fremder Religionen im

---

39   J. Pakkala, Intolerant monolatry (s. Anm. 20), 212.
40   M. Noth, Überlieferungsgeschichtliche Studien, [3]1967, 103 (Hervorhebung C.F.).

Alten Testament" davon aus, dass Israel „kein Volk wie jedes andere ist und sein soll" und immer schon „weiß, daß bestimmte Dinge seinem Gott ein Greuel sind"[41]. Wenn der Deuteronomist die religiöse Praxis kritisiert, dann gründet seine Kritik in einer vorgegebenen Ausschließlichkeit und Intoleranz, die „von Anfang an ein wesenhaftes, unableitbares und unverlierbares Merkmal echter Jahwereligion"[42] ist. Die Deuteronomisten bringen also für Noth und Preuß nur das zur Geltung, was in den alten Rechtstexten des Dekalogs, des Bundesbuches und des Privilegrechts, den alten Erzählungen wie Jdc 6,25-32; 17f.; I Sam 5,1-5; I Reg 8; II Reg 1 sowie bei Hosea, Jeremia und dem Deuteronomium bereits vorgeprägt ist, und sie kritisieren ein Verhalten, das sich davon weg bewegt hat. Das dtr Geschichtswerk, so W.H. Schmidt, „zeigt an Hand der Vergangenheit auf, wie wenig Israel solchem Rat gefolgt ist. … So ist das Werk eigentlich nur von der einen Frage bewegt, wieweit Israel der Ausschließlichkeit und Bildlosigkeit des Glaubens … gerecht wurde"[43]. Die kritischen Urteile im DtrG beziehen sich demnach – wenn auch zugestanden wie etwa bei den Kinderopfern oder den pauschalisierenden Urteilen „unter jedem grünen Baum" ver- oder überzeichnend – auf religionsgeschichtlich reale Sachverhalte in vorexilischer Zeit. Wird der vorausgesetzen Frühdatierung der Ausschließlichkeit YHWHs mit Skepsis begegnet, so bleibt als Anker immer noch das Deuteronomium und die joschijanische Reform, an deren Historizität festgehalten wird. „DtrH geht von dem aus, was die josian. Reform und das dt Gesetz gebracht haben; die Verbote der Verehrung fremder Götter und des Kultus an Orten außerhalb Jerusalems"[44]. DtrH beschreibt aus seiner subjektiven Sicht die Religion Judas in der Königszeit. Den späteren deuteronomistischen Bearbeitungen (DtrN1-n) geht die Augenzeugenschaft zwar zunehmend verloren, doch bleibt der Bezug auf die vorexilischen Verhältnisse grundsätzlich erhalten. Der Grad des Ahistorischen, Fiktiven allerdings nimmt damit – je weiter in die nachexilische Zeit die Deuteronomisten herabdatiert werden – zu. Bereits angesprochen wurde die Position von Juha Pakkala, für den das Fremdgötterverbot und jegliche Intoleranz erst eine Erfindung der Nomisten gewesen ist. Diese aber verzeichnen die Wirklichkeit der Vergangenheit, weil sie auf die Gefährdung der Gegenwart zielen. „A closer look at the condemned practices revealed that the issue had not been as simple as the nomists presented it. Many religious items, prac-

---

41 H.D. Preuß, Verspottung fremder Religionen im Alten Testament, BWANT 92, 1972, 12.
42 H.D. Preuß, Verspottung (s. Anm. 41), 13f.
43 W.H. Schmidt, Einleitung in das Alte Testament, [3]1985, 141.
44 R. Smend, Die Entstehung des Alten Testaments, [4]1989, 123.

tices and conceptions that the nomists rejected as foreign had been Israelite before the Exile. The pre-exilic conceptions over many phenomena are often positive, whereas the nomists term them illegitimate and foreign"[45].

Ähnlich verorten sich Vertreter des Blockmodells, die von einer vorexilischen Entstehung eines großen Teils des DtrG ausgehen, sei es nun mit hiskijanischer oder joschijanischer Datierung. Sie sehen die deuteronomistischen Kultnotizen in einer relativen Zeitnähe zu der bezeichneten vorexilischen Königszeit entstanden und damit mit geringem Fiktionalitätsgrad. Die Polemik bezieht sich auf religionsgeschichtliche Sachverhalte in vorexilischer Zeit; sie ist antikanaanäisch oder antiassyrisch orientiert. Mit zunehmender Entfernung von den Ereignissen in den exilischen und nachexilischen Bearbeitungen nehmen der Realitätsbezug ab und die Konstruktion zu.

Alternativ wird etwa für die exilischen Bearbeitungen ein Bezug jenseits der Königszeit angenommen. So sieht Rainer Albertz in Korrektur zu der traditionellen Verortung der Bezugswelten der deuteronomistischen Texte die Verhältnisse der Exilszeit als eigentlichen Hintergrund: „Man mag diese Einseitigkeit (scil. mit der auf die Exklusivität der YHWH-Verehrung abgehoben wird) z.T. in den Erfordernissen der exilischen Gegenwart der Dtr begründet sehen, in der der Synkretismus erneut auflebte und nach Fortfall des einenden staatlichen Bandes die religiöse Identität der Judäer durch Arrangements und Mischehen mit den umliegenden und einsickernden Volksschaften bedroht war"[46]. „Als Minorität in fremdreligiöser Umwelt lebend, waren die Exulanten ständig mit der Gefahr des Synkretismus konfrontiert, zumal sie sich im öffentlichen Leben kaum den babylonischen Ritualen, Götterprozessionen und Gottesvorstellungen ganz entziehen konnten"[47]. Es sind die aktuellen „Überfremdungsängste"[48], die die Deuteronomisten treiben. Trotz dieser Sorge um die exilische Gegenwart bleibt der meiste Teil der deuteromistischen Polemik ohne konkreten Bezug. Lediglich die Auseinandersetzung mit Baal und Aschera/Astarte könnte nach Albertz auf die Verehrung eines Götterpaars in exilischer Zeit Bezug nehmen. „Ansonsten entspringt der pauschale Synkretismusvorwurf eher einer theologischen Theorie als wirklichen religionsgeschichtlichen Tatbeständen"[49]. Der Bezug der dtr Kultnotizen hat sich damit verschoben. Er zielt nicht mehr auf eine Beschrei-

---

45   J. Pakkala, Intolerant monolatry (s. Anm. 20), 220.
46   R. Albertz, Religionsgeschichte (s. Anm. 12), 402.
47   R. Albertz, Die Exilszeit. 6. Jahrhundert v. Chr., Biblische Enzyklopädie 7, 2001, 220.
48   R. Albertz, Exilszeit (s. Anm. 48), 222.
49   R. Albertz, Religionsgeschichte (s. Anm. 12), 404.

bung der Vergangenheit, sondern beschreibt abgesehen von einem hohen Grad der Konstruktion und Fiktion Gefährdungen der exilischen Gegenwart der Deuteronomisten.

Ein solcher Bezugsrahmen ist schwer denkbar, wenn weite Teile der deuteronomistischen Tradition nachexilisch verortet werden. So zielt die deuteronomistische Kultpolemik etwa bei Ernst Würthwein auf die Reinheit des zweiten Tempels: „Hier soll nicht einfach Vergangenes geschildert werden, was ja nur sehr wenig anschaulich geschähe, sondern den ein paar Generationen nach 587 lebenden Judäern bewußt gemacht werden, daß es gilt, den für den Jahwedienst allein bestimmenden und allein legitimen Tempel in Jerusalem rein zu halten von allen heidnischen Greueln. Es soll nicht Wissen über frühere Ereignisse vermittelt, sondern zu gegenwärtigem Verhalten aufgerufen werden"[50]. „Zu dem Ungehorsam gegen Jahwes Gebot gehört nach einer DtrN-Schicht speziell die Hinwendung zu anderen Göttern und die Übernahme der Bräuche fremder Völker"[51]. Es handelt sich um eine literarische Fiktion, deren religionsgeschichtlicher Wert weniger als gering ist. Der konkrete Hintergrund bleibt blass: „In dieser durch ihre Phraseologie besonders charakteristischen DtrN-Schicht ist unüberhörbar die Warnung eingeschlossen, sich nicht fremden Einflüssen, woher sie auch kommen mögen, in der Gottesverehrung (und wahrscheinlich auch darüber hinaus) zu öffnen"[52]. Welcher Art diese »fremden Einflüsse« sind, führt Würthwein nicht aus. Dass sich die deuteronomistische Kultpolemik *auf einen realen Synkretismus in nach-exilischer Zeit* bezieht, findet sich auch bei Reinhard Gregor Kratz, doch auch dort bleibt die religionsgeschichtliche Konkretion eher blass und schemenhaft: „In der Überlieferung, auf der das Judentum basiert, wandelte sich die Religion des Alten Israel in eine Religion des Gesetzes. Sie war keineswegs für alle Teile des Judentums zur Zeit des Zweiten Tempels verpflichtend. Die harsche Kritik am Fremdgötterkult im Land, die den vorexil. Propheten seit Mose in den Mund gelegt wird und bis in nachexil. Zeit nicht verstummt, und der jüd. Tempel auf der Nilinsel Elephantine, der seit dem 7./6. Jh. bestand, im Jahre 410 v. Chr. auf Betreiben der äg. Chnum-Priester zerstört und mit Wissen der Jerusalemer Priester wieder aufgebaut wurde, sprechen für sich"[53].

Der knappe und unvollständige Blick auf die Entwicklung der Diskussion zeigt eine zunehmende Spätdatierung des ersten Gebots und der

---

50   E. Würthwein, Die Bücher der Könige (s. Anm. 21), 499.
51   E. Würthwein, Die Bücher der Könige (s. Anm. 21), 500.
52   E. Würthwein, Die Bücher der Könige (s. Anm. 21), 500.
53   R.G. Kratz, Art.: Kult (s. Anm. 24), 33.

literarischen Durchsetzung des Ausschließlichkeitsanspruchs YHWHs. Damit fällt die vorexilische Auseinandersetzung um kultische Installationen, fremde Götter und um die Partnerin an YHWHs Seite *de facto* aus. *External evidence* und literarische Bezüge hingegen treten immer weiter auseinander. Der in der differenzierten Berücksichtigung des außerbiblischen Befundes in den achtziger Jahren erreichte Fortschritt droht wieder verloren zu gehen. In der Spätdatierung von Fremdgötterverbot und Bezugswelt der deuteronomistischen Polemik ist insgesamt ein Dilemma zu erkennen: Für die vorexilische Zeit führt der archäologische, ikonographische und epigraphische Befund einerseits auf einen begrenzten Polytheismus (zumindest mit Baal, Aschera, El, astralen und lunaren Größen usw.) und anderseits auf eine Monolatrisierung der Religion Judas im 7. Jh. Dagegen fehlt – nach Ansicht der jüngeren und jüngsten Hypothesen – von dieser Entwicklung in der Literatur jede Spur. Gesucht wird eher nach einer kurzen, aber heftigen Auseinandersetzung um die Ausschließlichkeit YHWHs in frühnachexilischer Zeit. Dort sollen mit Bezug auf nachexilische Synkretismen und die Profilbildung der YHWH-Religion Bilderverbot und Erstes Gebot in all ihren Varianten erst entstanden sein. Gegen diese Hypothese jedoch steht der religionsgeschichtliche, literarische, archäologische, ikonographische und epigraphische Befund in der Provinz *Jehûd*. Weder sind die Himmelskönigin, Tammus, Sakkut und Kewan persische Gottheiten, noch ist die Polemik gegen Astralkulte in persischer Zeit sinnvoll zu platzieren. Von Aschera fehlt bislang in nachexilischer Zeit nahezu jede Spur[54] und Sonnenwagen wie $k^e mar\hat{\imath}m$ Priester passen allgemein anerkannt besser in die spätvorexilische als in die nachexilische Zeit[55]. Es bleibt doch darüber hinaus unbestritten, dass Deuterojesaja, P und späte Texte des Deuteronomiums zum monotheistischen Bekenntnis gefunden haben und sie sich darin von der breiten Masse deuteronomistischer Texte unterscheiden. Auch dass die nachexilische Prophetie in Bezug auf die Durchsetzung des Ausschließlichkeitsanspruchs radikal anders gelagert ist als die „vorexilische", ist doch im Großen und Ganzen nicht in Frage zu stellen. Die Religion in nachexilischer Zeit ist in Bezug auf die Anfechtungen der Ausschließlichkeit YHWHs deutlich geringeren „Gefährdungen" ausgesetzt als die spät-

---

54 Vgl. dazu C. Frevel, YHWH und die Göttin bei den Propheten. Eine Zwischenbilanz, in: Der eine Gott (s. Anm. 1), 49-77.

55 Vgl. zuletzt M. Arneth, Die antiassyrische Reform Josias von Juda. Überlegungen zur Komposition und Intention von 2 Reg 23,4-15, ZAR 7 (2001), 189-216.

vorexiliche. „Throughout the Second Temple period our sources indicate an exclusive worship of Yhwh and an aniconic cult"[56].

Nach wie vor ist die Beobachtung Ephraim Sterns in der Tendenz richtig, dass in Juda die Evidenz für eine maßgebliche Beeinflussung durch die phönizisch geprägte persische, edomitische oder phönizische Religion in archäologischer wie ikonographischer Hinsicht nahezu fehlt. „Since the beginning of the Persian period, in all the territories of Judah and Samaria, there is not a single piece of evidence for any pagan cults"[57]. „This totally contradicts our observation concerning the final stage of the Judean monarchy"[58].

Herbert Niehr vermutet in seiner Skizze zu den religiösen Verhältnissen der nachexilischen Zeit zwar eine Kontinuität, muss aber ebenfalls eingestehen, dass die Evidenz dafür nicht vorhanden ist: „What can be said about the gods and goddesses venerated next to YHWH in the Second Temple? Is it a reasonable view to believe that their cult had been abolished together with the destruction of the First Temple? Certainly not! *But, unfortunately, we do not have at our disposal any primary evidence tackling this subject*"[59]. Zuletzt hat Rüdiger Schmitt die schmale Befundlage für Jehûd referiert und konstatiert: „Zusammenfassend kann festgestellt werden, dass sich größere perserzeitliche Deposita von Tonplastik tatsächlich nur außerhalb Jehuds fanden"[60]. An fünf Orten koinzidieren sog. Jehûd-Stempel mit einer signifikant geringen Anzahl von Terrakottabruchstücken, nämlich in *Tell Ġazarī*/Geser, *Ḥirbet Ṣāliḥ/Rāmat Rāḥēl*, Engedi, *Tell en-Naṣbe*/Mizpa und *Tell es-Sulṭān*/Jericho. Daraus will Schmitt auf eine Kontinuität zur vorexili-

---

56   L.L. Grabbe, Judaic religion in the Second Temple period. Belief and practice from the Exile to Yavneh, 2000, 219; vgl. ders., A history of the Jews and Judaism in the Second Temple period. 1. Yehud. A history of the Persian province of Judah, Library of Second Temple Studies 47, 2004.

57   E. Stern, Archaeology of the land of the Bible. 2. The Assyrian, Babylonian and Persian periods. 732-332 BCE, The Anchor Bible reference library, 2001, 479. Vgl. auch ders., Religion in Palestine in the Assyrian and Persian Periods, OTS 42 (1999), 253-255: „in the area of the country occupied by Jews, not a single cultiv figurine has been found!" (254). Vgl. schon ders., What happened to the Cult Figurines, BAR 15 (1989), 22-29. Vgl. mit dem selben Ergebnis die Studie von R. Kletter, Judean Pillar-Figurines and the Archaeology of the Goddess Asherah, 1996, 40.79.

58   E. Stern, Archaeology (s. Anm. 57), 488.

59   H. Niehr, Religio-Historical Aspects of the 'Early Post-Exilic' Period, in: B. Becking u. M.C.A. Korpel (Hgg.), The crisis of Israelite religion. Transformation of religious tradition in exilic and post-exilic times, OTS 42, 1999, 228-244. 239.

60   R. Schmitt, Gab es einen Bildersturm nach dem Exil? Einige Bemerkungen zur Verwendung von Terrakottafigurinen im nachexilischen Israel, in: R. Albertz u. B. Becking (Hgg.), Yahwism after Exile: Perspectives on Israelite Religion in the Persian Era, STAR 5, 2003, 186-198, 190.

schen Kultpraxis schließen[61]. Doch reicht dafür die ausgesprochen schmale Evidenz aus, oder ist es eher der (berechtigte) Widerstand gegen die Rede von einem »Bildersturm« im frühnachexilischen Juda, der zur Annahme einer Kontinuität führt?

Nimmt man die vorherigen Überlegungen zusammen, so lässt sich als Fazit festhalten: Es gibt keine bruchlose Kontinuität zwischen exilischer und nachexilischer Zeit. Ein zur Königszeit vergleichbarer Bezugsrahmen für die deuteronomistischen Fremdgöttertexte ist in der nachexilischen Zeit nicht gegeben. Der *monolatric turn* in der außerbiblischen Evidenz in der persischen Provinz Jehud darf nicht einfach überspielt werden, sondern muss ausgewertet werden. In dem Auseinandertreten von literargeschichtlichen Hypothesen zu deuteronomistischen Texten und Textanteilen einerseits und der Religionsgeschichte der frühnachexilischen bis vorhellenistischen Zeit liegt eine erhebliche methodische Schwäche der jüngsten Diskussion.

3. Methodische Anmerkungen

Der generelle „Nomismus" in Fremdgötterfragen, die Marginalisierung religionsgeschichtlicher Argumentationen und der *external evidence*, die methodische Vorordnung der Redaktionsgeschichte und der Rückgang der Arbeit mit Primärdaten führen zu literarischen Globalhypothesen und einer Schieflage in der Religionsgeschichte. Daher scheinen mir einige methodische Anmerkungen zur gegenwärtigen Lage notwendig. Diese sind zum Teil Selbstverständlichkeiten und vor etwa 10 Jahren intensiv diskutiert worden, haben aber offenbar nicht nachhaltig genug den kritischen Umgang mit deuteronomistischen Texten beeinflusst.

1. Die Unterscheidung von Primär- und Sekundärquellen ist richtig und sollte zum Allgemeingut gehören. Dabei kann „kein seriöser Historiker ... auf die Sekundärquellen nur deshalb verzichten, weil sie von den Primärquellen nicht ganz genau bestätigt werden"[62]. Diese basale Einsicht scheint mir zunehmend wieder aus dem Blickfeld zu geraten. Das Verhältnis der beiden Evidenzen zueinander bleibt in der historischen Analyse oft ungeklärt[63]. So kann

---

61 Vgl. R. Schmitt, Bildersturm (s. Anm. 60), 192.198.

62 C. Uehlinger, Gab es eine joschijanische Kultreform? Plädoyer für ein begründetes Minimum, in: W. Groß, (Hg.), Jeremia und die „deuteronomistische Bewegung", BBB 98, 1995, 57-89.81.

63 Uehlinger spricht von „fragiler Indizienkombinatorik" (Kultreform [s. Anm. 62], 81), was zwar treffend die Unsicherheit beschreibt, aber von einer Kriteriologie ebenfalls weit entfernt ist.

aufgrund des Fehlens archäologisch-epigraphischer Evidenz nicht auf die Nicht-Existenz geschlossen werden und erst recht nicht ein Sachverhalt literarisch für sekundär erachtet werden. Mit *argumenta e silentio* wird man keine Geschichte schreiben dürfen. Es ist ferner ungeklärt, inwieweit Texte sich mit dem durch die historischen Primärquellen Erhobenen decken müssen. Eine Freiheit in der Wahl der Formulierung, Stoßrichtung und auch historischen Treffsicherheit muss zugestanden bleiben. Die literaturwissenschaftlichen Begriffe Fiktion, Konstruktion o.ä. sind in der religionsgeschichtlichen Diskussion deshalb m.E. derzeit deutlich unterbestimmt. Daneben muss eingefordert werden, dass der ikonographische und epigraphische wie der archäologische Befund differenziert wahrgenommen und in der Diskussion berücksichtigt wird. Es kann nicht angehen, angesichts der vielfältigen polytheistischen Spuren bis in die späte Königszeit in Figurinen, Kultständern, Siegeln, Inschriften und Heiligtümern eine nahezu dominante YHWH-Monolatrie zu behaupten und dagegen für die nachexilische Zeit, wo die archäologische Referenz für einen Polytheismus nahezu ausfällt ist, einen florierenden Bezugspunkt der deuteronomistischen Polemik anzunehmen. Diese offensichtliche Diskrepanz zwischen literarischem und archäologischem Befund ist methodisch suspekt und defizitär. Das Ziel muss eine Konvergenz beider Ebenen sein.

2. Die zunehmende Spätdatierung der Auseinandersetzung mit Fremdgöttern und ihren Kulten wird nahezu vollständig über den Sprachbeweis belegt. Die Datierung über den Sprachbeweis in deuteronomistischen Texten wird aber zur problematischen *petitio principii*, wenn weder die Referenzgröße dessen, was anfänglich deuteronomistisch genannt werden soll, klar umrissen ist, noch statistische Grundsätze beachtet werden. Der Sprachbeweis kann die Last einer Spätdatierung nie alleine tragen. Das wurde in den 90er Jahren angesichts des „Pan-Deuteronomismus" intensiv diskutiert[64]. Als Beispiel nehme ich erneut Pakkalas „Intolerant Monolatry" von 1999. Aufgrund von sprachlichen Parallelen in späten Texten datiert bei Pakkala ein Text „spät". Dass dafür die statisti-

---

[64] Vgl. z.B. N. Lohfink, Studien zum Deuteronomium und zur deuteronomistischen Literatur. Band 3, SBAB 20, 1995; W. Groß (Hg.), Jeremia (s. Anm. 62); S. Deck, Wortstatistik – ein immer beliebter werdendes exegetisches Handwerkszeug auf dem (mathematischen) Prüfstand, BN 60 (1991), 7-12; A.D. Forbes, A Tutorial on Method: A Guide for the Statistically Perplexed, in: D.N. Freedman (Hg.), Studies in Hebrew and Aramaic orthography, Biblical and Judaic studies 2, 1992, 17-35, vgl. auch L.S. Schearing u. S.L. McKenzie (Hgg.), Those elusive Deuteronomists. The phenomenon of pan-Deuteronomism, JSOT.S 268, 1999, 67-82.

sche Basis in der Regel nicht ausreicht, wird methodisch kaum bedacht. Die Möglichkeit, dass ein geprägter Sprachgebrauch *seinen Ursprung* in dem untersuchten Text hat, kommt gar nicht in den Blick. So entsteht schnell ein Sog spät-dtr Texte, die jeden der untersuchten Texte in einem sprachlichen Strudel in Datierungstiefen ziehen. Wie zirkulär dabei die Argumentation ist, lässt sich am Beispiel des ersten Dekaloggebotes zeigen. Dort gelingt es Pakkala nicht, aufgrund später Parallelen eine spätdtr nomistische Datierung abzusichern. Also wird die Beweisführung umgekehrt: „As seen in the other analyses, passages which use the vocabulary or otherwise depend on the first commandment may be regarded as nomistic or later. If the first commandment had been inserted into Dt much earlier than the nomists, one would expect some pre-nomistic passages, at least in Dt, to refer to it. This not being the case, one may suspect that the first commandment and thus the whole Decalogue is a late comer to Dt."[65]. Weil das erste Gebot im Deuteronomium nicht zitiert wird oder dessen Phraseologie kaum aufgenommen wird, muss es einem äußeren Wachstumsring des Deuteronomiums zugewiesen werden. „The phraseology suggest that the first commandment derives from the nomists"[66]. Dass dieser Schluss methodisch nicht gedeckt und sicher nicht mit der dtr Phraseologie zu begründen ist, bedarf hingegen kaum eines Nachweises. Die *vice versa* Formulierung macht deutlich, dass es um das argumentative Abwägen geht und sich eine Sicherheit mit den uns zur Verfügung stehenden methodischen Mitteln und Quellen kaum erreichen lässt. Das bedeutet umso mehr, dass die Argumente und Kriterien offen gelegt werden müssen.

3.   Die dritte methodische Bemerkung ist noch selbstverständlicher: Aus einer Spätdatierung eines Textes ergibt sich nicht zwingend die Ahistorizität des in ihm Erzählten – verständlicherweise nicht für die Zeit, in der erzählt wird, aber auch nicht für die Zeit, *von* der erzählt wird. So mag es sein, dass die Erwähnung von Astralkulten spät ist, jedoch ihre Existenz im 8./7. Jh. wahrscheinlich. Umgekehrt ergibt sich aus der erwiesenen oder vermuteten Ahistorizität nicht zwingend die Spätdatierung. Aus der Ahistorizität der Vernichtung der Baalspropheten unter Jehu in II Reg 10 ergibt sich nicht, dass die Erzählung frühnachexilisch sein muss. Das führt zu der Frage, was denn die Kriterien für die Historizität einer religionsgeschichtlichen Notiz sein können. Methodisch fehlen der Exegese ausreichend sichere Kriterien für die Bestimmung des Grads der Fiktionalität in historischen Texten. Dieses Dilemma lässt sich nicht

---

65   J. Pakkala, Intolerant Monolatry (s. Anm. 20), 66.
66   J. Pakkala, Intolerant Monolatry (s. Anm. 20), 71.

schnell lösen, sondern bedürfte einer eingehenderen Beschäftigung. Vorläufig und unvollständig lassen sich m.E. grob drei Kriterien benennen, die für eine Tendenzentscheidung ausreichen sollten: Ein Plausibilitätskriterium, ein Differenzkriterium und ein Konvergenzkriterium.

(a) Zunächst einmal muss eine historische Plausibilität gegeben sein. So hat z.B. die Zerstörung des Baalsaltars in der Richterzeit (Jdc 6,25-30) aufgrund der historischen Rahmendaten weit weniger Plausibilität als die Entfernung von Sonnenwagen im Jerusalemer Tempel (II Reg 23,11). Ebenfalls ist die Anweisung zur militanten Exstirpation von Kultobjekten (Ex 34,13; Dtn 7,5; 12,3; II Reg 23,14) als real gemeinte und, auf welche Fremdvölker im Lande auch immer gerichtet, kaum historisch plausibel und mit dem innenpolitischen Verhalten Israels kompatibel, sondern hat viel eher literarischen Wert. Dagegen ist die Rückführung einer Maßnahme des assurfreundlichen Manasse unter Joschija im Tempel Jerusalems (II Reg 21,7/II Reg 23,6) religionsgeschichtlich plausibler. Ein anderes Beispiel für das *Plausibilitätskriterium* ist II Reg 18,4 – eine Stelle, der in jüngster Zeit späte deuteronomistische Bearbeitung unterstellt wird[67]. Dort wird vorausgesetzt, dass dem Nechuschtan genannten Kultobjekt durchgehend Opfer gebracht wurden, weshalb es jetzt – in einem Atemzug mit Höhen, Masseben und Ascheren – genannt und entfernt werden konnte. Mose wird durch die Entfernung des »altehrwürdigen« Gegenstandes zweifellos diskreditiert, zumal er als Initiator des Nechuschtan (Num 21,7) mit keinem Wort entschuldigt wird. Es ist m.E. wenig plausibel, denselben nomistischen Deuteronomisten eine enge Bindung an die Tora des Mose zu unterstellen und ihnen gleichzeitig die in der Beseitigung Nechuschtan II Reg 18,4 gegebene Kritik an Mose zuzuschreiben. Damit ist zwar ein früh- oder gar vordtr Kontext der Stelle keinesfalls erwiesen, jedoch durchaus plausibler als die Gleichzeitigkeit mit Stellen, denen die mosaische Autorität alles bedeutet. Ein letztes Beispiel für das Plausibilitätskriterium soll II Reg 23,7 darstellen. Der Hinweis auf die Umgestaltung der Räumlichkeiten, die *vor Joschija* dem Ascherakult zugewiesen worden sind, spiegelt, was auch immer konkret hinter der Maßnahme stehen mag, ein Zurückdrängen des Ascherakultes[68]. Diese konkrete Maßnahme ist – angesichts des Fehlens der Evidenz für einen Ascherakult in frühnachexilischer Zeit und der nicht mehr gegebenen ökonomischen Hintergründe einer Tempelwirtschaft – als Fiktion oder Konstruktion deutlich weniger plausibel.

---

67 Vgl. z.B. J. Pakkala, Intolerant monolatry (s. Anm. 20), 167f.; R. Achenbach, Die Vollendung der Tora. Studien zur Redaktionsgeschichte des Numeribuches im Kontext von Hexateuch und Pentateuch, BZAR 3, 2003, 350.

68 Vgl. dazu ausführlich C. Frevel, Aschera (s. Anm. 7), 680-699.

(b) Das *Differenzkriterium* bezieht sich auf die literarische Ebene. Die Stellen, die in hohem Maße pauschal, undifferenziert und formalisiert sind, dürften als solche kaum einen historischen Sachverhalt kennzeichnen. „Die Israeliten taten, was dem Herrn mißfiel, und dienten den Baalen" (Jdc 2,13, vgl. 3,7) oder „Sie errichteten Masseben und Ascheren auf jedem hohen Hügel und unter jedem grünen Baum" (II Reg 17,10) machen so pauschale Angaben, dass dahinter allerhöchstens ein Reflex auf eine kultische Praxis stehen könnte. So wird man sich aus literarischer Sicht zunächst auf die Stellen konzentrieren, die sich von den standardisierten Vorwürfen des Fremdgötterdienstes abheben. Hier wäre umgekehrt der plausible Nachweis der Fiktionalität erforderts, um diesen Stellen die Historizität abzusprechen.

(c) Am wichtigsten erscheint mir das Konvergenzkriterium. Nur das kann sinnvoll als historisch beansprucht werden, was dem außerbiblischen Befund aus Religionsgeschichte, Archäologie, Ikonographie und Epigraphie nicht widerspricht. Grundsätzlich sind die Sachverhalte als historisch plausibler anzusehen, die dem Befund der Primärquellen konvergieren. Berücksichtigt man z.B. die Astralsymbolik in der Ikonographie, dann ist der Bezug der Rede vom Himmelsheer für das 8./7. Jh. deutlich plausibler als für das 5./4. Jh., wo in der Glyptik Judas keine astrale Symbolik mehr nachzuweisen ist. Für das 6. Jh. und erst recht für das folgende 5. Jh. ist ein deutliches Zurücktreten der Astralsymbolik in der Glyptik festzustellen. Zwar gibt es nach Keel/Uehlinger „unter Leuten, die vermutlich in direktem Kontakt mit der babylonischen Administration standen oder selbst dazu gehörten eine gewisse Permanenz astralkultischer Vorstellungen in der frühen EZ III" [69], doch fällt auf, dass bisher aus dem judäischen Kernland Siegel mit Astralsymbolik fehlen[70]. Das mag nun mit der Fundsituation begründet werden. Dagegen hat Christoph Uehlinger m.E. zu recht auf die Referenzkorpora der Bullae aus dem Anfang des 6. Jh. aus Juda verwiesen, wo Astralsymbolik fehlt[71].

Wie auch immer man diesen Befund bewertet – und ich neige nicht dazu, ihn als *Folge* der *Reformmaßnahmen Joschijas* zu deuten – fehlt doch der Annahme, die deuteronomistischen Kultnotizen bezögen sich auf Synkretismen der Exilszeit und der nachexilischen Zeit, die materielle Basis. Wenn auch kein ursächlicher Zusammenhang dieses Befundes mit der Kultreform Joschijas gegeben ist, so muss

---

69 O. Keel u. C. Uehlinger, Göttinnen (s. Anm. 12) 432 (Satz umgestellt).

70 Eindeutige Sonnensymbolik findet sich nur auf wenigen Siegeln, GGG 382 (rudimentär mit einer Sonnenscheibe über einem Löwen [?] und einem aramäisch beschrifteten Königsstempel GGG 383 aus Engedi, wo ein solarer Himmelsgott durch die geflügelte Sonnenscheibe repräsentiert wird.)

71 Vgl. C. Uehlinger, Kultreform (s. Anm. 62).

doch in Betracht gezogen werden, dass es eine auffallende Konvergenz zu einigen der Maßnahmen Joschijas gibt, die eine Kultreform in spätvorexilischer Zeit plausibilisieren, weil ihr ein späterer Haftpunkt fehlt. Das betrifft vor allem II Reg 23,11, die Entfernung der Sonnenwagen aus dem Außenbereich des Tempels. Die Formulierungen sind ungewöhnlich und entsprechen nicht deuteronomistischer Konvention[72]. Die Sonnenwagen des Schamasch im Tempel von Jerusalem machen nur im 7. Jh. einen Sinn, wie zuletzt M. Arneth mit Bezug auf C. Uehlinger noch einmal bestätigt hat[73]. Es ist daher vollkommen unplausibel, die Referenz eines solchen Textes in exilischer oder nachexilischer Zeit zu postulieren, und es wird schwer, ihn als Fiktion in nachexilischer Zeit zu kennzeichnen[74]. Das zumindest müsste mit guten Gründen abgesichert werden und die sehe ich bisher nicht. Der Verweis auf die formelhafte Rede in Dtn 4,19 oder 17,3, die sicher nicht vorexilisch sind, sondern in fortgeschrittenen Stadien der Deuteronomismusentwicklung entstanden sind, macht die nachexilische Zeit als Hintergrund für die Auseinandersetzung mit Astralkulten und ihren Elementen nicht wesentlich plausibler, wenn der ikonographische Befund auf die spätvorexilische Zeit weist.

4.   Die derzeit diskutierten Spätdatierungen des ersten Gebots gehen allesamt von drei gleichen Voraussetzungen aus: (a) Das Deuteronomium ist spät zu datieren und die Idee der Kultzentralisation frühestens exilisch, (b) die Kultzentralisation Joschijas ist weitestgehend ahistorisch und nicht mit dem Zurückdrängen von Fremdgötterkulten verbunden. (c) Die Forderung nach Kultreinheit und

---

72   So bereits H. Spieckermann, Juda unter Assur in der Sargonidenzeit, FRLANT 129, 1982, 107 und ihm zu Recht folgend viele andere.

73   M. Arneth, Reform (s. Anm. 55); ders., „Sonne der Gerechtigkeit". Studien zur Solarisierung der Jahwe-Religion im Lichte von Psalm 72, BZAR 1, 2000, 165-169.207.

74   Das zeigt sich deutlich an den Problemen, die Pakkala mit dem Reformbericht hat. Dort sieht er sich gezwungen, an einem dtr Grundtext des Reformberichtes festzuhalten, der II Reg 23,8.11.12 umfasst. In diesem Grundtext aber sieht er aufgrund der petitio principii „Spätdatierung des Ersten Gebots" keine Maßnahmen gegen andere Götter: „The writer was angered by the violation of Yahwe's Temple (23:4a,11-12a) and the competition posed to it by the במות. ... The attack on the other gods has later buried the fact that the Temple is the leading theme and motif of the writer", J. Pakkala, Intolerant monolatry (s. Anm. 20), 180. Abgesehen davon, dass die Gründe für die Abgrenzunug des Torsos Vv. 8.11f. nicht einleuchten, wird das Potential von V. 11 deutlich unterbestimmt. Denn dass die Sonnenwagen mit Šamaš in Verbindung zu bringen sind, dürfte inzwischen zum Konsens gehören. Dann aber ist die Maßnahme nicht nur ein antiassyrischer Reformakt, sondern zugleich ein Akt gegen die Präsenz und Verehrung *anderer* Götter im Jerusalemer Tempel. Ferner wird man Pakkala fragen müssen, wie er die „anderen Götter" sowohl von den Altären der Dächer als auch von den Torheiligtümern plausibel fernhalten will.

Kulteinheit sind voneinander getrennt zu betrachten und die Kult-
reinheit wird der Kultzentralisation zeitlich nachgeordnet[75].
M.E. sind alle drei Voraussetzungen zu hinterfragen. Schon das
Zurückgehen der Heiligtümer in der Eisen IIB und IIC-Zeit lässt
fragen, ob die Zentralisation auf Jerusalem nicht schon vorexilisch
weitestgehend oder *de facto* abgeschlossen war. Dass die Idee der
Kultzentralisation seit 701 v. Chr. einen plausiblen historischen
Rahmen vorfindet, sollte ebenso wenig wie die monoyahwistische
Stoßrichtung des *Š*ᵉ*maʿ* Dtn 6,4 außer acht gelassen werden[76]. An
einem begründeten Minimum der Reform Joschijas II Reg
23,5.6f*.11.12 ist m.E. nach wie vor plausibel festzuhalten. Die
künstliche Trennung von Kultreinheit und Kulteinheit schließlich
ist zwar auf den ersten Blick methodisch sinnvoll, sachlich aber
nicht konsequent durchführbar. Der Konzentration des YHWH-
Kultes auf Jerusalem inhäriert ein Moment der Reduktion des Polytheismus per se. Bezogen auf Fremdgötterkulte wie auf den
YHWH-Kult liegt die Kultreinheit zumindest in Teilen in der Konsequenz der Kulteinheit. Auch in der wie auch immer historisch zu
bewertenden Kultreform Joschijas lassen sich beide Aspekte nur
künstlich voneinander trennen (vgl. II Reg 23,5.8). Was aber noch
wichtiger ist: Aus der methodischen Unterscheidung lässt sich
nicht ein zeitliches *Nacheinander* von Kulteinheit und Kultreinheit
ableiten. Dieses ergibt sich zwar im Blick auf die Schichtung des
Deuteronomiums, doch bleibt die Trennung *zeitlich* gesehen relativ.
Sie kann jedenfalls nicht die erst spätdeuteronomistische Datierung
jeglicher Auseinandersetzung mit den Fremdgöttern begründen.
5.   Die Texte müssen differenziert wahrgenommen werden, sowohl
synchron wie diachron. Dann zeigen sich vollkommen unterschiedliche religionsgeschichtliche Profile der deuteronomistischen Kultpolemik. Darin liegt eine Arbeit, die bisher nur in Ansätzen in

---

75   Vgl. dazu vor allem die jüngsten Publikationen von R.G. Kratz und E. Aurelius,
     dazu die Angaben o. in Anm. 23 und 24.
76   Hier sind im Zuge der Spätdatierung des Fremdgötterverbotes in jüngster Zeit
     wieder Zweifel geäußert worden. So z.B. von J. Pakkala, Intolerant monolatry (s.
     Anm. 20) 73-85, dessen Interpretation, Dtn 6,4-9* beziehe sich auf YHWH als „Natio-
     nalgott Israels" und einzige Gruppengröße von E. Aurelius zu Recht als „banal" kri-
     tisiert wird (Ursprung [s. Anm. 20], 5). Allerdings ist Aurelius' Vorschlag eines
     Bezuges auf YHWH als den einen Gott von Nord- und Südreich nur insofern
     plausibler, als es sich um eine Variante der monoyahwistischen Interpretationslinie
     handelt. Eine monoyahwistische Stoßrichtung, wie sie m.E. derzeit immer noch
     plausibel ist, setzt zwar einen monolatrischen Hintergrund für das Bekenntnis nicht
     zwingend voraus, ist aber recht wahrscheinlich. Vgl. zum Zusammenhang von
     »Einzigkeit« und Loyalitätsforderung E. Zenger, Monotheismus (s. Anm. 1), 38-43.

Angriff genommen worden ist, m.E. aber ein dringendes Desiderat der Forschung darstellt[77]. Es ist eine Binsenweisheit, dass die Auseinandersetzung mit den anderen Göttern und ihren Kulten bunt und vielfältig ist, dass sie vielfach nicht einer religionsgeschichtlichen Realität entspricht, sondern eine bestimmte Funktion im Geschichtsaufriss der Deuteronomisten wahrnimmt. Dabei liegen die Stellen aber nicht immer auf derselben Linie und oft auch nicht auf derselben Ebene und auch das muss bei der Bewertung und diachronen Einordnung berücksichtigt werden. Die synchrone Differenzierung kann inhaltlich oder formal erfolgen. Kriterien für eine Gruppierung wären etwa der Grad der Polemik gegenüber den anderen Göttern, die Systemreferenz, d.h. die Frage, ob es um ein binnenreligiöses (Israel) oder ein fremdreligiöses Element der anderen Völker geht, und als drittes Kriterium die narrative Gestalt.

Es fällt z.B. auf, dass im Textbereich des DtrG *narrative Passagen* neben kurzen Notizen stehen. Es sind dies – lassen wir die Episode vom „goldenen Kalb" am Horeb Dtn 9f. und die längeren legislativen Passagen in Dtn 13 und 17,2-7 einmal aus[78]– die Erzählung von dem Einreißen des Baalsaltars durch Gideon (Jdc 6,25-30), die Erzählung vom umfallenden Bild Dagons aufgrund der Präsenz der Lade (I Sam 5,1-5), der Götterwettstreit auf dem Karmel (I Reg 18,18f.21-40), die Befragung des Baal-Zebub aus Ekron durch Ahasja (II Reg 1), die Revolution Jehus (II Reg 10,18-29) und schließlich die länger erzählte Kultreform Joschijas (II Reg 23). Auffallend ist, dass diese Texte – abgesehen von dem „Bericht" über die Kultreform, der aus dem Rahmen der Erzählstücke auch formal heraus fällt – auffallend wenig mit der sonstigen deuteronomistischen Phraseologie vernetzt sind. Zugleich muss auffallen, dass diese Texte *nicht* auf derselben Ebene argumentieren. Die Frage um die Kompetenz YHWHs in II Reg 1 ist vollkommen anders gelagert als die Zerstörung des Baalsaltars und die Erzählung vom Götterwettstreit zwischen YHWH und Baal in I Reg 18 wiederum anders als die Erzählung vom umfallenden Götterbild I Sam 5,1-5. Diese Er-

---

77 Das gilt insbesondere auch im Blick auf die Debatte um die implizite Intoleranz des biblischen Monotheismus (vgl. J. Assmann, Die Mosaische Unterscheidung oder der Preis des Monotheismus, 2003, 36 u.ö.), auf die an anderer Stelle ausführlicher einzugehen ist. Die heftige Kritik von Seiten der Alttestamentler betont in variierender Form, dass die biblischen Belege zu religiös motivierter Gewalt differenziert zu bewerten sind, vgl. zuletzt: E. Zenger, Der Mosaische Monotheismus im Spannungsfeld von Gewalttätigkeit und Gewaltverzicht, in: P. Walter (Hg.), Das Gewaltpotential des Monotheismus und der Dreieine Gott, 2005, 39-73.

78 Jdc 17 ist unpolemischer Gestalt und eine Größe *sui generis*.

zählungen sind weder zur selben Zeit noch in denselben Kreisen entstanden.

Neben die Erzählungen treten Stellen und Passagen, die der *Periodisierung* der Geschichte in Zeiten des Gehorsams und des Ungehorsams dienen, wie augenfällig Jdc 2,11-19, die Höhenkultformel einschließlich der auf Joschija zielenden und damit zeitlich gliedernden Aussagen „Nur die Kulthöhen verschwanden nicht" (I Reg 14,5; 22,44; II Reg 12,4; 15,4.35) oder „nur die Aschere blieb in Samaria stehen" (II Reg 13,6), die Referenz auf die »Sünde Jerobeams«, aber auch die Reflexion über den Untergang des Nordreiches II Reg 17 oder die Exilsankündigungen im Deuteronomium „anderen Göttern dienen zu müssen" (Dtn 4,28; 8,19; 28,36.64) und die Fiktion der Bücher Dtn-Jdc, erst der Kontakt mit den Göttern des Landes hätte Israel von YHWH abgebracht (Dtn 29,24-26; 30,17; 31,16f.; Jos 23,7; Jdc 2,11-19). Damit verbunden ist die Vorstellung, diese fremden Größen sollten militant exstirpiert werden (Ex 34,13; Dtn 7,5.25; 12,31; Jdc 2,1-3). Andere Konzepte kennen zusätzlich eine Fremdgötterphase in Ägypten (Jos 24,2.14f) oder das Hinzukommen von »Neulingen, die erst vor kurzem gekommen waren«, »Götter aus Luft«, die Israel Dtn 32,16-18 verehrt. Noch subtiler wird die Periodisierung auf der synchronen Ebene, wenn man die Bezugssysteme mit einbezieht. Auch in der Gruppe der periodisierenden Belege ist auf den ersten Blick überdeutlich, dass die Stellen *nicht* auf derselben Ebene liegen und differenziert werden muss. Unterschiedliche Bezugssysteme stehen nebeneinander oder greifen nur zum Teil ineinander. Eine Zuweisung »spätdtr« oder »nomistisch« hilft hier wohl kaum weiter.

Daneben gibt es gliedernde und *klammernde Belege*. Schon H. Spieckermann ist aufgefallen, dass die singularischen Astarte-Stellen in I Reg 11,5.33; II Reg 23,13 und die Pluralbelege Jdc 2,13; 10,6; I Sam 7,3f. und I Sam 12,10 in einem engen Bezug aufeinander stehen und die Richterzeit als »Astartezeit« markieren[79]. Gleiches habe ich für Aschera und die Verteilung der Singular und Pluralbelege nachweisen können[80]. Ein subtiles literarisches Spiel klammert sowohl das Nord- als auch das Südreich mit Pluralbelegen ein und verteilt die Singularbelege gezielt auf wenige Reform- und Gegenreformkönige. Das sieht auf den ersten Blick vollkommen geplant und wenig vertrauenerweckend für eine historische Rückfrage aus. Doch schaut man die Stellen im Einzelnen an, fällt unmittelbar

---

79 H. Spieckermann, Juda (s. Anm. 72), 210-213, vgl. C. Frevel, Aschera (s. Anm.7), 459f.986.
80 Vgl. C. Frevel, Aschera (s. Anm. 7), 551-555.986.

auf, dass diese nicht auf einer Ebene liegen. Die Information, dass
Maacha wegen eines angefertigten מִפְלֶצֶת לָאֲשֵׁרָה ihres Amtes
enthoben wurde (I Reg 15,13), ist vollkommen anders gelagert als
die Zusammenstellung von Baal, Aschera und Himmelsheer in II
Reg 23,4. Auch hier muss demnach differenziert werden zwischen
kompositioneller Funktionalisierung der Fremdgötterpolemik und
ihrem religionsgeschichtlichen Zeugniswert.

Das letztere deutet die Unterscheidungskategorie zwischen
pauschalen und formalisierten Deuteronomismen und konkreten
detaillierten Informationen an. Die auf den YHWH-Brandopferaltar
in Jerusalem bezogene Stelle Dtn 16,21f. ist nicht auf die gleiche
Ebene zu stellen wie Ex 34,13 oder Dtn 7,5. Das wird in nahezu allen neueren Untersuchungen übersehen, so dass Dtn 16,21, das
spätdtr wirklich keinerlei Sinn macht, unter die Räder der intoleranten Fremdgöttervernichtung von Dtn 7,5 und 12,3 gerät[81]. Ähnlich wirkt sich die mangelnde Differenzierung zwischen konkreten
Notizen auf der einen und formelhafter Vernichtung auf der anderen Seite aus. Zwar ist Konkretion oder Individualisierung ebenso
wenig untrügliches Merkmal der Historizität wie formelhafte Formulierung literarische Fiktion nahe legt, doch ist doch nicht zu
leugnen, dass die Belege auf unterschiedlichen Ebenen liegen. Es
gibt widerständige Momente, die eine nachexilische »Erfindung«
etwa der Entfernung des Nechuschtan (II Reg 18,4), des Zurück-
nehmens der vorjoschijanischen Aufwertung des Ascherakultes (II
Reg 23,7) oder der Entfernung der Sonnenwagen aus dem Vorhof
(II Reg 23,11) nicht plausibel scheinen lassen.

Schluss

Die zuletzt vorgetragene methodische Forderung nach stärkerer Differenzierung betrifft nicht nur die religionsgeschichtlichen Sachverhalte,
sondern auch die Texte. Das Šᵉmaʿ, die Rede von der Eifersucht

---

81 Einige Beispiele: Schon bei E. Otto, Das Deuteronomium im Pentateuch und im
    Hexateuch, FAT 30, 2000, 113, wird 16,21 der DtrD-Redaktion zugewiesen und bei J.
    Pakkala (Monolatry [s. Anm. 20], 185) wird Dtn 16,21 mit Verweis auf Dtn 7,5 und
    12,3 als nomistisch eingestuft. E. Aurelius, Ursprung (s. Anm. 20), 20, mit Verweis
    auf J.C. Gertz, Die Gerichtsorganisation Israels im deuteronomischen Gesetz,
    FRLANT 165, 1994, 52-59. Nur unter der Voraussetzung einer Spätdatierung von
    Dtn 16,21 ist die Aussage von E. Aurelius möglich, dass die Kultzentralisation „an-
    dere Kulte und andere Götter ... weder bekämpft noch überhaupt erwähnt" (ebd. 9).
    Zur Begründung der Frühdatierung und Abgrenzung von Ex 34,13; Dtn 7,5; 12,3 vgl.
    C. Frevel, Aschera (s. Anm.7), 164-249.

YHWHs oder auch das Fremdgötterverbot der Dekaloge liegen eben nicht auf der selben Ebene wie die Ankündigung, dass es keinen Gott außer YHWH gibt, den es zu verehren lohnt und dessen Verehrung bundestheologisch geboten ist. *Der literargeschichtliche Befund wirft mindestens ebenso so viele Fragen auf wie der religionsgeschichtliche.*

Bevor diese Fragen nicht geklärt oder zumindest offen diskutiert sind, sollten an den Umgang mit Fremdgöttern in den verschiedenen deuteronomistischen Büchern und Schichten keine allzu weit reichenden diachronen Theorien geknüpft werden. Dringende Desiderate sind eine klassifizierende Systematik auf der einen Seite und religionsgeschichtlich übergreifende Untersuchungen der Religion Israels in staatlicher und substaatlicher Zeit auf der anderen Seite. Die dort religionsgeschichtlich vorangetriebenen Kenntnisse sind mit den literarischen zu vernetzen. Wir stehen zwar am Ende des Deuteronomistischen Geschichtswerks in Noth'scher Prägung, aber immer noch am Anfang der Auflösung der darin verborgenen religionsgeschichtlichen Paradigmen.

Hittite Treaties and the Development of the Cuneiform Treaty Tradition[1]

Gary Beckman

If we consider the overall political situation of Western Asia through the first 3000 years of its history, we may recognize that each millennium displays its own distinctive pattern of regional political organization.[2] During most of the third millennium B.C.E., Mesopotamia, Syria, and Anatolia alike were fragmented into numerous smaller states, each often no larger than a city and its surrounding agricultural hinterland. Although the Sumerian cities shared a single language and writing system, and their religion and high culture display many commonalities, there existed no central political authority in the Land (Sumerian kalam).[3] The regional polities established in Mesopotamia and Syria by the kings of Akkad and those of the Third Dynasty of Ur toward the end of this millennium were ephemeral,[4] even while they furnished the paradigm of interregional dominion to which later kings of the ancient Near East would aspire.[5] During this early period in the development of civilization, Egypt alone enjoyed substantial unity. We may refer to this epoch in Western Asia as *"poliadic,"* or the era of the city-state.

In contrast, the first millennium witnessed the establishment and troubled maintenance of rule by a single polity over the bulk of Syro-Mesopotamia, exercised in succession by Assyria, Babylonia, and the

---

1   Abbreviations employed here are those of The Assyrian Dictionary of the Oriental Institute of the University of Chicago, vol. R, 1999, ix-xxvii, or of The Hittite Dictionary of the Oriental Institute of the University of Chicago, vol. L-N, 1989, xv-xxviii. Full bibliography to the Hittite treaties and international correspondence can be found in my Hittite Diplomatic Texts, second edition (1999) (hereafter HDT).

2   I invoke these patterns in the manner of Weberian ideal types; see F. Ringer, Max Weber's Methodology. The Unification of the Cultural and Social Sciences, 1997, 110-121.

3   One might compare the relative cultural homogeneity and political fragmentation of Classical Greece.

4   For thorough discussions of these political structures, see W. Sallaberger u. A. Westenholz, Mesopotamien. Akkade-Zeit und Ur III-Zeit, 1999.

5   See M. Liverani, Model and Actualization. The Kings of Akkad in the Historical Tradition, in: ders. (Hg.), Akkad. The First World Empire, 1993, 41-67.

Achaemenid Persians.[6] This was the heyday of the *oecumenical-imperial* model of political organization. But in the intervening thousand years, during the Middle and Late Bronze Ages, there prevailed yet a third type of macro-political organization, one we may call *bloc-imperial*. Conditions during the second millennium were more like those in the world we experienced during the twentieth century – a world in which several major powers contended for preeminence, struggling with one another for dominance over minor states, and making and breaking alliances as their rulers deemed expedient. That is, the changing relationships among England, France, Germany, Russia, China, Japan, and the United States over the course of the past century provide an instructive parallel to the mutating constellation of powers in Western Asia from around 1800 to 1200 B.C.E.

Beginning in the early eighteenth century, the ancient Near East was generally dominated at any one time by three or four large states, which competed among themselves for hegemony over the many smaller political units located in their interstices. Egypt and Babylonia were always to be found among the major players. They were joined, as the geo-political situation developed, by the Hurrian state of Mittanni in northern Syria and Mesopotamia, by the kingdom of the Hittites (known to the ancients as Ḫatti), and by Assyria. Interaction among the polities, large and small, was governed by a system of diplomatic relations, which channeled and shaped their alternating activities of cooperation and competition.[7]

The textual sources at our disposal for the study of this diplomatic system are primarily collections of cuneiform records,[8] most prominently the texts from Mari on the Middle Euphrates early in the millennium,[9] the tablets from the foreign office of Pharaoh Akhenaten of the fourteenth century discovered at Tell el-Amarna in Egypt,[10] and for the fourteenth and thirteenth centuries, the archives of Ugarit on the

---

6   One might well think of the Assyrian, Babylonian, and the western Persian empires as a single structure with changing masters. Cf. the editors' ruminations in G.B. Lanfranchi; M. Roaf u. R. Rollinger (Hgg.), Continuity of Empire(?). Assyria, Media, Persia, 2003, 397-406 ("Afterword").

7   For interpretative overviews of this discourse, see M. Liverani, International Relations in the Ancient Near East, 1600-1100 BC, 2001, and the essays collected in R. Cohen u. R. Westbrook (Hgg.), Amarna Diplomacy. The Beginnings of International Relations, 2000.

8   Note the Egyptian-language version of Ḫattušili III-Ramses II treaty, edited by E. Edel, Der Vertrag zwischen Ramses II. von Ägypten und Hattušili III. von Hatti, 1997.

9   J.-M. Durand, Documents épistolaires du palais de Mari, 1997, vol. 1, chapter 5, Vie diplomatique et relations internationales.

10   W.L. Moran, The Amarna Letters, 1992.

northern Syrian coast[11] and those of the Hittite capital Ḫattuša in central Anatolia.[12]

What have been called the "Great Powers"[13] – Egypt, Babylonia, Mittanni, Ḫatti, and Assyria at different times – were each ruled by a monarch entitled by custom to call himself "Great King." Decorum further allowed such kings to address one another as "brother," that is, to communicate on terms of perfect equality. In a letter most likely sent by King Urḫi-Teššup of Ḫatti to Adad-nirari I of Assyria, the Hittite monarch sarcastically rebukes the Mesopotamian ruler for unjustifiably – in the Hittite's view – assuming these perquisites of high international status:

> Have you become a Great King? Why do you keep talking about brotherhood …? What does brotherhood mean? … And for what reason should I write to *you* about brotherhood? Who writes to whom about brotherhood? Do those who are not on good terms write to one another about brotherhood? Why should I write to you about brotherhood? Were you and I perhaps born to the same mother? As my grandfather and father did not write to the king of Assyria about brotherhood, even so you must not write to me about brotherhood and Great Kingship![14]

Here Urḫi-Teššub deflates the pretensions of Adad-nirari by perversely taking a metaphor literally.[15] Of course, the Assyrian was *not* really claiming that he and the Hittite king were biological brothers.

The vocabulary of family relations was also adopted to describe the unequal relationship between overlord and vassal. Here it is the dominant position of the patriarch within the ancient Near Eastern family that is the basis of the underlying imagery. For instance, in the salutations to diplomatic letters, the overlord may be called "father" and the vassal "son." Any ruler who was not his own master but who owed obedience to another was merely a "king" *tout court* and exercised simple "kingship." That is, neither he nor his realm had any claim to the adjective "great."

How did these kings of various standing interact with one another? A concise description of the conduct of international relations in the

---

11 S. Lackenbacher, Textes akkadiens d'Ugarit, 2002, part I, Les relations internationales.

12 See my Hittite Diplomatic Texts (HDT).

13 See M. Liverani, The Great Powers Club, in: R. Cohen u. R. Westbrook (Hgg.), Amarna Diplomacy. The Beginnings of International Relations, 2000, 15-27.

14 KUB 23.102 i 4-18; cf. A. Hagenbuchner, Die Korrespondenz der Hethiter, Teil 2, 1989, 260-264, No. 192.

15 Compare the false naiveté assumed for rhetorical effect by Babylonian correspondents identified by R. Westbrook in several Amarna letters: Babylonian Diplomacy in the Amarna Letters, JAOS 120 (2000), 377-382.

Late Bronze Age is given by the Hittite King Ḫattušili III while looking back on his successful career:

> Whichever kings already ruling at my accession stood in a friendly relationship to me maintained that same friendly relationship to me. They began to send messengers to me, and they also began to send gifts to me. The gifts, however, which they sent to me – they had sent the like to none of my predecessors. Whatever king was to honor me, this king in fact did honor me. Whatever persons were hostile I defeated. I added province upon province to the lands of Ḫatti. Whatever persons had been hostile in the time of my predecessors became friendly to me.[16]

Underlying this boasting is the concept that whatever polities were not actually constituent parts of a major state – in this instance of Ḫatti – were either its allies or its enemies.[17] Neutrality was simply not an option for a small state over against a major one.[18] The objective of the foreign policy initiatives of a Great Power at this time, whether peaceful or warlike, was to limit the number of hostile lands and thus promote both internal and international stability.

Allies could be equals or subordinates, but in either case, their relations to the Great Power were to be governed by a treaty. In the case of Ḫatti, it seems that interstate relations were always codified in written documents. The Hittites even concluded treaties with their semi-nomadic Kaška neighbors, although the level of social and political organization of the latter made such a practice fruitless. The Hittites repeatedly made agreements with individual tribes or clans, but other Kaška groups continued their depredations on Hittite territory unabated.

Well over half of the preserved ancient Near Eastern treaties[19] were written in the Hittite chancellery. We currently have at least portions of the texts of approximately 35 such documents from Ḫatti (see Appendix, III), and several additional agreements whose texts have not been recovered are mentioned in records of other types. The majority of these treaties were composed in the contemporary diplomatic *lingua*

---

16   H. Otten, Die Apologie Hattusilis III. Das Bild der Überlieferung, 1981, 26-27, iv 50-59.

17   Note the unnerving parallel of this conception to the views of political philosopher Carl Schmitt. See G. Balakrishnan, The Enemy. An Intellectual Portrait of Carl Schmitt, 2000, 226-245.

18   Cf. the remarks of B. Lafont, Relations internationales, alliances et diplomatie au temps des royaumes amorrites. Essai de synthèse, Amurru 2 (2001), 245, on the Old Babylonian period.

19   For an earlier overview, see H. Tadmor, Treaty and Oath in the Ancient Near East. A Historian's Approach, in: G.M. Tucker u. D.A. Knight (Hgg.), Humanizing America's Iconic Book, 1982, 127-152.

franca, the Babylonian dialect of Akkadian, although the Hittite language was also sometimes employed. In particular, diplomatic partners within Anatolia received Hittite-language treaties, while those situated in Syria and beyond were customarily dealt with in Akkadian.

In both languages, these documents are referred to by a pair of terms that may be translated as "binding and oaths" (Hittite *išḫiul* and *lengaiš*; Akkadian *rikiltu / rikistu / riksu* and *māmītu*). This metonymic designation features the two most important elements of a treaty: the stipulations themselves (the "binding") and the solemn oaths by which the parties invoked the gods as witnesses and guarantors of these stipulations. It is surely significant that the formal written instructions issued to some bureaucrats within Ḫatti itself – to the commander of the border guards or to the mayor of the city of Ḫattuša, for example – were known by the same term, "binding." Thus we may conclude that for the Hittites there was no sharp conceptual distinction between internal[20] and external obligations to their monarch.

Most of the diplomatic partners of the Hittite king were inferiors rather than equals, and as a consequence vassal treaties are the most commonly attested type of diplomatic instrument in the Hittite archives. Such an agreement was composed by the scribes of the Hittite king and presented to the subordinate. The latter was obliged to swear in the presence of the deities of Ḫatti and of his own land that he would observe the provisions of the treaty. One vassal text includes the explicit statement: "These provisions are in no way based upon reciprocity, but are (issued) from the land of Ḫatti."[21] Although the Great King was also bound by oath,[22] his obligations were limited to maintaining the vassal in his position and securing the succession of his heir. Of course, misconduct or disloyalty on the part of the subordinate meant the immediate lapsing of these responsibilities of the Hittite ruler.

The text of the vassal treaty was engraved in cuneiform upon a tablet of metal (sometimes of silver, but more often of bronze)[23] and presented to the subordinate. In all but one case,[24] modern scholars

---

20   See J.-M. Durand, Précurseurs syriens aux protocols néo-assyriens, in: D. Charpin u. F. Joannès (Hgg.), Marchands, diplomats et empereurs, 1991, 13-71, for written regulations concerning the conduct of subordinates of King Zimrī-Lim of Mari. Durand suggests that this genre of text was borrowed by the Hittites from Syria (p. 71).

21   HDT No. 13 (Text III.Z), §16.

22   See A. Altman, Who Took an Oath on a Vassal Treaty – Only the Vassal King or Also the Suzerain? The Hittite Evidence, ZAR 9 (2003), 178-184.

23   J. Friedrich, Das Siegel des hethitischen Königs Ḫattušili III. nach der ägyptischen Fassung seines Vertrages mit Ramses II, Artibus Asiae 6 (1937), 177-190.

24   H. Otten, Die Bronzetafel aus Boğazköy. Ein Staatsvertrag Tutḫalijas IV., 1988.

have at their disposal only the "file copies," or sometimes perhaps drafts, of these documents on clay.

The majority of these contracts of subordination follow a similar pattern[25]:

I. *Preamble*: The document opens with the name, titles, and genealogy of the Hittite Great King. The vassal is not yet mentioned in this paragraph.

II. *Historical Prologue*[26]: This section narrates the course of earlier relations between Ḫatti and the vassal state, emphasizing the interaction of the individual Hittite king with the particular subordinate. Within the document the function of the prologue is to encourage loyalty to Ḫatti on the part of the vassal in gratitude for his treatment at the hands of the Great King. Perhaps he had been favored by the Great King, having received military assistance or been granted additional territory. The treaty with Niqmaddu II of Ugarit (Text III.O) begins:

> Thus says His Majesty, Šuppiluliuma, Great King, King of Ḫatti, Hero: When Itur-Addu, king of the land of Mukiš; Addu-nirari, king of the land of Nuḫašši; and Aki-Teššup, king of Niya, were hostile to the authority of His Majesty, the Great King, their lord, assembled their troops, captured cities in the interior of the land of Ugarit, oppressed the land of Ugarit, carried off subjects of Niqmaddu, king of the land of Ugarit, as civilian captives, and devastated the land of Ugarit, Niqmaddu, king of the land of Ugarit, turned to Šuppiluliuma, Great King, writing: "May Your Majesty, Great King, my lord, save me from the hand of my enemy! I am the subject of Your Majesty, Great King, my lord. To my lord's enemy I am hostile, and with my lord's friend I am at peace. The kings are oppressing me." The Great King heard these words of Niqmaddu, and Šuppiluliuma, Great King, dispatched princes and noblemen with infantry and chariotry to the land of Ugarit. And they chased the enemy troops out of the land of Ugarit ...[27]

On the other hand, perhaps the vassal had not been meted out the severe punishment he had earned through his disloyalty. For example,

---

25 See V. Korošec, Hethitische Staatsverträge, 1931.
   But the structural uniformity of the Hittite treaties is not so great as claimed by Korošec – see E. von Schuler, Sonderformen hethitischer Staatsverträge, JKF 2 (1965), 445-464. I believe that Korošec was misled by the character of the corpus of relatively well-preserved treaties available for his study. For the most part, these date from the reign of a single king, Muršili II, and might therefore have been composed by a small group of scribes or diplomats, or indeed by a single individual, who indeed followed a single basic template in constructing the documents.
26 See now A. Altman's exhaustive The Historical Prologue of the Hittite Vassal Treaties, 2004.
27 HDT No. 4, §§1-2.

note this excerpt from the prologue to a treaty of King Muršili II with Kupanta-Kurunta of the land of Mira in western Anatolia (Text III.X):

> And when your father Mašḫuiluwa offended against My Majesty, were not you, Kupanta-Kurunta, a son of Mašḫuiluwa? Although you were in no way an offender, <could you not have been punished?> I did not take the house of your father or the land away from you. I did not make someone else lord. I gave the house of your father and the land back to *you*, and I installed *you* in lordship in the land. And as I, My Majesty, have not in the past mistreated you in any way, Kupanta-Kurunta, in the future, Kupanta-Kurunta, protect me, My Majesty, as overlord.[28]

Of course, Muršili's actions in this instance followed the usual Hittite practice of governing distant areas through the agency of members of the defeated dynasties. These treaty prologues, tendentious as we may suspect them to be, are all the same a major source for the reconstruction of Hittite history.

III. *Provisions*: Naturally, the treaty stipulations vary significantly from text to text, depending on the geographic location, the economy, the military strength, and so on, of the vassal. But we may nonetheless mention the duties most frequently imposed upon the junior partner[29]: The subject ruler was required to pay tribute (Hittite *argamann-*, Akkadian *mandattu*) in silver or other precious metals, foodstuffs, manufactured goods, etc. He had to render military assistance when required – both when imperial forces were on campaign in his vicinity and in the extreme case when the Hittite ruler was himself faced with an internal revolt. The vassal renounced all independent foreign diplomatic contacts and was forbidden to engage in warfare with others subject to Hittite dominion. Rather, he was required to seek arbitration from the Great King or his deputy in regard to any dispute that should arise. The subordinate king pledged to extradite any Hittite fugitives who might enter his territory. This applied not only to disgruntled members of the ruling class, but as well to ordinary peasants and artisans fleeing their obligations. Without exception the vassal was called upon to guarantee the succession to the Hittite throne for the Great King's designated heir. Finally, some treaties demand that the subject ruler pay a yearly visit to the Hittite court in order to present his homage to the Great King in person.

---

28 HDT No. 11, §11.
29 Note the substantial similarities with the obligations of a vassal of a king of Mari, as discussed by J.-R. Kupper, Zimri-Lim et ses vassaux, in: D. Charpin u. F. Joannès (Hgg.), La circulation des biens, des personnes et des idées dans le Proche-Orient ancien, 1992, 183-184.

IV. *Deposition*: The metal tablet setting forth the treaty was to be kept in the sanctuary of the chief deity of the vassal, where it would literally be under the oversight of the gods. At stated intervals it was to be read aloud before the subordinate, so that he would always have his obligations fresh in mind. For example: "Furthermore, this tablet which I have made for you, Alakšandu, shall be read out before you three times yearly, and you, Alakšandu, shall know it."[30]

V. *List of Divine Witnesses*: The deities of both partners are summoned to act as witnesses to the provisions and as guarantors of the oaths.[31] The extensive lists of deities in Hittite treaties have proven most useful to scholars in the reconstruction of the religious history of the second millennium.[32]

VI. *Curses and blessings*: Here the vassal recites several self-curses before the deities guaranteeing the treaty. Correspondingly, the Great King pronounces a number of blessings upon the vassal, conditional, of course, upon his remaining true to his obligations. This passage from the treaty of King Šuppiluliuma with Šattiwaza of Mittanni (Text III.R) will illustrate:

> (The gods) shall stand and listen and be witnesses to these words of the treaty. If, you, Prince Šattiwaza, and you Hurrians do not observe the words of this treaty, the gods, lords of the oath, shall destroy you and you Hurrians, together with your land, your wives, and your possessions. They will draw you out like malt from its husk. As one does not get a plant from stony ground (?) – so you, together with any other wife whom you might take,[33] and you Hurrians, together with your wives, your children, and your land, shall thus have no progeny. And these gods, who are lords of the oath, shall allot you poverty and destitution. And as for you, Šattiwaza – they shall overthrow your throne![34]

Another example, this time from the treaty between Muršili II and Tuppi-Teššup of Amurru (Text III.U):

> All the words of the treaty and the oath that are written on this tablet – if Tuppi-Teššup does not observe these words of the treaty and of the oath, then these oath-gods shall destroy Tuppi-Teššup, together with his person, his wife, his son, his grandsons, his household, his city, his land, and together with all his possessions. But if Tuppi-Teššup does observe these

---

30 HDT No. 13 (Text III.Z), §16.
31 For a similar practice in Old Babylonian Syria, see A. Finet, Les dieux voyageurs en Mésopotamie, Akkadica 21 (1981), 7-8.
32 See G. Kestemont, Le panthéon des instruments hittites de droit public, Or 45 (1976), 147-177.
33 Šuppiluliuma had given one of his daughters to Šattiwaza in marriage and understandably did not wish to include her under the divine sanctions.
34 HDT No. 6A, §15.

words of the treaty and of the oath that are written on this tablet, then these oath-gods shall protect Tuppi-Teššup, together with his person, his wife, his son, his grandsons, his city, his land, his household, his subjects, and together with his possessions.[35]

In addition, there were a number of special types of Hittite vassal treaties. As mentioned earlier, the Hittites attempted to codify relations with all subjugated areas through treaties, even though this was not really appropriate for some underdeveloped regions. When treaties were contracted with polities that did not possess a monarchical form of government, the Hittites either chose a single individual to swear the oaths as "first among equals," or, alternatively, all of the adult male heads of clans might be obliged to take the oaths as a group. This was the practice, for example, in agreements concluded with the Kaška people (Texts III.I-J).

A second aberrant type of treaty was that concluded with the "junior kings" belonging to the cadet lines of the Hittite royal family, that is, with the monarchs of Aleppo and Carchemish in Syria (Texts III.AA and P), and with those of Tarḫuntašša (Texts III.DD-EE) and (presumably) Ḫakpiš in Anatolia. In the preserved texts of this genre we find no provisions dealing with troops and no mention of fugitives. This was probably because the regions in question were thought, in fact, to constitute part of Ḫatti itself. More striking is the total absence of oaths and divine witnesses. It is possible that divine sanctions were held to be superfluous in connection with agreements forged within the royal clan, but it is more probable that the oaths were omitted for the protection of the Great King himself. For the Hittites believed that the pollution incurred through the breaking of an oath could be passed on by the offender to other members of his or her family. Thus paradoxically, if a "small king" of the Hittite royal house were to transgress an oath binding him to the Great King, the latter might find himself among the group of persons facing the resultant divine punishment!

A final special variety of subordination agreement accorded the vassal the position of *kuriwana-* or *kuirwana-*, perhaps best rendered as "protectorate."[36] We know that at various times rulers of Arzawa, Kizzuwatna, and Mittanni all held this status. The function of this type of treaty was to allow the subordinate to save face through the disguising of his dependence. In this spirit, note that the *kuriwana*-treaty received by Šunnašura of Kizzuwatna (Text III.G) stipulates that all other subordinates of the Great King will rise to their feet when he en-

---

35   HDT No. 8, §§21-22.
36   See HED 4, 265-266.

ters the Hittite court upon his annual visit.[37] More materially, it also seems that tribute was not collected from *kuriwana*-kings.

These vassal treaties constituted the ideological cement that held the Hittite empire together. With the exception of those established with junior members of the dynasty, as noted earlier, the authority of these agreements rested on the oath-gods and their threats of retribution in case of violation. Unlike the gods of Egypt, who were thought by their worshippers to enjoy world dominion, the Hittite deities entered into international politics only to the extent that they were the guarantors of such treaty oaths. That these oaths were indeed felt to be effective is clear from the example of Aitaqqama of Kadeš, whose murder at the hands of his son Ari-Teššup is explicitly described as the work of the oath-gods offended by his revolt against his Hittite overlord. Upon learning of the demise of Aitaqqama, Muršili II observes that "the oath-gods shall take their revenge. The son shall kill the father, the brother shall kill the brother, and they shall destroy their own flesh and blood!"[38]

When rulers of equal status made peace, they concluded a parity treaty. Although we know that the monarchs of Babylonia, Assyria, and perhaps Aḫḫiyawa in the Aegean were also considered to stand on the same level as the king of Ḫatti, it is only in the case of an Egyptian pharaoh that a clear example[39] of this type of agreement has survived. The treaty in question is, of course, that negotiated by representatives of Ramses II of Egypt with those of Ḫattušili III of Ḫatti around 1258 B.C.E. (Text III.BB).[40] This diplomatic instrument is characterized by full equality between the contracting parties. While in vassal treaties, the overlord imposes certain duties upon the vassal and obliges him to swear to observe them, in the Egypto-Hittite agreement neither party imposes anything on the other. Instead, each ruler in turn voluntarily assumes certain obligations and through a self-imposed oath binds himself to their fulfillment. Then his partner takes on symmetrical responsibilities.

In particular, the treaty between Ramses and Ḫattušili calls for the mutual renunciation of aggression, the reaffirmation of former treaties,

---

37   HDT No. 2, §9.

38   AM, 112-15.

39   The few preserved paragraphs of the early treaty of Paddatiššu of Kizzuwatna and a king of Ḫatti whose name has been lost (Text III.C; HDT No. 1) also seem to indicate a relationship of strict equality between the partners.

40   On the background to this pact, see now H. Klengel, Hattuschili und Ramses. Hethiter und Ägypter – ihr langer Weg zum Frieden, 2002.

a mutual defense pact, the guarantee of succession for the designated heir to the Hittite throne,[41] and the extradition of fugitives.

I digress for a moment to discuss several aspects of diplomatic practice in the Late Bronze Age, especially as they are illustrated by the Egyptian-Hittite treaty: The normal procedure in the forging of diplomatic agreements between parties of equal status in the ancient Near East was for the representatives of the two sides to come to an understanding orally and then to exchange written documents setting out their respective conceptions of the treaty. Thus the copy actually drawn up by party A was given into the possession of party B, and vice versa. In the case of the treaty between Ḫattušili and Ramses, we have at our disposal a number of texts in Egyptian hieroglyphs preserved on the walls of the temple of Amun at Karnak and of the Ramesseum, in addition to three fragmentary Akkadian-language tablets excavated at Ḫattuša. The version originally composed by the Hittite "foreign office," secondarily translated into Egyptian, is what is represented in the Egyptian temples, where it has been inserted into a larger context flattering to pharaonic vanity, while the tablets from the Hittite capital are copies made by local scribes of the silver tablet dispatched from Egypt.

This parity treaty was buttressed by diplomatic marriage.[42] Two daughters of Ḫattušili in succession entered the Egyptian king's harem, the first in Ramses' year 34 (1245). However, the claim made in several

---

41   Significantly, in both the Egyptian and the Hittite versions of the agreement, the guarantee of succession applies only to the Hittite throne. This is possibly because Ḫattušili was a usurper and feared that the claim of his offspring to the throne might be challenged, as indeed it transpired. In fact, the man supplanted by Ḫattušili, Urḫi-Teššup (Muršili III), was likely already living in Egypt at the time of the conclusion of this treaty – see HDT No. 22E, §2. In contrast, Ramses probably had no such concerns for the security of his throne. In any case, it is unlikely that the Hittites could in practice have exerted any real influence upon the course of dynastic struggles in faraway Egypt, while Ramses could at least have made certain that Urḫi-Teššup did not escape to Syria to cause further trouble for Ḫattušili.

On the other hand, extradition of fugitives of various ranks was to be arranged on a strictly symmetrical basis, with the condition that the persons returned not be punished or physically harmed. Since Urḫi-Teššup was never returned to Ḫatti, Ḫattušili probably thought it best to leave him under the supervision of his new ally rather than demand his extradition. For an alternative view of the situation, see G. Steiner, LÚ ḪÉ.ŠÈ.GE₄.GE₄.A: Misserfolge und Erfolge der Diplomatie im Alten Orient, in: D. Charpin u. F. Joannès (Hgg.), La circulation des biens, des personnes et des idées dans le Proche-Orient ancien, 1992, 370.

42   On this institution in the Late Bronze Age, see F. Pintore, Il matrimonio interdinastico nel vicino oriente durante i secoli XV-XIII, Rome 1978, and in the Middle Bronze Age, Lafont, Relations (s. Anm. 18), 312-315.

Egyptian sources[43] that the Hittite king himself accompanied one of the girls to Egypt in order to "give her away" and to demonstrate his subordination to the pharaoh is no more than an untruthful bit of propaganda meant for local consumption.

When good relations prevailed among the Great Powers, there was an uninterrupted traffic of messengers among their courts. This may be seen clearly in a letter from, once more, Ḫattušili III, to the Babylonian king Kadašman-Enlil II, in which the Hittite deplores the cooling of relations between Ḫatti and Babylon:

> Furthermore, my brother: Because my brother wrote to me: "Concerning my cutting off my messengers – since the Aḫlamu [Aramaean nomads of northern Mesopotamia] are hostile, I have cut off my messengers" – how can this be, that you, my brother, have cut off your messengers on account of the Aḫlamu? Is the might of your kingdom small, my brother? Or has perhaps (your vizier) Itti-Marduk-balaṭu spoken unfavorable words before my brother, so that my brother has cut off the messengers? ... Only if two kings are hostile do their messengers not travel continually between them. Why, my brother, have you (really) cut off your messengers?[44]

The salient point here is not whether the Babylonian ruler has seized upon the hostile presence of the Aḫlamu Aramaeans on the middle course of the Euphrates as an excuse to explain his failure to send his representatives to Ḫattuša, or whether Ḫattušili has correctly identified the actual cause of the rupture in the machinations of an anti-Hittite party in the Babylonian's inner circle. Rather, it is to be stressed that in periods of satisfactory relations, the exchange of messengers between courts was continuous. These diplomatic travelers, whose duties in many ways correspond to those of the modern ambassador,[45] carried not only oral and written communications between the royal courts, but also gifts.[46]

Indeed, in the Late Bronze Age much of the international trade in high-value goods was conducted under the guise of the exchange of diplomatic presents. This can be seen from the fact that most of the

---

43 See K. Bittel, Bildliche Darstellungen Ḫattušili's III. in Ägypten, FS H.G. Güterbock, 1986, 39-48.

44 HDT No. 23, §6.

45 Note the latitude Tudḫaliya IV grants a Hittite messenger he sends to Tukulti-Ninurta I(?): First the envoy delivers an ultimatum (2 ṭuppa^MEŠ-ti ša nukurti) to the Assyrian ruler, and when the latter does not back down, presents on his own authority a conciliatory note (ṭuppa ša šulmi); S. Lackenbacher, Nouveaux documents d'Ugarit. I. Une lettre royale, RA 76 (1982), 141-156 = Ugaritica VII, plts. XIV-XV, obv. 21-29. For messengers in earlier times, see Lafont, Relations (s. Anm. 18), 294-302.

46 See the summary by Steiner, Misserfolge (s. Anm. 41), 367-373.

letters in the Amarna archive sent by states of equal rank – Babylonia, Mittanni, and Ḫatti – include a discussion of the exchange of precious materials and close with a precise accounting of the merchandise accompanying the present dispatch.[47] That we are not actually dealing with "gifts" is quite apparent from a complaint lodged by King Tušratta of Mittanni with Pharaoh Amenhotep III:

> And with regard to the gold that my brother sent ... I gathered together all my foreign guests. My brother, before all of them the gold that my brother sent has now been cut open ... They wept very much, saying, "Are all of these gold? They do not look like gold!" They said, "In Egypt gold is more plentiful than dirt. Besides, your brother loves you very much. But if there be someone whom he loves, then he would not give such things to him. Whatever is needed is in Egypt more plentiful than dirt, and anyone can give anyone else so many things that they are beyond calculation." I said, "I cannot say before you, as I am used to saying, 'My brother, the king of Egypt, loves me very, very much.'"[48]

Here, as in the addressing of an equal as "brother" and a vassal as "son," we may observe hardheaded economic or political calculation wrapped in the guise – and language – of relations within a household. It should not be surprising that the earliest system developed for the regulation of affairs among states borrowed many of its forms from those that structured relations among members of the contemporary Mesopotamian extended family. In the second millennium the family was still the most natural and "familiar" type of social organization, and its forms could be modified to fit far larger groupings of human beings, including even states.[49]

Having now surveyed the structure and contents of Hittite treaties, as well as the norms of diplomatic practice in the Late Bronze Age, I turn to the place of the Hittite treaty document in the development of this genre within the cuneiform tradition.[50] The earliest diplomatic

---

47   See Z. Cochavi-Rainey, Royal Gifts in the Late Bronze Age. Fourteenth to Thirteenth Centuries B.C.E. Beer-Sheva 13, 1999. Lafont, Relations (s. Anm. 18), 306-312, discusses the similar phenomenon in earlier Syro-Mesopotamia.

48   Translation by Moran, Letters (s. Anm. 10), 48 (EA 20).

49   Cf. J.D. Schloen, The House of the Father as Fact and Symbol. Patrimonialism in Ugarit and the Ancient Near East, 2001, 50-53.

50   I deal here only with the treaty as a document. For the system of diplomacy as a whole across the centuries of Mesopotamian civilization, see the following contributions to R. Westbrook, A History of Ancient Near Eastern Law, 2003: J. Cooper, International Law in the Third Millennium, 241-251; J. Eidem, International Law in the Second Millennium. Middle Bronze Age, 745-752; G. Beckman, International Law in the Second Millennium. Late Bronze Age, 753-774; and S. Parpola, International Law in the First Millennium, 1047-1066. Extensive bibliography is given by each of these authors.

agreement from the ancient Near East whose text has yet been recovered is that inscribed on the "Stele of the Vultures" from the Sumerian city-state of Lagaš in the twenty-fifth century B.C.E. (Text I.A). Following an account of the century-long struggle of his town with neighboring Umma over an agricultural tract situated between the two polities, King Eanatum presents the oath that he had imposed upon the enemy ruler:

> The leader of Umma swore to Eanatum: "By the life of Enlil, king of heaven and earth! I may exploit the field belonging to Ningirsu (tutelary deity of Lagaš) as an interest-bearing loan. I shall not neglect (?) the irrigation channel! Forever and evermore, I shall not transgress the territory of Ningirsu! I shall not shift the course of its irrigation channels and canals! I shall not smash its monuments! Whenever I do transgress, may the great battle net of Enlil, king of heaven and earth, by which I have sworn, descend upon Umma!"[51]

The document continues with similar self-imprecations by the life of five additional deities.

From the twenty-fourth century we have the treaty concluded by the city-state of Ebla with another city in northern Syria, Abarsal (Text I.B).[52] Composed in the still poorly-understood Eblaite language, much of the sense of this document remains obscure, but it is clear that Ebla was the dominant party. After a lengthy section delineating the frontier between the adjacent states, the text codifies the vassalage of Abarsal to Ebla in such particulars as trade, the extradition of fugitives, and the adjudication of cross-border crime.

A final third-millennium treaty is that between Narām-Sîn of Akkad and a ruler of Elam in southwestern Iran (twenty-third century; Text I.C).[53] This text opens with the invocation of a number of deities, the guarantors of the agreement, and then establishes a military alliance and arrangements for the return of fugitives. Since our knowledge of Old Elamite, the language of this treaty, is poor, many details are unclear, but the requirement that the Iranian ruler erect a statue of

---

51 Translation adapted from Jerrold S. Cooper, Reconstructing History from Ancient Inscriptions. The Lagash-Umma Border Conflict, Sources from the Ancient Near East 2,1, 1983, 46. See also the same author's Sumerian and Akkadian Royal Inscriptions, Bd. 1, 1986, 35 (text La3.1).

52 D.O. Edzard, Der Vertrag von Ebla mit A-BAR-QA, in: P. Fronzaroli (Hg.), Literature and Literary Language at Ebla, 1992, 187-217. For more detail on diplomacy in this era, see M.G. Biga, I raporti diplomatici nel Periodo Protosiriano, in: P. Matthiae u.a. (Hgg.), Ebla. Alle origini della civiltà urbana, 1995, 140-147; and cf. P. Artzi, Ideas and Practices of International Coexistence in the Third Millennium B.C.E., in: ders., Confrontation and Coexistence, 1984, 25-39.

53 W. Hinz, Elams Vertrag mit Narām-Sîn von Akkade, ZA 58 (1967), 66-96.

Narām-Sîn[54] demonstrates that his position was inferior to that of the Mesopotamian.

The earliest known treaties from the Middle Bronze Age (twentieth-sixteenth centuries) are a pair of agreements concluded in the nineteenth century by the Assyrian merchants of the *kārū*, or trading colonies, established at Kaneš (modern Kültepe, near Kayseri in south-central Anatolia) and at the still-unidentified site of Ḫaḫḫum (Texts II.A and B).[55] The accord with the ruler of Kaneš, whose name has been lost in a break,[56] begins with a god list and concludes with an oath; in the interval are discussed import duties on textiles and iron (*aší'um*), the immunity of the businessmen from corvée service and confiscation of their property, the responsibilities of the native prince in the event of the murder or robbery of an Assyrian, and the equitable treatment of Mesopotamians and natives in legal proceedings. The more poorly-preserved treaty with the notables of Ḫaḫḫum seems to deal with the same general topics, and interestingly calls for the public reading of the text.[57] Further compacts concluded by the Assyrian merchants will undoubtedly come to light.[58]

Excavations at Tell Leilan in the Habur River basin of northeastern Syria (site in antiquity of a city known as Apum) have yielded the texts of five treaties from the eighteenth century, only one of which is as yet fully available for study (Text II.C).[59] Although the provisions of the

---

54 See W. Hinz's section VIII.
55 C. Günbattı, Two Treaty Texts found at Kültepe, in: J.G. Dercksen (Hg.), Assyria and Beyond. Studies Presented to Mogens Trolle Larsen, 2004, 249-268. Even before their discovery and publication, much of the contents of these documents had been accurately deduced from the study of the correspondence and other records of the *kārū*; see M.T. Larsen, The Old Assyrian City-State and its Colonies, 1976, 245.
56 Quite possibly Zuzzu; see Günbattı, Treaty, 255.
57 Lines 30'-32': *nagīram [in]a alīkunu Ḫaḫḫim u matīkunu [tu]šasā*. Throughout, this text addresses the partner in the second person plural.
58 See S. Çeçen, u. K. Hecker. *ina mātīka eblum*. Zu einem neuen Text zum Wegerecht in der Kültepe-Zeit, in: M. Dietrich u. O. Loretz (Hgg.), Vom Alten Orient zum Alten Testament. FS W. v. Soden, AOAT 240, 1995, 31-41. This text, which had previously been treated by E. Bilgiç, "Ebla" in Cappadocian Inscriptions, in: H. Otten u.a. (Hgg.), Hittite and Other Anatolian and Near Eastern Studies in Honour of Sedat Alp, 1992, 64-66, is apparently part of a multi-tablet letter from Assyrian merchants to a newly-installed ruler renewing an agreement previously concluded with his predecessor concerning customs duties and other terms of trade. It closes with the details of the oaths sworn by the parties.
59 J. Eidem, An Old Assyrian Treaty from Tell Leilan, in: D. Charpin u. F. Joannès (Hgg.), Marchands, diplomates et empereurs, 1991, 185-207. A short excerpt from Text II.G has been transliterated and translated by J. Eidem, Tell Leilan Tablets 1987. A Preliminary Report, AAAS 37-38 (1987-1988), 118; the same author provides a

text are fragmentary, we may nonetheless recognize that the document regulates relations between Assyrian merchants and the local king, Till-Abnû, in terms similar to those of the treaties from Kültepe. Well-preserved, however, are the opening lines, which exhort the parties: "Swear by An! Swear by Enlil! Swear by Šarra-mātin! Swear by Dagan! Swear by Adad of Heaven!" and so on.

The well-known Old Babylonian site of Mari has, of course, provided us with one of the most important textual corpora for the study of ancient diplomacy in the form of the extensive collection of the correspondence of her rulers.[60] In recent years several treaties found among the Mari texts have also been made known. These agreements were concluded between the local king Zimrī-Lim and his peers Ibāl-pī-El II of Ešnunna (Text II.H)[61] and with Ḫammurapi of Babylon (Text II.I)[62] on the one hand, and with his vassal Atamrum of Andarig on the other (Text II.J).[63] The treaty with Ešnunna opens with swearing by twenty or more divinities and closes with contingent curses. The few preserved intervening sections of the mutilated document deal with a military alliance and with the promise of confidentiality concerning strategic plans. The document of subordination is very simple, consisting of no more than an oath before Šamaš, god of justice, that Atamrum will remain loyal to Zimrī-Lim.

The material from the Mari archives allows us to draw a picture of a system of diplomacy that in many ways anticipates that of the Amarna Age and the Hittite Empire period.[64] But these Old Babylonian texts reveal significant differences from later practice, perhaps to be

---

photo of Text II.D in Les Dossiers de l'Archéologie 155 (1990), 50-53 [unavailable to me].

60   For the diplomatic activity revealed in these archives, see the classic article of Munn-J.M. Rankin, Diplomacy in Western Asia in the Early Second Millennium B.C., Iraq 18 (1956), 68-110; H. Limet, Dans les coulisses de la diplomatie mariote. Guerre et paix au temps de Hammu-rapi, Akkadica 43 (1985), 6-15; and now the thorough treatment by Lafont, Relations (s. Anm. 18), 213-328.

61   See D. Charpin, Un traité entre Zimri-Lim de Mari et Ibâl-pî-El II d'Ešnunna, in: D. Charpin u. F. Joannès (Hgg.), Marchands, diplomats et empereurs, 1991, 139-166. The text has been translated by Durand, Documents (s. Anm. 9), no. 292.

62   See J.-M. Durand, Fragments rejoints pour une histoire élamite, in: L. de Meyer; H. Gasche u. F. Vallat (Hgg.), Fragmenta Historiae Elamicae. Mélanges offerts à M.-J. Stève, 1986, 111-118. Translated as no. 290 in Durand, Documents (s. Anm. 9).

63   See F. Joannès, Le traité de vassalité d'Atamrum d'Andarig envers Zimri-Lim de Mari, in: D. Charpin u. F. Joannès (Hgg.), Marchands, diplomats et empereurs, 1991, 167-77. On pp. 176-177 Joannès presents the tiny scrap of what may well be a further treaty, this one with the vassal city of Kurdâ. Translated as nos. 291 and 293, respectively, in Durand, Documents (s. Anm. 9).

64   Cf. Lafont, Relations (s. Anm. 18), 317-318.

attributed to the persistence of Amorite tribal custom in the early second millennium. Negotiations between rulers were normally carried out at a distance through the agency of envoys. When a sovereign made a commitment to a distant partner, he signaled his agreement with the ritual gesture of "touching the throat" (*lipit napištim*),[65] undoubtedly symbolic of the violent death to befall him should he be acting in bad faith. The ceremonial conclusion of the accord featured both parties' presence at the "killing of an ass foal" (*ḫayāram qaṭālum*)[66] and the exchange of oaths before divine guarantors. Each treaty tablet from Mari or elsewhere in northern Syro-Mesopotamia includes only one side of the pact in question, that is, it presents the language to which the framer wishes his partner to swear under oath.[67] A tablet or tablets now lost would have contained the obligations to be assumed by the first party. It is important to note that it was not the drawing up of the written documents themselves that brought a treaty into force, but rather the formal oath-taking.[68] The texts simply constitute *aides memoires* for this ceremony. We find no mention in these tablets that they should be preserved or consulted in the future.

From the other side of Mesopotamia, the Diyala region, comes the final Old Babylonian treaty to be considered.[69] This is an agreement between the rulers of the towns of Šadlaš and Nērebtum, regulating primarily the question of fugitives (Text II.K).[70] Since the parties do not swear an oath, the tablet is probably a draft intended for use in preliminary negotiations.[71]

---

65 See D. Charpin, Une alliance contre l'Elam et le ritual du *lipit napištim*, in: F. Vallat (Hg.), Contribution à l'histoire de l'Iran. Mélanges offerts à Jean Perrot, 1990, 109-18, and Lafont, Relations (s. Anm. 18), 271-276.
66 Lafont, Relations (s. Anm. 18), 263-271.
67 Lafont, Relations (s. Anm. 18), 291.
68 Lafont, Relations (s. Anm. 18), 281.
69 From this period there are also an unpublished treaty from Tell Asmar involving Bēlakum of Ešnunna (see Charpin, traité [s. Anm. 61], 139, n. 2, for references, and cf. Lafont, Relations [s. Anm. 18], 287-288) and a very fragmentary treaty from Uruk concluded by her king Ilum-gamil with a party whose name has been lost (see F.R. Kraus, review of Baghdader Mitteilungen 2, BiOr 22 [1965], 289-290).
70 S. Greengus, Old Babylonian Tablets from Ishchali and Vicinity, 1979, 74-77, Text 326. See now Wu Yuhong, The Treaty between Shadlash (Sumu-Numhim) and Neribtum (Hammi-dushur), Journal of Ancient Civilizations 9 (1994), 124-136.
71 See M. Anbar, La "petite tablette" et la "grande tablette", NABU 1991/1998, for the distinction between "small" and "large" tablets. It seems that the "small" tablets as preliminary drafts contained only (some of) the proposed items for agreement, while the "large" tablets conveyed the complete stipulations, in addition to the oaths and full god list.

The corpus of Late Bronze Age treaties currently known begins with three documents written in the north Syrian city of Alala' in the fifteenth century.[72] One of these is a mere fragment (Text II.N). The others, concluded on the basis of equality with the king of neighboring Tunip (Text II.L)[73] and with the ruler of Kizzuwatna in southern Anatolia (Text II.M),[74] deal primarily with the capture and extradition of fugitives. This concern with the recovery of errant subjects was the consequence of a general shortage of labor within the palatial economic systems of the era.[75]

In addition to its treaties with the Great King of Ḫatti, the Syrian commercial center of Ugarit has provided us with two diplomatic agreements: From the fourteenth century we have an accord between Niqmaddu II of Ugarit and Aziru of Amurru (Text II.O),[76] by which the latter, in return for a payment of 5000 shekels of silver, abandons his claim to disputed client states and promises to render military assistance to Ugarit, if needed. Thirteenth-century diplomatic activities of Ugarit are represented by a pact with the Hittite viceroy in Syria, the king of Carchemish (Text II.P).[77] Here the parties agree upon the compensation to be paid should merchants of one state be robbed or murdered in the territory of the other.

Almost all of the available ancient Near Eastern treaty documents from the first millennium[78] represent obligations imposed during the ninth through seventh centuries by kings of Assyria on their own Assyrian population, or upon Syrian and Iranian vassals. In all well-preserved documents, colorful oaths calling down ruin upon those who might break the agreement play a major role. For instance:

> If Mati'-ilu (of the Syrian town of Arpad) sins against this treaty with Aššur-nerari, king of Assyria, may Mati'-ilu become a prostitute, his sol-

---

72 Note also the discussion of the treaty between Idri-mī and Šuttarna of Mittanni in the inscription on the statue of the Alalaḫ king, lines 42-58.

73 M. Dietrich u. O. Loretz, Der Vertrag zwischen Ir-Addu von Tunip und Niqmepa von Mukiš, in: G.D. Young u.a. (Hgg.), Crossing Boundaries and Linking Horizons. Studies in Honor of Michael C. Astour, 1997, 211-242.

74 AT 2, 3, 4.

75 See T.R. Bryce, Life and Society in the Hittite World, 2002, 77-78.100-102.

76 RS 17.68 = PRU IV, plts. LXXXVI-LXXXVII. For translation, see Lackenbacher: Textes (s. Anm. 11), 64-66; cf. I. Singer, A Concise History of Amurru, in: S. Izre'el, Amurru Akkadian. A Linguistic Study, Bd. II, 1991, 155-157.

77 RS 17.230 and RS 17.146 = PRU IV, plts. XXVIII and XX. For translation, see Lackenbacher, Textes (s. Anm. 11), 155-157.

78 For a survey of Mesopotamian texts of other genres mentioning the making of treaties, see J.A. Brinkman, Political Covenants, Treaties, and Loyalty Oaths in Babylonia and between Assyria and Babylonia, in: L. Canfora u.a. (Hgg.), I trattati nel mondo antico. forma, ideologia, funzione, 1990, 81-112.

diers women, may they receive payment in the square of their city like any prostitute, may one country push them to the next; may Mati'-ilu's (sex) life be like that of a mule, his wives extremely old; may Ištar, the goddess of men, the lady of women, take away their bow, bring them to shame, and make them weep bitterly: "Woe, we have sinned against the treaty of Aššur-nerari, king of Assyria."[79]

Indeed, in this period the Akkadian term employed for "treaty" was *adê*, a loanword from Aramaic meaning literally "an obligation under sanction of oath."[80]

The majority of the late Assyrian treaties are concerned with a single objective, namely assuring the allegiance of the partner or partners to the reigning king of Assyria (Texts IV.E, H, and I), or to his designated successor (Texts IV.D and G). Others deal with familiar matters like military alliance (Texts IV.B and J), trade (Text IV.F), or fugitives (Text IV.A).[81]

The only surviving first-millennium treaty not to emanate from the Assyrian chancellery is the pact of alliance joining two north Syrian princes, Bar-Ga'yah and Mati'-ilu (Text IV.C).[82] Written in Aramaic, the text is inscribed on three stelae found at Sefire, not far from Aleppo.[83] It is remarkable for its curses reinforced by analogic magic. For example:

> Just as this wax (figure) is burned by fire, so may (the city of) Arpad be burned, along with her great daughter-cities! May Hadad sow salt and weeds in them and may it not be mentioned again! … This is Mati'-ilu. Just as this wax is burned by fire, so may Mati'-ilu be burned by fire! Just as (this) bow and these arrows are burned, so may (N)inurta and Hadad break the bow of Mati'-ilu and the bow of his nobles! And just as the man of wax is blinded, so may Mati'-ilu be blinded! (and so on).[84]

Looking back on the tradition of treaty-making in the ancient Near East, we may now see that the Hittite material occupies a central place, not only chronologically, but in terms of structure. Across the centuries, the essential element in this praxis was the summoning of multiple deities to back up contingent curses imposed by one or both partners to

---

79   S. Parpola u. K. Watanabe, Neo-Assyrian Treaties and Loyalty Oaths, SAA 2, 1988, 12, v 8-15; cf. also F.M. Fales, L'impero assiro, 2001, ch. 6, "Patte e trattati."

80   See S. Parpola, Neo-Assyrian Treaties from the Royal Archives of Nineveh, JCS 39 (1987), 180-183.

81   Text IV.K preserves only the heading and fragmentary curses. All of these texts have been translated by Parpola/Watanabe, Treaties (s. Anm. 79).

82   Note also the third-century treaty between Carthage and Macedonia mentioned by Polybius. See M.L. Barré, The God-List in the Treaty between Hannibal and Philip V of Macedonia. A Study in Light of the Ancient Near Eastern Treaty Tradition, 1983.

83   See J.A. Fitzmyer, The Aramaic Inscriptions of Sefire, revised edition, 1995.

84   Adapted from Fitzmyer, Inscriptions (s. Anm. 83), 47, §4.

an agreement. The provisions to be enforced are most various, but personal loyalty to a superior and his successor, military alliance, payment of tribute, and the drawing of boundaries between states are the most frequent concerns.

A striking peculiarity of the Hittite documents, however, is the routine presence of a substantial historical prologue, a feature seldom found elsewhere. Indeed, in his influential study deriving the form of the biblical covenant between Yahweh and Israel from the structure of Hittite treaties, George Mendenhall adduces this fact to justify his dating of the covenant tradition to the second millennium, when direct contact between Israel and Anatolian Ḫatti would have been possible.[85]

I am wary of venturing out of my own field of expertise to offer an opinion on the antiquity of the covenant tradition,[86] a question that has implications for the heated battle currently being waged between the Biblical "minimalists" and their detractors.[87] But I hope that my remarks here will aid others in discussing this matter.

---

85 G.E. Mendenhall, Law and Covenant in Israel and the Ancient Near East, 1955, originally published in The Biblical Archaeologist 17 (1954). See the review by W.M. Moran, Biblica 41 (1960), 297-299; and now H.A. Hoffner, Ancient Israel's Literary Heritage Compared with Hittite Textual Data, in: J.K. Hoffmeier u. A. Millard (Hgg.), The Future of Biblical Archaeology. Reassessing Methodologies and Assumptions, 2004, 182-183.

86 See D.J. McCarthy, Treaty and Covenant. A Study in Form in the Ancient Oriental Documents and in the Old Testament, 1963; P. Kalluveettil, Declaration and Covenant. A Comprehensive Review of Covenant Formulae from the Old Testament and the Ancient Near East, 1982; and N. Weeks, Admonition and Curse. The Ancient Near Eastern Treaty/Covenant Form as a Problem in Inter-Cultural Relationships, 2004.

87 See W.G. Dever, What Did the Biblical Writers Know and When Did They Know It? What Archaeology Can Tell Us about the Reality of Ancient Israel, 2001; and J.B. Kofoed, Text & History: Historiography and the Study of the Biblical Text, 2005.

Appendix

Treaties of the Ancient Near East

I. Third Millennium
A. Eanatum of Lagaš with "the man" of Umma ("Stele of the Vultures")
B. Ebla with Abarsal
C. Narām-Sîn of Akkad with Ḫita(?) of Elam

II. Second Millennium (other than Hittite texts)
A. Organization of Assyrian merchants (*kārum*) with ruler of Kaneš
B. Organization of Assyrian merchants (*kārum*) with people of Ḫaḫḫum
C. Till-Abnû of Apum with the Assyrian merchants
D. Till-Abnû of Apum with Yamṣī-Ḫatnû of Kaḫat (unpublished)
E. Till-Abnû of Apum with an unknown party (unpublished)
F. Ḫaya-abum of Apum and Qarnī-Lim of Andarig with an unknown party (unpublished)
G. Mutīya of Apum with Ḫazip-Teššup of Razamā (unpublished)
H. Zimrī-Lim of Mari with Ibāl-pī-El II of Ešnunna
I. Zimrī-Lim of Mari with Ḫammurapi of Babylon
J. Zimrī-Lim of Mari with Atamrum of Andarig
K. Sumu-numḫim of Šadlaš with Ḫammi-dašur of Nērebtum
L. Niqmepa of Alalaḫ with Ir-Teššup of Tunip
M. Idrī-mi of Alalaḫ with Pilliya of Kizzuwatna
N. Idrī-mi(?) of Alalaḫ with a king of Ugarit
O. Niqmaddu II of Ugarit with Aziru of Amurru
P. Ini-Teššup of Carchemish with Ammistamru of Ugarit

III. Hittite Treaties
A. Telipinu with Išputaḫšu of Kizzuwatna
B. Zidanta II with Pilliya of Kizzuwatna
C. An unknown king with Paddatiššu of Kizzuwatna
D. Taḫurwaili with Eḫeya of Kizzuwatna
E. An unknown king with the *ḫapiru*
F. An unknown king with Ḫuḫa-zalma of an unknown polity
G. Tudḫaliya II with Šunaššura of Kizzuwatna
H. Arnuwanda I with the men of Išmerika
I. Arnuwanda I with the Kaška people
J. An unknown king with the Kaška people
L. An unknown king with a king of Egypt

M. An unknown king with Labḫu of Tunip
N. Šuppiluliuma I with Ḫuqqana of Ḫayaša
O. Šuppiluliuma I with Niqmaddu II of Ugarit
P. Šuppiluliuma I with Šarri-Kušuḫ of Carchemish
Q. Šuppiluliuma I with Aziru of Amurru
R. Šuppiluliuma I with Šattiwaza of Mitanni
S. Šattiwaza of Mitanni with Šuppiluliuma I
T. Šuppiluliuma I with Tette of Nuḫašši
U. Muršili II with Tuppi-Teššup of Amurru
V. Muršili II with Niqmepa of Ugarit
W. Muršili II with Targašnalli of Ḫapalla
X. Muršili II with Kupanta-Kurunta of Mira-Kuwaliya
Y. Muršili II with Manapa-Tar'unta of the Šeḫa-River Land
Z. Muwattalli II with Alakšandu of Wiluša
AA. Muwattalli II with Talmi-Šarrumma of Aleppo
BB. Ḫattušili III with Ramses II of Egypt
CC. Ḫattušili III with Bentešina of Amurru
DD. Ḫattušili III with Ulmi-Teššup of Tarḫuntašša
EE. Tudḫaliya IV with Kurunta of Tarḫuntašša
FF. Tudḫaliya IV with Šaušga-muwa of Amurru
GG. Tudḫaliya IV with Talmi-Teššup of Carchemish
HH. An unknown king with a ruler of Cyprus
II. An unknown king with the elders of several Anatolian communities

IV. First Millennium
A. Šamši-Adad V of Assyria with Marduk-zakir-šumi of Babylonia
B. Aššur-nerari V of Assyria with Mati'-ilu of Arpad
C. Bar-Ga'yah of KTK with Mati'-ilu of Arpad (Aramaic)
D. Sennacherib with the people of Assyria
E. Esarhaddon of Assyria with an unknown party
F. Esarhaddon of Assyria with Baal of Tyre
G. Esarhaddon of Assyria with various Iranian rulers (several versions)
H. Queen Zakutu with the people of Assyria
I. Aššurbanipal of Assyria with the people of Babylonia
J. Aššurbanipal of Assyria with the Arabian tribe Qedar
K. Sîn-šar-iškun of Assyria with the people of Babylonia

V. Treaties from Mari
A. Zimrī-Lim of Mari with Ḥammurapi of Babylon
B. Zimrī-Lim of Mari with Ḥammurapi of Babylon (against the *sukal* of Elam)
C. Zimrī-Lim of Mari with Ibāl-pī-El II of Ešnunna
D. Zimrī-Lim of Mari with Atamrum of Andarig

Die hethitische Vertragstradition in Syrien (14.–12. Jh. v. Chr.)*

Lorenzo d'Alfonso

In der Diskussion um mögliche Kontakte zwischen der hethitischen Vertragstradition und dem Alten Testament spielt Nordsyrien als Umschlagplatz hethitischer rechtlicher Überlieferungen in aramäische und neuassyrische Kontexte eine wichtige Rolle. Vor diesem Hintergrund dürfte es von Nutzen sein, einige Überlegungen zur Überlieferung und Bewahrung der hethitischen Vertragstradition im spätbronzezeitlichen Syrien anzustellen, die die Voraussetzung für eine Vermittlung dieser Traditionen in aramäische und assyrische sowie in alttestamentliche Zusammenhänge darstellen. Ob eine Kontinuität von der im 15. Jh. entstehenden hethitischen Vertragstradition bis in das Alte Testament überhaupt nachweisbar ist, wird außerhalb dieser Betrachtung bleiben. Im Folgenden soll dagegen versucht werden, eine präzise Präsentation des Textmaterials vorzulegen, die es ermöglicht, charakteristische Elemente und Merkmale der hethitischen Vertragstradition in Syrien in der ausgehenden Spätbronzezeit zu benennen.

1. Die hethitische Vertragstradition und die Assyrer

Schon die Aussage, dass ein Kontakt zwischen der hethitischen und der aramäischen und assyrischen Vertragstradition über Syrien gegen Ende des 2. bzw. zu Beginn des 1. Jt. v. Chr. stattgefunden hat, bedarf einiger Einschränkungen. Mit Bezug auf die Aramäer trifft sie fraglos zu. Direkte Kontakte zwischen dem hethitischen und dem assyrischen Hof sind zwar schon durch die Korrespondenz aus der Zeit Ḫattušilis III. (1265-1246/38) nachweisbar, anders als z.B. im Fall der hethitisch-ba-

* Die Abkürzungen in diesem Beitrag folgen denen des CHD. Ich bin Prof. Doris Prechel und Christoph Koch für die Hilfe bei der deutschen Übersetzung und die Diskussion verschiedener Punkte, Prof. Guiseppe del Monte für wertvolle Hinweise zur Endversion dieses Beitrages sehr dankbar. Die Verantwortung für die endgültige Fassung liegt bei mir.

bylonischen Beziehungen, beinhaltet der Briefwechsel mit dem assyrischen Hof jedoch keinen Hinweis auf den Abschluss eines Vertrags zwischen den beiden Staaten.[1] Weder die Briefe noch die Urkunden aus den beiden Hauptstädten erlauben die Folgerung, dass die Hethiter einen Vertrag mit den Assyrern geschlossen und die Assyrer somit im direkten Kontakt mit der hethitischen Vertragstradition gestanden haben.[2]

1.1. Es gibt aber einen Text, der im Jahr 1973 in Ugarit gefunden und 1982 (sowie 1991) herausgegeben wurde[3], der eine differenziertere Sicht erlaubt. Es handelt sich hierbei um einen Brief zwischen zwei Königen, deren Identität wegen einer Lücke in den ersten Zeilen unbekannt bleibt. Da die Tafel in Ugarit gefunden wurde, geht man davon aus, dass der Adressat ein König Ugarits ist. Dem Inhalt nach scheint der Brief wahrscheinlich von einem assyrischen König zu stammen (entweder Salmanassar I. oder Tukulti-ninurta I.). Aufgrund paläographischer sowie linguistischer Merkmale lässt sich der Brief allerdings nur schwer in der mittelassyrischen Schreibertradition verorten.[4] Die Hypothese, der Absender sei ein ostanatolischer Untertan des hethitischen Königs, der zu den Assyrern übergelaufen war, bildet eine mögliche Alternative. Wer auch immer die korrespondierenden Personen waren, bedeutsam bleibt die Tatsache, dass der Text die Erzählung einer Auseinandersetzung zwischen dem vom hethitischen Großkönig Tutḫalija IV. geleiteten und dem assyrischen Heer beinhaltet.[5] Die Kon-

---

1 S. zuletzt H. Klengel, Geschichte des hethitischen Reiches, HdO I.34, 1999, 268-273.

2 KUB 3.125, Rs. 3-4, beinhaltet einen Hinweis auf einen Vertrag (rik[ilta] lū nirakk[as]). S. C. Mora u. M. Giorgieri, Le lettere tra i re ittiti e i re assiri ritrovate a Ḫattuša, HANEM VII, 2005, 147. Der ganze Brief ist so fragmentarisch, dass es nicht klar ist, wer der zweite Kontrahent neben dem Absender sein soll. Auf Grund des Textes RS 34.165 (s.u.) scheint die Interpretation des Passus als Hinweis auf einen Vertrag zwischen Ḫatti und Aššur möglich.

3 S. S. Lackenbacher, Nouveaux documents d'Ugarit. I. – Une lettre royale, RA 76 (1982), 141-56; dies., Cap. VI: lettres et fragments, in: P. Bordreuil (Hg.), Une bibliothèque au sud de la ville, RSO VII, 1991, 90-100. S. jetzt auch die Edition von M. Dietrich, Salmanassar I. von Assyrien, Ibirānu (VI.) von Ugarit und Tutḫalija IV. von Ḫatti, UF 35 (2003), 103-139. Der Aufsatz enthält die einzige Kopie der Tontafel.

4 S. schon S. Lackenbacher, Nouveaux (s. Anm. 3), 152. Zum Adressat und Absender s. zuletzt M. Dietrich, Salmanassar I. (s. Anm. 3), 118-119. Die Hypothese, dass der Adressat kein König Ugarits ist, wurde bis jetzt nicht erwogen, scheint mir jedoch auf Grund der paritätischen Grußformeln überlegenswert. Es wäre z.B. möglich, hier einen assyrischen Brief an den ägyptischen König zu vermuten (z.B. Ramses II.: [a-na ᵐre-a-ma-še-ša ma-a-i ᵈa-ma-]-na), der auf dem Weg nach Ägypten in Ugarit geblieben bzw. abgefangen oder kopiert worden ist.

5 Zum historischen Hintergrund dieses Briefes s. u.a. M. Giorgieri u. C. Mora, Aspetti della regalità ittita nel XIII sec. a.C., 1996, 19-20; s. auch C. Mora u. M-Giorgieri, Lettere (s. Anm. 2), 13-23.

frontation endet schließlich mit einem Sieg der Assyrer, die den Feind zur Flucht zwingen (RS 34.165, Rs. 37-40). Der Passus, der dem militärischen Sieg gewidmet ist, spielt in der Aussageabsicht des Textes im Gegensatz zur Beschreibung des Hergangs des Konfliktes keine bedeutende Rolle. Offensichtlich hatten die zwei Großkönige eine Form von Abkommen in Bezug auf ihr Grenzgebiet. Die ausführlichen Schilderungen diplomatischer Erklärungen im Vorfeld des Kampfes offenbaren einen Interessenkonflikt, der letztendlich den erwarteten Vertragsabschluss verhinderte.

1.2. Im ersten Teil des Briefes hatte sich der hethitische König bereit erklärt, in den Kampf zu ziehen, als seine Gegner das Territorium eines hethitischen Alliierten[6] erobert hatten (RS 34.165, Vs. 12-6). Der Gegner hatte sich ebenso zum Kampf bereit erklärt und seine Truppen bewegt, „sodass (die Hethiter) die Stadt Taide nicht erreichen konnten"[7] (RS 34.165, Vs. 17-20). In dieser Situation schickt Tutḫalija einen zweiten Boten, der drei Urkunden mitbringt: Zwei beinhalten die Kriegserklärung (akk. ṭuppātu ša nukurti), die andere dagegen eine Friedenserklärung (akk. ṭuppu ša šulmi). Der Bote liest zuerst die Kriegserklärungen vor, beobachtet die Reaktion, und nach drei Tagen entscheidet er, auf die Friedenserklärung zurückzugreifen (RS 34.165, Vs. 21-29). Von dieser Zeile ab enthält der Brief quasi ein Zitat aus der hethitischen Urkunde:

RS 34.165, Vs.

30. ù i-na lìb-bi ṭup-pí-šu a-kán-na ša-ṭir um-ma-a šu-ú-ma

31. ma-a ᵈIŠKUR ù ᵈUTU lu-ú i-du-ú ma-a ⸢šum-ma⸣ a²-na²-ku

32. it-ti LUGAL KUR ᵈa-šur ŠEŠ-ja nakₓ-ra-ku-mi ⸢ù⸣[it-ti-]š[u la-a]

33. šal-ma-ku-mi ma-a šum-ma ᴸᵁ·ᴹᴱˢmu-un-na-bi-tù [ša KUR x x x]

34. la²-a uṭ²-ta-ar-ra²-šu-mì ù ÉRIN.MEŠ ša ⸢a²-na²⸣[x x x x]⁸

35. ša i-na pa-ni LUGAL KUR ᵈa-šur in-na-bi-tù²-ma² ù[x x x]

36. ù i-na ŠÀ KUR ḫa-at-ti i-te-er-bu ma-a ⸢la-a⸣ [a-ṣa-bat]⁹

---

6   Hier wird der akkadische *terminus technicus* bēl (EN) *māmīti* in einer Bedeutung benutzt, die nicht zur hethitischen Vertragstradition gehört: In hethitischen Verträgen bezeichnet er den Zeugen, manchmal ebenso den Vollzug des Inhaltes eines Schwures: S. weiter § 7.2.

7   Meine Übersetzung des Nebensatzes *ana āl Taedi ina lā kašādi* (Vs. 20) weicht von der von Lackenbacher ab, die „cap. VI..." (s. Anm. 3) dagegen übersetzt: „je déplaçai mes soldats et mes chars vers Taidu, sans l'atteindre". Das Verb nimmt regelmäßig die letzte Position in diesem Text ein. S. z.B. mit der ähnlichen Konstruktion Rs. 19-20.

8   M. Dietrich, Salmanassar I (s. Anm. 3), 114 und 124 ergänzt : *ša anāku aṣbatū*. Hier ist diese Ergänzung auf Grund der Ergänzung in Z. 36 (s. die folgende Fußnote) unpassend.

9   Ergänzung nach dem mehrmals belegten Verfahren bezüglich der Auslieferung von Flüchtlingen: S.G. del Monte, Sulla terminologia hittita per la restituzione di fuggia-

37. *ù a-na* LUGAL KUR ᵈ*a-šur la-a ú-še-bal* x [x x x x x]

Auf seiner Tafel war es auf diese Weise geschrieben, folgendermaßen (spricht) er: „Mögen der Wettergott und die Sonnengöttin das wissen: (Möge ich sterben), wenn ich persönlich im Krieg mit dem König des Landes Assur, meinem Bruder, bin und [mit ihm nicht] in Frieden bin! Wenn ich ihm die Flüchtlinge [aus dem Land ...] nicht zurückgeben werde! Wenn ich die Truppen [...], die vom König des Landes Assur geflohen sind [...] und in das Land Ḫatti eingetreten sind, [nicht ergreifen werde] und (sie) dem König des Landes Assur nicht bringen werde".

Der Passus enthält Konzepte und Formeln, die auch in den hethitischen Verträgen vorkommen. Wenn die unsichere Lesung von *šum-ma* in Z. 31 akzeptiert wird, wären diese Worte als Eid des Tutḫalija stilisiert. Die Nennung des Wettergottes und der Sonnengöttin findet ebenso Parallelen in anderen hethitischen Verträgen.[10] Alles deutet darauf hin, dass die *ṭuppu ša šulmi* ein Brief war, der zum Vertragsabschluss führen sollte. Der Brief selbst enthielt typische Merkmale der hethitischen Vertragstradition.[11]

1.3. Nach der Lücke am Anfang der Rückseite wird eine zweite Episode erzählt. Die assyrischen Truppen nähern sich der feindlichen Stadt Niḫrija mit der Absicht, die Stadt zu belagern. Nun finden sich hethitische Truppen innerhalb der Stadt zu ihrer Verteidigung. Der assyrische König beschwert sich bei Tutḫalija durch eine weitere Botschaft. Die neuen friedlichen Beziehungen sehen vor, dass die Feinde der Assyrer auch Feinde der Hethiter sein sollen, und deswegen wird der hethitische König aufgefordert, die Truppen aus Niḫrija zurückziehen zu lassen (RS 34.165, Rs. 3-13). Tutḫalija erklärt, er könne einen solchen Vorschlag nicht nachvollziehen, schwört aber zum Sonnengott, seine Allianz mit dem König von Assur weiterzuführen (RS 34.165, Rs. 13-16).[12] In den folgenden Zeilen sehe ich einen Hinweis auf einen politischen Vertrag zwischen Ḫatti und Assur, dessen Abschluss aber letztlich von Tutḫalija verweigert wurde:

RS 34.165, Rs.

16.   ... *ki-i-me-e a-na-ku*

17. *a-ma-te*ᴹᴱˢ-*šu an-na-a-ti al-te-me ù ṭup-pa ša ma-mi-ti*

---

schi, in: O. Carruba; M. Liverani u. C. Zaccagnini (Hgg.), Studi orientalistici in ricordo di Franco Pintore, StMed 4, 1983, 43-47.

10   S. u.a. G. Kestemont, Le pantheon des instruments hittites de droit public, Or 45 (1976), Gruppe A, Sektion I.

11   Ähnliche Briefe, die zu einem Vertrag führen sollten, wurden ebenso in Ugarit gefunden, s. RS 17.132 (PRU IV, 35-7) und vielleicht auch RS 17.334 (PRU IV 54-5).

12   So nach Umschrift und Übersetzung der Z.16 bei M. Dietrich, Salmanassar I. (s. Anm. 3), 114-115 und 127-128. S. Lackenbacher, cap. VI (s. Anm. 3), 94, Anm. 40, stellt fest, dass die Sonnengottheit in diesem Eid männlich ist (*at-ta* ᵈUTU).

18. *al-ta-ṭar ù ul-te-bi-la-aš-šu ma-a i-na ki-it-ti-ka*
19. *ṭup-pa an-na-a a-na pa-ni* ᵈUTU *lu-pu-ut ú-ul i-ma-an-gu-ur*
20. *ṭup-pa a-na pa-ni* ᵈUTU *a-na la-pa-ti ù a-na-ku i-na* UD-*mi-šu-ma*
21. ÉRIN.MEŠ-*ja ul-tu* URU *ni-iḫ-ri-ja at-ta-ša-aḫ*

Als ich diese Worte, hörte, habe ich eine *Vertragsurkunde* geschrieben und sie ihm (d.h.: Tutḫalija) bringen lassen. „Nach deiner Sitte berühre/halte diese Urkunde vor der Sonnengottheit fest!". Er lehnte ab, die Urkunde vor der Sonnengottheit zu berühren/festzuhalten, und am selben Tag zog ich meine Truppen von (der Belagerung) der Stadt Niḫrija ab.

Der akkadische Ausdruck *ṭuppu ša māmīti* spielt in diesem Passus eine wichtige Rolle. In der hethitischen Rechtsterminologie weist der Ausdruck auf einen Text mit normativer Geltung hin: Wenn die zwei Kontrahenten eines *ṭuppu ša māmīti* zwei Herrscher waren, kann man nach der heutigen Terminologie von einem politischen Vertrag sprechen.[13] Hierbei kommt der Frage, an welchem Hof die Schrift verfasst worden ist, noch einmal Bedeutung zu, doch lässt sich die Herkunft des Schreibers des Briefes RS 34.165 nicht klar bestimmen. Der Brief wurde weder in Ḫatti noch am hethitischen Hof in Karkemiš[14] verfasst. Und trotzdem besteht einige Ähnlichkeit zum Akkadischen der hethitischen Schreiberschulen.[15] Nimmt man an, dass der Verfasser von RS 34.165 die hethitische Rechtsterminologie kannte, dann bietet der Passus einen wichtigen Hinweis auf den Austausch von Verträgen oder mindestens Vertragsentwürfen zwischen den beiden Herrschern von Ḫatti und Assur. Wenn auch der Ausdruck *ṭuppu ša māmīti* „Tafel des Eides" aufgrund seiner allgemeinen Bedeutung keine Beweisgültigkeit für diese These besitzt, so ist immerhin die Erwähnung des „Festhaltens/Berührens" der Urkunde vor der Sonnengottheit ein Indiz für ihren staatsrechtlichen Charakter. Akzeptiert man also die im Brief RS 34.165 erzählten Episoden als Darstellung historischer Ereignisse, dann liefert

---

13   S. u.a. C. Zaccagnini, The Forms of Alliance and Subjugation in the Near East of the Bronze Age, in: L. Canfora; M. Liverani u. C. Zaccagnini (Hgg.), I trattati nel mondo antico. Forma, ideologia, funzione, 1990, 51-67; M. Giorgieri, I testi ittiti di giuramento, unpublizierte Doktorarbeit, Universität Florenz 1995, 22-29.

14   Als Beispiel zur Paläographie s. das Zeichen für LUGAL, das hier mit fünf kleinen inskribierten Senkrechten erscheint, in den Texten aus Karkemiš dagegen mit zwei, drei, gelegentlich auch vier Senkrechten. Zum Formular s. hier *annīta šapāru/qabû mā* (Vs. 12, 17, Rs. 6-7, 26), während man in den Briefen aus Karkemiš regelmäßig *akanna šapāru/qabû mā* findet.

15   Die Anwendung der Zeichen der ŠV- und VŠ-Serien wo ein /s/ erwartet wird, ist ein Merkmal der akkadischen Texte aus den hethitischen Schreiberschulen. Sie kommt weder in den wenigen Texten aus dem Mittannireich noch in den mittelassyrischen Texten vor. S. hier Vs. 23, *šul-mi* (schon Lackenbacher, cap. VI [s. Anm. 3], 91 Anm. 18), Rs. 21 *at-ta-ša-aḫ* für *nasāḫu* und mit M. Dietrich, Salmanassar I. (s. Anm. 3), 127-8: Rs. 16 *aš!-ša!-ad-di-ru-ni*, Rs. 32 und passim *ša-di-ir* für *sadāru*.

dieser Brief den Beweis für direkte Kontakte zwischen der assyrischen und der hethitischen Vertragstradition schon während des 13. Jh. v. Chr.[16]

2. Die hethitischen Verträge mit den syrischen Ländern

Seit dem Ende des 14. und im Verlauf des 13. Jh. v. Chr. haben die hethitischen Großkönige mehrere Verträge mit den Herrschern verschiedener syrischer Länder abgeschlossen. Diese Verträge spielen eine besondere Rolle für die Frage nach möglichen Abhängigkeiten zwischen der hethitischen und der aramäischen bzw. der hethitischen und assyrischen Rechtstradition im 1. Jt. v. Chr. Es gilt als *opinio communis*, dass die nord- und zentralsyrischen Stadtstaaten und Länder die hethitische Vertragstradition nach der Jahrtausendwende bewahrt und später nach Osten und Süden vermittelt hätten. Schon vor langer Zeit wurde festgestellt, dass die Verträge aus Ḫatti keine homogene Textgruppe darstellen, sondern nach verschiedenen Textmustern verfasst worden sind.[17] Daher soll im Folgenden zunächst auf die gattungsspezifischen Merkmale der syro-hethitischen Verträge eingegangen werden, die mit hoher Wahrscheinlichkeit auch in den syrischen Archiven aufbewahrt wurden.

Mit den Exemplaren CTH 46 und CTH 66 stehen Originale aus dem Palastarchiv von Ugarit zur Verfügung. Bei den anderen Texten handelt es sich um Abschriften oder Entwürfe für die hethitischen Staatsarchive.[18] Das heißt, wir können im Hinblick auf diese zweite Gruppe weder sicher sein, dass entsprechende Originale in den syrischen Archiven vorhanden waren, noch, dass sie den uns erhaltenen Exemplaren genau entsprachen.[19] Allerdings stehen alle Exemplare in einer einheitlichen Vertragstradition.[20]

---

16 Dass mit den Erzählungen auch propagandistische Ziele verfolgt wurden, schließt diese Sichtweise natürlich nicht aus.

17 S. schon V. Korošec, Hethitische Staatsverträge, 1931, 6ff.

18 S. schon V. Korošec, Hethitische Staatsverträge (s. Anm. 17), 3, und zuletzt S. Alaura, Osservazioni sui luoghi di ritrovamento dei trattati internazionali a Boğazköy-Ḫattuša, in: D. Groddek (Hg.), šarnikzel. Hethitologische Studien zum Gedenken an E.O. Forrer, 2004, 143, und J. Klinger, Zur Paläographie akkadischsprachiger Texte aus Ḫattuša, in: G. Beckman; R. Beal u. G. McMahon (Hgg.), Hittite Studies in Honor of Harry A. Hoffner Jr., 2003, 242-243.

19 Nur drei Texte lassen sich bis jetzt als Originalversionen von Staatsverträgen bestimmen: die zwei gesiegelten Verträge Suppiluliumas und Muršilis II. mit Ugarit (CTH 46 und CTH 66) und der Vertrag Tutḫalijas mit Kurunta von Tarḫuntassa (BT). Die Bemerkung, dass die Staatsarchive aus Büyukkale, aus Tempel I und dem sog. Haus am Hang kein Fragment von Kopien oder auch Entwürfen dieser drei Verträge

Subordinationsverträge

CTH 46,[21] Vertrag zwischen Šuppiluliuma I. und Niqmadu von Ugarit, nur in der akkadischen Fassung erhalten (ein Exemplar: aus Ugarit);

CTH 49,[22] Vertrag zwischen Šuppiluliuma I. und Aziru von Amurru, in einer akkadischen Fassung (CTH 49 I, in sechs Exemplaren A-F; B unterscheidet sich von den anderen auf Grund der fehlenden historischen Einleitung) und einer hethitischen Fassung (CTH 49 II, ein Exemplar mit CTH 49 I B verbunden) erhalten;

CTH 53,[23] Vertrag zwischen Šuppiluliuma I. und Tette von Nuḫašše, nur in der akkadischen Fassung erhalten (vier Exemplare A-D);

CTH 62,[24] Vertrag zwischen Muršili II. und Tuppi-teššub von Amurru, in einer akkadischen Fassung (CTH 62 I ein einziges Exemplar) und einer hethitischen Fassung (CTH 62 II, in vier Exemplaren A-D) erhalten;

CTH 66,[25] Vertrag zwischen Muršili II. und Niqmepa von Ugarit, nur in der akkadischen Fassung erhalten (drei Exemplare: aus Ugarit);

CTH 92,[26] Vertrag zwischen Ḫattušili III. und Bente-šina von Amurru, nur in der akkadischen Fassung erhalten (ein Exemplar);

CTH105,[27] Vertrag zwischen Tutḫalija IV. und Šaušga-muwa von Amurru, nur in der hethitischen Fassung erhalten (zwei Exemplare).

---

enthalten, wirft einen dunklen Schatten auf die Möglichkeit, ob die nur in Kopie oder Entwurf erhaltenen Verträge zu einer definitiven Fassung gekommen sind.

20 Die sehr fragmentarischen und in ihrem Verständnis umstrittenen Verträge mit Tunip und Mukiš (CTH 135 und 136) werden hier nicht betrachtet. Zum Vertrag mit Mukiš s. jetzt E. Devecchi, A Fragment with a Treaty with Mukiš, in: Atti del VI congresso internazionale di Ittitologia, in Vorbereitung.

21 Edition: J. Nougayrol, PRU IV, 1956, 48-52; neue Bearbeitungen mit Übersetzung: G. Beckman, Hittite Diplomatic Texts, [2]1999, 34-36; S. Lackenbacher, Textes akkadiens d'Ugarit, 2002, 71-73.

22 Edition: G. del Monte, Il trattato fra Muršili II di Ḫattuša e Niqmepa', OAC 18, 1986, 116-41. Neue Bearbeitung und Übersetzung in: G. Beckman, Hittite Diplomatic (s. Anm. 21), 36-41; S. Lackenbacher, Textes akkadiens (s. Anm. 21), 78-85. Zu diesem und den nächsten vier Verträgen s. auch http://www.hethport.uni-wuerzburg.de/hetkonk/, durch Abfrage der CTH Nummer. Der Onlinekatalog weist auf einige neue Fragmente hin und bietet im Fall von CTH 62 und 66 eine andere Einordnung der Fragmente als del Monte an.

23 Edition: G. del Monte, Il trattato (s. Anm. 22), 142-155; s. auch G. Beckman, Hittite Diplomatic (s. Anm. 21) 54-58.

24 Edition: G. del Monte, Il trattato (s. Anm. 22), 157-177; s. auch G. Beckman, Hittite Diplomatic (s. Anm. 21), 59-64.

25 Edition: G. del Monte, Il trattato (s. Anm. 22), 14-114; s. auch G. Beckman, Hittite Diplomatic (s. Anm. 21), 64-69.

26 Edition: G. del Monte, Il trattato (s. Anm. 22), 178-87; s. auch G. Beckman, Hittite Diplomatic (s. Anm. 21), 100-103.

27 Edition: C. Kühne u. H. Otten, Der Šaušga-muwa Vertrag, StBoT 16, 1971; s. auch G. Beckman, Hittite Diplomatic (s. Anm. 21), 103-107.

(Pseudo-/Halb-)Paritätische Verträge

CTH 50,[28] Vertrag zwischen Šuppiluliuma I. / Arnuwanda II / Muršili II. und Šarri-kušuḫ von Karkemiš, nur in der hethitischen Fassung erhalten (ein Exemplar, sehr fragmentarisch);

CTH 51,[29] Vertrag zwischen Šuppiluliuma I. und Šattiwaza von Mittanni, in einer akkadischen Fassung (CTH 51 I, in drei Exemplaren) und einer hethitischen Fassung (CTH 51 II, ein Exemplar)

CTH 52,[30] Vertrag zwischen Šattiwaza von Mittanni und Šuppiluliuma I., in einer akkadischen Fassung (CTH 52 I, ein Exemplar) und einer hethitischen Fassung (CTH 52 II, ein Exemplar) erhalten;

CTH 75,[31] Vertrag zwischen Muwatalli II. und Talmi-šarruma von Aleppo, nur in der akkadischen Fassung erhalten (vier Exemplare A-D);

CTH 122,[32] Vertrag zwischen Šuppiluliuma und Talmi-teššub von Karkemiš, nur in der hethitischen Fassung erhalten (drei Exemplare 1-3).

3. Die Subordinationsverträge

Die Subordinationsverträge mit Syrien lassen sich nach Form und Inhalt auf drei verschiedene Textmuster zurückführen. Jedes verdient eine kurze Betrachtung.

---

28 Erste Edition: E. Forrer, Forschungen II.1, 1926, 46-48; s. zuletzt I. Singer, The Treaties between Karkamiš and Ḫatti, in: G. Wilhelm (Hg.), Akten des IV. internationalen Kongresses für Hethitologie, StBoT 45, 2001, 635.

29 Edition: E. Weidner, Politische Dokumente aus Kleinasien, BoSt 8, 1923, 2-37 für die akkadische Version, und E. Laroche, Fragments hittites du traité mitannien de Suppiluliuma Ier, in: Cl. F. Schaeffer (Hg.), Ugaritica VI, MRS 17, 1969, 369-373; s. auch G. Beckman, Hittite Diplomatic (s. Anm. 21), 42-48, mit Hinweis zur vorhergehenden Literatur.

30 Edition: E. Weidner, Politische Dokumente (s. Anm. 29), 36-57, und dazu G. Beckman, Some Observations on the Šuppiluliuma – Šattiwaza Treaties, in: M.E. Cohen; D.C. Snell u. D.B. Weisberg (Hgg.), The Tablet and the Scroll. Near Eastern Studies in Honor of William W. Hallo, 1993, 53-55; s. auch G. Beckman, Hittite Diplomatic (s. Anm. 21), 48-54.

31 Edition: E. Weidner, Politische Dokumente (s. Anm. 29), 80-89, und dazu H. Klengel, Ein neues Fragment zur historischen Einleitung des Talmi-šarruma-Vertrag, ZA 56 (1964), 213-217. S. zuletzt G. Beckman, Hittite Diplomatic (s. Anm. 21), 93-95.

32 Eine neue Edition demnächst bei: L. d'Alfonso, The Treaty between Suppiluliyama and Talmi-teššub, King of Karkemiš, in Vorbereitung. S. aber schon für KBo 12.41 G. Del Monte, Note sui trattati fra Ḫattuša e Kizuwatna, OA 20 (1981), 207; für KUB 26.33 M. Giorgieri, I testi ittiti di giuramento, unpublizierte Doktorarbeit, Universität Florenz 1995, 282-286; für den Join dieses Fragments mit KBo 13.225 s. I. Singer, The Treaties (s. Anm. 28), 638-640.

3.1. CTH 46 stellt einen der ersten, wenn nicht den ersten Vertrag Šuppiluliumas mit einem syrischen Land dar.[33] Als normatives Instrument unterscheidet er sich von den anderen von Šuppiluliuma erlassenen Verträgen darin, dass die politische Loyalität des ugaritischen Königs Niqmadu in den Vordergrund gestellt wird. Weiter ist der Umstand bemerkenswert, dass der Vertrag noch während des Krieges entstanden ist, zu einem Zeitpunkt also, als der weitere Verlauf der politischen Ereignisse noch unklar war.

Erkennt man den Siegelabdruck in der Mitte der Vorderseite der Urkunde als authentisch an, stellt CTH 46 einen von drei (möglichen) Originalversionen eines hethitischen Staatsvertrags dar. Der Text wurde im sog. internationalen Archiv des ugaritischen Königspalastes gefunden. Er ist auf Akkadisch geschrieben, was den Rechtstraditionen ganz Nordmesopotamiens entsprach. Nach seiner Paläographie und Phonetik wurde der Text von einem Schreiber einer nicht-hethitischen Schreiberschule geschrieben,[34] was die Möglichkeit offenlässt,[35] einen Schreiber aus der Mittanni-Schule für die Abfassung der Urkunde zu vermuten. In diesem Fall sollte man mit dem Einfluss von Schreibern aus der Mittanni-Schule auf den hethitischen Hof schon vor der Zeit der politischen Kontrolle über Mittanni selbst rechnen. Die Mitwirkung eines nicht-hethitischen Schreibers bei der Abfassung dieses Vertrags scheint nur winzige Schriftabweichungen verursacht zu haben, jedoch keine Verwendung von Formeln und *termini technici*, die außerhalb der hethitischen Rechtstradition standen. Aus diesem Grund scheint mir die Verwendung eines lokalen Schreibers für die Verfassung dieses Vertrags unwahrscheinlich.

3.2. Die nächsten fünf oben aufgelisteten Verträge werden zunächst zusammen betrachtet. Diese, in der Forschung als *syro-hethitisch bezeichneten Verträge*,[36] sind einander so ähnlich, dass sie einen eigenen Vertragstyp innerhalb der hethitischen Rechtsüberlieferung darstellen. Von Bedeutung ist ferner, dass dieser Vertragstyp in zwei sprachlichen

---

33 Zur zeitlichen Einordnung von CTH 46 s. zuletzt A. Altman, The Historical Prologue of the Hittite Vassal Treaties, 2004, 243-250.

34 Zur Paläographie dieses Vertrages und der anderen hethitischen Verträge auf Akkadisch s. J. Klinger, Paläographie (s. Anm. 18), 237-248. Hinsichtlich der Phonetik sei hier auf die Schreibung des /s/ in der Wurzel rks verwiesen, das, im Gegensatz zu den Texten aus Ḫatti und Karkemiš, nie durch die Serie ŠV und VŠ wiedergegeben wird.

35 S. J. Klinger, Paläographie, (s. Anm. 18), 240.

36 S. zuerst V. Korošec, Hethitische Staatsverträge (s. Anm. 17), 8-9, und dann G. del Monte, Trattato (s. Anm. 22), 1-12. Pace A. Altman, Historical Prologue (s. Anm. 33), 43-65. Seine neue Kategorisierung betrifft die historischen Präambeln der Verträge, nicht aber die Klauseln und letztendlich die vertragliche Natur dieser Textgruppe.

Fassungen archiviert wurde, die eine auf Akkadisch, die andere auf Hethitisch.[37]

Gemeinsamkeiten der verschiedenen Verträge sind erstens in der Textstruktur (s. Tabelle 1) und zweitens im Formular zu finden. Als Beispiel des Formulars sei hier ein Passus aus den Beistandsformeln bei feindlichen Angriffen analysiert. Der Passus ist in vier der fünf Verträge belegt:[38]

> *šumma šar māt* ^{āl}*Ḫatti ina māt* ^{āl}*LN šumma māt* ^{āl}*LN ... mīnummê mātī nakri ša ina* ^{i} *pāt mātī=ka qerbū ša itti šar māt* ^{āl}*Ḫatti nakrū u mīnummê mātī ša ina* ^{i} *pāt mātī=ka qerbū ša itti šar māt* ^{āl}*Ḫatti salmū māt* ^{āl}*LN māt* ^{āl}*LN ... išaḫḫurū=ma itti šar māt* ^{āl}*Ḫatti inakkirū=ma*[ii] *kīmê šar māt* ^{āl}*Ḫatti ana*[iv] *ḫabāti uṣṣâ u šumma PN ištu ṣābī=šu*[iii] *narkabātī=šu*[iii] *u ina kūl*[v] *libbī=šu*[iii] *ul inammuš*[iii] *u šumma ina kūl libbī=šu*[iii] *lā intatḫaṣ*[iii iv vi]

Wenn der König von Ḫatti gegen das Land LN oder LN ...(marschiert), welche Länder des Feindes auch immer bei der Grenze deines Landes liegen, welche feindlich mit dem König des Landes Ḫatti sind und welche Länder auch immer, die bei der Grenze deines Landes liegen, welche in Frieden mit dem König von Ḫatti sind, (wie) das Land LN LN... -, (ihre Stellung) aber ändern und Feind des Königs von Ḫatti werden: Wenn der König des Landes Ḫatti (in diese Länder) zum Angriff geht, wenn PN sich mit seinen Truppen, seinen Streitwagen und mit seinem ganzen Herzen nicht bewegt, und wenn er mit seinem ganzen Herzen nicht gekämpft hat...

Varianten

[i] CTH 53IB II. 10, 12; CTH 92 Rs. 7′ *ša pāt mātī=ka*

[ii] CTH 66 Vs. 19 *inakkirū* [*kīme*; CTH 53IB Vs. 15-6 *inakkirū kīme*

[iii] CTH 66 Vs. 20-1. Die letzen zwei Sätze sind in der zweiten Person geschrieben, deswegen *ṣabī=ka, tanammuš* usw.

[iv] CTH 92 Rs. 11′der Satz *u šumma ina kūl libbī=šu ul intatḫaṣ* fehlt.

[v] CTH 53IB II 18 *ina libbī=šu*

[vi] CTH 53IB II 19 *intuḫḫañ*!

---

37 Nur im Fall von CTH 49 und 62 sind beide Fassungen erhalten. Da CTH 53, 66 und 92 nur in der akkadischen Fassung überliefert sind, kann nicht zwingend gefolgert werden, dass eine akkadische und eine hethitische Fassung für jeden syro-hethitischen Vertrag erstellt wurden. Es bleibt aber festzuhalten, dass dieser Vertrags*typ* von Beginn der Regierungszeit Suppipuliumas I. an in zwei Versionen formuliert wurde, eine auf Akkadisch und eine auf Hethitisch.

38 CTH 49I; CTH 53; CTH 66 und CTH 92.

ANFANG
Titulatur
Historische Präambel

FEINDE
Einleitung
Gegenseitige Hilfe gegen äußere Feinde
Gegenseitige Hilfe gegen innere Feinde

PALASTBEAMTE
Einleitung
Hethiter im Staat des „kleinen" Königs
Untertanen in Ḫattusa
Schluss

FLÜCHTLINGE
Gruppen
Einzelne Personen
Schluss

HERRSCHAFT
Einleitung
Alleinige Anerkennung der hethitischen Herrschaft
?

EID
Evocatio
Invocatio
Verfluchung
Segen

Tabelle 1. Textstruktur der syro-hethitischen Verträge (G. Del Monte, Trattato [s. Anm. 22], 10-11).

Die Verträge, die über einen Zeitraum von 70 Jahren verfasst wurden, zeigen in diesem Passus nur winzige Abweichungen. Die Zeichenfolge, die dieser Passus in den vier Texten aufweist, zeigt ebenso, dass die Redaktion jedes Textes durch eine getreue Abschrift innerhalb der hethitischen Archive erfolgte.[39] Insgesamt sind nur wenige Varianten erkennbar, die sich zumeist nur auf einen Vertrag (CTH 53) beziehen.[40] Anders verhält es sich mit der Paläographie. Neben einem Duktus, der gleichzeitig in Ḫattusa für die Texte auf Hethitisch verwendet wurde, zeigen einige Exemplare ein abweichendes Schriftbild.[41] Die Homogenität der Texte und der Zeichenfolge in den verschiedenen Exemplaren schließt die Möglichkeit aus, dass einige dieser Verträge unweit von Ḫattusa formuliert wurden; es bleibt jedoch offen, ob einige Kopien in Syrien entstanden sind.[42] Mit der Paläographie dieser Verträge verbindet sich auch die Problematik bezüglich der Übersetzung. Wie bereits bemerkt, wurden CTH 49 und CTH 62 auf Hethitisch und auf Akkadisch verfasst. Nun stellt die eine Fassung quasi eine wörtliche Übersetzung der anderen dar. Hier sei als Beispiel derselbe Passus über die gegenseitige Hilfe gegen Feinde auf Hethitisch angeführt:

CTH 49 II, KBo 10.12+13, II 12'-24'

mān LUGAL K[UR URU*Ḫatti*] *INA* KUR URULN *nasma INA* KUR URULN ... [*kue imma* KUR.KUR^{MEŠ} LÚKÚR *t*]*uel ANA* ZA[G *m*]*aninkuwan* [... *ANA* ^dUTU^{ŠI}] *kurur* KUR.[KUR]^{MEŠ} *taksulas kue* [*ANA* ^dUTU^{ŠI} *taksul tuel ANA* ZAG]

---

39 Zum Aufbau eines Vertragstextes s. zuletzt S. Alaura, Osservazioni (s. Anm. 18), 143-144, mit Hinweisen auf ältere Literatur. Es bleibt zu bemerken, dass die Exemplare der syro-hethitischen Verträge, die in Ḫattusa gefunden wurden und deren Fundort man kennt, sich auf die süd-östlichen Magazine zurückführen lassen: s. G. del Monte, Trattato (s. Anm. 22), 2-3 und jetzt S. Alaura, Osservazioni (s. Anm. 18). Ausnahme: CTH 49 II, aus Büyükkale, Gebäude K.

40 Ein Austausch zwischen ideographischer und phonetischer Schreibung findet in den verschiedenen Verträgen nicht statt, d.h. die Sumerogramme werden in keinem Fall durch die entsprechende syllabische Schreibung ersetzt: CTH 49 A Vs. 7'-10': KUR URUKÙ.BABBAR, statt: KUR URU*ḫa-at-ti*; CTH 53 Vs. II 7-8 KUR LN, statt: KUR URULN; Vs. II 16: ŠÈ, statt: *a-na*; Vs. II 10 und 12 *qer-bu*, statt: *qe-er-bu*; Vs. II 16 *ḫab-bá-a-ti*, statt *ḫa-bá-ti*; Vs. II 18-9 ŠÀ-*šu*, statt ŠÀ-*bi-šu*.
     Auch die Phonetik weist kaum Auffälligkeiten auf. Lediglich das /s/ im Stativ Pl. Nom. *salmū* wird gegenüber anderen akkadischen Texten aus den hethitischen Schreiberschulen nie mit dem Zeichen ŠA geschrieben.

41 S. J. Klinger, Paläographie (s. Anm. 18), 242-247. Mit hethitischem Duktus: CTH 49 I A (s. J. Klinger, Paläographie [s. Anm. 18], 242), CTH 49 I B (LUGAL: KUB 47.71 5', 6' und KUB 3.19 5, 7; RA: KUB 47.71 9'; KI KUB 3.19, 6), CTH 49 I F? (LA, 7'), CTH 53 B (LÚ, 4', 8'; LUGAL 5'; KI 11'). Sogenannter Mischduktus: CTH 49 I D?(syr. D. LUGAL, 4; heth. D. RA 5), CTH 53 A, CTH 92. Mit dem sogenannten syrischen Duktus: CTH 62 I; CTH 66 A; CTH 66 B.

42 Das scheint möglich im Fall von CTH 66, wovon einige Exemplare Kopien sein können, die im Palastarchiv Ugarits geschrieben wurden: s. in diesem Sinn J. Klinger, Paläographie (s. Anm. 18). Prosopographische Studien zeigen jetzt aber auch, dass Schreiber aus Syrien, und besonders aus Karkemiš, in Ḫattusa tätig waren: s. zuletzt C. Mora, Sigilli e sigillature di Karkemiš in età imperiale, Fs Carruba, OrNS 73 (2004), 427-450. Es ist deswegen wahrscheinlicher, dass diese an der Redaktion der Texte für die syrische Region beteiligt waren.

maninkuwan KUR ^{URU}LN KUR ^{URU}LN ..., *pidi wahnuwanzi [nu ITTI* LUGAL
KUR ^{URU}*Hatti kururi]jahhanzi [nu mān* LUGAL KUR ^{URU}*Hatti ap]edani ANA*
^{LÚ}KÚR *[wahnuwanzi uwiz]i nu mān zik* PN *[IŠTU* ÉRIN^{MEŠ}]
ANŠE.KUR.RA^{MEŠ}-*it sakuwassarit* ZI-*nit [UL n]eniktati n=an sakuwassarit [ZI-
nit]* UL *zahhijasi*

Wenn der König des La[ndes Hatti] zum Land LN, oder zum Land LN ...,
[oder zu welchen Ländern des Feindes auch immer,] die nahe deiner
Grenze (liegen), ... welche für [meine Sonne] Feinde sind; (und zu) welchen
freundlichen Ländern auch immer, die m[it meiner Sonne befreundet
(sind), welche] nahe [deiner Grenze] (liegen, wie) LN, LN ..., die Stellung
ändern [und dem König des Landes Hatti feindlich] werden, wenn du, PN,
dich [mit den Truppen], den Streitwagen und völliger Geistesgegenwart
[nicht] erhebst, und nicht mit völliger [Geistes]gegenwart kämpfst

Da die syro-hethitischen Verträge in Hattusa konzipiert wurden,
scheint es selbstverständlich, dass sie zunächst auf Hethitisch entworfen und danach ins Akkadische übersetzt wurden.[43] Dies ist durchaus
möglich, doch gibt es Anhaltspunkte, dass die ursprüngliche Fassung
die akkadischsprachige sein könnte. Es gibt drei Verträge, die nur in
einer akkadischen Fassung überliefert sind, und zwei Verträge, die
zwei Fassungen haben, eine auf Akkadisch und eine auf Hethitisch; es
gibt aber keinen Vertrag, der lediglich in der hethitischen Fassung vorliegt. Das könnte schon für eine Vorlage auf Akkadisch sprechen. Das
wichtigste Argument scheint mir jedoch zu sein, dass eine breite Sektion jedes Vertrags, nämlich Fluch und Segen, auch in den hethitischen
Fassungen von CTH 49 and CTH 62 immer nur auf Akkadisch geschrieben wurde, was zeigt, dass mindestens diese Sektion ursprünglich auf Akkadisch konzipiert wurde. Phonetische und paläographische
Indizien weisen darauf hin, dass die Originalfassungen in dem in Syrien weit verbreiteten assyro-mittanischen Duktus geschrieben sein
könnten.[44]

Zusammenfassend lässt sich unabhängig von der Frage nach der
sprachlichen Originalfassung ein einziger Vertragstypus konstatieren,
den die Hethiter in der zweiten Hälfte des 14. Jh. v. Chr. für die syrischen Länder konzipiert und bis ca. 1250 verwendet haben. Dieser Ty-
pus kam sicherlich in Syrien an, wie die Funde aller Exemplare von

---

43   S. u.a. G. del Monte, Traduzione e interferenza nei trattati siro-hittiti, VO 3 (1980),
     104.
44   Zur Phonetik vgl. die Verwendung von /s/ statt /š/ in der Schreibung der Wurzel
     *slm und *rsk, zur Problematik s. E. von Schuler, UF 3 (1971), 224 Anm. 9; in Hin-
     blick auf die Paläographie sei auf den Gebrauch von Zeichen außerhalb des hethiti-
     schen Zeichenlexikons hingewiesen, der sich auch in einigen im Boghazköy-Duktus
     verfassten Abschriften wie CTH 92 findet. Die im sog. „Mischduktus" geschriebenen
     Exemplare wären dann eher Kopien für die Staatsarchive als Entwürfe.

CTH 66 im internationalen Archiv des Königspalastes von Ugarit zeigen. Seine Rezeption in Syrien wurde durch die Verwendung des Akkadischen ermöglicht. Dass dieser Vertragstypus den Aramäern und Assyrern am Anfang des 1. Jt. bekannt war, scheint dagegen nicht wahrscheinlich zu sein. Denn die Stadtstaaten, mit denen die Verträge abgeschlossen wurden, fanden entweder schon im 13. Jh. oder am Anfang des 12. Jh. ihr Ende und damit auch ihre Palastarchive.

3.3. Der Vertrag zwischen Tutḫalija IV. und Šaušga-muwa, König des Landes Amurru, nimmt eine besondere Stellung innerhalb der Gruppe der Subordinationsverträge Ḫattis mit syrischen Stadtstaaten ein. Es handelt sich um den vierten Vertrag zwischen Ḫatti und Amurru, nach dem Vertrag zwischen Šuppiluliuma und Aziru, dem zwischen Muršili II. und Tuppi-teššup und dem zwischen Ḫattušili III. und Bente-šina. Wurden die ersten drei Verträge nach dem soeben vorgestellten Vertragsmodell verfasst (s. § 3.2), so weist dieser letzte Vertrag eine stark differierende Diktion auf. Zunächst gibt es in diesem Fall keinen Beweis, der auf eine akkadische Redaktion des Textes schließen lässt. Anders als in dem Fall der besprochenen syro-hethitischen Verträge ist kein Exemplar des Šaušga-muwa-Vertrags auf Akkadisch vorhanden, und die zwei Exemplare auf Hethitisch, wovon einer (A) eine „Kladde" war[45], bieten keinen Hinweis auf eine ursprüngliche akkadische Version. Die Erziehung des jungen Šaušga-muwa am königlichen Hof in Ḫattusa kann als Erklärung dafür dienen, warum mit diesem Herrscher[46] ein Vertrag auf Hethitisch geschlossen wurde.

Inhalt und Formular bezeugen die größten Unterschiede zu den älteren „syro-hethitischen Verträgen". Auch wenn Titulatur und historische Präambel wie bei den vorangehenden Verträgen (s. oben Tabelle 1) den Anfang des Textes darstellen, so folgt nun als deutliches Novum ein langer Teil, der die Anerkennung des hethitischen Königs betrifft. Dieser Teil umfasst beinahe ein Drittel des Vertragstextes, und unter-

---

45   S. zuletzt H. Klengel, Historischer Kommentar zum Šaušgamuwa-Vertrag, in: Th.P. van den Hout u. J. de Roos (Hgg.), Studio Historiae Ardens. Ancient Near Eastern Studies presented to Ph.H.J. Houwink ten Cate on the occasion of his 65th Birthday, 1995, 159.

46   Zur Hethitisierung des Hofes Amurrus s. I. Singer, Hittite Cultural Influence in the Kingdom of Amurru, in: D. Charpin u. F. Joannès, La circulation des biens, des personnes et des idées dans le Proche-Orient ancien, RAI 38, 1992, 231-234. Hier sei daran erinnert, dass Šaušga-muwa ein Siegel mit Inschrift seines Namens und Titels in anatolischen Hieroglyphen führte. Der Titel REX.FILIUS scheint sich auf seine Stellung innerhalb der hethitischen Verwaltung zu beziehen: S. I. Singer, Hittite Cultural Influence, 233; s. dagegen aber jetzt C. Mora, Kurunta Prince, in: S. de Martino u. F. Imparati (Hg.), Studi e Testi I, Eothen 9, 1998, 88-90.

scheidet sich deutlich vom der Herrscheranerkennung gewidmeten Teil am Ende der syro-hethitischen Verträge. Dort geht es um die alleinige Anerkennung des hethitischen Königs als Großkönig (s. z.B. CTH 66, Z. 82-5); im Vertrag mit Šaušga-muwa steht die Person Tuthalijas und seine Vorrangstellung gegenüber anderen Mitgliedern der königlichen Familie, die einen Anspruch auf den Thron stellen, im Vordergrund. In Vorgriff auf potentielle Usurpatoren lässt Tuthalija Šaušga-muwa mehrmals die Loyalität auf seine Person schwören:

CTH 105: KUB 23.1+, II 3-14; 31-40

...nu=ta INA KUR ᵁᴿᵁ*Amurri* LUGAL-*un* DÙ-*nun nu AŠŠUM* EN-*UTTI* ᵈUTU*ŠI* PAP-*si katta-ja* DUMUᴹᴱŠ DUMU.DUMUᴹᴱŠ NUMUN *ŠA* ᵈUTU*ŠI AŠŠUM* EN-*UTTI* PAP-*si tamai-za* EN-*UTTA lē ilij[as]i kas-ta memijas ŠAPAL NIŠ* DINGIR*ᴸᴵᴹ kitaru*

tuk=ma=za [ᵐ]ᵈIŠKUR.A.A-*an* ᴸᵁ*HADANU kuit* DÙ-*nu[n] nu* ᵈUTU*ŠI AŠŠ[UM* E]N-*UTTI pahsi katta=ja* DUMUᴹᴱŠ DUMU.DUMUᴹᴱŠ NUMUN *ŠA* ᵈUTU*ŠI AŠŠUM* EN-*UTTI pahsi* ŠEŠᴴᴵ·ᴬ ᵈUTU*ŠI kuies [s]akuwasarrus* DUMUᴹᴱŠ ᴹᵁᴺᵁˢ·ᴹᴱŠ*IŠARTI=ja kuies ŠA ABI* ᵈUTU*ŠI namma=ja kuit tamai* NUMUN LUGAL-*UT*[*TI*] ᴸᵁ·ᴹᴱŠ*pahhurses=ta kuies nu=za apija* EN-*UTTA lē kuinki ilijasi*
...

nu ANA ᵈUTU*ŠI kuiski nasma ANA* DUMUᴹᴱŠ DUMU.DUMUᴹᴱŠ NUMUN *ŠA* ᵈUTU*ŠI uwai (kuiski) udai zik mān* ᵐᵈIŠKUR.A.A-*as QADU* DAM[ᴹᴱŠ-*KA* D]UMUᴹᴱŠ-*KA sēr UL akti n=e=ta ŠAPAL NIŠ* DINGIR*ᴸᴵᴹ* GAR-*ru*

nu ᵈUTU*ŠI AŠŠUM* EN-*UTTI pahsi katta*[*=ja* N]UMUN *ŠA* [ᵈUTU*ŠI*] *AŠŠUM* EN-*UTTI pahsi*

„Und im Land Amurru habe ich dich zum König gemacht. Nun schütze meine Sonne in der Herrschaft! Danach schütze auch die Söhne, die Sohnessöhne und die Nachkommen meiner Sonne in der Herrschaft! Eine andere Herrschaft wünsche dir nicht! Diese Sache sei dir unter Gotteseid gelegt.

Weil ich aber dich, Šaušga-muwa, zu (meinem) Schwager gemacht habe, so schütze meine Sonne in der Herrschaft! Danach schütze auch die Söhne, die Sohnessöhne und die Nachkommen meiner Sonne in der Herrschaft! Die aber legitime Brüder meiner Sonne (sind) und die da Söhne von Nebengemahlinnen des Vaters meiner Sonne (sind) und was noch königlicher Abkunft (ist und) die für dich (?) Bastarde (sind) – davon wünsche keinen dir zur Herrschaft!
...

(Wenn) nur irgend jemand meiner Sonne (getilgt: jemand) Not bereitet, du aber Šaušga-muwa, mit deinen Frauen, deinen Söhnen, deinen Truppen und deinen Wagenkämpfern nicht in aufrichtiger Gesinnung zu Hilfe eilst und nicht mit (deinen) Frauen und [deinen] Söhnen zu sterben bereit bist, sei dir das unter Gotteseid gelegt!

Schütze meine Sonne in der Herrschaft [und] danach schütze auch die
Nachkommenschaft [meiner Sonne] in der Herrschaft!"[47]

Diese Eide finden keine inhaltlichen und formalen Parallelen in den
Verträgen vor der Zeit Tutḫalijas; sie besitzen dagegen starke Ähnlichkeiten mit anderen normativen Texten der Zeit Tutḫalijas, besonders
mit den zwei beeideten Instruktionen für die LÚ.MEŠSAG (CTH 255.1
und 255.2).[48] Es handelt sich um normative Texte, mit denen die
Beziehungen zwischen dem König und den obersten Staatsbeamten[49]
innerhalb des Landes Hatti geregelt werden. Das heißt, dass die
Trennung normativer Dokumente (heth. *isḫiul/lingai-*, bzw. akk.
riksu/māmītu)[50] in Urkunden für das Innere des Landes Ḫatti und
Urkunden für die unterworfenen Stadtstaaten der weit entfernten
Regionen, die durch Inhalt und Formulierung seit der mittelhethitischen Zeit erkennbar und in der Zeit Šuppiluliumas bis Muršilis
durch die Konzeption von präzisen Textmodellen vollzogen ist,[51] gerade in der Zeit Tutḫalijas an Deutlichkeit zu verlieren scheint. Auch
der folgende Teil des Šaušga-muwa-Vertrags, der zunächst die internationale Anerkennung behandelt, dann aber sofort auf das punktuelle
Thema des Embargos gegen Assyrien eingeht, verliert den Charakter
der syro-hethitischen Verträge, die lediglich die Beziehung zwischen
Ḫatti und dem unterworfenen Land regeln und die mit besonderen Ereignissen verbundenen Sonderfälle nicht zum Gegenstand haben.

Wenn die in diesem Vertrag benutzten Formeln einen Sonderfall
innerhalb der hethitischen Vertragsüberlieferung darstellen, so besitzen

---

47 Übersetzung aus C. Kühne u. H. Otten, Der Šaušga-muwa Vertrag (s. Anm. 27), 8-13.

48 Die Ausdrücke: *nu* ᵈUTUˢᴵ *AŠŠ*[UM E]N-*UTTI paḫsi katta=ja* DUMUMEŠ
    DUMU.DUMUMEŠ NUMUN *ŠA* ᵈUTUˢᴵ *AŠŠUM EN-UTTI paḫsi; tamai-za EN-UTTA lē
    ilij*[as]i, im Zusammenhag mit der Schwurformel: *n=e=ta ŠAPAL NIŠ* DINGIRᴸᴵᴹ
    GAR-*ru*, finden in den folgenden Textstellen von CTH 255.1 und 255.2 eine enge
    Parallele: CTH 255.1, KUB 21.42+ I 20'-21', I 36'-40' , IV 19, IV 21-22; CTH 255.2, KUB
    26.1+, I 3, I 4, I 15, I 24, I 26 (alle ohne Schwurformel). Zur Parallele zwischen CTH
    105 und CTH 255 s. schon H. Klengel, Historischer Kommentar (s. Anm. 45), 166,
    Anm. 33.

49 Für eine genauere Übersetzung des Terminus LÚSAG mit Eunuch s. zuletzt D. Haw-
    kins, Eunuchs among the Hittites, in: S. Parpola u. R.M. Whiting (Hgg.), Sex and
    Gender in the Ancient Near East, RAI 47, 2002, 217-233.

50 Zur Definition s. C. Zaccagnini, The Forms of Alliance and Subjugation in the An-
    cient Near East of the Late Bronze Age, in: L. Canfora; M. Liverani u. C. Zaccagnini
    (Hgg.), I trattati nel mondo antico: forma, ideologia, funzione, 1990, 37-79, und
    zuletzt M Giorgieri, I testi (s. Anm. 13), 19-29, und F. Pecchioli Daddi, Il vincolo per i
    governatori di provincia, StMed 14, 2003, 21ff. Zum Unterschied zwischen heth.
    isḫiul und *taksul* s. auch G. del Monte, Note sui trattati (s. Anm. 32), 205-209.

51 Die Entwicklung eines ähnlichen Modells für die paritätischen Staatsverträge in der
    mittelhethitischen Zeit ist ebenso nachweisbar: s. G. del Monte, Note sui trattati (s.
    Anm. 32), 209 und passim.

sie doch wegen der Datierung in die zweite Hälfte des 13. Jh. v. Chr. und wegen ihrer Ähnlichkeit mit anderen normativen Texten der Endphase des hethitischen Reiches eine gewisse Bedeutung in Bezug auf die Frage einer möglichen Traditionskontinuität im syrischen Raum unter aramäischer bzw. assyrischer Herrschaft am Ende des 2. bis zum Anfang des 1. Jt. v. Chr.[52]

4. Die pseudo- oder halbparitätischen Verträge

Von den Subordinationsverträgen ist eine Gruppe von Verträgen zu trennen, die man als halbparitätische oder pseudoparitätische Verträge bezeichnen kann. Es handelt sich dabei um Verträge, die entweder mit den Vertretern der hethitischen Sekondogenituren in Syrien bzw. mit den Thronfolgern von vorhergehenden *šarrū miḫrūtu*[53] des hethitischen Großkönigs, d.h. vorhergehenden Großkönigtümern geschlossen wurden.

4.1. Die Katalognummern CTH 51 und 52 beinhalten den Vertrag zwischen Šuppiluliuma I. und Šattiwaza, König von Mittanni. Ein eingehendes Verständnis dieser zwei Texte ist erst durch ihren historischen Kontext möglich. Die politische Beziehung zwischen Šuppiluliuma I. und Šattiwaza, König von Mittanni, war von besonderer Natur. Šattiwaza war nicht nur Adoptiv- und Schwiegersohn Šuppiluliumas; er hatte auch mit der Hilfe Šuppiluliumas und dessen Sohn Pijasilis den Thron eines damaligen *šarrātu rabītu* bestiegen. Dieser Vorgang konnte aus hurritischer Sicht zu Recht als Usurpation wahrgenommen werden, da Šattiwaza zusammen mit den Hethitern gegen den Mittanni-König Šuttarna und die ihm folgenden Alliierten, Aššur und Alše, gekämpft hatte, um die Thronfolge zu übernehmen.[54]

Beiden Vertragspartnern dürfte die machtpolitische Situation klar gewesen sein. In der schriftlich fixierten Regelung der Beziehung zwischen den Höfen von Ḫatti und Mittanni spiegelt sich einerseits die Unterwerfung und *de facto* bestehende Abhängigkeit Šattiwazas von Šuppiluliuma wider; andererseits erscheint Šattiwaza als mächtiger König, der mit hethitischer Hilfe Mittanni zur Großmacht gegenüber

---

52   S. in Bezug auf die assyrischen Treueide F. Starke, Zur urkundlichen Charakterisierung neuassyrischer Treueide, ZABR 1 (1995), 70-82. Starke bezieht sich nur auf CTH 255, aber sein Vergleich gilt auch für den Šaušga-muwa Vertrag.

53   Der Ausdruck entstammt dem Šaušga-muwa Vertrag: s. KUB 23.1+ Rs IV 1.

54   Zu diesem Abschnitt in der Geschichte Mittannis s. u.a. S. de Martino, Il regno hurrita di Mittani: profilo storico politico, in: La civiltà dei Hurriti, PdP 55 (2000), 95-97.

den damaligen Vassallen zurückführen wird. Aus diesem Grund werden die politischen Beziehungen nicht durch einen, sondern durch zwei Verträge geregelt. Der Einleitung der beiden Fassungen folgend, hatte Šuppiluliuma den einen (CTH 51), Šattiwaza den anderen (CTH 52) erlassen – so wie es im Fall paritätischer Staatsverträge üblich war. Die Bestimmungen in beiden Verträgen zeigen aber, dass die Beziehungen zwischen Ḫatti und Mittanni keinesfalls paritätisch geregelt waren: Tatsächlich übte der König von Ḫatti eine Art Protektorat über Mittanni (heth. *kuirwana*) aus. Die Abfassung von zwei Verträgen diente der innerstaatlichen Propaganda des hethiterfreundlichen Šattiwaza, dem Respekt gezollt und – im Gegensatz zu den Assyrern und Alšäern – die Anerkennung der Hethiter für das Land Mittanni attestiert wird. Dass es sich aber nur um Propaganda handelt, zeigt die Tatsache, dass CTH 52, obwohl durch die (fiktiven) Worte des Mittanniherrschers eingeleitet, genauso wie CTH 51 am hethitischen Hof verfasst wurde.[55]

Nach der Rekonstruktion von G. Beckman wäre der hurritische Hof nur für die Abfassung der historischen Einleitung von CTH 52 verantwortlich gewesen. Die Erzählung einiger nur für die mittannische Innenpolitik relevanter Ereignisse bliebe den Hethitern, da für sie ohne Bedeutung, unbekannt.[56] Man könnte diese Rekonstruktion zu einem noch extremeren Punkt bringen: Der hethitische Hof hätte beide Verträge verfasst und am mittannischen Hof nur Informationen über historische Ereignisse eingezogen, die auf eine pro-hethitische Politik von Mittanni hinweisen. In Hinblick auf die Vertragstradition ist aber relevant, dass Mittanni sehr wahrscheinlich keinen direkten Beitrag zur rechtlichen/politischen Konzeption dieses Vertrags geleistet hat. CTH 51 und 52 gehören beide der hethitischen Rechtstradition an. Es ist letztlich nicht zu beurteilen, ob die zwei Texte ursprünglich auf Hethitisch oder auf Akkadisch niedergeschrieben worden sind, doch scheint es sehr plausibel, dass die endgültigen Fassungen, die Originale von CTH 51 und 52, auf Akkadisch geschrieben wurden.

Akzeptiert man, dass CTH 52 in die hethitische Rechtsüberlieferung gehört, dann verliert man den einzigen erhaltenen Staatsvertrag Mittannis. Der Beitrag einer mittannischen Rechtsüberlieferung zu der Formulierung und Konzeption der hethitischen Verträge bleibt dennoch eine offene Frage, die über die Betrachtung von CTH 52 hinausgeht. Eine diesbezügliche Argumentation würde den Rahmen dieses Beitrages sprengen. Es sollte jedoch die Möglichkeit in Betracht gezogen werden, dass die Großmacht Mittanni im 15. Jh. v. Chr. in Südost-

---

55 So sind die Segens- und Fluchformeln der Fassung CTH 52 von denen aus CTH 51 abgeleitet, s. G. Beckman, Some Observations (s. Anm. 30), 55-57.
56 S. die vorangehende Anm.

anatolien und Nordmesopotamien mit seiner eigenen Rechtsüberlieferung die unterworfenen und benachbarten Staaten beeinflusst hat.
Einige Gemeinsamkeiten zwischen den hethitischen und den späteren
assyrischen Verträgen könnten deswegen auch als Erbe einer früheren
mittannischen Tradition erklärt werden.

4.2. Die drei Verträge CTH 50, CTH 75 und CTH 122 werden hier
zusammen betrachtet, da sie die Beziehungen mit den zwei Sekundogenituren der hethitischen Königsfamilie in Syrien, und zwar den Höfen von Karkemiš und Aleppo, regeln.[57] Die Tatsache, dass die Grün-
der dieser zwei Dynastien Söhne des Großkönigs Šuppiluliuma waren,
erklärt einige deutliche Abweichungen im Aufbau dieser Verträge gegenüber den anderen hethitischen Verträgen mit syrischen Ländern.

CTH 50 ist der älteste dieser drei Verträge. Er ist seit langem als
Vertrag zwischen Šuppiluliuma und seinem Sohn Pijasili/Šarri-kušuḫ,
König von Karkemiš, bekannt,[58] obwohl E. Laroche nur die Lesung
einer Liste der Götter von Karkemiš in den Randzeilen von KUB 19.27
als entscheidendes Argument dienen konnte.[59] Die Nennung Karḫuḫas'
und Kubabas in der Götterliste am Ende des Textes zeigt nämlich, dass
die Grenzbestimmungen, über die der Großteil der erhaltenen Vs. und
der Rs. geht, das Land Karkemiš betreffen.[60] Die Aufnahme des Vertrags in die Gruppe der halbparitätischen Verträge muss hypothetisch
bleiben, da zu wenig Text erhalten ist. Sie beruht vor allem auf der
Person des Vertragspartners Pijasili. Die Zeile 1 am Textrand kann
folgendermaßen transliteriert und übersetzt werden:

KUB 19.27 Rs. Rand

1. *ma-]a-an-kán wa-ʿaḫʾ-nu-zi nu-kán* ʿBAʾ.Ú[Š

Wenn (jemand sie) ändert, wird er sterben

---

57 Zu diesen zwei Höfen im 14. und 13. Jh. v. Chr. s. zuletzt H. Klengel, Nochmals zur
Rolle der Herrscher von Ḫalab und Karkamiš in der hethitischen Großreichszeit, in:
Th. Richter; D. Prechel u. J. Klinger (Hgg.), Kulturgeschichten, Fs V. Haas, 2001, 191-
196; ders., Einige Bemerkungen zur hethitischen Herrschaftsordnung in Syrien, in:
G. Wilhelm (Hg.), Akten des IV. internationalen Kongresses für Hethitologie, 2001,
255-271.

58 S. schon E. Forrer, Forschungen II.1 (s. Anm. 28), 48 (allerdings dachte er an Muršili
II. als hethitischen Kontrahenten), dann H.G. Güterbock, The Deeds of
Suppiluliuma, JCS 10 (1956), 120. S. zuletzt I. Singer, The Treaties (s. Anm. 28), 634.

59 E. Laroche, Matériaux pour l'étude des relations entre Ugarit et le Hatti, Ugaritica
III, 1956, 121.

60 Der Name Šarri-kušuḫ ist lückenhaft; die Ergänzung scheint aber sicher (Z. 2' ʿna-an
mLUGAL-dʾ30-an). Als hethitischer Vertragspartner scheint Suppiluliuma I. der beste
Kandidat zu sein, jedoch kann eine Abfassung durch Muršili auf Grund des erhaltenen Textes nicht ausgeschlossen werden.

Diese Zeile kann als eine Fluchformel gegen denjenigen verstanden werden, der den Vertragstext ändert. Eine ähnliche Verfluchung, die die Besonderheit besitzt, dass die Sanktion keinen Hinweis auf die Götter bietet, sondern sich auf die weltliche Macht bezieht, findet sich innerhalb des Korpus der Verträge nur in CTH 75, dem ebenfalls halbparitätischen Vertrag mit Talmi-šarruma von Aleppo.[61] Damit hätten wir ein weiteres Indiz für die paritätische Natur von CTH 50.

An das Ende des hethitischen Reiches datiert ein zweiter Vertrag mit Karkemiš: CTH 122. Nach meiner Rekonstruktion ist jetzt ein indirekter Join zwischen CTH 122.1 und CTH 122.4 nachweisbar, so dass der Vertrag CTH 122.1 aus KBo 12.41 (+) KUB 26.33 (+) KBo 13.255 besteht.[62] Ein zweites Exemplar dieses Vertrags stellt KUB 41.37 dar, während das kleine Fragment KUB 31.126 eventuell zu einem dritten Exemplar gehören könnte.

Der Anfang der ersten Kolumne ist relativ gut erhalten und lässt auf einen paritätischen Vertrag schließen.[63] Der erstgenannte Vertragspartner ist der letzte hethitische König, Šuppiluliuma II.; der zweite ist mit aller Wahrscheinlichkeit mit Talmi-teššub, König von Karkemiš, zu identifizieren.

Auf die fast vollständig zerstörte erste Kolumne, deren wenige Spuren für die erwartete historische Präambel sprechen, folgt in der zweiten Kolumne der Bericht über die Thonbesteigung Šuppiluliumas II. Der König von Karkemiš beschreibt in der ersten Person seine aktive Verwicklung in die Wahl des Nachfolgers Arnuwandas III. Dieser Teil kann vielleicht als Ende der historischen Einleitung gewertet werden. Die zweite Hälfte der dritten Kolumne enthält einige Ausdrücke, die auf Themen der Außenpolitik schließen lassen, und endet mit den Loyalitätsformeln zugunsten des Königs Šuppiluliuma II., die wahrscheinlich zusammen mit Verfluchung und Segen am Anfang der vierten Kolumne, vor der fragmentarisch erhaltenen Götterliste, weiteren Platz finden sollten.

Zuletzt hat I. Singer vorgeschlagen, in KBo 12.30 (+) KUB 26.25 den Teil eines Vertrags zwischen Šuppiluliuma II. und Talmi-teššub von Karkemiš zu sehen (CTH 122.3).[64] Paläographisch ist der Text seit langem dem Korpus der Urkunden des junghethitischen Reiches zugeordnet worden; inhaltlich lässt er sich sehr gut als Vertrag erkennen. Es bleiben jedoch Bedenken, ob es sich um einen Vertrag Šuppiluliumas II.

---

61 Cfr. KBo 1.6, Vs. 5-7: *ša ušpaḫu* BA.ÚŠ, Wer (die Wörter) vertauscht, wird sterben.
62 Zum Join KUB 26.33 (+) KBo 13.255 s. schon I. Singer, The Treaties (s. Anm. 28), 639; zum weiteren indirekten Join mit KBo 12.41 s. L. d'Alfonso, The Treaty (s. Anm. 32).
63 S. schon G. del Monte, Note sui trattati (s. Anm. 32), 207.
64 S. I. Singer, The Treaties (s. Anm. 28), 635-7.

mit Karkemiš handelt, da diese Annahme nur auf einem fragmentarischen Beleg des Ortsnamens Karkemiš in der ersten Zeile der Vs. von KBo 12.30 gründet.[65] Akzeptiert man den Text jedoch als Teil eines Vertrages mit Karkemiš, dann ist I. Singer zuzustimmen, dass dieser den von Šuppiluliuma erlassenen Vertrag darstellt. Da CTH 122.1 in der ersten Person von Talmi-teššub verfasst ist, scheint es durchaus möglich, dass der Text den Vertrag aus der Sicht von Karkemiš darstellt. Wie im Fall Ägyptens und Mittannis sollte man hier mit zwei Verträgen rechnen, ein jeder von einem der beiden Vertragspartner erlassen.[66]

Dieser bzw. diese Verträge wurden wahrscheinlich auf Hethitisch geschrieben, da keine akkadischsprachige Version vorhanden ist. Auch wenn die große Mehrheit der in Karkemiš verfassten Texte im 13. und 12. Jh. auf Akkadisch geschrieben wurde, scheint es sehr plausibel, dass die Sprache des hethitisierten Hofes doch das Hethitische war. Vor wenigen Jahren ist ein Brief des Königs von Karkemiš (höchstwahrscheinlich Šaḫurunuwa) an einen hethitischen Beamten in Emar namens Alzija-muwa publiziert worden, der auf Hethitisch geschrieben ist.[67]

Im Gegensatz dazu sind alle Kopien des einzigen uns bekannten Vertrages zwischen Aleppo und Ḫatti, CTH 75, auf Akkadisch verfasst. Wir können nur mutmaßen, dass sich die neue Macht am hethitischen Hof mit der lokalen Elite verbunden hatte, die eine starke akkadische Schreibtradition besaß. Darüber hinaus war Aleppo in der Vergangenheit – genau wie Mittanni – ein Großkönigtum; man kann die Redaktion auf Akkadisch als eine Form von Respektbezeugung gegenüber der Elite der Stadt und der Geschichte ihres Landes deuten. Demgegenüber verdeutlichen einige Passagen der historischen Einleitung und einige Formeln wie die folgende, dass man sich diese Vergangenheit endgültig als abgeschlossen wünschte:

---

65 S. schon M. Giorgieri, Birra, acqua ed olio: paralleli siriani e neo-assiri ad un giuramento ittita, in: S. De Martino u. F. Pecchioli Daddi (Hgg.), Anatolia antica, Gs. F. Imparati, 2002, 299-300.

66 S. I Singer, The Treaties (s. Anm. 28), 640.

67 S. I. Singer, A New Hittite Letter from Emar, in: L. Milano; S. de Martino u. F.M. Fales (Hgg.), Landscapes. Territories, Frontiers and Horizons in the Ancient Near East, RAI 44, 2000, 65-72; M. Salvini u. M.Cl. Trémouille, Les textes hittites de Meskéné/Emar, SMEA 45 (2003), 225-271, und zuletzt L. d'Alfonso, Le procedure giudiziarie ittite in Siria (XII sec. a. c.), StMed 17, 2005. Es sei an dieser Stelle auch daran erinnert, dass die in Ugarit gefundene Schrift des Königs von Karkemiš eine sprachliche Mischung aus Akkadisch und Hurritisch aufweist, die mit den in Qaṭna gefundenen Briefen zu vergleichen ist. Man kann davon ausgehen, dass Teile des Hofes von Karkemiš trilingual gewesen sind.

KBo 1.6, Rs.

11'. *ina arki ū[mī] ana šar māt* ᵃˡḪatti *šarrūtu ša māt* ᵃˡḪalab *elī=šu*

12'. [*l*]*ā irrik*

In Zukunft soll das Königtum des Landes Aleppo den König des Landes
Ḫatti nicht übertreffen!

Sowohl die verwandtschaftlichen Beziehungen zwischen dem König
von Ḫatti und dem von Aleppo als auch die herausragende historische
Rolle des Landes Aleppo (bzw. Jamḫad) erklären, warum die Struktur,
der Inhalt und die Formulierung dieses Vertrags ohne Parallele bleiben.
Obwohl der Anfang nicht paritätisch formuliert wurde, schließen die
Beistandserklärungen eine Deutung des Textes als Subordinationsver-
trag aus:

KBo 1.6, Rs.

2'.   ... *u* ᵈUTU-*ši* [*šarru rabû šar māt* ᵃˡḪatti]*Talmi-ša*[*rruma* x x x x]

3'.   [x x x x x] *anaṣṣar mārū Talmi-šarruma mārī* ᵈUTU-*ši Mu*[*r*]*š*[*ili*]

4'.   [*šarru rabû šar māt* ᵃˡ]Ḫatt[*i*] *liṣṣurū u mārū* ᵈUTU-*ši mārī Talmi-šarruma*

5'.   [*lū l*]*ā itabbalū* ᵈUTU-*ši šarru rabû ana Talmi-šarruma šar māt* ᵃˡḪalab
      rēṣū=šu

6'.   *u Talmi-šarruma šar māt* ᵃˡḪalab *ana* ᵈUTU-*ši šarru rabû šar māt* ᵃˡḪatti

7'.   *lū rēṣū=*[*š*]*u mārū* ᵈUTU-*ši Muršili šar māt* ᵃˡḪatti *ana mārī Talmi-šarruma*
      [*l*]*ū rēṣū=šu*⌉

8'.   *u mārū Tal-mi-ša*[*rr*]*uma ana mārī* ᵈUTU-*ši lū rēṣ*[*ū=šu*] *u nīnu mārū*
      Šuppiluliuma *šarru rabû*

9'.   *gabbī=ni u bītī=ni lū išten*

... und ich, die Sonne, [der Großkönig, der König des Landes Ḫatti,] werde
Talmi-ša[rruma ...] schützen.⁽²'⁻³'⁾ Die Söhne Talmi-šarrumas sollen die
Söhne meiner Sonne Murs[ili, Großkönig, König des Landes] Ḫatti schützen und die Söhne meiner Sonne [sollen] die Söhne Talmi-šarrumas nicht
entthronen.⁽³'⁻⁵'⁾ Meine Sonne, der Großkönig, ist dem Talmi-šarruma, König des Landes Aleppo sein Helfer und Talmi-šarruma, König des Landes
Aleppo, möge meiner Sonne, dem Großkönig, dem König des Landes Ḫatti,
[se]in Helfer sein!⁽⁵'⁻⁷'⁾ Die Söhne meiner Sonne, Muršili, Großkönig, König
des Landes Ḫatti, sollen den Söhnen des Talmi-šarruma ihre (wörtl. sein)
Helfer sein und die Söhne Talmi-ša[rr]umas sollen den Söhnen meiner
Sonne [ihre H]elfer sein!⁽⁷'⁻⁸'⁾ Wir sind die Söhne Šuppiluliumas, des Großkönigs. Alle unsere Güter und unsere Häuser sollen eins sein! ⁽⁸'⁻⁹'⁾

Auch die Abfassung des Textes zeigt gewisse Besonderheiten. Der
Haupttext ist in erster Linie eine Neufassung des Vertrags zwischen
Muršili und Talmi-šarruma von Aleppo, die Muwatalli erlassen hat,
nachdem das Original verloren gegangen war.[68] Einige Wendungen

---

68   KBo 1.6, Vs. 1-5.

zeigen deutlich, dass der Text am hethitischen Hof formuliert wurde.[69] Dagegen sind die Paläographie und einige phonologische und morphologische Merkmale der hethitischen Schreibkultur fremd.[70] Man hat hier den Eindruck, dass der Text von einem fremden Schreiber verfasst wurde, vielleicht eben einem Schreiber des Hofes von Aleppo. Diese Hypothese ist zur Zeit kaum überprüfbar, da man keinen einzigen Text dieser Epoche aus Aleppo zum Vergleich hat. Folgt man ihr, so kann man davon ausgehen, dass dieser Vertrag zugunsten des Hofes von Aleppo niedergeschrieben wurde.

5. Die Verträge aus Karkemiš

Die bereits vorgestellten Verträge stellen das Korpus der Verträge dar, die zwischen dem Ende des 14. und dem Ende des 13. Jh. v. Chr. für das syrische Gebiet geschrieben wurden und sehr wahrscheinlich im syrischen Gebiet vorhanden waren. Es scheint daher nicht ausgeschlossen, dass sich in der syrischen Vertragsüberlieferung auch einige hethitische Elemente finden lassen.

Die hethitische Tradition unterliegt aber schon in einigen innersyrischen Verträgen der Mitte des 13. Jh. aus Karkemiš einer Entwicklung *in loco*. Der hethitisierte Hof von Karkemiš erließ unter der Regierung von König Ini-teššub einige Verträge. Diese Verträge wurden auf Akkadisch durch dieselben *termini technici māmītu, riksu* und *rikiltu* bezeichnet wie die hethitischen Staatsverträge.[71] Alle Verträge sind akkadischsprachig und zeigen im Formular Ähnlichkeiten mit einigen der bereits vorgestellten hethitischen Staatsverträge. Vier dieser Verträge sind uns aus dem Südarchiv des ugaritischen Königspalastes erhalten; sie haben den Verlust von Einwohnern, Händlern und Gütern auf den Verkehrsrouten zwischen den Ländern Karkemiš und Ugarit zum Ge-

---

69 S. z.B. Vs. Z. 6-7: *a-wa-at ta-ba-ar-na* LUGAL.GAL *ša la-a na-de-e ša la-a še-pé-ri*. Diese Formel findet sich z.B. bereits in den Landschenkungsurkunden der mittelhethitischen Zeit: s. schon K. Riemschneider, Die hethitischen Landschenkungsurkunden, MIO 6 (1958), 334.

70 S. schon J. Klinger, Paläographie (s. Anm. 18), 246. Zur Paläographie ist z.B. das altbabylonische LI bemerkenswert, das in der Spätbronzezeit nur in Texten aus dem kassitischen Reich eine Parallele findet: s. z.B. EA 9, 15 und 18; UET 7, Nr. 9, Vs. 4. Keine Parallelen sind im syrischen Duktus aus Emar (C. Wilcke, AH, die „Brüder" von Emar. Untersuchungen zur Schreibtradition am Euphratknie, AuOr 10 [1992], 128-131), Ekalte (W. Mayer, Tall Mumbāqa – Ekalte-II: Die Texte, 2001, 177) und Ugarit zu finden.

71 S. L. d'Alfonso, Le procedure (s. Anm. 67), 35.

genstand.[72] Die Natur dieser Texte ist nicht einfach zu bestimmen. Die Rechtssätze sind im Allgemeinen paritätisch formuliert, aber der König von Karkemiš erscheint als Verfasser und trägt die Verantwortung bezüglich der Vollstreckung des Inhaltes des Vertrags. Das ergibt sich auf Grund einiger Formeln wie der folgenden:

RS 17.146, 1-5 (Textanfang)

Ini-teššub LUGAL KUR ^{URU}*Kargamiš ... rikilta ina bēri ša* KUR ^{URU}*Kargamiš u bēri ša* KUR ^{URU}*Ugarit akanna irkus*
Ini-teššub, König des Landes Karkemiš ..., hat einen Vertrag zwischen dem Land Karkemiš und dem Land Ugarit auf diese Weise geschlossen.

Emar VI 18, 25 (direkt vor der Siegelabrollung des Königs von Karkemiš):

bēl māmīti ša ^{URU}*Emar šut*
Er ist der Eidherr der Stadt Emar.

Es handelt sich formal um paritätische Verträge, mit denen der König von Karkemiš als dritthöchste Instanz des hethitischen Reiches sein legislatives Recht anwendet. Dieselbe Charakterisierung trifft auf RS 17.130 und seine Duplikate (PRU IV, 103ff.) zu. Dieser Text wurde von Großkönig Ḫattušili III. erlassen, beinhaltet aber einen Vertrag zwischen den Bürgern des Landes Ura und den Bürgern der Stadt Ugarit. Der Vertrag weist dieselbe Formel auf, die in RS 17.146 belegt ist:

RS 17.130, 8-10, und 34-5

^dUTU^{ŠU} *šarru rabû rikilta ana mārī Ura itti mārī Ugarit akanna irkus=šunu... anumma* ^dUTU^{ŠU} *šarru rabû rikilta ina bēri mārī Ura tamkārī u ina bēri mārī māt Ugarit akanna irkus=šunuti*

Die Sonne, der Großkönig, hat einen Vertrag für die Bürger von Ura mit den Bürgern von Ugarit auf diese Weise geschlossen...

Jetzt hat die Sonne, der Großkönig, einen Vertrag zwischen den Bürgern von Ura, den Händlern und den Bürgern des Landes Ugarit auf diese Weise geschlossen.

5.1. Ein Vergleich der Einführungsformeln am Anfang und der Verfluchungen am Textende zwischen den Verträgen aus Karkemiš und den hethitischen Verträgen, die mit syrischen Vertragspartnern geschlossen wurden, zeigt eindeutig die Zugehörigkeit der Verträge aus Karkemiš zur hethitischen Rechtsüberlieferung.

Verträge aus Karkemiš: Anfang

RS 17.230, 1-3

[Ini]-teššub LUGAL KUR *Kargamiš i[tt]i* LÚ.MEŠ KUR *Ugarit rikša irkuš*

RS 17.146, 1-5

---

72   S. J. Nougayrol, PRU IV, § V F 1. Für RS 17.146 und 17.230 s. jetzt auch S. Lackenbacher, Texts (s. Anm. 21), 155-7.

Ini-teššub LUGAL KUR ^URU*Kargamiš* ... *rikilta ina bēri ša* KUR ^URU*Kargamiš u bēri ša* KUR ^URU*Ugarit akanna irkus*

RS 18.19, 1-3

[*Ini-teššub* LUGAL KUR ^URU*Kargamiš itti* PN LUGAL KU]R ^URU*Ugarit* [*rikša annīta irk*]*uš*

RS 18.115: Anfang nicht erhalten

Die Verträge von Karkemiš mit Ugarit zeigen am Anfang keine Ähnlichkeit mit den hethitischen Subordinationsverträgen, verwenden jedoch die selben *termini technici* und eine ähnliche Konstruktion wie die (pseudo-/halb-)paritätischen Verträge: akk. *enūma PN1 itti PN2 riksa irkusu* (CTH 51, Vs. 1-2); heth. [*ITTI*] *PN2-za* ... *PN1* ... *ishiulas ṬUPPU ij*[*er*](CTH 122.1, Vs I, 1-7).

Verträge aus Karkemiš: Fluchformeln

RS 17.230: Die Verfluchung und die Götterlisten fehlen im Text

RS 17.146, 48-53

mannumē ša rikilta annīta ušašnā Tarḫunza/Teššub šamê ^d*UTU šamê bēltu Kubaba bēlet māt Karkemiš* NIN.GAL [*bē*]*let Nubanni* NIN.GAL [*bē*]*let Gurati lū bēlū māmītī=šu*

RS 18.19 und 18.115: In beiden Texten könnte eine Fluchformel gestanden haben, die aufgrund einer Textlücke nicht erhalten ist.

Nur ein Vertrag aus Karkemiš, RS 17.146, beinhaltet eine Fluchformel. Die Protasis der Verfluchung: *mannumē ša rikilta annīta ušašnā*, findet Parallelen in den auf Akkadisch verfassten Verträgen CTH 46, 16'-17', CTH 51 Rs. 37-8, (= CTH 52 Rs. 8-9), die alle ebenso mit dem Verb *šanû* Š und einem ähnlichen Objekt versehen sind. Die Protasis: [*mā*]*n=kan uaḫnuzi* (CTH 50, Rand 1) wie auch: *nu=kan mān ke*)]*l tuppijas* INIM.MEŠ *waḫnus*[(*i*) (CTH 105 B, Rs. 24') stellen die entsprechende Formel auf Hethitisch dar.

Die Apodosis: GN Pl. *lū bēlū māmītī=šu* stellt keine vollständige Verfluchung dar, weist aber auf die Rolle der Götter als Eidgaranten hin. In einer erweiterten Fassung findet diese Formel ihre Parallelen in den pseudo-paritätischen Verträgen CTH 51, Rs. 39 (=CTH 52, Rs. 10), und CTH 52, Rs. 53.[73]

Wie diese zwei Beispiele gezeigt haben, finden sich formelle Aspekte der Verträge aus Karkemiš in einigen hethitischen Verträgen wieder, die mit einem syrischen Vertragspartner abgeschlossen wurden.

---

73 Diese Formel wird in vielen Verträgen auch außerhalb dieses Korpus benutzt, meistens in der hethitischen Version: *n=at kutrues asandu*. S. z.B.: CTH 105, B, Rs. 24' (ergänzt), CTH 106 Vs. 51', BT III 81'; für unser Korpus in einer erweiterten Fassung s. CTH 122 IV 12'. In allen Belegen stellt aber die Formel keine Apodosis zum Vertragsbruch, wie im Fall von RS 17.146, dar.

6. Schlussfolgerung

Zum Schluss dieses Überblicks sollen einige Aspekte, die für die Frage-stellung dieses Bandes von Relevanz sind, zusammengefasst werden.

Man kann zunächst von einer hethitischen Rechtstradition spre-chen, doch ist es schwieriger, von einer hethitischen Vertragstradition auszugehen. Die Verträge weisen mehrheitlich Formeln auf, die auch in anderen hethitischen normativen Texten erscheinen. Einige normative Textmodelle lassen sich konkreten historischen Situationen zuweisen. So wurde sehr wahrscheinlich in der mittelhethitischen Zeit das Text-modell für die paritätischen Staatsverträge entwickelt; die Subordina-tionsverträge für Nordsyrien erscheinen erstmals am Ende des Reichs Šuppiluliumas I.; ein davon abgewandeltes Textmodell lässt sich für die Subordinationsverträge mit Westanatolien in der Regierungszeit Muršilis II. konstatieren. Zu anderen Zeiten kommt dieser Unterschied innerhalb der verschiedenen normativen Texte kaum zum Tragen, wie z.B. der Vertrag zwischen Tutḫalija IV. und Šaušga-muwa von Amurru zeigt. Hier beinhaltet der Hauptteil des Vertrags Loyalitätsformeln, die keine Parallele in den vorhergehenden Verträgen erkennen lassen, die aber mit einigen Instruktionen, Erlassen und Eidestexten der Zeit Ähn-lichkeiten aufweisen. Im Übrigen wäre eine Trennung zwischen der Vertragstradition und der Tradition anderer normativer Texte kaum sinnvoll, da die Eigenbegrifflichkeit der hethitischen normativen Texte keine Unterscheidung zulässt: heth. *lingai-*, *ishiul*, akk. *riksu/rikšu/rikiltu*, *māmītu/nīš ilāni*.[74]

Die hethitische Rechtsüberlieferung, der auch die Redaktion der hethitischen Verträge oblag, war den Assyrern der mittelassyrischen Zeit (und genauer seit etwa 1240 v. Chr.) direkt bekannt. Der Brief RS 34.165 zeigt, dass die Assyrer zumindest den Entwurf eines von den Hethitern für sie formulierten Vertrags in der Hand (und wahrschein-lich auch im Staatsarchiv) hatten. Da das Ende der Spätbronzezeit keine Zäsur in der assyrischen Geschichte darstellte, ist eine direkte Überlie-ferung dieses hethitischen Vertrags bis in die neuassyrische Zeit zwar nicht beweisbar, aber auch nicht undenkbar.

Im Palast von Ugarit sind mehrere normative Texte vom hethiti-schen Hof Ḫattusas gefunden worden, darunter zwei Staatsverträge in mehreren Kopien: der von Šuppiluliuma I. mit Niqmadu und der von Muršili II. mit Niqmepa. Es ist sehr wahrscheinlich, dass andere Höfe wie der von Amurru und der von Nuḫašše in ihren Staatsarchiven ähnliche Staatsverträge konservierten. Schwieriger wird die Beant-

---

74 S. zuletzt L. d'Alfonso, Le procedure (s. Anm. 67), 29-36, mit Hinweisen zu weiterer Literatur.

wortung der Frage, ob diese normativen Texte nach dem politischen Untergang dieser Länder erhalten geblieben sind. Sicher ist nur, dass die Schreibkultur dieser Höfe zusammen mit diesen Stadtstaaten unwiederbringlich verloren ging.

Die zwei wichtigsten Zentren der hethitischen Kultur in Syrien scheinen das Ende des hethitischen Reiches überlebt zu haben. Wenig ist über Aleppo bekannt, obwohl neue Ausgrabungen Licht in die Geschichte der Stadt am Anfang der Eisenzeit bringen.[75] Etwas mehr kann man über Karkemiš sagen. Die von Ini-teššub erlassenen Verträge in der Mitte des 13. Jh. v. Chr. zeigen, dass der Hof Karkemiš die hethitische Rechtsüberlieferung geerbt, überarbeitet und neu verwendet hatte.

---

75   S. K. Kohlmeyer, Der Tempel des Wettergottes von Aleppo, 2000.

Die literarische und historische Bedeutung der Thronfolgevereidigungen Asarhaddons

Hans Ulrich Steymans

Eine von Max Mallowan geleitete Ausgrabung fand 1955 in einem ‚Thronraum' genannten Saal des Nabû-Tempels von Kalḫu die Reste von etwa zehn absichtlich zerschmetterten Keilschrifttafeln,[1] mit denen Herrscher aus dem Osten Assyriens gegenüber dem König Asarhaddon (680-669) und seinen Thronfolgern, dem Kronprinzen von Assyrien, Assurbanipal (668-627), und dem Kronprinzen von Babylon, Šamaš-šumu-ukīn, Loyalität geschworen haben. Im Neuassyrischen bezeichnete man derartige Eide als *adê*. Bekannt wurden die Texte unter der Abkürzung VTE. Sie steht für „Vassal Treaties of Esarhaddon".

Thesen vom literarischen Einfluß der VTE auf das Deuteronomium gehen auf Anregungen von Paul-Eugène Dion zurück. Er hat sowohl Gemeinsamkeiten zwischen dem Arrangement der Flüche in Dtn 28 und in den VTE herausgestellt, als auch Ähnlichkeiten zwischen Dtn 13 und den VTE erkannt.[2] Eine eigene Studie zeigte, daß die Abfolge der Themen in Dtn 28,20-44 der in den VTE stärker gleicht als in sämtlichen bekannten Fluchkompositionen des Alten Orients.[3] Eckart Otto

---

1   Kazuko Watanabe listet in Partiturumschrift mit teilweise neun bis zwölf Zeilen die Texte der unterschiedlichen Fragmente auf. Vgl. K. Watanabe, Die *adê*-Vereidigung anläßlich der Thronfolgeregelung Asarhaddons, BaghM.B 3, 1987, 80f., 133. Es gab mehr als die sieben Exemplare, von denen der Anfang mit den Namen der Vereidigten erhalten blieb.

2   Vgl. P.-E. Dion, Quelques aspects de l'interaction entre religion et politique dans le Deutéronome, ScEs 30 (1978), 39-55; ders., Deuteronomy 13. The Suppression of Alien Religious Propaganda in Israel during the Late Monarchial Era, in: B. Halpern u. D.W. Hobson (Hgg.), Law and Ideology in Monarchic Israel, JSOT.S 124, 1991, 147-216.

3   Vgl. H.U. Steymans, Deuteronomium 28 und die *adê* zur Thronfolgeregelung Asarhaddons. Segen und Fluch im Alten Orient und in Israel, OBO 145, 1995, 256-312, dort (1-7) auch mehr zur Forschungsgeschichte.

rekonstruierte aus Fragmenten in Dtn 13* und 28* eine mögliche Gestalt des Urdeuteronomiums.[4] Das erntete Widerspruch.[5]

Nicht nur ein möglicher Einfluß der VTE auf die Entstehung des Deuteronomiums wird kontrovers diskutiert. Die historische Funktion der VTE selbst wurde in der Forschung unterschiedlich bewertet.

Zunächst bezeichnete man die Texte als Vasallenverträge. In ihnen lege der König von Assyrien untergebenen Herrschern einseitig Verpflichtungen auf.[6] Allerdings kreisen die *adê* aus Kalḫu einzig und allein um die Thronfolge in Assyrien und Babylonien und die Loyalität der Vereidigten den designierten Thronfolgern gegenüber. Deshalb sprachen andere den *adê* weniger eine außen- denn die innenpolitische Bedeutung einer Erbregelung zu.[7]

Die Einbindung der Vereidigten in den assyrischen Staat wurde noch weiter getrieben. Die *adê* seien Treueide, die wie schon bei den Hethitern die irreguläre Thronfolge sichern sollten und von hochrangigen Staatsfunktionären ([LÚ.MEŠ]SAG) zu beschwören waren. Ausländer wie die Stadtherren unter den Vereidigten hätten im neuassyrischen Vielvölkerstaat zentrale Funktionen innehaben können.[8] Oder es handle sich um Soldateneide, noch weiter eingeschränkt um Soldateneide

---

4 Vgl. E. Otto, Das Deuteronomium. Politische Theologie und Rechtsreform in Juda und Assyrien, BZAW 284, 1999, 32-90.

5 Vgl. T. Veijola, Deuteronomiumsforschung zwischen Tradition und Innovation I, ThR 67 (2002), 273-327, hier 294 und 289-298; ders., Wahrheit und Intoleranz nach Deuteronomium 13, in: ders., Moses Erben. Studien zum Dekalog, zum Deuteronomium und zum Schriftgelehrtentum, BWANT 149, 2000, 109-130; ders., Das 5. Buch Mose. Deuteronomium Kapitel 1,1-16,17, ATD 8,1, 2004, 281 Anm. 923, 282 Anm. 927, 283 Anm. 935. Zur Diskussion und Literatur zu Dtn 13 vgl. U. Rüterswörden, Dtn 13 in der neueren Deuteronomiumforschung, in: A. Lemaire (Hg.), International Organization for the Study of the Old Testament. Congress (17th, 2001, Basel, Switzerland). Congress volume Basel 2001, VT.S 92, 2005, 185-204. Zu einer Erwiderung auf Veijola bezüglich Dtn 28 vgl. H.U. Steymans, Die neuassyrische Vertragsrhetorik der „Vassal Treaties of Esarhaddon" und das Deuteronomium, in: G. Braulik (Hg.), Das Deuteronomium, ÖBS 23, 2003, 89-152, bes. 98-105.

6 Vgl. D.J. Wiseman, The Vassal-Treaties of Esarhaddon, Iraq 20 (1958), 1-99, Pl. 1-53, I-XII, bes. 3-5.27f.; neu vertreten von S. Parpola in: ders. u. K. Watanabe, Neo-Assyrian Treaties and Loyalty Oaths, SAA 2, 1988, XXXI.

7 Vgl. H. Tadmor, Treaty and Oath in the Ancient Near East. A Historian's Approach, in: G.M. Tucker u. D.A. Knight (Hgg.), Humanizing America's Iconic Book. Society of Biblical Literature Centennial Address 1980, 1982, 127-152, bes. 145.148.150. Derselbe Artikel leicht verändert: Shnaton 5-6 (1981-1982), LXVIII, 149-173, und: Alleanza e dipendenza nell'Antica Mesopotamia e in Israele. Terminologia e prassi, in: L. Canfora; M. Liverani u. C. Zaccagnini (Hgg.), I trattati nel mondo antico. Forma, ideologia, funzione, Saggi di storia antica 2, 1990, 17-36.

8 Vgl. F. Starke, Zur urkundlichen Charakterisierung neuassyrischer Treueide anhand einschlägiger hethitischer Texte des 13. Jh., ZAR 1 (1995), 70-82, bes. 71.73.75.

nur für Meder,[9] die Fürsten in Verantwortung für ihre Untertanen zu schwören hatten, die sie als Leibgarde des Kronprinzen und als Elite-einheiten des assyrischen Königs zur Verfügung stellten.[10]

Kazuko Watanabe vertrat demgegenüber die Auffassung, daß die VTE von den verschiedensten Gruppen, Vasallen und Funktionären, beschworen werden mußten. Die Stadtherren, die in den VTE namentlich genannt werden, waren nur eine davon.[11]

Giovanni B. Lanfranchi listet eine Reihe von Beobachtungen im Text der VTE auf, die zeigen, daß die Normadressaten der gefundenen Exemplare Herrscher mit autonomer Gewalt über ein eigenes Territorium waren.[12] In der Liste der Schwurgötter werden die Gottheiten des eigenen Landes der Vereidigten erwähnt (Z.40b), in den Stipulationen wird gefordert, daß die Vereidigten ihre Kinder zur Loyalität anhalten, wobei sie mit der Deportation aus ihrer Heimat drohen (Z.288-295), in den Flüchen wird davon gesprochen, daß der Thron der Normadressaten umgestürzt werden soll (Z.659) und ihr Land durch verschiedene Plagen verwüstet (Z.440-444.530-533). Die Normadressaten erscheinen somit als Nichtassyrer mit eigener Heimat, in der sie leben und um deren Wohlergehen sie sich sorgen.

Historisch gesehen bieten sich für Lanfranchi zwei Alternativen, um die VTE zu verstehen. Entweder waren sie ein Standardtext, der alle Vasallen zusammen mit assyrischen Beamten verpflichtete, oder sie richte sich nur an Fürsten, die ihre Untertanen als Leibgarde für den assyrischen König zur Verfügung stellten und für deren Treue garan-

---

9   Vgl. M. Liverani, The Medes at Esarhaddons Court, JCS 47 (1995), 57-62, bes. 62: „Thus, the fact that we have recovered only the Mede oaths can now be explained in the simplest terms: there were no similar oaths with other ‚vassals.‘"

10 Liverani gründet seine Hypothese unter anderem auf den ersten Satz des § 18, dessen Inhalt er folgendermaßen wiedergibt: „The possibility that the Medes could join in an insurrection, in the palace ... whether by day or by night‘ (ll. 198-99) implies their location inside the Palace or close to it" (Liverani, Medes [s. Anm. 9], 59). Doch er hat den Ausdruck *ina* É.GAL in Z. 198 semantisch und syntaktisch falsch verstanden. Liverani hält es für eine adverbiale Ergänzung des Verbs, d.h. eine Ortsangabe der Revolution. Doch es ist in Wirklichkeit eine attributive Ergänzung des vorangehenden *me-me-ni* ‚jemand‘, d.h. es gehört zur Nominalphrase ‚Jemand im Palast‘. Eine hochrangige Persönlichkeit bei Hofe (ein ‚Jemand im Palast‘) könnte – irgendwo – zum Aufstand aufhetzen und Gehör finden, weil sie eine Autoritätsperson ist. Watanabe übersetzt richtig *ina* hier mit ‚vom‘ (Watanabe, Vereidigung [s. Anm. 1], 152f.): „Falls jemand vom Palast (*ina* É.GAL), sei es bei Tage (199) oder bei Nacht, sei es auf einem Feldzug oder inmitten des Landes, einen Aufstand gegen (200) Asarhaddon, König von Assyrien, unternimmt, (201) sollt ihr nicht auf ihn hören." Die Normadressaten befinden sich nicht im Palast, sondern auf einem Feldzug oder bei einem Arbeitseinsatz oder der Tributablieferung im Lande Assyrien.

11 Vgl. Watanabe, Vereidigung (s. Anm. 1), 3, 178.

12 G.B. Lanfranchi, Esarhaddon, Assyria and Media, SAAB 7 (1998), 99-109.

tieren mußten. Letzteres erscheint nicht abwegig, weil eine *adê* von Ausländern, sofern sie dem assyrischen König nicht gleichrangig waren wie der König von Elam, im wesentlichen Steuern und Militärdienst verlangte. Doch kann man keineswegs schließen, daß ausschließlich Meder in diese Position kamen und es deshalb für andere Fürsten nicht ähnliche *adê* gegeben habe. Die Anfragen der Eingeweideschau nennen Meder nur neben anderen Volksgruppen, wenn es um die Loyalität fremder Soldaten in assyrischen Diensten geht. Nachweislich dienten Angehörige fremder Völker in der Leibgarde, darunter auch ein Azarī-Iāʼu, ein Samaritaner oder Judäer (SAA 7 118 r. II 3). Die Nähe zum König oder Kronprinzen, welche manche Forderungen der VTE voraussetzen, läßt sich gut vereinbaren mit der Situation des Kriegszugs, bei dem fremde Truppen in Untereinheiten unter Führung von Mitgliedern des assyrischen Königshauses teilnahmen.

Da die exegetische Diskussion über eine literarische Abhängigkeit des Deuteronomiums von den VTE bisweilen Ansichten über die politische Funktion letzterer einbezieht, stellt sich die Frage: Besteht eine historische Wahrscheinlichkeit, daß ein Exemplar der *adê* in Jerusalem vorhanden war? Es geht in den folgenden Ausführungen allein um die Bedingung der Möglichkeit einer Beeinflussung. Lanfranchis Argumentationsgang gibt dafür die Gliederung vor:

1. Welche Volksgruppen wurden vereidigt? Zum Mißverständnis der VTE konnte beitragen, daß man die Normadressaten pauschal als Meder qualifizierte, doch man sollte sie besser als im Zagros lokalisierte Fürsten verstehen.

2. Wurden auch assyrische Funktionäre mit den VTE vereidigt? Waren die VTE ein Standardtext für die Vereidigung verschiedener Gruppen oder eine ausschließliche Schöpfung für die Fürsten aus dem Osten?

3. Was läßt sich aus dem Inhalt der VTE über die Identität der Normadressaten und ihre Rolle im assyrischen Staat entnehmen? Da geht es um die Pflichten der Normadressaten gegenüber den assyrischen Oberherren. Es wird sich zeigen, daß das von den Fürsten aus dem Zagros Geforderte von Manasse erfüllt wurde, woraus man schließen kann, daß seine Beziehung zum assyrischen Königshaus jener dieser Fürsten glich, er also ebenfalls die VTE zu schwören hatte.

1. Welche Volksgruppen wurden vereidigt?

Die *adê* zur Thronfolgeregelung sind die ausführlichsten Vertreter dieser Gattung, die aus neuassyrischer Zeit bekannt sind, wenn man der

Beschreibung der Manuskripte durch Simo Parpola folgen darf.[13] Die ursprüngliche Breite anderer rekonstruierbarer *adê*-Tafeln überschritt nicht 20 cm, deren Höhe niemals 30 cm. Drei Manuskripte der VTE übertreffen das mit 30, 28,4 und 28 cm Breite und 45 cm, 42,5, 42 cm Höhe deutlich. Auf ihnen standen ca. 880 Zeilen Text, während die nächstgrößten Tafeln, SAA 2 5 (Vasallenvertrag mit Baʿalu von Tyros) und vielleicht SAA 2 13 (Vasallenvertrag mit unbekanntem Partner) mit 320 bis 360 Zeilen beschrieben waren. Die VTE sind unter anderem mit dem Siegel des Gottes Aššur gesiegelt. Sie tragen Götterbilder und haben selbst eine göttliche Würde.[14] Die VTE sind also rein von Gestaltung und Umfang ein besonderer Text mit einem besonderen Anliegen, nämlich der Thronfolgeregelung für die zwei Königreiche Assur und Babylon. Hinzu kommt der besondere Fundort.

Bei dem Gebäudetrakt des Tempels, in dem der ‚Thronraum' lag, der die Fragmente der VTE barg, handelte es sich wahrscheinlich um das *akītu*-Haus des Nabû und seiner Gemahlin Tašmētu. Während des *akītu*-Festes verbrachten die Figuren dieser Götter mehrere Tage in einem Ehegemach. Im Ehegemach der Götter wurden Opfer für Assurbanipal und Šamaš-šumu-ukīn dargebracht. War der ‚Thronraum' dieses Ehegemach, wird verständlich, warum darin die *adê* zugunsten von Assurbanipal und Šamaš-šumu-ukīn gefunden wurden. Die Keilschriftta-

---

13 Vgl. Parpola/Watanabe, Treaties (s. Anm. 6), XLIII-L. SAA 2 1 war ursprünglich ca. 14 cm breit und 18 cm hoch, die Vorderseite enthielt 30, die Rückseite 36 Zeilen, der ganze Text also 71. SAA 2 2 war eine in drei Kolumnen beschriebene Tafel, die ursprünglich etwa 15 cm breit und 22,5 cm hoch und mit insgesamt 484 Zeilen beschrieben war. SAA 2 3 stellt möglicherweise nur eine auszugsweise Abschrift eines oder mehrerer *adê* dar, deren ursprünglicher Umfang offen bleiben muß. SAA 2 4 war ca. 13 cm breit und 22 cm hoch und enthielt 102 Zeilen Text. SAA 2 5 war eine in zwei Kolumnen beschriebene Tafel, 19,4 cm breit und 26 oder 29 cm hoch, beschrieben mit 284 oder 320 Zeilen Text. SAA 2 6, die VTE, waren 30 x 45 cm, 28,4 x 42,5, 28 x 42 cm und enthielten 880 Zeilen. SAA 2 4 13 cm x 22 cm mit etwa 102 Zeilen. SAA 2 7 kann in Form und Größe nicht rekonstruiert werden, SAA 2 8 war nur mit einer Kolumne beschrieben und 6,3 cm breit und 10,2 cm hoch. SAA 2 9, ebenfalls eine einkolumnige Tafel, etwa 10 cm breit und sollte insgesamt etwa 130 Zeilen Text enthalten haben. SAA 2 10 war 5,9 cm breit und 12,6 cm hoch und mit 62 Zeilen beschrieben. SAA 2 11 war etwa 7,5 cm breit und 13,3-15 cm hoch. Die Tafel enthielt höchstens 52 Zeilen Text. SAA 2 12 ist ganz erhalten und mißt 7,2 x 3,8 cm, SAA 2 13 war zwei- oder dreikolumnig und maß ursprünglich wohl 9 x 13,5 oder 13,5 x 20 cm, mit 160 oder 360 Zeilen Text. SAA 2 14 war in zwei Kolumnen beschrieben und maß wohl 12 x 17 cm samt 180 Zeilen.

14 Vgl. K. Watanabe, Die Siegelung der „Vasallenverträge Asarhaddons" durch den Gott Aššur, BaM 16 (1983), 377-392; U. Moortgart-Correns, Zur Abrollung C auf den Vasallenverträgen Asarhaddons aus dem Jahre 672 zu Nimrud, SMEA 35 (1995), 151-171; Steymans, Vertragsrhetorik (s. Anm. 5), 93, 123-125.

feln mit dem Loyalitätseid der Fürsten aus dem Osten waren darin ausgestellt.[15]

Das am besten erhaltene Exemplar der *adê* galt Ramataja, dem Stadtherrn (EN URU) von Urakazabanu. Dieser Fürst wird in den Königsinschriften Asarhaddons als Meder identifiziert.[16] Daß es die Meder waren, die zusammen mit den Babyloniern die Stadt Kalḫu 614 v. Chr. eroberten und zerstörten, führte zu der Meinung, die Meder hätten ihre Loyalitätseide gegenüber dem assyrischen König in einem Anfall von befreiender Wut aus dem Archivraum herausgesucht und im ‚Thronsaal' des Nabû-Tempels zerschlagen[17]. Das Zerschmettern von Keilschrifttafeln gehörte zu den Gepflogenheiten beim Plündern einer Stadt.[18] Es gibt also keine Verbindung zwischen dem Inhalt der Tafeln und ihrem Zerschmettern, so daß man auch nicht folgern kann, daß sie zerschmettert wurden, weil sie ausgerechnet Meder eidlich an Assyrien banden. Oft bezeichnet man zwar die Vereidigten pauschal als Meder, doch keiner der sieben Stadtherren, die in den erhaltenen Exemplaren der VTE namentlich auftauchen, wird darin „Meder" genannt. Die Einordnung des Ramataja unter die Meder geschah allein aufgrund der Königsinschrift. Es gab unter anderem auch Tafeln der VTE für Ḫumbareš von Naḫšimarti, Larkutla von Mazamua und Tunī von Ellipi. Mazamua oder Zamua und Ellipi gehörten nicht zu Medien, sondern lagen im Bergland des Zagros, durch das der Weg ins iranische Hochland führte, wo die Meder siedelten.[19]

---

15 Vgl. J. Oates u. D. Oates, Nimrud. An Assyrian City Revealed, 2001, 119-123.

16 Vgl. R. Borger, Die Inschriften Asarhaddons, Königs von Assyrien, AfO.B 9, 1967, Neudruck der Ausgabe 1956, 54f. (Nin A IV 34f.); Sumer 12, 10ff. IV 3f.

17 Vgl. M.E.L. Mallowan, The Excavations at Nimrud (Kalḫu), 1955, Iraq 18 (1956), 1-21, bes. 11-15. „Also the special attention paid by those (Medes?) who destroyed Kalḫu in 614 in taking out of the archives these tablets, and in smashing them into small pieces, makes better sense. It is obvious that former guards would have been more experienced with the palace arrangement (including the archives and their content) than any distant tribes could have been." (Liverani, Medes [s. Anm. 9], 62).

18 Vgl. S. Parpola, The Correspondence of Sargon II: Part I Letters from Assyria and the West, SAA 1, 1987, XII.

19 Zu der 672 v. Chr., dem Entstehungsjahr der VTE, bereits Jahrhunderte alten Beziehung zwischen Mazamua und Ellipi vgl. H.U. Steymans, Asarhaddon und die Fürsten im Osten. Der gesellschaftspolitische Hintergrund seiner Thronfolgeregelung, in: F. Schipper (Hg.), Zwischen Euphrat und Tigris. Österreichische Forschungen zum Alten Orient, Wiener Offene Orientalistik 3, 2004, 61-85, bes. 78-80.

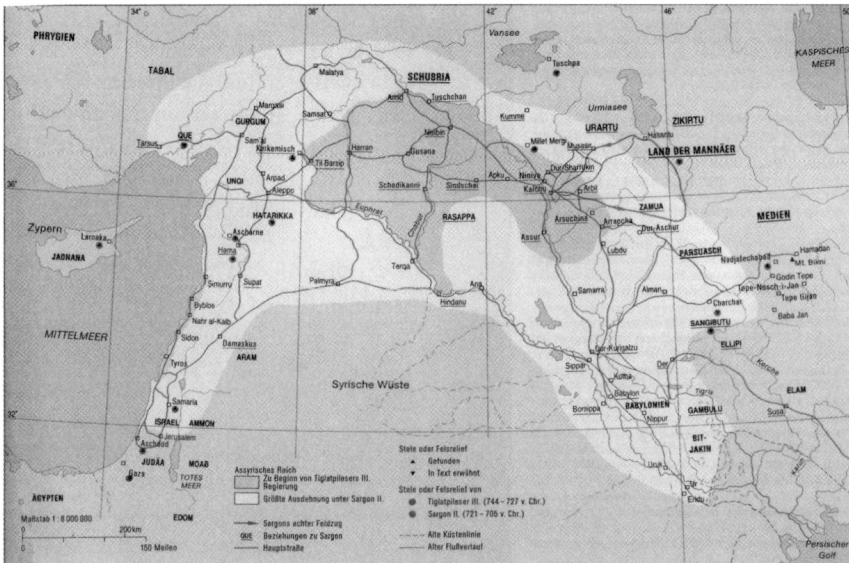

[Karte aus: M. Roaf, Weltatlas der Alten Kulturen: Mesopotamien, 1991, 179]
Die geographische Lage der Regionen Zamua, Ellipi und Medien fordert eine differenzierte Wahrnehmung der vereidigten Völker. Es handelt sich um Anlieger der Paßstraßen durch den Zagros. Ramataja lebte wohl nicht weit vom auf der Karte ebenfalls verzeichneten Berg Bikni entfernt.

2. Wurden auch assyrische Funktionäre mit den VTE vereidigt?

Daß in Jerusalem ein Exemplar der *adê* vorhanden war, wirkt wenig wahrscheinlich, wenn die VTE nur für Fürsten aus dem Zagros gedacht waren. Ebenso wenig wahrscheinlich wirkt das, wenn man die VTE als Loyalitätseide der $^{LÚ.MEŠ}$SAG, also hochrangiger Funktionäre des assyrischen Reiches, versteht. Manasse regierte weder im Zagros noch war er ein assyrischer ^{LÚ}SAG.

Einen Hinweis darauf, daß es Versionen der VTE für assyrische Beamte gegeben hat, liefert der Brief des Itti-Šamaš-balāṭu (SAA 16 126; CT 53 148). Er zitiert in Z.19-26 seines Briefes wörtlich Z.635f. und Z.653f. der VTE, um sein loyales Verhalten gegenüber Asarhaddon zu motivieren.

SAA 16 126	BaghM.B 3
	§ 96
(19) Wie es in der *adê* gesagt ist:	(632) Solltet ihr Asarhaddon, König von

Assyrien, (633) Assurbanipal, den Groß-
Prinzen des Nachfolgehauses,
(634) verlassen und nach rechts oder nach
(20) Der nach rechts geht, den mögen   links gehen, (635) mögen denjenigen, der
(eiserne) Schwerter verzehren, (21) der   nach rechts geht, (eiserne) Schwerter ver-
nach links geht, den mögen (eiserne)   zehren, (636) und denjenigen, der nach
Schwerter verzehren.   links geht, (eiserne) Schwerter verzehren!
                                         § 102
                                         (652) Wie (dieser) Wasserschlauch aufge-
                                         schnitten ist und das Wasser (653) hinaus-
(22) Mögen in einem Gebiet des starken   läuft, so möge in einem Gebiet des starken
Durstes (23) eure Wasserschläuche zerber- Durstes (654) euer Wasserschlauch zerber-
sten.   sten!
(24) Die Götter des Königs sollen es wissen: (25) Wenn ich so, wie es in der *adê*
gesagt ist, (26) nicht gehandelt hätte … .

Der Brief zitiert zwei Flüche aus dem letzten Abschnitt der VTE, der
mit dem Bedingungssatz in Z.632 beginnt und §§ 96-106 umfaßt. Die
sich an das Zitat anschließende Forderung, so zu handeln, wie es in der
adê gesagt ist, kann wörtlich nicht im existierenden Text der VTE lokalisiert werden. Allerdings wäre es eine perfekte Einleitung für die erste
Fluchsequenz in §§ 37-56, vor welcher der Text nicht lückenlos erhalten
ist (§ 35).[20]
    Ein anderer Hinweis auf die Vereidigung zur Thronfolgeregelung
läßt sich dem Brief eines gewissen Kabtīja (SAA 18 162 = ABL 202) entnehmen. Kabtīja schreibt, er habe die *adê* nicht in Babylon schwören
können und sei deshalb zur Vereidigungszeremonie in Nippur und
Uruk gegangen und habe die *adê* ,ergriffen' (*aṣ-ṣa-bat*). Die Position des
Kabtīja ähnelt den Stadtherren aus dem Zagros insofern, als er einen
Wachdienst ausübt (*ma-ṣar-ta … ni-it-ta-ṣar*[21] Z.13f.) und Menschen

---

20 Die Partiturumschrift Watanabes (Watanabe, Vereidigung [s. Anm. 1], 110) zeigt,
    daß von § 35 nur Mss 36 und 37 Z.397f. bezeugen und außerdem Z. 399-41 nur von
    Ms 37, Z.402f. und 405 von Mss 37 und 27, Z.404 und 406 nur von Ms 27 und Z.407-
    409 nur in Mss 27 und 29 bezeugt sind. Angesichts der Lückenhaftigkeit der Textbe-
    zeugung sowohl in § 35 der VTE als auch in Z.25f. des Briefes kann nicht ausge-
    schlossen werden, daß der Brief aus Z.398-400 der *adê* zitiert oder darauf anspielt.
    Z.24-26 im Brief ähneln inhaltlich dem Anfang des Eides der VTE ((494) DINGIR^MEŠ
    an-nu-te lid-gu-lu) und der Forderung von § 17 ((188) *šum-ma … (194) am-mar i-qab-bu-
    u-ni* (195) *la ta-šam-ma-a-ni ki-i pi-i-šú* (196) *la te-ep-pa-šá-a-ni*).
21 Der Ausdruck *maṣṣarta naṣāru* bezeichnet einen Dienst zugunsten des Königs, der
    Wachsamkeit fordert. Er wird sowohl im militärischen oder politischen Sinn eines
    Wachpostens oder eines Kundschafters verwendet, als auch für die Tätigkeit der

unter sich hat, die ebenfalls in die *adê* eintreten und denen offenbar Älteste vorstehen:

> (r. 9) ... folgendermaßen: (10) Die Männer, ihre Söhne und ihre Frauen (11) bis hin zu ihren Göttern sollen in die (12) *adê* des Königs, meines Herren, (13) eintreten, und (wie) ich – (14) aufgrund der Botschaft des Königs, meines Herrn, (15) sind die Ältesten (LÚ *ši-bu-tu*), als (16e) sie kamen, in die (17e) *adê* des Königs, meines Herren, (18e) in Babylon (s. 1) eingetreten.

Wer die Schlußfolgerung, daß die gleichen *adê* für assyrische Beamte, die Leute des Kabtīja und die Stadtherren aus dem Zagros galten, unbedingt vermeiden will, kann damit argumentieren, daß die wörtlich identifizierbaren Zitate im Brief des Itti-Šamaš-balāṭu nur aus dem letzten Abschnitt der Flüche der VTE stammen. Diese Flüche könnten auch in einem Diensteid für Beamte verwendet worden sein. Ähnlich kann man das Fragment VAT 11534 aus Assur einschätzen, welches einen Text enthält, der § 21 der VTE (Z.229-236) entspricht. Es ist nicht auszuschließen, daß verschiedene *adê* gleichlautende Stipulationen und Flüche enthielten. Doch hilft das jenen nicht, die einen assyrischen literarischen Einfluß auf das Deuteronomium unbedingt ausschließen wollen. Da die These einer Beeinflussung zum Teil auf den Ähnlichkeiten der Flüche von Dtn 28 mit denen der VTE beruht, erhöht sich die Wahrscheinlichkeit, daß solch ein Text auch in Jerusalem bekannt war, wenn verschiedene *adê* identische Flüche enthielten.

Genau genommen ist der Einwand, die *adê* des Itti-Šamaš-balāṭu oder des Kabtīja seien nicht mit den in Kalḫu gefundenen Exemplaren der VTE identisch, berechtigt. Denn jedes Exemplar der VTE war ein Original, das sich inhaltlich von allen anderen unterscheidet. Das gilt nicht nur für § 1, wo die Vereidigten identifiziert werden, sondern auch für andere Abschnitte.[22] Zumindest § 1, der die Normadressaten der in

---

Astronomen, die Gestirne beobachten. Das Verb ‚bewahren' *naṣāru*, welches wieder und wieder in den VTE als Tätigkeit auftaucht, welche die Normadressaten ausüben sollen, bezeichnet keineswegs nur den Dienst von Wachttruppen oder Gardesoldaten, sondern meint im weitesten Sinne ein Handeln im Interesse des Eidesherren. So kommt es auch schon in hethitischen Verträgen als Leistung der Vasallenfürsten vor (vgl. KBo 1 6 r13f. = PDK Nr. 6, CTH 75 r. 4; KBo 1 8:15 = PDK Nr. 9, CTH 92, 39). Gegen Liveranis einseitige Interpretation von *naṣāru* als „protect ... pertinent to bodyguards" (Liverani, Medes [s. Anm. 9], 59).

22   Nur im Fragment BM 1959-4-14,90 (L in SAA 2 bzw. Join Ms 90 in BaghM.B 3) steht z.B. im oben zitierten § 96 der Zusatz „seine Brüder, [die Söhne der Mutter] Assurbanipals, des Groß-Prinzen des Nachfolgehauses, und die übrigen leiblichen Söhne Asarhaddons, [Königs von Assyrien]" (Z.633a-c). Mit diesen Worten dehnt sich die geforderte Loyalität von Asarhaddon und Assurbanipal und die bisweilen ebenfalls explizit eingeschlossenen Šamaš-šumu-ukīn auf die Vollbrüder Assurbanipals, die von dessen Mutter geboren wurden, und auch auf die Halbbrüder aus, die von dessen Vater abstammen. Das Beziehungsgefüge, in welches die Vereidigten

Kalḫu aufbewahrten Originale als Stadtherren bezeichnet, kann so nicht in der *adê* des Itti-Šamaš-balāṭu gestanden haben. Damit ergibt sich die Frage, ob der Text der VTE selbst einen Hinweis auf die Stellung der Normadressaten im assyrischen Reich gibt.

3. Die Identität der Normadressaten gemäß dem Text der VTE

Eine Analyse des Inhalts aller Stipulationen würde den Umfang einer Monographie verdienen.[23] Hier seien nur zwei Paragraphen aufgegriffen, die erkennen lassen, an welche Personengruppen sich die VTE als Normadressaten wenden und in welcher Funktion sie der Text selbst sieht.

3.1 BaghM.B 3 § 20

Der Paragraph listet potentielle Usurpatoren des Thrones auf.

> (214) Wenn ihr einen seiner Brüder, seiner Onkeln, (215) seiner Vettern, seiner Familie, der Nachkommenschaft seines Vaterhauses, (216) sei es, daß (*lū ša*) sie sich in Assyrien befinden, sei es, daß (*lū ša*) sie in ein anderes Land (217) geflohen sind, sei es (*lū*) einen aus den inneren Palastbereichen, (218) sei es (*lū*) einen aus den äußeren Palastbereichen, sei es (*lū*) einen von (219) den großen und kleinen Höflingen, sei es (*lū*) einen von den Großen oder Kleinen, (220) sei es (*lū*) einen Adligen, sei es (*lū*) einen Bürgerlichen, (221) sei es von (*lū ša*) den Bärtigen, sei es (*lū*) einen Eunuchen, sei es (*lū*) einen von den Dienern, (222) sei es (*lū*) einen von den gekauften (Sklaven), sei es einen (*lū*) von den Bürgern Assyriens, sei es (*lū*) einen Bürger (223) eines anderen Landes, sei es (*lū*) einen von sämtlichen

---

eingebunden werden, ist kompliziert und umfaßt unterschiedliche Grade der Loyalität zu unterschiedlichen Personengruppen. Denn andererseits zählen zumindest die Halbbrüder auch unter die potentiellen Usurpatoren, deren Machenschaften der treue Untertan gegebenenfalls zu melden hat (§ 20 Z.214). Ob man die unterschiedliche Bestimmung der Loyalitätsempfänger diachron überlieferungs- oder textkritisch interpretieren soll, insofern dem Schreiber des betreffenden Exemplars Wendungen eingefallen sind, die ihm aus anderen Loyalitätseiden zugunsten der königlichen Familie geläufig waren, oder sogar pragmatisch, insofern bestimmte Gruppen der Vereidigten zur Loyalität gegenüber der ganzen königlichen Familie verpflichtet wurden, andere aber nicht, läßt sich nicht entscheiden. Da die entsprechende Formulierung auch an anderen Stellen der VTE – zumindest in einigen Manuskripten – belegt ist, dürfte es sich am ehesten um die textkritische Kategorie der Angleichung an den Kontext handeln.

23 Vgl. Watanabe, Vereidigung (s. Anm. 1), 178-190.

Schwarzköpfigen, soviel es gibt, (224) einen aus eurer Mitte (*issēn ina libbīkunu*) auf dem Thron des Landes Assur Platz nehmen laßt, (225) ihm Königtum und Herrschaft über das Land Assur gebt, (226) wenn ihr Assurbanipal, den Groß-Prinzen vom Nachfolgehaus, (227) den Thron des Landes Assur nicht besteigen laßt, (228) er Königtum und Herrschaft über euch nicht ausüben (kann) ... .[24]

Die Hierarchie abwärts werden mögliche Thronprätendenten aufgezählt. Den Anfang macht die königliche Familie. Die Mitglieder der Königsfamilie befinden sich entweder im In- oder im Ausland. Der Ausdruck *lū ša* dient zur Differenzierung der Ortsangabe, nicht dazu, die Königsfamilie selbst in die Normadressaten einzubeziehen. Doch zumindest am Schluß sind in Z.224 mit ‚einen aus eurer Mitte' die Normadressaten in der 2. Person Plural angesprochen. Zwischen Z.217, wo die lokale Differenzierung der königlichen Familie endet, und Z.223 zählt der Text eine Reihe von Menschengruppen auf, die jeweils mit *lū* eingeführt sind. Den Anfang machen die Palastbediensteten, dann kommen die assyrischen Bürger, dann Ausländer, zuletzt alle Menschen. Entscheidend ist nun der abschließende Ausdruck in Z.224. Hier fehlt die Partikel *lū*. Es handelt sich bei „einen aus eurer Mitte" nicht um eine weitere Alternative der vorher in der *lū*-Kette genannten möglichen Usurpatoren, sondern um deren Zusammenfassung. Die in der 2. Person angeredeten Vereidigten gehören zu einer der zuvor aufgezählten Menschengruppen.

Unter den zur Loyalität Verpflichteten scheint allein die Königsfamilie eine Sonderrolle zu spielen. Die Brüder Assurbanipals gehören nämlich an manchen Stellen der VTE zu denen, denen die Loyalität der Normadressaten gelten soll. Sie können daher kaum selbst zu den Normadressaten gehören. Sollten die Mitglieder der Königsfamilie nicht durch den Sukzessionseid vereidigt worden sein, so wurde dies Versäumnis durch die *adê* der Zakūtu nachgeholt, die explizit die Verwandtschaft des Assurbanipal in Pflicht nimmt (SAA 2 8).

Syntaktisch betrachtet liefert nach einer Folge durch Junktion verbundener Glieder – *lū* ist solch eine Junktion – das letzte nicht durch Junktion verbundene Element – der Null-Junktiv ‚einen aus eurer Mitte' – ein Resümee der vorangegangenen jungierten Elemente.[25] Das

---

24   Vgl. Watanabe, Vereidigung (s. Anm. 1), 155.

25   „Es kommt vor, daß am Ende einer Aufzählung jungierter Elemente das von diesen repräsentierte Ganze noch einmal durch ein Wort, das für die vorangehenden insgesamt steht, zusammengefaßt wird. Dieses Wort nennen wir Resumptiv ... . (...) Der Resumptiv liefert also die Synthese der jungierten Elemente, deren Analyse zuvor durch die Aufzählung gegeben wurde." (L. Tesnière, Grundzüge der strukturalen Syntax [=L. Tesnière, Élements de syntaxe structurale, ²1969], dt. 1980, § 137 [1980] 220). „Alternatives are expressed in NA by *lū* ... *lū* ‚either ... or.' The *lū* constituents

Fehlen der Partikel *lū* ist kein Schreibversehen, alle Exemplare belegen den Wechsel von Kette mit Junktion *lū* zu Null-Junktiv in Z.224.

Die Vereidigten, deren *adê* in Nimrud gefunden wurden, gehören in die Gruppe ,Bürger eines anderen Landes ... einen von sämtlichen Schwarzköpfigen, soviel es gibt' (Z.222f.). Diese Kategorie würde auch auf Manasse von Juda zutreffen.

3.2 BaghM.B 3 § 16

Ramataja von Urakazabanu gehörte zu einer Gruppe von Stadtherren auf dem iranischen Hochplateau, die Bundesgenossenschaft Assurs (*kitru*) erbaten und Tribut an Edelsteinen und Pferden lieferten. Ein Ḫumbariš kommt in fragmentarisch erhaltenen Briefen im Zusammenhang der militärischen Hilfeleistung (*kitru*) vor (SAA 16 146-147). In bezug auf Tunī von Ellipi gibt es eine Orakelanfrage an den Sonnengott, ob ihm assyrische Militärhilfe (*kitru*) geleistet werden soll (SAA 4 76:2-r.2). Daß Ramataja nur wenige Jahre vor der Thronfolgevereidigung in Kontakt mit Assyrien trat und die Militärhilfe für Ḫumbariš oder Tunī keine Selbstverständlichkeit war, sondern Thema von Korrespondenz und Mantik, zeigt, daß die Stadtfürsten der in Kalḫu gefundenen *adê* institutionell weder in Verwaltung noch Militärapparat des assyrischen Staates eingebunden waren.[26] Es waren selbständige Fürsten, deren Untertanen sich aber zeitweilig in Assyrien aufhalten oder in assyrischen Diensten stehen konnten. Zwei Funktionen der Normadressaten in bezug auf das assyrische Reich werden erhellt aus § 16.

> (180) Wenn / Fern sei es, daß ihr auf einem Feldzug (*lū ḫurādī*) (181) [ ] oder (anläßlich) eines Arbeitseinsatzes (*ša? šipri*) – während ihr inmitten des Landes (182) wohnt oder wenn ihr in ein Arbeits- / Tributlieferungskommando (*ina pirri*) (183) eintretet – böses Wort (184) gegen Assurbanipal ... (185) in eure Herzen legt, euch gegen ihn (186) empört, Machenschaften, Aufstand und böses Wort (187) ins Werk setzt.

Die in der 2. Person Plural angesprochenen Normadressaten leisten Dienst *ḫurādu* und treten *ina pirri* ein (Z. 181-183). Bei *ḫurādu* dürfte es sich um einen militärischen oder zivilen Arbeitsdienst handeln. Beim

---

must be in harmony with each other ... ." (J. Hámeen-Anttilla, A Sketch of Neo-Assyrian Grammar, SAAS 13, 2000, 122).

26   Eine im Iran gefundene bronzene Trinkschale mit der assyrischen Aufschrift EN URU *šá* URU*za-rat* ,Stadtherr von Zarāt', die ein Fürst bei einem Bankett am assyrischen Hof als Erinnerungsstück geschenkt bekommen hat, zeigt jedoch, daß sich die Wertschätzung solcher Stadtherren – die Schale ist ,nur' aus Bronze – in Grenzen hielt. Vgl. K. Radner, Eine Bronzeschale mit neuassyrischer Inschrift, SAAB 13 (1999-2001), 18.22.

pirru kommt hinzu, daß man darin eintreten kann, was entweder konkret zu verstehen ist, dann wäre *pirru* ein Ort, oder übertragen, dann wäre *pirru* eine Aufgabe, zu deren Erfüllung man antritt oder bei deren Durchführung man ins Land Assur einmarschiert. Den Untersuchungen von J. Nicholas Postgate zufolge hat der Ausdruck *pirru* etwas mit ‚tax-collection' zu tun, also dem Einsammeln oder Abliefern von Tribut.[27] Wolfram von Soden versteht den Begriff als Arbeitskommando (AHw 855). Der Zusammenstellung von *ḫurādu* und *pirru* ist zu entnehmen, daß die Untertanen der Fürsten, wohl weniger die Fürsten selbst, Dienste für den assyrischen Staat im zivilen und militärischen Bereich übernehmen mußten, wobei der zivile Bereich mit dem Tribut verbunden sein dürfte.

Dies wirft ein neues Licht auf die Tatsache, daß man die VTE ausgerechnet in Kalḫu aufbewahrt hat und nicht etwa in Assur oder Ninive. Kalḫu war wahrscheinlich der Ort, wo die Vasallen aus dem Zagros und dem iranischen Hochplateau ihren Tribut ablieferten und in *pirru*-Einheiten arbeiteten. In seiner sogenannten Bankettinschrift erwähnt Assurnaṣirpal, daß er unter anderem Deportierte aus Zamua in Kalḫu angesiedelt habe.[28] Es gab also alte Verbindungen zwischen der assyrischen Stadt und dem Herrschaftsgebiet eines der durch die in Kalḫu gefundenen *adê* verpflichteten Fürsten.

In Kalḫu gab es – wie auch in Ninive und Dur-Šarrukin – ein *pirru*, also ein Arbeitskommando, das mit der Tributablieferung zu tun hatte (SAA 13 95:9-13) und in das Menschen kamen. Viele Briefe aus Kalḫu erwähnen die Lieferung von Pferden und geben als deren Herkunftsgebiet den Zagros an (SAA 13 93:5 mit ausdrücklicher Nennung von Zamua = ABL 684; 104:10 Parsua; 109:12f. Arrapḫa). War die Stadt der Ort, wo der Tribut aus der Zagrosregion abgeliefert werden mußte, der auch aus Pferden bestand, kommt dem Fundort der VTE, dem Nabû-Tempel, besondere Bedeutung zu. Denn dieser Tempel war ein zentraler Sammelplatz für Pferde, die nach einer Begutachtung durch den Inspektor des Tempels in andere Teile Assyriens weitergeschickt wur-

---

27 J.N. Postgate, The Economic Structure of the Assyrian Empire, in: M.T. Larsen (Hg.), Power and Propaganda: A Symposium on Ancient Empires, Mesopotamia 7, 1979, 193-221. „The word could refer to the assembly and review of horses for the army, but *KAV* 197 shows that the transaction in which a cohort of craftsmen delivered its produce (*iškāru*) was also called a *pirru*; passages from the Vassal Treaties of Esarhaddon and from liver omen queries refer to men ‚coming in' (*erābu*) to the *pirru*, no doubt to deliver tribute or similar contributions." (Ebd., 213). Vgl. ders., Taxation and Conscription in the Assyrian Empire, Studia Pohl SM 3, 1974, 163-165; SAA 4 139:19f.

28 Vgl. A.K. Grayson, Assyrian Rulers of the Early First Millennium BC I (1114-859 BC), RIMA 2, 1991, A.0.101.30 Z. 34.

den.[29] Menschen aus den im Umgang mit Pferden erfahrenen Völkern des Zagros waren wohl in solch einer Zentrale beschäftigt. Was liegt näher, als die Loyaliätseide der Vasallenfürsten dort aufzubewahren, wo sie ihren Tribut abzuliefern hatten und einige ihrer Untertanen die Equiden in assyrischen Arbeitskommandos weiter versorgten und eventuell dressierten.[30] Es ist bezeichnend, daß die VTE damit rechnen, daß unter *ḫurādu*-Einheiten oder *ina pirri* ein Aufstand losbrechen könnte. Daß mühsamer Arbeits- oder entbehrungsreicher Militärdienst die Loyalität der Vereidigten auf eine harte Probe stellte, liegt auf der Hand.

4. Schlußfolgerungen für Manasse von Juda

§ 1 nennt nicht nur die Fürsten, sondern ausdrücklich auch deren Untertanen als Vereidigte. § 20 läßt erkennen, daß mit der *adê* sowohl Assyrer als auch Ausländer vereidigt wurden. Die Briefe von Itti-Šamaš-balāṭu und Kabtīja zeigen, daß auch Funktionäre die VTE beschwören mußten. Itti-Šamaš-balāṭu konnte Inhalte derselben wörtlich zitieren. Mit diesem assyrischen Funktionär kommt man Manasse geographisch und historisch überraschend nahe, denn er war assyrischer Gesandter in der

---

29   Vgl. S.W. Cole u. P. Machinist, Letters from Priests to the Kings Esarhaddon and Assurbanipal, State Archives of Assyria = SAA 13, 1998, XVIII.

30   Die Verbindung der Aufbewahrung der VTE im Nabû-Tempel mit der Tributlieferung von Pferden erscheint plausibler als das Postulat, die Vereidigten hätten als Palastgarde gedient. Zwar hatte Asarhaddon im Arsenal (*ekal māšarti*) von Kalḫu königliche Gemächer, doch läßt sich nicht belegen, daß er längere Zeit dort residiert hätte. Auch die Texte, die J.N. Postgate u. J.E. Reade, Kalḫu, RLA 5, 321, anführen, beweisen das nicht: ABL 1103 = SAA 10 152 r.1-3, spricht nur von den Dienern des königlichen Vaters Asarhaddons oder Assurbanipals, die in Kalḫu seien, nicht vom König selbst. Die Orakelanfragen SAA 4 119:18, 122:2r, 183 r.7, wurden in Kalḫu durchgeführt, was „indicates that the query may have been associated with Esarhaddon's stay there in 672" (I. Starr, Queries to the Sungod. Divination and Politics in Sargonid Assyria, SAA 4, 1990, 131f., Anm. zu 122. § 4), der VTE legt in Z.60 nahe, daß Asarhaddon und die beiden Kronprinzen bei der Vereidigung anwesend waren. Asarhaddon war also in Kalḫu, weil die Fürsten aus dem Zagros dort vereidigt wurden – nicht umgekehrt, d.h. die Fürsten und ihre *adê* waren nicht in Kalḫu, weil Asarhaddon dort residierte und sie dort als als königliche Leibgarde dienten. „At both Kalhu and Niniveh Esarhaddon rebuilt the arsenals – ,Fort Shalmaneser' at Nimrud – and at Niniveh he began the construction of a new palace, the so-called South-West Palace, which was provided with splendid columned halls. It has been suggested that it was his intention to return to Kalhu, but there is no explicit evidence to support this view, and the new palace for his crown prince Assurbanipal was built at Tarbiṣu, very near Niniveh." Oates/Oates, Nimrud (s. Anm. 15), 23f.

phönizischen Hafenstadt Arwad. In einem anderen Brief beklagt Itti-Šamaš-balāṭu, daß Ikkilû, der König von Arwad, Schiffe daran hindert, am assyrischen Hafen anzulegen, um selbst größeren Profit zu machen und sich dabei sowohl auf ein königliches Schreiben berufen kann, das ihm freie Hand läßt, als auch auf Unterstützung durch mächtige Investoren aus Ninive (SAA 16 127 = ABL 992). Eine Königsinschrift Asarhaddons erwähnt den König von Arwad neben Manasse von Juda.

> Damals war das königliche *ekal māšarti* von Ninive ... mir zu eng geworden. Die Bewohner der Länder, die mein Bogen erbeutet hatte, ließ ich Hacken und Tragkörbe tragen, und sie strichen Ziegel. Dieses kleine *ekal* (*māšarti*) riß ich in seinem ganzen Umfang nieder. Zusätzlich schnitt ich ein großes Stück Land von den Feldern ab und fügte es jenem hinzu. ... Ich bot die Könige aus dem Hethiterlande und von jenseits des Euphrat auf: Baal, König von Tyros, Manasse, König von Juda, Qaušgabri, König von Edom, Muṣurī, König von Moab, Ṣilbēl, König von Gaza, Mitinti, König von Askalon, Ikausu, König von Ekron, Milki-ašapa, König von Byblos, Mattan-Baal, König von Arwad, Abī-Baal, König von Samsīmurruna, Būdi-il, König von Ammon, und Aḫī-Milki, König von Ašdod, 12 Könige vom Meeresufer ... und sie alle ließen auf meinen Befehl große Balken, hohe Pfähle und ... Träger aus Zedern und Zypressenstämmen, einem Erzeugnis des Sirāra- und des Libanongebirges, die von alters her immer dicker und länger geworden waren, *aladlammû*-Bilder aus Granat, *lamassu*-Bilder, *apsasātu*-Bilder, Steinplatten und Bausteine aus Alabaster, Granat, farbigem Marmor, Breccia, *alallu* und Pyrit aus den Bergen, wo sie entstanden waren, zum Bedarfe meines *ekal* (*māšarti*) unter Mühen und Beschwerden nach meiner Residenz Ninive bringen (AfO.B 9 [s. Anm. 16], 59-61, § 27 Ninive A Kol. V Z. 40, 47 - Kol. VI Z. 1).

Auch Manasse hatte Tribut abzuliefern, doch in Ninive und nicht in Kalḫu wie die Stadtherren. Die *adê* rechnen damit, daß sich im *pirru*, anläßlich der Ablieferung von Tribut, der Funke zu einer Revolte entzünden kann. Bearbeitung und Transport der Steine und halb fertig behauenen Kolossalfiguren forderten ein Heer von Arbeitskräften. Reliefs aus den Palästen Sargons und Sanheribs zeigen die Methode der Fortbewegung von Kolossalstatuen (*aladlammû*-Bilder aus Granat, *lamassu*-Bilder, *apsasātu*-Bilder).

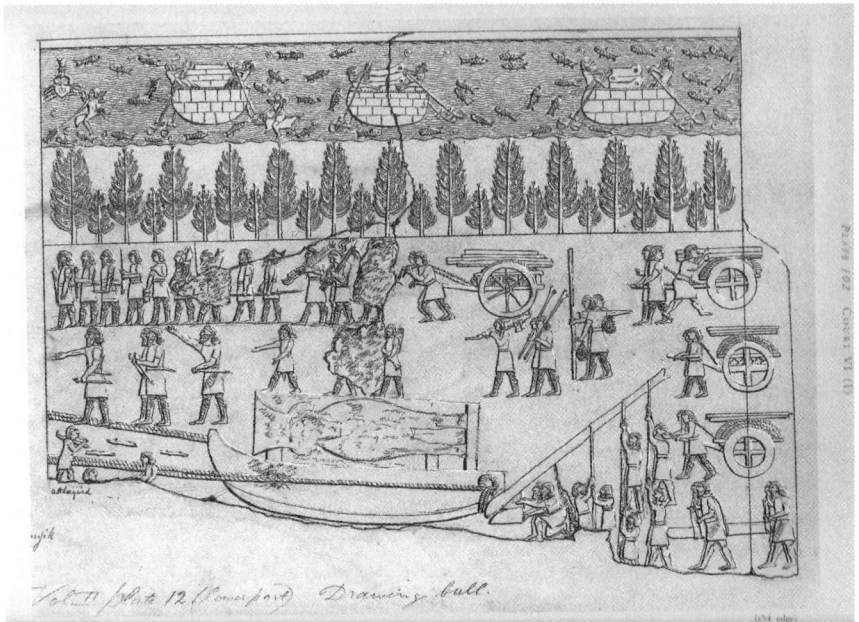

Zeichnung eines Reliefs aus Sanheribs Südwestpalast in Ninive. © The British Museum, London. Eine Kolossalstatue wird mit Menschenkraft transportiert. Man sieht auch Arbeiter mit Säge und Äxten, die offenbar Baumstämme bereitstellen, auf denen der Schlitten mit der Kolossalstatue rollt. Ähnlich wird man sich die Holzfällertrupps im Libanon und Sirāra-Gebirge vorstellen dürfen. Doch waren die Holzbalken dort viel größer und schwerer zu transportieren. Die Wagen mit Holzbalken und Seilen wurden von Menschen gezogen.[31]

Der Holztransport geschah ebenfalls durch Menschenkraft, wie andere Reliefs belegen. Wenn Asarhaddon die Mühen der verpflichteten Könige ausdrücklich betont, so heißt das: Manasse hatte Arbeitskräfte bereitzustellen. Die Zwangsverpflichtung von Judäern zur Fron für Assurs Tribut mag einer der Hintergründe für den biblischen Vorwurf sein, Manasse habe viel unschuldiges Blut vergossen (II Reg 21,16; 23,2-4).[32]

---

31 Vgl. R.D. Barnett; E. Bleibtreu u. G. Turner, Sculptures from the Southwest Palace of Sennacherib at Niniveh, 1998, Abb. 143.

32 Zur historischen Bewertung von II Reg 21 vgl. B. Halpern, Why Manasse is blamed for the Babylonian Exile: The Evolution of a Biblical Tradition, VT 48 (1998), 473-514, bes. 506-514. Zu bildlichen Darstellungen des Transports mit Menschenkraft vgl. B. Hrouda (Hg.), Der Alte Orient. Geschichte und Kultur des alten Vorderasien, 2003, 203-206.262-266.

[Abb. aus: B. Hrouda, Der Alte Orient. Geschichte und Kultur des Alten Vorderasien, 2003, 203.] Relief aus dem Palast Sargons in Khorsabad. Baumstämme aus dem Gebirge werden geschleppt und gestapelt. © Musée du Louvre, Paris.

Judäer hielten sich offenbar beim Transport und auf der Baustelle des *ekal māšarti* für längere Zeit in Assyrien auf.[33] Bei ihnen kommt als zusätzliches Risiko hinzu, daß der Transportweg vom Libanon nach Ninive an Guzana vorbeiführte, wo Samaritaner angesiedelt waren, deren Loyalität zum assyrischen König nicht unbedingt über jeden Zweifel erhaben war (vgl. SAA 16 63:27-r.11, mit den Jhwh haltigen Namen Palṭī-Ia'u und Nērī-Ia'u).

---

33 Zur Bezeugung jüdischer Personennamen in assyrischen Quellen vgl. Steymans, Vertragsrhetorik (s. Anm. 5), 97 Anm. 23.

Detail eines Reliefs aus dem Südwestpalast in Ninive. © The British Museum, London. Erika Bleibtreu schreibt dazu: „Part of Sennacherib's building activities; a large block of stone, showing the outlines of a bull-colossus, is lying on its side on a sledge and is being transferred from a raft onto the river bank. Four rows of prisoners, probably from Judah and Phoenicia, are represented pulling the ropes, guarded by soldiers and urged on by their overseers."[34]

Eine Inschrift Assurbanipals nennt Manasse später unter den Königen, die ihm zusammen mit Ikkilû / Iakīa-Lû von Arwad beim Feldzug nach Ägypten Militärhilfe geleistet haben.[35]

> Der Cylinder C Col. I (VAB 7/2, 139, 141) (1) Auf meinem ersten Feldzuge (2) zog ich gegen Makan und Meluḫḫa. (3) Taḫarka ... (22) zog gegen Ägypten und Kuš. (23) Im Verlaufe meines Feldzuges brachten (24) Baal, König von Tyros, (25) Manasse, König von Juda, (26) Qaušgabri, König von Edom, (27) Muṣurī, König von Moab, (28) Ṣilbīl, König von Gaza, (29) Mitinti, König von Askalon, (30) Ikausu, König von Ekron, (31) Milki-ašapa, König von Byblos, (32) Iakīn-Lû, König von Arwad, (33) Abī-Baal, König von Samsi-murruna, (34) Ammi-nadbi, König von Bīt-Amman, (35) Aḫī-Milki, König

---

34   Barnett/Bleibtreu/Turner, Sculptures (s. Anm. 31), 67 Abb. 152-153.
35   M. Streck, Assurbanipal und die letzten assyrischen Könige bis zum Untergang Niniveh's. Bd. II: Texte, Vorderasiatische Bibliothek 7/2, 1916.

von Ašdod, (36) Ekištura, König von Idalion, (37) Pilagurâ, König von Chytros ... (46) insgesamt 22 Könige von der Meeresküste, (47) von der Mitte des Meeres und vom Festlande, (48) mir untertänige Knechte (49) ihr schweres Geschenk (50) vor mich und küßten meine Füße ...

Rassam-Cylinder (V R 1-10; VAB 7/2, 9) (72) Jene Könige samt ihren Streitkräften und ihren Schiffen ließ ich (73) mit meiner Heeresmacht zu Wasser und zu Lande (74) Weg und Pfad nehmen. (75) Um zu Hilfe zu eilen den Königen und Stadtherren (76) in Ägypten, den mir untertänigen Knechten, (77) marschierte ich eilends und rückte bis Kâr-bânîti (vor).

Manasse war also wirtschaftlich als Tributleistender (vgl. *pirru*) und militärisch als Mitkämpfer (vgl. *ḫurādu*) in assyrischen Feldzügen in einer ähnlichen Situation wie die Stadtherren aus dem Zagros. Angesichts der assyrischen Angst, daß irgend etwas die Loyalität gegenüber Assurbanipal gefährden könnte, ist es undenkbar, daß sie einen Souverän, dessen Untertanen in assyrischen Diensten beschäftigt waren, unvereidigt gelassen hätten.

Assyrische *ṭuppi adê* als Vorbild für Deuteronomium 28,20–44?

Karen Radner[1]

In der Fluchsektion jener assyrischen Vertragstafeln aus dem Jahr 672, die in zumindest acht Exemplaren im Nabû-Tempel von Nimrud, der alten Stadt Kalḫu, entdeckt wurden,[2] wird ein mögliches Vorbild für Deuteronomium 28,20-44 vermutet, und der Beitrag von Hans Ulrich Steymans ist diesem Thema gewidmet. In diesem Aufsatz will ich den Versuch unternehmen, die Umstände der Entstehung und Überlieferung der Nimruder Tafeln – und ähnlicher Texte – etwas genauer zu umreißen, bevor die Möglichkeiten für eine Vorbild-Wirkung bei der Abfassung des biblischen Textes – zumindest in der Theorie – besprochen werden. Zuvor aber möchte ich den Akt der Vereidigung an sich im Kontext assyrischen Herrschaftsverständnisses und assyrischer Verwaltungspraxis positionieren.

1. Die Vereidigung im Rahmen eines Bündnisschlusses

Als Eigenbezeichnung für die Nimruder Tafeln wird der Pluralausdruck *adê* verwendet. Dieser Begriff ist in den assyrischen Texten zuerst sicher in der Regierungszeit Aššur-nērārīs V. (754-745) belegt, in dessen Vertrag mit Matī'-il von Arpad das Wort erstmals gebraucht wird;[3] mit dem Pluralausdruck *adê* werden, soweit entsprechende Passagen er-

---

1 Ich danke Doris Prechel und Jan Christian Gertz für die Einladung nach Mainz und, ebenso wie meinem Ko-Referenten Hans Ulrich Steymans, für den regen gedanklichen Austausch zum Thema. Prof. Dr. Beate Salje und Dr. Joachim Marzahn vom Vorderasiatischen Museum Berlin bin ich für die Möglichkeit verpflichtet, mit den Tafeln VAT 11449 und VAT 11539 zu arbeiten. Simo Parpola möchte ich dafür danken, das elektronische Corpus of Neo-Assyrian Texts konsultieren zu dürfen, das ich zur Recherche für diesen Aufsatz, wie schon so oft, mit großem Gewinn benutzt habe.

2 Standardedition: SAA 2 6. Partiturumschrift und kommentierte Bearbeitung finden sich in K. Watanabe, Die *adê*-Vereidigung anläßlich der Thronfolgeregelung Asarhaddons, BaghM.B 3, 1987.

3 Watanabe, Vereidigung (s. Anm. 2), 9.

halten sind, in der Folge sämtliche bekannte Vertragswerke bezeichnet, und der Begriff taucht seit der Regierungszeit Tiglatpilesers III. (744-727) regelmäßig in Königsinschriften und Gebrauchstexten auf.[4] Ein möglicher Beleg im mittelassyrischen Tukultī-Ninurta-Epos findet sich leider in fragmentarischem Kontext und kann deshalb nicht als sicher gelten.[5]

Auch wenn der Begriff *adê* eine terminologische Neuerung des 8. Jh. sein sollte, muß das nicht zwangsläufig auch für das so bezeichnete Konzept gelten: In älteren Perioden werden Begriffe wie *isi ḫ/k tu(m)*, *riksu(m)* und *riki š/t tu* für eidlich abgesicherte, vertragliche Abmachungen verwendet,[6] und besonders Simo Parpola[7], Jean-Marie Durand[8] und Shigeo Yamada[9] haben sich dafür ausgesprochen, für die jüngeren *adê* grundsätzlich denselben Hintergrund anzunehmen. Wenn dagegen Hayim Tadmor postuliert, daß es sich bei den *adê* um eine fundamental andere Vertragsform handeln müsse, dann ist seine Argumentation untrennbar damit verbunden, daß er nicht nur den assyrischen Terminus *adê* als Entlehnung aus dem Aramäischen ansieht, sondern auch und vor allem die Einrichtung.[10] Diese allerdings in der Abwesenheit jeglicher älterer Belege als „a well established Western institution"[11] zu

---

4   Die Belege sind gesammelt bei Watanabe, Vereidigung (s. Anm. 2), 10-23.

5   P. Machinist, The Epic of Tukulti-Ninurta I: A Study in Middle Assyrian Literature, Diss. Yale University 1978, 102: iv 8': [...] *a-de-e* EN-*ni*, s. dazu J.A. Brinkman, Political Covenants, Treaties, and Loyalty Oaths in Babylonia and between Assyria and Babylonia, in: L. Canfora; M. Liverani u. C. Zaccagnini (Hgg.), I trattati nel mondo antico: Forma, ideologia, funzione, 1990, 82f. mit Anm. 4.

6   Für aB *isiktum* s. J.-M. Durand, Précurseurs syriens aux protocoles néo-assyriens, in: D. Charpin u. F. Joannès (Hgg.), Marchands, diplomates et empereurs. Etudes sur la civilisation mésopotamienne offertes à Paul Garelli, 1991, 70. Für mA/mB *riki š/t tu* sowie für aB/mA *riksu(m)* s. Brinkman, Covenants (s. Anm. 5), 91-93; s. außerdem CAD R 345f. *s.v. rikistu* und 353f. *s.v. riksu 7*.

7   S. Parpola, Neo-Assyrian Treaties from the Royal Archives of Nineveh, JCS 39 (1987), 183.

8   Durand, Précurseurs (s. Anm. 6), 70.

9   Sh. Yamada, The Construction of the Assyrian Empire. A Historical Study of the Inscriptions of Shalmaneser III (859-824 BC) Relating to His Campaigns to the West, 2000, 305f.

10   H. Tadmor, Treaty and Oath in the Ancient Near East. A Historian's Approach, in: G.M. Tucker u. D.A. Knight (Hgg.), Humanizing America's Iconic Book: Society of Biblical Literature Centennial Addresses 1980, 1982, 142-151 (= H. Tadmor, Alleanza e dipendenza nell'antica Mesopotamia e in Israele. Terminologia e prassi, in: L. Canfora; M. Liverani u. C. Zaccagnini [Hgg.], I trattati nel mondo antico: Forma, ideologia, funzione, 1990, 17-36) und H. Tadmor, The Aramaization of Assyria: Aspects of Western Impact, in: H.J. Nissen u. J. Renger (Hgg.), Mesopotamien und seine Nachbarn. Politische und kulturelle Wechselbeziehungen im alten Vorderasien vom 4. bis 1. Jahrtausend v. Chr., BBVO 1 = CRRA 25, ²1987, 455-458.

11   Tadmor, Treaty (s. Anm. 10), 457.

beschreiben, muß äußerst hypothetisch bleiben: Der früheste Beleg für aram. *'dy* ist und bleibt kontemporär mit dem ältesten assyrischen Beleg für *adê*; es handelt sich um die Erwähnung in den Sfire-Verträgen Matī'-ils von Arpad,[12] eines Zeitgenossen Aššur-nērārīs V. von Assyrien (754-745), wie der Keilschriftvertrag zwischen diesen beiden Herrschern – mit dem ersten Keilschriftbeleg für *adê* – anzeigt.[13]

Die Komponente der Eidesleistung ist bei dem Begriff *adê* immer gegenwärtig[14] und wird besonders betont, wenn *adê* in Hendiadys oder Parallelstellung mit dem Ausdruck *māmītu* verwendet wird, einer Nominalbildung von akk. *wamā'u(m)* „schwören", die für Assyrien seit der altassyrischen Zeit gut belegt ist.[15] Einige Beispiele hierfür sollen genügen: So heißt es über einen elamischen König in einer Inschrift Assurbanipals: „Ummanigaš, dem ich viel Gutes erwiesen hatte, den ich zur Königsherrschaft über Elam eingesetzt hatte, der meiner Gnade nicht eingedenk war und die Vereidigung, den bei den großen Göttern beschworenen Eid (*adê māmīt ilāni rabūti*), nicht wahrte."[16] Das vernichtende Urteil eines Gelehrten Asarhaddons über die Kimmerier lautet: „Sie sind Nomaden[17]: Sie kennen keinen bei Gott geschworenen Eid (*māmīti ša ili*) und keine Vereidigung (*adê*)."[18] Und in einer oft zitierten Inschrift Sanheribs wird Padî, König von Ekron, als *bēl adê u māmīti ša māt Aššur* bezeichnet.[19]

Der früheste sichere Beleg für den Begriff *māmītu* in den assyrischen Königsinschriften findet sich in der Bauinschrift Tiglatpilesers I. (1114-1076) vom Anu-Adad-Tempel in Assur: Nach der Schilderung der Schlacht gegen die Herrscher der Na'iri-Länder am Vansee heißt es:

---

12 KAI 222-224.

13 SAA 2 2.

14 Im Gegensatz zu dem oft negativ (d.h. anti-assyrisch) konnotierten Synonym *kitru*, s. dazu M. Liverani, *kitru, katāru*, Mesopotamia 17 (1982), 56-58. *kitru* tritt, wie *adê*, zuerst im 8. Jh. in akkadischen Texten auf; auch für diesen Begriff wird eine westsemitische Herkunft in Erwägung gezogen (Liverani a.a.O., 47f.).

15 Für Belege s. AHw 599 s.v. 2. („Bündnis-, Vasallen-, Untertaneneid") und CAD M/I 190-192 s.v. 1.

16 R. Borger, Beiträge zum Inschriftenwerk Assurbanipals, 1996, 108f., 229: Prisma B vii 3-6.

17 Wörtl. „Nachkommen von Flüchtigen".

18 SAA 10 111: 15-16: NUMUN LÚ.*ḫal-qá-ti-i šu-nu* [m]*a-me-ti šá* DINGIR *ù a-de-e ul i-du-ú*. Entsprechend wird der Skythenfürst Bartatua prinzipiell verdächtigt, seine *adê* mit Asarhaddon nicht einzuhalten; die entsprechende Orakelanfrage an den Sonnengott ist SAA 4 20. Vor diesem Hintergrund ist es interessant zu lesen, wie Assurbanipal die Bewohner von Babylon zum Bruch der *adê* aufstachelt, durch die sie an seinen Bruder Šamaš-šumu-ukīn gebunden waren: ABL 301, s. die Bearbeitung von A.L. Oppenheim, Letters from Mesopotamia, 1967, 169f. Nr. 115.

19 D.D. Luckenbill, The Annals of Sennacherib, OIP 2, 1924, 31: Prisma H2 ii 74f.

Tiglatpileser I.: *RIMA* 2 A.0.87.1 v 8-32

8b LUGAL.MEŠ-*ni*

9 KUR.KUR.*Na-i-ri bal-ṭu-su-nu qa-ti*

10 *ik-šud a-na* LUGAL.MEŠ-*ni ša-a-tu-nu*

11 *re-e-ma ar-ša-šu-nu-ti-ma*

12 *na-piš-ta-šu-nu e-ṭí-ir šal-lu-su-nu*

13 *ù ka-mu-su-nu i-na ma-ḫar* ᵈUTU EN-*ia*

14 *ap-ṭu-ur ma-mi-it* DINGIR.MEŠ-*ia*

15 GAL.MEŠ *a-na ar-kàt* U₄.MEŠ *a-na* U₄-*um*

16 *ṣa-a-te a-na* ARAD-*ut-te ú-tam-mi-šu-nu-ti*

17 DUMU.MEŠ *nab-ni-it* LUGAL-*ti-šu-nu*

18 *a-na li-ṭu-te aṣ-bat*

19 1-*lim* 2-*me* ANŠE.KUR.RA.MEŠ 2-*lim* GU₄.MEŠ

20 *ma-da-at-ta* UGU-*šu-nu ú-kín*

21 *a-na* KUR.KUR.MEŠ-*šu-nu ú-maš-še-er-šu-nu-ti*

22 ¹*Se-e-ni* LUGAL KUR.*Da-ie-e-ni*

23 *ša a-na* ᵈ*A-šur* EN-*ia la-a ka-an-šu*

24 *šal-lu-su ù ka-mu-su a-na* URU-*ia*

25 ᵈ*A-šur ub-la-šu re-e-ma*

26 *ar-ša-šu-ma iš-tu* URU-*ia* ᵈ*A-šur*

27 *da-lil* DINGIR.MEŠ GAL.MEŠ

28 *a-na da-la-a-li a-na na-pi-iš-ti*

29 *ú-maš-še-er-šu* KUR.KUR.*Na-i-ri*

30 DAGAL.MEŠ *te a-na paṭ gim-ri-ši-na a-pél*

31 *ù nap-ḫar* LUGAL.MEŠ-*šu-nu*

32 *a-na* GÌR.MEŠ-*ia ú-šék-niš*

8b Die Könige der Na'iri-Länder fing ich lebendigen Leibes. Ich erbarmte mich dieser Könige und ließ ihnen ihr Leben. Ihre Fesseln und ihre Bande löste ich vor meinem Herrn Ša-maš, (und) ich veranlaßte sie, den Eid meiner großen Götter zur Knechtschaft für lange Tage, für alle Zeiten zu beschwören. 17 Ich nahm ihre Kinder von königlicher Geburt als Geiseln, legte ihnen als Tributleistung 1200 Pferde und 2000 Rinder fest (und) entließ sie in ihre Länder. 22 Sēni, den König von Dajēnu, der sich meinem Herrn Aššur nicht gebeugt hatte, brachte ich gefesselt und gebunden in meine Stadt Assur. Ich erbarmte mich seiner und entließ ihn lebendig aus meiner Stadt Assur, damit er den Lobpreis der großen Götter verkünde. 29b Ich herrschte über die weiten Na'iri-Länder in ihrer Gesamtheit und unterwarf mir alle ihre Könige.

Die Aufnahme ins Vasallenverhältnis oder, um die assyrische Terminologie zu verwenden, in die Knechtschaft (*ardūtu*, ass. *urduttu*) war ein Gnadenbeweis Tiglatpilesers an die unterworfenen Könige: Anstelle der physischen Fesseln trat der Eid, der die Diener unauflöslich an den Herrn band; die Geiselhaft der Königskinder wird das Ihrige dazu getan haben, um für die Einhaltung der Abmachung zu sorgen. Materielles Zeugnis der Knechtschaft war die fortan zu erbringende Tributleistung (*maddattu*). Die Loyalität der Besiegten sicherte Tiglatpileser psychologisch geschickt auch dadurch ab, daß einer von ihnen nach Assur mitgenommen wurde, um nach seiner Entlassung in die Heimat von seinen Eindrücken im Zentrum assyrischer Macht zu berichten.

Für die Vorgänge, die in der Inschrift Tiglatpilesers beschrieben werden, finden sich auch schon im 13. Jahrhundert Belege. So ließ Adad-nērārī I. von Assyrien (1305-1273) den König von Ḫanigalbat nach dessen Niederlage einen Eid in Assur schwören; nach seiner Entlassung hatte dieser jährlichen Tribut anzuliefern.

Adad-nērārī I.: *RIMA* 1 A.0.76.3: 4b-14

4b *e-nu-ma* ¹*Šá-at-tu-a-r*[*a*]	Als Šattuara, der König von Ḫanigalbat, mir
5 LUGAL KUR.*Ḫa-n*[*i-g*]*al-bat it-ti-ia*	zum Gegner wurde und Feindseligkeiten
6 *ik-ki-ru-ma za-e-*[*r*]*u-ti e-*[*p*]*u-šu*	beging, ergriff ich ihn auf das Geheiß mei-
7 *i-na qí-bi-*ⁱ*it*ⁱ [*A*]*š-šur* E[N]-*ia*	nes Herrn Aššur, meines Unterstützers, und
8 *a-lik re-ṣi-*ⁱ*ia*ⁱ *ù* DINGIR.MEŠ GAL.MEŠ	der großen Götter, meiner guten Ratgeber,
9 *ma-lik da-mi-iq-*[*t*]*i-ia aṣ-ba-su-ma*	und brachte ihn in meine Stadt Assur.
10 *a-na* URU-*ia Aš-šur ub-la-aš-šu*	
11 *ú-ta-am-mi-šu-ma a-na* KUR-*šu ú-mé-šìr-šu*	11 Ich veranlaßte ihn zu schwören und
12 *šá-at-ti-šá-am-ma a-di bal-ṭu*	entließ ihn in sein Land. Jährlich, solange er
13 *ta-mar-ta-šu i-na qé-re-eb*	lebte, empfing ich fürwahr sein Audienzge-
14 URU-*ia Aš-šur lu am-da-ḫa-ar*	schenk inmitten meiner Stadt Assur.

Auch Tukultī-Ninurta I. (1243-1206) ließ unterworfene Fürsten nach Assur bringen und dort vereidigen, bevor sie in ihre Heimat zurückgeschickt wurden. Wenn das „Joch der Herrschaft" des assyrischen Königs genannt wird, dann ist dieser Begriff die Kehrseite zu der bei Tiglatpileser bemühten „Knechtschaft", in der sich die Fürsten fortan befanden. Die Passage ist nicht ganz vollständig erhalten, und so muß die Ergänzung von *māmīt ilāni* hypothetisch bleiben;[20] aufgrund der engen Parallele zur Formulierung in der Tiglatpileser-Inschrift erscheint sie mir aber überaus wahrscheinlich.

Tukultī-Ninurta I.: *RIMA* 1 A.0.78.1 iii 2-5

2 ¹*A-bu-le-e* MAN KUR. *Ú-qu-me-ni gu-un-ni*	Ich fing die Horde der Fürsten des
ma-li-ki-šu qa-ti ik-šud	Abulê, des Königs von Uqumeni, und
3 *šal-l*[*a-su-nu ka-m*]*u-su-nu a-na* URU-*ia*	brachte sie gefesselt und gebunden in
ᵈ*A-šur lu ú-bi-la*	meine Stadt Assur.

---

20 A.K. Grayson ergänzt in seiner Bearbeitung in RIMA 1 [*nīš* (?) *ilāni*].

⁴ [*ma²-mit²* DINGIR].MEŠ GAL.MEŠ *šá* AN KI   ⁴ Ich veranlaßte sie, den [Eid] der gro-
    ú-tam-<mi>-šu-nu-[t]i ni-ir be-lu-ti-ia   ßen Götter von Himmel und Erde zu
⁵ [DUGUD² UGU-*šu-n*]*u ú-kín a-na* KUR-*šu-nu*   schwören. Ich machte das [schwere]
    ú-me-šìr-šu-nu-ti   Joch meiner Herrschaft auf ihnen fest
    und entließ sie in ihr Land.

Ich sehe nun keinen Grund dafür, das Verhältnis der „Knechtschaft"
völlig losgelöst von einer Eidesleistung zu sehen, wie Hayim Tadmor
dies tut, wenn er von „two types of dependencies" spricht:[21] Der Eid,
ob er nun als *māmītu, adê* oder auch *nīš ili* bezeichnet wird, begründet
und garantiert die „Knechtschaft". In einem Beleg aus der Regierungszeit Assurbanipals heißt es entsprechend:

Assurbanipal: *ABL* 521: 7-15[22]

⁷ᵇ U₄–16–KÁM   Am 16. Tag sind die Truppen zu-
⁸ [*e-mu-q*]*i it-ti* LÚ.*šá–pa-an*–É.GA[L] *a-na* URU.*Ki-sik*   sammen mit dem Palastvorsteher
    in die Stadt Kisik eingetreten, (und
⁹ *i-*[*te*]*-ru-bu* ERIM.MEŠ *ma-a²-du-tu*   zu diesem Anlaß) sind viele Meer-
    LÚ.KUR.*Tam-tim-ú-a*   länder, Knechte meines Herrn, des
¹⁰ ARAD.MEŠ *šá* LUGAL EN-*ía a-na* URU.*Ki-sik*   Königs, in die Stadt Kisik zu mir
    a-na pa-ni-ía   gekommen.

¹¹ *it-tal-ku-nu* U₄–17–KÁM *a-de-e*   ¹¹ᵇ Am 17. Tag haben wir ihnen die
¹² *nu-u*[*l-t*]*a-aṣ-bi-is-su-nu-tu* U₄–18–KÁM   *adê* auferlegt. Am 18. Tag sind wir
¹³ *a-na* KUR.*Tam-tim ni-it-ta-ra-du* KUR.*Tam-tim*   ins Meerland hinuntergegangen;
¹⁴ *gab-bi pa-ni-šú-nu a-na* ARAD-*ú-tu šá* LUGAL   das ganze Meerland hat seinen
    EN-*ía*   Sinn auf die Knechtschaft für mei-
¹⁵ *il-tak-nu-ú-nu*   nen Herrn, den König, gerichtet.

Wenn wir wieder in jene Epoche zurückkehren, in der sich der
Gebrauch des Terminus *adê* nicht belegen läßt, so ließ auch Tukultī-
Ninurta II. (890-884) einen Herrscher der Na'iri-Länder, nämlich Amme-
Ba'ali von Bīt-Zamāni im Gebiet der modernen Stadt Diyarbakir, am
Leben, nachdem er diesen besiegt hatte, und legte ihm zusammen mit
Tributzahlungen einen Eid (*māmītu*) auf; dieser wird – sicherlich in
stark gekürzter Form – in einer Inschrift des assyrischen Königs aus
Assur zitiert: „Ich ließ ihn den Eid Aššurs, meines Herrn, vor [...] be-

---

21 Tadmor, Treaty (s. Anm. 10), 149f.
22 Für eine Bearbeitung s. J.M.C.T. de Vaan, Ich bin eine Schwertklinge des Königs. Die
    Sprache des Bēl-ibni, AOAT 242, 1995, 270-274.

schwören: 'Wenn ihr meinen Feinden und meinen Rivalen Pferde gebt, dann möge Adad dein Land mit seinem üblen Blitz treffen!'"[23] Hier finden wir den ältesten erhaltenen Nachweis dafür, daß der Eid im Verbund mit Flüchen formuliert wurde, einem Charakteristikum der erhaltenen *adê*-Texte.

Die Institution der Vereidigung im Rahmen eines Bündnisschlusses ist also zweifelsohne lange vor dem 8. Jahrhundert und dem erstmaligen sicheren Auftreten des Begriffs *adê* ein bewährtes Instrument assyrischer Herrschaft. Davon zu trennen ist das Wort selbst, das durchaus aus dem Aramäischen (von aram. *'dy*) übernommen worden sein kann, wie in der Sekundärliteratur gerne wiederholt wird. Auch wenn und besonders weil es aufgrund der bekannten historischen Verhältnisse leicht fiele, *adê* als westsemitisches Lehnwort zu akzeptieren, so sollte diese These aber nicht vorbehaltslos als einzige Möglichkeit und völlig sicher akzeptiert werden:[24] So schlug Jean-Marie Durand als Alternative vor, *adê* mit akk. *adû* „Arbeitszuweisung" (von sum. a₂.du₃) zusammenzuführen und als spezialisierte Verwendungsform des seit der altbabylonischen Zeit gut bezeugten Terminus zu verstehen.[25] Zuletzt sei noch darauf hingewiesen, daß in einer literarischen Komposition über die Untaten des babylonischen Königs Nabû-šuma-iškun (ca. 760-748) die *adê*, die er hohen Beamten seines Reiches auferlegte, beschrieben werden;[26] als Entstehungszeit dieses wichtigen Textes wird die zweite Hälfte des 8. Jahrhunderts vermutet:[27] Die handelnden Personen jedenfalls sind Zeitgenossen Šamši-Adads V. von Assyrien und Matîʾ-ils von Arpad, in deren Texten der amaräische und der assyrische Begriff erstmals sicher belegt sind.

---

23 RIMA 2 A.0.100.5 24-25: *ma-mit Aš-šur* EN-*ia ina* UGU [...] *ú-tam-me-šú šúm-ma at-tu-nu* ANŠE.KUR.RA.MEŠ *a-na* KÚR.MEŠ-*ia sa-al-me-ia ta-ad-nu-ni* ᵈ10 <*i*>-*na bi-ri-qu-šú* ḪUL KU[R-*ka libriq*].

24 Keines der beiden Wörterbücher (AHw, CAD) akzeptierte die aramäische Herkunft des Begriffs, s. dazu auch Brinkman, Covenants (s. Anm. 5), 82f. mit Anm. 3; kritisch zur etymologischen Klassifizierung: A. Lemaire u. J.-M. Durand, Les inscriptions araméennes de Sfiré et l'Assyrie de Shamshi-ilu, 1984, 98-106.

25 Durand, Précurseurs (s. Anm. 6), 70 Anm. 167; s. auch F. van Koppen u. K. van der Toorn, Agreement, in: K. van der Toorn; B. Becking u. P.W. van der Horst (Hgg.), Dictionary of Deities and Demons in the Bible, ²1999, 12.

26 SpTU III 58; Neubearbeitung: S.W. Cole, The Crimes and Sacrileges of Nabû-šuma-iškun, ZA 84 (1994), 227-251; zu *adê* in diesem Text s. Brinkman. Covenants (s. Anm. 5), 95.99f.

27 Cole, Crimes (s. Anm. 26), 221. Der bekannte Textzeuge ist eine späte Abschrift, die aus einer seleukidischen Bibliothek aus Uruk stammt.

2. Die Vereidigten

Prinzipiell könnte man annehmen, daß jedermann eine Vereidigung initiieren konnte; beweisen läßt sich dies jedoch nicht, denn aus unseren Quellen sind nur solche *adê* belegt, die Herrscher oder aber ihre engsten Angehörigen veranlaßten. Neben den assyrischen Königen und anderen Herrschern[28] sind hier sicher nachzuweisen: Naqī'a/ Zakūtu, die Mutter Asarhaddons, die zugunsten ihres Enkels Assurbanipal eine Vereidigung durchführen läßt,[29] und der Prinz Urdu-Mullissi, Sohn und späterer Mörder des Sanherib, der seine Anhänger eine „Vereidigung der Rebellion" ([*ad*]*ê ša sīḫi*) gegen seinen Vater schwören läßt.[30] Ob sich Naqī'a und Urdu-Mullissi hier königliches Privileg anmaßten oder ob man ganz im Gegenteil daraus schließen könnte, daß *adê* eben nicht unbedingt eines Herrschers als Urheber bedürfen, muß offen bleiben. Mir scheint erstere Möglichkeit aber wahrscheinlicher zu sein.

Sicher ist jedenfalls, daß ein Stellvertreter des eigentlichen Vertragspartners an der Vereidigung teilnehmen konnte: So agierte z.B. der Statthalter der Zagros-Provinz Ḫarḫar für Sargon II., als er vorort lokale Fürsten vereidigte,[31] ebenso wie Bēl-ibni, Assurbanipals General in Babylonien,[32] und zu einem anderen Anlaß sogar einer von dessen Neffen[33] für Assurbanipal handelten, als sie die *adê* mit den Bewohnern des Meerlandes bzw. mit zwei babylonischen Sheikhs durchführten.

---

28 So bestand z.B. von assyrischer Seite her der Verdacht, daß der Zagros-Fürst Kaštarītu von Kār-Kaššî die Stadt Kišessim erobern könnte, indem er sich durch *adê* Bundesgenossen erwirbt: SAA 4 43.

29 SAA 2 8.

30 SAA 18 100: 4'; darauf beziehen sich auch SAA 10 113 und SAA 16 243. Um eine „Vereidigung der Rebellion" handelte es sich auch bei jenen *adê*, die dem Thronräuber Nabû-rēḫtu-uṣur geleistet wurden; sie werden in der leider sehr fragmentarischen historischen Einleitung zweier Königserlasse Aššur-etel-ilānis von Assyrien (ca. 629-625) erwähnt: SAA 12 35-36. Die Details bleiben weitestgehend unklar.

31 SAA 15 90; SAA 15 98.

32 ABL 521, s. bereits Anm. 22.

33 ABL 280: 19–Rs. 4: LÚ.*na-si-ka-a-ti* [20] *šá* URU.*La-ḫi-ru ù* LÚ.*Nu-gu-ú-'u* [21] *ul-tu* UGU *šá i-mu-ru-ma* [22] LÚ.*ḫi-ia-la-ni-ia a-na a-ḫi-šú-nu* [23] *ul-li-i it-te-né-eb-bu-ú* [24] *ki-i ip-la-ḫu pi-i-šú-nu* [25] *it-tan-nu-nu a-de-e it-ti* Rs. 1 1*Mu-še-zib-*d AMAR.UTU DUMU NIN-*ia* ARAD *šá* [LUGAL] 2 *be-lí-ia šá i-na* UGU *ka-a-d* [*u*] 3 *ap-qí-du iṣ-ṣab-tu um-ma* ARAD.M[EŠ] 4 *šá* LUGAL KUR.*Aš-šur*.KI *a-ni-ni* „Als die Scheikhs der Stadt Laḫiru und der Nugu'äer sahen, wie meine Sturmtruppen ihre jenseitige Flanke wiederholt angriffen, begannen sie Verhandlungen, weil sie sich fürchteten. Sie leisteten dem Mušēzib-Marduk, dem Sohn meiner Schwester, einem Knecht meines Herrn, des [Königs], den ich mit der Bewachung beauftragt habe, die *adê*: 'Wir sind die Knechte des Königs von Assyrien.'" Für eine Bearbeitung des Briefes s. de Vaan, Schwertklinge (s. Anm. 22), 239-243.

Umgekehrt sind es die Gesandten des Mugallu von Melid, die für ihren Herrn bei einer Vereidigung mit Asarhaddon eintreten sollten.[34]

Aus Sicht eines assyrischen Königs des 7. Jahrhunderts läßt sich die Frage danach, wer einen *adê*-Eid zu leisten hatte, denkbar einfach beantworten. Hier sind zuerst alle seine „Knechte" zu nennen: Unter diese Kategorie fallen sämtliche direkte Untertanen, also alle Bewohner des assyrischen Reiches, die *Aššurāiū*, außerdem aber auch alle Herrscher, die dem assyrischen König tributpflichtig waren, zusammen mit all ihren Untertanen. Daß die Leistung eines Eides als ursächlich für die Begründung der „Knechtschaft" eines bis dato unabhängigen Herrschers angesehen wurde, konnten wir den bereits diskutierten Stellen aus der Inschrift Tiglatpilesers I. und aus dem Brief an Assurbanipal entnehmen.

Obwohl die Vereidigung nach Ausweis der erhaltenen *adê*-Tafeln explizit auch für die Nachkommen der Vereidigten gilt, können wir davon ausgehen, daß ein assyrischer König zu seinem Regierungsantritt seine „Knechte" neu vereidigen ließ. Dies legt insbesondere ein Brief aus Uruk nahe, in dem es heißt: „Wir sind in die *adê* des Königs, deines Vaters, eingetreten, und wir sind in die *adê* des Königs, unseres (gegenwärtigen) Herrn, eingetreten."[35]

2.1 Die *adê* zwischen gleichrangigen Herrschern

adê können aber auch wechselseitig zwischen einem assyrischen König und einem Herrscher von gleichem Status abgeschlossen werden: So gingen im Jahr 674 Asarhaddon und Urtaku, König von Elam, miteinander einen Vertrag ein, wie wir aus Asarhaddons Inschriften, einer Orakelanfrage und mehreren zeitgenössischen Briefen wissen;[36] es spiegelt die generell schlechte Quellensituation wieder, wenn zu diesem in den Quellen viel diskutierten Pakt die entsprechende Vereidigungstafel nicht bekannt ist. Am deutlichsten wird der Sachverhalt in einem Brief des Kronprinzen von Babylon, Šamaš-šumu-ukīn, zum Ausdruck gebracht: „Der König von Elam und der König von Assyrien, nachdem sie einander mehrfach angehört hatten, schlossen miteinander auf das Geheiß Marduks Frieden und wurden

---

34 SAA 4 12.

35 SAA 18 83: 1-2.

36 Die Quellen sind bei S. Parpola u. K. Watanabe, Neo-Assyrian Treaties and Loyality Oaths, SAA 2, 1988, xvii, und M. Waters, A Survey of Neo-Elamite History, SAAS 12, 2000, 42-44 zusammengestellt.

einander eidespflichtig" (wörtl. „sie wurden einander zu *bēl adê* ").[37]
Zentral ist hierbei das Konzept des Miteinanders – *aḫāmeš*.

Bildlich dargestellt ist ein solches gleichberechtigtes Miteinander
zwischen zwei Vertragspartnern auf der Vorderfront des Thronpodests
im *ekal māšarti* von Kalḫu, das sehr wahrscheinlich den Vertragsschluß
zwischen Salmanassar III. von Assyrien (858-824) mit Marduk-zākir-
šumi, König von Babylonien, zeigt: Begleitet von ihren Leibgardisten
stehen sich die beiden Herrscher gegenüber und reichen einander in
einer zeitlosen Geste des guten Willens die rechte Hand.[38] Über diesen
Pakt berichtet auch die sog. *Synchronistische Geschichte*,[39] die die Beziehungen zwischen Assyrien und Babylonien bis in die Zeit Adad-nērārīs
III. (810-783) beschreibt. Ein zugehöriges Dokument mit dem Vertragstext ist bisher nicht bekannt. Erhalten ist jedoch zumindest in
Bruchstücken eine Steintafel mit jenem Vertrag in babylonischer Sprache, den Marduk-zākir-šumi mit Salmanassars Sohn und Nachfolger
Šamšī-Adad V. (823-811) abgeschlossen hat:[40] Hier sehen wir Assyrien
einmal in der Rolle des schwächeren Partners.[41] Das Wort *adê* ist genauso wenig wie ein anderer Terminus mit der Bedeutung „Vertrag"
oder „Eid" in den erhaltenen Partien dieses fragmentarischen Textes
belegt.

2.2 Die *adê* der Knechte des assyrischen Königs

a. Direkte Untertanen

Zumindest im 7. Jh.[42] müssen wir generell davon ausgehen, daß jeder
assyrische Beamte, der vom König direkt mit seiner Aufgabe betraut,
also verbeamtet wurde (*paqādu*), auch einer Vereidigung unterzogen
wurde. Dieser Kreis schließt neben den höchsten Würdenträgern des

---

37 SAA 18 7: 3-7: ³ LUGAL KUR.NIM.MA.KI *u* LUGAL KUR.*Aš*-[*šur*.KI] ⁴ *a-ḫa-meš ki-i*
    il-te-nem-m [*u-u*] ⁵ *ina a-mat* ᵈAMAR.UTU *it-ti a-ḫa-meš* ⁶ *is-se-el-mu u a-na* EN.MEŠ ⁷ *a-*
    de-e šá a-ḫa-meš it-tu-ra.

38 Foto: M.E.L. Mallowan, Nimrud and Its Remains, 1966, II 447 Abb. d.

39 ABC 21 iii 22-iv 5'. Zur Bedeutung der *Synchronistischen Geschichte*, der Textgattung
    nach ein „literarischer Brief", s. H.D. Galter, Die Synchronistische Geschichte und
    die assyrische Grenzpolitik, in: L. Milano u.a. (Hgg.), Landscapes. Territories, Fron-
    tiers and Horizons in the Ancient Near East II: Geography and Cultural Landscapes,
    HANEM 3/2 = CRRA 44/2, 2000, 33-36.

40 SAA 2 1 = Brinkman, Covenants (s. Anm. 5), 107-112 (mit neuer Kopie auf S. 112).

41 Brinkman, Covenants (s. Anm. 5), 96-99.

42 Parpola, Treaties (s. Anm. 7), 161 Anm. 4, betont zurecht, daß Belege für die Zeit vor
    Sanherib fehlen, was aber an der Überlieferungssituation liegen mag.

Reiches wie dem Obereunuchen,[43] dem Generalvogt (*sartennu*),[44] dem Vizier (*sukkallu*)[45] und den Statthaltern[46] auch die Mitglieder der städtischen Verwaltung[47] sowie Priester[48] und Wissenschafter[49] ein, außerdem jene Vertrauensmänner (*qēpu*), die der König an fremde Fürstenhöfe und bedeutende Heiligtümer entsandte, um dort seine Interessen zu vertreten.[50]

Daß *qēpu* und Schreiber, Opferschauer und Vogelschauer, Exorzisten und Ärzte vereidigt wurden, ist verschiedenen Briefen zu entnehmen.[51] Daß die Vereidigung allerdings nicht nur für diese Spitzen der Verwaltung und Gesellschaft galt, sondern für alle Untertanen, belegt eine Vertragssicherungsklausel, die im 7. Jh. in privatrechtlichen Urkunden weit verbreitet war: Darin werden die *adê* des Königs als rächende Entitäten beschworen, die im Bedarfsfall die Interessen der geschädigten Vertragspartei schützen sollten.[52]

Daß jemand vereidigt worden war, läßt sich immer dann ganz konkret nachweisen, wenn sich die betreffende Person in einem Brief auf seine *adê* beruft. So bemühten verschiedentlich Untertanen, die dem König prekäre Informationen übermittelten, bei denen möglicherweise nur ihr Wort gegen das einer von ihnen belasteten Person stehen konnte, die Aussage *bēl adê ša šarri anāku*: „Ich bin dem König eidespflichtig (und deshalb über jeden Zweifel erhaben)" – dem König sollte so ihre Loyalität ins Gedächtnis gerufen werden. Ein Mitglied der Priesterschaft von Assur argumentierte so, bevor er einen Priester des Ea-šarru belastete: „Ich habe das Wort des Königs fest gemacht und dem König gegeben(, was des Königs ist). Nun, Nergal-bēlu-uṣur, der Vorsteher der (Tempel-)Köche, ist mein Gewährsmann. Jetzt ist das Wort des Königs fest in meinem Munde; ich bin dem König eidespflichtig."[53] Besonders häufig sind Verweise auf die durch die Vereidigung entstandene Verpflichtung zur Weiterleitung von Informatio-

---

43 SAA 4 299 (Assurbanipal).

44 SAA 18 181 (Assurbanipal).

45 SAA 18 181 (Assurbanipal).

46 SAA 4 300; SAA 4 302 (beide Assurbanipal).

47 *ḫazannu*: SAA 13 25; SAA 16 97 (beide Assurbanipal). *ša–muḫḫi–āli*: SAA 13 25 (Assurbanipal).

48 SAA 4 306; SAA 4 307; SAA 4 308 (alle Assurbanipal).

49 Z.B. Oberster Opferschauer: SAA 10 182 (Asarhaddon).

50 SAA 4 310 (Assurbanipal).

51 SAA 8 536; SAA 10 6, 7, 273, 354; SAA 16 21.

52 Für Belege s. die Tabelle in K. Radner, Die neuassyrischen Texte aus Tall Šēḫ Ḥamad, Beiträge zu den Ausgrabungen von Tall Šēḫ Ḥamad 6 = Texte 2, 2002, 19.

53 SAA 13 45: 2'-8': ² a-bat LUGAL ³ uk-te-en a-na LUGAL a-ti-din ⁴ an-nu-rig ᴵᵈMAŠ.MAŠ–EN–PAB ⁵ LÚ.GAL–MU EN–ṭè-me-ia ⁶ ú-ma-a a-bat LUGAL kun-tú ⁷ ina pi-ia EN–a-de-e ⁸ ša LUGAL a-na-ku.

nen an den König im Zusammenhang mit einer Verschwörung gegen
Asarhaddon im Jahr 670: Ein Mann namens Nabû-reḫtu-uṣur berief sich
auf seinen Status als *bēl adê ša šarri*, als er dem König von den Machenschaften der Verschwörer berichtete.[54] Auch ein babylonischer Untertan Asarhaddons berichtete dem König von einer Verschwörung und
leitete seine Denunziation folgendermaßen ein: „Ich habe die Füße
Assyriens, die ich gepackt habe, nicht losgelassen. Ich bin ein Wächter
und Beschützer der *adê* des Königs, meines Herrn."[55] Als der Exorzist
Adad-šumu-uṣur eine Aussage über ein Komplott an seinen König wei-
terleitete, zitierte er wortwörtlich aus seiner Vereidigung: „Heißt es in
den *adê* nicht folgendermaßen: 'Wer auch immer es ist, der etwas hört
(und) es nicht dem König sagt.'"[56] In Briefen aus Babylonien wird die
Vereidigung dagegen gerne mit den folgenden Worten paraphrasiert:
„In den *adê* ist geschrieben: 'Schreibe mir, was auch immer du siehst
und hörst!'"[57] – mit dieser Formulierung ist die Vereidigung eindeutig
als schriftlich niedergelegtes Dokument ausgewiesen.

Die von den Anklägern belasteten Personen waren dem König im
Normalfall ebenfalls durch eine Vereidigung verbunden; zu ihrem
eigentlichen Verbrechen kam so immer auch noch der Eidesbruch.
Über die Initiatoren der vereitelten Verschwörung gegen Asarhaddon
schrieb einer der königlichen Exorzisten später: „Die Verbrecher, die
gegen (des Königs) Rechtmäßigkeit gesprochen und gegen die *adê* ver-
stoßen haben, nachdem sie die *adê* des Königs vor Aššur und den großen Göttern zusammen mit seinen Dienern geleistet haben, (diese Verbrecher) haben Aššur und die großen Götter gefesselt und in die Hände
des Königs, meines Herrn, gelegt: Des Königs Rechtmäßigkeit hat sie
gestellt."[58] Während des Kriegs gegen seinen Bruder Šamaš-šumu-ukīn um die
Vorherrschaft in Babylonien ließ Assurbanipal auch Babylonier vereidigen, die sich nach Ausweis der erhaltenen *adê*-Tafel explizit auf seine
Seite und gegen seinen Bruder, den von Asarhaddon installierten Kö-

---

54   SAA 16 61: 11.
55   SAA 18 102: 4'-6': 4' GÌR.2.M[EŠ] 5' *šá* KUR.Aš-šur.KI *šá iṣ-ba-tu ul ú-maš-ši-ru* 6' *be-el*
      EN.NUN *u na-ṣir a-de-e šá* LUGAL *be-lí-iá a-na-ku*.
56   SAA 10 199 Rs. 18'-21': 18' *la ki-i an-ni-e ina* 19' ŠÀ *a-de-e qa-bi ma-a man-nu* 20' *ša me-me-
      ni i-šam-mu-u-ni ina pa-an* LUGAL 21' *la i-qa-bu-u-ni*.
57   SAA 18 80 Rs. 2'-5': 2' *a-de-e iš-šá-ṭi-ir* 3' *um-ma ma-la tam-ma-ra* 4' *ù ta-šem-ma-a'* 5' *šup-
      ra-ni*; SAA 18 81: 4'-8': 4' *a-de-e i* [*š-šá-ṭi-ir*] 5' *um-ma* (*mi*)-*im-*[*ma ma-la*] 6' *ta-am-m* [*a-ra*]
      7' *ù ta-*[*šem-ma-a'*] 8' *šup-ra-ni*; ähnlich SAA 18 83: 3-5.
58   SAA 10 316: 20-Rs. 4: 20 LÚ*.*par-ri-ṣu-te* 21 *ša ina* UGU *ṭa-ab-te id-bu-ub-u-ni* 22 *a-de-e ša*
      LUGAL *ina pa-an* 23 Aš-šur *u* DINGIR.MEŠ GAL.MEŠ TA* LÚ*.ARAD.MEŠ-*šú* 24 *iš-
      kun-u-ni ša ina* ŠÀ-*bi* 25 *a-de-e iḫ-ṭu-u-ni* Rs. 1 Aš-šur *u* DINGIR.MEŠ GAL.MEŠ 2 *uk-ta-si-
      iu-u ina* ŠU.2 LUGAL 3 *be-lí-ia i-sa-ak-nu-šu-nu* 4 *ṭa-ab-tú ša* LUGAL *tak-ta-šá-su-nu*.

nig von Babylon, stellten.[59] Wenn der Babylonier Nergal-ibni in einem Brief an Assurbanipal, den „König der Länder", über diverse Belange im Zusammenhang mit den Aktivitäten Šamaš-šumu-ukīns berichtet, so beruft auch er sich auf den Satz *bēl adê ša šarri anāku* [60] und gibt sich nicht zuletzt damit sicherlich als jemand zu erkennen, der den überlieferten Vertrag beschworen hat.

b. Abhängige Herrscher, stellvertretend für alle ihre Untertanen

Daß ein Herrscher, der dem assyrischen König die *adê* geschworen hatte, der „Knecht" des Assyrers war, läßt sich z.B. für Urzana von Muṣaṣir ganz eindeutig belegen: Über die Vereidigung informieren uns die Inschriften Sargons II. (721-705),[61] während sich Urzana in einem Brief an diesen König als „dein Knecht Urzana" bezeichnet.[62] Die von zwei babylonischen Scheikhs geleistete Vereidigung wird entsprechend als „Wir sind die Knechte des Königs von Assyrien" – gemeint ist Assurbanipal – paraphrasiert.[63]

Es wäre nun verfehlt, die Verträge zwischen den assyrischen Herrschern und ihren Dienern als einseitige Abkommen zu begreifen, obwohl die Bedingungen des Verhältnisses nach Ausweis der erhaltenen Vertragswerke weitestgehend von der stärkeren Partei, dem Assyrerkönig, diktiert wurden: Für die Loyalität ihrer Diener gewährten die assyrischen Könige diesen ihren Schutz. So ist z.B. den Inschriften Sanheribs von Assyrien (704-681) zu entnehmen, daß Padî, der König von Ekron, Assyrien eidespflichtig war (*bēl adê u māmīti ša māt Aššur*). Dies kam ihm zugute, als er von seinen Untertanen abgesetzt und an Hiskia von Juda ausgeliefert wurde: Sanherib kam ihm zuhilfe, befreite ihn aus Jerusalem und setzte ihn erneut zum König von Ekron ein.[64] Der Schutz der Supermacht Assyrien war einiges wert, und wiederholt läßt

---

59 SAA 2 9.
60 SAA 18 153 Rs. 18.
61 Im Götterbrief TCL 3 309b-310: [309] 1*Ur-za-na* URU.*Mu-ṣa-ṣir-a-a e-piš an-ni ù gil-la-ti e-ti-iq ma-mit* DINGIR.MEŠ *la ka-ni-šu be-lu-ti* [310] *ek-ṣu* LÚ.*šad-da-a-ʼu-ú ša i-na a-de-e* ᵈ*A-šur* ᵈUTU ᵈAG ᵈAMAR.UTU *iḫ-ṭu-ma ib-bal-ki-tu it-ti-ia* „Urzana von Muṣaṣir, der Frevel und Unrecht beging, der den Eid der Götter brach, der sich meiner Herrschaft nicht beugte, der dreiste Bergländer, der gegen die *adê* von Aššur, Šamaš, Nabû und Marduk sündigte und sich gegen mich empörte." Bearbeitung: W. Mayer, Sargons Feldzug gegen Urartu – 714 v. Chr. Text und Übersetzung, MDOG 115 (1983), 98f.
62 SAA 5 146.
63 ABL 280 Rs. 3-4, s. bereits Anm. 33.
64 Luckenbill, Annals (s. Anm. 19), 31f.: Prisma H₂ ii 73-iii 17.

sich zeigen, daß eigentlich unabhängige Herrscher an den assyrischen König herantraten, um ein Vertragsverhältnis zu initiieren.[65]

Nur ganz wenige von diesen Verträgen sind jedoch in schriftlicher Form auf uns gekommen. Erhalten ist die Vereidigungstafel, mit der sich Matī'-il, Herrscher von Arpad, dem assyrischen König Aššur-nērārī V. (754-745) eidespflichtig machte,[66] außerdem jene adê-Tafel, mit der sich Ba'alu, König von Tyros, an Asarhaddon von Assyrien (680-669) band,[67] und die Tafel, mit der die Abī-Iate' vom nordarabischen Stamm Qedar sich Assurbanipal verpflichtete.[68] Während im Falle Arpads, zumindest nach den erhaltenen Passagen zu schließen, die Regelung der Heeresfolge im Vordergrund steht, ging es dem assyrischen König beim Abkommen mit Abī-Iate' ausschließlich darum, diesen dazu zu verpflichten, seinen Vorgänger Iauta', der Assyrien verraten hatte, nicht zu schonen. Der Vertrag mit Tyros sieht in seinen erhaltenen Passagen dagegen die Absicherung der Rechte und Pflichten der phönizischen Handelsmetropole im Verhältnis zu Assyrien vor; ganz wesentlich ist dabei, daß ein assyrischer Vertrauensmann (qēpu) dem König von Tyros und seinem Ältestenrat zur Seite gestellt wurde, ohne den fortan keine wichtigen Entscheidungen getroffen werden durften[69] – daß diese Beamten ihre Loyalität dem assyrischen König gegenüber durch eine eigene Dienstvereidigung absichern mußten, wurde bereits erwähnt. Daraus ist zu folgern, daß am Hofe eines ausländischen Vasallen mindestens zwei Personen waren, die dem assyrischen König eidespflichtig waren: Der Fürst und der assyrische qēpu.[70]

---

65 S. dazu S. Parpola in Parpola/Watanabe, Treaties (s. Anm. 36), xviiif.

66 SAA 2 2.

67 SAA 2 5. Auf die Einhaltung dieses Vertrags bezieht sich vermutlich die Orakelanfrage SAA 4 92.

68 SAA 2 10. Dieser Vertrag wurde schließlich gebrochen, wie der Brief SAA 18 143 zeigt.

69 SAA 2 5 iii 6'-14'; s. dazu K. Radner, Assyrische Handelspolitik. Die Symbiose mit unabhängigen Handelszentren und ihre Kontrolle durch Assyrien, in: R. Rollinger u. C. Ulf (Hgg.), Commerce and Monetary Systems in the Ancient World: Means of Transmission and Cultural Interaction, Melammu Symposia 5, 2004, 160-161.

70 Es ist anzunehmen, daß Itti-Šamaš-balāṭu, der in dem Brief SAA 16 127 über Ikkilû von Arpad berichtet und in SAA 16 127: 19-23 aus den adê zitiert (s. dazu den Beitrag von H.U. Steymans), die Funktion des qēpu am Hof von Arpad einnahm.

3. Die Vereidigung anläßlich der Ernennung eines Kronprinzen

Wenden wir uns nun den „Vassal Treaties of Esarhaddon" zu. Diese weithin gebräuchliche Bezeichnung geht auf den verdienten Erstbearbeiter Donald Wiseman zurück, der die Edition des aufsehenerregenden Fundes schon drei Jahre nach der Auffindung im Jahr 1955 vorlegte.[71] Tatsächlich aber behandeln diese Texte etwas Spezifischeres als allein die Etablierung eines Abhängigkeitsverhältnisses: Sie vereidigen verschiedene Herrscherpersönlichkeiten und mit ihnen deren Untertanen anläßlich der Einsetzung der Thronfolger des assyrischen Königs und versichern so die Zustimmung der Vereidigten zur Nachfolgeregelung; darüber hinaus garantieren sie aber auch allgemein deren Loyalität zum assyrischen Königshaus.[72]

Eine eigene Vereidigung anläßlich der Ernennung des Kronprinzen ist zum ersten Mal bei der Einsetzung Asarhaddons (680-669) durch seinen Vater und Vorgänger Sanherib (704-681) belegt. Ob es sich dabei um eine Neuerung des auch sonst innovativen Sanherib handelt oder ältere Präzendenzfälle existieren, die entsprechenden Textzeugnisse aber schlichtweg nicht erhalten sind, ist *ex silentio* nicht zu erschließen; ist man zunächst vielleicht eher geneigt, diese Form der Vereidigung als traditionell anzusehen, so darf nicht übersehen werden, daß Asarhaddon nicht die erste Wahl seines Vaters war, sondern sein Bruder Urdu-Mullissi zunächst Kronprinz und designierter Thronfolger war.[73] Die Vereidigung anläßlich Asarhaddons Ernennung muß folglich im Kontext von Urdu-Mullissis Demontage gesehen werden. Der Vorgang selbst, bei dem die „Leute von Assyrien, klein und groß, und meine Brüder (d.h. Asarhaddons), die Sprößlinge des Hauses meines Vaters" vereidigt wurden, ist einerseits in Asarhaddons Inschriften beschrieben,[74] andererseits ist eine Vereidigungstafel aus Assur bruchstückhaft erhalten;[75] es ist bedauerlich, daß ihre Fundnummer nicht bekannt ist, sodaß keine sicheren Aussagen über den Fundort der Tafel

---

71 D.J. Wiseman, The Vassal Treaties of Esarhaddon, Iraq 20 (1958), 1-99.

72 Zur Multifunktionalität der *adê*-Vereidigungen s. S. Parpola in Parpola/Watanabe: Treaties (s. Anm. 36), xv.

73 S. zusammenfassend E. Frahm, Einleitung in die Sanherib-Inschriften, AfO.B 26, 1997, 18 (mit älterer Literatur).

74 R. Borger, Die Inschriften Asarhaddons, Königs von Assyrien, AfO.B 9, 1956, 40: Ninive A i 8-19; 43: Ninive A i 50-52.

75 VAT 11449 = SAA 2 3; kommentierte Bearbeitung: Parpola, Treaties (s. Anm. 7), 178-180 (nicht kollationiert). Kopie: E. Ebeling, Parfümrezepte und kultische Texte aus Assur, SPIB 101, 1950, Tf. 31. Meine neue Kopie (angefertigt im Januar 2005) und Bearbeitung findet sich im Appendix zu diesem Aufsatz.

gemacht werden können.[76] Von dem die Vereidigten in der 2. Ps. Pl. adressierenden Text sind nur Teile von zwölf bzw. acht Zeilen von der rechten Tafelhälfte der Vorder- und Rückseite erhalten; eine Siegelung, so müssen wir wohl aus Platzgründen annehmen, war nicht vorhanden. Aufgrund der Erwähnung des von Sanherib neu erbauten *bīt akīti* („Neujahrsfesthaus") kann die Zeremonie erst nach dessen Einweihung im Jahr 683 vollzogen worden sein; ob aber, wie Simo Parpola es annimmt,[77] das Neujahrsfest den Rahmen für die Vereidigung darstellte, muß spekulativ bleiben.

Es ist unmöglich, die Ermordung Sanheribs im Jahr 681 von seinem Entschluß, Asarhaddon zum Thronfolger zu machen, zu trennen, war doch einer der Mörder der der Kronprinzenwürde enthobene Urdu-Mullissi.[78] Schon nach der Einsetzung des neuen Erben scheint es zu Unruhen bei Hof gekommen zu sein, die Asarhaddon veranlaßten, an einem „verborgenen Ort" im Ausland Zuflucht zu suchen. Erst nach der Ermordung seines Vaters kehrte er nach Assyrien zurück und konnte den Thronfolgekrieg für sich entscheiden.[79]

Asarhaddons Vertrauen auf das Instrument der Vereidigung anläßlich der Kronprinzenwahl mag durch seine erfolgreiche Machtergreifung gestärkt worden sein, nachdem nach seiner Aussage „die Leute von Assyrien, die Vertrag und Eid der großen Götter bei Wasser und Öl geschworen hatten, mein Königtum zu schützen,"[80] die Thronräuber nicht unterstützten. Er selbst ließ jedenfalls im Jahr 672 eine entsprechende Zeremonie bei der Einsetzung seines Sohnes Assurbanipal als Kronprinzen von Assyrien und zugleich auch seines Sohnes Šamaš-

---

76   Der Erstbearbeiter nennt keine Fundnummer (Ebeling, Parfümrezepte [s. Anm. 75], iv, Tf. 31), und unter der Museumsnummer ist der Text nicht erwähnt bei O. Pedersén, Archives and Libraries in the City of Assur. A Survey of the Material from the German Excavations II, SSU 8, 1986.

77   Parpola, Treaties (s. Anm. 7), 164.

78   S. Parpola, The Murderer of Sennacherib, in: B. Alster (Hg.), Death in Mesopotamia, CRRA 26 = Mesopotamia 8, 1980, 171-181, auf der Basis des Briefes ABL 1091 = SAA 18 100; s. dazu auch Frahm, Einleitung (s. Anm. 73), 18f.

79   Die Unruhen nach der Einsetzung zum Kronprinzen und Asarhaddons Machtergreifung werden in seinem Inschriftenwerk geschildert, allerdings ohne die Namen seiner Gegner zu nennen: Borger, Inschriften (s. Anm. 74), 41-45: Ninive A i 23-ii 11. Im Kontext der Verschwörung gegen Asarhaddon, die im Jahr 670 aufgedeckt wurde, ist ein Brief interessant, in dem ein loyaler Anhänger Asarhaddons sich auf Sanheribs Thronfolgevereidigung zu beziehen scheint: SAA 16 71 Rs. 2-4: 2 ⌜i⌝-qab-bi [m]a-⌜a⌝ LÚ.ARAD ša LUGAL a-na-aku 3 [ma-a A]D-šú ina ŠÀ-bi a-de-e 4 [ú-s]e-ri-ba-an-⌜ni⌝ „Er sagt: ‚Ich bin ein Knecht des Königs. Sein Vater ließ mich in die adê eintreten.'"

80   Borger, Inschriften (s. Anm. 74), 43: Ninive A i 50-51: 50 UN.MEŠ KUR.Aš-šur.KI šá a-de-e ma-mit DINGIR.MEŠ GAL.MEŠ 51 a-na na-ṣar LUGAL-(u)-ti-ia ina A.MEŠ ù Ì+GIŠ it-mu-ú.

šumu-ukīn als Kronprinzen von Babylon durchführen, wovon nicht nur die Funde entsprechender Vereidigungstafeln aus Kalḫu zeugen, sondern auch sein Inschriftenwerk[81] und das des Assurbanipal:[82] Den Eid hatten nach Auskunft der Assurbanipal-Inschriften die „Leute von Assyrien, klein und groß, vom Oberen und vom Unteren Meer" zu leisten.[83]

4. Die Vereidigungstafeln (*ṭuppi adê*)

Anders als im Fall der Thronfolgevereidigung Sanheribs, deren *adê*-Tafel nur in Form eines bruchstückhaft erhaltenen Textzeugen bekannt ist, liegen uns für die Vereidigung unter Asarhaddon gleich mehrere Exemplare der *adê*-Tafeln vor. Es handelt sich um Tontafeln von eindrucksvoller Größe, die auf Vorder- und Rückseite mit jeweils vier Kolumnen Text versehen und auf der Vorderseite mit drei Siegeln des Gottes Aššur gesiegelt sind; das vollständigste Exemplar mißt 30 x 45,8 cm. Ganz ungewöhnlich für Keilschrifttexte ist die Tatsache, daß die Tafeln so beschrieben sind, daß der Text beider Seiten lesbar ist, wenn sie auf ihrer unteren Kante aufgestellt sind.[84]

Die Fundsituation ist für diese Tafeln recht genau bekannt: Die Fragmente der mindestens acht Exemplare wurden im Schutt des „Thronraums" des Ezida, des Nabû-Heiligtums, von Kalḫu gefunden.[85] Die Klassifizierung als Thronraum orientiert sich an der Übereinstimmung mit den entsprechenden Räumlichkeiten in assyrischen Palästen,[86] insbesondere am Vorhandensein eines aus Lehmziegeln errichteten Thronpodestes,[87] das dem berühmten steinernen Exemplar Sal-

---

81 SAA 2 14; Borger, Inschriften (s. Anm. 74), 72: Tarbiṣu A: 40 (in der Datumsangabe: [40] *ki-i a-de-e ina* UGU ¹*Aš-šur*-DÙ-A DUMU–MAN GAL *šá* É ÚŠ-*ti šak-nu-u-ni* „als die *adê* betreffend Assurbanipal, den großen Kronprinzen des ‚Nachfolgehauses‘, geleistet wurden").

82 Borger, Beiträge (s. Anm. 16), 15f., 208: Prisma A i 8-22 // Prisma F i 7-17.

83 Prisma A i 18-19 // Prisma F i 12-13: [12] UN.MEŠ KUR.AN.ŠÁR.KI TUR *u* GAL [13] *ša tam-tim e-li-ti ù šap-li-ti* (für Varianten s. Borger, Beiträge [s. Anm. 16], 15).

84 S. dazu K. Watanabe, Die Anordnung der Kolumnen der VTE-Tafeln, ASJ 10 (1988), 265f.

85 Zu diesem Heiligtum s. E. Heinrich, Die Tempel und Heiligtümer im alten Mesopotamien. Typologie, Morphologie und Geschichte, 1982, 256f., 266-268.

86 S. zusammenfassend J. Bär, Der assyrische Tribut und seine Darstellung. Eine Untersuchung zur imperialen Ideologie im neuassyrischen Reich, AOAT 243, 1996, 167. Für einen aktuellen Plan des Gebäudes s. D. Oates u. J. Oates, Nimrud. An Assyrian Imperial City Revealed, 2001, 112 Abb. 67.

87 Foto des Thronpodestes: Mallowan, Nimrud (s. Anm. 38), I 241 Abb. 202 = Oates/ Oates, Nimrud (s. Anm. 86), 116 Abb. 71.

manassars III. aus dem „Zeughaus" von Kalḫu ganz entspricht. Vom Thron selbst sind nur die elfenbeinernen Einlegearbeiten erhalten, die u.a. Prozessionen von Tributbringern vor dem assyrischen König zeigen.[88] J.N. Postgate hat aufgrund des in diesem Raum gefundenen Verwaltungstextes ND 4318 und anderer einschlägiger Textzeugnisse die Thronsaalsuite des Ezida – die im übrigen auch in den Nabû-Heiligtümern von Assur[89] und Dūr-Šarrukēn[90] nachzuweisen ist[91] – als Handlungsschauplatz des im Monat Ajāru (ii.) durchgeführten akītu-Festes für Nabû und seine Gefährtin Tašmētu identifiziert.[92] Den Ablauf dieses Festes, an dem der König teilnahm, kennen wir aufgrund eines assyrischen Briefes für den Zeitraum zwischen dem 4. und dem 11. Ajāru (ii.) in Grundzügen, und wir wissen, daß Nabû nach einem Jagdausflug am 11. Tag in seinen Tempel zurückkehrt, wo er sodann den König „und sein Haus" segnet.[93] Wie aufgrund der Datierungen auf den Nimruder Tafeln und der Bemerkung im Inschriftenwerk Assurbanipals bekannt ist, wurden die Einsetzung des Kronprinzen und die zugehörige Vereidigung am 18. Ajāru abgehalten und fielen dabei mit dem ḫuntu-Fest des Šamaš zusammen.[94] Über dieses Fest sind kaum Details bekannt,[95] doch ist Šamaš als Gott der Gerechtigkeit durch alle Zeiten die wichtigste Schwurgottheit Mesopotamiens; sein Festtag war dadurch sicherlich ein „guter Tag" für die Zeremonie.[96] Ob

---

88   Für Abb. s. Mallowan, Nimrud (s. Anm. 38), 248-255; für eine Diskussion dieser Stücke s. Bär, Tribut (s. Anm. 86), 166-176, mit Abb. 53-62 und Tf. 43-45.

89   Heinrich, Tempel (s. Anm. 85), 277f.

90   Heinrich, Tempel (s. Anm. 85), 268-270.

91   Über den Nabû-Tempel von Ninive lassen sich keine entsprechenden Aussagen machen, da von seiner Bausubstanz nur ein Hof mit den umgebenden Mauern bekannt ist, s. J.E. Reade, Ninive (Nineveh), RlA 9/5-6, 2000, 411 (für einen Plan s. a.a.O., 407 Abb. 10).

92   J.N. Postgate, The *bit akiti* in Assyrian Nabu Temples, Sumer 30 (1974), 51-74. Hierin folgen ihm Oates/Oates, Nimrud (s. Anm. 86), 119-123 und B. Pongratz-Leisten, *Ina šulmi īrub*. Die kulttopographische und ideologische Programmatik der *akītu*-Prozession in Babylonien und Assyrien im I. Jahrtausend v. Chr., Baghdader Forschungen 16, 1994, 98-101.

93   SAA 13 70.

94   Borger, Beiträge (s. Anm. 16), 15, 208: Prisma A i 11-12 // Prisma F i 10-11. Der Termin des Festes wird durch eine neuassyrische *lipšur*-Beschwörung bestätigt, s. D.J. Wiseman, A *lipšur* Litany from Nimrud, Iraq 31 (1969), 178: ND 4389 // AO 6775: 77': U₄–18–KÁM *lip-šur* EZEN Ḫu-un-ṭì šá ᵈUTU (ND 4389 = CTN 4 110).

95   Zum ḫum/ṇtu-Fest s. M.E. Cohen, The Cultic Calendars of the Ancient Near East, Bethesda 1993, 396f., der allerdings den wichtigen Beleg aus der Assurbanipal-Inschrift in seiner Diskussion nicht berücksichtigt und deshalb das Fest im xii. Monat ansetzen möchte.

96   Der Brief SAA 10 5 ist der Suche nach einem „guten Tag" für die *adê* gewidmet.

aber grundsätzlich eine engere Beziehung zwischen dem *ḫunṭu*-Fest und der Einsetzung des Kronprinzen bestand, muß offen bleiben.

Es ist nun naheliegend anzunehmen, daß die Nimruder Tafeln zum Zerstörungszeitpunkt – den die Ausgräber im Jahr 612 anläßlich der Eroberung Kalḫus durch die babylonisch-medische Allianz annehmen[97] – an ihrem Auffindungsort aufbewahrt wurden, insbesondere, da Nabû den Titel „Verwahrer der Schicksalstafel(n) der Götter" führte: Die drei Göttersiegel des Aššur, die auf den Nimruder Tafeln abgedrückt wurden, waren nach eigenem Ausweis „Schicksalssiegel", wie sie zum Siegeln von „Schicksalstafeln" dienten, und damit sind die Nimruder Thronfolgevereidigungen durch ihre Siegelung als „Schicksalstafeln" ausgewiesen, die somit unter der Ägide des Nabû aufbewahrt werden sollten.[98]

An dieser Stelle müssen wir uns ins Gedächtnis rufen, daß *adê*-Tafeln mobiles Inventar sind: Ihr Aufbewahrungsort kann prinzipiell ohne großen Aufwand verändert werden. Wichtig ist hier das Beispiel der Vereidigungstafel des Gurdî, der dem Sargon II. gegenüber einen Eid ablegte:[99] Ein Brief des Statthalters von Assur berichtet über diese Tafel, die zeitweise in einem Heiligtum in Assur aufbewahrt wurde, aber auch andernorts Verwendung fand:

Sargon II.: *SAA* 1 76: 6-Rs. 16

[6] *ina* UGU *ṭup-pi a-de-e*	Betreffend die *adê*-Tafel des Gurdî, über die mein
[7] *ša* ¹*Gúr-di-i*	Herr, der König, mir geschrieben hat:
[8] *ša* LUGAL EN *iš-pur-ni*	
[9] *ina* ITU *ša* ITU.NE	[9] Am Anfang des Monats Abu (v.) ist der Handlan-
[10] LÚ*.UŠ–*qa-ti*	ger des Palastvorstehers gekommen und hat (sie)
[11] *ša* LÚ*.*šá*–IGI–É.GAL	mitgenommen.
[12] ⸢í⸣-[*tal*]-*ka i-ti-ši*	
[13] [TA* É L]Ú*.MAḪ.MEŠ	[13] Sowie die Gesandten (des Gurdî) gekommen wa-
[14] [*il-l*]*i-ku-ni-ni*	ren, haben sie die *adê*-Tafel nach Libbi-āli (= Assur)
Rs. 1 [*ṭup-pi a-d*]*e-e*	mitgenommen.
2 [*ina* URU.ŠÀ–UR]U *na-ṣu-ni*	

---

97 Oates/Oates, Nimrud (s. Anm. 86), 203.
98 A.R. George, Sennacherib and the Tablet of Destinies, Iraq 48 (1986), 140-142.
99 Die Identität dieses Fürsten ist in Ermangelung eines Ortsnamens nicht ganz klar, s. dazu S. Aro-Valjus, Gurdî, in: K. Radner (Hg.), The Prosopography of the Neo-Assyrian Empire 1/II, 1999, 431.

<table>
<tr><td>

3 [LÚ*.qur]-bu-te

4 LÚ*.A–KIN ša LÚ*.šá–IGI–É.GAL

5 i-si-šú-nu i-tal-ku-ni

6 ina TÙR ša É–DINGIR

7 ú-se-ri-bu

8 LÚ*.A–KIN ša LÚ*.šá–IGI–É.GAL

9 ša na-ṣa-a-ni

10 ma-a ṭè-e-mu

11 šá-ak-na-ku ma-a ṭup-pu

12 sa-ḫi-ra ú-sa-ḫi-ir

13 i-ti-ši LÚ*.šá–UGU–URU

14 LÚ*.láḫ-ḫi-nu

15 1⌈GIN⌉-i LÚ*.A.BA–⌈É⌉–
[DINGIR?]

16 ip-taq-du-ni

</td><td>

3 Der (königliche) Vertraute (und) der Bote des Palastvorstehers sind mit ihnen gegangen. Sie haben (die Tafel) in den Hof des Tempels eintreten lassen.

8 Der Bote des Palastvorstehers, der (die Tafel) gebracht hatte, hat gesagt: „Ich habe folgenden Auftrag: ʽBring die Tafel zurück!ʼ" Er hat (sie) zurückbekommen und mitgenommen. Der Stadtvorsteher, der Tempelvogt und der [Tempel?]schreiber Kēnî haben mich (so) beauftragt.

</td></tr>
</table>

Ist also aus dem Verwahrungsort einer adê-Tafel zu schließen, daß auch die Vereidigung an diesem Ort stattgefunden hat? Natürlich nicht, und es gibt letztlich keinen stichhaltigen Beleg dafür, daß die Zeremonie im Nabû-Heiligtum von Kalḫu stattgefunden haben müßte, auch wenn dessen „extraterritorialer" Thronraum sich durchaus für sensible Staatsgeschäfte des Königs empfohlen haben mag.[100]

Immerhin lassen sich aber eine Reihe von Indizien nennen, die, wenn schon nicht speziell den Nabû-Tempel von Kalḫu, so immerhin zumindest diesen Gott in einem engeren Zusammenhang zum Akt der Thronfolgevereidigung erscheinen lassen. Hier ist zunächst auf die bereits diskutierte zeitliche Nähe zum akītu-Fest von Nabû und Tašmētu hinzuweisen. Davon ganz unabhängig läßt sich die Tatsache anführen, daß Nabû als Sohn des Marduk der göttliche Kronprinz schlechthin ist;[101] und daß für die Vereidigungszeremonie anläßlich der Einsetzung des Kronprinzen Assurbanipal die Anwesenheit von Nabû und (dem im Nabû-Heiligtum mitverehrten) Marduk erforderlich war, belegen zwei zeitgenössische Briefe.[102]

Warum aber wurden gerade jene acht Vereidigungstafeln gefunden, und dann gerade im Nabû-Heiligtum von Kalḫu – und nicht in Assur, Ninive oder auch Dūr-Šarrukēn? Es handelt sich ja nicht etwa um ein Exemplar, daß so abgefaßt wäre, daß jeder Beliebige sich dadurch eidlich an den assyrischen König binden würde. Es handelt sich auch

---

100 So argumentiert Pongratz-Leisten, Programmatik (s. Anm. 92), 99.

101 S. Parpola, Letters from Assyrian Scholars to the Kings Esarhaddon and Assurbanipal II. Commentary and Appendices, AOAT 5/II, 1983, 3.

102 SAA 10 6 und SAA 13 32.

nicht um Dokumente, die auf irgendeine Weise die „Leute von Assyrien, klein und groß, vom Oberen und vom Unteren Meer" insgesamt
repräsentieren könnten. Vielmehr sind die Vereidigten namentlich
genannt und jeweils als Stadtherren ausgewiesen, die ihren Herr-
schaftsbereich im Gebiet östlich von Assyrien innehaben, in der weit-
läufigen Gebirgsregion zwischen Māzāmua (in der Gegend von Sulei-
maniye im Nordostirak) und Elam (in der Gegend von Dezful im Iran).
Simo Parpola gelang es, für „at least four, and possibly as many as se-
ven" der vereidigten Stadtherren nachzuweisen, daß sie innerhalb einer Zeitspanne von drei Jahren vor der Niederschrift der Vereidigungstafeln ein Vasallenverhältnis zu Assyrien eingegangen waren:
„This being so, it seems quite possible that these texts really were
meant to function as 'vassal-treaties', instruments relegating the oath-
taking rulers to a status of permanent vassalage. This interpretation is
not in conflict with the texts' obvious character as loyalty oaths; the two
concepts are not mutually exclusive."[103] Folgt man Parpola, so wird die
Gruppe der im Nabû-Heiligtum von Kalḫu aufbewahrten Vereidigungstafeln dadurch konstituiert, daß es sich bei den Vereidigten um
neue Vasallen Asarhaddons handelte; spinnt man diesen Gedanken
weiter und bedenkt man insbesondere, daß aus assyrischer Sicht jeder
Sohn an einen vom Vater geleisteten Eid gebunden war, dann ist es womöglich nur im Falle einer neu etablierten „Knechtschaft" notwendig,
den Eid als mit Göttersiegeln gesiegelte[104] „Schicksalstafel" abzufassen
und in einem (Nabû-)Heiligtum aufzustellen.

Es muß nun an dieser Stelle darauf hingewiesen werden, daß auch
aus Assur ein kleines Fragment eines Paralleltextes zu den Nimruder
Exemplaren bekannt ist (erh. 5,0 x erh. 4,1 x erh. 2,8 cm; die Kolumnenbreite ist, wie bei den Tafeln aus Nimrud, mit ca. 6,0 cm zu rekonstruieren);[105] leider ist die Fundnummer verloren und damit keinerlei sichere
Aussage zur Herkunft des Stückes zu treffen. Wir erinnern uns in diesem Zusammenhang daran, daß jene fragmentarische Vereidigungstafel, die anläßlich Asarhaddons Ernennung zum Kronprinzen angefertigt wurde, ebenfalls aus Assur stammt, ohne daß Genaueres über den
Herkunftsort bekannt wäre. Während Asarhaddons Vereidigungstafel

---

103 S. Parpola in Parpola/Watanabe, Treaties (s. Anm. 36), xxxi.
104 S. dazu K. Watanabe, Die Siegelung der „Vasallenverträge Asarhaddons" durch den
    Gott Aššur, BaM 16 (1985), 377-392, und U. Moortgart-Correns, Zur Abrollung C auf
    den Vasallenverträgen Asarhaddons aus dem Jahre 672 zu Nimrud, SMEA 35 (1995),
    151-171.
105 VAT 11534 (kollationiert im Januar 2005). Erstpublikation: E.F. Weidner, Assur-
    bânipal in Assur, AfO 13 (1939-41), 215, Tf. xiv; s. auch A.K. Grayson, Akkadian
    Treaties of the Seventh Century B.C., JCS 39 (1987), 133f. Text 2. Das Bruchstück
    enthält den Paragraphen 21 (Z.229-236).

mit großer Wahrscheinlichkeit ungesiegelt war, läßt die geringe Größe des jüngeren Textes zunächst keine Schlüsse darüber zu, ob er gesiegelt war oder nicht: Ungesiegelte Tafeln müßten als Archivexemplare (s. dazu gleich) gedeutet werden, während mit Göttersiegeln gesiegelten Tafeln wie den Nimruder Stücken eine Bedeutung als göttliche Schicksalstafeln zukommen würde und für sie deshalb eine Verwahrung in einem Nabû-Tempel angenommen werden müßte. Während die *adê*-Tafel aus der Regierungszeit Sanheribs, bei der Vorder- und Rückseite trotz großer Lücken dennoch weitgehend erhalten sind, auf die übliche Art beschrieben ist (nämlich so, daß zur Lektüre des Textes die Tafel um die horizontale Achse gewendet wird), muß aufgrund der Tatsache, daß von der jüngeren Tafel aus Assur nur eine Oberfläche erhalten ist, unklar bleiben, ob beide Seiten lesbar waren, wenn die Tafel auf ihrer Unterseite aufgestellt war. Nachdem aber Texteinteilung und Kolumnenbreite nahelegen, daß es sich um eine exakte Entsprechung zu den Nimruder Tafeln handelt, sollte dies zumindest tentativ angenommen werden. Daß auch diese Vereidigungstafel einst im Nabû-Heiligtum von Assur aufbewahrt wurde,[106] ist eine Hypothese, die sich in Ermangelung von „harten Fakten" nicht beweisen läßt, aber durchaus nicht abwegig ist. Ob dies auch für den älteren Textzeugen gilt oder ob es sich um eine Archivkopie handelt (s. unten, Abschnitt V.), möchte ich dahingestellt lassen.

Wir können damit also mit Kalḫu und Assur zwei Fundorte für Vereidigungstafeln der Thronfolgeregelung Asarhaddons nachweisen, und nichts spricht dagegen zu spekulieren, daß z.B. auch im archäologisch kaum untersuchten Nabû-Heiligtum von Ninive einstmals Exemplare von weiteren derartigen Bündnistafeln verwahrt wurden. Hans Ulrich Steymans hat nun vorgeschlagen, daß Kalḫus Bedeutung als Sammel- und Verteilerzentrum für assyrische Armeepferde ausschlaggebend für die Verwahrung gerade der Vereidigungstafeln der östlichen Vasallen im Ezida dieser Stadt war, denn von diesen Fürsten wurden zuallererst Pferde als Tributabgabe erwartet und gefordert.[107] Damit sieht er die Person des Vereidigten als entscheidend für den Aufbewahrungsort der Tafel an. Da das kleine Bruchstück aus Assur keinerlei Hinweise auf die Identität des Vereidigten enthält, gibt es

---

106 Das von Walter Andrae freigelegte Nabû-Heiligtum ist eine Anlage aus der Zeit des Sîn-šarru-iškun (ca. 626-612), s. Heinrich, Tempel (s. Anm. 85), 277f.

107 H.U. Steymans, Die neuassyrische Vertragsrhetorik der „Vassal Treaties of Esarhaddon" und das Deuteronomium, in: G. Braulik (Hg.), Das Deuteronomium, ÖBS 23, 2003, 96. Beachte, daß *pirru* das Arbeitsaufgebot meint (AHw 855 *s.v.* *pe/irru(m)*), und keine „Sammelstelle für Tribut" (pace Steymans, dessen Übersetzung wohl auf eine irrige Übertragung aus SAA 13 95 zurückgeht, wo „tax-collection centers" nicht etwa *pirru*, sondern die Konstruktion *na-kan-te ša pi-ir-ra-ni* wiedergibt).

keine Möglichkeit zu einem Vergleich mit den Adressaten der Nimruder Tafeln, der diese prinzipiell nicht unplausible These bestätigen oder falsifizieren könnte.

Für unsere Zwecke ist jedoch die Feststellung wichtig, daß nicht alle *adê*-Tafeln der Thronfolgevereidigung Asarhaddons im Nabû-Tempel von Kalḫu aufbewahrt wurden: Wir können annehmen, daß weitere Exemplare dieser „Schicksalstafeln" in anderen Heiligtümern dieses Gottes vorhanden waren.

5. *ṭuppi adê* – Original und Abschrift

Bisher standen vorrangig jene Exemplare der *adê*-Tafeln im Zentrum unserer Überlegungen, die als Ikonen[108] in assyrischen Heiligtümern aufgestellt waren.

Betrachten wir kurz die sechs übrigen bekannten *adê*-Tafeln, die allesamt aus den königlichen Archiven von Ninive und sicherlich nicht aus einem Heiligtum stammen:[109] Keiner der Texte scheint gesiegelt zu sein, obwohl zumindest von der Vereidigung der Zakūtu/Naqī'a für Assurbanipal (SAA 2 8) und wohl auch vom Bündnis dieses Königs mit dem arabischen Stamm Qedar (SAA 2 10) genug Oberfläche vorhanden ist, als daß Spuren einer Siegelung erhalten sein sollten. Das erinnert an einige Kopien von königlichen Erlassen aus Ninive, die ebenfalls ungesiegelt in den Staatsarchiven von Ninive aufbewahrt wurden;[110] daneben gibt es auch Originaltafeln, die mit dem Königssiegel versehen sind.[111] Man könnte sich vorstellen, daß die ninivitischen Vereidigungstafeln Archivabschriften oder auch -vorlagen sind, die zwar den Vertragstext wiedergeben, denen aber die göttliche Qualität der gesiegelten und im Heiligtum aufgestellten Originale fehlt. Von den Nimruder Tafeln unterscheidet diese Vereidigungen auch, daß sie auf die übliche Weise beschriftet sind: Die Tafeln müssen um die horizontale Achse gedreht werden, um die Rückseite lesen zu können; sie waren also, genauso wie die Thronfolgevereidigung Sanheribs aus Assur auch, nicht senkrecht auf- und ausgestellt.

Die bekannten *adê*-Tafeln können wir dem Format und dem Aufbewahrungsort nach folglich in zumindest zwei Gruppen trennen: Gesiegelte, auf ihrer Unterseite aufgestellte Exemplare, die zumindest im

---

108 Den Begriff „Ikone" übernehme ich von Steymans: Vertragsrhetorik (s. Anm. 107), 93.

109 SAA 2 2, 4-5, 8-10.

110 SAA 12 25-26.

111 SAA 12 29, 35-36, 47.

Fall der Nimruder Tafeln in einem Heiligtum aufbewahrt wurden, und ungesiegelte, um die Breitachse zu drehende Stücke, die wohl zu Referenzzwecken in den staatlichen Archiven gelagert waren.

Es gibt aber darüber hinaus noch jene Kopien der Vereidigungstafeln, die dem Vertragspartner übergeben wurden. Daß solche Exemplare tatsächlich existiert haben, läßt sich anhand eines Königsbriefes Assurbanipals belegen: Demnach ließ dieser ein *ṭuppi adê* an seinen babylonischen Vertragspartner schicken, wohl Nabû-ušabši von Uruk; zwei enge Vertraute des Königs sowie ein Priester des Aššur-Tempels[112] begleiteten die Tafel auf ihrem Weg in den Süden.[113] Daß die *adê*-Tafeln für den Vereidigten einsehbar waren, belegen neben wörtlichen Zitaten in Briefen insbesondere Bemerkungen wie: „In den *adê* ist geschrieben."[114]

6. Assyrische *ṭuppi adê* und Deuteronomium 28,20-44

Kehren wir zum Ausgangspunkt dieses Beitrags zurück: Ist eine Abhängigkeit von Dtn 28,20-44 von einer assyrischen *adê*-Vereidigung zumindest theoretisch möglich? Ich meine, ja, denn:

1. Die Könige von Juda waren Assyrien im 7. Jahrhundert tributpflichtig und wurden folglich von den assyrischen Herrschern als ihre Knechte angesehen, die in ihre *adê* einzutreten hatten. Anlässe gab es dazu mehrere: Die Unterwerfung Hiskias durch Sanherib; die Thronfolgevereidigung zugunsten Asarhaddons unter Sanherib; die Thronbesteigung Asarhaddons; die Thronfolgevereidigung zugunsten Assurbanipals unter Asarhaddon; die Thronbesteigung Assurbanipals etc.
2. Am judäischen Königshof muß, wie bei jedem assyrischen Vasallen, ein *qēpu* seinen Dienst versehen haben, der vom assyrischen König direkt eingesetzt und vereidigt worden war.
3. *adê* wurden den Vertragspartnern nachweislich in schriftlicher Form als *ṭuppi adê* übergeben. Die Existenz entsprechender Texte – auf

---

112 Zu Akkulānu, einem Astrologen und Priester des Aššur-Heiligtums, s. L. Pearce u. K. Radner, Akkulānu, in: K. Radner (Hg.), The Prosopography of the Neo-Assyrian Empire 1/I, 1998, 95f. *s.v.* 1.

113 ABL 539 Rs. 13-16: 13 1dAG–SU LÚ.SAG-*ía* 1U.GUR–MAN–PAP 14 LÚ.3.U5-*ía* 1*Ak-kul-a-nu* LÚ.TU–É 15 *šá* AN.ŠÁR *it-ti ṭup-pi a-de-ía* 16 *ana pa-ni-ka al-tap-raš-šú-nu-ti* „Ich habe meinen Eunuchen Nabû-erība, Nergal-šarru-uṣur, meinen „Dritten Mann (der Wagenbesatzung)", und Akkulānu, einen Funktionär des Aššur-Tempels, zusammen mit meiner *adê*-Tafel an dich geschickt." Für eine Übersetzung des Briefes s. S. Parpola in Parpola/Watanabe, Treaties (s. Anm. 36), xxxiif.

114 S. bereits Anm. 57.

welchem Material auch immer niedergeschrieben – in Jerusalem kann daher sicher angenommen werden.

Ich wäre allerdings doch sehr vorsichtig, wenn es darum geht, eine bestimmte Vereidigung – oder eigentlich ja nur deren Fluchsektion – als *das* Vorbild für Passagen im Buch Deuteronomium anzusehen. Die besondere Bedeutung der Vereidigungstafeln aus Kalḫu liegt darin, daß es uns die Existenz einer Gruppe von parallelen Manuskripten erlaubt, den Vertragstext nahezu lückenlos zu rekonstruieren. Im krassen Gegensatz dazu sind die übrigen bekannten assyrischen Vereidigungstexte nur in Einzelexemplaren belegt, die – wie es bei Tontafeln die traurige, aber alltägliche Norm ist – äußerst bruchstückhaft erhalten sind und eine umfassende Textanalyse schlichtweg unmöglich machen. Wenn sich also in der nur fragmentarisch erhaltenen Fluchsektion von Asarhaddons Bund mit Baʾalu von Tyros fünf Flüche in derselben Reihenfolge wie in der Thronfolgevereidigung dieses Königs wiederfinden,[115] dann führt uns dies schmerzlich vor Augen, daß die traditionsgeschichtliche Untersuchung des assyrischen *adê*-Korpus durch die großen Lücken in den zur Verfügung stehenden Quellen sehr erschwert und eigentlich unmöglich ist.

Wie gering aber das uns bekannte Material sich schon im Vergleich zu der um ein Vielfaches höheren Anzahl an Verweisen auf entsprechende Verträge in den kontemporären Inschriften und Briefen[116] ausnimmt, läßt dunkle Ahnungen davon gewinnen, wie viele Vereidigungen während des langen Bestands des Assyrischen Reiches formuliert wurden: Wir kennen, wie nicht oft genug betont werden kann, nur die Spitze des Eisberges, und dies muß vor allem dann berücksichtigt werden, wenn Schlüsse hinsichtlich des Abfassungszeitraums biblischer Texte abgeleitet werden möchten: Die wenigen bekannten assyrischen Vereidigungen erlauben es uns nicht, eine Entwicklungsanalyse der Textgattung (einschließlich der Fluchsektion) zu erstellen und jede Parallele zu Dtn 28,22-44 in den Nimruder Texten könnte sich auch in älteren oder jüngeren Vereidigungen (und nicht nur aus der assyrischen, sondern auch der nachfolgenden babylonischen Verwaltung!) wiederfinden, die uns aber nicht erhalten sind.

---

115 SAA 2 5 iv 1'-7' // SAA 2 6: 457-467, s. dazu Watanabe, Vereidigung (s. Anm. 2), 196.
116 S. die Zusammenstellung bei Parpola, Treaties (s. Anm. 7), 184-185.

Appendix:

Sanheribs Thronfolgevereidigung: VAT 11449 (erh. 6,3 x 4,1 x 2,1 cm)

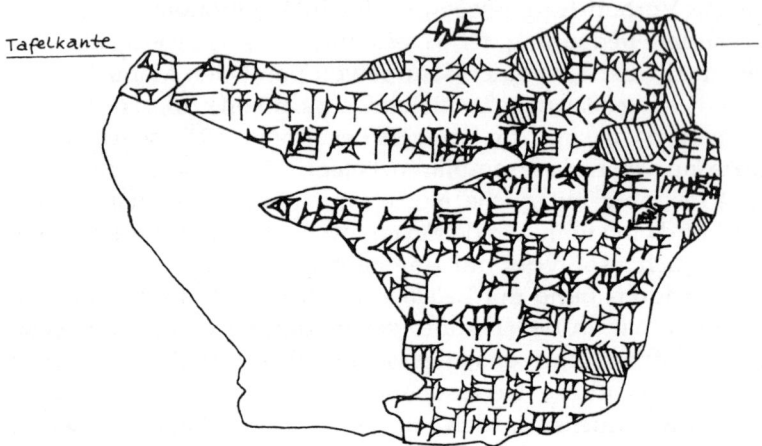

Tafelkante

4 Zeilen verloren

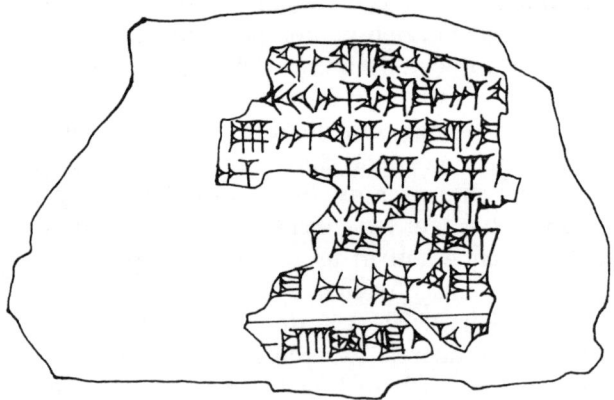

0   1   2 cm

VAT 11449

2 Zeilen verloren

Rd. 1   [a-de-e ša ¹ᵈ30–PAB.ME]Š–S[U M]AN KUR.Aš-šur.[KI]

Vs. 2   [EN-ku-nu iš]-˹ku-na-ka˺-[nu-n]i a-bu-tú ˹NU˺ [d]e-iq-tú
        [ta-šam-ma-a-ni]

3   [la ta-qab-ba]-˹a-ni˺ a-na ¹ᵈ30–PAB.MEŠ–SU MAN
        KUR.Aš-šur.[KI EN-ku-nu]

4 [*la ta-lak-a-ni-ni* ŠÀ-*b*]*a-ku-nu a-na* LUGAL EN-*ku-nu* [NU *gam-m*]*ur*-⌜*ú*⌝-[*ni*]

5 [*šum-ma* ¹*Aš-šur*-PAB–AŠ DUMU MAN GAL *ša* É–UŠ-*ti ù*] ⌜*re*⌝-*eh-te* DUMU.MEŠ LUGA[L *ša*]

6 [LUGAL EN-*ku-nu iš-ku-n*]*a-ka-nu-ni la ta-na-ṣar-šá-n* [*u-ni*]

7 [*Aš-šur* ᵈNIN.LÍL ᵈ*Še-ru-u-a* ᵈ]30 ᵈNIN.GAL ᵈUTU ᵈ⌜A⌝.[A]

8 [ᵈ*A-num An-tum* ᵈEN.LÍL ᵈIM ᵈ*Š*]*a-la* ᵈ*Kip-pat*–KUR [ᵈ15]

9 [*ša* AN-*e* ᵈ15 *ša* URU.NINA.KI] ᵈ15 *ša* URU.[*Arba-il*.KI]

10 [ᵈ15 *Aš-šur-i-tú* ᵈ*Za-ba₄-ba₄* ᵈ*Ba*]-*ba₆* ᵈMAŠ ᵈ*K*⌜*à*⌝-*k* [*à*]

11 [DINGIR.MEŠ *šá* É–*á-ki-ti ar*]-*rat la nap-šur ma*-[*ru-uš-tu*]

12 [*li-ru-ru-ku-nu* x x x x *in*]*a* URU.ᵈ*Aš-šur* [x x x x]

Rd. zwei Zeilen verloren

Rs. 1 verloren

2 verloren

3 [x x x x x x x x x]x *ina* ŠÀ-*bi-šú* x[x x x]

4 [*Aš-šur* ᵈNIN.LÍL ᵈ*Še-ru-u-a* ᵈ]30 ᵈNIN.GAL ᵈUT[U ᵈA.A]

5 [ᵈ*A-num An-tum* ᵈEN].LÍL ᵈIM ᵈ*Ša-l* [*a* ᵈ*Kip-pat*–KUR ᵈ15 *ša* AN-*e*]

6 [ᵈ15 *ša* URU.NINA.KI ᵈ15 *ša* URU.*Arba*]-*il* ᵈ15 *Aš-šur*-[*i-tú* ᵈ*Za-ba₄-ba₄* ᵈ*Ba-ba₆*]

7 [ᵈÉ.A   DINGIR.MAḪ   ᵈ*Dam-ki-na*   ᵈ*Kà-k*]*à*   ᵈU.GUR DINGIR.MEŠ [*ša* É–*á-ki-ti*]

8 [*ar-rat la nap-šur ma-ru-u*]*š-tu li*-[*ru-ru-ku-nu*]

9 [MU.MEŠ-*ku-nu*   NUMUN.MEŠ-*k*]*u-nu   ina   nap-ḫar* K[UR.KUR *lu-ḫal-li-qu*]

10 [x x x x x x x *in*]*a* É–*á-ki*-⌜*ti*⌝ ⌜*a*⌝-[x x x x x x x x] zwei Zeilen verloren

„[Vereidigung], die euch [euer Herr] Sanherib, der König von Assyrien, auferlegt hat: Falls ihr nicht [sagen] solltet, wenn ihr eine unangenehme Angelegenheit [gehört habt]; falls ihr (deswegen) nicht zu [eurem Herrn] Sanherib, dem König von Assyrien, [gehen] solltet; falls euer [Herz] nicht [vollstä]ndig dem König, eurem Herrn, gehört; falls ihr [Asarhaddon, den großen Kronprinz des Nachfolgehauses], und die übrigen Söhne des Königs, [die der König, euer Herr,] euch [einge]setzt hat, nicht beschützen solltet, dann mögen euch [Aššur, Mullissu, Šērū'a], Sîn (und) Nikkal, Šamaš (und) Aia, [Anum (und) Antum, Enlil, Adad] (und) Šala, Kippat-māti, [die himmlische Ištar, die Ištar von Ninive], die Ištar von [Arbail (und) die assyrische Ištar, Zabāba, Bā]bâ,

Nergal, Kakka, [(also) die Götter des Neujahrsfesthauses] mit einem
unauflöslichen, schlim[men] Fluch [verfluchen]!
  [...] in der Stadt Assur [...]
  (große Lücke)
  [...] in seinem Herzen (oder: inmitten) [...], dann mögen euch
[Aššur, Mullissu, Šērū'a], Sîn (und) Nikkal, Šamaš (und) [Aia, Anum
(und) Antum], Enlil, Adad (und) Šala, [Kippat-māti, die himmlische
Ištar, die Ištar von Ninive, die Ištar von] Arbail (und) die assyrische
Ištar, [Zabāba, Bābâ, Ea, Bēlet-ilī, Damkina], Kakka, Nergal, (also) die
Götter] des Neujahrsfesthauses [mit einem unauflöslichen, schlim]men
[Fluch] ver[fluchen; sie mögen eure Namen und] eure [Samen] in allen
Ländern [verschwinden lassen]!
  [...] im Neujahrsfesthaus [....]."

Bei der Ergänzung der verlorenen Götternamen folge ich Simo Parpola,
der sich dabei an BM 121206 ix 27-34 orientierte,[117] einer Aufzählung
der von Sanherib etablierten Götter des Neujahrsfesthauses; ich weiche
nur in Z.10 ab, wo nach Kollation der Gottesname Kakka (statt Nusku)
vorliegt.

---

117 S. S. Parpola, Treaties (s. Anm. 7), 180.

Zwischen Hatti und Assur:
Traditionsgeschichtliche Beobachtungen zu den aramäischen Inschriften von Sfire

Christoph Koch

Hinführung

Die aramäischen Inschriften von Sfire sind für die Frage nach den Ursprüngen der Bundestheologie im Alten Testament von großer Wichtigkeit. Erstens sind sie die bislang einzigen Staatsverträge in einer mit dem Hebräischen eng verwandten nordwestsemitischen Sprache; und zweitens sind sie die einzigen Vertreter der aramäischen Vertragsrechtstradition, an der ausweislich der alttestamentlichen Historiographie auch die Königreiche Israel und Juda partizipiert haben.[1] Wer also wissen will, wie entsprechende Dokumente im antiken Israel und Juda ausgesehen haben könnten, sollte sich zunächst den Vertragstexten von Sfire zuwenden. Von besonderem Interesse ist dabei die traditionsgeschichtliche Verortung der Inschriften, die hier durch eine vergleichende Betrachtung mit dem Korpus der über vierzig hethitischen Staatsverträge aus dem 16.-13. Jh. v. Chr.[2] und den 14 mehr oder weniger gut erhaltenen neuassyrischen Verträgen aus dem 9.-7. Jh. v. Chr. erfolgen soll.[3] Unbeschadet mancher Gemeinsamkeiten folgen nämlich die anatolischen und die mesopotamischen Staatsverträge jeweils einer

---

1   Vgl. etwa I Reg 15,18f.: Asa von Juda schließt mit Ben-Hadad von Aram-Damaskus einen (Unterordnungs-)Vertrag.
2   Die Texte sind in Übersetzung leicht zugänglich bei G. Beckman, Hittite Diplomatic Texts, SBL Writings from the Ancient World 7, ²1999; vgl. dazu auch ders. , International Law in the Second Millennium: Late Bronze Age, in: R. Westbrook (Hg.), A History of Ancient Near Eastern Law, HdO I/72/2, 2003, 753-774.
3   Vgl. die Standardedition von S. Parpola u. K. Watanabe, Neo-Assyrian Treaties and Loyalty Oaths, SAA 2, 1988. – S. Parpola, Neo-Assyrian Treaties from the Royal Archives of Nineveh, JCS 39 (1987), 161-189, 184f., macht auf weitere 43 Hinweise auf internationale Verträge aufmerksam; vgl. auch ders., International Law in the First Millennium, in: R. Westbrook (Hg.), A History of Ancient Near Eastern Law, HdO I/72/2, 2003, 1047-1066.

eigenen Tradition, die auch auf das Vertragsrecht der in ihrem Ein-
flussbereich gelegenen Kleinstaaten ausgestrahlt haben dürfte.

In der neueren Forschung wurden vor allem die Übereinstimmungen zwischen den Sfire-Inschriften und der neuassyrischen Vertragsrechtstradition betont. So sind Lemaire und Durand nicht zuletzt aufgrund der Götterliste in Sf I A und der zahlreichen stilistischen Berührungen mit dem etwa zeitgleichen Aššur-nērārī-Vertrag zu dem Schluss
gelangt, dass der assyrische *turtānu* Šamši-ilu für die Inschriften verantwortlich zeichnet.[4] Simo Parpola sieht in dem Vertragswerk gar das
aramäische Gegenstück zum keilschriftlichen Vertrag zwischen Aššur-
nērārī V. und Mati'-'el von Arpad[5] und vertritt entsprechend die Meinung, das Dokument sei „in reality nothing but an *Assyrian* treaty".[6]
Demgegenüber wird sich zeigen, dass die aramäischen Inschriften von
Sfire nicht nur geographisch, sondern auch traditionsgeschichtlich zwischen Hatti und Assur stehen, und das heißt: ein Amalgam aus genuin
aramäischen sowie späthethitischen und neuassyrischen Traditionen
bilden.[7]

Der Aufsatz besteht aus drei Teilen. Nach einer knappen Einführung in die Sfire-Inschriften werden in einem umfangreicheren zweiten
Teil einige traditionsgeschichtliche Beobachtungen am Beispiel des

---

4   A. Lemaire u. J.-M. Durand, Les inscriptions araméennes de Sfiré et l'Assyrie de
    Shamshi-ilu, HEO 20, 1984, 51-56. Vgl. dazu kritisch M. Krebernik, Rezension von A.
    Lemaire/J.-M. Durand, Les inscriptions araméennes de Sfiré et l'Assyrie de Shamshi-
    ilu, HEO 20, 1984, ZA 74 (1984), 156-160, sowie F.M. Fales, Rezension von A.
    Lemaire/J.-M. Durand, Les inscriptions araméennes de Sfiré et l'Assyrie de Shamshi-
    ilu, HEO 20, 1984, RA 80 (1986), 88-93.

5   Vgl. Parpola/Watanabe, Treaties (s. Anm. 3), XXVIIf. Die damit verbundene These,
    Brg'yh sei in Wirklichkeit ein aufgrund diplomatischer Rücksichtnahme gewählter
    Deckname für den assyrischen Großkönig wird von F.M. Fales, Evidence for West-
    East Contacts in the 8th Century BC. The Bukān Stele, in: G.B. Lanfranchi u.a. (Hgg.),
    Continuity of Empire (?). Assyria, Media, Persia, History of the Ancient Near
    East/Monographs 5, 2003, 131-147 + Pl. 3, 143f., mit überzeugenden Argumenten
    zurückgewiesen.

6   Vgl. Parpola, Treaties (s. Anm. 3), 183: „The Sefire Treaty [...] is in reality nothing but
    an *Assyrian* treaty imposed on a defeated adversary, but written in his mother
    tongue. In some details of its formulation, this treaty may well conform with local
    traditions, but it is good to keep in mind that these local traditions also had their
    roots in older practices largely originating in Mesopotamia."

7   Genuin aramäische Traditionen wurden von F.M. Fales, Istituzioni a confronto tra
    mondo semitico occidentale e Assiria nel I millennio a.C.: il trattato di Sefire, in: L.
    Canfora; M. Liverani u. C. Zaccagnini (Hgg.), I trattati nel mondo antico forma
    ideologia funzione, Saggi di storia antica 2, 1990, 149-173, und W. Morrow, The Se-
    fire Treaty Stipulations and the Mesopotamian Treaty Tradition, in: P.M.M. Daviau
    u.a. (Hgg.), The World of the Aramaeans III (FS P.-E. Dion), JSOT.S 326, 2001, 83-99,
    herausgearbeitet.

Vertragsformulars, der Götterliste sowie der Vertragsflüche vorgetragen. Abschließend soll versuchsweise nach der Art und Weise der Vermittlung der Traditionen gefragt werden.

1. Die aramäischen Inschriften von Sfire

Die Inschriften wurden seit 1930 durch Einwohner am Rande der etwa 25 km südöstlich von Aleppo gelegenen Ortschaft Sfire auf den Bruchstücken dreier Basaltstelen entdeckt.[8] Der mutmaßliche Fundort Sfire liegt im Gebiet des in den Vertragstexten erwähnten (vgl. Sf I B 11; II B 10) eisenzeitlichen aramäischen Staates Bēt Guš (akk. Bīt Agūsi), dessen Hauptstadt in dieser Zeit Arpad hieß.[9]

Die drei Stelen sind mit einem Vertrag zwischen Bar-ga'yah von Ktk und Mati'-'el von Arpad beschrieben.[10] Während der zuletzt genannte auch in einem neuassyrischen Dokument Erwähnung findet, ist die Identität des gleichfalls einen aramäischen Namen tragenden Barga'yah von Ktk umstritten. Nach einer ansprechenden These von Edward Lipiński ist das Toponym Ktk mit der bei Theodoret von Kyrrhos in dessen Kirchengeschichte erwähnten Stadt Κίττικα gleichzusetzen und Hauptstadt des eisenzeitlichen, westlich von Karkemiš gelegenen aramäischen Staates Bēt Ṣullūl, der in den Vertragstexten zweimal neben Bēt Guš erscheint (Sf I B 3; II B 10).[11] Demnach handelt es sich bei den Inschriften um Vertragstexte zweier aramäischer Nachbarstaaten,[12] wobei Mati'-'el von Arpad in der Position des unterlegenen Vertragspartners in Erscheinung tritt.[13]

---

8 Vgl. dazu H. Donner u. W. Röllig, KAI II, 1964, 238.

9 Vgl. zu Arpad J.A. Fitzmyer, The Aramaic Inscriptions of Sefire, BibOr 19, ²1995, 62f. und K.R. Veenhof, Geschichte des Alten Orients bis zur Zeit Alexanders des Großen, GAT 11, 2001, 247.

10 Vermutlich sind die drei Stelen drei Exemplare ein und desselben Vertrages; vgl. D.J. McCarthy, Treaty and Covenant. A Study in Form in the Ancient Oriental Documents and in the Old Testament, AnBib21, ²1978, 99.

11 Vgl. E. Lipiński, The Aramaeans. Their Ancient History, Culture, Religion, OLA 100, 2000, 221-231; vgl. zu anderen Interpretationen Fitzmyer, Inscriptions (s. Anm. 9), 59f. und 167-174.

12 Für die Annahme einer direkten Nachbarschaft der beiden Staaten spricht auch, dass eine Funktion der Vereinbarung offenbar die Festsetzung der Grenze zwischen Barga'yah und Mati'-'el war (vgl. Sf III 23ff. und dazu H. Klengel, Syria: 3000 to 300 B. C. A Handbook of political History, 1992, 216, und Lipiński, Aramaeans [s. Anm. 11], 223f.).

13 Vgl. dazu Fitzmyer, Inscriptions (s. Anm. 9), 165f., der die Inschriften m.E. zu Recht als Vasallenverträge bezeichnet.

Was den historischen Hintergrund der Inschriften von Sfire angeht,
so bleiben immer noch viele Fragen offen. Deutlich ist aber, dass die
politischen Geschicke der nordsyrischen Aramäerstaaten ganz wesentlich von der im 9. Jh. einsetzenden Westexpansion des neuassyrischen
Reiches mitbestimmt wurden.[14] So werden seit etwa 870 in den assyrischen Quellen auch immer wieder Tributzahlungen der Herrscher von
Bīt-Agūsi erwähnt. Dann und wann ist dort auch von Rebellionen der
Aramäer und folgenden Strafexpeditionen der Assyrer die Rede, die
seit Salmanassar III. die östliche Grenze von Bīt-Agūsi bilden und in
Garnisonsstädten im Bereich der Aramäerstaaten permanente Präsenz
zeigen. Nachdem der Aramäerstaat im Jahre 805 noch einmal als An-
führer einer antiassyrischen Koalition in Erscheinung tritt, schweigen
die assyrischen Quellen für etwa ein halbes Jahrhundert. Eine erneute
Rebellion machte dann im Jahre 754 eine neue assyrische Kampagne
gegen Bīt-Agūsi notwendig, in deren Folge die Beziehung zwischen
Oberherrn und Vasall neu geordnet wurde. Davon gibt der schon er-
wähnte Vasallenvertrag Zeugnis, der vermutlich im Jahre 754 v. Chr.[15]
zwischen dem assyrischen König Aššur-nērārī V. und dem aramäischen
König Mati‘-ilu von Bīt-Agūsi geschlossen worden ist, der sicherlich mit
dem Mati‘-’el von Arpad der Sfire-Inschriften identisch ist.[16] Vor diesem historischen Hintergrund ist wohl auch der hier relevante Vertrag
zwischen Bar-ga’yah von *Ktk* und Mati‘-’el von Arpad zu sehen, an
dessen Zustandekommen der assyrische Großkönig bzw. sein General
Šamši-ilu auf irgendeine Weise beteiligt gewesen sein dürfte.[17]

---

14 Die keilschriftlichen und aramäischen Quellen bietet H.S. Sader, Les états araméens
    de Syrie depuis leur fondation jusqu'à leur transformation en provinces assyriennes,
    Beiruter Texte und Studien 36, 1987, 99-136; vgl. zu ihrer Auswertung auch Lipiński,
    Aramaeans (s. Anm. 11), 211-219.
15 Vgl. Parpola/Watanabe, Treaties (s. Anm. 3), XXVII; Lipiński, Aramaeans (s. Anm.
    11), 216f.
16 Vgl. zur Identität der beiden z.B. Donner/Röllig: KAI (s. Anm. 8), 272.
17 Dies legt sich aus folgenden Gründen nahe: Erstens ist es schwer vorstellbar, dass
    ein aramäischer Nachbarstaat, der ansonsten nirgends explizit bezeugt ist, das rela-
    tiv mächtige Reich von Arpad aus eigenen Kräften in ein Vasallenverhältnis zwin-
    gen kann; zweitens verdient Beachtung, dass der assyrische Reichsgott Aššur mit
    seiner Parhedra Mulissu die Götterliste anführt (vgl. Sf I A 7f. und dazu Anm. 37);
    drittens bringt Bar-ga’yah seinen Protektor selbst ins Spiel, wenn er mit der Anne-
    xion von Bīt-Agūsi durch die Assyrer droht, falls Mati‘-’el ihm gegenüber eidbrüchig
    werden sollte (Sf I A 24f.); schließlich wird der Herrschaftssitz Šamši-ilus als am
    Vertragsschluss beteiligte Stadt erwähnt (vgl. Sf I A 5 und dazu Lipiński, Aramaeans
    [s. Anm. 11], 204-206). Gegen eine assyrische Abhängigkeit von Bar-ga’yah spricht
    nicht, dass sich dieser als *mlk* „König" bezeichnet. Die Bilingue vom Tell Feḥerīye
    macht deutlich, dass sich ein aramäischer Herrscher, der vom assyrischen König ab-
    hängig war und dementsprechend den Titel *šakņu* „Statthalter" trug, in seinem ara-
    mäischen Umfeld durchaus *mlk* „König" nennen konnte. Vgl. dazu auch Fales, Evi-

Der *terminus ante quem* der Inschriften von Sfire ist in jedem Fall das Jahr 740, in dem Tiglatpileser III. Arpad nach langer Belagerung zerstörte.[18]

2. Traditionsgeschichtliche Beobachtungen zu den Inschriften von Sfire

2.1 Das Vertragsformular

Die Einordnung der Vertragstexte von Sfire in die neuassyrische Vertragsrechtstradition hat vornehmlich in einem Vergleich der Formulare ihr Recht. Schon die Präambel zeigt die Nähe zu den neuassyrischen Verträgen. Denn während die Überschrift der hethitischen Vasallenverträge nur den hethitischen Großkönig nennt,[19] führt die Präambel der Sfire-Inschriften nach mesopotamischem Vorbild sowohl den überlegenen als auch den unterlegenen Vertragspartner auf, was ein Vergleich von Sf I A 1 mit einem neuassyrischen Vasallenvertrag veranschaulicht:[20]

'*dy brg'yh mlk ktk 'm mt''l ... mlk* ['*rpd*]

„Vertrag ('*dy*) des Bar-ga'yah, des Königs von *Ktk*, mit Mati'-'el ..., dem König von [Arpad]."

---

dence (s. Anm. 5), 145, der Bar-ga'yah als „a brief-lived puppet fully enmeshed in the astute political-diplomatical preparations for future Assyrian expansionism in Inner Syria" bezeichnet und hinzufügt: „It is indisputable that this ruler was fully conversant with the religious, and consequently the political-ideological, foundations of the Assyrian state, and that he did not hesitate to transfer them to the Aramaic texts which bear his name."

18 Vgl. Donner/Röllig, KAI (s. Anm. 8), 274; Fitzmyer, Inscriptions (s. Anm. 9), 19; Lipiński, Aramaeans (s. Anm. 11), 218f.

19 B. Kienast, Der Vertrag Ebla-Assur in rechtshistorischer Sicht, in: H. Waetzold u. H. Hauptmann (Hgg.), Wirtschaft und Gesellschaft von Ebla (Akten der Internationalen Tagung Heidelberg 4.-7. November 1986), HSAO 2, 1988, 231-243, 233, Anm. 8, stellt dazu fest: „Es handelt sich hier also deutlich um ein Diktat des hethitischen Großkönigs auch der Form nach."

20 Die im Folgenden gebotenen aramäischen Passagen aus den Sfire-Inschriften sind sämtlich der jüngsten Edition von D. Schwiderski (Hg.), Die alt- und reichsaramäischen Inschriften Bd. 2. Texte und Bibliographie, FoSub 2, 2004, 402-406, entnommen, wobei ich aramäisches ש grundsätzlich mit š transkribiere; den Übersetzungen liegt in der Regel der Kommentar von Fitzmyer, Inscriptions (s. Anm. 9), 40-161, zugrunde. – Für wertvolle Hinweise bezüglich der Übersetzungen aus dem Aramäischen möchte ich mich ganz herzlich bei Herrn Dr. Dirk Schwiderski (Heidelberg) bedanken.

„Vertrag (*adê*) des Asarhaddon, des Königs von Assyrien ... mit Baal, dem
König von Tyrus." (Vertrag Asarhaddons mit Baal von Tyrus [Kol. I Z.1f.])
[21]

Da die Sfire-Stelen keine Worttrennung aufweisen und zudem teilweise
stark beschädigt sind, ist der Vergleich der Vertragsformulare mit einer
gewissen Unsicherheit behaftet. Im Anschluss an die überzeugende
Rekonstruktion von van Rooy lässt sich aber dennoch das folgende
Vertragsformular wahrscheinlich machen:[22]

-   Präambel
-   Götterliste
-   Fluchformeln
-   Deponierungsklausel
-   Vertragsbestimmungen

Das Standardformular der hethitischen Staatsverträge sieht demgegenüber wie folgt aus:[23]

-   Präambel
-   Vorgeschichte
-   Vertragsbestimmungen
-   Deponierungsklausel
-   Götterliste
-   Fluch- und Segensformeln

Die neuassyrischen Dokumente sperren sich einer Standardisierung. Im
Vergleich mit dem hethitischen Formular treten dennoch einige unter-
scheidende Charakteristika der neuassyrischen Verträge zu Tage: 1. die
paritätisch formulierte Präambel, die in der Regel nahtlos in die Götterliste übergeht;[24] 2. das Fehlen einer historischen Einleitung; 3. das

---

21   Übersetzt nach Parpola/Watanabe, Treaties (s. Anm. 3), 24; vgl. zu den neuassyri-
     schen Präambeln allgemein a.a.O., XXXVf.
22   Vgl. H.F. van Rooy, The Structure of the Aramaic Treaties of Sefire, Journal for
     Semitics 1 (1989), 133-139, 138; demnach wäre die Reihenfolge der Seiten bei Stele I:
     ADBC und bei Stele II: ACBD.
23   Vgl. V. Korošec, Hethitische Staatsverträge. Ein Beitrag zu ihrer juristischen Wer-
     tung, LRWS 60, 1931, 12-14.
24   Vgl. M.L. Barré, The God-List in the Treaty between Hannibal and Philip V of Mace-
     donia: A Study in Light of the Ancient Near Eastern Treaty Tradition, 1983, 15-17.
     Darin haben sie ihr Vorbild in den hethitischen Staatsverträgen mit einer Personen-
     mehrheit, die darüber hinaus durch das Fehlen einer historischen Einleitung und
     den Zusatz einer Vereidigtenliste vom Normalformular abweichen; vgl. dazu E. von

Fehlen einer Segensformel; 4. eine gewisse Flexibilität in der Reihenfolge der einzelnen Strukturelemente.[25] Die hier aufgezählten Merkmale treffen im Wesentlichen auch für das Formular der Vertragstexte von Sfire zu, das deshalb von van Rooy zu Recht den neuassyrischen Verträgen an die Seite gestellt wird.[26] Gegen eine rein neuassyrische Herleitung des Formulars sprechen allerdings Spuren einer Segensformel, die Einflüsse der hethitischen Vertragsrechtstradition zu erkennen geben. In Sf I C heißt es in einem stark beschädigten Kontext:[27]

[15]*yṣrw 'lhn mn yw*[16]*mh wmn byth*

„Mögen die Götter seine Lebenszeit und sein Haus bewahren (*yṣrw*)!"[28]

Dass diese Segensformel, deren Einleitung nicht erhalten ist, nicht allein auf den Inschriftenschutz, sondern vor allem auf die Bewahrung der Vertragsbestimmungen abzielt, macht die Einleitung der sich anschließenden Fluchformel wahrscheinlich:[29]

wmn [17]*lyṣr mly spr' zy bnṣb' znh ...*

„Und wer die Worte der Inschrift, die auf dieser Stele ist, nicht bewahrt (*lyṣr*) ..."

Die Formen *yṣrw* und *lyṣr* (3. Person Plural Jussiv Peal und *l'* + 3. Person Singular PK Peal von *nṣr*) entsprechen exakt dem akkadischen Verbum *naṣāru* „bewahren", das häufig in den recht monoton formulierten Segensformeln der hethitischen Vasallenverträge begegnet. So etwa in dem Vertrag zwischen Muršili II. und Niqmepa von Ugarit:[30]

„(116'-119') Und wenn Niqmepa diese Worte der Bindung und des Eides, die auf dieser Tafel geschrieben stehen, bewahrt (*inaṣṣaršunu*), so mögen die Eide bei den Göttern den Niqmepa mit seinem Haupt, seinen Frauen, sei-

Schuler, Sonderformen hethitischer Staatsverträge, Jahrbuch für Kleinasiatische Forschung 2 (1965), 445-464, 455.

25 Vgl. van Rooy, Structure (s. Anm. 22), 137f.

26 Vgl. van Rooy, Structure (s. Anm. 22), 138f.

27 Sf I C aufgrund der wörtlichen Rede des Matiʿ-ʾel dem ursprünglichen Vertrag abzusprechen, wie etwa van Rooy, Structure (s. Anm. 22), 134, vorschlägt, ist nicht zwingend, da die Vereidigten z.B. auch in VTE § 57 in der 1. Person zu Wort kommen.

28 Vgl. zu dieser Übersetzung O. Rössler, Aramäische Staatsverträge, in: O. Kaiser (Hg.), TUAT I/2, 178-189, 184; vgl. zur Interpretation auch Fitzmyer, Inscriptions (s. Anm. 9), 118.

29 Vgl. auch H.U. Steymans, Deuteronomium 28 und die *adê* zur Thronfolgeregelung Asarhaddons. Segen und Fluch im Alten Orient und in Israel, OBO 145, 1995, 174. Auch der Beleg für *nṣr* in Sf I B 8, wo es eindeutig um den Vertragsinhalt geht, der bewahrt werden soll, spricht gegen eine Eingrenzung auf den Inschriftenschutz.

30 Übersetzt nach G.F. Del Monte, Il trattato fra Muršili II di Ḫattuša e Niqmepaʿ di Ugarit, Orientis Antiqui Collectio 18, 1986, 32f.

nen Söhnen, seinen Enkeln, seinem Haus, seiner Stadt, seinem Land und
mit seinem Besitz bewahren (*liṣṣurūšu*)."

In Übereinstimmung mit der hethitischen Tradition wird in den Vertragstexten von Sfire mit der Wurzel *nṣr* „bewahren" nicht nur der
göttliche Schutz für den gehorsamen Vasallen, sondern auch das dem
Segen vorangehende Befolgen der Vertragsbestimmungen zum Ausdruck gebracht:[31] Wer die Vertragsbestimmungen bewahrt, den werden entsprechend die Götter bewahren.

2.2 Die Götterliste

Götterlisten sind ein integraler Bestandteil der für den Alten Orient
bezeugten internationalen Verträge. Die Schwurgötter, die das offizielle
Pantheon der am Vertragsschluss beteiligten Staaten spiegeln, dienen
dabei zugleich als Zeugen und Garanten der vertraglichen Vereinba-
rungen. Alle Götterlisten weisen zwar eine weitgehend einheitliche
Struktur auf, in der die Bedeutung der jeweiligen Götter zum Ausdruck
kommt; dennoch gehen auch hier die hethitische und die neuassyrische
Vertragsrechtstradition je eigene Wege. In Anlehnung an die Struktur-
analysen von M.L. Barré lassen sich die Götterlisten der hethitischen
und neuassyrischen Staatsverträge folgendermaßen grob gliedern:[32]

Hethitische Verträge	*Neuassyrische Verträge*[33]
Anrufung der Eidgötter	
1. Hochgötter	1. Der Reichsgott Aššur
2. Zusammenfassende Formel: „Alle Götter des Landes Hatti und alle Götter des Landes LN"	2. Babylonisch-assyrische Hochgötter – Siebengottheit - Götter der unterlegenen Partei
3. Uralte Götter/Naturgottheiten	3. Zusammenfassende Formel: „Alle Götter des Himmels und der Erde"
Aufforderung zur Zeugenschaft	

---

31   Vgl. dazu auch F.C. Fensham, Malediction and Benediction in Ancient Near Eastern
     Vassal-Treaties and the Old Testament, ZAW 74 (1962), 1-9, 7, mit dem Hinweis auf
     nṣr in Dtn 33,9.
32   Vgl. Barré, God-List (s. Anm. 24), 22 und 35.
33   Vgl. z.B. die Liste in VTE 414-472 (Barré, God-List [s. Anm. 24], 112f.).

Werden in den hethitischen Vasallenverträgen auch Götter der unterlegenen Partei genannt, so geschieht dies entweder in einer zusammenfassenden Formel oder in einer eigenen, knapp formulierten Liste.[34]

Die Götterliste der Vertragstexte von Sfire ist nach mesopotamischem Vorbild unmittelbar nach der Präambel positioniert. Syntaktisch hängt sie an dem Einleitungssatz (Sf I A 7):

w'dy' 'ln zy gzr brg⸢yh qdm ...

„Dieser Vertrag ist es, den Bar-ga'[yah] geschlossen hat [vor (*qdm*) ...“

Auch die Einleitung zeigt sich von entsprechenden Formeln in neuassyrischen Verträgen beeinflusst. Ihr akkadisches Äquivalent lautet (VTE Z. 1-13*):[35]

[1]adê ša Aššur-aḫu-iddina (šar kiššati) šar māt Aššur ... [3]isse Ramataja bēl āli Urakazabanu [12] iškunūni [13]ina pān(ē) ...

„Vertrag, den Asarhaddon, König der Gesamtheit, König von Assyrien ... mit Ramataja, dem Stadtherrn von Urakazabanu, ... festgesetzt hat vor (*ina pānē*) ...“

Die Formel dürfte auf den Brauch anspielen, internationale Verträge in Anwesenheit der Götter bzw. ihrer Bilder zu schließen, die hier die Funktion haben, den Vertragsschluss zu bezeugen.[36]

Die Götterliste der Sfire-Inschriften weist einige Lücken auf, die aber zum größten Teil mit Hilfe der Liste des Aššur-nērārī-Vertrags geschlossen werden können. Die Liste dürfte demnach die folgenden Eintragungen gehabt haben (Sf I A 7-12):[37]

... qdm 'šr⸣ [8]wmlš	„... vor Aššur] und Mulissu,
wqdm mrdk wzrpnt	vor Marduk und Zarpanītu,
wqdm nb' w⸢šmt	vor Nabû und Ta[šmētu,

---

34 Vgl. Barré, God-List (s. Anm. 24), 29.

35 Übersetzt nach K. Watanabe, Die *adê*-Vereidigung anlässlich der Thronfolgeregelung Asarhaddons, BaghM.B 3, 1987, 144f.; vgl. dazu auch Parpola/Watanabe, Treaties (s. Anm. 3), XXXVf.; vgl. auch die Einleitung der Götterliste eines in griechischer Sprache überlieferten Vertrages aus dem 3. Jh. v. Chr. bei Barré, God-List (s. Anm. 24), 5f. und 22f.

36 Vgl. auch Barré, God-List (s. Anm. 24), 23, der feststellt, dass die Formel „indicates not only that the treaty was concluded in the presence of images of the gods but moreover that these gods were understood to be witnesses to the conclusion of the treaty".

37 Vgl. zur Rekonstruktion des ersten Götterpaares M.L. Barré, The First Pair of Deities in the Sefîre I God-List, JNES 44 (1985), 205-210, 208: „Thus the first-named deity in the Sefîre god-list must be Assur – not simply by process of elimination but because he alone meets the requirements for first place in the list by virtue of the fact that he is (1) the supreme deity of the Assyrian pantheon and (2) the consort of Ninlin/Mulleš."

wqdm ʾr (?) *wnš*]⁹*k*	vor Erra und Nus]ku,
wqdm nrgl wlṣ	vor Nergal und Lāṣ,
wqdm šmš wnr	vor Šamaš und Nēr,
wqdm s[*n wnkl*	vor S[în und Nikkal,
wq]¹⁰*dm nkr wkdʾh*	v]or *nkr* und *kdʾh*,
wqdm kl ʾlhy rḥbh wʾdm[*h*	vor allen Göttern der Steppe und des Ackerland[es (?),
wqdm hdd zy ḥ]¹¹*lb wqdm sbt*	vor Hadad von A]leppo und vor der Siebengottheit,
wqdm ʾl wʿlyn	vor ʾEl und ʿElyon,
wqdm šmy[*n wʾrq*	vor Himme[l und Erde,
wqdm mṣ]¹²*lh wmʿynn*	vor dem Meeres]grund und den Quellen,
wqdm ywm wlylh	vor Tag und Nacht."

Im Anschluss an die oben angeführte Gliederung neuassyrischer Götterlisten scheint neben der Position somit auch die Struktur der Liste mesopotamischen Gepflogenheiten zu folgen: Zu Beginn steht der assyrische Reichsgott Aššur. Dem folgen zunächst paarweise zusammengestellte Hochgötter des babylonisch-assyrischen Pantheons, die – abgesehen von dem geheimnisvollen Götterpaar in Zeile 10[38] – alle auch in dem Vasallenvertrag Aššur-nērārīs V. mit Matiʿ-ʾel von Arpad begegnen. Dies gilt im Übrigen auch für den Hadad von Aleppo, der in beiden Verträgen vor der Siebengottheit zu stehen kommt. Der mesopotamische Raum ist somit erst mit den westsemitischen Göttern ʾEl und ʿElyon eindeutig verlassen.[39]

Umstritten ist, ob und in welchem Umfang die Liste auch namentlich Götter von Arpad aufführt. Die Frage wird in der Forschung, bei aller Uneinigkeit in Detailfragen, in der Regel positiv beantwortet.[40]

---

38   W.G. Lambert, Rezension von M.L. Barré, The God-List in the Treaty between Hannibal and Philip V of Macedonia. A Study in Light of the Ancient Near Eastern Treaty Tradition, 1983, JCS 40 (1988), 120-123, 121f., macht darauf aufmerksam, dass ein westsemitischer Name *ʿbdkdʾh* bezeugt ist, weshalb auch das Götterpaar westsemitischer Herkunft sein dürfte; vgl. zu weiteren Identifizierungsversuchen Fitzmyer, Inscriptions (s. Anm. 9), 73; Lipiński: Aramaeans (s. Anm. 11), 227-229.

39   Vgl. zu ʾEl und ʿElyon als zwei selbständigen Göttern M.H. Pope u. W. Röllig, Art. El und Art. ʿEljôn, WM 1 (²1983), 279-284, und zu ʾEl in aramäischen Götterlisten etwa die Inschriften von Zincirli (J. Tropper, Die Inschriften von Zincirli. Neue Edition und vergleichende Grammatik des phönizischen, samʾalischen und aramäischen Textkorpus, ALASP 6, 1993, 153-164).

40   Einige der vertretenen Positionen nennt R. Voigt, Die Struktur der Götterliste in Sefîre I A, in: C. Wunsch (Hg.), XXV. Deutscher Orientalistentag, Vorträge, München 8.-13.4.1991, ZDMG.S 10, 1994, 62-68, 66f., der freilich unter der m.E. falschen Prämisse eines paritätischen Vertrages meint, die Götter gerecht auf *Ktk* und Arpad aufteilen zu müssen.

Doch die Tatsache, dass einerseits von den im Aššur-nērārī-Vertrag aufgelisteten Göttern von Arpad (z.B. Dagan und Melqart)[41] in der Götterliste der Sfire-Inschriften keine Spur ist und andererseits in hethitischen Vasallenverträgen die Götter der unterlegenen Partei in der Regel nur in einer zusammenfassenden Formel erwähnt werden, legt den Schluss nahe, dass hier ebenfalls nach hethitischem Vorbild die Götter von Arpad lediglich in der die Liste abschließenden Formel genannt werden.[42] Auf sie wird später noch einzugehen sein.

Die ganz offensichtlich in das Zweistromland führende Götterliste gab, wie gesagt, Anlass, in Bar-gaʿyah von *Ktk* einen hohen assyrischen Würdenträger zu vermuten.[43] Doch sprechen gewichtige Gründe gegen eine Entstehung der Liste in genuin assyrischen Kreisen. Auffällig ist zunächst die von den recht konsistenten mesopotamischen Götterlisten abweichende Reihenfolge der Götter.[44] Insbesondere das Vorrücken von Erra und Nergal vor Šamaš und Sîn stellt einen weitreichenden Eingriff in die Hierarchie der mesopotamischen Götterwelt dar. Eine Umstellung dieser Art „would not be expected in a Mesopotamian god-list".[45]

Auf der anderen Seite sind mesopotamische Götter im Bereich der Aramäerstaaten Nordsyriens keine Seltenheit.[46] So bezeugt die Bilingue vom Tell Feḥerīye den mesopotamischen Unterweltsgott Nergal ausgerechnet in ihrer aramäischen Fassung. Und auch die ebenfalls aus Nordsyrien stammenden aramäischen Grabinschriften von Nerab, die Šahar, Šamaš, Nikkal und Nusku auflisten, sind ein Beleg für „ein Pantheon sumerisch-babylonischer Provenienz".[47] Aus dem Vorherrschen mesopotamischer Götter in der Liste der Sfire-Inschriften ist demnach nicht unbedingt auf die assyrische Herkunft des Bar-gaʿyah, wohl aber auf dessen assyrische Akkulturation zu schließen, die, wie

---

41 Vgl. Parpola/Watanabe, Treaties (s. Anm. 3), 13; vgl. zu Melqart als für die Dynastie von Arpad bedeutsame Gottheit E. Puech, La stéle de Bar-Hadad à Melqart et les rois d'Arpad, RB 1992, 311-334, 315.

42 Zu diesem Ergebnis kommt – aus z.T. anderen Gründen – auch Barré, God-List (s. Anm. 24), 29: „This analysis of the final section of gods in the Sf1 list leaves no room at all for the gods of Arpad – except, of course, in the summary expression that follows [...] But this is quite normal in Hittite treaty-writing."

43 Siehe oben Anm. 4.

44 Barré, God-List (s. Anm. 24), 23, bemerkt treffend: „The arrangement in Sf1 seems somewhat haphazard."

45 Ebd.

46 Vgl. auch Fales, Rezension (s. Anm. 4), 91, der – nicht zuletzt mit einem Hinweis auf die in Nordsyrien bezeugte Onomastik – „the extreme complexity of the Assyrian-Aramaic symbiosis in the field of the divine" betont.

47 H. Niehr, Religionen in Israels Umwelt. Einführung in die nordwestsemitischen Religionen Syrien-Palästinas, NEB Erg.Bd. 5, 1998, 162.

sich gezeigt hat, in der Kontaktzone Nordsyrien keine Besonderheit darstellt. Befremdend wirkt allerdings die Kopfstellung des assyrischen Reichsgottes, da diese in den Götterlisten stets dem höchsten Gott des überlegenen Vertragspartners vorbehalten ist. Sie spricht m.E. für eine wie auch immer geartete Abhängigkeit des Aramäerkönigs Bar-ga'yah vom assyrischen Großkönig, mit dessen höchstem Gott er deshalb die Liste eröffnet.

Die Götterliste der Sfire-Inschriften beinhaltet daneben aber auch ganz unverkennbar Elemente der hethitischen Vertragsrechtstradition. Zum einen sind hier die Naturgottheiten zu nennen, die bei den Hethitern mitunter kultisch verehrt wurden.[48] Sie bilden ein konstitutives Element gegen Ende der hethitischen Götterlisten, wohingegen sie in neuassyrischen Verträgen nicht belegt sind.[49] Genannt werden hier regelmäßig: Berge, Flüsse, Quellen, Wolken, Himmel, Erde, Meer.[50]

Wie in den hethitischen Verträgen erscheinen die in den Sfire-Inschriften genannten Naturgottheiten – Himmel und Erde, Meeresgrund und Quellen, Tag und Nacht – gegen Ende der Liste.[51]

Schließlich sind auch die zusammenfassende Formel sowie der Aufruf zur Zeugenschaft nach hethitischem Vorbild formuliert.[52] In den hethitischen Verträgen geht der Götterliste stets eine Anrufung der Eidgötter voran, die oft mit einer Aufforderung an die Götter einhergeht, zu sehen, zu hören und Zeugen zu sein.[53] So heißt es in einem Staatsvertrag Tuthalijas IV.:[54]

---

48 Vgl. dazu V. Haas, Geschichte der hethitischen Religion, HdO I/15, 1994, 460-467.

49 Vgl. auch Barré, God-List (s. Anm. 24), 27, der allerdings den ganzen zweiten Teil der Liste (ab *wqdm 'l w'lyn*) von der hethitischen Tradition herleiten möchte.

50 Vgl. Beckman, Texts (s. Anm. 2), Nr. 3; 5; 6a; 6b; 8; 9; 11; 12; 13; 18b; 18c.

51 Vgl. zu den alttestamentlichen Belegen W.L. Moran, Some Remarks on the Song of Moses, Bib 43 (1962), 317-327, speziell 317-320, sowie Delcor, Les attaches litteraires, l'origine et la signification de l'expression biblique „prendre a temoin le ciel et la terre", VT 16 (1966), 8-25. Weitere Belege befinden sich auf einem phönizischen Beschwörungstäfelchen (s. Z. Zevit, A Phoenican Inscription and Biblical Covenant Theology, IEJ 27 [1977], 111-118, 117) und in einem in griechischer Sprache überlieferten Vertrag aus dem zweiten Punischen Krieg aus dem Jahre 215 v. Chr. (s. Barré, God-List [s. Anm. 24], 123f.). Der griechische Beleg gibt zugleich einen Eindruck von der Zählebigkeit der Traditionen.

52 V. Korošec, Die Götteranrufung in den keilschriftlichen Staatsverträgen, Or 45 (1976), 120-129, 123, bemerkt im Hinblick auf die älteren mesopotamischen Verträge: „Von einer Aufforderung oder Einladung an die Götter, sie möchten als Zeugen und als Garanten sich an dem Abschluss des Vertrages beteiligen, verlautet noch nichts."

53 Vgl. dazu auch Barré, God-List (s. Anm. 24), 34.

54 H. Otten, Die Bronzetafel aus Boğazköy. Ein Staatsvertrag Tuthalijas IV., 1988, 25.

„Was betrifft(, dass) ich dir nun diese Vertragstafel ausgefertigt habe, so sind, siehe, in selbiger Angelegenheit die tausend Götter zur Ratsversammlung berufen. Sie sollen sehen und zuhören und sollen Zeugen sein."

In den Sfire-Inschriften findet sich eine entsprechende Aufforderung, hier direkt an die Götter gerichtet, am Ende der Götterliste (Sf I A 13f.):

pqḥw 'ynykm lḥzyh 'dy brg'yh ['m mt''l mlk [14] *'rpd]*

„Öffnet eure Augen und seht den Vertrag des Bar-ga'yah [mit Mati'-'el, dem König von Arpad]!"

Voraus geht dem eine zusammenfassende Formel, in der die Götter von *Ktk* und Arpad in ihrer Funktion als Zeugen benannt werden (Sf I A 12f.):

šhdn kl '[lhy ktk w'lhy 'r[13]*pd]*

„Zeugen sind alle G[ötter von *Ktk* und Arpad]."

Hierzu ist eine Formel aus einem Vertrag zwischen Muwattalli II. von Hatti und Talmi-Šarrumma von Aleppo zu vergleichen:[55]

„Die Götter von Hatti und die Götter von Aleppo sollen Zeugen sein in dieser Angelegenheit."[56]

Alles in allem ist die Götterliste der Vertragstexte von Sfire ein Beispiel für das Verschmelzen von genuin aramäischen mit neuassyrischen religiösen Traditionen in Nordsyrien. Daneben sind aber zu einem geringeren Grad auch Einflüsse der hethitischen Vertragsrechtstradition greifbar.

2.3 Die Flüche

Flüche und Fluchformeln dienen im Alten Orient dem Zweck, „staatliche, rechtliche und sakrale Ordnungen zu schützen".[57] In den Sfire-Inschriften lassen sich aus formalen Gesichtspunkten drei Fluchgattungen unterscheiden: Erstens die so genannten einfachen Flüche, die sowohl mit als auch ohne Anrufung einer Gottheit erscheinen; zweitens Nichtigkeitsflüche; und drittens Vergleichsflüche. Während die einfa-

---

55 Die Aufforderung zur Zeugenschaft hat allem Anschein nach auch Eingang in die mesopotamische Vertragsrechtstradition gefunden, wenn es in den VTE am Anfang der eigentlichen Vereidigung heißt: *ilānī annûte lidgulū* „Diese Götter mögen zuschauen!" (Z.494; vgl. Watanabe, *adê*-Vereidigung [s. Anm. 35], 166f.); vgl. auch Gen 31,47-50 mit der aramäischen Wendung *ygr śhdwt'*.

56 Übersetzt nach Beckman, Texts (s. Anm. 2), 95: „The gods of Hatti and the gods of Aleppo shall be witnesses in this matter."

57 W. Sommerfeld, Flüche und Fluchformeln als Quelle für die altorientalische Kulturgeschichte, in: M. Dietrich u. O. Loretz (Hgg.), Mesopotamica – Ugaritica – Biblica, FS K. Berghof, AOAT 232, 1993, 447-463, 447.

chen Flüche, die im Alten Orient weit verbreitet und in zahlreichen Textsorten belegt sind, hier außer Acht bleiben können, verdienen zumal unter traditionsgeschichtlicher Fragestellung die eher selten bezeugten Nichtigkeits- und Vergleichsflüche besondere Aufmerksamkeit.

Zunächst zu den Nichtigkeitsflüchen, die im englischsprachigen Raum auch *futility curses* bezeichnet werden.[58] Sie stehen in den Sfire-Inschriften am Anfang der Fluchformeln und sind wie die beiden anderen Typen aufgrund ihrer präventiven Funktion an die konditionale Protasis in Sf I A 14: *whn yšqr 'qr mt'l* ... „Wenn Mati'-'el vertragsbrüchig wird ..." angeschlossen. Die Fluchreihe lässt sich folgendermaßen rekonstruieren (Sf I A 21-24):[59]

> [ ] *š't w'l thry wšb' [mhy]nqn ymšḥ[n šdyhn w]*[22] *yhynqn 'lym w'l yšb' wšb' ssyh yhynqn 'l w'l yš[b' wšb']* [23] *šwrh yhynqn 'gl w'l yšb' wšb' š'n yhynqn 'mr w['l yš]*[24] *b' wšb' bnth yhpn bšt lḥm w'l yml'n*

> „[Und sieben Widder mögen] ein Schaf [bespringen], aber es soll nicht empfangen; und sieben [Am]men mögen [ihre Brüste] salben, [und] (22) sie mögen ein Kind stillen, aber es soll nicht satt werden; und sieben Stuten mögen ein Fohlen säugen, aber es soll nicht satt [werden; und sieben] (23) Kühe mögen ein Kalb säugen, aber es soll nicht satt werden; und sieben Schafe mögen ein Lamm säugen, aber [es soll nicht satt] werden; (24) und sieben seiner Töchter mögen in einem Ofen Brot backen, aber sie sollen ihn nicht füllen!"[60]

Die sechs erhaltenen Nichtigkeitsflüche machen deren stereotypen Bauplan deutlich:

In der Protasis wird eine lebenswichtige Tätigkeit genannt, deren Wirkung in der syndetisch angeschlossenen Apodosis verneint wird (aram. *w'l* + PK).[61]

---

58 H.W. Wolff, Dodekapropheton 4. Micha, BK XIV/4, 1982, 162f., prägte den Ausdruck „Nichtigkeitsflüche"; der englische Terminus *„futility curses"* geht auf D.R. Hillers, Treaty-Curses and the Old Testament Prophets, BibOr 16, 1964, 28f., zurück.

59 Die eigene Übersetzung orientiert sich an der Kommentierung von Fitzmyer, Inscriptions (s. Anm. 9), 79-83, und der Übersetzung von Rössler, Staatsverträge (s. Anm. 28), 180.

60 Vgl. zu den Rekonstruktionsproblemen des letzten Fluches S.A. Kaufman, Reflections on the Assyrian-Aramaic Bilingual from Tell Fakhariyeh, Maarav 3 (1982), 137-175, 170-172, und B. Zuckerman, On Being „Damned Certain": The Story of a Curse in the Sefire Inscription and Its Interpretation, in: A.B. Beck u.a. (Hgg.), Fortunate the Eyes That See, FS D.N. Freedman, 1995, 422-435.

61 In Anlehnung an die formgeschichtliche Beschreibung bei Wolff, Dodekapropheton (s. Anm. 58), 162; vgl. auch Hillers, Treaty (s. Anm. 58), 28: „The form may be described as consisting of a protasis, which describes the activity, and an apodosis, the frustration of the activity."

Die assyrisch-aramäische Bilingue vom Tell Feḥerīye aus dem 9. Jh.[62] enthält ebenfalls Nichtigkeitsflüche und ermöglicht zudem einen direkten Vergleich der assyrischen und aramäischen Formulierungsgewohnheiten. Die aramäische Fassung der Fluchformeln lautet:[63]

[20] *wm'h s'wn lhynqn 'mr w'l yrwh/y wm'h swr lhynqn* [21] *'gl w'l yrwy wm'h nšwn lhynqn 'lym w'l yrwy* [22] *wm'h nšwn l'pn btnwr lhm w'l yml'nh*

„Und hundert Mutterschafe mögen ein Lamm säugen, aber es soll nicht satt werden; und hundert Kühe mögen ein Kalb säugen, aber es soll nicht satt werden; und hundert Frauen mögen ein Kind stillen, aber es soll nicht satt werden; und hundert Frauen mögen in einem Ofen Brot backen, aber sie sollen ihn nicht füllen."

Die direkte Gegenüberstellung der beiden Fassungen zeigt, dass lediglich der aramäische Text klassische Nichtigkeitsflüche bezeugt, was sich an dem folgenden Fluch beispielhaft demonstrieren lässt:[64]

assyrische Fassung (Z. 33)	aramäische Fassung (Z. 20f.)
1 mē lâtu lā ušabbâ mūri	*wm'h swr lhynqn* [21] *'gl w'l yrwy*
„100 Kühe sollen ein Kalb nicht sättigen!"	„und hundert Kühe mögen ein Kalb säugen, aber es soll nicht satt werden!"

Die assyrischen Flüche, die schon aus gattungskritischen Gründen eine Übersetzung der aramäischen Nichtigkeitsflüche darstellen dürften,[65]

---

62 Vgl. dazu zuletzt D. Schwiderski, Studien zur Rekaktionsgeschichte und Religionsgeographie der akkadisch-aramäischen Bilingue vom Tell Feḥerīje, in: E. Schwertheim u. E. Winter (Hgg.), Religion und Region. Götter und Kulte aus dem östlichen Mittelmeerraum, Asia Minor Studien 45, 2003, 31-47.

63 Schwiderski, Inschriften (s. Anm. 20), 194.

64 Transkriptionen nach A. Abou-Assaf; P. Bordreuil u. A.R. Millard, La statue de Tell Fekherye et son inscription bilingue assyro-araméenne, Études Assyriologiques 7, 1982, 16 und 23.

65 Die Richtung der Abhängigkeit ergibt sich m.E. aus der Tatsache, dass die aramäische Fassung eine geprägte aramäische Fluchgattung bietet, was in der assyrischen Fassung, die hier mehr schlecht als recht eine Übertragung in den assyrischen Fluchstil versucht, nicht der Fall ist. Vgl. auch schon C. Dohmen, Die Statue von Tell Fecherīje und die Gottebenbildlichkeit des Menschen. Ein Beitrag zur Bildterminologie, BN 22 (1983), 91-101, 92, Anm. 6, und vor allem J.C. Greenfield u. A. Shaffer, Notes on the Curse Formulae of the Tell Fekherye Inscription, RB 92 (1985), 47-59, 49: „We believe that along side this division one following the original language of composition can be made: Assyrian original – Assyrian II. 1-26 = Aramaic II. 1-16; Aramaic original – Assyrian : II. 26-38 = Aramaic II. 16-23. This last part, to be discussed here in detail, contains the curse portion of the inscription. The Aramaic is rich while the Assyrian equivalent is, except for the last curse, poor and secondary."

vereinfachen deren antithetischen Satzbau zu schlichten Wunschsät-
zen.[66] Der akkadischen Tradition scheint demnach im 9. Jh. die Formulierung von Nichtigkeitsflüchen noch fremd zu sein.[67]

Die aus dem heutigen Iran stammende und erst vor wenigen Jahren
bekannt gewordene Inschrift von Būkan[68] beweist, dass nicht nur die
aramäische Sprache, sondern auch die aramäische Phraseologie bereits
im 8. Jh. weit in den Osten hinein gewirkt hat.[69] In der fragmentarischen Inschrift begegnen zwei Nichtigkeitsflüche, die denen in den
Sfire-Inschriften und der Bilingue vom Tell Feḫerīye zum Teil wörtlich
entsprechen:[70]

šbʿ šwrh ⁶yhynqn ʿgl ḥd wʾl yšbʿ wšbʾ ⁷ʿnšn yʾpw btnr ḥd wʾl yml ⁸why

„Sieben Kühe mögen ein Kalb säugen, aber es soll nicht satt werden! Und
sieben Frauen mögen in einem Ofen (Brot) backen, aber sie sollen ihn nicht
füllen!"

Die Inschrift ist ein weiterer Beleg für die weit in den Osten hinein reichende Vermittlungsleistung der Aramäer, die eine Voraussetzung für
den späteren Siegeszug des Aramäischen darstellen dürfte. Die bislang
vorgestellten Beispiele machen deutlich, dass die aramäischen Nichtigkeitsflüche stets mit dem Motiv des Essens, ohne satt zu werden, verknüpft sind.

Wenden wir uns der akkadischen Literatur zu, so erscheint dasselbe Motiv nicht direkt in Gestalt von Flüchen, sondern in einem Feld-
zugsbericht, der sich aber an dieser Stelle explizit auf eingetroffene
Vertragsflüche bezieht und sich dabei auch formal eng an die aramäischen Nichtigkeitsflüche anlehnt. Der assyrische König Assurbanipal
(669-629) schildert in einem Brief an den Gott Aššur die Not der ver-

---

66 Vgl. auch F.M. Fales, Le double bilinguisme de la statue de Tell Fekherye, Syria 60
    (1983), 233-250, 249, und Steymans, Deuteronomium (s. Anm. 29), 159.
67 Auch nach Steymans, Deuteronomium (s. Anm. 29), 160, Anm. 1, bezeugt das Fehlen
    der Antithesen im assyrischen Text „unterschiedliche Fluchstile".
68 Vgl. A. Lemaire, Une inscription araméenne du viiiᵉ s. av.J.-C. trouvée à Bukân
    (Azerbaidjan Iranien), Studia Iranica 27 (1998), 15-30. Die zwei Stelenfragmente von
    Tapeh Qalāychi nahe Būkan in Azerbaiğan lassen sich mit Hilfe der Paläographie in
    das späte 8. Jh. v. Chr. datieren (vgl. zuletzt Fales, Evidence [s. Anm. 5], 133). Da le-
    diglich der Schluss der Inschrift erhalten ist, bleibt offen, in welchem literarischen
    Kontext die Schutzflüche ursprünglich standen (vgl. a.a.O., 132).
69 Vgl. W. Röllig, Aramäer und Assyrer. Die Schriftzeugnisse bis zum Ende des Assy-
    rerreiches, in: G. Bunners (Hg.), Essays on Syria in the Iron Age, ANES.S 7, 2000,
    177-186, 179f.
70 Vgl. Schwiderski, Inschriften (s. Anm. 20), 83.

tragsbrüchigen arabischen Stämme, gegen die er von Damaskus aus militärisch vorgegangen war:[71]

„(10) Alle die Flüche, die im Eid(estext) (11) unter Nennung meines Namens und (der Namen) der Götter, deiner Kinder, geschrieben stehen, (12) bestimmtest du ihnen genauso als schlimmes Geschick: (13) Ein Kamelfohlen, ein Eselfohlen, ein Kalb, ein Lamm (14) mochten an sieben Milchtieren saugen und (15) konnten doch ihren Bauch an Milch nicht sättigen. (16) Die Leute in Arabien (17) fragten einander gegenseitig: (18f.) ‚Weshalb ist [Arabien] ein solches Un[heil widerfahren?]‘ – (20) ‚Weil wir [die großen] E[ide bei Assur nicht gehalten,] (21) [uns] gegen die Güte A[ssurbani]pals, (22) [des Königs na]ch dem Herzen Ellils, [vergan]gen haben!‘“

Da es sich um einen Bericht handelt, steht die Protasis im Gegensatz zu den aramäischen Nichtigkeitsflüchen im Indikativ. Die Apodosis (*-ma šizbu lā ušabbû karassun*) zeigt aber die formal konstitutiven Elemente Konjunktion (*-ma*) und Negation (*lā*) + Präsens, die dem *w'l* im Aramäischen entsprechen. Hans Ulrich Steymans stellt treffend fest: „Besser könnte man die westsemitische Form der *futility curses* im Akkadischen kaum wiedergeben."[72] Da der an dieser Stelle gemeinte arabische Qedar-Stamm in der syrischen Wüste in Nachbarschaft zu den Aramäern lebte, ist eine Vermittlung der aramäischen Nichtigkeitsflüche über die arabischen Stämme in die akkadische Literatur gut vorstellbar.[73]

Aus den bisher besprochenen aramäischen und akkadischen Beispielen geht hervor, dass die dort bezeugten Nichtigkeitsflüche thematisch auf den Bereich von Fruchtbarkeit und Nachkommenschaft begrenzt sind, wobei vor allem der Sättigungsverlust thematisiert wird, der somit ein konstitutives Element dieser Flüche darstellen dürfte.[74]

Nun verbindet das Motiv des Essens, ohne satt zu werden, die aramäischen Nichtigkeitsflüche mit dem hethitischen Vorstellungskomplex vom Verschwinden und der Wiederkehr einer Gottheit. Das prominenteste Beispiel ist der Mythos vom Vegetationsgott Telipinu,

---

71 Zitiert nach M. Weippert, Die Kämpfe des assyrischen Königs Assurbanipal gegen die Araber. Redaktionskritische Untersuchung des Berichts in Prisma A, WO 7 (1973/74), 39-85, 82; vgl. auch a.a.O., 76.

72 Steymans, Deuteronomium (s. Anm. 29), 183.

73 Vgl. ebd.

74 Vgl. T. Podella, Notzeit-Mythologem und Nichtigkeitsfluch, in: B. Janowski; K. Koch u. G. Wilhelm (Hgg.), Religionsgeschichtliche Beziehungen zwischen Kleinasien, Nordsyrien und dem Alten Testament. Internationales Symposium Hamburg 17.-21. März 1990, OBO 129, 1993, 427-454, 436, der nach einem Vergleich der alttestamentlichen Nichtigkeitsflüche mit denen aus der Umwelt des Alten Testaments feststellt: „Thematisch sind die Beispiele aus der Umwelt auf den Vorgang des Trinkens beim Stillen und Säugen und auf Aussaat und Ernte begrenzt, so dass hier sehr viel stärker als in den alttestamentlichen Belegen der Kontext von Fruchtbarkeit und Nachkommenschaft hervortritt."

der bereits der protohattischen Mythologie entstammen dürfte.[75] Sein
Verschwinden bewirkt in der Götter-, Menschen- und Tierwelt eine
Notzeit, die darin besteht, „dass vitale Lebensäußerungen ihre Wirkung verlieren: Essen und Trinken führen nicht zur Sättigung; der
Fortpflanzungsakt bringt keine Nachkommen."[76] Der folgende Abschnitt aus dem Telipinu-Mythos schildert anschaulich die Auswirkungen der Notzeit:[77]

> „Telipinu ist fortgegangen: Korn, Fruchtbarkeit(?), Wachstum, Gedeihen
> und Sättigung trug er mit sich fort – (hinaus) in Flur und Wiese, mit hinein
> ins Moor. [...] Nun wachsen Korn (und) Emmer nicht mehr; Rinder, Schafe
> (und) Menschen begatten sich nicht mehr. Und (selbst) jene, die bereits ge-
> schwängert/trächtig sind, gebären nicht. Die Berge vertrockneten, die
> Quellen trockneten aus, und im Lande entstand eine Hungersnot. Men-
> schen und Götter kommen durch Hunger um."

Später heißt es dann:[78]

> „Die große Sonnengöttin bereitet ein Fest; und sie rief die 1000 Götter zu
> sich; sie aßen, sättigten sich aber nicht, sie tranken – berauschten sich aber
> nicht."

Die zuletzt genannten Antithesen bieten mit der Konjunktion *nu* und
der Negation *UL* in der Apodosis[79] im Wesentlichen den Bauplan der
späteren aramäischen Nichtigkeitsflüche. Ein Unterschied besteht lediglich darin, dass das Schema hier nicht in Fluchform, sondern als
Schilderung einer bestehenden Notzeit in Erscheinung tritt. Entscheidend ist aber, dass in den Antithesen des Telipinu-Mythos das Motiv
des Essens, ohne satt zu werden, eine wichtige Rolle spielt.

Zwar begegnet das Aufbauschema der Nichtigkeitsflüche singulär
schon in einem mittelbabylonischen Kudurru;[80] doch fehlt in den dort
verzeichneten Flüchen das für die aramäischen Nichtigkeitsflüche konstitutive Motiv des Essens, ohne satt zu werden. Darum ist die Vorgeschichte der aramäischen Nichtigkeitsflüche mit Thomas Podella wohl

---

75 Vgl. dazu E. von Schuler, Art. Notzeit, WM 1 (1965), 188f., 189; die älteste Fassung
    des Mythos befindet sich in der mittelhethitischen Abschrift einer althethitischen Ta-
    fel, vgl. Haas, Geschichte (s. Anm. 48), 708.
76 Podella, Notzeit (s. Anm. 74), 439.
77 Zitiert nach Haas, Geschichte (s. Anm. 48), 709.
78 A.a.O., 710. – Der Sättigungsverlust ist im Übrigen nach der Wiederkehr der Gott-
    heit aufgehoben: „(Die Götter) aßen und [sättigten sich], auch tranken sie [und be-
    rauschten sich]" (a.a.O., 719).
79 Vgl. zum hethitischen Text H. Otten, Die Überlieferungen des Telipinu-Mythus,
    MVAG 46 (1942), 15.
80 Vgl. Steymans, Deuteronomium (s. Anm. 29), 183f., der eine Zurückführung der
    Nichtigkeitsflüche auf die hethitische Tradition aufgrund der mittelbabylonischen
    Flüche ablehnt.

am wahrscheinlichsten im hethitischen Notzeit-Mythologem zu suchen.[81] Die Rezeption der mythologischen Vorstellung in präventiven Flüchen dürfte auch durch weitere Anknüpfungspunkte nahe gelegen haben. Da ist zunächst auf die theologische Deutung der Ursache der Notzeit zu verweisen. Sie ist im Zorn der Gottheit aufgrund einer Verletzung des göttlichen Rechtsbereiches zu suchen, die unter anderem im Vertragsbruch bestehen kann.[82] Darüber hinaus haftet wie in den aramäischen Vertragsflüchen schon in der hethitischen Mythologie das ganze Land für ein Vergehen seines Herrschers.[83]

Die zweite für die traditionsgeschichtliche Fragestellung relevante Fluchgattung ist die der Vergleichsflüche oder Zeremoniellen Flüche.[84] Sie wurden ursprünglich im Zusammenhang einer auf dem Prinzip des Analogiezaubers basierenden Symbolhandlung ausgesprochen,[85] die den Vereidigten auf drastische Weise die Folgen einer Verletzung der Eide vor Augen führte. In den Sfire-Inschriften erinnert lediglich das Demonstrativum an eine im Hintergrund stehende *demonstratio ad oculos*,[86] wenn es etwa heißt (Sf I A 37f.):

'ykh zy tqd š'wt' z' b'š kn yqd m[t'l b][38] *š*

„Wie (*'ykh zy*) dieses Wachs (*š'wt*) im Feuer verbrennt, so (*kn*) verbrenne Ma[ti'-'el im Feu]er."

---

81 Vgl. Podella, Notzeit (s. Anm. 74), 438-446; vgl. auch S. Grätz, Der strafende Wettergott. Erwägungen zur Traditionsgeschichte des Adad-Fluchs im Alten Orient und im Alten Testament, BBB 114, 1998, 84-89, sowie M. Hutter, Widerspiegelungen religiöser Vorstellungen der Luwier im Alten Testament, in: M. Novák u.a. (Hgg.), Die Außenwirkung des späthethitischen Kulturraumes. Güteraustausch – Kulturkontakt – Kulturtransfer, Akten der zweiten Forschungstagung des Graduiertenkollegs „Anatolien und seine Nachbarn" der Eberhard-Karls-Universität Tübingen (20. bis 22. November 2003), AOAT 323, 2004, 425-442, der aufgrund von Anklängen an das Notzeit-Mythologem in hieroglyphen-luwischen Texten aus Tabal zu dem Schluss gelangt, „dass dieses Motiv als luwische Tradition auch im 1. Jt. bekannt war" (a.a.O., 433).

82 Vgl. auch Podella, Notzeit (s. Anm. 74), 433, der die Funktion der alttestamentlichen Nichtigkeitsflüche unter anderem darin sieht, „auf literarischer Ebene eine *Notzeit* als Strafe für die Übertretung des göttlichen Willens oder einer Bundesverpflichtung vorauszusagen".

83 Vgl. von Schuler, Notzeit (s. Anm. 75), 188f.

84 Vgl. Hillers, Treaty (s. Anm. 58), 18: „simile curses"; in Parpola/Watanabe, Treaties (s. Anm. 3), XLII wird dieser Typ „ceremonial curses" bezeichnet.

85 Vgl. dazu V. Haas, Art. Magie und Zauberei. B. Bei den Hethitern, RA 7 (1987-90), 234-255, 244f., der die von einem Ritual begleiteten Flüche unter „manipulierte Analogien mit Kontiguitätsbeziehung" verbucht.

86 Vgl. Hillers, Treaty (s. Anm. 58), 19, der das Demonstrativpronomen für seine Untergruppe „ritual or ceremonial curses" verbindlich macht, da es anzeigt, „that the object was present and was handled in some sort of ritual (at least when the curse was first composed)".

Die größte formale wie inhaltliche Nähe der Vergleichsflüche in den
Sfire-Inschriften besteht zu Ritualflüchen in hethitischen Treueiden und
Verträgen. Die ältesten Belege befinden sich in den Militärischen Eiden,
deren erster in die ausgehende althethitische Zeit datiert. Dort heißt es
etwa (Vs. I 47-II 4):[87]

> „Dann legt er ihnen Wachs und Schaffett in die Hände, wirft es dann in die
> offene Flamme und spricht: ,Wie (*maḫḫan*) dieses Wachs schmilzt, das
> Schaffett aber zerläuft, so soll nun, wer auch immer diese Eide übertritt
> und sich gegen den [König des Lande]s Hatti hinterhältig beträgt, wie
> Wachs schmelzen, wie Schaffett aber soll er zerlaufen!' Jene aber sprechen:
> ,Das soll (so) sein!' "

Hier ist der eigentliche Fluch noch ganz in den Zusammenhang der
demonstratio ad oculos gestellt. Zugleich zeigt die dem Fluch folgende
Zustimmung der Vereidigten, dass die Symbolhandlung einen Droh-
ritus der Selbstverfluchung darstellt.

Flüche in Form von Vergleichssätzen sind auch in den neuassyrischen VTE vertreten, wobei der Vergleich mit der Verbindung *kī ša* eingeleitet wird, der im Aramäischen die Verbindung *'yk zy* entspricht.[88] §
89 lautet entsprechend:[89]

> [608]*kī ša ṣalmu ša iškūri ina išāti iššarrapūni* ...[610][k]*ī ḫanni'e lānkunu ina Girra*
> *liqmû*
>
> „Wie (*kī ša*) eine Figur aus Wachs im Feuer verbrannt wird ..., so (*kī*) mö-
> gen sie eure Gestalt im Feuer verbrennen."[90]

Die formal wie inhaltlich enge Beziehung zu den etwas älteren aramäischen Flüchen lässt nach wie auch immer zu bestimmenden Abhängigkeiten fragen. Drei Beobachtungen sprechen für die schon von Kazuko
Watanabe in ihrer einschlägigen Arbeit zu den VTE vorgetragenen
These, nach der die Vergleichsflüche in der neuassyrischen Vertragsrechtstradition sekundär und zudem von der westlichen Fluchtradition
abhängig sind:[91] Erstens haben Vergleichsflüche in der mesopotamischen Literatur kaum Vorbilder.[92] Zweitens stehen in den VTE die

---

87 N. Oettinger, Die Militärischen Eide der Hethiter, StBoT 22, 1976, 8f.
88 Vgl. Fitzmyer, Inscriptions (s. Anm. 9), 92.
89 Watanabe, *adê*-Vereidigung (s. Anm. 35), 172f.
90 Nach M.P. Streck, Die Flüche im Sukzessionsvertrag Asarhaddons, ZAR 4 (1998),
     165-191, 181f., könnten in den VTE auch die Vergleiche ohne Demonstrativ von einer
     demonstratio ad oculos begleitet gewesen sein.
91 Watanabe, *adê*-Vereidigung (s. Anm. 35), 33f.; vgl. auch Grätz, Wettergott (s. Anm.
     81), 80-82.
92 Vgl. Streck, Flüche (s. Anm. 90), 181, mit dem Hinweis, „dass Vergleichsflüche in der
     mesopotamischen Fluchtradition anscheinend keine große Rolle spielen, mithin lite-
     rarische Vorbilder in der Regel fehlen." Ebd., Anm. 28, führt Streck den Nergalfluch
     aus dem Codex Hammurapi als Beleg für einen Vergleichsfluch in der mesopotami-

Vergleichsflüche vorwiegend in assyrischer Sprache, wohingegen die traditionellen Flüche ohne Vergleich in der üblichen babylonischen Literatursprache verfasst sind,[93] ganz so, als sollte das der eigenen Tradition Fremde auch sprachlich als Novum gekennzeichnet werden. Drittens häufen sich im Bereich der Vergleichsflüche die Aramaismen,[94] was kaum ein Zufall sein wird.

Da Vergleichsflüche in der neuassyrischen Vertragsrechtstradition sonst nur noch in dem Vertrag Aššur-nērārīs mit dem Aramäer Mati'-'el von Arpad vorkommen und auch andere neuassyrische Vasallenverträge offenkundig lokale Traditionen der Vasallenstaaten aufgenommen haben,[95] könnte die Vermittlung der Vergleichsflüche über eben solche mit Aramäerstaaten geschlossene Verträge geschehen sein.

Für den westlichen Ursprung der von einer *demonstratio ad oculos* begleiteten Vergleichsflüche spricht schließlich auch, dass allein im Westen entsprechende Selbstverfluchungsriten auf die Vertragsterminologie eingewirkt haben. So stehen aramäisch *gzr 'dy* „einen Vertrag schneiden" und hebräisch *krt bryt* „einen Bund schneiden" idiomatisch für „einen Vertrag schließen".[96] Die terminologischen Übereinstimmungen zwischen den idiomatischen Formeln einerseits und den Symbolhandlungen andererseits verraten den Zusammenhang: Nachdem in den Vertragstexten von Sfire in I A 7 davon die Rede war, dass Bar-ga'yah den vorliegenden Vertrag geschnitten hat (*gzr 'dy*), heißt es in einem Vergleichsfluch (Sf I A 39f.):

w'yk z][40][*y*] *ygzr 'gl' znh kn ygzr mt'l wygzrn rbwh*

„[Und wie] dieses Kalb zerschnitten wird (*ygzr*), so werde zerschnitten (*ygzr*) Mati'-'el und werden zerschnitten (*wygzrn*) seine Großen."

---

schen Fluchtradition an. Allerdings ist zu beachten, dass die hethitischen wie später auch die aramäischen und akkadischen Vergleichsflüche stets ohne ein göttliches Subjekt auftreten.

93 Vgl. Watanabe, *adê*-Vereidigung (s. Anm. 35), 33, und die Feststellung a.a.O., 44: „Bemerkenswert ist, dass die Flüche, die aus dem Westen zu stammen scheinen, in neuassyrischer Sprache abgefasst sind."

94 Vgl. Watanabe, *adê*-Vereidigung (s. Anm. 35), 204.

95 Auch der Vertrag Asarhaddons mit Baal von Tyrus gibt insbesondere in den Fluchformeln westliches Lokalkolorit zu erkennen, wenn es etwa heißt: „So mögen Baal-sameme, Baal-malage und Baal-Saphon einen bösen Wind sich gegen eure Schiffe erheben lassen, ihr Schiffstau lösen, ihren Schiffspfahl herausreißen ..." (R. Borger, Assyrische Staatsverträge, in: O. Kaiser [Hg.], TUAT I/2, 159).

96 Vgl. auch H. Tadmor, Treaty and Oath in the Ancient Near East. A Historian's Approach, in: G.M. Tucker u. D.A. Knight (Hgg.), Humanizing America's Iconic Book: Society of Biblical Literature Centennial Addresses 1980, BSNA 6, 1982, 127-152, 137: „Thus, the idiom ,to cut a covenant' would be an isogloss that separates the western from the eastern, or Mesopotamian, treaty terminology in which compacts were ,bound' or ,established' but never ,cut'." Vgl. zu phönizisch *krt 'lt* a.a.O., 136.

Ganz entsprechend kann für das Alte Testament auf die Formel *krt bryt*
„einen Bund schneiden" im Zusammenhang mit einem Selbstverflu-
chungsritus in Jer 34,18 verwiesen werden, wo es heißt:

> „Ich mache die Männer, die meinen Bund (*bryty*) übertreten und die Worte
> des Bundes (*dbry hbryt*), den sie vor mir geschnitten hatten (*'šr krtw lpny*),
> nicht gehalten haben, dem Kalb gleich,[97] das sie in zwei Hälften zerschnit-
> ten haben (*'šr krtw lšnym*) und zwischen dessen Stücken sie hindurchge-
> gangen sind."[98]

3. Die Vermittlung der Traditionen

Eine vergleichende Betrachtung der aramäischen Inschriften von Sfire
mit den beiden maßgeblichen Vertragsrechtstraditionen in Anatolien
und Mesopotamien macht deutlich, dass eine einseitige Vereinnah-
mung dieser Vertragstexte für die assyrische Tradition nicht haltbar ist.
Der prägende Einfluss Assurs ist zwar unschwer am Vertragsformular
und in der mit dem assyrischen Reichsgott eröffneten Götterliste feststellbar. Darüber hinaus hat Hayim Tawil diverse lexikalische Abhängigkeiten vom Akkadischen nachweisen können.[99]

Daneben bestehen jedoch auch enge Beziehungen zur hethitischen
Vertragsrechtstradition, die gerade dann besondere Beachtung verdienen, wenn es sich um Elemente handelt, die in neuassyrischen Verträgen nicht zu belegen sind. Zu nennen sind hier etwa die Segensformel
in Sf I C und die Naturgottheiten am Ende der Götterliste. Schwieriger
stellt sich die traditionsgeschichtliche Verortung der beiden Fluchgattungen dar, von denen mindestens eine auch in neuassyrischen Verträgen vertreten ist. Im Blick auf die hethitischen Kulturelemente ist es
aber die Kumulation der Beobachtungen, durch die das Postulat einer

---

97   Vgl. zu dem grammatischen Problem, das MT an dieser Stelle mit *h'gl* an Stelle von
     k'gl bereitet, W. McKane, A Critical and Exegetical Commentary on Jeremiah II, ICC,
     1996, 873.
98   Vgl. R. Haase, Deuteronomium und hethitisches Recht. Über einige Ähnlichkeiten in
     rechtshistorischer Hinsicht, WO 25 (1994), 71-77, 71f., zu einem vergleichbaren he-
     thitischen Ritual, das – sollte das fragmentarisch überlieferte Ritual mit einer Verei-
     digung in Zusammenhang stehen – eine brauchbare Parallele zu Jer 34,18 darstellen
     würde. Ob auch die in der Mari-Literatur erscheinende idiomatische Formel *ḫayarum
     qatālum* „einen Esel töten" auf einen Ritualfluch zurückgeht, oder nicht eher einen
     Bundesratifikationsritus darstellt, bleibt dagegen umstritten; vgl. G.F. Hasel, Art.
     כרת, ThWAT 4 (1984), 355-367, 366.
99   Vgl. H. Tawil, The End of the Hadad Inscription in the Light of Akkadian, JNES 32
     (1973), 477-482, sowie ders., Two Notes on the Treaty Terminology of the Sefîre In-
     scriptions, CBQ 42 (1980), 30-37.

von Hatti ausgehenden traditionsgeschichtlichen Verbindungslinie an Evidenz gewinnt.

Schließlich werden auch genuin aramäische Traditionen greifbar. So hat etwa William Morrow an Hand der Stipulationen aufzeigen können, dass der dort bezeugte Gebrauch einer emphatischen Infinitiv-konstruktion ein stilistisches Proprium der aramäischen Vertrags-rechtstradition darstellt.[100] Eine aramäische Innovation ist dann zwei-felsohne auch der *terminus technicus* für Vertrag ʿdy, dessen aramäische Herkunft sich im Vergleich mit den akkadischen und hebräischen Äquivalenten morphologisch nachweisen lässt.[101] Der aramäischen Tradition dürfte schließlich auch die Rezeption des hethitischen Not-zeit-Mythologems in Nichtigkeitsflüchen zu verdanken sein. Dass die Aramäer ihrerseits das assyrische Vertragsrecht beeinflusst haben, ist für die Terminologie mit *adê* offensichtlich, für die Nichtigkeits- und Vergleichsflüche zumindest mit guten Gründen zu vermuten. Fasst man die Einzelbeobachtungen zusammen, so gibt sich das Vertrags-werk von Sfire als ein Amalgam aus genuin aramäischen sowie spät-hethitischen und neuassyrischen Traditionen zu erkennen.[102]

Abschließend möchte ich auf die Frage eingehen, wie sich die Übereinstimmungen der verschiedenen Vertragsrechtstraditionen er-klären lassen. Grundsätzlich stehen hier zwei Erklärungsmuster zur Verfügung:[103] Demnach können die Übereinstimmungen entweder typologisch oder genealogisch erklärt werden. Im ersten Fall sind die Übereinstimmungen durch ähnliche lebensweltliche Erfahrungen un-abhängig voneinander entstanden; im zweiten Fall sind sie durch mit-telbaren oder unmittelbaren Kulturkontakt abhängig voneinander ent-standen, wobei diese Abhängigkeit bis hin zu einer literarischen Ab-hängigkeit (d.h. einer Abschrift oder Übersetzung) reichen kann. Am Beispiel der schon erwähnten Inschrift von Bukān aus dem ausgehen-den 8. Jh. möchte ich versuchen, ein Schlaglicht auf die Art und Weise der Vermittlung der Traditionen zu werfen. Dabei stellt sich folgende

---

100 Vgl. Morrow, Treaty (s. Anm. 7), 96.

101 Vgl. Lemaire/Durand, inscriptions (s. Anm. 4), 91-106.

102 Damit bestätigt sich, was Morrow, Treaty (s. Anm. 7), 97, im Anschluss an seine Analyse der Stipulationen als Ergebnis festhält: „The Sefire inscriptions represent an amalgam of different traditions."

103 Die folgende Alternative entspricht in etwa der von M. Malul, The Comparative Method in Ancient Near Eastern and Biblical Legal Studies, AOAT 227, 1990, 93-97, geforderten Unterscheidung von „coincidence" und „uniqueness", verbunden mit der Fragestellung (a.a.O., 93): „Are the similarities and/or differences discovered between the sources/phenomena the result of parallel developmens [sic!], independ-ent of each other and, therefore, coincidental, or do they point to an original phe-nomenon unique to the sources under comparison?"

Frage: Wie kommt eine in Aramäisch verfasste und mit geprägten aramäischen Sprachmustern versehene Inschrift in eine weit im Osten gelegene nicht-aramäische Kultur? Da die Stele aufgrund ihrer Größe kaum importiert sein wird[104] und überdies den urartäischen Gott Haldi erwähnt,[105] ist davon auszugehen, dass die Inschrift nicht allein im Gebiet der Mannäer gefunden, sondern auch dort entstanden ist. Dies aber bedeutet, dass sich entweder ein aramäischer Schreiber am mannäischen Hof befand,[106] oder dass ein mannäischer Schreiber in einer aramäischen Schreiberschule gründlich ausgebildet worden ist.[107] In beiden Fällen sind also Schreiber bzw. Schreiberschulen als Kontaktträger und somit als Traditionsträger auszumachen.[108]

Instruktiv ist nun ein Vergleich der Schutzflüche der Bukān-Inschrift mit denen der Bilingue vom Tell Feḥerīye und den Sfire-Inschriften. Die drei Inschriften enthalten einen beinahe identischen Fluch:

---

104 Die Fläche der Inschrift bemisst sich auf 80x150cm; vgl. I. Eph'al, The Bukān Aramaic Inscription. Historical Considerations, IEJ 49 (1999), 116-121, 116.

105 Umstritten ist, ob auch die mannäische Hauptstadt Izirtu (z'tr) genannt wird, wie Lemaire, inscription (s. Anm. 68), 21f., vermutet. Fales, Evidence (s. Anm. 5), 136-138, plädiert dagegen für den Personennamen Bs/z'tr, der auch in den Annalen Tiglatpilesers III. bezeugt ist.

106 Vgl. M. Sokoloff, The Old Aramaic Inscription from Bukān: A Revised Interpretation, IEJ 49 (1999), 105-115.106.

107 Vgl. Eph'al, Inscription (s. Anm. 104), 118.

108 Die Inschrift legt – wie Eph'al, Inscription (s. Anm. 104), 118, m.E. zu Recht vermutet – zumindest das Vorhandensein einer Gruppe nahe „whose members were scribes, and perhaps officials and members of the state leadership, who adopted Aramaic for writing and as a language of culture". Wenn Fales, Evidence (s. Anm. 5), 147, die Existenz einer aramäischen Inschrift im Mannäerreich mit der Annahme erklären will, die Inschrift sei Niederschlag einer anti-assyrischen Koalition zwischen einem aramäischen (Mati'-'el von Arpad?) und einem mannäischen Herrscher, so wäre auch in diesem Fall vorauszusetzen, dass es unter den Mannäern Menschen gab, die die Stelen entziffern konnten. – Die Situation könnte mit der im Königreich Juda vergleichbar gewesen sein. Auch in Juda ist nach der Erzählung in II Reg 18,13ff. nur die Jerusalemer Führungsschicht in der Lage, Aramäisch zu verstehen, während das gemeine Volk auf der Stadtmauer auf Hebräisch angesprochen werden muss. Demnach könnte das Aramäische im mannäischen und judäischen Königreich im ausgehenden 8. Jh. v. Chr. als eine Art Kultursprache der Führungsschicht gedient haben.

wm'h nšwn l'pn btnwr lḥm w'l yml'nh

„Und hundert Frauen mögen in einem Ofen Brot backen, aber sie sollen ihn nicht füllen." (Tell Feḥerīye-Bilingue, Z.22; 2. Hälfte 9. Jh.)

wšb' bnth yhpn bšṭ lḥm w'l yml'n

„Und sieben seiner Töchter mögen in einem Ofen Brot backen, aber sie sollen ihn nicht füllen!" (Sfire-Inschriften I A, Z.24; Mitte 8. Jh.)

wšb[7] ' nšn y'pw btnr ḥd w'l yml[8] why

„Und sieben Frauen mögen in einem Ofen (Brot) backen, aber sie sollen ihn nicht füllen!" (Bukān-Inschrift, Z.6-8; spätes 8. Jh.)

Hier zeigt sich, dass die meist wörtlichen Übereinstimmungen kaum typologisch zu erklären sind. Die kleinen lexikalischen Abweichungen machen aber auch eine literarische Abhängigkeit der zeitlich und räumlich recht weit gestreuten Inschriften unwahrscheinlich. Am plausibelsten ist daher die Annahme, dass aramäische Schreiber und Schreiberschulen in einem interkulturellen Traditionsstrom standen,[109] durch den geprägte Sprachmuster und Vorstellungen über große zeitliche und räumliche Distanzen in andere Kontexte vermittelt wurden.[110] Dabei ist zu bedenken, dass Schreiber im Rahmen ihrer umfassenden Ausbildung mit den diversen Formularen und Sprachmustern vertraut gemacht wurden,[111] so dass selbst ein großes Maß an Übereinstimmungen nicht vorschnell mit der These einer literarischen Abhängigkeit erklärt werden sollte.

Im Hinblick auf die in den Sfire-Inschriften angetroffenen Übereinstimmungen mit der hethitischen und der neuassyrischen Vertragsrechtstradition ist noch kurz nach den historischen Rahmenbedingungen für etwaige kulturelle Kontakte zu fragen, welche die notwendige Voraussetzung von traditionsgeschichtlichen Abhängigkeitsverhältnissen bilden.[112]

---

109 Lev 26,26 macht deutlich, dass auch das Alte Testament an diesen Strom angeschlossen war:
'śr nšym lḥmkm btnwr 'ḥd whšybw lḥmkm bmšql w'kltm wl' tśb'w
„Zehn Frauen werden euer Brot in einem Ofen backen und euer Brot abgewogen herbeibringen, und ihr werdet essen, aber ihr sollt nicht satt werden!"

110 Röllig, Aramäer (s. Anm. 69), 178, spricht in Bezug auf Übereinstimmungen zwischen phönizischen und aramäischen Inschriften von einem „stream of tradition", „der phönizische und aramäische Schreibertradition gleichermaßen prägte". Für die assyrisch-aramäische Bilingue vom Tell Fekheriye geht Fales, bilinguisme (s. Anm. 66), 250, ebenfalls von einem Diskurs der assyrischen und aramäischen Schriftgelehrsamkeit aus.

111 Vgl. zu Ausbildung und Beruf der Schreiber A. Lemaire, Art. Scribes I. Proche-Orient ancien; II. Ancien Testament – Ancien Israël, DBS 12 (1996), 244-266.

112 Malul, Method (s. Anm. 103), 99-112, spricht in diesem Zusammenhang von „corroboration" (a.a.O., 99): „that is, is it possible to prove the existence of the right con-

Auf die nicht zuletzt durch die Westexpansion des neuassyrischen Reiches bedingten intensiven Kontakte mit der dominanten assyrischen Kultur bin ich bereits eingangs zu sprechen gekommen. Demgegenüber treten die Kontakte mit der hethitischen Kultur auf den ersten Blick weniger deutlich zutage. Sie sind zunächst durch die unmittelbare Nachbarschaft zu den so genannten hethitischen Nachfolgestaaten wie Karkemiš im Nordosten oder Patina im Westen gegeben, die nicht selten als Alliierte von Bīt-Agūsi in Erscheinung treten. Insbesondere für Karkemiš, die bedeutendste Stadt der Region, lässt sich ein Traditionskontinuum von der Großreichszeit bis in das 8. Jh. v. Chr. nachweisen. Hier sowie in Aleppo hatte der hethitische Großkönig Šuppiluliuma I. um 1330 für zwei seiner Söhne Sekundogenituren eingerichtet. Nach dem Zusammenbruch des hethitischen Großreiches um 1200[113] trat Karkemiš das politische und kulturelle Erbe der Hethiter an.[114] Auch wenn das Großkönigtum Karkemiš in der Folge in eine Reihe luwischer und aramäischer Einzelstaaten zerfiel, so ist doch für die Stadt Karkemiš selbst eine dynastische Kontinuität von der ausgehenden Spätbronzezeit bis in das 10. Jh., vielleicht sogar bis zur Eroberung der Stadt durch die Assyrer im Jahre 717 festzustellen.[115] Mit Bezeichnungen wie „(Land) Hatti" bzw. „Hethiter" für die hethitischen Nachfolgestaaten wird noch in neuassyrischer Zeit und bis in das Alte Testament hinein auf die in Nordsyrien fortbestehende Kontinuität mit dem untergegangenen Hethiterreich verwiesen.

Kontakte zur späthethitischen Kultur sind aber auch in den Aramäerstaaten selbst gegeben. Denn als sich die verschiedenen Aramä-

---

ditions for the creation of a historical connection between the two cultures under comparison?"

113 Vgl. dazu D. Sürenhagen, Politischer Niedergang und kulturelles Nachleben des hethitischen Großreiches im Lichte neuerer Forschung, in: U. Magen u. M. Rashad (Hgg.), Vom Halys zum Euphrat, FS T. Beran, Altertumskunde des Vorderen Orients 7, 1996, 283-293, 283-290, und H. Klengel, Geschichte des hethitischen Reiches, HdO I/34, 1999, 309-315.

114 Vgl. dazu Klengel, Geschichte (s. Anm. 113), 315-319, sowie F. Starke, Art. Kleinasien, III. Geschichte, C. Hethitische Nachfolgestaaten, DNP 6 (1999), 518-534, 521.

115 Vgl. J.D. Hawkins, Kuzi-Tešub and the „Great Kings" of Karkamiš, AnSt 38 (1988), 99-108, sowie ders., „Great Kings" and „Country-Lords" at Malatya and Karkamiš, in: T.P.J. van den Hout u. J. de Roos (Hgg.), Studio Historiae Ardens. Ancient Near Eastern Studies Presented to Philo H. J. Houwink ten Cate on the Occasion of his 65th Birthday, 1995, 73-85; vgl. auch die Dynastielinie von Karkemiš bei Starke, Kleinasien (s. Anm. 114), 519f.; Klengel, Syria (s. Anm. 12), 193, hält die dynastische Kontinuität für möglich und fügt hinzu: „In any case, the Hittite traditions were still alive, and the Hittite/Luwian component of population was certainly strong."

erstämme seit etwa dem 10. Jh. v. Chr. in Nordsyrien ansiedelten,[116]
fanden sie keine kulturelle *tabula rasa* vor, sondern trafen auf ein Sub-
strat an späthethitischen Traditionen, das sich vielerorts noch lange
Zeit behaupten konnte.[117] Blicken wir etwa zu den nordwestlichen
Nachbarn von Arpad, dem Aramäerstaat Sam'al, so spiegelt sich dort
nicht nur in der Kunst und der Götterwelt, sondern auch in den luwi-
schen Thronnamen der aramäischen Könige die Hochschätzung der
späthethitischen Kultur.[118] In Hamat, dem südlichen Nachbarn von
Arpad, löst König Zakkur erst zu Beginn des 8. Jh. die luwische Dynastie ab.[119] Und im Gebiet des östlich von Bīt-Agūsi gelegenen Aramä-
erstaates Bīt-Adīni ist jüngst eine in das 8. Jh. zu datierende Bauinschrift
entdeckt worden, die neben einer assyrischen und einer aramäischen
Fassung auch eine Kurzform in Hieroglyphenluwisch enthält,[120] was
entsprechend Rückschlüsse auf die Zusammensetzung der Bevölkerung zulassen dürfte.[121]

Schon dieser kurze Blick auf die politische Geographie Nordsyriens
macht deutlich, dass wir in dieser Kontaktzone von einer „engen Symbiose zwischen späthethitischen und aramäischen Staaten"[122] sprechen
können, in der Traditionen aus der hethitischen Großreichszeit bis weit
in die Eisenzeit hinein lebendig blieben.[123]

---

116 Vgl. dazu H. Sader, The Aramaean Kingdoms of Syria. Origin and Formation Proc-
      esses, in: G. Bunners (Hg.), Essays on Syria in the Iron Age, ANES.S 7, 2000, 61-76.
117 Vgl. dazu Veenhof, Geschichte (s. Anm. 9), 212-215.
118 Vgl. Tropper, Inschriften (s. Anm. 39), 3-26, und zu Sam'al allgemein Lipiński, Ara-
      maeans (s. Anm. 11), 233-247.
119 Vgl. Klengel, Syria (s. Anm. 12), 212f.; vgl. zu Hamat als „Schnittpunkt syrischer und
      luwischer religiöser Vorstellungen und Vermittler nach Israel" Hutter, Widerspie-
      gelungen (s. Anm. 81), 429-432.
120 Vgl. dazu Röllig, Aramäer (s. Anm. 69), 182f.
121 Vgl. S. Dalley, Shamshi-Ilu, Language and Power in the Western Assyria Empire, in:
      G. Bunners (Hg.), Essays on Syria in the Iron Age, ANES.S 7, 2000, 79-88, 80: „This
      shows that the use of Hittite hieroglyphs for Luwian continued in use under Assyr-
      ian rule, and did not die out with the end of the 'Luwian' dynasty."
122 Podella, Notzeit (s. Anm. 74), 446. Der komplexe traditionsgeschichtliche Befund in
      den Vertragstexten von Sfire bestätigt nun auch für das Vertragsrecht, was Manfred
      Hutter für die Religionswelt Nordsyriens festgestellt hat, nämlich ein Ineinander-
      fließen von luwischen und aramäischen Traditionen (vgl. ders., Das Ineinanderflie-
      ßen von luwischen und aramäischen religiösen Vorstellungen in Nordsyrien, in:
      P.W. Haider [Hg.], Religionsgeschichte Syriens. Von der Frühzeit bis zur Gegenwart,
      1996, 116-121).
123 Vgl. zu den forschungsgeschichtlichen Konsequenzen der kulturellen Kontinuität
      etwa Sürenhagen, Niedergang (s. Anm. 113), 292: „Mit dem Nachweis dynastischer
      und künstlerischer Kontinuität in Kargamiš und Malatya, über das Ende des hethiti-
      schen Großreiches hinaus, ist nun auch der Weg frei für neue Überlegungen, die die
      Überlieferung geistigen Kulturgutes in die klassische Antike betreffen."

Die aramäischen Inschriften von Sfire besitzen als traditionsge-
schichtliches *mixtum compositum* für die Frage nach der Herkunft der
Bundestheologie im Alten Testament einen hohen heuristischen Wert.
Denn die einschlägigen bundestheologischen Texte im Deuteronomium
bezeugen eine vergleichbare Traditionenvermischung, die auch hier
eine monokausale Erklärung unwahrscheinlich macht.

Ausgewählte Literatur
zur Deuteronomismus-Diskussion

Das Literaturverzeichnis gliedert sich in folgende Abschnitte: 1. Forschungsgeschichtliche Beiträge und Sammelbände – 2. Methodologische und literatursoziologische Fragen – 3. Ältere Positionen der Deuteronomismus-Forschung – 4. Neuere redaktionsgeschichtliche Synthesen – 5. Zu einzelnen Büchern der „deuteronomistischen Geschichtswerke" in Gen – II Reg (5.1. Genesis – Numeri; 5.2. Deuteronomium; 5.3. Josua; 5.4. Richter; 5.5. Samuel – Regum) – 6. Zur Geschichtsschreibung im Alten Testament und im Alten Orient – 7. Zur Religionsgeschichte Israels und Judas – 8. Zum vorderorientalischen Vertragsrecht und zur alttestamentlichen Bundestheologie. Die aufgeführten Titel stellen nur eine kleine Auswahl von Positionen dar. Kommentare zu einzelnen Büchern wurden unter 5. nicht aufgelistet. Weiterführende Literatur ist den jeweiligen Beiträgen sowie den einzelnen Aufsätzen dieses Bandes selbst zu entnehmen oder leicht zugänglich über die Bibelwissenschaftliche Literaturdokumentation Innsbruck (BILDI): http://bildi.uibk.ac.at/.

1. Forschungsgeschichtliche Beiträge und Sammelbände

Braulik, G. (Hg.): Bundesdokument und Gesetz, HBS 4, Freiburg 1995.

Brekelmans, C. / Lust, J. (Hgg.): Pentateuchal and Deuteronomistic Studies. Papers read at the XIIIth IOSOT Congress, Leuven 1989, BEThL 94, Leuven 1990.

Campbell, A.F. / O'Brien, M.: Unfolding the Deuteronomistic History. Origins, Upgrades, Present Text, Minneapolis 2000.

Cortese, E.: The Deuteronomistic Work, SBFA 47, Jerusalem 1999.

Dietrich, W.: Von David zu den Deuteronomisten. Studien zu den Geschichtsüberlieferungen des Alten Testaments, BWANT 156, Stuttgart 2002.

Friedman, R.E.: The deuteronomistic school in: A.B. Beck (Hg.), Fortunate the eyes that see. FS D.N. Freedman, Grand Rapids/Mich. 1995, 70-80.

Grabbe, L.L. (Hg.): Good Kings and Bad Kings. The Kingdom of Judah in the Seventh Century, LHBOTS 393, London 2005, 164–188.

Groß, W. (Hg.), Jeremia und die »deuteronomistische Bewegung«, BBB 98, Weinheim 1995.

Jenni, E.: Zwei Jahrzehnte Forschungen an den Büchern Josua bis Könige, ThR 27 (1961), 1-32.97-146.

Kaiser, O.: Studien zur Literaturgeschichte des Alten Testaments, fzb 90, Würzburg 2000.

Knoppers, G.N. / McConville, J.C. (Hgg.): Reconsidering Israel and Judah: Recent Studies on the Deuteronomistic History, Sources for Biblical and Theological Study 8, Winona Lake/Ind. 2000.

Kratz, R.G. / Spieckermann, H. (Hgg.): Liebe und Gebot. Studien zum Deuteronomium, FS L. Perlitt, FRLANT 190, Göttingen 2000.

Lohfink, N.: Studien zum Deuteronomium und zur deuteronomistischen Literatur I, SBAB 8, Stuttgart 1990; II, SBAB 12, Stuttgart 1991; III, SBAB 20, Stuttgart 1995; IV, SBAB 31, Stuttgart 2000.

McKenzie, St.L. / Graham, M.P. (Hgg.): The History of Israel's Tradition. The Heritage of Martin Noth, JSOT.S 182, Sheffield 1994.

Moor, J.C. de / Rooy, H.F. van (Hgg.): Past, Present, Future. The Deuteronomistic History and the Prophets, OTS 44, Leiden 2000.

Otto, E. / Achenbach, R. (Hgg.): Das Deuteronomium zwischen Pentateuch und Deuteronomistischem Geschichtswerk, FRLANT 206, Göttingen 2004.

Preuß, H.D.: Zum deuteronomistischen Geschichtswerk, ThR 58 (1993), 229-264.341-395.

Pury, A. de / Römer, Th. /Macchi, J.D. (Hgg.): Israël construit son histoire. L'historiographie deutéronomiste à la lumière des recherches récentes, MoBi 34, Paris 1996, 9-120.

Radjawane, A.N.: Das deuteronomistische Geschichtswerk. Ein Forschungsbericht, ThR 38 (1974), 177-216.

Römer, Th. (Hg.): The Future of the Deuteronomistic History, BETL 147, Leuven 2000.

Römer, Th. / Schmid, K. (Hgg.): Les dernières rédactions du Pentateuque, de l'Hexateuque et de l'Enneateuque. La question des grands ensembles littéraires en Genèse à Rois. Die Frage literarischer Werke in Genesis bis Könige, erscheint in; EThL, Leuven 2006 (i.D.).

Römer, Th.: La fin de l'historiographie deutéronomiste et le retour de l'Hexateuque, ThZ 57 (2001), 269-280.

Rüterswörden, U. (Hg.): Martin Noth aus der Sicht der heutigen Forschung, BThSt 58, Neukirchen-Vluyn 2004.

Schearing, L.S. / McKenzie, St.L. (Hgg.): Those Elusive Deuteronomists. The Phenomenon of Pan-Deuteronomism, JSOT.S 268, Sheffield 1999.

Veijola, T. (Hg.): Das Deuteronomium und seine Querbeziehungen, SESJ 62, Helsinki / Göttingen 1996.

Veijola, T.: Deuteronomismusforschung zwischen Tradition und Innovation, I, ThR 67 (2002), 273-327, II, ThR 67 (2002), 391-424, III, ThR 68 (2003), 1-44.

Veijola, T.: Moses Erben. Studien zum Deuteronomium, zum Deuteronomismus und zum Schriftgelehrtentum, BWANT 149, Stuttgart 2000.

Vervenne, M. / Lust, J. (Hgg.): Deuteronomy and Deuteronomic Literature, FS C.H.W. Brekelmans, BEThL 133, Leuven 1997.

Weippert, H.: Das deuteronomistische Geschichtswerk, ThR 59 (1985), 213-249.

2. Methodologische und literatursoziologische Fragen

Anbar, M.: Les inscriptions hébraïques et la science biblique, ZAR 9 (2003), 124-128.

Carr, D.M.: From D to Q: A Study of Early Jewish Interpretations of Solomon's Dream at Gibeon, SBL.MS 44, Atlanta/Georg. 1991.

Carr, D.M.: Method in Determination of Direction of Dependence: An Empirical Test of Criteria Applied to Exodus 34,11-26 and its Parallels, in: M. Köckert / E. Blum (Hgg.), Gottes Volk am Sinai: Untersuchungen zu Ex 32-34 und Dtn 9-10, VWGTh 18, Gütersloh 2001, 107-140.

Carr, D.M.: Writing on the Tablet of the Heart: Origins of Scripture and Literature, New York 2005.

Foresti, F.: Characteristic Literary Expressions in the Arad Inscriptions Compared with the Language of the Hebrew Bible, ECarm 32 (1981), 327-41.

Gesche, P.: Schulunterricht in Babylonien im ersten Jahrtausend v. Chr., AOAT 275, Münster 2001.

Hardmeier, Chr.: Umrisse eines vordeuteronomistischen Annalenwerkes der Zidkijazeit. Zu den Möglichkeiten computergestützter Textanalyse, VT 40 (1990), 165-184.

Jamieson-Drake, D.W.: Scribes and schools in monarchic Judah. A Socio-Archaeological Approach, JSOT.S 109, Sheffield 1991.

Lemke, W.E.: The Synoptic Problem in the Chronicler's History, HThR 58 (1965), 349-363.

Malul, M.: The Comparative Method in Ancient Near Eastern and Biblical Legal Studies, AOAT 227, Kevelaer / Neukirchen-Vluyn 1990.

McKenzie, S.: The Chronicler's Use of the Deuteronomistic History, HSM 33, Atlanta 1984.

Metso, S.: The Textual Development of the Qumran Community Rule, StTDJ 21, Leiden 1997.

Na'aman, N.: The Contribution of Royal Inscriptions for a Re-Evaluation of the Books of Kings as Historical Source, JSOT 82 (1999), 3-17.

Parker, S.B.: Stories in Scripture and Inscriptions: Comparative Studies on Narratives in Northwest Semitic Inscriptions and the Hebrew Bible, Oxford 1997.

Parker, S.B.: The Composition and Sources of Some Northwest Semitic Royal Inscriptions, SEL 16 (1999), 49-62.

Parry, M.: Studies in the Epic Technique of Oral Verse-Making, I. Homer and Homeric Style, Harvard Studies in Classical Philology 41 (1930), 73-147.

Person, R.F.: The Deuteronomic School. History, Social Setting, and Literature, SBL 2, Atlanta/Ga. 2002.

Person, R. F.:. The Ancient Israelite Scribe as Performer, JBL 117 (1998), 601-609.

Powell, B.B.: Writing and the Origin of Greek Literature, Cambridge 2002.

Römer, Th.C. / Nihan, C.: Une source commune aux récits de rois et chroniques? À propos d'un ouvrage récent d'A.G. Auld, ETR 79 (1999), 415-422.

Tertel, H.J.: Text and Transmission: An Empirical Model for the Literary Development of Old Testament Narratives, BZAW Berlin / New York 1994.

Tigay, J.H. (Hg.): Empirical Models for Biblical Criticism, Philadelphia 1985.

Tigay, J.: The Evolution of the Gilgamesh Epic, Philadelphia 1982.

Troyer, K. de: Rewriting the Sacred Text. What the Old Greek Texts Tell us about the Literary Growth of the Bible, SBL Text-Critical Studies 4, 2003 (= Die Septuaginta und die Endgestalt des Alten Testaments. Studien zur Entstehungsgeschichte alttestamentlicher Texte, UTB 2599, Göttingen 2005).

Veldhuis, N.: Elementary Education at Nippur: The Lists of Trees and Wooden Objects, Groningen 1997.

Weinfeld, M., Deuteronomy and the Deuteronomic School, Oxford 1972.

3. Ältere Positionen der Deuteronomismus-Forschung

Budde, K.: Die Bücher Richter und Samuel. Ihre Quellen und ihr Aufbau, Gießen 1890.

Cross, F.M.: The Themes of the Book of Kings and the Structure of the Deuteronomistic History, in: Ders., Canaanite Myth and Hebrew Epic. Essays in the History of the Religion of Israel, Cambridge/Mass. / London, (1973) [9]1997, 274-289.

Dietrich, W.: Prophetie und Geschichte. Eine redaktionsgeschichtliche Untersuchung zum Deuteronomistischen Geschichtswerk, FRLANT 108, Göttingen 1972.

Dillmann, A.: Die Bücher Numeri, Deuteronomium und Josua, KeH 13, Leipzig [2]1886,

Eichhorn, J.G.: Einleitung in das Alte Testament. Vierte Original-Ausgabe, I–V, Göttingen 1823-1824.

Eißfeldt, O.: Hexateuch-Synopse. Die Erzählung der fünf Bücher Mose und des Buches Josua mit dem Anfange des Richterbuches, Leipzig 1922 [Nachdr. Darmstadt 1962].

Ewald, H.: Geschichte des Volkes Israel, I, Einleitung in die Geschichte des Volkes Israel, dritte Ausg., Göttingen 1864.

Fohrer, G. (/ Sellin, E.): Einleitung in das Alte Testament, Heidelberg (1965) [12]1979.

Hempel, J.: Die althebräische Literatur und ihr hellenistisch-jüdisches Nachleben, HWL, Wildpark-Potsdam 1930.

Hölscher, G.: Geschichtsschreibung in Israel. Untersuchungen zum Jahvisten und Elohisten, SKHVL 50, Lund 1952.

Holzinger, H.: Einleitung in den Hexateuch. Mit Tabellen über die Quellenscheidung, Freiburg u. Leipzig 1893.

Jepsen, A.: Die Quellen des Königebuchs, Halle 1953 ([2]1956).

Kuenen, A.: Historisch-kritische Einleitung in die Bücher des alten Testaments hinsichtlich ihrer Entstehung und Sammlung. Autorisierte deutsche Ausg. v. T. Weber. I/1. Die Entstehung des Hexateuch, Leipzig 1887.

Noth, M.: Überlieferungsgeschichte des Pentateuch, Stuttgart 1948 [Nachdr. Stuttgart / Darmstadt [3]1966].

Noth, M.: Überlieferungsgeschichtliche Studien I. Die sammelnden und bearbeitenden Geschichtswerke im Alten Testament, SKG.G 18, Halle 1943 [Nachdr. Tübingen 1957].

Pfeiffer, R.H.: Introduction to the Old Testament, London / New York 1941.

Rad, G. von: Das formgeschichtliche Problem des Hexateuch (1938), in: Ders., GSt zum Alten Testament, TB 8, München 1958, 9-86.

Rad, G. von: Die deuteronomistische Geschichtstheologie in den Königebüchern (1947), in: Ders., GSt zum Alten Testament, TB 8, München 1958, 189-204.

Rost, L.: Die Überlieferung von der Thronnachfolge Davids (1926), in: Ders., Das kleine geschichtliche Credo und andere Studien zum Alten Testament, Heidelberg 1965, 119-253.

Schrader, E.: Lehrbuch der historisch-kritischen Einleitung in die kanonischen und apokryphischen Bücher des Alten Testaments, sowie die Bibelsammlung überhaupt v. W.M.L. de Wette. Neu bearb., 8. durchgehends verbess., stark verm. u. z.T. gänzlich umgestaltete Ausg., Berlin 1869.

Smend, R. jr.: Das Gesetz und die Völker. Ein Beitrag zur deuteronomistischen Redaktionsgeschichte (1971), in: Ders., Die Mitte des Alten Testaments, GSt Bd. 1, BEvTh 99, München 1986, 124-137

Smend, R. sn.: Die Erzählung des Hexateuch auf ihre Quellen untersucht, Berlin 1912.

Steck, O.H.: Israel und das gewaltsame Geschick der Propheten, Untersuchungen zur Überlieferung des deuteronomistischen Geschichtsbildes im Alten Testament, Spätjudentum und Urchristentum, WMANT 23, Neukirchen-Vluyn 1967.

Thiel, W.: Die deuteronomistische Redaktion von Jeremia 1–25, WMANT 41, Neukirchen 1973.

Wellhausen, J.: Der Text der Bücher Samuelis, Göttingen 1871.

Wellhausen, J.: Die Composition des Hexateuchs und der historischen Bücher des Alten Testaments, Berlin [3]1899 [Nachdr. [4]1963].

Wette, W.M.L. de: Beiträge zur Einleitung in das Alte Testament, I-II, Halle 1806.1807 [Nachdr. 1971].

Wette, W.M.L.: Dissertatio critico-exegtica, qua Deuteronomium a prioribus Pentateuchi libris diversum, alius cuiusdam recentioris auctoris opus esse demonstratur (1805), in: Ders., Opuscula Theologica, Berlin 1830, 149-168.

Wolff, H.W.: Das Kerygma des deuteronomistischen Geschichtswerks (1961), in: Ders., Studien zum Alten Testament, TB 22, München 1964, 308-324.

Würthwein, E.: Die Erzählung von der Thronfolge Davids – theologische oder politische Geschichtsschreibung, ThSt 115, Zürich 1974.

4. Neuere redaktionsgeschichtliche Synthesen

Achenbach, R.: Pentateuch, Hexateuch, Enneateuch. Eine Verhältnisbestimmung, ZAR 11 (2005), 122-155.

Albertz, R.: Das Deuteronomistische Geschichtswerk, in: Ders., Die Exilszeit. 6. Jahrhundert v. Chr., BE 7, Stuttgart u.a., 210-231

Auld, A.G.: Kings Without Privilege: David and Moses in the Story of the Bible's Kings. Edinburgh 1994.

Aurelius, E.: Zukunft jenseits des Gerichts. Eine redaktionsgeschichtliche Studie zum Enneateuch, BZAW 319, Berlin / New York 2003.

Blum, E.: Der kompositionelle Knoten am Übergang von Josua zu Richter. Ein Entflechtungsvorschlag, in: M. Vervenne / J. Lust (Hgg.), Deuteronomy and Deuteronomic Literature. FS C.H.W. Brekelmans, BEThL 133, Leuven 1997, 181–212.

Blum, E.: Die Komposition der Vätergeschichte, WMANT 57, Neukirchen-Vluyn 1984.

Blum, E.: Studien zur Komposition des Pentateuch, BZAW 189, Berlin / New York 1990.

Hoffmann, H.-D.: Reform und Reformen. Untersuchungen zu einem Grundthema der Deuteronomistischen Geschichtsschreibung, AThNT 66, Zürich 1980.

Knoppers, G.N.: Two Nations under God. The Deuteronomistic History of Solomon and the Dual Monarchies, I-II, HSM 52-53, Atlanta/Ga. 1993.1994.

Knoppers, G.N.: The Deuteronomist and the Deuteronomic Law of the King: A Reexamination of a Relationship, ZAW 108 (1996), 329-346.

Knoppers, G.N.: Rethinking the Relationship between Deuteronomy and the Deuteronomistic History: The Case of Kings, CBQ 63 (2001), 393-415.

Kratz, R.G.: Der vor- und der nachpriesterschriftliche Hexateuch, in: J.Chr. Gertz / K. Schmid / M. Witte (Hgg.), Abschied vom Jahwisten, BZAW 315, Berlin / New York 2002, 295-323.

Kratz, R.G.: Die Komposition der erzählenden Bücher des Alten Testaments. Grundwissen der Bibelkritik, UTB 2157, Göttingen 2000.

Levinson, B.M.: The Reconceptualization of Kingship in Deuteronomy and the Deuteronomistic History's Transformation of Torah, VT 51 (2001), 511–543.

Lohfink, N.: Kerygmata des Deuteronomistischen Geschichtswerks, in: J. Jeremias / L. Perlitt (Hgg.), Die Botschaft und die Boten. FS H.W. Wolff, Neukirchen-Vluyn 1981.

McKenzie, St.L.: The Trouble with the Kings. The Composition of the Book of Kings in the Deuteronomistic History, VT.S 42, Leiden u.a. 1991.

Moenikes, A.: Zur Redaktionsgeschichte des sogenannten Deuteronomistischen Geschichtswerks, ZAW 104 (1992), 333-348.

Moenikes, A.: Tora ohne Mose. Zur Vorgeschichte der Mose-Tora, BBB 149, Berlin 2004.

Nelson, R.D.: The Double Redaction of Deuteronomistic History, JSOT.S 18, Sheffield 1981.

Nentel, J.: Trägerschaft und Intention des deuteronomistischen Geschichtswerks. Untersuchungen zu den Reflexionsreden Jos 1; 23; 24; 1 Sam 12; 1 Kön 8, BZAW 297, Berlin / New York 2000.

O'Brien, M.A.: The Deuteronomistic History Hypothesis: A Reassessment, OBO 82, Fribourg / Göttingen 1989.

Otto, E.: Das Deuteronomium im Pentateuch und Hexateuch. Studien zur Literaturgeschichte von Pentateuch und Hexateuch im Lichte des Deuteronomiumrahmens, FAT 30, Tübingen 2000.

Otto, E.: Das Deuteronomistische Geschichtswerk im Enneateuch. Zu einem Buch von Erik Aurelius, ZAR 11 (2005), 323-345.

Peckham, B.: The Composition of the Deuteronomistic History, HSM 35, Atlanta/Ga. 1985.

Provan, I.W.: Hezekiah and the Books of Kings. A Contribution to the Debate about the Composition of the Deuteronomistic History, BZAW 172, Berlin / New York 1988.

Römer, Th.: The So-Called Deuteronomistic History. A Sociological, Historical, and Literary Introduction, London / New York 2005.

Römer, Th.: Une seule maison pour le Dieu unique? La centralisation du culte dans le Deutéronome et dans l'historiographie deutéronomiste, in: C. Focant (Hg.), Quelle maison pour Dieu? LeDiv, Paris 2003, 49-80.

Rösel, H.N.: Von Josua bis Jojachin. Untersuchungen zu den deuteronomistischen Geschichtsbüchern des Alten Testaments, VT.S 75, Leiden u.a. 1999.

Schmid, K.: Erzväter und Exodus. Untersuchungen zur doppelten Begründung der Ursprünge Israels innerhalb der Geschichtsbücher des Alten Testaments, WMANT 81, Neukirchen-Vluyn 1999.

Schmitt, H.-Chr.: Das spätdeuteronomistische Geschichtswerk Genesis I – 2 Reg XVV und seine theologische Intention (1995), in: Ders., Theologie in Prophetie und Pentateuch, GS, hg. v. U. Schorn / M. Büttner, BZAW 310, Berlin / New York 2001, 277-294.

Schmitt, H.-Chr.: Spätdeuteronomistisches Geschichtswerk und Priesterschrift in Deuteronomium 34, in: K. Kiesow / Th. Meurer (Hgg.),

Textarbeit. Studien zu Texten und ihrer Rezeption aus dem Alten Testament und der Umwelt Israels, FS Peter Weimar, AOAT 294, Münster 2003, 407-424.

Sweeney, M.A.: King Josiah of Judah, The Lost Messiah of Israel, 2001.

Vanoni, G.: Beobachtungen zur deuteronomistischen Terminologie in 2Kön 23,25–25,30, in: N. Lohfink (Hg.), Das Deuteronomium. Entstehung, Gestalt und Botschaft, BEThL 73, 1985, 357-362.

Westermann, C.: Die Geschichtsbücher des Alten Testaments. Gab es ein deuteronomistisches Geschichtswerk?, TB 87, München 1994.

Würthwein, E.: Erwägungen zum sog. deuteronomistischen Geschichtswerk, in: ders., Studien zum Deuteronomistischen Geschichtswerk, BZAW 227, Berlin / New York 1994.

5. Zu einzelnen Büchern der „deuteronomistischen Geschichtswerke" in Gen – II Reg

5.1. Genesis – Numeri

Achenbach, R.: Die Vollendung der Tora. Studien zur Redaktionsgeschichte des Numeribuches im Kontext von Hexateuch und Pentateuch, BZAR 3, Wiesbaden 2003.

Aurelius, E.: Zukunft jenseits des Gerichts. Eine redaktionsgeschichtliche Studie zum Enneateuch, BZAW 319, Berlin / New York 2003.

Blenkinsopp, J.: Deuteronomic Contribution to the Narrative in Genesis-Numbers: A Test Case, S.L. McKenzie / L. Schearing (Hgg.), Those Elusive Deuteronomists. The Phenomenon of Pan-Deuteronomism, JSOT.S 268, Sheffield 1999, 84-115.

Blenkinsopp, J.: Structure and Meaning in the Sinai-Horeb Narrative (Exodus 19-34), in: E. Carpenter (Hg.), A Biblical Itinerary. In Search of Method, Form and Content, FS G.W. Coats, JSOT.S 240, Sheffield 1997, 19-34.

Blenkinsopp, J.: The Pentateuch. An Introduction to the First Five Books of the Bible, New York u.a. 1992.

Blum, E.: Die Komposition der Vätergeschichte, WMANT 57, Neukirchen-Vluyn 1984.

Blum, E.: Studien zur Komposition des Pentateuch, BZAW 189, Berlin / New York 1990.

Brekelmans, C.: Die sogenannten deuteronomischen Elemente in Gen.–Num. Ein Beitrag zur Vorgeschichte des Deuteronomiums, in: G.W. Anderson u.a. (Hgg.), Congress Volume Genève 1965, VT.S 15, Leiden 1966, 90-96.

Crüsemann, F.: Die Tora. Theologie und Sozialgeschichte des alttestamentlichen Gesetzes, (München 1992), Gütersloh ³2005.

Dozeman, T.: God on the Mountain. A Study of Redaction, Theology
and Canon in Ex 19-24, SBL.MS 37, Atlanta 1989.

Köckert, M. / Blum, E. (Hgg.): Gottes Volk am Sinai: Untersuchungen
zu Ex 32-34 und Dtn 9-10, VWGTh 18, Gütersloh 2001.

Oswald, W.: Israel am Gottesberg. Eine Untersuchung zur Literargeschichte der vorderen Sinaiperikope Ex 19-24 und deren historischen Hintergrund, OBO 159, Fribourg / Göttingen 1998.

Rose, M.: Deuteronomist und Jahwist. Untersuchungen zu den Berüh-
rungspunkten beider Literaturwerke, AThNT 67, Zürich 1981.

Schmid, K.: Erzväter und Exodus. Untersuchungen zur doppelten Begründung der Ursprünge Israels innerhalb der Geschichtsbücher
des Alten Testaments, WMANT 81, Neukirchen-Vluyn 1999.

Schmitt, H.-Chr.: Das spätdeuteronomistische Geschichtswerk Genesis
I – 2 Reg XVV und seine theologische Intention (1995), in: Ders.,
Theologie in Prophetie und Pentateuch, GS, hg. v. U. Schorn / M.
Büttner, BZAW 310, Berlin / New York 2001, 277-294.

Schmitt, H.-Chr.: Die Josephsgeschichte und das Deuteronomistische
Geschichtswerk Genesis 38 und 48-50, in: Ders., Theologie in Prophetie und Pentateuch, GS, hg. v. U. Schorn / M. Büttner, BZAW
310, Berlin / New York 2001, 295-308.

Schmitt, H.-Chr.: Die Erzählung vom Goldenen Kalb Ex. 32* und das
Deuteronomistische Geschichtswerk, in: Ders., Theologie in Prophetie und Pentateuch, GS, hg. v. U. Schorn / M. Büttner, BZAW
310, Berlin / New York 2001, 311-325.

Van Seters, J.: The So-Called Deuteronomistic Redaction of the Pentateuch, in: J.A. Emerton (Hg.), Congress Volume Leuven 1989, VT.S
43, Leiden 1991, 58-77.

Van Seters, J.: The Deuteronomistic Redaction of the Pentateuch. The
Case Against It, in: M. Vervenne / J. Lust (Hgg.), Deuteronomy
and Deuteronomic Literature. FS C.H.W. Brekelmans, BEThL 133,
Leuven 1997, 301-319.

Vermeylen, J.: L'affaire du veau d'or (Ex 32–34). Une clé pour la »question deutéronomiste«?, ZAW 97 (1985), 1-23.

5.2. Deuteronomium

Braulik, G. (Hg.): Bundesdokument und Gesetz. Studien zum Deuteronomium, HBS 4, Freiburg u.a. 1995.

Braulik, G. (Hg.): Das Deuteronomium, ÖBS 23, Frankfurt/M. 2003.

Braulik, G.: Studien zum Buch Deuteronomium, SBAB 24, Stuttgart 1997.

Braulik, G.: Studien zum Deuteronomium und seiner Nachgeschichte, SBAB 33, Stuttgart 2001.

Braulik, G.: Studien zur Theologie des Deuteronomiums, SBAB 2, Stuttgart 1988.

García Martínez (Hg.): Studies in Deuteronomy, FS C.J. Labuschagne, VT.S 53, Leiden 1994.

Heckl, R.: Moses Vermächtnis. Kohärenz, literarische Intention und Funktion von Dtn 1-3, ABG 9, Leipzig 2004.

Lohfink, N.: Das Hauptgebot. Eine Untersuchung literarischer Einleitungsfragen zu Dtn 5–11, AnBib 20, Roma 1963.

Lohfink, N. (Hg.): Das Deuteronomium. Entstehung, Gestalt und Botschaft, BEThL 68, Leuven 1985.

Otto, E.: Das Deuteronomium im Pentateuch und Hexateuch. Studien zur Literaturgeschichte von Pentateuch und Hexateuch im Lichte des Deuteronomiumrahmens, FAT 30, Tübingen 2000.

Perlitt, L.: Deuteronomium-Studien, FAT 8, Tübingen 1994.

Preuß, H.D.: Deuteronomium, EdF 164, Darmstadt 1982.

Rofé, A.: Deuteronomy. Issues and Interpretation, London 2002.

Römer, Th.: Israels Väter. Untersuchungen zur Väterthematik im Deuteronomium und in der deuteronomistischen Tradition, OBO 99, Fribourg / Göttingen 1990.

Veijola, T. (Hg.): Das Deuteronomium und seine Querbeziehungen, SESJ 62, Helsinki / Göttingen 1996.

Veijola, T.: Moses Erben. Studien zum Deuteronomium, zum Deuteronomismus und zum Schriftgelehrtentum, BWANT 149, Stuttgart 2000.

5.3. Josua

Anbar, M.: Josué et l'alliance de Sichem (Josué 24,1-28), BET 25, Frankfurt/M. u.a. 1992.

Auld, A.G.: Joshua Retold. Synoptic Perspectives, Edinburgh 1998.

Bieberstein, K.: Josua – Jordan – Jericho. Archäologie, Geschichte und Theologie der Landnahmeerzählungen Jos 1-6, OBO 143, Fribourg / Göttingen 1995.

Bieberstein, K.: Lukian und Theodotion im Josuabuch. Mit einem Beitrag zu den Josuarollen von Hirbet Qumrān, BN.B 7, München 1994.

Blum, E.: Der kompositionelle Knoten am Übergang von Josua zu Richter. Ein Entflechtungsvorschlag, in: M. Vervenne / J. Lust

(Hgg.), Deuteronomy and Deuteronomic Literature. FS C.H.W. Brekelmans, BEThL 133, Leuven 1997, 181–212.

Cortese, E.: Josua 13-21. Ein priesterschriftlicher Abschnitt im Deuteronomistischen Geschichtswerk, OBO 94, Fribourg / Göttingen 1990.

Fabry, H.-J.: Spuren des Pentateuchredaktors in Jos 4,21ff. Anmerkungen zur Deuteronomismus-Rezeption, in: N. Lohfink (Hg.), Das Deuteronomium. Entstehung, Gestalt und Botschaft, BEThL 68, Leuven 1985, 351-356.

Hertog, C.G. den: Studien zur griechischen Übersetzung des Buches Josua, Diss. phil. Gießen 1996.

Jericke, D.: Josuas Tod und Josuas Grab. Eine redaktionsgeschichtliche Studie, ZAW 108 (1996), 347-361.

Latvus, K.: God, Anger and Ideology. The Anger of God in Joshua and Judges in Relation to Deuteronomy and the Priestly Writings, JSOT.S 279, 1998.

Nelson, R.D., Josiah in the Book of Joshua, JBL 100 (1981), 531-540.

Noort, E.: Das Buch Josua. Forschungsgeschichte und Problemfelder, EdF 292, Darmstadt 1998.

Römer, Th.C.: Pentateuque, Hexateuque et historiographie deutéronomiste. Le problème du début et de la fin du livre de Josué, Transeuphratène 16 (Mélanges Jacques Briend III) (1998), 71-86.

Rösel, M.: Die Septuaginta-Version des Josua-Buches, in: H.-J. Fabry / U. Offerhaus (Hgg.), Im Brennpunkt: Die Septuaginta. Studien zur Entstehung der Griechischen Bibel, BWANT 153, Stuttgart 2001, 197-211.

Schäfer-Lichtenberger, C.: Joshua und Salomo. Eine Studie zu Autorität und Legitimität des Nachfolgers im Alten Testament, VT.S 58, Leiden 1995.

Van der Meer, M.N.: Formation and Reformulation: The Redaction of the Book of Joshua in the Light of the Oldest Textual Witnesses, VT.S 102, Leiden 2004.

5.4. Judicum

Abadie, P.: Le livre des Juges, CEv 125, Paris 2003.

Bartelmus, R.: Forschung am Richterbuch seit Martin Noth, ThR 56 (1991), 221-259

Becker, U.: Richterzeit und Königtum. Redaktionsgeschichtliche Studien zum Richterbuch, BZAW 192, Berlin / New York 1990.

Craig, K.M.: Judges in Recent Research, Currents in Biblical Research, 1 (2003), 159-185.

Fritz, V.: Abimelech und Sichem in Jdc IX (Ri 9) (1972), in: Ders., Studien zur Literatur und Geschichte des alten Israel, SBAB 22, Stuttgart 1997, 188-203

Fritz, V.: Das „negative" Besitzverzeichnis in Jdc 1, in: M. Witte (Hg.), Gott und Mensch im Dialog, FS O. Kaiser, BZAW 354/I, Berlin / New York 2004, 375-389.

Guillaume, Ph.: Waiting for Josiah: The Judges, JSOT.S 385, London / New York 2004.

Jans, E.: Abimelech und sein Königtum: Diachrone und synchrone Untersuchungen zu Ri 9, ATS 66, St. Ottilien 2001.

Mayes, A.D.H.: The Story of Israel between Settlement and Exile, London 1983.

Müller, R.: Königtum und Gottesherrschaft. Untersuchungen zur alttestamentlichen Monarchiekritik, FAT II/3, Tübingen 2004.

Rake, M.: „Juda wird aufsteigen!" – Untersuchungen zum ersten Kapitel des Richterbuches, BZAW 367, Berlin / New York 2006.

Richter, W.: Die Bearbeitung des „Retterbuches" in der deuteronomistischen Epoche, BBB 21, Bonn 1964.

Scherer, A.: Überlieferungen von Religion und Krieg. Exegetische und religionsgeschichtliche Untersuchungen zu Richter 3-8 und verwandten Texten, WMANT 105, Neukirchen-Vluyn 2005.

Soggin, J. A.: Le livre des Juges, CAT Vb, Genf 1987.

Webb, B. G.: The Book of Judges. An Integrated Reading, JSOT.S 46, Sheffield 1987.

Witte, M.: Wie Simson in den Kanon kam. Redaktionsgeschichtliche Beobachtungen zu Jdc 13-16, ZAW 112 (2000), 526-549.

5.5. Samuel – Regum

Arneth, M., Die antiassyrische Reform Josias von Juda. Überlegungen zur Komposition und Intention von 2 Reg 23,4-15, ZAR 7 (2001), 189-216.

Auld, A.G.: Kings Without Privilege: David and Moses in the Story of the Bible's Kings. Edinburgh 1994.

Auld, G.A.: Samuel at the Threshold. Selected Works, MSSOTS, Aldershot/Burlington 2004.

Aurelius, E.: Davids Unschuld. Die Hofgeschichte und Psalm 7, in: M. Witte (Hg.), Gott und Mensch im Dialog, FS O. Kaiser, BZAW 354/I, Berlin / New York 2004, 391-412.

Barrick, W.B.: On the "Removal of the 'High – Places'" in 1-2 Kings, Bib. 55 (1974), 257-259.

Becker, U.: Der innere Widerspruch der deuteronomistischen Beurteilung des Königtums (am Beispiel von 1Sam 8), in: M. Oeming / A. Graupner (Hgg.), Altes Testament und christliche Verkündigung, FS A.H.J. Gunneweg, Stuttgart 1987.

Becker, U.: Die Reichsteilung nach I Reg 12, ZAW 112 (2000), 210-229.

Bin-Nun, S.: Formulas from Royal Records of Israel and Judah, VT 18 (1986), 414-432.

Camp, L.: Hiskija und Hiskijabild. Analyse und Interpretation von 2 Kön 18-20, MthA 9, Altenberge 1990.

Conrad, J.: Davids Königtum als Paradoxie. Versuch zu I Sam 21,2-10, in: M. Witte (Hg.), Gott und Mensch im Dialog, FS O. Kaiser, BZAW 354/I, Berlin / New York 2004, 413-423.

Cook, S.A.: Notes on the Composition of 2 Samuel, AJSL 16 (1899/1900), 145-177.

Dietrich, W. (Hg.): David und Saul im Widerstreit. Diachronie und Synchronie im Wettstreut. Beiträge zur Auslegung des ersten Samuelbuches, OBO 312, Fribourg / Göttingen 2004.

Dietrich, W. / Naumann, Th.: Die Samuelbücher, EdF 287, Darmstadt 1985.

Fischer, A.A.: Von Hebron nach Jerusalem. Eine redaktionsgeschichtliche Studie zur Erzählung von König David in II Sam 1-5, BZAW 335, Berlin / New York 2004.

Gunn, D.M.: The Story of King David. Genre and Interpretation, JSOT.S 6, Sheffield 1978.

Halpern, B. / Vanderhooft, D.S.: The Editions of Kings in the 7th-6th Centuries BCE, HUCA 62 (1991), 179-244.

Halpern, B.: David's Secret Demons. Messiah, Murderer, Traitor, King, Grand Rapids/Mich. 2001.

Handy, L.K.: Historical Probability and the Narrative of Josiah's Reform in 2 Kings, in: S.W. Holloway, L.K. Handy (Hg.), The Pitcher is Broken. Memorial Essays for Gösta W. Ahlström. FS G. Ahlström, JSOT.S 190, Sheffield 1995, 252-275.

Handy, L.K.: Hezekiah's Unlikely Reform, ZAW 100 (1988), 111-115.

Hardmeier, C.: König Joschija in der Klimax des DtrG (2Reg 22f.) und das vordtr Dokument einer Kultreform am Residenzort (23, 4-15) in: R. Lux (Hg.), Erzählte Geschichte. Beiträge zur narrativen Kultur im alten Israel, BThSt 40, Neukirchen-Vluyn 2000, 81-145.

Isser, St.: The Sword of Goliath. David in Heroic Literature, SBL 6, Leiden 2003.

Köckert, M.: Elia. Literarische und religionsgeschichtliche Probleme in 1Kön 17-18, in: M. Oeming / K. Schmid (Hgg.), Der eine Gott und die Götter. Polytheismus und Monotheismus im antiken Israel, AThANT 82, Zürich 2003, 111-144.

Keinänen, J. : Traditions in Collision. A Literary and Redaction-Critical Study on the Elijah Narratives 1 Kings 17-19, SESJ 80, Göttingen 2001.

Langlamet, F. : Pour ou contre Salomon? La rédaction prosalomonienne de 1 Rois I-II, RB 83 (1976), 321-379.481-526.

Lemaire, A.: Vers l'histoire de la rédaction des livres des Rois, ZAW 98 (1986), 221–236.

Levin, Chr.: Josia im deuteronomistischen Geschichtswerk (1984), in: Ders., Forschreibungen. GSt zum Akten Testament, BZAW 316, Berlin / New York 2003, 198-216.

Liverani, M. : L'histoire de Joas, VT 24 (1974), 438-453.

Lux, R. (Hg.): Ideales Königtum. Studien zu David und Salomo, ABG 16, Leipzig 2005.

Mommer, P.: Samuel. Geschichte und Überlieferung, WMANT 65, Neukirchen-Vluyn 1991.

Otto, S.: Jehu, Elia und Elisa: die Erzählung von der Jehu-Revolution und die Komposition der Elia-Elisa-Erzählungen, BWANT 152, Stuttgart 2001.

Parker, S.B.: Did the Authors of the Books of Kings Make Use of Royal Inscriptions? VT 50 (2000), 357-378.

Provan, I.W.: Hezekiah and the Books of Kings. A Contribution to the Debate about the Composition of the Deuteronomistic History, BZAW 172, Berlin / New York 1988.

Pury, Albert de / Römer, Th. (Hgg.): Die sogenannte Thronfolgege-schichte Davids. Neue Einsichten und Anfragen, OBO 176, Fribourg / Göttingen 2000.

Stipp, H.-J.: Ahabs Buße und die Komposition des deuteronomistischen Geschichtswerks, Bib. 76 (1995), 471-497.

Talshir, Z.: The Reign of Solomon in the Making : Pseudo Connections Between 3 Kingdoms and Chronicles. VT 50 (2000), 233-249.

Ulrich, E.C.: The Qumran Text of Samuel and Josephus, HSM 19, Missoula/Mont. 1978.

Veijola, T.: Das Königtum in der Beurteilung der deuteronomistischen Historiographie. Eine redaktionsgeschichtliche Untersuchung, AASF.B 198, Helsinki 1977.

Veijola, T.: David. Gesammelte Studien zu den Davidüberlieferungen des Alten Testaments, SESJ 52, Helsinki / Göttingen 1990.

Veijola, T.: Die ewige Dynastie. David und die Entstehung seiner Dynastie nach der deuteronomistischen Darstellung, AASF.B 193, Helsinki 1975.

Vermeylen, J.: La loi du plus fort. Histoire de la rédaction des récits davidiques de 1 Samuel 8 à 1 Rois 2, BETL 154, Leuven 2000.

Wagner, D.: Geist und Tora. Studien zur göttlichen Legitimation und Delegitimation von Herrschaft im Alten Testament anhand der Erzählungen über König Saul, ABG 15, Leipzig 2005.

Wälchi, S.: Der weise König Salomo. Eine Studie zu den Erzählungen von der Weisheit Salomos in ihrem alttestamentlichen und altorientalischen Kontext, BWANT 141, Stuttgart u.a. 1999.

Weippert, H.: Die „deuteronomistischen" Beurteilungen der Könige von Israel und Juda und das Problem der Redaktion der Königsbücher, Bib. 53 (1972), 301–339.

Whybray, R.N.: The Succession Narrative. A Study of II Samuel 9-20; I Kings 1 and 2, SBT II/9, London 1968.

Williamson, H.: The Death of Josiah and the Continuing Development of the Deuteronomic History, VT 26 (1982), 351-361.

Williamson, H.: Reliving the Death of Josiah: A Reply to C.T. Begg, VT 37 (1987), 9-15.

6. Zur Geschichtsschreibung im Alten Testament und im Alten Orient

Albrektson, B.: History and the Gods. An Essay on the Idea of Historical Events as Divine Manifestations in the Ancient Near Esat and in Israel, CB.OT 1, Lund 1967.

Amit, Y.: History and Ideology. An Introduction to the Historiography in the Hebrew Bible, The Biblical Seminary 60, Sheffield 1999.

Assmann, J. / Hardmeier, Chr. (Hg.): Schrift und Gedächtnis. Beiträge zur Archäologie der literarischen Kommunikation, München [3]1998.

Blum, E. / Johnstone, W. / Markschies, C. (Hgg.), Das Alte Testament – ein Geschichtsbuch?, ATM 10, Münster 2005.

Brettler, M.Z.: The Creation of History in Ancient Israel, London 1995.

Cancik, H.: Grundzüge der hethitischen und alttestamentlichen Geschichtsschreibung, ADPV, Wiesbaden 1976.

Cancik, H.: Mythische und historische Wahrheit. Interpretationen zu Texten der hethitischen, biblischen und griechischen Historiographie, SBS 48, Stuttgart 1970.

Carreira, J. Nunes: Formen des Geschichtsdenkens in altorientalischer und alttestamentlicher Geschichtsschreibung, in: BZ NF 31 (1987), 36-57.

Dentan, R. (Hg.): The Idea of History in the Ancient Near East, New Haven [2]1983.

Edelman, D.V. (Hg.): The Fabric of History. Text, Artefact and Israel's Past, JSOT.S 127, Sheffield 1991.

Gehrke, H.-J. / Möller, A. (Hgg.): Vergangenheit und Lebenswelt. Soziale Kommunikation, Traditionsbildung und historisches Bewußtsein, Tübingen 1996.

Gertz, J.Chr.: Konstruierte Erinnerung. Alttestamentliche Historiographie im Spiegel von Archäologie und literarhistorischer Kritik am Fallbeispiel des salomonischen Königtums, BThZ 21 (2004), 3-29.

Grabbe, L.L. (Hg.): Did Moses Speak Attic? Jewish Historiography and Scripture in the Hellenistic Period, JSOT.S 317, Sheffield 2001.

Grayson, A.K.: Historia and Historians of the Ancient Near East, Or 49 (1980), 152-194.

Halpern, B.: The First Historians. The Hebrew Bible and History, rev. edn., University Park, Pennsylvania 1996.

Hardmeier, Chr. (Hg.): Steine – Bilder – Texte. Historische Evidenz außerbiblischer und biblischer Quellen, ABG 5, Leipzig 2001.

Herrmann, S.: Zeit und Geschichte, Biblische Konfrontationen 2, Stuttgart 1977.

Hoffmann, H.D.: Reform und Reformen – Untersuchungen zu einem Grundthema deuteronomistischer Geschichtsschreibung, AThANT 66, Zürich 1980.

Hoffner, H.A.: Histories and Historians of the Ancient Near East: The Hittites, Or 49 (1980), 283-332.

Kallai, Z.: Biblical Historiography and Historical Geography. Collection of Studies, BEATAJ 44, Frankfurt am Main 1998.

Koch, K.: Art. Geschichte/Geschichtsschreibung/Geschichtsphilosophie II. Altes Testament, TRE 12 (1984), 569-586.

Koch, K.: Auf der Suche nach der Geschichte, Bib. 67 (1986), 109-117.

Liverani, M.: Myth and Politics in Ancient Near Eastern Historiography, Ithaca 2004.

Lux, R. (Hg.): Erzählte Geschichte. Beiträge zur narrativen Kultur im alten Israel, BThSt 40, Neukirchen-Vluyn 2000.

Mullen, E.T.: Narrative history and ethnic boundaries: The deuteronomistic historian and the creation of Israelite national identity, SBL.SS, Atlanta/Ga.1993.

Philips Long, V. (Hg.): Israel's Past in Present Research. Essays on Ancient Israelite Historiography, Winona Lake 1999.

Rose, M.: La croissance du corpus historiographique de la Bible – Une proposition, in: RhThPh 118 (1986), 224-232.

Rüsen, J. / Gottlob, M. / Mittag, A. (Hgg.): Die Vielfalt der Kulturen. Erinnerung, Geschichte, Identität IV, stw 1405, Frankfurt/M. 1998.

Schaper, J.: Auf der Suche nach dem alten Israel. Text, Artefakt und „Geschichte Israels" in der alttestamentlichen Wissenschaft vor dem Hintergrund der Methodendiskussion in den Historischen Kulturwissenschaften, ZAW 118 (2006), 1-21.181-196.

Schmid, H.H.: Das alttestamentliche Verständnis von Geschichte in seinem Verhältnis zum gemeinorientalischen Denken, WuD 13 (1975), 11-29.

Seters, J. Van: Der Jahwist als Historiker, hg. v. H.H. Schmid, ThSt 134, Zürich 1987.

Seters, J. Van: In Search of History, Historiography in the Ancient World and the Origins of Biblical History, New Haven 1983 (Nachdr. Winona Lake 1997).

Smend, R.: Elemente alttestamentlichen Geschichtsdenkens (1968), in: ders., Die Mitte des Alten Testaments, GSt Bd. 1, BEvTh 99, Tübingen 1986, 160-185.

Tadmor, H. / Weinfeld, M. (Hgg.): History, Historiography and Interpretation, Studies in Biblical and Cuneiform Literatures, 1983.

Thompson, Th.L.: The Mythic Past. Biblical Archaeology and the Myth of Israel, London 1999 (= The Bible in History. How Writers Create a Past, London 2000).

Witte, M.: Von den Anfängen der Geschichtswerke im Alten Testament. Eine forschungsgeschichtliche Diskussion neuerer Gesamtentwürfe, in: E.-M. Becker (Hg.), Die antike Historiographie und die Anfänge der christlichen Geschichtsschreibung, BZNW 129, Berlin / New York 2005, 53-81.

7. Zur Religionsgeschichte Israels und Judas

Albani, M.: Der eine Gott und die himmlischen Heerscharen. Zur Begründung des Monotheismus bei Deuterojesaja im Horizont der Astralisierung des Gottesverständnisses im Alten Orient, ABG 1, Leipzig 2000.

Albertz, R.: Religionsgeschichte Israels in alttestamentlicher Zeit 1-2, GAT 8/1-2. Göttingen ²1996.1992.

Barrick, W.B.: The king and the cementries. Toward a new understanding of Josiah's reform, VT.S 88, Leiden 2002.

Beck, M., Elia und die Monolatrie. Ein Beitrag zur religionsgeschichtlichen Rückfrage nach dem vorschriftprophetischen Jahwe-Glauben, BZWA 281, Berlin / New York 1999.

Becking, B. (Hg.): Only One God ? Monotheism in Ancient Israel and the Veneration of the Goddess Asherah, The Biblical Seminar 77, Sheffield 2001.

Black, J. / Green, A.: Gods, Demons and Symbols of Ancient Mesopotamia. An Illustrated Dictionary, London 1992.

Braulik, G., Monotheismus im Deuteronomium. Zu Syntax, Redeform und Gotteserkenntnis in Dtn 4,32-40, ZAR 10 (2004), 169-194.

Cornelius I.: The Many Faces of the Goddess. The Iconography of the Syro-Palestinian Goddesses Anat, Astarte, Qedeshet, and Asherah c. 1500–1000 BCE, OBO 204, Fribourg / Göttingen 2004.

Day, J.: Yahweh and the Gods and Goddesses of Canaan, JSOT.S 265, Sheffield 2000.

Dietrich, M. / Loretz, O.: „Yahwe und seine Ashera" Anthropomorphes Kultbild in Mesopotamien, Ugarit und Israel. Das biblische Bilderverbot, UBL 9, Münster 1992.

Frevel, Chr.: Aschera und der Ausschließlichkeitsanspruch YHWHs. Beiträge zu literarischen, religionsgeschichtlichen und ikonographischen Aspekten der Ascheradiskussion, I-II, BBB 94/1-2, Weinheim 1995.

Hartenstein, F.: Religionsgeschichte Israels – ein Überblick über die Forschung seit 1990, VF 48 (2003), 2-28.

Hoffman, Y.: The Concept of "Other Gods" in the Deuteronomistic Literature in: H.G. Reventlow, Hoffmann, Y., Uffenheimer, B. (Hg.), Politics and Theopolitics in the Bible and Postbiblical Literature, JSOT.S 171, Sheffield 1994, 66-84.

Janowski, B. / Köckert, M.: Religionsgeschichte Israels. Formale und materiale Aspekte, VWGTh 15, Gütersloh 1999.

Keel, O. / Uehlinger, Chr.: Göttinnen, Götter und Gottessymbole. Neue Erkentnisse zur Religionsgeschichte Kanaans und Israels aufgrund bislang unerschlossener ikonographischer Quellen, QD 134, Freiburg / Basel / Wien 1992 (⁵2001).

Köckert, M.: Von einem zum einzigen Gott. Zur Diskussion der Religionsgeschichte Israels, BThZ 15 (1998), 137-175.

Köckert, M.: Wandlungen Gottes im antiken Israel, BThZ 22 (2005), 3-36.

Lang, B. (Hg.): Der Einzige Gott. Die Geburt des biblischen Monotheismus, München 1981.

Latvus, K.: God, Anger and Ideology. The Anger of God in Joshua and Hudges in Relation to Deuteronomy and the Priestly Writings, JSOT.S 279, Sheffield 1998.

Levin, Chr.: Die Verheißung des neuen Bundes in ihrem theologiege-schichtlichen Zusammenhang ausgelegt, FRLANT 137, Göttingen 1985.

Loretz, O.: Des Gottes Einzigkeit. Ein altorientalisches Argumentati-onsmodell zum „Schema Jisrael", Darmstadt 1997.

McDonald, N.: Deuteronomy and the Meaning of „Monotheism", FAT II/1, Tübingen 2003.

Mettinger, T.N.D.: No Graven Image? Israelite Aniconism in Its Ancient Near Eastern Context, CB.OT 42, Stockholm 1995.

Mettinger, T.N.D.: JHWH-Statue oder Anikonismus im ersten Tempel? Gespräch mit meinen Gegnern, ZAW 117 (2005), 485-508.

Moor, J.C. de: The Rise of Yahwish. The Roots of Israelite Monotheism, BEThL 91, Leuven 1990.

Oeming, M. / Schmid, K. (Hgg.): Der eine Gott und die Götter. Poly-theismus und Monotheismus im antiken Israel, AThANT 52, Zürich 2003.

Oeming, M. / Schmid, K. / Schüle, A.: Theologie in Israel und in den Nachbarkulturen, ATM 9, Münster u.a. 2004.

Pakkala, J.: Intolerant Monolatry in the Deuteronomistic History, SESJ 76, Helsinki / Göttingen 1999.

Richter, S.L.: The Deuteronomistic History and the Name Theology. lᵉšakkēn šᵉmô šām in the Bible and the Ancient Near East, BZAW 318, Berlin / New York 2002.

Sass, B. / Uehlinger, Chr. (Hgg.): Studies in the Iconography of North-west Semitic Inscribed Seals, OBO 125, Fribourg / Göttingen 1993.

Smith, M.: Palestinian Parties and Politics that shaped the Old Testa-ment, London 1971.

Smith, M.S.: Biblical Monotheism. Israel's Polytheistic Background and the Ugaritic Texts, Oxford 2001.

Smith, M.S.: The Early History of God: Yahweh and the Other Deities in Ancient Israel, San Francisco ²2002.

Stolz, F.: Einführung in den biblischen Monotheismus, Darmstadt 1996.

Tigay, J.H.: You Shall Have No Other Gods. Israelite Religion in the Light of Hebrew Inscriptions, HSM 31, Atlanta 1986.

Uehlinger, Chr.: Images as Media. Sources for the cultural history of the Near East and the Eastern Mediterranean (Ist millenium BCE), OBO 175, Fribourg / Göttingen 2000.

Višaticki, K.: Die Reform des Josija und die religiöse Heterodoxie in Israel, Diss.T 21, St. Ottilien 1987.

Weippert, M.: Jahwe und die anderen Götter. Studien zur Religionsge-schichte des antiken Israel in ihrem syrisch-palästinischen Kontext, FAT 18, Tübingen 1997.

Ziony Z.: The Religions of Ancient Israel: A Synthesis of Parallactic Approaches, London / New York 2001.

8. Zum vorderorientalischen Vertragsrecht und zur alttestamentlichen Bundestheologie

Altman, A.: The Historical Prologue of the Hittite Vassal Treaties, Ramat-Gan, 2004.

Beckman, G.: Hittite Diplomatic Texts, SBL 7, Atlanta/Ga. [2]1999.

Borger, R.: Einleitung in die assyrischen Königsinschriften, HdO I rrg.5, Leiden [2]1964.

Canfora, L. / Liverani, M. / Zaccagnini, C. (Hgg.): I tratti nel mondo antico: forma, ideologia, funzione, Rom 1990.

Cohen, R. / Westbrook (Hgg.): Amarna Diplomacy. The Beginnings of International Relations, Baltimore 2000.

Fensham, F.C.: Malediction and Benediction in Ancient Near Eastern Vassal-Treaties and the Old Testament, ZAW 74 (1962), 1-9.

Fitzmyer, J.A.: The Aramaic Inscriptions of Sefire, BibOr 19, Rom [2]1995.

Giorgieri, M.: Zu den Treueiden mittelhethitischer Zeit, AoF 32 (2005), 322-346.

Haase, R.: Deuteronomium und hethitisches Recht. Über einige Ähnlichkeiten in rechtshistorischer Hinsicht, WO 25 (1994), 71-77.

Janowski, B. / Wilhelm, G. (Hgg.): Texte aus der Umwelt des Alten Testaments, Neue Folge. Band 2: Staatsverträge, Herrscherinschriften und andere Dokumente zur politischen Geschichte, Gütersloh 2005.

Kalluveettil, P.: Declaration and Covenant: A Comprehensive Rewiev of Covenant Formulae from the Old Testament and the Ancient Near East, Rom 1982.

Kutsch, E.: Verheissung und Gesetz. Untersuchungen zum sogenannten „Bund" im Alten Testament, BZAW 131, Berlin / New York 1973.

Manthe, U. (Hg.): Die Rechtskulturen der Antike. Vom Alten Orient bis zum Römischen Reich, München 2003.

Mayes, A.D.H. / Salters, R.B.: Covenant as Context. Essays in Honour of E.W. Nicholson, Oxford 2003.

McCarthy, D.J.: Institution and Narrative. Collected Essays, AnBib 108, Rom 1985.

McCarthy, D.J.: Treaty and Covenant. A Study in Form in the Ancient Oriental Documents and in the Old Testament, AnBib 21, Rom [2]1978.

Moran, W.L.: The Amarna Letters, Baltimore / London 1992.

Oettinger, N.: Die Militärischen Eide der Hethiter, StBoT 22, Wiesbaden 1976.

Parpola, S. / Watanabe, K.: Neo-Assyrian Treaties and Loyalty Oaths, SAA II, Helsinki 1988

Parpola, S.: Neo-Assyrian Treaties from the Royal Archives of Niniveh, JCS 39 (1987), 161-189.

Perlitt, L.: Bundestheologie im Alten Testament, WMANT 36, Neukirchen-Vluyn 1969.

Steymans, U.: Deuteronomium 28 und die adê zur Thronfolgeregelung Asarhaddons. Segen und Fluch im Alten Orient und in Israel, OBO 145, Fribourg / Göttingen 1995.

Streck, M.P.: Die Flüche im Sukzessionsvertrag Asarhaddons, ZAR 4 (1998), 165-192.

Tadmor, H.: Treaty and Oath in the Ancient Near East: A Historian's Approach, in: G.M. Tucker / D.A. Knight (Hgg.), Humanizing America's Iconic Book, Chico/Ca. 1998, 127-152.

Veijola, T.: Davidverheißung und Staatsvertrag. Beobachtungen zum Einfluß altorientalischer Staatsverträge auf die biblische Sprache am Beispiel von Psalm 89, in: Ders., David. Gesammelte Studien zu den Davidüberlieferungen des Alten Testaments, SESJ 52, Helsinki / Göttingen 1990, 128-153.

Watanabe, K.: Die adê-Vereidigung anläßlich der Thronfolgeregelung Asarhaddons, BaghM Beihefte 3, Mainz 1987.

Weeks, N.: Admonition and Curse: The Ancient Near Eastern Treaty/ Covenant Form as a Problem in Inter-Cultural Relationships, London 2004.

Weinfeld, M.: The Loyality Oath in the Ancient Near East, UF 8 (1976), 379-414.

Weinfeld, M.: Traces of Assyrian Treaty Formulae in Deuteronomy, Bib. 46 (1965), 417-427.

Westbrook, R. (Hg.): A History of Ancient Near Eastern Law, HdO I/72/1-2, Leiden 2003.

Witte, M. / Fögen, M.Th. (Hgg.): Kodifizierung und Legitimierung des Rechts in der Antike und im Alten Orient, BZAR 5, Wiesbaden 2005.

Zevit, Z.: A Phoenician Inscription and Biblical Covenant Theology, IEJ 27 (1977), 111-118.

Register

1. Autoren und Autorinnen

2. Namen und Sachen

Akkadische Begriffe

Hethitische Begriffe

3. Stellen

Bildnachweis

Die Bildrechteinhaber konnten trotz aufwendiger Recherchen leider nicht in allen Fällen ermittelt werden. Sollten noch etwaige Ansprüche unerfüllt sein, bittet der Verlag um entsprechende Mitteilung.